职业技术 · 职业资格培训教材

汽车维修电工

（高级）第二版

主编 金惠云
编者 张巳冬 黄剑英 金惠云 李丕毅
鲍民驹
主审 陈传灿

中国劳动社会保障出版社

图书在版编目(CIP)数据

汽车维修电工：高级/金惠云主编. —2版. —北京：中国劳动社会保障出版社，2008
职业技术·职业资格培训教材
ISBN 978-7-5045-6616-4

Ⅰ.汽… Ⅱ.金… Ⅲ.汽车-电工-技术培训-教材 Ⅳ.U463.6

中国版本图书馆CIP数据核字(2008)第132791号

中国劳动社会保障出版社出版发行
(北京市惠新东街1号 邮政编码：100029)
出 版 人：张梦欣
*
新华书店经销
北京人卫印刷厂印刷 北京密云青云装订厂装订
787毫米×1092毫米 16开本 32.5印张 656千字
2008年9月第2版 2013年5月第3次印刷
定价：49.00元
读者服务部电话：010-64929211/64921644/84643933
发行部电话：010-64961894
出版社网址：http://www.class.com.cn

内 容 简 介

本教材由人力资源和社会保障部教材办公室、上海市职业培训指导中心共同组织编写。上海市职业培训指导中心2005年对上海1+X职业技能鉴定考核细目——汽车维修电工的内容进行了修订与提升，职业级别将原有的基础知识融合到国家职业资格五级、国家职业资格四级、国家职业资格三级三本教材中。细目对职业功能，工作内容中陈旧、淘汰的内容进行了删减，增加了部分新设备的介绍，以及与企业当前生产技术和工作实际密切相关的最新知识和技能。

针对上述情况，组织编写单位依据最新的上海1+X职业技能鉴定考核细目——汽车维修电工（国家职业资格三级），对2004年出版的《汽车维修电工（高级）》教材进行了修订改版。增加了电工基础知识单元，增加了新设备的介绍，并在第一版教材的基础上补充和更新了插图。修订后的教材较好地体现了本职业当前最新的实用知识与操作技术，更加贴近企业、贴近实际，更符合本职业培训鉴定需求。

教材根据本职业的工作特点，以掌握实用操作技能和能力培养为根本出发点，采用模块化的编写方式。全书共分9个单元，内容包括：电工基础知识、车辆技术管理、汽车计算机电子控制系统、起动机与起动机电气控制系统、发动机电子控制系统、底盘电子控制系统、汽车空调控制系统、车身电器装置，以及技能操作训练。

为方便读者掌握所学知识与技能，教材在单元后附有单元测试题及答案。全书最后附有知识考核模拟试卷和技能考核模拟试卷，用于巩固、检验学习效果时参考使用。

本教材由金惠云主编，编写人员具体分工为：张巳冬（第1单元），黄剑英（第2单元），金惠云（第3、第4、第5、第7、第8单元），李丕毅（第6单元），鲍民驹（第9单元）。全书由陈传灿审定。本书在编写过程中还得到了江荣生同志的大力支持与帮助。

本书可作为汽车维修电工（国家职业资格三级）职业技能培训与鉴定考核教材，也可供全国中、高等职业技术院校相关专业师生参考使用，以及本职业从业人员培训使用。

前　言

职业资格证书制度的推行，对广大劳动者系统地学习相关职业的知识和技能，提高就业能力、工作能力和职业转换能力有着重要的作用和意义，也为企业合理用工以及劳动者自主择业提供了依据。

随着我国科技进步、产业结构调整以及市场经济的不断发展，特别是加入世界贸易组织以后，各种新兴职业不断涌现，传统职业的知识和技术也愈来愈多地融进当代新知识、新技术、新工艺的内容。为适应新形势的发展，优化劳动力素质，上海市劳动和社会保障局在提升职业标准、完善技能鉴定方面做了积极的探索和尝试，推出了1+X的鉴定考核细目和题库。1+X中的1代表国家职业标准和鉴定题库，X是为适应上海市经济发展的需要，对职业标准和题库进行的提升，包括增加了职业标准未覆盖的职业，也包括对传统职业的知识和技能要求的提高。

上海市职业标准的提升和1+X的鉴定模式，得到了国家人力资源和社会保障部领导的肯定。为配合上海市开展的1+X鉴定考核与培训的需要，人力资源和社会保障部教材办公室、上海市职业培训指导中心联合组织有关方面的专家、技术人员共同编写了职业技术·职业资格培训系列教材。

职业技术·职业资格培训教材严格按照1+X鉴定考核细目进行编写，教材内容充分反映了当前从事职业活动所需要的最新核心知识与技能，较好地体现了科学性、先进性与超前性。聘请编写1+X鉴定考核细目的专家，以及相关行业的专家参与教材的编审工作，保证了教材与鉴定考核细目和题库的紧密衔接。

职业技术·职业资格培训教材突出了适应职业技能培训的特色，按等级、分模块单元的编写模式，使学员通过学习与培训，不仅能够有助于通过鉴定考核，而且能够有针对性地系统学习，真正掌握本职业的实用技术与操作技能，从而实现我会做什么，而不只是我懂什么。每个模块单元所附单元测试题和答案用于检验学习效果，教材后附本级别的知识考核模拟试卷和技能考核模拟试卷，使受培训者巩固提高所学知识与技能。

本教材结合上海市对职业标准的提升而开发，适用于上海市职业培训和职业资格鉴定考核，同时，也可为全国其他省市开展新职业、新技术职业培训和鉴定考核提供借鉴或参考。

新教材的编写是一项探索性工作，由于时间紧迫，不足之处在所难免，欢迎各使用单位及个人对教材提出宝贵意见和建议，以便教材修订时补充更正。

人力资源和社会保障部教材办公室

上海市职业培训指导中心

目　录

第6单元 底盘电子控制系统

第7单元 汽车空调控制系统

第8单元 车身电器装置

1

第 1 单元

电工基础知识

在学习《汽车维修电工》初、中级教材中有关电工知识的基础上，本单元讲解了复杂线性电路的基本分析方法（如叠加原理，将有源二端网络等效成电压源的戴维南定理，线性电路的过渡过程等）、数字电路基础以及步进电动机的基本工作原理。通过本单元的学习，将为后续单元知识的理解和掌握打下较轧实的基础。

1.1　复杂线性电路的分析

1.1.1　叠加原理

在电路中，若电流与电源的电动势之间的关系，可用一次线性方程（代数方程或微分方程）来描述，则称该电路为线性电路。对于线性电路，任何一条支路中的电流，都可以看成是由电路中各个电源（电压源或电流源）分别作用时，在此支路中所产生的电流的代数和，这就是叠加原理。所谓电路中只有一个电源单独作用，就是假设将其余电源均除去(即视电压源短路，其电动势为零；视电流源开路，其电流为零。）而电源的内阻应保留下来。

叠加原理不仅是线性电路的一个重要原理，而且是一个具有普遍意义的原理。在一个系统中，若有多个原因造成某一个结果之间满足线性关系的，则该结果就等于每个原因单独作用时所产生结果的代数和。所以，凡是能用一次线性方程来描述相互关系的物理量都具有可叠加性。

【例 1—1】 用叠加原理计算如图 1—1 所示线性电路的各支路电流。

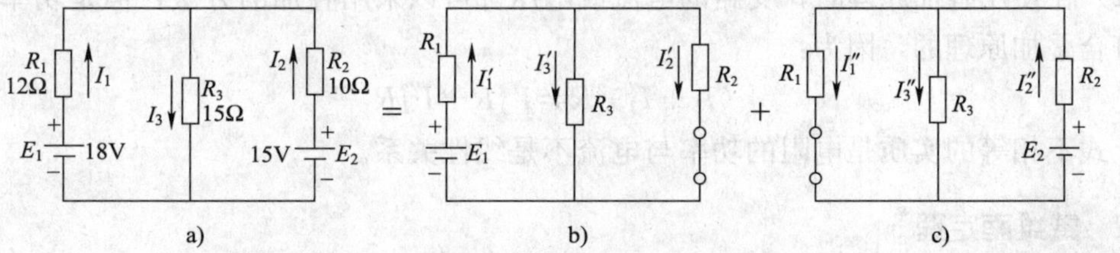

图 1—1　叠加原理的例图

解： 用叠加原理计算图 1—1a 所示电路时，可把电路看成是两个电压源单独作用的电路相叠加。当 E_1 单独作用时，E_2 视为短路，如图 1—1b 所示；当 E_2 单独作用时，E_1 视为短路，如图 1—1c 所示。

根据图 1—1b 所示电流的参考方向，可得

$$I'_1=\frac{E_1}{R_1+(R_2//R_3)}$$

式中，符号“//”表示并联的意思。于是

$$I'_1=\frac{18}{12+\frac{10\times15}{10+15}}=\frac{18}{12+6}=1\ (\text{A})$$

$$I'_2=I'_1\frac{R_3}{R_2+R_3}=1\times\frac{15}{10+15}=0.6\text{ (A)}$$

$$I'_3=I'_1\frac{R_2}{R_2+R_3}=1\times\frac{10}{10+15}=0.4\text{ (A)}$$

由图 1—1c 可得：

$$I''_2=\frac{E_2}{(R_1//R_3)+R_2}=\frac{15}{\frac{12\times15}{12+15}+10}=0.9\text{ (A)}$$

$$I''_1=I''_2\frac{R_3}{R_1+R_3}=0.9\times\frac{15}{12+15}=0.5\text{ (A)}$$

$$I''_3=I''_2\frac{R_1}{R_1+R_3}=0.9\times\frac{12}{12+15}=0.4\text{ (A)}$$

根据以上计算，可求得：

$$I_1=I'_1-I''_1=1-0.5=0.5\text{ (A)}$$

$$I_2=I''_2-I'_2=0.9-0.6=0.3\text{ (A)}$$

$$I_3=I'_3+I''_3=0.4+0.4=0.8\text{ (A)}$$

在这里应注意：

（1）由于 I'_2 与 I_2、I''_1 与 I_1 的参考方向相反，所求出的 I'_2 和 I''_1 在相应叠加时，前面应加负号。以上求出的各支路电流和其他各种方法求出结果是相一致的。

（2）在使用叠加原理时，支路的电流或电压都可以采用叠加的方法，但是功率的计算是不符合叠加原理的，因为：

$$(I'_1+I''_1)^2R\neq I'^2_1R+I''^2_1R$$

上式不相等的实质是电阻的功率与电流不是线性关系。

1.1.2　戴维南定理

在有些情况下，我们只需要计算一个复杂电路中某一支路的电流，为了计算简便，可以采用戴维南定理来计算。

在一个电路中，要知道某一条支路的电流或两端的电压，则可将该支路两端点的其他电路（无论是复杂电路，还是简单电路）看成是一个含有电源的电路。该电源电路在待求支路的两端称为有源二端网络。于是，原电路就由有源二端网络和待求支路组成，如图 1—2 所示。待求支路由 R 组成，其两端为 A 和 B。

若有源二端网络可简化成一个等效电压源，即能够简化为一个电动势为 E_0 的恒压源和一个内阻元件 R_0 相串联的，并在 A、B 两点上的开口电路，则原来可能是较复杂的求解 A、B 两点支路的电流或电压情况，就会变成一个等效电压源和待求支路相串联的简单电路，如图 1—3 所示。

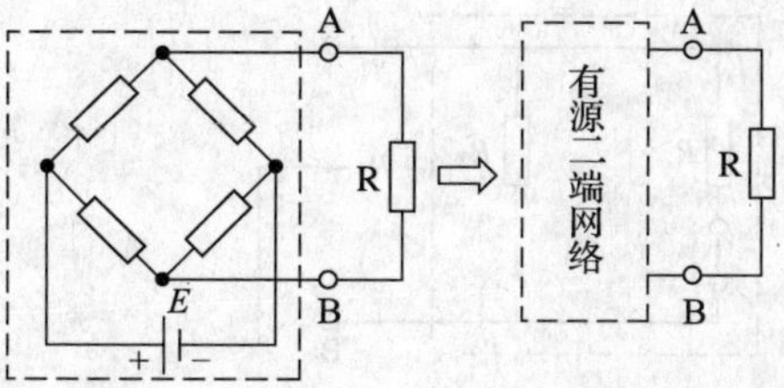

图 1—2　由有源二端网络和待求支路组成的电路

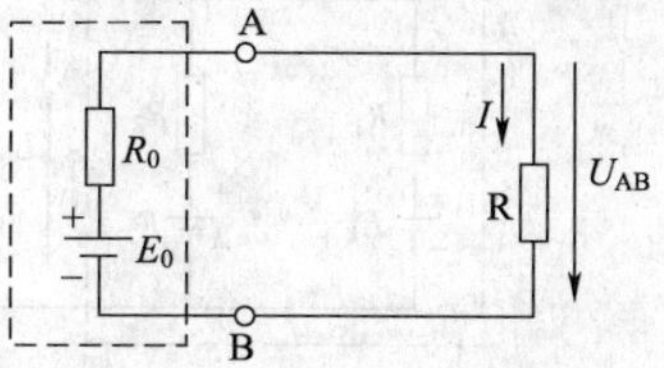

图 1—3　由简单电压源和待求支路组成的电路

这样，就可以方便的求出待求支路上 R 中的电流：

$$I=\frac{E_0}{R_0+R}$$

A，B 两点间的电压：

$$U_{AB}=\frac{E_0R}{R_0+R}=IR$$

戴维南定理明确地阐述了如何来求得等效电压源的参数 E_0 和 R_0。

戴维南定理指出：任何一个有源二端线性网络都可以用一个等效的电压源来表示。等效电压源的电动势 E_0 等于待求支路断开时，有源二端网络在断开两点间的电压 U_{ABK}（这里待求支路的两点为 A 和 B，K 为将该支路开路的意思），等效电压源的内电阻 R_0 等于待求支路断开后，从 A，B 两端向着有源二端线性网络的电阻（此时，有源二端线性网络的所有电源均应为零，即恒压源用短路线代替，恒流源则令其开路）。

戴维南定理不仅化简了提供某条支路的电源电路，同时也可较为清楚地看出，电路元件的一些参数变化会影响待求支路的情况。

【例 1—2】 如图 1—4a 所示为汽车电路中较为典型的电路模型。求图中通过负载 R_3 的电流 I_3（见图 1—4b），根据戴维南定理可将电路等效成图 1—4c 的电路。图中的等效电源的电动势 E_0 为 R_3 断开时的电压 U_{ABK}（见图 1—5a），其值为

$$E_0=E_1-\left(\frac{E_1-E_2}{R_1+R_2}\right)R_1 \tag{1—1}$$

或

$$E_0=\left(\frac{E_1-E_2}{R_1+R_2}\right)R_2+E_2 \tag{1—2}$$

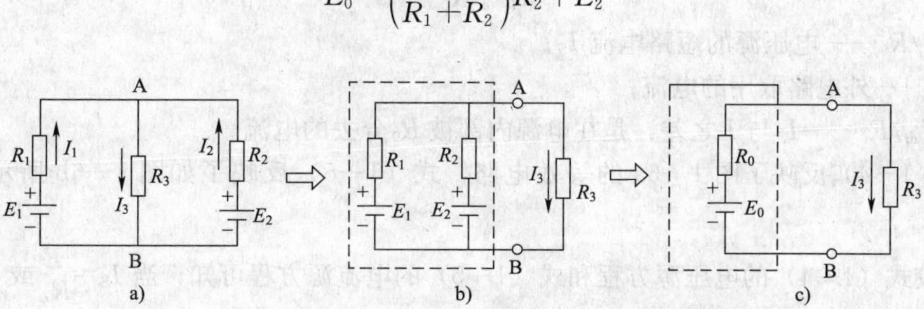

图 1—4　戴维南定理的例图

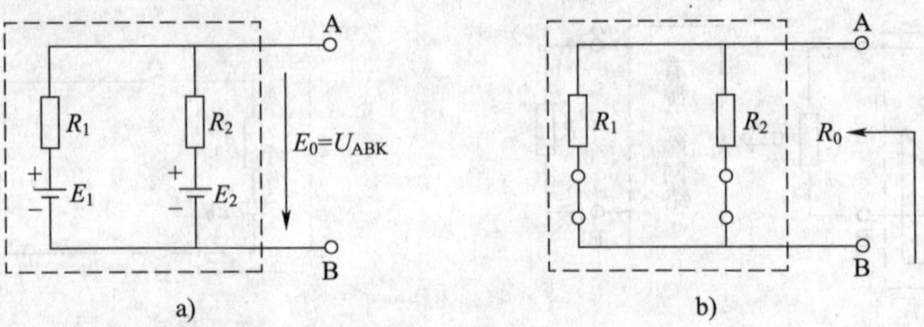

图 1—5　等效 E_0 与 R_0 的电路图

由图 1—5b 可以求出等效电源的内阻

$$R_0=R_1//R_2=\frac{R_1R_2}{R_1+R_2} \tag{1—3}$$

若电路的参数如下：$E_1=12$ V，$E_2=14$ V，$R_1=0.05$ Ω，$R_2=0.05$ Ω，$R_3=0.975$ Ω。将元件参数代入（1—1）或（1—2）式中，得

$$E_0=U_{ABK}=13\text{（V）}$$

将元件参数代入（1—3）式中，得

$$R_0=0.025\text{（Ω）}$$

根据图 1—4c 所示，得

$$I_3=\frac{E_0}{R_0+R_3}=\frac{13}{0.025+0.975}=13\text{（A）}$$

$$U_{AB}=I_3R_3=13\times0.975=12.675\text{（A）}$$

1.1.3　电压源与电流源的等效变换

在实际生活及工作中，电源往往多以电压源的形式存在。但是在电子控制系统中，也有以电流源的形式存在的电源。作为电源的两种不同形式应用，两者之间存在以下的关系。由图 1—6a 可得

$$E=U_{ab}+R_0I \tag{1—4}$$

即

$$\frac{E}{R_0}=\frac{U_{ab}}{R_0}+I \tag{1—5}$$

式中　E/R_0——电压源的短路电流 I_S；

I——外电路取用的电流；

U_{ab}/R_0——I_S与 I 之差，是在电源内部被 R_0分去的电流。

式（1—4）反映了图 1—6a 的等效电路，式（1—5）反映了如图 1—6b 所示的等效电路。

比较式（1—4）的电压源方程和式（1—5）的电流源方程可知，当 $I_S=\frac{E}{R_0}$或 $E=I_SR_0$ 时，这两种电源对于端电压 U_{ab}及外电路上电流 I 是等效的。也就是说，无论用以上电压

源还是电流源都是不会影响 U_{ab} 和 I 的数值的。电源间的这种有规律的内在联系称等效变换，如图 1—6 所示。

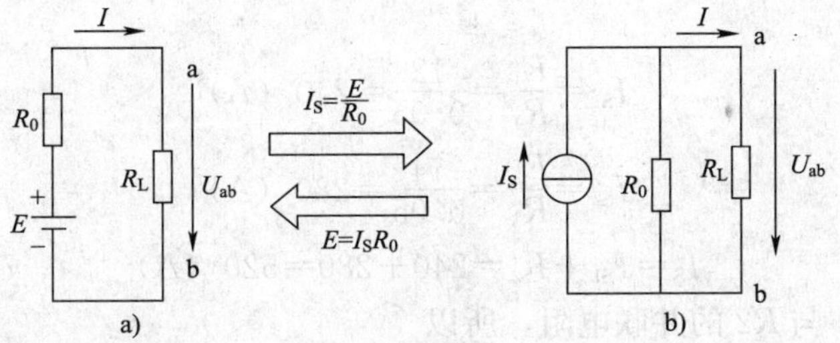

图 1—6　实际电压源与电流源的等效变换

在进行电源的等效变换时，应注意以下几点：

(1) 电压源和电流源的等效只是对外电路（a、b 端口上）等效，而对电源内部（虚线部分）是不等效的。由图 1—6 可知，对于两种电源的 R_0 上流过的电流往往是不相等的。所以，所谓电源的等效仅指对计算外电路（端口上）的电压、电流有效。

(2) 电压源和电流源互相转换时，要注意电压源的电压与电流源电流的方向问题。也就是对于电压源和电流源的两端，应保持流出电流源的一端为电压源的正极。

(3) 恒压源和恒流源之间不能进行等效变换，因为当 $R_0=0$ 时电压源变换成电流源，I_S 将变为无穷大。当 R_0 为无穷大时，电流源变换成电压源，E 将为无穷大。很明显，这两种数值为无穷大的电源是不存在的。

(4) 电阻 R_0 的概念不一定仅限于电源的内电阻，只要在恒压源电路上串联有电阻，或在恒流源的两端并联有电阻，则两者均可进行等效变换。

运用电源的等效变换的方法，可使一些复杂的电路简化为简单电路，进而使计算简便。

【例 1—3】 如图 1—7 所示为汽车电路中最简单的模型。图中 E_1 为蓄电池的电动势，R_1 为蓄电池的内阻，E_2 为发电机输出的电动势，R_2 为发电机的内阻，R_3 为用电设备的电阻。该电路中，R_1、R_2、R_3 不存在串并联关系，一般认为是复杂电路。下面，运用电源的等效变换来进行计算。设电路中 $E_1=12$ V，$R_1=0.05$ Ω，$E_2=14$ V，$R_2=0.05$ Ω，$R_3=0.975$ Ω，求各电流值。

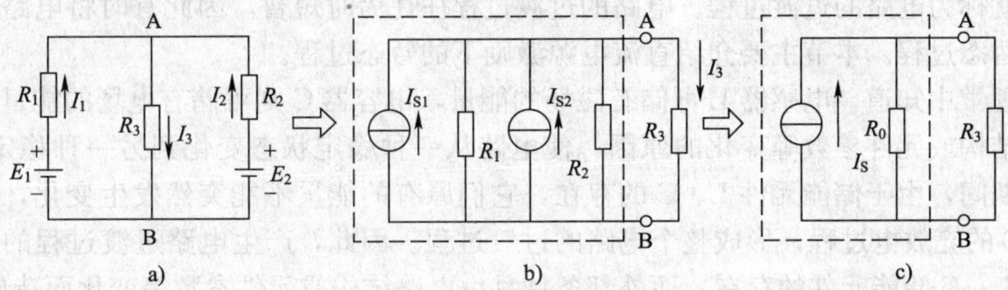

图 1—7　汽车电路简单模型

a）复杂电路　b）两电流源并联　c）简单电路

解：首先把图 1—7a 中的两个电压源在 A、B 端口等效变换成电流源，如图 1—7b 虚线所示。然后再把两个电流源合并及两个内阻合并，化为一个简单电流源，如图 1—7c 虚线所示。由于

$$I_{S1}=\frac{E_1}{R_1}=\frac{12}{0.05}=240\ (\text{A})$$

$$I_{S2}=\frac{E_2}{R_2}=\frac{14}{0.05}=280\ (\text{A})$$

所以 $$I_S=I_{S1}+I_{S2}=240+280=520\ (\text{A})$$

因为，R_0为 $R1$ 与 $R2$ 的并联电阻，所以

$$R_0=\frac{R_1R_2}{R_1+R_2}=\frac{0.05\times0.05}{0.05+0.05}=0.025\ (\Omega)$$

根据分流公式，可得用电设备的电阻 $R3$ 中的电流：

$$I_3=I_S\frac{R_0}{R_0+R_3}=520\times\frac{0.025}{0.025+0.975}=13\ (\text{A})$$

所以 $$U_{AB}=I_3R_3=13\times0.975=12.675\ (\text{V})$$

根据 $U_{AB}=12.675$ V，必须回到图 1—7a 上去，根据 KVL（克希荷夫电压定律）求出 I_1与 I_2，得：

$$I_1=\frac{E_1-U_{AB}}{R_1}=\frac{12-12.675}{0.05}=-13.5\ (\text{A})$$

$$I_2=\frac{E_2-U_{AB}}{R_2}=\frac{14-12.675}{0.05}=26.5\ (\text{A})$$

当然，I_2也可根据 KCL（克希荷夫电流定律）求得

$$I_2=I_3-I_1=13-(-13.5)=26.5\ (\text{A})$$

由 I_1为-13.5 A 可说明，实际电流与图示的参考方向相反。此时，汽车发电机输出电能可向蓄电池进行充电。

1.2 线性电路的过渡过程

电路从一种稳定的状态转变为另一种稳定状态，若需要一定的过程时间，这个电量的变化过程就称为电路的过渡过程。电路的过渡过程往往为时短暂，因此有时将电路的过渡过程称为暂态过程。本节主要介绍直流电源激励下的暂态过程。

从物理学中知道，电感器 L 可储有磁场的能量，电容器 C 则可储有电场的能量。若由于电路的结构或元件参数等变化的原因，使电路从一种稳定状态变化到另一种稳定状态。在其变化期间，由于储能元件 L、C 的存在，它们原有的能量不能突然发生变化，所以便产生 L、C 的充放电过程，形成整个电路的过渡过程。因此，产生电路过渡过程的内部条件是由于 L、C 储能元件的存在，而外部条件是由电路结构或元件参数等变化而造成的。

在汽车电路中，使用的是直流电源（蓄电池或发电机电源），而其使用的负载除照明灯以外，极大部分为电感器 L 与电容器 C 负载。例如，直流电磁铁、电动机、点火线圈

等，以及电子控制线路中都存在着 LC 负载。所以，过渡过程现象在汽车电路中经常发生着。只是由于过渡过程的时间非常短，电路已达到稳定，因而在实际运行中不易看得见。利用过渡过程原理可改善电压、电流的波形及产生一些特定的波形，有时起到保护电路的作用。过渡过程有时也会带来过高的电压或过大的电流而损坏一些电气设备，但在汽车的蓄电池点火系中，恰恰是利用这一高压电现象来进行点火作功的。

1.2.1　换路定律及电压、电流初始值的确定

过渡过程的产生是由于物质所具有的能量不能突变而造成的。因为自然界的任何物质在一定的稳定状态下，都具有一定形式的能量，当条件改变后，能量也将随之改变，但是能量的改变（积累或衰减）是需要一定的时间的。例如：电动机的转速不能突变，这是因为它的动能不能突变；汽车在紧急制动状态下不能立刻停下来，也充分说明其动能是不能突变的。

电路的接通、切断、短路或元件参数改变等现象称之为换路。换路后，原电路中的能量往往要发生变化，但是这种变化是不能突变的，而是要经过时间的积累过渡而成。在电感元件中$\left(\text{经计算可知其储有的磁能为}\frac{1}{2}Li_L^2\right)$，当电感 L 为一常数时，磁能不能突变就意味着电感中的电流 i_L 不能突变。在电容元件中$\left(\text{其储有的电能为}\frac{1}{2}Cu_C^2\right)$，当电容 C 为一常数时，电能不能突变就意味着电容器上的电压 u_C 不能突变。

若以 $t=0$ 作为换路瞬间的计时起点，则以 $t=0_-$ 表示换路前的终了瞬间，$t=0_+$ 表示换路后的初始瞬间，而 0_- 和 0_+ 在计时的数值上都等于 0，这也说明换路的前后瞬间没有时间上的变化。即从 $t=0_-$ 到 $t=0_+$ 的瞬间是不需要时间的，所以换路瞬间电感器中的电流 i_L 和电容器上的电压 u_C 是不能突变的，这一规律称换路定律。如用公式表示，则为：

$$i_L(0_+)=i_L(0_-) \tag{1—6}$$

$$u_C(0_+)=u_C(0_-) \tag{1—7}$$

在这里，应当注意式（1—6）和（1—7）的换路定律仅适用于换路的瞬间，可根据它来确定 $t=0_+$ 时电路中的各电压和电流之值，即过渡过程的初始值。根据电路的基本分析方法，求解换路后瞬间的有关初始值的步骤如下：

（1）按换路前 $t=0_-$ 的电路情况，求出 $i_L(0_-)$ 及 $u_C(0_-)$ 的值。

（2）由换路定律可确定 $i_L(0_+)$ 及 $u_C(0_+)$ 的值。

（3）按换路后 $t=0_+$ 的电路情况，求出有关两端元件上的电压或电流的初始值。

另外，对于在换路前没有储能的电感来说 $i_L(0_-)=0$，则根据换路定律，换路后 $i_L(0_+)=0$。此时电感上没有电流，可视为电感器两端为断路（开路）状态。同理，对于在换路前没有储能的电容器来说 $u_C(0_-)=0$，则换路后 $u_C(0_+)=0$。此时，电容器上没有电位差，可视该电容器两端为短路状态。

应该特别指出，换路定律只适用于电感器中的电流和电容器上的电压，而不能用于其他元件中电流和电压。例如，电感器中的电压与电容器上的电流，以及电阻元件中的电

压、电流都是不符合换路定律的，因为这些量在换路时往往是可以突变的。

【例 1—4】 如图 1—8 所示，已知：$E=12$ V，$R_1=1$ kΩ，$R_2=R_3=6$ kΩ，开关 S 打开前电路已处于稳态，求 $t=0$ 时、S 打开后，i_L 和 u_L 的初始值 $i_L(0_+)$ 和 $u_L(0_+)$。

解： 根据题意，当 $t=0$ 时，开关 S 打开前后，由于电路的结构改变，所以此时就为换路。而在换路前（S 打开前），电路已处于稳态，这时可以知道电感线圈 L 在直流的作用下相当于一根导线（因为此时电感线圈 L 两端的电压 $u_L=0$），所以换路前（$t=0_-$）的等效电路如图 1—9a 所示，从而得：

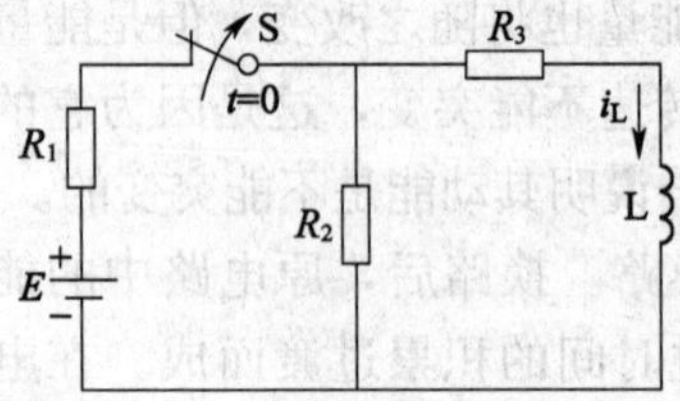

图 1—8 例 1—4 电路图

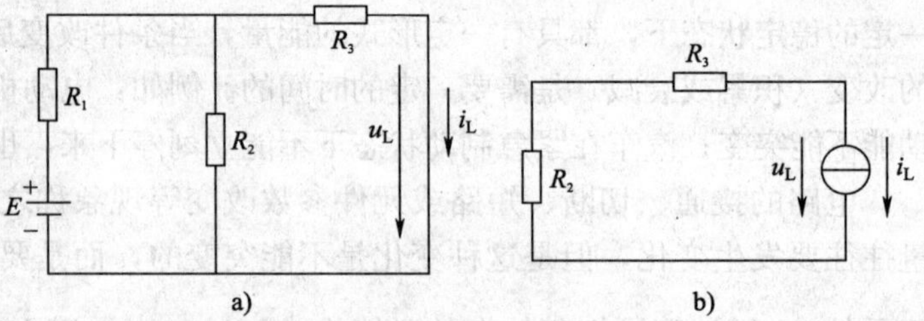

图 1—9 换路前后瞬间的等效电路

a）$t=0_-$ 时的等效电路 b）$t=0_+$ 时的等效电路

$$i_L(0_-)=\left(\frac{E}{R_1+\frac{R_2R_3}{R_2+R_3}}\right)\left(\frac{R_2}{R_2+R_3}\right)$$

$$=\frac{12}{1+\frac{6\times6}{6+6}}\times\frac{6}{6+6}=1.5\ (\text{mA})$$

由换路定律得

$$i_L(0_+)=i_L(0_-)=1.5\ (\text{mA})$$

$i_L(0_+)$ 的值可用电流源来代替，如图 1—9b 所示。这样由 KVL（克希荷夫电压定律）可得：

$$u_L(0_+)+i_L(0_+)(R_2+R_3)=0$$

所以 $$u_L(0_+)=-i_L(0_+)(R_2+R_3)=-1.5\times(6+6)=-18\ (\text{V})$$

以上结果可看出：电感器 L 两端的电压 u_L 在换路前为零，即 $u_L(0_-)=0$；换路后 $u_L(0_+)=18$ V，说明其在换路时是突变的，$u_L(0_+)\neq u_L(0_-)$。

【例 1—5】 如图 1—10 所示，已知：$E=12$ V，$R_1=1.5$ Ω，$R_2=0.5$ Ω，开关 S 在 1 位置时电路已稳定，求当 $t=0$ 时，S 从 1 位置打到 2 位置时的 $u_C(0_+)$ 和 $i_C(0_+)$。

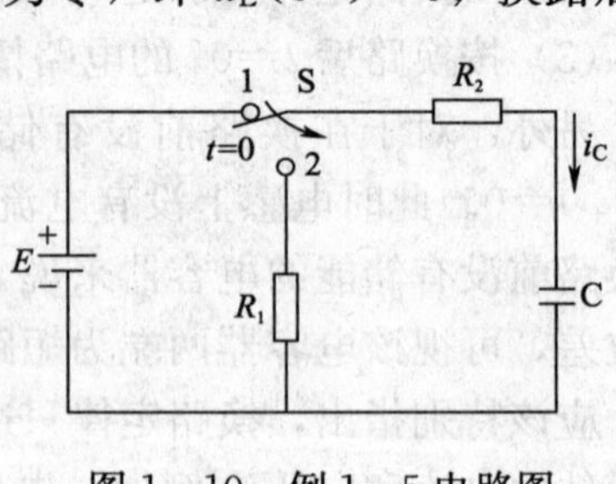

图 1—10 例 1—5 电路图

解： 根据题意，开关 S 在 1 位置时电路已稳定，

则电容器中的电流 i_C 等于零，电容器可视为开路（可拿掉）如图 1—11a 所示，则此时的 $u_C=u_C(0_-)$ 为换路前的数值，则：

$$u_C(0_-)=E_C-i_CR_2=E_C=12\ \text{V}$$

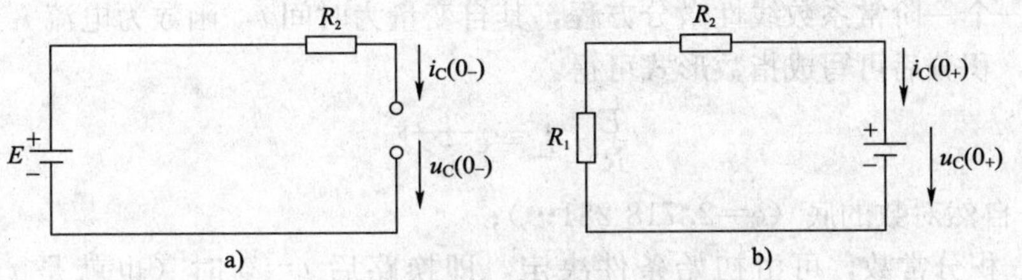

图 1—11　换路前后瞬间的等效电路

a）$t=0_-$ 时的等效电路　b）$t=0_+$ 时的等效电路

当 $t=0$ 时，开关 S 从 1 位置打到 2 位置时，改变了电路结构，即为换路。根据换路定律得：

$$u_C(0_+)=u_C(0_-)=12\ \text{V}$$

此时 $u_C(0_+)$ 的值可用电压源来代替，如图 1—11b 所示。这样由 KVL 就得到：

$$u_C(0_+)+i_C(0_+)(R_1+R_2)=0$$

解出

$$i_C(0_+)=-\frac{u_C(0_+)}{R_1+R_2}=-\frac{12}{1.5+0.5}=-6(\text{A})$$

以上结果说明：换路时，电容器上的电压是不能突变的，$u_C(0_+)$ 为 12 V；但是其中电流 i_C 突变了，由 0 变到 −6 A，此值正是 S 在 2 位置的初始值，也是电容器 C 的最大放电电流，其方向与标出的参考方向相反。

1.2.2　RL 电路的过渡过程

由直流电源（蓄电池）作为能源的 RL 串联电路在汽车中得到最广泛的运用。在直流稳态电路中，电感线圈 L 被等效成一根导线，在这里要讨论的是电路在稳定前的过渡过程情况。如图 1—12 所示是 RL 串联电路，一般认为 R 为电感线圈 L 的等效电阻元件或者 R 中包括了电感线圈 L 中的电阻元件，则图中 L 就视为一纯的电感器。开关 S 在 1 位置上时间很久，使电路稳定；在 $t=0$ 时，将开关 S 打到 2 位置，试讨论 $t\geqslant0$ 时的 $i_L(t)$ 的情况［i_L 为时间 t 的函数，书写时往往省略时间变量 t，即 $i_L(t)=i_L$］。

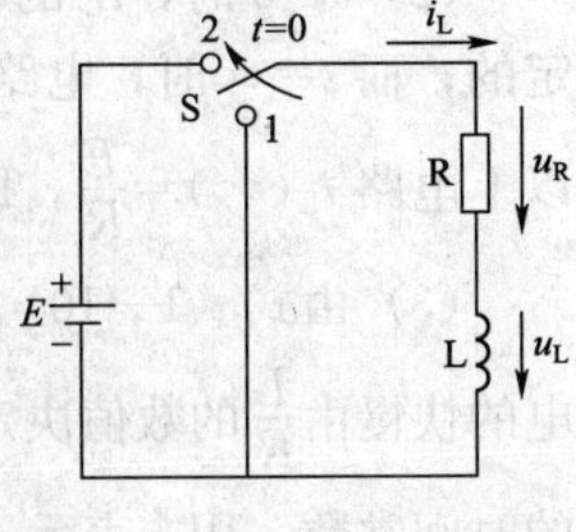

图 1—12　RL 的充电电路

如图 1—12 所示，$t=0$ 时换路，根据 KVL 可列出 $t\geqslant0$ 时的电路方程为

$$E=u_R+u_L$$

因为
$$u_R=i_LR,\ u_L=L\frac{di_L}{dt}$$

所以
$$E=i_LR+L\frac{di_L}{dt} \tag{1—8}$$

上式是一个一阶常系数线性微分方程，其自变量为时间 t，函数为电流 i_L。将（1—8）式分离变量，积分后可写成指数形式可得：

$$\frac{E}{R}-i_L=e^{-\frac{R}{L}t+K} \tag{1—9}$$

式中　e——自然对数的底（e=2.718 281…）；

K——积分常数，可由初始条件决定，即换路后 $t=0$ 时（也就是 $t=0_+$ 时）的 $i_L(0_+)$数值。

根据题意及换路定律，可得：

$$i_L(0_+)=i_L(0_-)=0$$

上式代入式（1—9）中，得：

$$\frac{E}{R}-0=e^{-\frac{R}{L}\times 0+K}$$

所以
$$e^K=\frac{E}{R}$$

上式再代入式（1—9）中，得：

$$i_L=\frac{E}{R}-e^Ke^{-\frac{t}{\frac{L}{R}}}=\frac{E}{R}\left(1-e^{-\frac{t}{\frac{L}{R}}}\right)\quad(t\geqslant 0) \tag{1—10}$$

上式为（$t\geqslant 0$）时的函数 i_L 变化的方程式。从中可以得到一些过渡过程的基本概念：

（1）由式（1—10）中可知，$t=0$ 到 $t=\infty$时，i_L 从 0 上升到$\frac{E}{R}$，称为电感器的充电；反之，在过渡过程中 i_L 是在下降的，就称之为放电。

（2）$t=0$ 时，i_L 的初始值 $i_L(0)=i_L(0_+)$。它是由换路定律决定的，即由 $i_L(0_-)$ 决定的；而 $t=\infty$时，电路已稳定，此时电路为直流稳态电路，电感线圈 L 视为短路，所以以上电路 $i_L(\infty)=\frac{E}{R}$，即为稳态值。

（3）由式（1—10）看出，过渡过程是按照自然对数的底 e 的负指数关系变化的，充电的快慢由$\frac{L}{R}$的数值决定，$\frac{L}{R}$越小，则充电过程越快；反之，则越慢。因此，称$\frac{L}{R}$为电路的时间常数，用 τ 表示。显然 τ 的量纲是时间［L 单位为亨利（H），R 单位为欧姆（Ω），则 τ 的单位为秒（s）］。时间常数 τ 在过渡过程中是一个很重要的参数。

（4）从理论上讲，只有当 $t\to\infty$时，$e^{-\frac{t}{\tau}}=0$，过渡过程结束，电路才能稳定。但由于函数与自变量 t 是负指数关系，从表 1—1 可看出，当 $t=3\tau$ 时，$i_L=0.95\frac{E}{R}$；当 $t=5\tau$ 时，

则 $i_L=0.993\frac{E}{R}$。此值已很接近稳态值$\frac{E}{R}$。因此可认为过渡过程中，时间 t 经过（3～5）τ 后已结束，电路达到稳定。所以，τ 决定了过渡过程的快慢问题。如图 1—13a 和图1—13b 所示为式（1—10）中不同的时间常数 τ 所产生充电电流 i_L 的波形图。

表 1—1　　充电过程中的 i_L

t	$e^{-\frac{t}{\tau}}$	i_L
0	$e^0=1$	0
τ	$e^{-1}=\frac{1}{e}=0.368$	$0.632\frac{E}{R}$
2τ	$e^{-2}=0.135$	$0.865\frac{E}{R}$
3τ	$e^{-3}=0.050$	$0.95\frac{E}{R}$
4τ	$e^{-4}=0.018$	$0.982\frac{E}{R}$
5τ	$e^{-5}=0.007$	$0.993\frac{E}{R}$
⋮	⋮	⋮
∞	$e^{-\infty}=0$	$\frac{E}{R}$

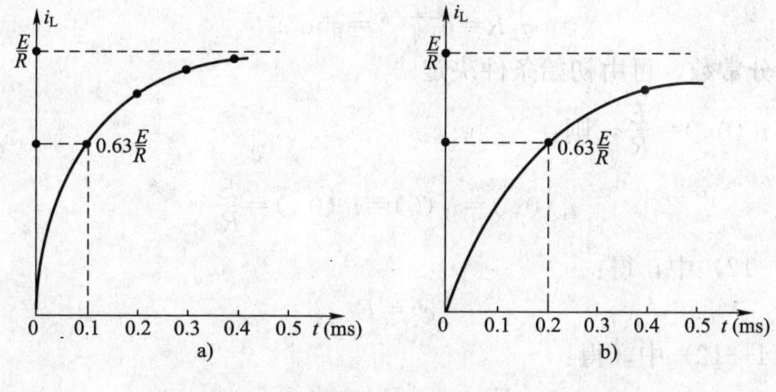

图 1—13　电感器充电时的电流 i_L 的波形图

a）$\tau=0.1$ ms　b）$\tau=0.2$ ms

在汽车点火系中，初级线圈电路就是一 RL 电路，当断电器触点闭合后产生过渡过程，一般初级线圈 L 的电阻 R_L 为 0.6 Ω 左右（桑塔纳轿车），电感 L 约为 5.8 mH，这样该电路过渡过程结束时间为（取 5τ）：

$$5\tau=5\times\frac{5.8\times10^{-3}}{0.6}\approx0.048\ (s)=48\ (ms)$$

以上结论说明：汽车点火系点火线圈的充电过程是一个很短暂的过程，电流从 0 达到

了最大 $\frac{E}{R_L}=\frac{12}{0.6}=20$（A）。这样，在此过程中电感线圈两端产生感应电压：

$$u_L=L\frac{di_L}{dt}$$

在 5τ 时间里，可近似认为电流 i_L 引起的磁通 Φ 是线性的。通过运算可得到在充电初始时（$t=0$）感应电压 u_L 为最大（约为十几伏）。

电感器在充电过程中，从电源处吸收电能，以电流形式把它储藏在磁场之中。它所储藏的能量为：

$$W_L=\frac{1}{2}Li_L^2 \quad (J)$$

下面讨论电感器的放电过程。如图 1—14 所示，开关 S 在 2 位置时间很久（超过 5τ），电路已经稳定。在 $t=0$ 时，S 从 2 位置打到 1 位置，讨论 $t\geqslant0$ 时的 i_L 变化情况。

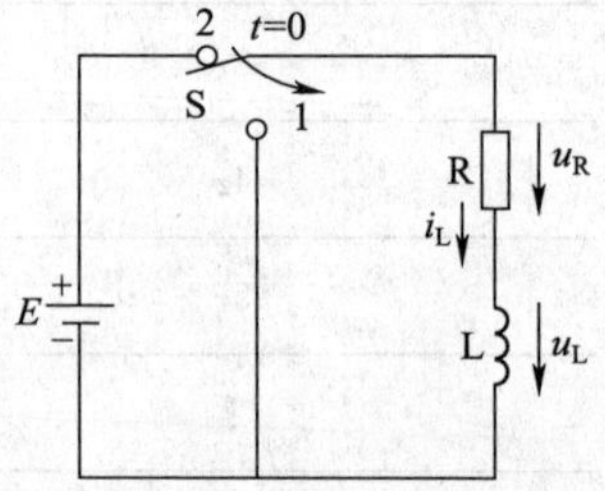

图 1—14　RL 的放电电路

根据 KVL 可列出 $t\geqslant0$ 时的电路微分方程：

$$u_R+u_L=0$$

即

$$i_LR+L\frac{di_L}{dt}=0 \quad (1—11)$$

与电感器的充电微分方程解法一样，分离变量，积分后将式（1—11）写成指数形式，即：

$$i_LR=e^{-\frac{t}{\frac{L}{R}}+K}=e^Ke^{-\frac{t}{\frac{L}{R}}} \quad (1—12)$$

式中　K——积分常数，可由初始条件决定。

根据题意，$i_L(0_-)=\frac{E}{R}$，则：

$$i_L(0_+)=i_L(0)=i_L(0_-)=\frac{E}{R}$$

代入式（1—12）中，得：

$$e^K=E$$

再代入式（1—12）中，得：

$$i_L=\frac{E}{R}e^{-\frac{t}{\frac{L}{R}}}=\frac{E}{R}e^{-\frac{t}{\tau}} \quad (t\geqslant0) \quad (1—13)$$

从上式可看到：电感器在 $t=0$ 时，$i_L=\frac{E}{R}$为最大；t 经过（3～5）τ 时间后，$i_L\approx0$（其磁能 W_L 也放完），所以此时过渡过程属于放电过程。放电的快慢决定于时间常数 τ。如图 1—15a 和图 1—15b 所示为式（1—14）中不同时间常数 τ 所产生放电电流 i_L 的波形图。

在图 1—14 中，若开关从 2 位置打开而不接到 1 位置（S 在 2 位置打到 1 位置的过程中，也相当于 S 不接任何东西一样）时，此时 i_L 为零，发生了突变，似乎违反了换路定律 $i_L(0_+)=i_L(0_-)$。但如果此时开关 S 打开速度很快，即 $dt\rightarrow0$，则电感线圈两端会产生

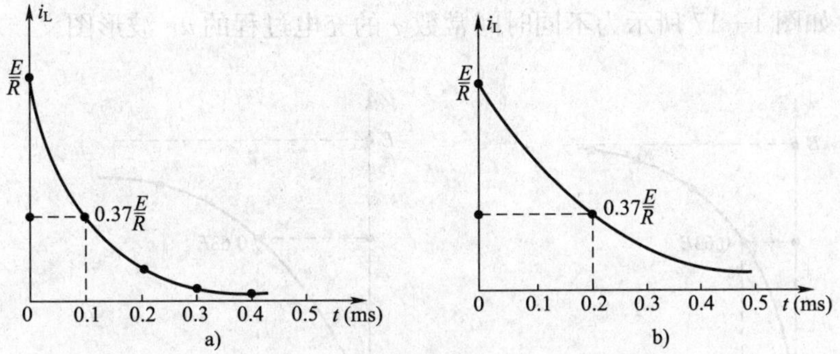

图 1—15　电感器放电时的电流 i_L 的波形图

a) $\tau=0.1$ ms　b) $\tau=0.2$ ms

感应电压 $u_L=L\dfrac{di_L}{dt}$，将非常大的。该电压会将空气间隙击穿，并在开关 S 两端产生火花，从而构成其放电回路。所以严格地讲，电感器中的电流是不可能突变的。在汽车中需点火时，正是触点由闭合迅速打开而产生点火所需的高压，同时在触点两端会出现火花。触点火花会引起触点烧蚀而使触点接触不良、影响点火，所以现代汽车一般采用了无触点的电控点火系统。

1.2.3　RC 电路的过渡过程

电容器 C 与电阻元件 R 串联电路的充电过程。如图 1—16 所示，开关 S 在 1 位置时的电路已稳定。$t=0$ 时，S 从 1 位置打到 2 位置，试讨论 $t\geqslant 0$ 时的电容器两端电压 u_C 的变化情况。

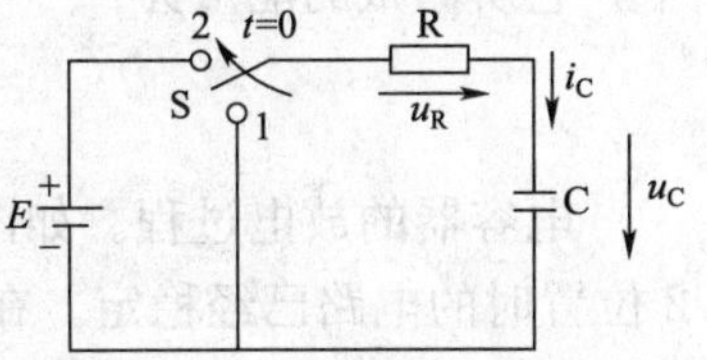

图 1—16　电容器充电电路

$t\geqslant 0$ 时，开关 S 打到 2 位置，根据 KVL 方程可得：

$$E=i_CR+u_C$$

因为

$$i_C=C\frac{du_C}{dt}$$

所以

$$E=RC\frac{du_C}{dt}+u_C \tag{1—14}$$

上式是一个一阶常系数线性微分方程。结合其 $t=0$ 时的初始条件：

$$u_C(0_+)=u_C(0_-)=0$$

可解出该微分方程结果为：

$$u_C=E(1-e^{-\frac{t}{RC}})\quad t\geqslant 0 \tag{1—15}$$

上式中，当 $t=0$ 时，$u_C(0)=0$；而 $t=\infty$时，$u_C(\infty)=E$。在这里，也可以看出充电的快慢决定于电容 C 与电阻 R 的乘积。所以，该电路的时间常数 $\tau=RC$［R 的单位为欧姆

(Ω)，C 的单位为法拉（F），则 τ 的单位为秒（s）]。经过（3～5）τ 的时间，充电的过渡过程已结束。如图 1—17 所示为不同时间常数 τ 的充电过程的 u_C 波形图。

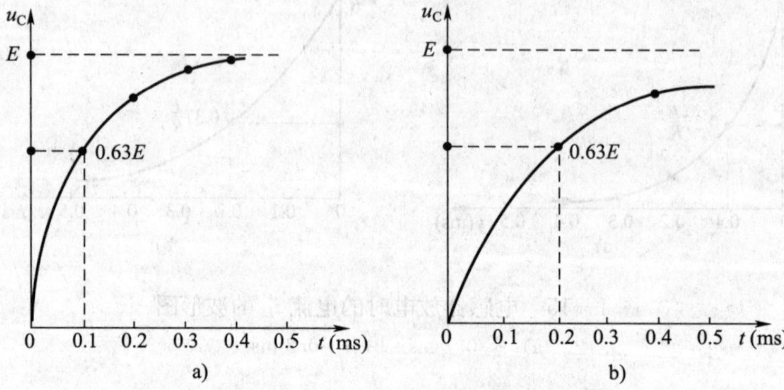

图 1—17　电容器充电时的电压 u_C 的波形图

a）τ=0.1 ms　b）τ=0.2 ms

例如，当 $R=10\ \text{k}\Omega$，$C=10\ \mu\text{F}$ 时，则 $\tau=10\times10^3\times10\times10^{-6}=0.1(\text{s})$。所以该电路只要经过（0.3～0.5）s 过渡过程已结束。在一些电子线路中，电容器的充放电往往是较短暂的。

电容器在充电过程中，从电源处吸收电能，以电压形式把它储藏在电容器的电场之中，它所储藏的能量为：

$$W_C=\frac{1}{2}Cu_C^2 \quad (\text{J})$$

电容器的放电过程。如图 1—18 所示，开关 S 在 2 位置时的电路已经稳定。在 $t=0$ 时，S 从 2 位置打到 1 位置，试讨论 $t\geqslant0$ 时的电容器两端电压 u_C 的变化情况。

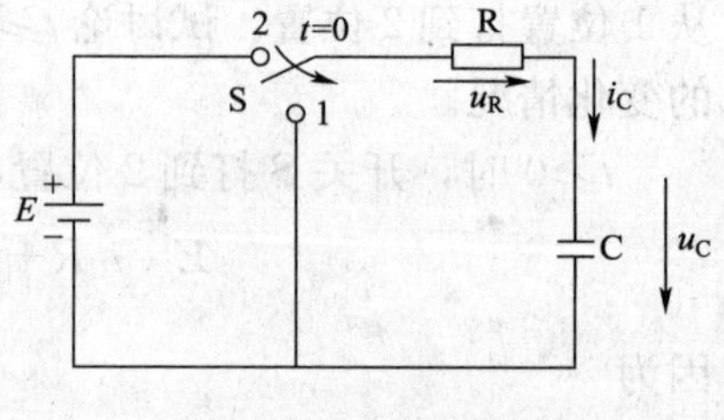

图 1—18　电容器放电电路

根据题意，换路时的 $u_C(0_+)=u_C(0_-)=E$，这时，$t\geqslant0$ 的 KVL 方程为：

$$u_C+i_CR=0$$

因为

$$i_C=C\frac{du_C}{dt}$$

所以

$$u_C+RC\frac{du_C}{dt}=0$$

该微分方程结合 $t=0$ 时初始条件 $u_C(0_+)=u_C(0_-)=E$，可解出其结果：

$$u_C=Ee^{-\frac{t}{RC}} \quad (t\geqslant0) \qquad (1—16)$$

式中　RC——放电的时间常数 τ。

当 $t=0$ 时，$u_C(0)=E$，经过（3～5）τ 时间（取 5τ），则 $u_C(5\tau)\approx 0$（其能量 W_C 也放完）。所以，该电路是经过一个放电的过渡过程。如图 1—19a 和图 1—19b 所示为不同放电时间常数 τ 的放电过程的 u_C 的波形图。

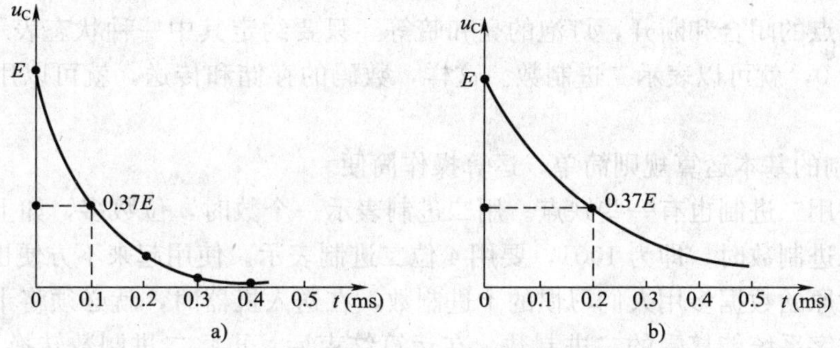

图 1—19　电容器放电时的电压 u_C 的波形图

a）$\tau=0.1$ ms　b）$\tau=0.2$ ms

电容器在充电开始的瞬间，若无储存能量，即 $u_C(0_+)=0$，此时电容器 C 相当于短路，会引起电路中瞬间的电流较大（称为冲击电流）可能会损坏其他元件设备，所以使用中要加以关注。电容器放电时，若电阻元件 R 的阻值很小，则会引起瞬间放电电流很大。汽车中电容储能式的点火原理就是根据电容器这一特性而工作的。

1.3　数字电路基础

1.3.1　二进制数

从计数电路的角度看来，采用十进制是不方便的。因为构成计数电路的基本设想是把电路的状态跟数码对应起来，而十进制的十个数码，必须用十个不同的并能严格区分的电路状态与之相对应，这样在电子技术上很难实现，就是能实现，也不经济。因此在数字电路中一般不直接采用十进制。

二进制数与十进制数的区别在于数码的个数和进位的规律不同，十进制数采用十个数码，并且“逢十进一”；而二进制数则用两个数码“0”和“1”，并且“逢二进一”即 1+1=10（读为“壹零”）。为了与十进制相区别，表示为二进制数时，通常在它的末尾加 B（Binary 的缩写，译为“二进制”）。二进制与十进制一样，同一数码处于不同的位置时（数位），所表示的数值也是不同的，二进制就是以 2 为基数的计数体制。

如：二进制数 1001_B 可写为：$(1001)_B=1\times 2^3+0\times 2^2+0\times 2^1+1\times 2^0$。值为十进制的 9。

第四位和第一位的“1”分别表示十进制的“8”和十进制的“1”。上式中的 2^3，2^2，2^1，2^0 称为二进制数各位的“权”，一般来说，任意二进制数（整数部分）可表示为：

$$(N)_B = b_n \times 2^n + b_{n-1} \times 2^{n-1} + \cdots + b_1 \times 2^1 + b_0 \times 2^0$$

由于二进制具有如下的优点，因此它在数字电路中被广泛采用：

1. 采用二进制的电子电路简单可靠，所用元件少；二进制只有两个数码 0 和 1，因此它的每一位数都可以用任何具有两个不同稳定状态的元件来表示，如三极管的饱和与截止，继电器触点的闭合和断开，灯泡的亮和暗等。只要约定其中一种状态表示为 1，另一种状态表示为 0，就可以表示二进制数。这样，数码的存储和传送，就可以用简单而可靠的方式进行。

2. 二进制的基本运算规则简单，运算操作简便。

但是，采用二进制也有一些缺点。用二进制表示一个数时，位数多，如上例，十进制数 9 表示为二进制数时，即为 1001，要用 4 位二进制表示。使用起来不方便也不习惯。因此，在运算时原始数据多用人们习惯的十进制数，在送入机器时，就必须将十进制的原始数据转换成数字系统能接受的二进制数。在运算结束后，再将二进制数转换为十进制数，表示最终运算结果。

1.3.2 逻辑代数基础

逻辑代数又称布尔代数（Boolean algebra），是研究逻辑电路的数学工具，它为分析和设计逻辑电路提供了理论基础。

1. 基本概念及基本逻辑运算

（1）逻辑代数、逻辑变量和逻辑运算。与普通代数相同，逻辑代数也是由逻辑变量（用字母表示）、逻辑常量（“0”和“1”）和逻辑运算符（“与”“或”“非”）组成。逻辑电路的输入量和输出量之间的关系是一种因果关系，它可以用逻辑表达式来描述。

在逻辑电路中，逻辑变量和普通代数中的变量一样，可以用字母 A、B、C、…、X、Y、Z 等来表示。但逻辑变量只允许取两个不同的值“0”和“1”（没有中间值），它并不表示数量的大小（与普通代数不同），它表示两种对立的逻辑状态：分别是逻辑“0”和逻辑“1”。

逻辑代数就是用以描述逻辑关系，反映逻辑变量运算规律的数学，它是按照一定的逻辑规律进行运算的。

所谓逻辑关系是指一定的因果关系。基本的逻辑关系只有“与”“或”“非”三种。实现这三种逻辑关系的电路分别叫做“与门（AND gate）”“或门（OR gate）”“非门（NOT gate）”。因此，在逻辑代数中只有三种基本的逻辑运算，即“与”运算、“或”运算、“非”运算。其他逻辑运算都是通过这三种基本运算来实现的。

（2）与逻辑和与运算。只有当决定某一种事件结果的所有前提条件都具备时（把结果发生或条件具备用逻辑 1 表示；结果不发生或条件不具备用逻辑 0 表示），这个结果才能发生，这种逻辑关系称为与逻辑关系，简称与逻辑。如图 1—20 所示的电路中，要使 HL 灯亮，只有开关 S_1 与开关 S_2 都闭合，灯才会亮；只要有一个开关断开，灯就灭。

在此电路中，灯亮用逻辑 1 表示，灯灭用逻辑 0 表示，开关接通用逻辑 1 表示，断开用逻辑 0 表示，因此灯亮和开关 S_1、S_2的接通之间的关系是与逻辑关系，可以用逻辑表达式来描述，可记为（分别用 Y、A、B 表示灯 HL 以及开关 S_1、S_2的状态）：

$$Y=A\cdot B \quad 或 \quad Y=AB$$

式中的“·”（可省略）表示 A、B 的与运算，与运算的运算规则与普通代数中的乘法相似，故与运算又称逻辑乘。如图 1—21 所示为与逻辑的符号，也是与门的逻辑符号。图中，A、B 称为输入逻辑变量，Y 称为输出逻辑变量，当 A 和 B 均为“1”状态时，输出 Y 才为“1”状态。其运算规律同二进制乘法运算。

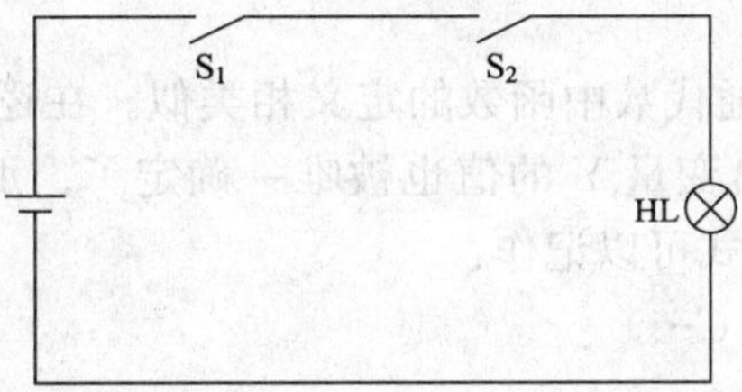

图1—20 “与”逻辑关系示意图

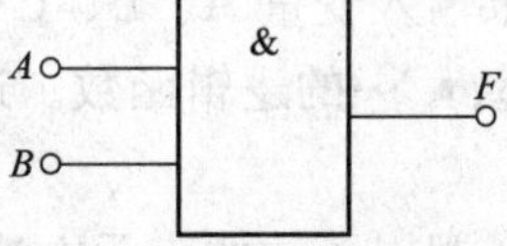

图 1—21 “与”逻辑符号

(3) 或逻辑和或运算。当决定某一结果的 N 个条件中，只要具备其中一个条件，结果就发生，这种逻辑关系，就称为或逻辑关系，简称或逻辑。

如图 1—22 所示电路中，开关 S_1 和 S_2 只要有一个接通，灯 HL 就亮。因此 HL 灯亮和开关 S_1、S_2 接通之间的关系是或逻辑关系，可以用逻辑表达式来描述（表示方法同与逻辑），可记为：

$$Y=A+B$$

或运算的运算规则与普通代数中的加法相似，故或运算又称逻辑加。如图 1—23 所示为或逻辑的符号，也是或门的逻辑符号。其运算规律同二进制加法运算，在这里，要注意的是：1+1 不应等于“10”，而应等于“1”，因灯的状态只有两种状态：亮为“1”，灭为“0”。

(4) 非逻辑和非运算。如果条件与结果的状态总是相反，则这样的逻辑关系叫非逻辑关系，简称非逻辑或逻辑非。逻辑变量 A 的逻辑非，表示为 $\overline{A}$，$\overline{A}$ 读作“A 非”。其输入和输出之间的逻辑关系可记为：

$$Y=\overline{A}$$

说明：若条件满足、结果发生用逻辑“1”表示，条件不满足、结果不发生用逻辑“0”表示，其运算规律 $\overline{0}=1$；$\overline{1}=0$。如图 1—24 所示为非逻辑的符号，也是非门的逻辑符号。

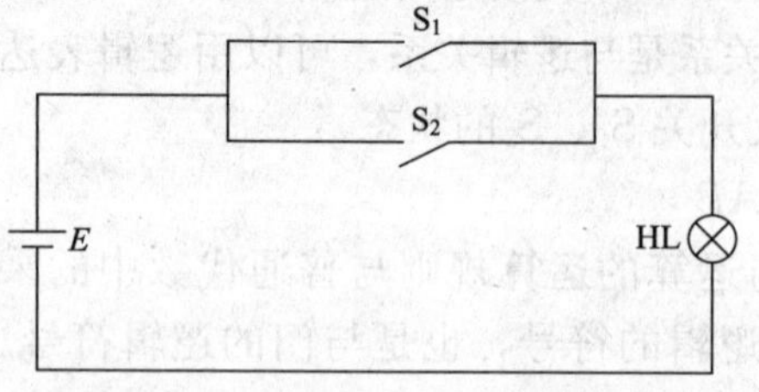

图 1—22 “或”逻辑关系示意图

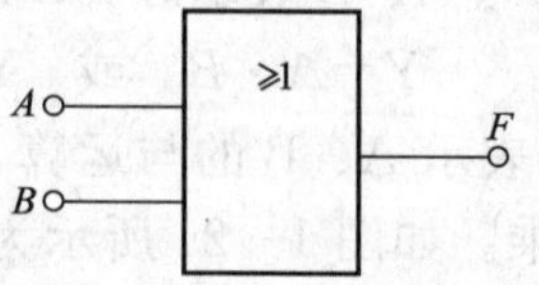

图 1—23 “或”逻辑符号

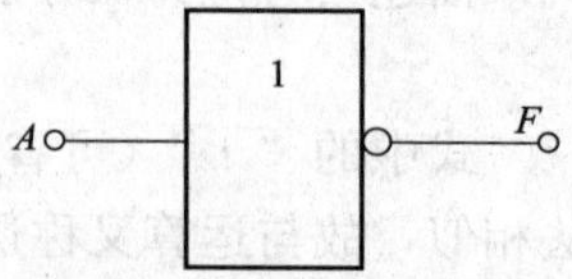

图 1—24 “非”逻辑符号

2. 逻辑函数及其基本定律

（1）逻辑函数的定义。逻辑函数的定义和普通代数中函数的定义相类似。在逻辑电路中，如果输入变量 A、B、$C\cdots$ 的值确定后，输出变量 Y 的值也被唯一确定了。那么，Y 是 A、B、$C\cdots$ 的逻辑函数。逻辑函数的一般表达式可以记作：

$$F=f(A, B, C\cdots)$$

（2）逻辑函数的表示方法

1）真值表。把输入逻辑变量的各种有效的取值和相应输出变量的函数值用表格的方法来表示。例如：以上所述的与逻辑的真值表见表 1—2。

2）逻辑图。用规定（国标）的逻辑符号连接构成的图，称为逻辑图。例如：$Y=AB+\bar{B}C$，如图 1—25 所示。

表 1—2　　与逻辑的真值表

逻辑变量		逻辑函数
A	B	Y
0	0	0
1	0	0
0	1	0
1	1	1

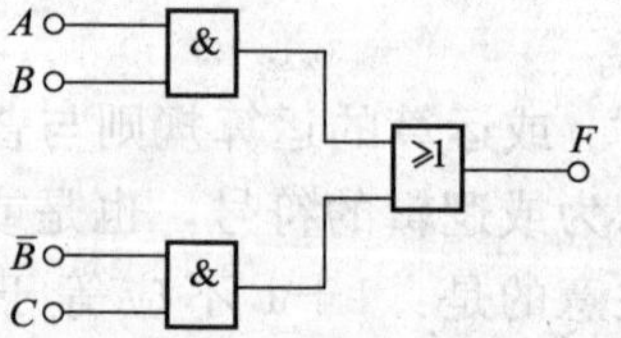

图 1—25 逻辑图

1.3.3 逻辑门电路

逻辑函数有与、或、非三种基本运算，因此门电路也有与、或、非三种基本电路。逻辑门电路是数字电路最基本的单元电路，它一般有多个输入端和一个输出端，其输出信号和输入信号存在一定的逻辑关系。利用门电路的各种组合，可得到所需的逻辑关系。

1. 逻辑状态

在逻辑电路中，高电平和低电平是两种互相对立的逻辑状态，可用逻辑“1”和逻辑“0”分别表示。它有两种不同的表示方法，规定如下：

若将高电平表示有脉冲信号，并用逻辑“1”表示；低电平表示无脉冲信号，并用逻辑“0”表示，称为正逻辑体制，简称正逻辑。反之，若将低电平表示有脉冲信号，用逻辑“1”表示；高电平表示无脉冲信号，并用逻辑“0”表示，称为负逻辑体制，简称负逻辑。

由于电路所处环境温度的变化、电源电压的波动、负载的大小以及电路中元器件参数的离散性和干扰等因素的影响，实际的高低电平都不是一个固定的值。通常高低电平都有一个允许变化的范围，只要能够正确区分这两种截然不同的状态就可以了。在实际应用中，若高电平太低，或低电平太高，都会使逻辑“1”或逻辑“0”这两种逻辑状态区分不清，从而破坏了原来确定的逻辑关系。因此，规定了高电平的下限值，并称它为标准高电平，用U_{SH}表示，同样也规定了低电平的上限值，称为标准低电平，用U_{SL}表示。在实际的逻辑系统中，应满足高电平$U_H \geqslant U_{SH}$，低电平$U_L \leqslant U_{SL}$。如图 1—26 所示为高低电平的逻辑赋值示意图。

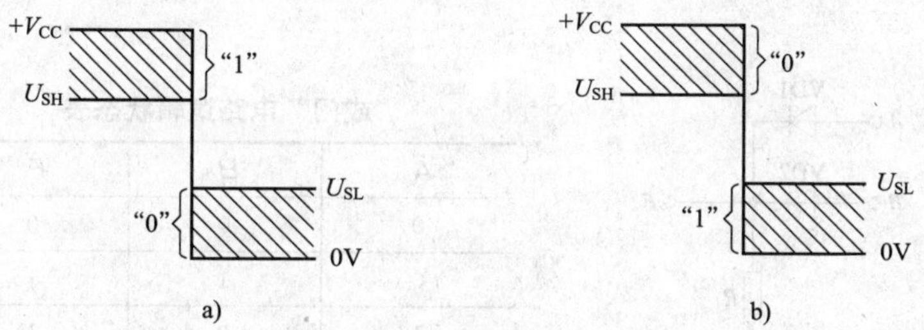

图 1—26　正、负逻辑的高、低电平

a）正逻辑　b）负逻辑

2. 二极管“与门”电路

如图 1—27 所示是由 3 个二极管组成的“与门”电路，A、B、C 为三个输入端，Y 是输出端。输入信号为矩形开关脉冲信号：高电平 3 V 或低电平 0 V（正逻辑）。下面分析它的工作原理：

当 3 个输入信号都是低电平，即$U_A=U_B=U_C=0$ V，二极管处于正向导通状态，由于二极管导通时正向压降很小（硅管 0.7 V），输出端电位U_Y被箝位在 0.7 V；当$U_A=0$ V，$U_B=U_C=3$ V 时，二极管 VD1 优先导通，U_Y被箝位在 0.7 V，而此时二极管 VD2、VD3 反偏而截止。同理，当$U_B=0$ V，$U_A=U_C=3$ V 时，二极管 VD2 优先导通，U_Y被箝位在 0.7 V；或当$U_C=0$ V，$U_A=U_B=3$ V 时，二极管 VD3 优先导通，U_Y被箝位在 0.7 V。当$U_A=U_B=U_C=3$ V 时，VD1、VD2、VD3 导通，输出端电位$U_Y=3.7$ V(3+0.7)。由以上分析可知，只有当 3 个输入端都是高电位时，输出才是高电位，而只要有一个输入端是低电位，则输出就是低电位。符合“与”逻辑，其逻辑表达式、真值表和逻辑图同“与”逻辑。

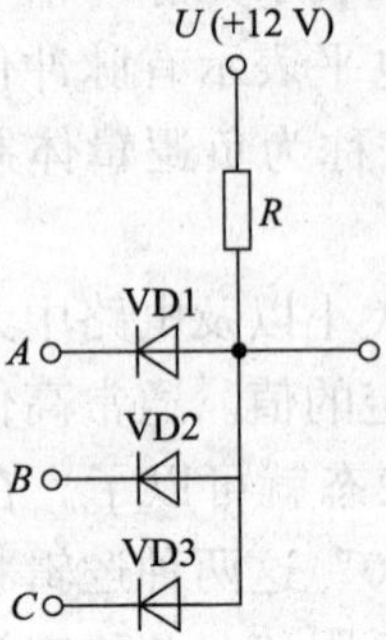

"与门"电路逻辑状态表

A	B	C	Y
0	0	0	0
0	1	1	0
1	0	1	0
1	1	0	0
1	1	1	1

图 1—27 "与门"电路与逻辑状态表

3. 二极管"或门"电路

如图 1—28 所示的是由两个二极管组成的"或门"电路，A、B 为二个输入端，F 是输出端。下面分析它的工作原理：

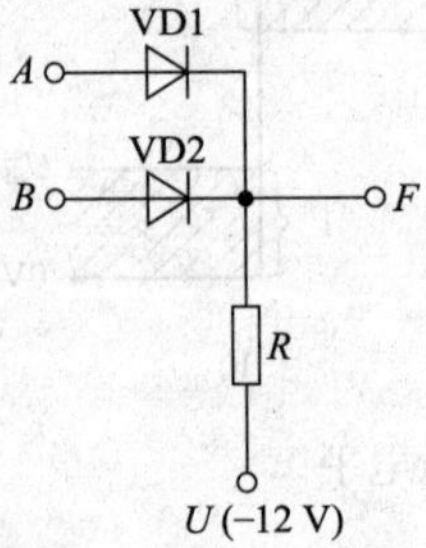

"或门"电路逻辑状态表

A	B	F
0	0	0
0	1	1
1	0	1
1	1	1

图 1—28 "或门"电路与逻辑状态表

当 $U_A=U_B=0$ V 时，VD1、VD2 正偏而导通，输出端电位 U_F 为低电平（−0.7 V）。当 $U_A=3$ V，$U_B=0$ V 时，VD1 优先导通，输出端电位 U_F 为高电平（2.3 V），VD2 因反偏而截止。同理，当 $U_B=3$ V，$U_A=0$ V，输出端电位 U_F 也为高电平（2.3 V）。

当 $U_A=U_B=3$ V 时，VD1、VD2 都导通，输出端电位 U_F 为高电平。

由以上分析可知，只有当两个输入端都是低电位时，输出才是低电位，而只要有一个输入端是高电位，则输出就是高电位。符合"或"逻辑，其逻辑表达式、真值表和逻辑图同"或"逻辑。

4."非门"电路——三极管反相器

如图 1—29 所示的是三极管"非门"电路，其实质是一个三极管反相器。三极管工作在开关状态，当输入 u_I 为低电平时，三极管截止，$i_C\approx 0$，输出为高电平，$u_O\approx U_{CC}$。而当输入 u_I 为高电平时，若适当选取 R_K、R_B、R_C，使得三极管 $i_B>I_{BS}$，则三极管饱和，输出低电平 $u_O=U_{CES}\approx 0.3$ V。逻辑表达式、真值表和逻辑图同"非"逻辑。由以上分析可知，当输入为低电平时，输出为高电平；当输入为高电平时，输出为低电平。

在汽车电器电路中，广泛使用由三极管反相器组成的继电器驱动电路，如图 1—30 所示。

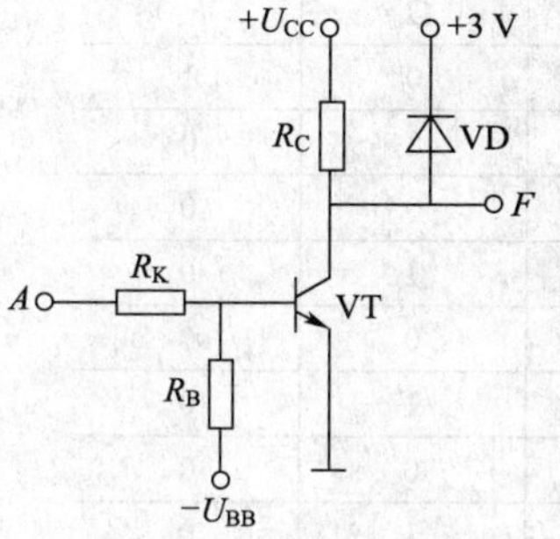

"非门"逻辑状态表

A	F
0	1
1	0

图 1—29　三极管"非门"电路与逻辑状态表

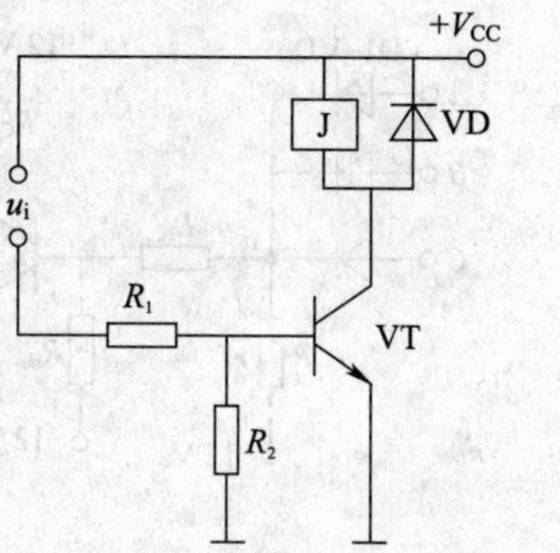

图 1—30　继电器驱动电路

5. "与非门"电路

除了上述三种基本逻辑门电路外，还可以将他们组合起来。将"与门"和"非门"电路组合起来就成了"与非门"电路，如图 1—31 所示。

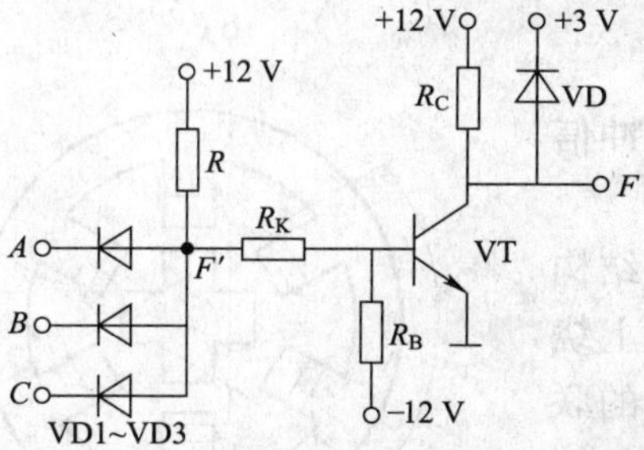

"与非门"逻辑状态表

A	B	C	F
0	0	0	1
0	0	1	1
0	1	0	1
0	1	1	1
1	0	0	1
1	0	1	1
1	1	0	1
1	1	1	0

图 1—31　"与非门"电路与逻辑状态表

"与非门"电路的工作原理分析如下：

当输入端 A、B、C 中有一个或一个以上为"0"（低电平）时，F' 即为"0"，而 $F=\overline{F'}$，即 $F=$"1"，只有当 A、B、C 全为"1"，$F'=$"1"，此时输出 $F=$"0"。综上所述，"与非门"输入输出逻辑关系可表述为：见"0"出"1"，全"1"为"0"。其逻辑表达式为：

$$F=\overline{A\cdot B\cdot C}$$

6. “或非门”电路

将“或门”与“非门”电路组合起来就成了“或非门”电路，如图 1—32 所示。

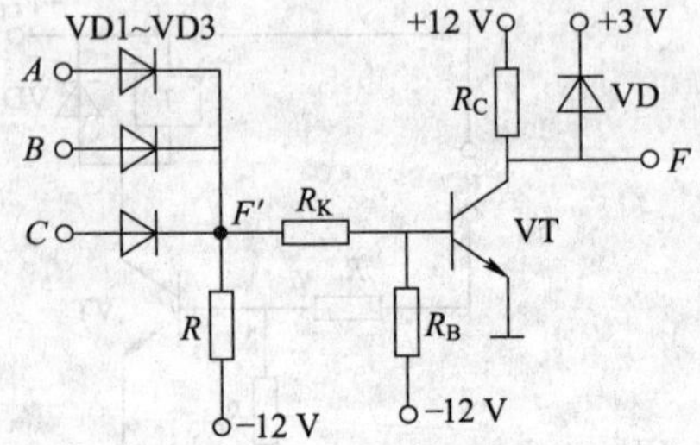

“或非门”逻辑状态表

A	B	C	F
0	0	0	1
0	0	1	0
0	1	0	0
0	1	1	0
1	0	0	0
1	0	1	0
1	1	0	0
1	1	1	0

图 1—32 “或非门”电路与真值表

“或非门”电路的工作原理分析如下：

当输入端 A、B、C 中有一个或一个以上为“1”（高电平）时，F'即为“1”，而 $F=\overline{F'}$，即为 F=“0”，只有当 A、B、C 全为“0”，F'=“0”，此时输出 F=“1”。综上所述，“或非门”输入输出逻辑关系可表述为：见“1”出“0”，全“0”出“1”。其逻辑表达式为：

$$F=\overline{A+B+C}$$

1.4 步进电动机

步进电动机是一种利用电磁场作用力原理将脉冲信号变换为直线位移或角位移的执行元件。

如图 1—33 所示，是三相反应式步进电动机的结构示意图。它的定子具有均匀分布的六个磁极，磁极上绕有控制绕组。两个相对的磁极组成一相，控制绕组的联结如图 1—33 所示。转子是用硅钢片或其他软磁材料制成，具有均匀分布的四个齿。

下面介绍三相单三拍、三相六拍及三相双三拍 3 种运行方式的基本原理。

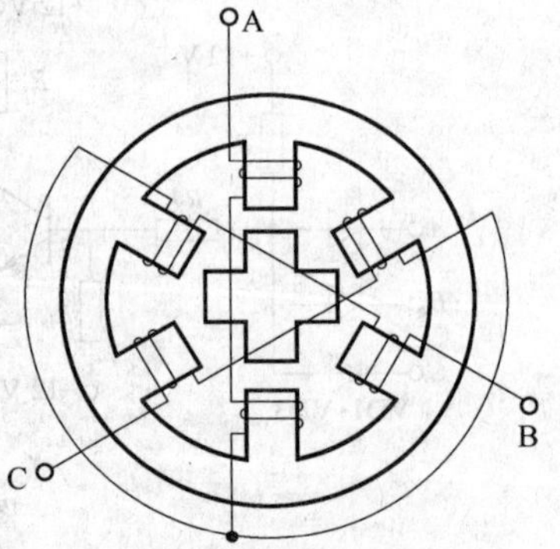

图 1—33 反应式步进电动机的结构示意图

1.4.1 三相单三拍运行方式

设 A 相首先通电（B、C 两相不通电），产生 A—A′轴线的磁通，并通过转子形成闭合回路。在磁场的作用下，转子总是力图转到磁阻最小的位置，也就是转到转子对齐

A、A′极的位置（见图 1—34a）。接着 B 相通电（A、C 两相不通电），转子便顺时针方向转过 30°，它的齿和 B、B′极对齐（见图 1—34b）。随后 C 相通电（A、B 两相不通电），转子又顺时针方向转过 30°，它的齿和 C、C′极对齐（见图 1—34c）。所以，当脉冲信号一个接一个发来，如果按 A—B—C—A—……的顺序轮流通电，则电动机转子便顺时针方向一步一步地转动。每一步的转角为 30°（称为步距角）。电流换接三次，磁场旋转一周，转子前进了一个齿距角（转子四个齿时为 90°）。如果按 A—C—B—A—……的顺序通电，则电动机转子便逆时针方向转动。这种依次通电的运行方式称为三相单三拍方式。

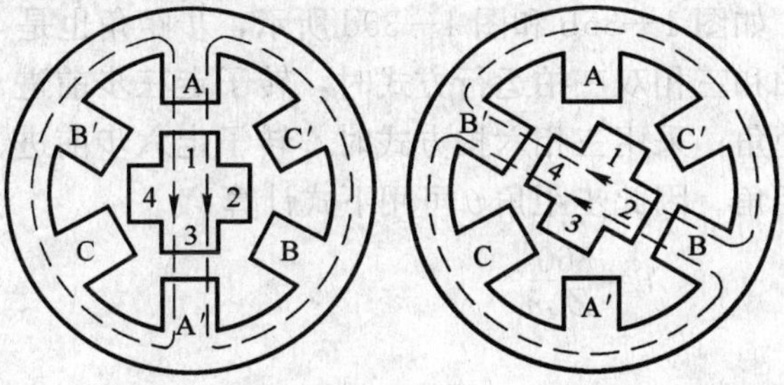

图 1—34　三相单三拍通电方式时转子的位置

a) A 相通电　b) B 相通电　c) C 相通电

1.4.2　三相六拍运行方式

设 A 相首先通电，转子齿和定子 A、A′极对齐（见图 1—35a）。然后在 A 相继续通电的情况下接通 B 相。这时定子 B、B′极对转子齿 2、4 有磁拉力，使转子顺时针方向转动，但是 A、A′极继续拉住 1、3。因此，转子转到两个磁拉力平衡时为止。这时转子的位置如图 1—35b 所示，即转子从图 1—35a 的位置顺时针方向转过了 15°。接着 A 相断电，B 相继续通电。这时转子齿 2、4 和定子 B、B′极对齐（见图 1—35c），转子从图 1—35b 的

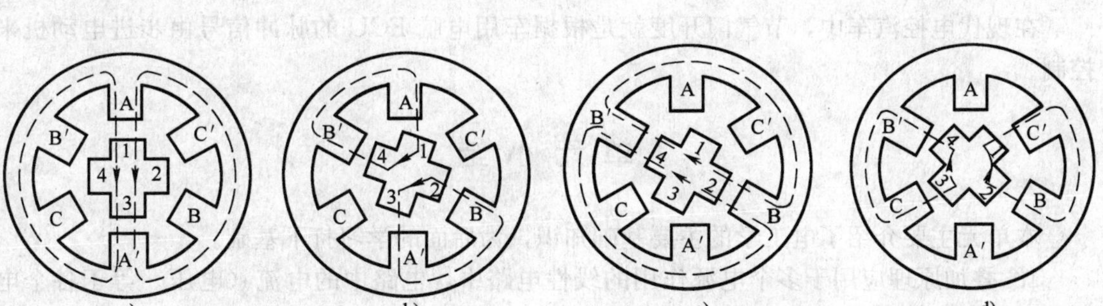

图 1—35　三相六拍运行方式时转子的位置

a) A 相通电　b) A、B 相通电　c) B 相通电　d) B、C 相通电

位置又转过 15°。而后接通 C 相，B 相仍然继续通电，这时转子又转过了 15°，其位置如图 1—35d 所示。这样，如果按 A—A、B—B—B、C—C—C、A—A—……的顺序轮流通电，则转子便顺时针方向一步一步地转动，步距角为 15°。电流换接六次，磁场旋转一周，转子前进了一个齿距角。如果按 A—A、C—C—C、B—B—B、A—A—……的顺序通电，则电动机转子逆时针方向转动。这种依次通电的运行方式称为三相六拍方式。

1.4.3 三相双三拍运行方式

如果每次通电都是两相通电，即按 A、B—B、C—C、A—A、B—……的顺序通电，则称为三相双三拍运行方式。如图 1—35b 和图 1—35d 所示，步距角也是 30°。

由上述可知，采用三相单三拍和三相双三拍运行方式时，转子走三步前进了一个齿距角，每走一步前进了三分之一齿距角；采用三相六拍方式时，转子走六步前进了一个齿距角，每走一步前进了六分之一齿距角。因此步距角 θ 可用下式计算：

$$\theta=\frac{360^\circ}{Z_r m}$$

式中 Z_r——转子齿数；

m——转子转过一个齿距角的运行拍数。

实际上，一般步进电动机的步距角不是 30°或 15°，而最常见的是 3°或 1.5°。由上式可知，转子上不只四个齿 $\left(\text{齿距角}\frac{360^\circ}{4}=90^\circ\right)$，而有 40 个齿（齿距角为 9°）。为了转子齿要和定子齿对齐，两者的齿宽和齿距必须相等。因此，定子上除了六个极以外，在每个极面上还有五个和转子齿一样的小齿。三相反应式步进电动机的结构图如图 1—36 所示。

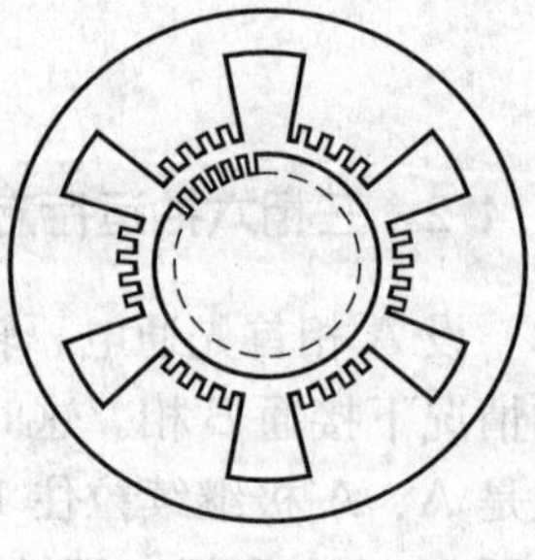

图 1—36　三相反应式步进电动机的结构图

由上述可以看出，步进电动机具有结构简单、维护方便、精确度高、起动灵敏、停止准确等性能。此外，步进电动机的转速决定于电脉冲频率，并与频率同步。

在现代电控汽车中，节气门开度就是根据车用电脑 ECU 的脉冲信号由步进电动机来控制。

单元小结

本单元主要介绍了电工学的主要基础知识，为后面的学习打下基础。

1. 叠加原理应用于多个电源作用的线性电路中，电路中的电流（电压）等于各个电源单独作用时的电流（电压）之和。

2. 戴维南定理用于在复杂线性电路，当求解其中某一支路上的电压或电流时，利用戴维南定理可将该支路两端点外的有源网络两端化简成一个电压源（开路电压、等效电阻）。

3. 电压源与电流源等效的方法，是利用实际电压源与实际电流源的相互转换对电路进行简化，从而求得某一支路上的电流、电压。

4. 电感中的电流、电容器上的电压在换路前后瞬间不能突变。换路定律：

$$i_L(0_+)=i_L(0_-)，u_C(0_+)=u_C(0_-)$$

5. RC、RL 电路在充放电过程中电流、电压的变化均按指数规律，过渡过程的时间由时间常数 τ 决定，通常认为 $t=5\tau$ 后过渡过程完成。

6. 二进制是以 2 为基数，逢二进一的计数方法。

7. 逻辑代数又称布尔逻辑代数。其常量用“0”和“1”组成，表示事件的“是”和“否”。

8. 逻辑状态根据逻辑常量对应的电平高低分为正逻辑和负逻辑。

9. 步进电动机是一种将电信号变换成直线位移或角位移的执行元件，其工作方式主要有三相单三拍、三相六拍和三相双三拍 3 种。

单元测试题

一、判断题（下列判断正确的请打“√”，错误的打“×”）

1. 在叠加原理中只有一个电源单独作用就是假设其余的电流源为短路。（　）
2. 在使用叠加原理时不可以对功率进行计算。（　）
3. 步进电动机的转速决定于电脉冲的频率。（　）
4. 当充放电时间常数为 τ 时，τ 越小，充放电时间就越短。（　）
5. 当电源频率、电动机的结构和转速一定时，转矩的大小与加在定子绕组上的电压成正比。（　）

二、单项选择题（下列每题的选项中，只有 1 个是正确的，请将其代号填在横线空白处）

1. 在叠加原理电路中若电流的数值正比于电源的电动势，称该电路为________电路。
   A. 线性　　B. 非线性　　C. 过渡
2. 一个实际的电流源是一个恒定的电流和一个电阻的________电路。
   A. 串联　　B. 并联　　C. 串并联均可
3. 步进电动机是一种将________变换成线位移或角位移的执行元件。
   A. 电压信号　　B. 电流信号　　C. 脉冲信号
4. 电源的等效变换仅对电源________性能来说是等值的。
   A. 内部　　B. 外部　　C. 全部
5. 过渡过程的产生是由于物质所具有的________不能突变而形成的。
   A. 电压　　B. 电流　　C. 能量

单元测试题答案

一、判断题

1. × 2. √ 3. √ 4. √ 5. ×

二、单项选择题

1. A 2. B 3. C 4. B 5. C

2

第 2 单元

车辆技术管理

2.1 概述

2.1.1 技术管理的基本任务

技术管理的基本任务可以归纳为以下几条：

（1）贯彻技术管理制度，制定和贯彻有关技术标准、规范、工艺和操作规程。

（2）采取有效措施，保证车辆和设备经常处于良好的技术状况。

（3）确保行车安全，搞好环境保护。

（4）建立和健全车辆和零件设备的技术档案制度，保证技术档案的记录及时、准确和完整。

（5）依靠科技进步，采用现代化管理方法，总结推广先进经验，大力节约维修材料，保证达到各项技术经济指标，降低运输和生产成本。

（6）加强职工技术培训，提高职工素质。

2.1.2 技术管理的工作范围

技术管理的工作范围主要有以下几个方面：

1．车辆的管理

车辆的管理包括车辆的选配、车辆使用的前期管理及其基础管理。例如，车辆应择优选购、合理配置，保证车辆装备齐全、完好，建立健全车辆技术档案，鉴定车辆技术状况等级，制定各项技术经济指标等。

2．车辆使用的管理

主要是合理组织车辆装载和拖挂，注意车辆磨合期使用，在特殊条件下正确使用车辆，加强对技术经济定额的管理，加强科学管理，不断降低运行材料的消耗。

3．车辆的检测管理

建设和管理好汽车综合性能检测站，配备必要的检测设备和人员，定期检测车况，对车辆进行质量监控。

4．车辆的维护管理

贯彻预防为主、强制维护的原则，安排好维护工艺，检查维护质量，降低维护费用。

5．车辆的修理管理

根据车辆检测诊断和技术鉴定的结果，视情况进行修理作业，安排好修理工艺，提高修理质量，降低修理费用。

2.1.3 技术管理的基本原则

汽车技术管理的基本原则是“坚持预防为主和技术性与经济性相结合”。这是根据我国《全民所有制企业设备管理条例》的指导思想，结合汽车运输特点而提出的。

根据上述原则，对车辆的技术管理就要实行择优选配、正确使用、定期检测、强制维护，视情修理、合理改造、适时更新和报废的全过程综合性管理。

1．择优选配

择优选配就是在购置前就要考虑运输市场的具体情况和运行条件，合理确定各种不同车型的最佳配比关系，以满足实际使用的需要。

2．正确使用

车辆是否正确使用直接影响车辆技术状况、使用寿命、效能发挥、运行消耗和安全生产。因此，车辆在使用过程中一定要根据车辆性能、结构和运行条件等，掌握车辆的操作和运用规程，正确使用车辆。

3．定期检测

定期检测是通过现代化的技术手段，定期正确判断车辆的技术状况，以达到控制车辆技术状况及监督汽车维修质量的目的。同时通过定期监测可以确定维护附加作业项目及是否需要大修，以便实施视情修理。定期检测是科学技术进步与技术管理相结合的产物。

4．强制维护

根据预防为主的方针，对车辆零部件及辅助设备按规定的行驶里程或时间间隔进行强制维护，是为了及时发现和消除故障隐患，防止设备早期损坏。

5．视情修理

经过检测诊断和技术诊断，根据需要确定车辆修理时间和项目（包括作业范围、作业深度），称视情修理。这样做既可以防止拖延修理而造成技术状况恶化，又可以避免提前修理造成浪费。

6．合理改造、适时更新和报废

车辆的合理改造、适时更新和报废是全过程技术管理不可缺少的部分。车辆改装、改造前必须进行技术经济论证，以达到技术上可靠、先进，经济上合理的目的。对在用车辆和设备按照提高经济效益、社会效益和环境效益的原则，在适当时间用新车辆、新设备或高效率、低消耗、性能先进的车辆和设备予以更换。型号老旧、性能低劣、物料超耗严重、维修费用过高的车辆和设备，再继续使用下去既不经济又不安全，应适时报废。

2.2 车辆的基础技术管理

2.2.1 车辆的技术装备

车辆装备是根据运行条件和运输单位的具体情况而设置的，分为经常性和临时性两种装备。

1. 经常性装备

车辆的经常性装备是制造厂为了有效地发挥车辆和机构总成的技术特性而装设的附属装置、运行设备、电气仪表和随车工具等。

车辆的经常性装备应符合国标 GB 7258—2004《机动车运行安全技术条件》及其他有关规定，并保证齐全、完好，不任意增减，妥善维护，发挥应有的技术作用。

2. 临时性装备

临时性装备是指车辆在特殊运行条件下使用的设备，如季节变换、严寒地区、汽车通过冰雪、泥泞及翻浆道路等，应根据需要，配备保温、预热、防滑、牵引等临时性装备；车辆运输超长、超宽、超高或保鲜等特殊物资时，应根据需要增加临时性装备。

2.2.2 车辆的技术档案

1. 车辆技术档案的作用

车辆技术档案是车辆从购置到报废的全过程有关技术资料的系统记录，其作用是：

（1）掌握车辆的使用性能，作为正确使用车辆的依据，有利于车辆性能的充分利用和发挥。

（2）掌握车辆技术状况及其变化规律，以便适时组织车辆检测和维护作业，有利于主动保持和及时恢复车辆的技术状况。

（3）掌握车辆运行材料和维修材料、工时的消耗情况，作为制订定额，实行定额管理，以及编制材料供应计划的依据，有利于减少人力、物力的消耗。

（4）为改进车辆结构、性能和配件生产，为科研工作提供有关技术资料；为汽车制造厂提高产品质量进行信息反馈。

2. 车辆技术档案的内容

车辆技术档案一般包括以下几个内容：

（1）车辆基本情况和主要性能。记载车辆的装备、技术性能和规格、总成改装和变动情况等。

（2）车辆使用情况。记载车辆行驶里程、运输周转量、燃料消耗、轮胎使用、车辆机械故障和损坏等情况。

（3）车辆检测维修情况。记载检测内容、结果、时间以及查明故障或隐患的部位、原因及解决对策；记录各级维护和小修的日期、间隔里程、修理工时、占用车日（时）、润滑油更换记录，以及维护后车况技术等级的评定等；记载汽车和总成大修情况，包括送修日期、出厂时间、大修间隔里程、修理工时、主要零件修理尺寸、配合间隙、换件情况及竣工检验记录等。

（4）事故处理情况。记载车辆机件事故发生的情况、原因、损失、解决对策和处理情况等。

车辆技术档案的格式由省、自治区、直辖市交通厅（局）统一制定。

3. 车辆技术档案的建立与管理

（1）车辆技术档案应逐车建立，做到有车即有档，新车未建档或档案不完整不允许运行。

（2）车辆技术档案实行专人负责，分级管理。基层运输单位的车管技术员是技术档案的具体负责人，负责档案的填写、保管和资料分析报告，各级技术管理部门负责督促检查。

（3）车辆技术档案的记载应做到及时、完整和准确。

（4）为了更好地发挥车辆技术档案为生产服务的作用，各级技术管理部门应建立定期分析报告制度。

2.2.3 车辆技术状况的分级与评定

汽车经过长期运行和经过维护修理后，技术状况必然会发生变化。为了及时掌握车况，便于采用相应的使用技术措施，应定期对汽车进行技术综合鉴定，核定汽车的技术状况，以便合理组织运行和不断改进维修工作，为妥善安排运行能力和正确编制维修计划提供可靠依据。

1. 汽车技术状况等级的划分方法

汽车技术状况是定量测得的表示某一时刻汽车外观和性能参数的总合。即汽车技术状况包括外观和性能两大方面。

1990 年 3 月国家交通部以第 13 号令方式发布了《汽车运输业车辆技术管理规定》，该规定将汽车技术状况分为四个等级：一级，完好车；二级，基本完好车；三级，需修车；四级，停驶车。

1995 年 2 月，国家交通部发布了行业标准 JT/T 198—1995《汽车技术等级评定标准》及 JT/T 199—1995《汽车技术等级评定的检测方法》，适用于公路及城市道路上行驶的总质量 26 t 以下（含 26 t）的汽车和总质量 45 t 以下（含 45 t）的汽车。

该标准将汽车技术等级的评定内容分成两个方面。第一方面，主要对 28 个项目分别评定汽车的动力性、燃料经济性、制动性、转向操纵性、前照灯及喇叭声、废气排放、汽车防雨密封性、整车与外观的性能。它们是汽车技术等级的基本内容，其评定项目分为“关键项”和“一般项”。其中关键项 15 项，它们影响到汽车的主要性能，关系重大。任何一项关键项不合格，即视为整车性能不合格。第二方面是汽车的使用年限，按新车投入运行之日起核定。

2004 年 3 月 17 日，交通部对 JT/T 198—1995 进行了修改，并颁布了 JT/T 198—2004 交通行业标准。

评定汽车技术等级的检测项目及技术要求见表 2—1。

表 2—1　营运车辆技术等级的评定项目和技术要求

<table>
<tr><th rowspan="2">序号</th><th rowspan="2">项目</th><th colspan="3">技术要求</th></tr>
<tr><th>一级</th><th>二级</th><th>三级</th></tr>
<tr><td>5.1</td><td>整车装备与外观</td><td></td><td></td><td></td></tr>
<tr><td>5.1.1</td><td>整车装备与标识</td><td>(1) 整车装备应齐全、完好、有效，各连接部件紧固完好，车体应周正；车体外缘左右对称部位（在离地高 1.5 m 以内测量）高度差不大于轴距的 1.2/1 000
(2) GB 18565—2001 的 11.1.2 和 11.1.3</td><td colspan="2">GB 18565—2001 的 11.1</td></tr>
<tr><td>5.1.2</td><td>车架、车身、驾驶室</td><td colspan="2">(1) GB 18565—2001 的 11.8.1、11.8.2、11.8.4、11.8.5 和 11.8.7 表面无锈迹、无脱掉漆</td><td>GB 18565—2001 的 11.8.1、11.8.2、11.8.4、11.8.5 和 11.8.7</td></tr>
<tr><td>5.1.3</td><td>车门、车窗</td><td>(1) GB 18565—2001 的 11.8.6.1
(2) 玻璃应完好无损</td><td colspan="2">(1) GB 18565—2001 的 11.8.6.1
(2) 玻璃不得缺损</td></tr>
<tr><td>5.1.4</td><td>驾乘坐椅</td><td colspan="3">GB 18565—2001 的 11.8.3 和 11.8.10</td></tr>
<tr><td>5.1.5</td><td>卧铺</td><td colspan="3">GB 18565—2001 的 11.8.12</td></tr>
<tr><td>5.1.6</td><td>行李架（舱）</td><td colspan="3">GB 18565—2001 的 11.8.11</td></tr>
<tr><td>5.1.7</td><td>安全出口、安全带</td><td colspan="3">GB 18565—2001 的 11.8.9 和 11.11.1</td></tr>
<tr><td>5.1.8</td><td>车厢、地板、护轮板（挡泥板）</td><td colspan="3">GB 18565—2001 的 11.8.3 和 11.8.15</td></tr>
<tr><td>5.1.9</td><td>车轮、轮胎</td><td colspan="2">微型车辆胎冠花纹深度不小于 3.2 mm，其他车辆转向轮的胎冠花纹深度不小于 3.5 mm，其余轮胎花纹深度不小于 2.5 mm</td><td>GB 18565—2001 的 11.9.1</td></tr>
<tr><td>5.1.10</td><td>悬架装置</td><td colspan="3">GB 18565—2001 的 11.9.2、11.9.3 和 11.9.5</td></tr>
<tr><td>5.1.11</td><td>传动系、车桥</td><td colspan="3">GB 18565—2001 的 11.10 和 11.8.4</td></tr>
<tr><td>5.1.12</td><td>转向节及臂，横、直拉杆及球销</td><td colspan="3">GB 18565—2001 的 7.11</td></tr>
<tr><td>5.1.13</td><td>制动装置（行车、应急、驻车）</td><td colspan="3">GB 18565—2001 的 6.1、6.2、6.9 和 6.13.2.2</td></tr>
<tr><td>5.1.14</td><td>螺栓、螺母紧固</td><td colspan="3">GB 18565—2001 的 11.9.1.8 和 11.9.2</td></tr>
<tr><td>5.1.15</td><td>灯光数量、光色、位置</td><td colspan="3">GB 18565—2001 的 8.4—8.13</td></tr>
</table>

续表

序号	项目	技术要求		
		一级	二级	三级
5.1.16	信号装置与仪表	GB 18565—2001 的 8.14—8.20		
5.1.17	漏气、漏油、漏水、漏电	GB 18565—2001 的 10.2 和 8.21		
5.1.18	底盘异响	GB 18565—2001 的 11.6.2		
5.1.19	发动机异响	GB 18565—2001 的 11.6.1		
5.1.20	润滑	GB 18565—2001 的 11.7.1 和 11.7.3		
5.1.21	灭火器	GB 18565—2001 的 11.11.12		
5.1.22	车内外后视镜、前下视镜	GB 18565—2001 的 11.11.2		
5.1.23	侧面、后下部防护装置	GB 18565—2001 的 11.11.9		
5.2	动力性			
5.2.1	驱动轮输出功率	GB/T 18276—2000 表 1 中额定值的要求	GB/T 18276—2000 表 1 中允许值的要求	
5.2.2	滑行性能	GB 18565—2001 的 11.5		
5.3	燃料经济性			
5.3.1	等速百公里油耗	不大于该车型制造厂规定的相应车速等速百公里油耗的 103%	GB/T 18566	
5.4	制动性			
5.4.1	制动力	GB 18565—2001 的 6.13.1.1 和 6.13.1.2		
5.4.2	制动力平衡	在制动力增长全过程中同时测得的左右轮制动力差的最大值，与全过程中测得的该轴左右轮最大制动力中大者之比：对前轴不得大于 16%，对后轴不得大于 20%；当后轴制动力小于后轴轴荷的 60%时，在制动力增长全过程中，同时测得的左右轮制动力之差的最大值不得大于后轴轴荷的 5%		GB 18565—2001 的 6.13.1.3
5.4.3	制动协调时间	GB 18565—2001 的 6.13.1.4		
5.4.4	车轮阻滞力	各轴的阻滞力均不得大于该轴轴荷的 2.5%	GB 18565—2001 的 6.13.1.5	
5.4.5	驻车制动	GB 18565—2001 的 6.13.3		
5.5	转向操纵性			
5.5.1	转向轮横向侧滑量	GB 18565—2001 的 7.3		

续表

序号	项目	技术要求		
		一级	二级	三级
5.5.2	转向盘最大自由转动量	最大设计车速大于或等于100 km/h的汽车为15°，最大设计车速小于100 km/h的汽车为20°	GB 18565—2001 的 7.1	
5.5.3	悬架特性	GB 18565—2001 的 7.6		
5.6	前照灯			
5.6.1	发光强度	GB 18565—2001 的 8.2		
5.6.2	光束照射位置	GB 18565—2001 的 8.1.1～8.1.3		
5.7	排放污染物控制			
5.7.1	汽油车怠速污染物排放	轻型 CO≤3.5%； HC≤700×10^{-6} 重型　CO≤4.0%； HC≤$1\,000\times10^{-6}$	GB 18565—2001 的 9.1.1.2	
5.7.2	汽油车双怠速污染物排放	M1 类怠速： CO≤0.7%；HC≤135×10^{-6} 高怠速： CO≤0.25%；HC≤90×10^{-6} NI 类怠速： CO≤0.85%；HC≤180×10^{-6} 高怠速： CO≤0.45%；HC≤130×10^{-6}	GB 18565—2001 的 9.1.1.1 表 4	
5.7.3	柴油车自由加速烟度	R_b≤3.6	GB 18565—2001 的 9.1:2.2 表 8	
5.7.4	柴油车排气可见污染物	光吸收系数（m−1）：2.2	GB 18565—2001 的 9.1.2.1 表 7	
5.8	喇叭声级	GB 18565—2001 的 9.2.4		
5.9	车辆防雨密封性	QC/T 476		
5.10	车速表示值误差	车速表示值误差 0～+15%	GB 18565—2001 的 11.4	

a. 载客汽车

b. 载货汽车

c. 用于对最大设计车速大于或等于 100 km/h、轴载质量小于或等于 1 500 kg 的载客汽车

d. 按 GB 18352 通过型式认证装配点燃式发动机的轻型汽车，应进行双怠速试验；其他装配点燃式发动机的车辆应进行怠速试验

e. 按 GB 18352 通过型式认证装配压燃式发动机的轻型汽车，应进行排气可见污染物试验；其他装配压燃式发动机的车辆应进行自由加速烟度试验

2. 汽车技术状况等级的评定方法

汽车技术等级的评定采用汽车使用年限、关键项和项次合格率来综合测量。

项次合格率的计算方法为：

$$B=N/M\times 100\%$$

式中 B——项次合格率；

N——检测合格的项目数之和；

M——检测的项目数之和。

3．汽车技术状况的分级

（1）一级车。使用年限在 7 年以内；关键项分级的项目达到一级，关键项不分级的项目为合格；项次合格率大于等于 90%；在运行中无任何保留条件。

（2）二级车。使用年限超过 7 年；关键项分级的项目达到二级以上，关键项不分级的项目为合格；项次合格率大于等于 80%；在运行中无任何保留条件。

（3）三级车。凡达不到二级车技术等级的汽车均为三级车。

2.2.4 车辆的改装与改造

对在用车辆进行符合“技术上可靠、经济上合理”原则的改装、改造，将对充分发挥车辆效率，满足市场运输需要，改善车辆技术状况和提高经济效益起到积极的促进作用。

1．车辆的改装

为适应运输的需要，经过设计、计算、试验，将原车型改制成其他用途的车辆，称为车辆技术改装。例如，将货车改制成客车、半挂车、箱式车或其他专用车等。

2．车辆的改造

为改善车辆性能或延长其使用寿命，经过设计、计算、试验，改变原车辆的零部件或总成，称为车辆的技术改造。如将原车辆的发动机换装高压缩比的汽缸盖、凸轮轴等零件，以提高其动力性。

车辆改装、改造必须事前进行技术经济论证，符合“技术上可靠、经济上合理”的原则，并报有关部门审批或备案。

2.3 车辆维护的技术管理

汽车维护在汽车维修生产中占有很大比例，这项对汽车定期的清洁、润滑、检查、调整的工作，如能严格按维护规范做好，可及时发现和消除故障隐患，使汽车始终保持良好的技术状况，保证安全生产、降低运行消耗，充分发挥汽车的运输效能，延长汽车使用寿命。汽车维护检验是保证汽车维护质量，使汽车维护真正达到应有效果的重要环节。

2.3.1 维护的目的与原则

车辆维护是指为维持车辆完好技术状况或工作能力而进行的作业。其目的是保证车辆有整洁的外表和良好的工作性能，且运行安全，减轻零件磨损，防止早期损坏和在运行中发生故障，从汽车整个使用过程来看，影响汽车技术状况或工作能力的因素很多，其中主要是汽车的结构和使用条件。随着汽车使用期（行程或时间）的延续，由于零件的损耗，故障率上升，而使汽车技术状况或运输能力下降。汽车维护就是根据各种汽车的特点、不同的使用情况和技术状况变化规律，在故障发生之前，强制执行相应的维护作业，从而保证汽车达到以下要求：

1. 车容整洁，装备齐全。
2. 有完好的技术状况或运输能力，随时可以出车。
3. 在合理使用条件下，不会因汽车故障而中途停歇，甚至影响行车安全。
4. 在运行中，能减少燃料和轮胎以及零部件的消耗，降低运输成本。
5. 减少车辆噪声和环境污染。

所以，车辆维护的原则是预防为主，定期检测，强制维护。

2.3.2 车辆维护制度

车辆维护制度是指为实现车辆维护工作所采取的技术组织措施的规定。车辆维护制度的产生是人们长期使用车辆实践经验的总结，而且随着科学技术的发展、车辆结构的改进和新材料的应用，车辆维护制度也在不断改进。纵观车辆维护制度的发展，大致可分为三个阶段：

第一阶段是非计划预防性维护制度。是在车辆数量不多，使用不集中的初期，人们对车辆使用缺少经验，通常在车辆出现故障和影响正常使用时，才对它进行必要的维护作业，这就形成了非计划预防性的维护制度，又称事后维护制度。

第二阶段是计划预防维护制度。在车辆大量使用时，一旦车辆发生故障或损坏，不但影响正常的运输生产，还会危及人身安全。因此，人们就想方设法在车辆出现故障和损坏之前，有计划地按照使用情况（时间、里程等）组织维护和修理，这就形成了计划预防维护制度。

第三阶段是定期检测、强制维护制度，即目前执行的车辆维护制度。随着汽车结构的越来越复杂，使用条件多变，在设计制造的可靠性和检测诊断技术还比较落后的情况下，汽车出现的故障属于突发性的比例还较大。为了保证较高的汽车完好率，有时不得不扩大维护范围，甚至是修理内容，因此造成车辆维修费用增大，更因带有一定盲目性的拆检维修和更换零件，破坏了原来完好的零件配合性和汽车工作能力，从而影响汽车使用寿命，造成很大的浪费。

随着汽车设计水平和检测诊断技术的发展，使人们有可能相对准确地掌握汽车及各总成的技术状况或运转能力，并可以估计出汽车及各总成的正常使用期限（行程或时间），这就产生了车辆定期检测、强制维护制度。这种制度的特点是：把维护作业内容分为基本作业和附加作业两类，基本作业按计划预防维护制度的要求，按期强制执行；附加作业由维护前的检测诊断确定是否执行。

采用车辆定期检测、强制维护制度的优点是：既可以简化维护作业内容，缩短维修时间和降低维修费用，又能够保障维修质量。

2.3.3　车辆维护的类别

按照维护性质可分为预防性维护和非预防性维护。

1. 预防性维护

预防性维护是指维护作业的内容和时机是按预先规定的计划执行的，其目的是为了预防故障，维持汽车的运输能力。预防性维护又可分定期维护、季节性维护、磨合维护、停驶维护等。

（1）定期维护。定期维护是指按技术维护文件规定的维护周期实施的维护，如日常维护、一级维护和二级维护等。汽车进行同级维护之间的间隔期（行程或时间）称为汽车维护周期。例如交通部推荐的解放牌 CA1090 和东风 EQ1091 型汽车一、二级维护周期为：

一级维护周期：2 000～3 000 km。

二级维护周期：依据各地条件的不同，在 10 000～15 000 km 范围内选定。

定期维护是主要的预防性维护，其中低级维护是基础，高级维护包括低级维护作业内容，高级维护的周期是低级维护周期的若干倍数。

（2）季节性维护。季节性维护是指为使汽车适应季节变化而实施的维护。其内容是在进入冬季或夏季前的二级维护中附加一些作业项目（如更换季节所需润滑油，对冷却系加装或拆除保暖装置等），以适应季节变化，充分发挥车辆性能，减缓零部件耗损，提高工作可靠性。

（3）磨合维护。磨合维护是指汽车在磨合期实施的维护。磨合维护是车辆在磨合期使用的一个很重要的内容，直接影响到新车、大修车以及装用新的或大修发动机的车辆的使用寿命、工作可靠性和经济性。尤其磨合期满后执行的磨合维护，常常作为车辆磨合期结束进入正常使用阶段的标志。其作业项目和技术要求应根据制造厂规定及具体情况来规定，但一般不得低于二级维护的要求。进口汽车应按制造厂的规定进行磨合维护。

2. 非预防性维护

非预防性维护是指对车辆没有预先计划所进行的作业，即当汽车发生故障现象时，才进行必要的维护及修理作业，所以又称事后维护。对于突发性故障，因为很难预测而无法安排维护计划，所以只能采用事后维护。

2.3.4　车辆维护各类作业的主要内容

1. 清洁作业

如车辆外表清洗，车身擦拭，车内打扫，保持空气滤清器、燃油滤清器、机油滤清器和蓄电池的清洁等。

清洁作业是车辆维护的最基本内容。

2. 检查作业

包括人工检视和仪器设备检视诊断。如检视车辆装备齐全，车容整洁，检查轮胎气压和磨损情况，检查发动机运转有无“四漏”现象，检测废气排放，检测前轮侧滑量，异响诊断等。

检查作业是车辆维护的灵魂，其他作业都依赖于检查作业的结果。

3. 补给作业

经过检查，按需要添加燃料、润滑油、冷却液、蓄电池电解液、减振器液和空调用制冷剂等。

4. 润滑作业

按汽车各总成、各部位润滑要求进行，如更换发动机机油，更换变速器机油，更换主减速器齿轮油，润滑分电器，润滑门铰链等。

5. 紧固作业

如检查紧固轮胎螺栓、半轴螺栓等，检查紧固汽缸盖、进排气管螺栓，检查紧固发动机支承、驾驶室支承、钢板弹簧 U 形螺栓等。

6. 调整作业

如按规定调整发动机怠速，调整点火提前角，调整离合器踏板和制动踏板高度及自由行程，调整转向盘的游隙等。

需要说明的是：车辆维护中，除主要总成发生故障必须解体时，不得随意对其进行解体。当然对主要总成的个别零件的拆解，如发动机油底壳、汽缸盖、变速器盖等还是允许的。

2.3.5 车辆维护的分级

现行的车辆维护制度将车辆定期维护分为日常维护、一级维护和二级维护三个等级。

1. 日常维护

日常维护是由驾驶员在每日出车前、行驶中和收车后进行的维护作业，以清洁、补给和安全检视作为作业的中心内容。日常维护是保持车辆完好技术状况的日常性工作，是车辆维护工作的基础。

2. 一级维护

一级维护是由专业维修工负责执行的维护作业，其作业中心内容除日常维护作业外，以清洁、润滑、紧固为主，并检查有关制动、操作安全部件。

3. 二级维护

二级维护是由专业维修工负责执行的维护作业，其作业中心内容除一级维护作业外，以检查、调整为主，并拆检轮胎，进行轮胎换位。

2.3.6 车辆各级维护的工艺组织及主要作业内容

1. 日常维护作业

日常维护作业主要由驾驶员进行，其作业内容一般为：

（1）对汽车外观、发动机外表进行清洁，保持车容整洁。

（2）对汽车机油、燃油、冷却水、轮胎气压进行检视补给。

（3）对汽车制动、转向、传动、悬挂、灯光信号等安全部位进行检视、校紧、调整至正常状态，确保行车安全。

2．一级维护作业

（1）一级维护工艺过程。汽车一级维护的目的是使汽车继续保持良好的技术状况（尤其是安全性能），减少磨损，保证机件正常运行。

汽车一级维护的工艺过程如图 2—1 所示。

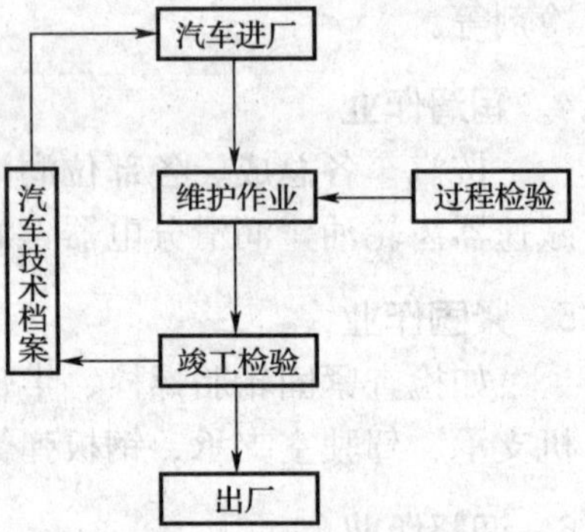

图 2—1　汽车一级维护工艺过程

（2）汽车一级维护的作业内容。汽车一级维护的作业项目及技术要求可参见汽车维护工艺规范（交通部行业标准，JT/T 201—1995，简称“201 规范”）。

（3）汽车一级维护竣工检验。汽车一级维护竣工后应检验是否符合技术要求。检验的内容按照不同车型的规定进行。

（4）汽车一级维护质量保证里程为 300 km，或者从出厂之日起时间间隔为二天。

3．二级维护作业

（1）二级维护工艺过程。汽车二级维护是新的汽车维护制度中规定的最高级别维护，其目的是为了维护汽车各总成、部件具有良好的工作性能，确保汽车的安全性、动力性和经济性。按照交通部第 13 号令提出的车辆技术管理检测技术与经济相结合的原则，汽车维护实行状态检测下的二级维护制度，即“车辆维护前应进行检测诊断和技术评定，根据结果，确定附加作业或小修项目，结合二级维护一并进行”，以消除故障和隐患，保持汽车完好技术状态，确保真正达到汽车维护应有的目的。为此，汽车二级维护的工艺过程较一级维护工艺过程增加了维护前检测诊断和技术评定，确定附加作业项目的内容。汽车二级维护工艺过程如图 2—2 所示。

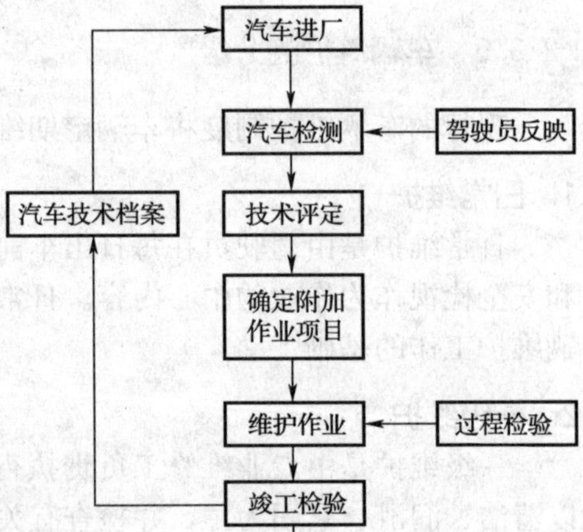

图 2—2　汽车二级维护工艺过程

（2）汽车二级维护前检测诊断、技术评定与附加作业项目的确定。一般讲，车辆的二级维护是高级维护。为了保证二级维护作业范围合理性，提高车辆维护经济性，把车辆的二级维护作业分为基本作业和附加作业两部分内容，附加作业包括一些难度较大的维护作业和修理作业。二级维护的基本作业必须按期强制执行，而附加作业要求在执行二级维护前的检测诊断和技术评定完后，确定是否结合在二级维护中同时进行。

车辆进行二级维护，首先要进行检测诊断，运用人工检查和设备检测相结合的方法，对车辆的性能、参数以及故障部位和原因，给予定量和定性的检测与检查。根据这个结果，技术人员与检测人员结合驾驶员的反映和技术档案的综合分析，对车辆进行技术评定，作为编制维修计划、确定本次二级维护中附加作业内容的依据。

1）汽车二级维护前的技术评定和视情修理的原则

车况好的车辆可以不做或少做附加做业；车况差的车辆，必须有针对性地增加附加作业，结合二级维护一并进行。

对发现的故障及隐患，应作为附加作业及时安排小修，确保车辆经过二级维护后达到完好车或基本完好车的标准。

对车辆或总成已达到送大修标志的，应安排大修，以恢复车辆完好技术状况和运转能力，避免因隐患失修造成损失。

2）汽车二级维护前检测诊断与附加作业项目确定的工作顺序如图 2—3 所示。

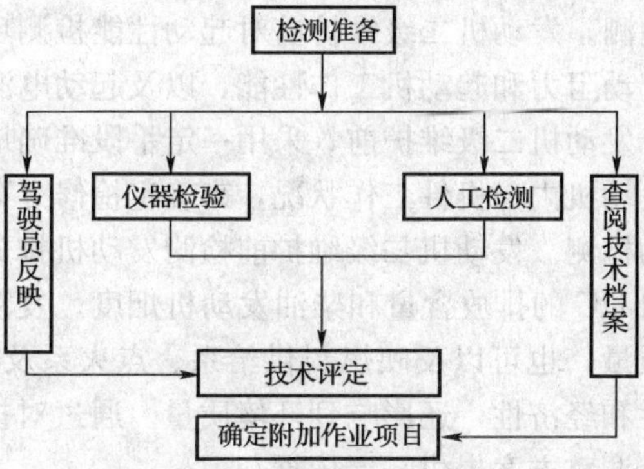

图 2—3　二级维护前检测诊断与附加作业项目确定的顺序

3）二级维护前发动机检测诊断项目

①汽油发动机点火性能检测。汽油发动机二级维护前点火性能检测项目主要有：点火提前角；分电器重叠角与断电器触点闭合角；点火高压。点火提前角反映点火正时和点火提前调节装置的工作状况；分电器重叠角反映各缸点火时刻的准确性，它与分电器轴和凸轮的磨损状况有关；断电器触点闭合角反映断电器触点间隙大小（无触点电子点火系统闭合角则反映初级电流控制回路的工作状况）；点火高压是点火装置能否产生点火能量的一个重要参数，它反映整个点火系统的工作情况，与火花塞电极间隙大小、点火线路状况及无触点点火装置工作元件的工作性能有关。

②发动机动力性能检测。发动机二级维护前动力性能检测项目主要有：发动机功率；发动机单缸转速降。发动机功率是发动机动力性能的主要评价指标，发动机功率下降与机件磨损、点火、供油、冷却及润滑系统工作不良等密切相关。因此，通过发动机功率测定可以表明发动机整体技术状况。发动机单缸转速降反映各缸工作状况，也是发动机动力性

能的诊断参数之一。

③发动机密封性检测。发动机二级维护前密封性能的检测项目主要有：汽缸压缩压力；曲轴箱窜气量；汽缸漏气量；进气歧管真空度。汽缸压缩压力能反映汽缸活塞组、气门与气门座、汽缸的密封性；曲轴箱窜气量与汽缸漏气量反映汽缸活塞组的磨损情况；进气歧管真空度既能反映汽缸活塞的磨损状况，又能反映配气机构的技术状况和点火系、供油系的调整情况。

④发动机燃料供给系统检测。发动机二级维护前燃料供给系统检测项目主要有：系统燃油压力，反映汽油泵（或输油泵）、油压调节器的工作性能和油路密封等状况；柴油机喷油压力和供油参数，反映喷油泵和喷油器工作状况；微机控制燃油喷射系统工作参数，如喷油脉冲宽度等可以反映喷油器清洁与工作状况。

⑤发动机润滑系统检测。发动机二级维护前润滑系统检测项目主要有：机油压力，判断发动机润滑系统及相关部件的技术状况；润滑油品质，通过对润滑油品质的检测分析，可以了解润滑油的使用及发动机内部机件的磨损情况，可提供是否需要更换润滑油的依据。

⑥发动机起动性能检测。发动机二级维护前对起动性能检测项目主要有：起动电流和起动电压，它们反映了起动阻力和起动机工作性能，以及起动电源的状况。

⑦发动机异响检测。发动机二级维护前，采用一定手段准确地判断出发动机异响和振动的部位，有助于分析发动机内部机件工作状况，来确定检修方案。

⑧发动机排放污染物检测。发动机二级维护前检测发动机排放污染物的项目有：汽油发动机怠速工况下 CO 和 HC 的排放含量和柴油发动机烟度。发动机排放污染物成分反映发动机燃烧室内的燃烧质量，也可以反映燃料供给系、点火系及冷却系等部分技术状况，直接影响发动机的动力性和经济性，还影响到环境质量。通过对排放污染物的测定，可以为分析确定发动机维修、调整方案提供一定依据。

4）二级维护前底盘检测诊断项目。汽车底盘的技术状况，关系到汽车行驶中的操纵性和安全性，同时还影响到发动机动力的传递和燃料的消耗。所以，在汽车二级维护时的作业项目除紧固、润滑之外，重点要求对制动器进行拆检、修理，以确保行驶安全。而对其他部件则根据检测（或检查）结果，视情修理。二级维护前要求对底盘技术状况进行检测的项目参数有：车轮定位参数；转向盘自由转动量（也称转向盘游隙）；转向轮的横向侧滑量；制动性能；车轮平衡度；轴距；操纵性能；底盘密封状况；车身、车架和悬架完好情况；轮胎表面状况。

5）二级维护前空调系统检测诊断项目。衡量空调制冷系统工作状况的主要参数是：

①制冷系统高低压端工作压力。

②系统密封性。

工作压力高低反映制冷状况变化和制冷的质量；系统密封性好坏，反映系统工作介质是否渗漏。因此，通过测试空调制冷系统高压端和低压端工作压力的大小及两压力的差值，可以判断空调压缩机的工作状况和制冷系统制冷剂是否充足；通过检漏或测试制冷系统的真空度，可以检测制冷系统的密封状况。

6）二级维护前汽车微机控制系统检测诊断项目。汽车上的微机控制系统一般都具有自诊断功能，在汽车二级维护前应利用微机故障诊断仪，进行随车诊断，读取故障代码，了解和掌握微机控制系统技术状况，为确定维修方案提供科学依据。

东风 EQ1090、解放 CA1091 型汽车的二级维护前检测项目，主要检测仪器及技术要求，详见“201 规范”表 2。随着轿车维修工作量的逐步增加，根据“201 规范”提出的标准，参照“201 规范”的模式，以桑塔纳轿车为代表车型，编写了多种车型的《汽车维护规范》，需用时可参考。

(3) 汽车二级维护前附加作业项目确定依据。汽车二级维护前附加项目的确定依据是：

1）向驾驶员询问汽车使用情况。了解发动机动力性、各部异响、转向、制动性能、燃料消耗等情况。

2）查阅车辆技术档案。车辆运行记录、检测记录、总成修理记录以及维护周期内规律性小修情况等。

3）汽车检测和检查的结果。

结合上述情况，进行综合评定，得出需要进行的附加作业项目。

东风 EQ1090 和解放 CA1091 型载货汽车二级维护附加作业项目的确定依据详见“201 规范”表 3。

轿车的二级维护附加作业项目的确定可参见各自的《汽车维护规范》。

(4) 汽车二级维护的基本作业项目及其技术要求。由于实行“车辆定期检测、强制维护”的制度，所以对汽车二级维护所规定的基本作业项目必须认真完成，而确定的附加作业项目，则结合在基本项目中一同完成。东风 EQ1090 及解放 1091 型汽车的二级维护基本作业项目及其技术要求，参见“201 规范”表 4。

(5) 汽车二级维护的竣工检验。由于汽车二级维护是在对汽车技术状况进行全面检测的前提下，完成基本作业项目并有针对性地进行一些附加作业，全方位地维护汽车各总成和机构各零件，使之具有良好工作性能的作业，因此，对汽车二级维护竣工质量有着严格的要求。为此，对二级维护整个过程及竣工后，必须按照检验的内容及其技术要求进行检验。

解放 CA1091、东风 EQ1090 型汽车的二级维护基本作业项目的主要检验内容与技术要求详见“201 规范”表 5 所示。二级维护所附加的作业项目的过程检验，应根据实际情况按相应的修理标准或技术要求进行。轿车的检验内容及其技术要求可参见各自的《汽车维护规范》。

二级维护竣工后，应对汽车二级维护的质量进行全面的检测验收。解放 CA1091、东风 EQ1090 型汽车的二级维护竣工检验项目和技术要求详见“201 规范”表 6 所示。轿车的竣工检验项目和技术要求可参见各自的《汽车维护规范》。

(6) 汽车二级维护质量保证里程为 1 500 km，或者从出厂之日起时间间隔为 10 天。

2.3.7 汽车维护的主要技术经济指标

1. 车辆维护间隔里程

车辆维护间隔里程是指汽车两次同级维护作业之间的实际行程。它是考核汽车运输企业执行车辆维护制度，按期强制维护车辆情况的一项指标。一般要求车辆维护间隔里程与规定的维护周期误差控制在±10%范围内。

2. 车辆维护工时定额

车辆维护工时定额是指完成每次维护的工时限额。它是考核车辆维护的实际工效和进行定员的主要依据之一。其计算方法如下：

$$维护平均工时=\frac{维护实耗工时}{维护竣工辆次}$$

$$完成维护工时定额百分比(\%)=\frac{维护实耗工时}{定额工时}\times 100\%$$

3. 车辆维护在厂车时（或车日）

车辆维护在厂车时（或车日）是指车辆进厂维护到竣工出厂的小时数（或天数）。它是考核车辆维护厂生产管理水平的指标之一。

$$平均在厂车时(或车日)=\frac{在厂车时(或车日)总和}{维护竣工辆次}$$

4. 车辆维护与小修费用定额

车辆维护与小修费用定额是指车辆每辆次（或单位行程）维护与小修所耗用的工时和物料费用的限额。它是考核维修企业经营管理的主要技术经济定额之一。

$$一级(或二级)维护平均费用=\frac{维护总费用}{维护竣工辆次}(元/次)$$

$$小修平均费用(元/千车公里)=\frac{小修总费用}{总车公里(千车公里)}$$

5. 车辆维护（或小修）返修率

车辆维护（或小修）返修率是直接反映维护（或小修）质量情况的指标。一般用于二级维护和小修质量考核。

$$维护(或小修)返修率(\%)=\frac{维护(或小修)返修辆次}{维护(或小修)竣工辆次}\times 100\%$$

2.3.8 汽车维护质量管理办法

为了保证车辆维护质量，必须有一套行之有效的质量管理办法，主要是：

1. 建立健全各级维护组织。
2. 在认定的维护单位进行车辆的维护。

3. 建立健全车辆维修技术档案。
4. 认真执行车辆维护质量检验制度。
5. 执行车辆维护竣工出厂合格证制度。

2.4 车辆修理的技术管理

车辆修理是指为恢复车辆完好的技术状况或工作能力和寿命而进行的作业。

车辆修理应贯彻“视情修理”的原则，即根据车辆检测诊断和技术鉴定的结果，视情按不同作业范围和深度进行。也就是按需要决定修理内容和实施时间，既要防止拖延修理（又称失修）造成车况恶化，又要防止提前修理（又称早修）造成浪费，这是符合技术与经济相结合的原则的。

2.4.1 车辆修理制度

车辆修理制度是一种技术性组织措施，它规定了修理的类别、送修标志和规定、作业内容、技术标准和技术规范等。车辆修理制度和车辆维护制度一样，也是人们在长期的生产实践中认识的结果。随着生产和认识的进步，还会有所改进、有所变化。

我国目前采用的汽车修理制度是车辆视情修理制度，是建立在车辆定期检测制度和车辆状态检测维护制度基础上一种修理制度。只有在认真执行车辆检测、强制维护的基础上，才能达到视情修理的目的。

2.4.2 车辆修理类别

1. 车辆大修

车辆大修是指新车或经过大修后的车辆，在行驶一定里程（或时间）后，经过检测诊断和技术鉴定，用修理或更换车辆任何零部件的方法，恢复车辆的完好技术状况，完全恢复或接近完全恢复车辆寿命的恢复性修理。

2. 总成大修

总成大修是车辆的某个总成经过一定使用里程（或使间）后，用修理或更换总成零件（包括基础件）的方法，恢复其完好技术状况和寿命的恢复性修理。

3. 车辆小修

车辆小修是用修理或更换个别零件的方法，保证或恢复车辆运输能力的运行性修理。主要是消除车辆在运行过程或维护作业过程中发生或发现的故障或隐患。

4. 零件修理

零件修理是对因磨损、变形、损伤等而不能继续使用的零件进行修理。零件修理要遵循经济合理的原则，它是修旧利废、节约原材料、降低维修费用的重要措施。

2.4.3 车辆修理的工艺组织

1. 车辆修理的基本方法

车辆修理的基本方法是指进行车辆修理作业的工艺和组织规则的总合。按修理作业对车辆属性保持程度（又称基本修理方法）、作业形式及劳动组织形式等可分为下列两种方法：

（1）总成互换修理法。是指用储备的完好总成替换汽车上的不可用总成的修理方法。汽车修理时，首先经过检测诊断，确定可用总成和不可用总成，再用储备的完好（修好）总成替换下不可用总成，保证既快又好地完成汽车修理作业；对于换下的不可用总成，可以组织专门修理，修复后经检测符合标准后，入库储备，作为下次互换用的周转总成。汽车大修采用总成互换修理法，可以大大简化工艺过程，有利于组织流水作业生产线，缩短汽车大修在厂车日，提高汽车修理质量和产量。

如图 2—4 所示为采用总成互换修理法的大修工艺过程框图。

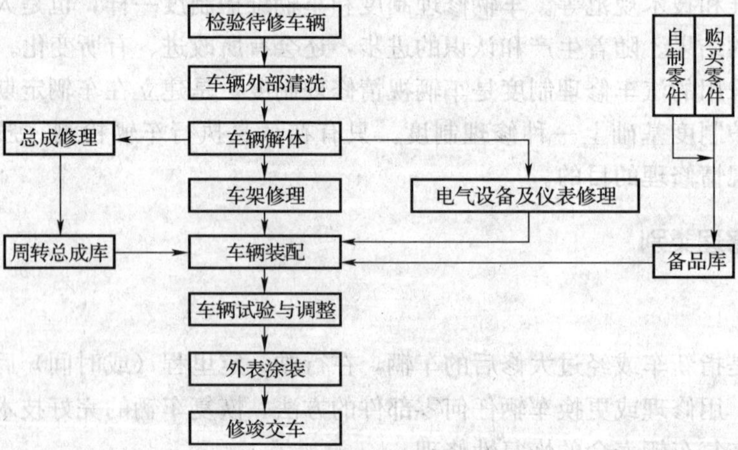

图 2—4　采用总成互换修理法的车辆大修工艺过程

这种车辆修理的基本方法比较适合于汽车较多且车型较统一的大型运输企业，它们一般有自己的修理厂。但对于承修车辆的车型较复杂、产量不大的社会化汽车修理厂就不太适合总成互换修理法，而是多数采用就车修理法。

（2）就车修理法。是指进行修理作业时要求被恢复的主要零件和总成装回原车的修理方法。

汽车在修理时，从车上拆解的总成和零件，经检验后能修复的，均在修理后全部装回原车，不得进行互换。采用这种修理方法，由于各总成、零件的修理难易程度、所需工时都不一样，经常会影响汽车最后总装的连续性，以致会拖延汽车修理竣工出厂的时间。如图 2—5 所示为采用就车修理法的车辆大修工艺过程框图。

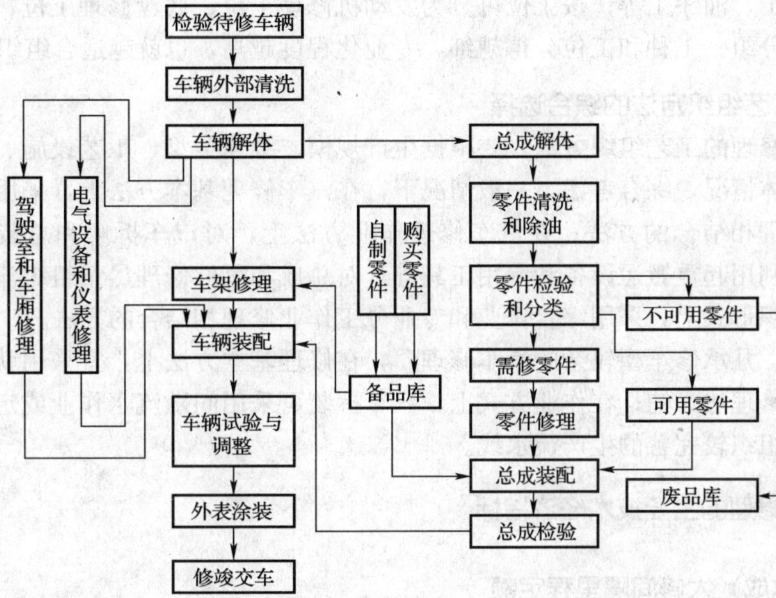

图 2—5　采用就车修理法的车辆大修工艺过程

2. 车辆修理的作业方式

（1）定位作业法。是指汽车在固定工位上进行修理作业的方法。即将汽车的拆解和总装作业固定在一个工作位置（即车架不变移位置）来完成，总成和零件的修理分散到各个工位上进行。这种作业方式占用的工作场地较小，拆解和总成作业不受连续性限制，生产调度方便，但总成和零件要来回搬运，劳动强度增大。此种作业方式一般适用于规模不大或修理车型较杂的汽车修理厂。

（2）流水作业法。是指汽车在生产线的各个工位上按确定的工艺顺序和节拍进行修理的方法。即将汽车的拆解和总装作业安排在流水线上完成。这种作业方式的专业化程度较高，分工细致，修理质量易保证，便于集中使用工具设备。这种作业方式适用于生产规模较大或修理车型单一的汽车修理厂。

3. 车辆修理作业的劳动组织形式

（1）综合作业法。是指汽车由一个具有多种技能的工人或小组进行修理的方法。但一般的做法是，车身、轮胎、焊接、零件制配等由专业工种的小组来完成，其余的均由一个维修组完成。采用这种综合作业劳动组织，要求工人的操作技能比较全面，不易提高其熟练程度，也不易提高工作质量和效率。因此，这种劳动组织形式适合于生产量不大，承修车型较杂，设备简陋的汽车修理厂。

（2）专业分工作业法。是指汽车由分工明确的若干工人和若干小组协调配合进行修理的方法。修理作业分工可按工种或工位来划分。例如：按工种可分为机修工、汽车电工、机加工、轮胎工、油漆工等；按工位可分为发动机修理工位、底盘修理工位、汽车电气工位等，还可以分组。工种和工位分得越细，专业化程度越高，也就越适合组织流水作业。

4. 车辆修理工艺组织方法的综合选择

选择车辆修理的工艺组织方法，要根据生产规模、维修类型、工艺设施、工人素质和材料供应等具体情况，综合考虑。一般情况下，在汽车修理基本方法上，采用就车修理法与总成互换修理相结合的方法；在汽车修理作业方法上，对汽车拆解和总装采用定位作业，以便集中利用起重搬运设备和专用工具等，对总成和零件修理尽量组织流水作业生产线；在劳动组织形式上，采用综合作业和专业分工作业修理相结合的方法。

实践证明，凡承修车型较杂的汽车修理厂，在修理基本方法上，宜采用就车修理法为主，总成互换修理法为辅；在作业方式上，汽车拆装可采用间歇流水作业或定位作业，而总成修理应该组织较完善的生产流水线。

2.4.4 车辆修理的主要技术经济指标

1. 车辆（或总成）大修间隔里程定额

车辆（或总成）大修间隔里程定额是指新车到大修，或两次大修之间所行驶的里程限额，间隔里程大小按车型和使用条件等分别制订。因为它可以综合反映汽车大修质量和平时使用及维修质量，所以是行业管理中必须建立的经济定额之一。

汽车行驶里程达到大修间隔里程定额时，应进行技术鉴定。在技术上允许、经济上合理的条件下，可规定补充行驶里程定额。

2. 修理工时定额

修理工时定额是指完成每次修理的工时限额。它是考核车辆修理企业实际工效和进行定员的主要依据之一。

$$\text{平均修理工时(h)}=\frac{\text{修理实耗工时}}{\text{修理竣工辆次}}$$

$$\text{完成修理工时定额百分比(\%)}=\frac{\text{实耗工时}}{\text{定额工时}}\times 100\%$$

3. 车辆大修平均在厂车日

车辆大修平均在厂车日是指车辆进厂大修到竣工出厂的平均天数。这是一项反映修理企业生产管理水平的指标。

$$\text{平均在厂车日}=\frac{\text{大修车辆在厂总车日}}{\text{大修竣工辆次}}$$

4. 车辆大修费用定额

车辆大修费用定额是指车辆大修所耗工时和物料总费用的定额。按车辆类别和型式等分别制定。它是一项考核车辆大修经营管理水平的综合性定额，是汽车运输修理行业管理必须建立的技术经济定额之一。

5. 车辆大修返修率

车辆大修返修率是指大修车辆回厂返修辆次与大修出厂车辆总数的比值，即：

$$车辆大修返修率(\%)=\frac{大修返修辆次}{大修竣工辆次}\times 100\%$$

其中，大修返修辆次是指大修竣工车辆出厂之日起 90 天内（或行驶里程 10 000 km），由于企业修理原因引起的返修车辆次数（不包括送修单位不执行磨合期规定，不正常使用和维护而造成的损坏）。返修车辆经审核认可后，从开返修单时算起，停厂车日超过 24 h，或累计耗用修理工时 8 h 的为一个返修辆次。

车辆大修返修率是汽车维修行业管理中考核修理企业车辆大修质量的主要技术经济指标之一，一般要求不超过 5%。

2.4.5 车辆修理质量监控

1. 车辆修理必须根据国家和交通部的有关规定和修理技术标准进行。

2. 修理后的总成和一些附件必须经过检测，合格后才能装车。

3. 大修车辆经检验获得合格证后才能出厂。

因此，要想有好的修理质量，必须要有修理质量管理机构，完善的汽车维修技术标准，严格的生产管理制度，完善的工艺装备和比较高的工人技术水平。

单 元 小 结

1. 技术管理的工作范围主要包括车辆的管理、车辆使用的管理、车辆的检测管理、车辆的维护管理和车辆的修理管理。

2. 车辆的技术管理要实行择优选配、正确使用、定期检测、强制维护、视情修理、合理改造、适时更新和报废的全过程综合性管理。

3. 汽车技术状况的分级划分为一级车、二级车和三级车 3 个等级。

4. 车辆维护各类作业的主要内容由清洁作业、检查作业、补给作业、润滑作业、紧固作业、调整作业。

5. 现行的车辆维护制度将车辆定期维护分为日常维护、一级维护、二级维护 3 个等级。

单元测试题

一、填空题（请将正确的答案填在横线空白处）

1. 车辆技术管理的工作范围是________、________、________、________和车辆的

修理管理。

2. 车辆修理的基本原则是______________________________。

3. 车辆技术管理要实行________、________、________、________、________、________和适时更新和报废的全过程综合性管理。

二、判断题（下列判断正确的请打“√”，错误的打“×”）

1. 车辆技术等级分为：一级、二级、三级、四级车。（ ）
2. 车辆维护的原则是：预防为主，定期检测，强制维护。（ ）

三、单项选择题（下列每题的选项中，只有1个是正确的，请将其代号填在横线空白处）

1. 汽车技术状况被评为一级车的，其使用年限必须________。
A. 七年以内　B. 八年　C. 九年

2. 车辆定期维护分________。
A. 一级维护、二级维护、三级维护
B. 日常维护、一级维护、二级维护
C. 一级维护、二级维护

单元测试题答案

一、填空题

1. 车辆管理　车辆使用的管理　车辆检测的管理　车辆维护的管理
2. 坚持预防为主和技术性与经济性相结合
3. 择优选配　正确使用　定期检测　强制维护　视情修理　合理改造

二、判断题

1. ×　2. √

三、单项选择题

1. A　2. B

第 3 单元

汽车计算机电子控制系统

3.1　汽车计算机控制系统

3.1.1　概述

为了改善和提高汽车的性能，需要对汽车的许多系统进行优化控制，由于微型计算机具有结构紧凑、工作可靠、功能强大、响应快速和价格低廉等优点，特别适合做汽车计算机控制系统的控制器。所以，计算机技术的发展为汽车实现计算机控制提供了技术支持和保证，汽车计算机控制已经成为汽车的一个主要发展方面。汽车实现计算机控制不仅可以改善和提高汽车的控制质量，还可以扩展汽车的控制内容。所以，目前的汽车已有很多系统实现了计算机控制，而且越来越多的汽车采用了计算机控制系统。为了适应汽车大批量多样化的生产特点，汽车计算机控制系统正朝着标准化、小型化和集成化的方向发展，由于汽车结构和性能的复杂性和关联性，汽车计算机控制系统实现网络化也是必然的发展方向。

目前，汽车计算机控制已经涉及动力性、经济性、安全性、可靠性、环境净化性和舒适性等诸多方面，具体包括：发动机控制、变速控制、巡行控制、制动控制、驱动控制、悬架控制、转向控制、照明控制、雨刷控制、空调控制、安全控制、坐椅控制、门锁控制、防盗控制、音响控制和信息管理等。

1. 汽车计算机控制系统的基本组成

汽车计算机控制系统一般都可分为传感器、控制器和执行器三部分，如图 3—1 所示。

图 3—1　控制系统的基本组成

(1) 传感器。传感器将装置的物理参数转换为电信号（数字式或模拟式），用以监测装置的运行情况和环境条件，并将这些信号输送到控制器。换言之，传感器用各种电信号将一个虚拟的、与实际装置相同的“模拟装置”反映到控制系统中。传感器可被视为控制系统的神经。

(2) 控制器。控制器接收和处理传感器发出的各种信息，并对这些信息进行分析，以了解装置的情况：利用事先制定的控制策略，决定在当前的状态下该如何控制这个装置；最后将这种决定转换成一条或多条指令输送到执行器。控制器含有一个微处理器，并在内存中存储着设计者事先编制的程序或控制软件。控制器可被视为控制系统的大脑。

(3) 执行器。执行器接收控制器发来的各种指令，通过本身的设计，将电信号转变为执行元件的动作（可为电器元件的动作，也可为某种机械运动）。这些执行元件的动作将改变装置的运行条件，决定装置的运行和输出。执行器可被视为控制系统的肌肉。

可以看出，整个控制系统中一直贯穿着大量信息的流动。计算机控制系统正是从传感器的信息中了解装置的运行情况，用输入信息与自身存储的信息对比来决定控制的方式和指令，并将所产生的指令信息输送到执行器来完成整个控制过程。

2. 控制环路

根据控制环路可以将控制系统分为开环控制系统和闭环控制系统两类。在开环控制系统中，电控单元不对控制系统的输出进行监测，即不对实际输出与期望输出的差异进行监测，如图 3—2a 所示。在闭环控制系统中，电控单元通过反馈传感器和反馈电路对控制系统的输出进行连续检测，并根据实际输出与期望输出的差异产生相应的修正信号，使随后的实际输出更进一步向期望输出靠近，如图 3—2b 所示。闭环控制系统虽然比开环控制系统的结构复杂一些，但可以获得开环控制系统无法获得的控制精度。所以，在汽车计算机控制系统中广泛采用闭环控制系统。

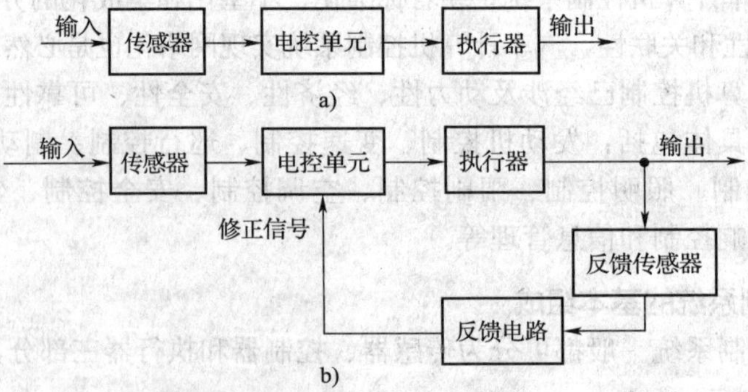

图 3—2　控制系统环路

a）开环控制系统　b）闭环控制系统

3. 汽车计算机控制系统的使用条件

汽车经常在不同的道路情况和气候条件下行驶，汽车计算机控制系统所工作的环境条件比较恶劣。所以，要求汽车计算机控制系统，特别是以集成电路为主的电子控制器，能够在苛刻的条件下可靠地工作。汽车计算机控制系统应适应的工作条件及要求为：

（1）计算机控制系统必须承受汽车行驶中产生的强烈冲击和振动，所以要求计算机控制系统能够耐受较大的动载荷。

（2）计算机控制系统的环境温度可能会出现较高或较低且变化幅度较大的情况，所以要求计算机控制系统能够耐受较大的热负荷，在较宽的温度范围内能够稳定工作。

（3）计算机控制系统很容易受到雨淋、油泥和腐蚀性物质的沾染，所以要求计算机控制系统具有较好的密封性和一定的抗腐蚀性。

（4）由于汽车的电源电压不够稳定而且波动较大，所以要求计算机控制系统能够在电源电压波动较大的情况下可靠地工作；又由于汽车电气系统中存在较多的感性元件，而这些感性元件在工作过程中会产生高电压脉冲，这就要求计算机控制系统具有耐受一定高电压脉冲冲击的能力。

（5）汽车计算机控制系统处于电磁干扰较为强烈的环境，所以要求计算机控制系统具有较强的抗电磁干扰能力。

3.1.2 电子控制装置（ECU）

电子控制器（以下简称 ECU）是汽车计算机控制系统的核心，它利用内部存储的软件（各种函数、算法程序、数据表格）与硬件（各种整形、放大、A/D、微机系统、D/A），处理从各种传感器输入的诸多信号，并以这些信号为基础，结合内部软件的其他信息，制定出各种控制命令送到各种执行器，从而实现发动机的控制。目前的 ECU 型号与种类均很多，不同的厂家生产不同的系列，即使在同一厂家，不同的发动机所使用的 ECU 也不同。ECU 的名称也不统一，如 GM 汽车称之为 ECM（Electronic Control Module），Ford 汽车称之为 MCU（Microcomputer Control Unit）等。

ECU 通常设计为一个金属盒，将所有电路和芯片包含在其内部，通过一个引出接头与传感器及执行器相连。根据 ECU 功能的复杂程度，引出接头可能有 30～88 芯。ECU 内部有印制电路底板，上面有各种集成电路芯片、电子元件等。如图 3—3 所示为 ECU 内部结构的一个例子。该 ECU 用于 Bosch Motronic 系统，大约有 200 个电子元器件。上面的印制板主要是数字线路部分，包括微机和大规模集成电路芯片，存储与输入整形电路等；下面的印制板则包含喷射系统、点火系统以及燃油泵控制的输出级。其中，放大器和输出元件安装在导热较好的各冷却点上，通过壳体散热。一个 35 芯的接头将 ECU 与传感器、执行器以及蓄电池等其他部件连接起来。

图 3—3　Motronic 电控系统的 ECU 内部结构

ECU 是电控系统中的“智能化”部分。它可以完成下列工作：

（1）处理输入信息，将之转变为微机能接受的信号。

（2）存储输入信息，供微机在合适的时刻使用。

（3）存储各种程序、该车型的参数、各种数据表格等。

（4）计算、处理各种信息，产生控制命令的数值以及进行故障诊断等。

（5）存储输出指令。

（6）处理输出指令。

（7）产生各种参考电压，通常为 5 V，也有 2 V、9 V 和 12 V 的。

如图 3—4 所示为 ECU 组成的示意图。从中可看出，ECU 可以分成三个部分，即：

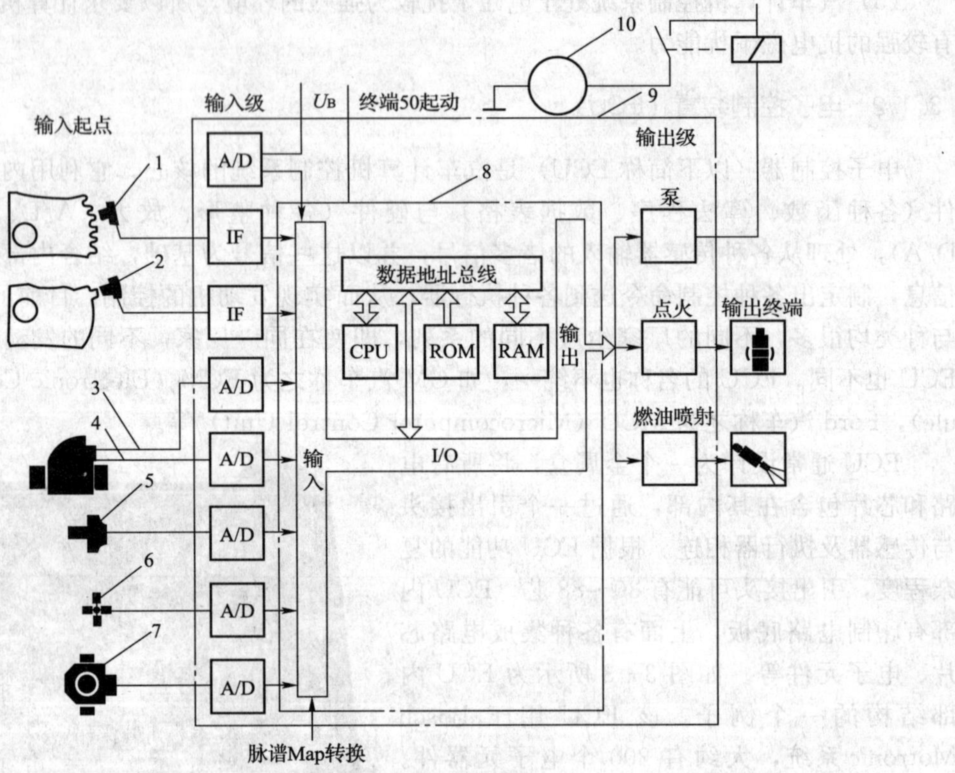

图 3—4　ECU 结构示意图

1—发动机转速传感器　2—曲轴位置传感器　3，4—进气质量流量传感器　5—进气温度传感器　6—发动机温度传感器　7—负荷传感器　8—微机系统　9—控制器　10—电动燃油泵

ECU
- 输入级：A/D 转换与整形放大
- 微机
  - CPU
  - 总线
  - 内存
  - I/O
- 输出级：输出功率放大或继电器

1. ECU 的输入级

（1）作用。输入级的作用是将电控系统中各传感器检测到的信号，通过 I/O 接口送入微机，完成 ECU 对控制装置运行工况的实时检测。

从传感器来的信号进入输入级后，首先要经过预处理，如采用滤波器除去杂波等。有的信号，如电磁式曲轴位置传感器来的信号，并不是矩形波而是正弦波，且其信号的电压幅值会随转速的变化而变化，这些信号均不能直接输入微机。图 3—5 给出了输入回路的处理效果。

（2）模拟信号与数字信号。从传感器来的信号有模拟信号和数字信号两种。模拟信号是连续的变量（见图 3—6a），其模拟量的变化（如电压）直接与所感受到的作用成正比。模拟量的精度常受各种因素限制。由于传感器的原因，很多输入信号为模拟信号，如各种可变电阻，包括热敏电阻 ECT 与 IAT；各种电位器，如 TP 与翼片式 VAF；电源电压等。数字信号为离散的变量（见图 3—6b），数字信号的精度依赖于信号发生装置的设计。例如，电磁式曲轴位置传感器与霍尔效应式传感器所发出的信号都是数字信号，其精度与触发轮上的齿数有关，如增加齿数，可以相应地增加曲轴位置精度。要注意这里所指的数字信号并不是真正的“数字”，仍是一系列的电量或脉冲。对于电控系统来说，数字信号的优点不只是其精度，更重要的是数字信号所表现的值并不会由于其电流或电压的变化而受到影响。例如，曲轴位置信号并不会由于其电平的高低而使所表现的曲轴位置变化（仅由脉冲形状与时刻决定），这对于 ECU 辨识很有好处，因为信号的电平总会由于转速、接触点情况、电源电压等发生变化。ECU 中的微机只能接受数字信号。所有的模拟信号都要先经过 A/D 转换器转换后才能被接收。

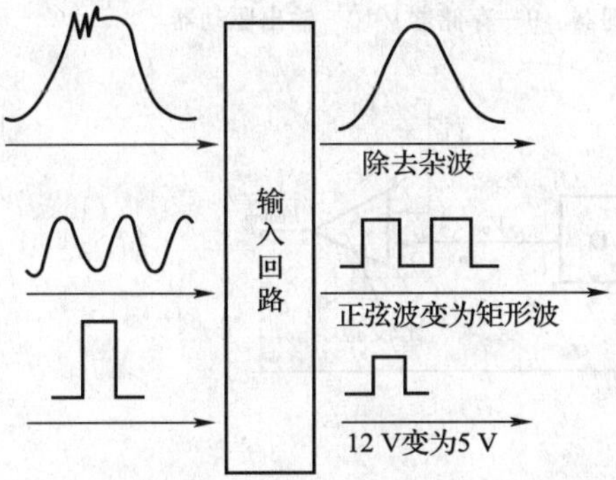

图 3—5　输入回路的作用

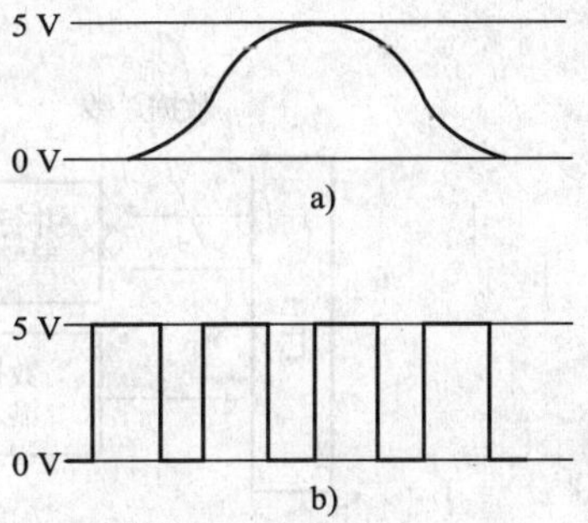

图 3—6　模拟信号与数字信号

a）模拟信号　b）数字信号

（3）模拟信号的输入。模拟信号在进入 A/D 转换器之前，先要进行预处理，包括去杂波、将电平大小调整到与 A/D 转换器规定的量程相符等，如氧传感器信号电平太小需放大，而电源电压信号电平又太大需减小。在 A/D 转换电路（见图 3—7）中，模拟量被转换成一系列的离散数字量。

A/D 转换器内部的工作如图 3—8 所示。被转换的模拟量 V_{in} 直接进入比较器。比较器的另一输入是比较量 V_{out}。当开始 A/D 转换时，微机由并行数据输出口输出一系列二进制数字，进入 A/D 后产生 V_{out}。这一系列数字由小到大按顺序发出，V_{out} 亦逐渐增大。当 V_{out} 小于 V_{in} 时，比较器使 V_{comp} 为低电平输出；一旦 V_{out} 大于 V_{in}，V_{comp} 立即变为高电平。反馈回微机后，微机立即停止二进制数字系列的发送，并将最后的数字作为 V_{in} 在这一时刻的数字量。之后，微机重新发送下一个二进制数字系列，测取 V_{in} 下一时刻的值。当今 A/D 转换器的频率已很高，且可独立工作。ECU 中的微机只需指令 A/D 开始工作，就可

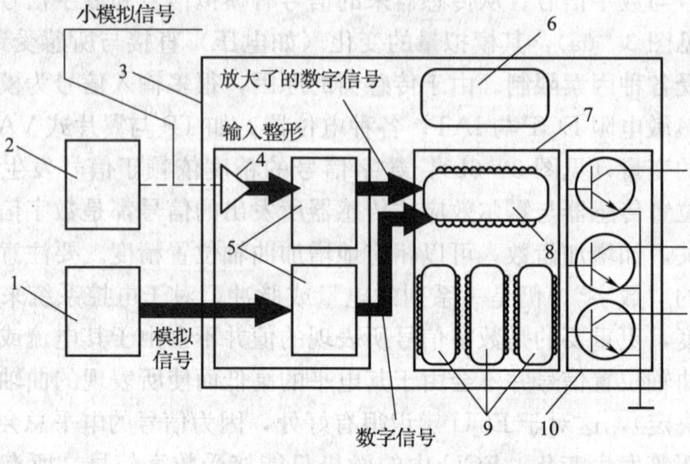

图 3—7 模拟量转换为数字量

1—节气门位置传感器 2—排气氧传感器 3—处理器 4—放大器 5—A/D 转换器 6—参考电压调节器 7—微机 8—微处理器 9—存储器 10—输出驱动器

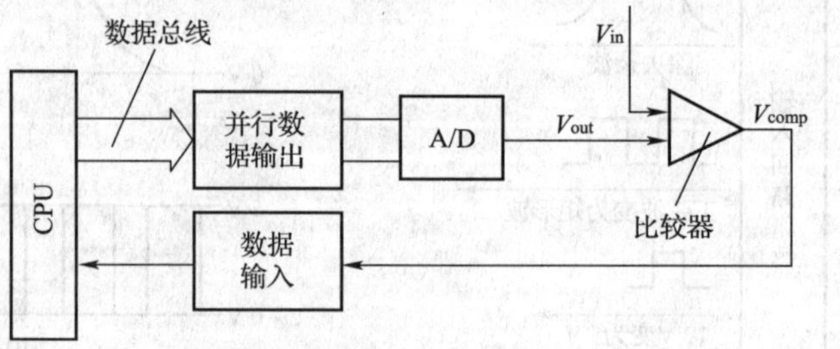

图 3—8 A/D 转换器的工作示意图

以中断而转向其他工作，待 A/D 转换结束后才回到读数状态。

由于 A/D 的原因，ECU 的输入级与系统的传感器数目、类型以及信号量程均有关，这也是 ECU 不能通用化的原因之一。

（4）数字信号的输入。经过整形和放大（或缩小）后的数字信号，即可通过 I/O 接口直接进入微机。曲轴转角信号取决于触发轮上的齿数，一般只有几十个齿，而发动机对点火与喷油的定时要求往往需要精确到 0.5°曲轴转角。因此，微机内还设有分频器或脉冲发生器，将几十个曲轴转角脉冲转化为每转 720 个脉冲，从而提高了曲轴位置的分辨力。

2. ECU 中的微处理器

微处理器是各种汽车计算机控制模块或电子控制装置（ECU）的核心，如防抱死制动系统（ABS）、发动机控制系统、巡行控制系统和汽车动态控制系统的电子控制装置中都至少有一个微处理器，以实现其必须的控制功能。它根据三方面的信息决定输出的指令，即传感器的信息（发动机当前工作条件）、系统的控制策略（事先制定的对策）和内存中的各种数表（事先制定的目标值）。

ECU 所用的微处理器与通常的微处理器相比，除外设不同外均很相似，其组成如图 3—9 所示。

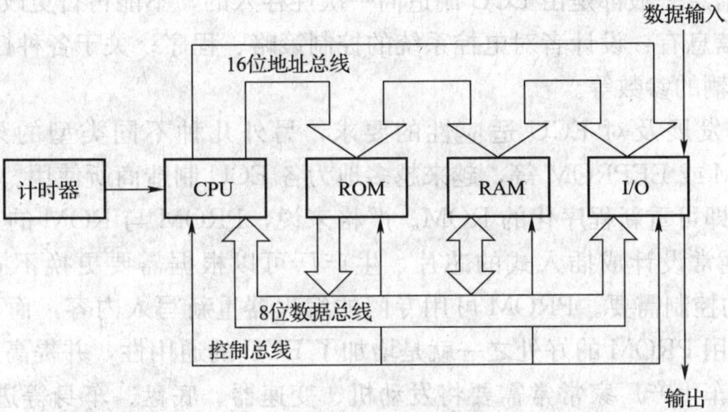

图 3—9　ECU 中的微处理器构成

(1) 中央处理器（CPU）。中央处理器可以看做是微处理器的大脑，中央处理器是微处理器中进行数学运算、数据处理以及产生控制信号的电路系统。中央处理器主要由算术逻辑运算器（ALU）、寄存表、指令寄存器和一个译码器组成，中央处理器通过双向数据总线与 ECU 中的其他外设相连。

目前常用 16 位或 32 位的 CPU 芯片。如 GM 公司 Buick 轿车的 PCM 采用 Motorola 68332 CPU，32 位。FORD EEC—Ⅳ的 PCM 采用 Intel 8061CPU，16 位。Bosch Motronic ECU 用 Siemens CPU 80C517，16 位。

ECU 对 CPU 的运算速度要求很高。以 6 缸发动机的 SFI（顺序燃油喷射）系统为例，当转速为 6 000 r/min（100 r/s）时，要处理喷油与点火各 300 次，每一次处理喷油与点火只有 3.3 ms 可用。当在过渡工况时，CPU 大概要用 2.5 ms 来计算各缸不同的喷油与点火时刻（因转速变动较大），包括接收输入信号、处理信号、计算输出指令等，只剩下 0.8 ms 来做其他工作。在稳定工况，CPU 还能有几毫秒的时间来处理其他工作，如怠速控制、排放控制、诊断等。因此，CPU 的速度必须满足程序的复杂程度以及转速的要求。程序越复杂、转速越高，所要求的 CPU 速度也越高。

发动机的工作是不稳定的。例如，正常运行时，可能会突然踏下加速踏板，或突然放开加速踏板。此时，CPU 必须快速响应这一动态变化，这就要求 CPU 要有合适的中断方式。CPU 常用的中断方式可能有好几种（如 Intel8061 提供 8 种中断），CPU 决定何种中断请求是最重要的，然后将正在运行的程序暂时存入内存 RAM 中，而转向最重要事件的程序。

(2) 存储器。ECU 所用的存储器一般有三种，即：

ROM（只读存储器）：长期保存，如程序、数据表格等，数据永不丢失。

RAM（随机存储器）：短期保存，点火开关断开后数据即丢失。

KAM（断电保存存储器）：中期保存，断开蓄电池电源后数据即丢失。

1）只读存储器 ROM（Read Only Memory）。ROM 是一次性的存储器，存入 ROM 的信息是永久存在的，切断电源后信息并不丢失，一旦通电又可自动回到起始点立即使用。ROM 中的信息一般都是由 ECU 制造商一次性存入的，不能再行更改。一般来说，在 ROM 中存储的信息有：设计者对电控系统的控制策略、程序；关于各种控制参数的图表；关于发动机或车辆的参数等。

随着技术的发展及对 ECU 适应性的要求，另外几种不同类型的只读存储器，如 PROM、EPROM 或 EEPROM 等，越来越多地为各 ECU 制造商所使用。

①PROM，即可重新程序化的 ROM。严格来说，PROM 与 ROM 的工作性能是一样的，但 PROM 通常设计成插入式的芯片，生产厂可以根据需要更换不同的 PROM，使 ECU 适应不同的控制需要。PROM 可用专门的编程器重新写入内容，而不一定由生产厂家完成编程。使用 PROM 的好处之一就是增加了 ECU 的通用性，并提高了对特殊车辆应用的适应性。汽车生产厂家常常需要将发动机、变速器、底盘、车身等进行不同的组合，形成不同型号的车辆。每一种组合均需要特定的控制程序或特殊的标定。采用了 PROM，就可以使用同一种 ECU，换用不同的 PROM，以适应好几种车型。采用 PROM 的另一好处是可以及时改进电控系统的软件或硬件。例如，可以及时改用更新更可靠的传感器，可以根据承销商的要求改变车辆性能，或可以根据刚获得的经验及时改善原车辆的各种性能等。

②EPROM，即可用紫外线擦除原内容并可重新编程的 ROM。EPROM 通常焊接在 ECU 内，其工作性能与 PROM 相似，但擦除与重新写入时不需拆下，只需将 EPROM 芯片上部的窗口打开，用紫外线照射即可擦除原内容，然后再用专门的编程器写入新的内容。EPROM 常用于样机或系统的调试以及小规模生产的 ECU 中。

③EEPROM，即电可擦除的 ROM。EEPROM 为智能化的 IC 芯片，焊接在 ECU 内。它可直接由微处理器改写其中的内容，而不需拆下或使用编程器。与 PROM 和 EPROM 相比，EEPROM 的一个重要特点是“部分可擦”，即可只对其中的部分单元进行重新写入。EEPROM 的这些特性给 ECU 带来了很大的好处。例如，ECU 生产厂家可以在 EEPROM 中写入通用的程序和数表，而汽车厂家根据设计的需要，对发动机进行具体的标定，即利用各厂家的标定设备或扫描仪器，对 EEPROM 中的各种脉谱图表重新改写，以适应世界各地市场的要求。EEPROM 是价格最贵的一种 ROM，经常与其他 ROM 共同使用，只在 EEPROM 中存储必要的脉谱图表和部分程序。

2）随机存储器 RAM（Random Access Memory）。RAM 是可任意读写的存储器。RAM 内存储的信息，一旦点火开关断电即全部消失。所以，RAM 中只保存本次点火开关接通后的信息。这些信息只作短期保存，保存时间可为几毫秒至几小时。一般在 RAM 中存储的信息有：从传感器输入的信息、计算过程中产生的数据与结果以及输出数据。RAM 中的数据可以是随时被更新的，上次存入的数据被新存入的数据代替。

3）断电保存存储器 KAM（Keep Alive Memory）。KAM 实际上也是一种 RAM。之所以称为 KAM，是由于点火开关断开后，KAM 中的信息并不丢失，而只是当蓄电池电源被断开时，KAM 中的信息才会全部消失。也可以认为 KAM 是直接由蓄电池供电的 RAM。一般在 KAM 中存储的信息有：维护码或故障码、自适应策略及自学习的结果等。对这些信息需要作中期保存，如故障码，应保存到完全排除故障为止。所以若非必要，不要常拆卸电控汽车的蓄电池电源，以免其中的信息丢失。

（3）输入与输出接口（I/O）。I/O 接口是 CPU 与输入装置（传感器）、输出装置（执行器）间进行信息交流的控制电路。根据 CPU 的命令，输入信号以所需要的频率通过 I/O 接口被 CPU 接收，输出信号则按所发出的控制信号的形成与要求通过 I/O 接口，以最佳的速度送出（或送入中间存储器）。输入/输出装置一般都要通过 I/O 接口才能与微处理器连接。因此，I/O 接口是 CPU 与外界进行信息交换的纽带。它是微机系统必不可少的部分，具有数据缓冲、电平匹配、时序匹配等多种功能。

（4）总线（Buses）。总线是一束传递信息的内部连线。在微机系统中，CPU、存储器与 I/O 接口是由若干组传递信息的总线连接起来的，通过总线来进行各种信息交换的。与普通微处理器一样，ECU 中微处理器的总线也分为数据总线、地址总线与控制总线三类。

（5）计时器。微处理器一旦通电后，计时器立即通过晶体振荡电路产生一连串的具有一定频率与宽度的脉冲送入 CPU。其功能是对微处理器工作过程进行时序的控制。CPU 执行指令是按精确的定时一步一步进行的。计时器产生的节拍脉冲是微处理器操作的最小时间单位，系统中各部分的元件都要按此节拍统一操作，才能保证在同一时间完成一定的操作。

3. ECU 的输出级

输出级是在微处理器与执行器之间起关联作用的装置。它的功能是将微处理器输出的电流很小的控制命令变成可以驱动执行器的控制信号，使执行器产生动作。微处理器输出的控制命令一般为数字信号，电流为毫安级。输出级具有控制信号的生成与放大等功能。通过输出级后，可以产生四种类型的输出（见图 3—10），以适应不同执行器或其他装置的需要。

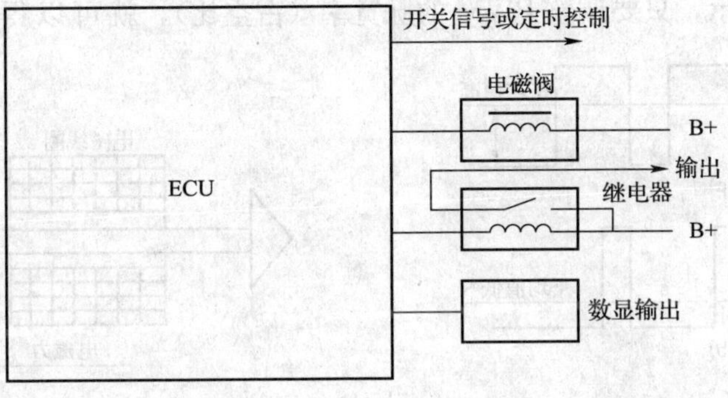

图 3—10　ECU 的四种输出

（1）输出驱动器。输出驱动器的具体形式有很多种。如图 3—11 所示为最常见的晶体管放大的输出驱动器示意图。电控系统的大部分执行器均直接由蓄电池提供电源，即一直带＋12 V 电压。ECU 要控制的只是执行器的接地端。当微机输出的电平加到晶体管基极后，晶体管导通，执行器工作电流即通过晶体管接地，形成回路。在图 3—11 的例子中，微处理器的输出是一系列的电脉冲。当脉冲为高电平时，晶体管导通，喷油器喷油；当脉冲为低电平时，晶体管截止，喷油器停止喷油。微处理器只要控制这一电脉冲的形成，就可以使喷油器按需要的方式进行时刻与喷油量均可控制的喷射。

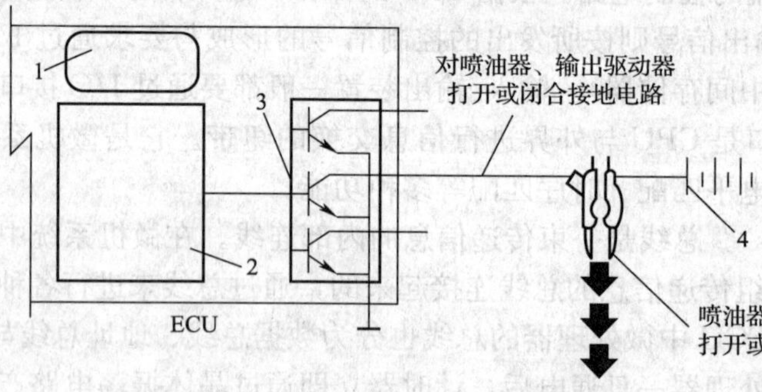

图 3—11　典型的输出驱动器示意图

1—VREF 调节器　2—微处理器　3—输出驱动器　4—蓄电池

（2）脉宽调制信号 PWM。脉宽调制信号 PWM 是 ECU 常用的输出控制脉冲（见图 3—12）。PWM 信号处于高电平（ON）的时间占脉冲全部时间的百分比称为脉宽率（又称占空比），一个脉冲中高电平所占的时间称为脉宽。

PWM 经常应用的一种方式是获得稳定的平均电压。电控系统常用的电磁阀并不只有“开”“关”两种状态，而是可以由于所受诸力的平衡而处于某一中间状态。如图 3—13 所示，电磁力取决于线圈电压的高低，电压越高，电磁力越大。只要调整线圈的电压，就可以移动电磁力与弹簧力的平衡点，而使电磁阀的磁芯稳定在任何中间位置。然而，对于微处理器来说，要输出可控的电压（模拟量）并不容易。微处理器最擅长的是处理数字信号，如图 3—12 所示，只要调整 PWM 的脉宽率（占空比），就可以得到 0～12 V 的任意

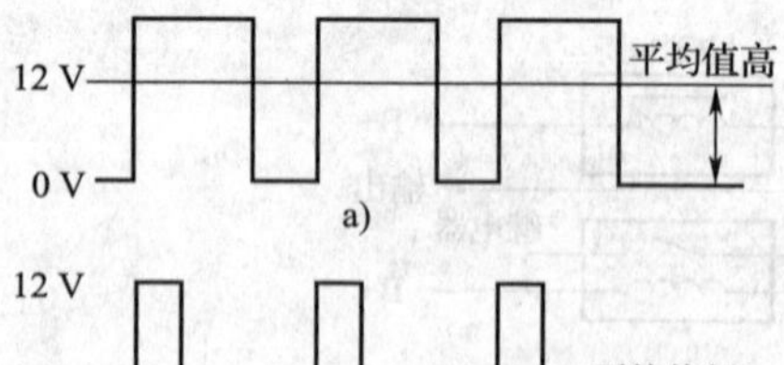

图 3—12　PWM 脉冲信号

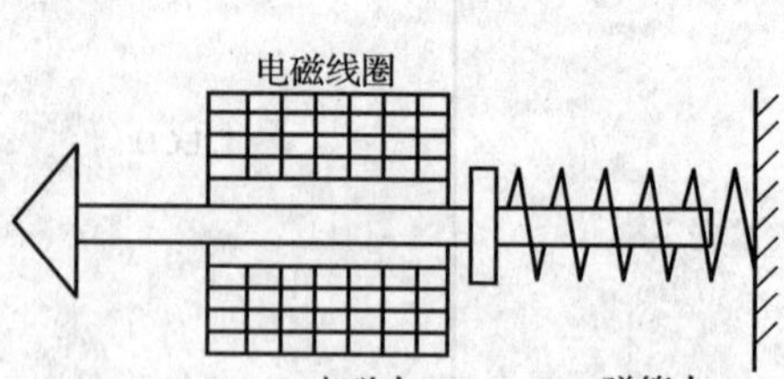

图 3—13　PWM 控制电磁阀开度

平均电压，且精度可以很高。当然，当 PWM 信号用于这类电磁阀时，也有一定条件，一是 PWM 的频率要较高，一般为 30～50 Hz；二是电磁阀的惯性较大，且只用于反应较慢的场合。这时 PWM 的脉冲并不会使电磁阀振动，其工作将是平稳的。

PWM 应用的另一种方式是驱动喷油器。由于喷油器针阀质量轻、惯性小，针阀提升与落座很快，可在一个脉冲内完成，所以 PWM 信号的脉冲宽度决定了喷油期的长短与喷油量的多少。

4. ECU 的电源电路

ECU 电源电路以及通过它产生的电源分配和接地，为整个电控系统提供电源，如图 3—14 所示。

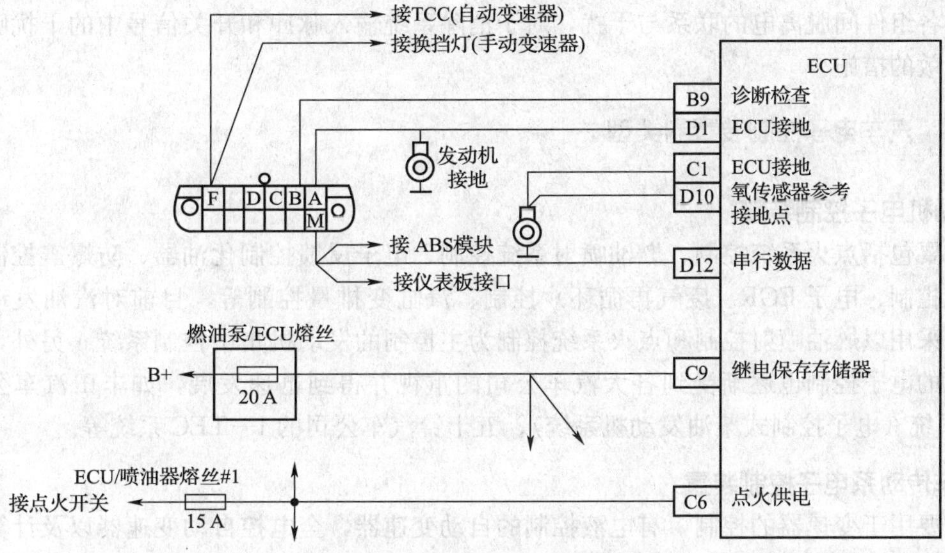

图 3—14　ECU 的电源与接地

在图 3—14 中，ECU 终端 C6 接收系统的电流。电流由点火开关控制，并串接 15～20 A 的熔丝。这一电源将被调节为 5 V 或 12 V，用于 ECU 内部的运行以及外部的一些运行（如传感器的参考电压）。当 C6 接收的电压低于 6 V 时，ECU 将不工作。

ECU 在点火开关断开后仍需要供电。这一方面是内部的 KAM 需要供电才能保存其中的信息，另一方面也是由于其他功能，如中央门锁等在停车时仍然需要工作。这一电源直接由蓄电池供给，通过 20 A 的熔丝输到 C9 终端。C9 如断电，将使 KAM 中的所有信息（如自学习参数、故障诊断结果等）全部消失。

ECU 的接地对其工作的可靠性也是十分重要的。为了得到可靠的接地，一般至少会有两个接地端子，如图 3—14 中的 C1 与 D1。为保证接地可靠，从接地端子到蓄电池负极的电压降一般应小于 500 mV。

3.1.3 汽车计算机控制系统抗干扰措施

汽车计算机控制系统经常受到车内外电磁波的干扰。这种干扰可能以冲击脉冲的形式进入控制系统内部，干扰破坏某些电子器件的工作，以至于发动机与汽车的工作失调而发生故障。因此，必须采取有效的抗干扰措施，才能保证控制系统可靠工作。

抗干扰的措施主要从控制系统的硬件与电路着手，尽量把干扰信号在进入微机之前就加以消除，以减少系统中软件的负担。这些措施主要有：让微机使用稳压电源，防止电源电压的波动；在电源输入端与接地之间分别并联去耦电容；各供电回路共用一点接地；避免公用地线产生的公共阻抗；电路接地尽量缩短长度，并用较粗的导线；信号线要采用屏蔽措施，以避免接收干扰信号等等。在数字量的信息传递中，采用光电耦合器作为隔离，可以使各组件间脱离电的联系与干扰，对于消除系统输入脉冲和开关信号中的干扰噪声是一个有效的措施。

3.1.4 汽车电子控制装置的类型

1. 发动机电子控制装置

主要包括点火系统控制、燃油喷射系统控制、电子反馈控制化油器、防爆震控制、怠速系统控制、电子 EGR（废气再循环）控制、汽缸变排量控制等，目前对汽油发动机的控制均采用以燃油喷射控制和点火系统控制为主控制的发动机集中控制系统。另外，柴油发动机的电子控制也逐渐受到各大汽车公司的重视并得到迅速发展，如丰田汽车公司的 ECD 系统（电子控制式柴油发动机系统）、五十铃汽车公司的 I—TEC 系统等。

2. 汽车传动系电子控制装置

主要用于变速器的控制，有电液控制的自动变速器，全电控自动变速器以及计算机控制的无级自动变速器等。

3. 保证行车安全的电子控制装置

主要有电子控制防抱死制动系统（ABS）、电子防滑调节装置（ASR）、电子控制的安全气囊和安全带装置、防撞报警系统、电子防盗系统。其中以电子控制防抱死制动系统应用最广泛。

4. 满足驾驶员与乘员舒适性、娱乐性的电子控制装置

包括计算机控制的全天候空调系统、主动悬架系统、自动驾驶系统、高级车用音响系统、车载电视等。

5. 汽车工况监视及信息系统

主要有数字式仪表、多重显示、集中显示系统、油耗指示仪、维护间隔指示仪、汽车导向行驶系统等。

3.1.5 电子控制器发展趋势

随着汽车上功能相对独立的计算机控制系统的增多，电子控制器、传感器和执行器的数量也越来越多，需要占用的空间也越来越大，线束也越来越多，整车布置、故障诊断和系统维护都变得更为困难，也使汽车的可靠性有所降低。为了解决以上问题，计算机网络技术已经开始应用于汽车计算机控制系统，将多个计算机控制系统通过数据总线联结起来，使各个控制系统的电子控制器能够通过数据总线进行信息和资源共享，达到简化布线和安装、减少传感器数量、避免控制功能重复、提高系统可靠性和维护性、降低成本等目的，使各个控制系统能够更好地匹配和协调。

随着汽车计算机控制系统的发展，将会有越来越多的汽车计算机控制专用微处理器，而且微处理器的处理能力、运算速度和集成度将进一步提高，汽车计算机控制系统将广泛采用 32 位和 64 位微处理器，许多系统的电控单元功能将被集成在硅片上，预计未来的汽车计算机控制系统的电子控制器将被集成为动力传动控制、底盘控制、车身控制、信息通信控制和后备控制 5 个处理单元，其中每个处理单元都有独立的控制模块、中央处理器和存储器，形成多功能集中控制系统。多功能集中控制系统大大提高了发动机的性能，同时使系统本身结构简化、成本降低、维护性好。

为了解决汽车计算机控制中信号线数量激增的问题，一些先进的汽车计算机控制系统已经开始用串行数据通信总线取代传感器、电控单元和执行器之间以及电控单元之间的专线联系方式，极大地简化了汽车计算机控制系统的线路联系，也有助于降低系统的成本，目前，得到普遍认同的是 CAN 总线。

3.2 汽车电子控制装置中的传感器

在汽车发动机电子控制系统中，装有各种各样的传感器，在发动机运转时提供反映汽车发动机运转状况的信息，作为控制系统决定控制方式和发送指令的主要依据。

传感器是一种转换装置，用来将物理量、化学量、电量等转换成计算机能接受的电信号。

汽车发动机电子控制系统中常用的传感器有空气流量传感器、曲轴转角与转速传感器、压力传感器、温度传感器、节气门位置传感器、氧传感器、爆震传感器和 ON/OFF (开/关) 信号开关等。

3.2.1 空气流量计

1. 叶片式空气流量计

(1) 叶片式空气流量计组成与工作原理。叶片式空气流量计测量部分由测量片、补偿片、阻尼室、回位弹簧、电位计和旁通气道组成。此外还包括怠速调整螺钉、油泵开关及进气温度传感器等。其结构如图 3—15 所示，电路结构示意图如图 3—16 所示。

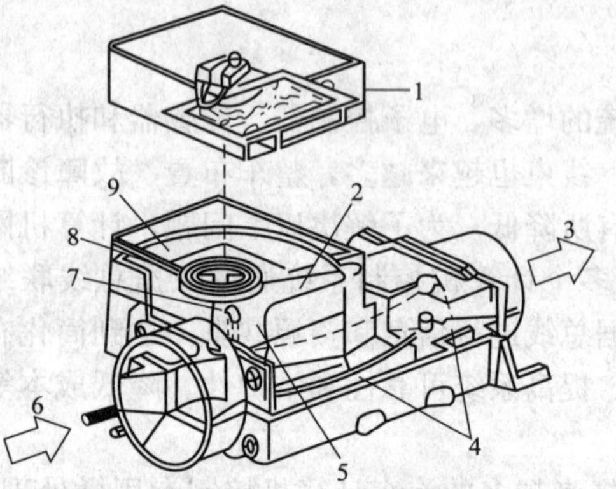

图 3—15　叶片式空气流量计

1—电位计　2—补偿片　3—发动机侧　4—旁通气道　5—测量片　6—空气滤清器　7—进气温度传感器　8—回位弹簧　9—阻尼室

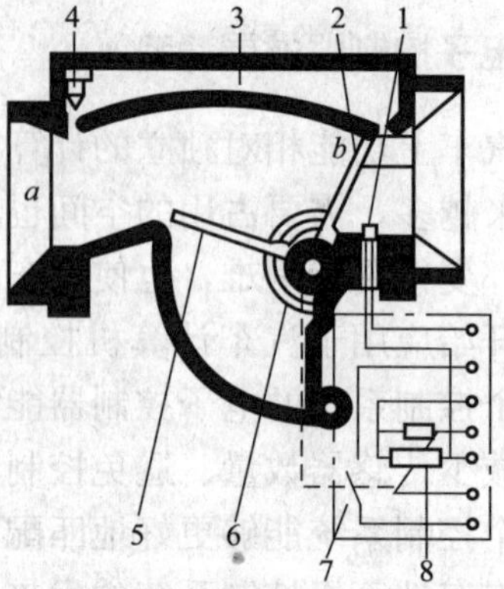

图 3—16　叶片式空气流量计电路结构示意图

1—进气温度传感器　2—测量片　3—旁通气道　4—怠速调整螺钉　5—补偿片　6—回位弹簧　7—燃油泵开关　8—电位计

叶片式空气流量计是利用空气流动产生的压力差将测量片推开的原理进行工作的。在测量片的回转轴上，安装有螺旋弹簧，当吸入空气，推开测量片的力与弹簧变形后的回位力相平衡时，测量片静止。电位计可以测量出测量片的转动角度，即可求出所吸入的空气量。

为使测量片在吸入空气时因空气量的变化而产生脉动时，能保持稳定转动，在空气流量计上制成了与测量片成一体的补偿片和阻尼室。进气温度传感器用于对进气温度的变化所引起的空气量的变化进行修正。在旁通气道上设置有怠速混合气调整螺钉，以便对空气流量计的输出特性进行调节。燃油泵开关用于当发动机运转、进气道中的空气流动及测量片转动时，接通燃油泵电路，保证在进气的同时燃油系统及时供油。

空气流量计的工作原理就是把进气量（测量片开启角度）转换成电压信号（U_S）并输入到 ECU 中。而 ECU 则根据信号电压大小，即进气量的多少控制喷油量，保证 14.7：1 可燃混合气的比例。叶片式空气流量计中电位计的设计有两种，一种是当进气量变大时，U_S 值升高；另一种是当进气量变大时，U_S 值降低，如图 3—17 所示。但大多数叶片式空气流量计都采用信号电压（U_S）与蓄电池电压（U_B）按比例变化，所以作为空气流量计的测量信号 U_S/U_B 也可保持不变。

（2）叶片式空气流量计的检测

1）检查叶片的工作状态和回位弹簧的弹力。检查时，打开电位计盖，起动发动机并逐渐加速，检查空气流量计的叶片及滑臂是否圆滑升起，减速时是否平稳下降。

2）检查旁通气道。检查旁通气道是否有积炭，若有积炭应清除干净。

3）检查进气量与叶片开启位置是否匹配。当发动机加速响应时间长，感觉动力不足时，有可能进气量与叶片位置不匹配。检查时，应仔细察看橡胶管是否老化破损或管口是

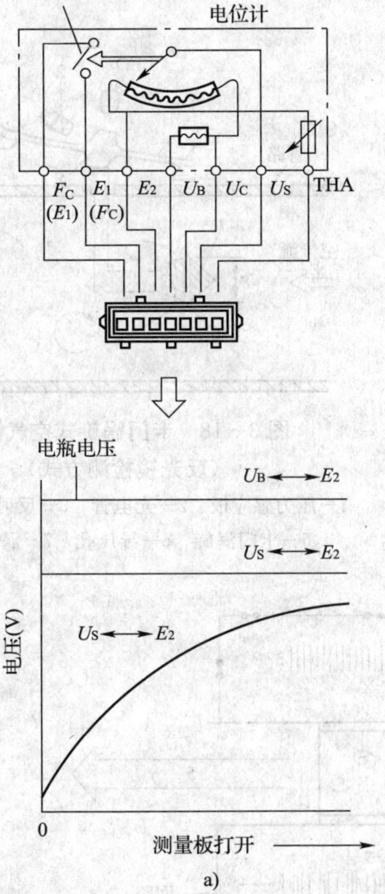

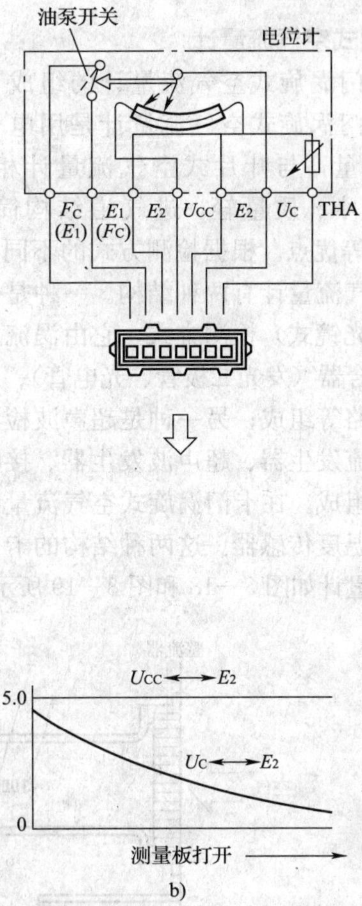

图 3—17　空气流量计电压输出特性

a）叶片开大，U_S 上升　b）叶片开大，U_S 下降

否卡紧。如果不漏气，检查回位弹簧是否变软，必要时，拨动电位计上的调整齿圈上的齿，增大回位弹簧的预紧力。

4）检查空气流量计的电阻。如图 3—17 所示，测量 U_S 与 E_2 间电阻：用手缓慢推动叶片时，电阻值应逐渐加大，一般为 300～500 Ω。THA 与 E_2 间电阻（进气温度传感器电阻）应在 440 Ω～3.77 kΩ（如福特汽车）之间，电阻值在该范围内随进气温度的升高而增大，随进气温度的降低而减小。当叶片处在关闭状态时，接头 F_C 与 E_1 间电阻值应为∞；当轻推叶片时，其电阻值立刻变为零。

5）怠速混合气调整螺钉的调整。在旁通气道上安装有怠速混合气调整螺钉，用来调节流经旁通气道的空气量，从而改变怠速混合气的浓度。但有些发动机的怠速混合气调整螺钉在出厂前已经调整好，并用铅封住，不允许任意调整。当发动机怠速运转不稳，则应检查进气系统管路（特别是橡胶软管）是否漏气，对相应部位进行维护。

2. 卡门涡旋式空气流量计

（1）卡门涡旋式空气流量计的组成与工作原理。卡门涡旋式空气流量计是用电子方法测量进气量，与叶片式空气流量计相比，它具有体积小、质量轻、进气道结构简单、进气阻力小等优点。根据检测方式的不同，卡门涡旋式空气流量计有两种结构。一种是光学式（或称反光镜式）检测方式，它由涡流发生器、光电耦合器（发光二极管、光电管）、反光镜及整形电路等组成；另一种是超声波检测方式，它由涡流发生器、超声波发生器、接收器和整形电路组成。在卡门涡旋式空气流量计内也装有进气温度传感器。这两种结构的卡门涡旋式空气流量计如图 3—18 和图 3—19 所示。

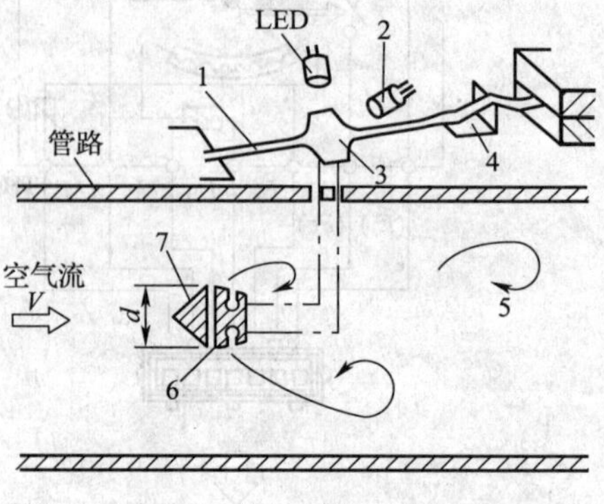

图 3—18　卡门涡旋式空气流量计

（反光镜检测方式）

1—压力感应板　2—光电管　3—反射镜　4—板簧　5—卡门涡旋　6—导压孔　7—涡流发生器

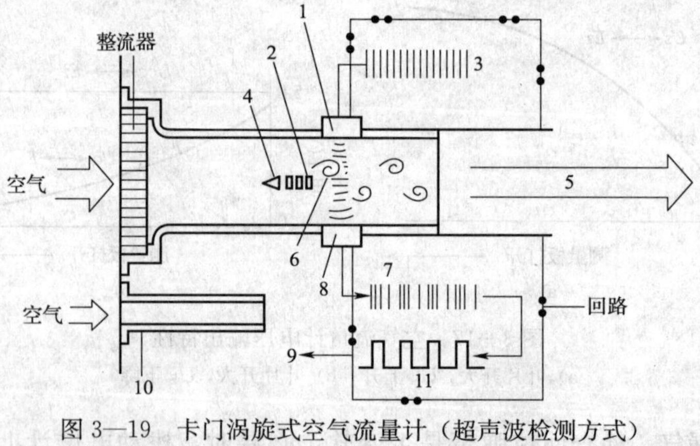

图 3—19　卡门涡旋式空气流量计（超声波检测方式）

1—信号发生器　2—涡流稳定板　3—超声波发生器　4—涡流发生器　5—接发生器　6—卡门涡旋　7—与涡流对应的疏密声波　8—接收器　9—接计算机　10—旁通气道　11—脉冲波（整形后矩形波）

卡门涡旋式空气流量计的工作原理就是在进气道上设置一锥体或柱体，叫做涡流发生器，当空气流过时，在涡流发生器后部将会不断产生有规则交错的旋涡，这些旋涡称为卡门涡旋。

卡门涡旋式空气流量计输出的是与卡门涡旋同步的电脉冲信号，如图 3—20 所示。进气量大时，信号频率高；进气量小时，信号频率低。卡门涡旋的频率用 ECU 中给定的输出信号周期内的涡旋个数求得。

反光镜检测方式是把卡门涡旋发生器两侧的压力变化，通过导压孔引向薄金属制成的反光镜表面，使反光镜产生振动。反光镜振动时，将发光二极管投射的光反射给光电管，

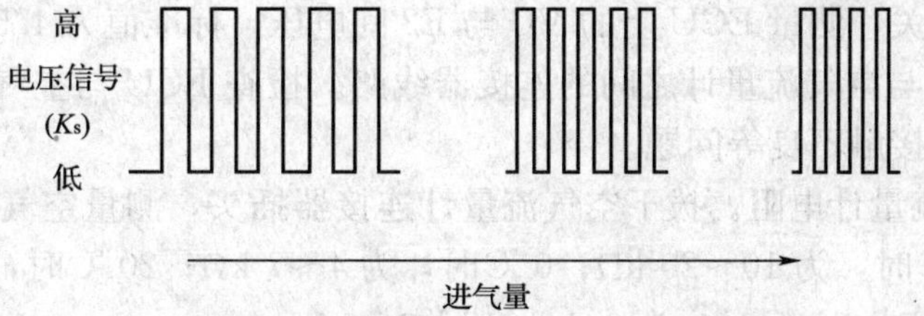

图 3—20　卡门涡旋式空气流量计脉冲信号输出

通过对反光信号的检测，即可求出涡旋频率。

超声波检测方式是利用卡门涡旋引起的空气疏密变化进行测量的。用接收器接收超声波信号，当超声波信号通过疏密变化的气流后，接收的信号会随空气疏密变化而变化，由此可测定出涡旋频率。

卡门涡旋式空气流量计内装有进气温度传感器，用于对进入空气流量计的空气密度进行修正。在这种空气流量计内设有专门电路，它可将卡门涡旋脉冲信号进行整形后输出。

（2）卡门涡旋式空气流量计电路检修。凌志 LS400 轿车发动机进气系统使用的是卡门涡旋式空气流量计，是采用反光镜检测方式。该流量计与 ECU 的连接电路如图 3—21 所示，该流量计电路连接器如图 3—22 所示。

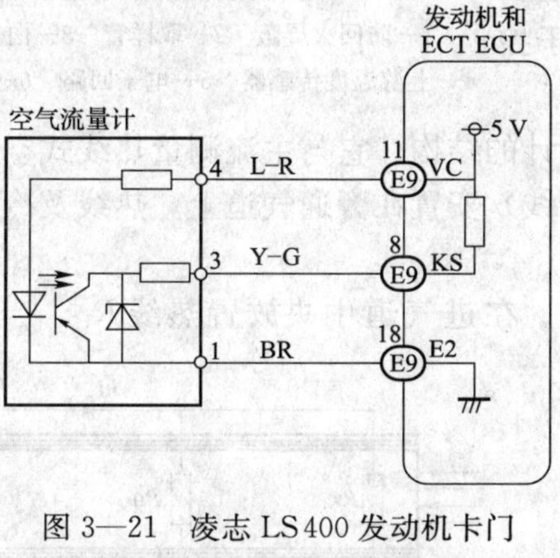

图 3—21　凌志 LS400 发动机卡门涡旋式空气流量计与 ECU 的连接电路

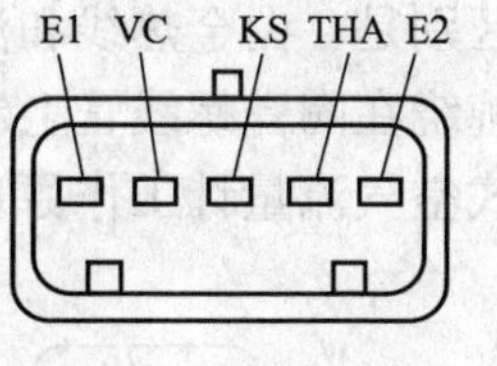

图 3—22　凌志 LS400 发动机卡门涡旋式空气流量计电路连接器

当凌志 LS400 发动机转速高于储存在 ECU 中的预定值时，空气流量计 KS 信号如果没有输入 ECU，ECU 会确定空气流量计信号电路存在故障，并以故障码“31”存储在 ECU 存储器中，这时 CHECK 警告灯点亮。当发动机故障显示系统显示故障码“31”时，发动机的故障现象是起动性能不好，怠速运转不稳，以至于发动机可能熄火。现以上述凌志 LS400 轿车发动机故障为例，具体说明检修方法（注意在检修时应使发动机在较高转速下运行）：

1）检查 ECU 端子上 KS 和 E2 间电压。用万用表测量 ECU 上的 KS 与 E2 间电压，标准值为 2～4 V，KS 信号是空气流量计输入 ECU 的脉冲信号，测量所得误差范围较大。

2）拆下空气流量计的连接器插头，检查 VC 与 E2 间电压。在拆下空气流量计插头时，应接通点火开关，测量 ECU 上的 VC 与 E2 间电压，标准值为 4.5～5.4 V。

3）检查 ECU 与空气流量计之间的连接器线路。检查 ECU 与空气流量计连接导线是否有短路、断路、接触不良等问题。

4）检查空气流量计电阻。拔下空气流量计连接器插头，测量空气流量计 THA 与 E2 间电阻，在－20 ℃时，为 10～20 kΩ；0 ℃时，为 4～7 kΩ；20 ℃时，为 2～3 kΩ；40 ℃时，为 0.9～1.3 kΩ；60 ℃时，为 0.4～0.7 kΩ。

经上述检测，其测量值不在规定范围或故障仍不能排除时，应更换空气流量计。

3. 热线式空气流量计

（1）热线式空气流量计组成与工作原理。热线式空气流量计有主流测量热线式空气流量计和旁通测量热线式空气流量计两种。如图 3—23 所示为主流测量热线式空气流量计的结构。它主要由取样管、白金热线、温度补偿电阻（冷线）、电子控制线路板、连接器和防护网等组成。热线直径 70 μm，用白金制成，安放在取样管中。取样管安置在主进气道中央，两端有金属防护网，防护网用卡箍固定在壳体上。控制线路板上有六脚插头与发动机电子控制单元（ECU）连接，以传递信号。

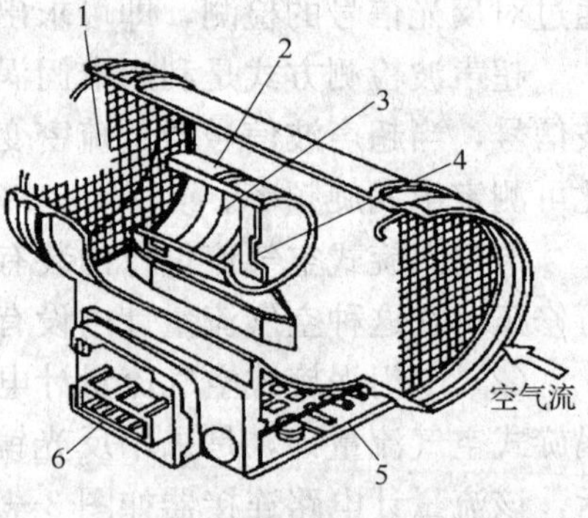

图 3—23 主流测量热线式空气流量计

1—防回火屏蔽 2—取样管 3—白金热线
4—上游温度传感器 5—电子回路 6—连接器

如图 3—24 所示为旁通测量热线式空气流量计的结构。它与主流测量热线式空气流量计的主要区别是：白金热线和温度补偿电阻（冷线）安置在旁通气道上。热线及冷线绕组是用铂丝缠绕在陶瓷螺线管上制成。

热线式空气流量计工作原理如图 3—25 所示。在进气道中央放置热线 R_H，当空气流

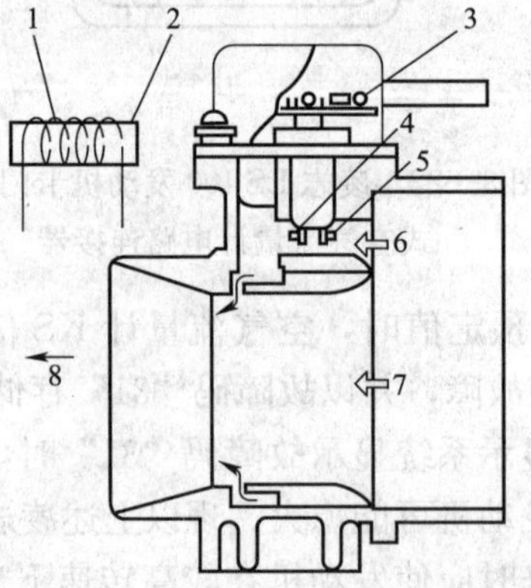

图 3—24 旁通测量热线式空气流量计

1—热线及冷线绕组 2—陶瓷螺线管 3—控制回路
4—冷线（进气温度测定）5—热线 6—旁通气道
7—主通道 8—至节气门

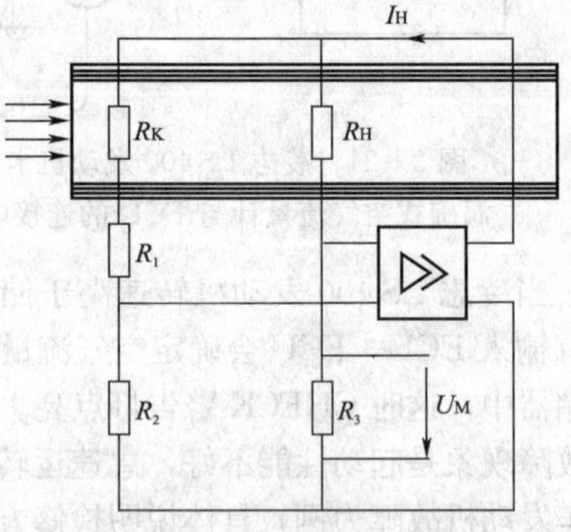

图 3—25 热线式空气流量计工作原理

R_H—热线电阻 R_K—冷线电阻 R_1，R_2，R_3—高精度电阻 U_M—空气流量的电压信号

过热线时，由于空气的吹拂，热线的热量被空气吸收，使其变冷。热线周围流过的空气质量流量越大，被带走的热量也越多。热线式空气流量计就是利用热线与空气之间的这种热传递现象进行空气质量流量测定的。

从图 3—25 中可知，热线电阻 R_H 和空气温度补偿电阻 R_K 组成惠斯登电桥，控制电路使热线的温度始终保持比空气流的温度高出一定值，例如保持 100 ℃的温差，当空气流量增大时，对热线吹拂使其冷却作用加强，电阻减小，从而改变电桥中的电压分布，控制电路立即增大加热电流 I_H 予以修正。所以，加热电流 I_H 就是空气质量流量，加热电流 I_H 变化较大，在 50～1 200 mA 范围，精密电阻 R_3 为避免自热，采用温度系数很低的金属薄膜电阻。电桥电路另一个臂上电阻器的电阻很大，电流只有几毫安，以减少电损耗。其中 R_K 是白金薄膜电阻，与 R_1 相连作为温度补偿。

由于这种流量计的热表面与空气进行热传导，热线上的任何沉积物都将对输出信号产生有害影响，因此控制电路中具有自洁（Burn-off）功能。每当发动机熄火后 4 s，控制电路输出电流，使热线温度迅速升到 1 000 ℃高温，加热 1 s，将黏附在热线表面的污染物烧净。

(2) 热线式空气流量计的检测。现以日产汽车汽油喷射系统（ECCS)，CEDRIC VG30E 发动机为例，说明该发动机使用的热线式空气流量计的检测过程。

1）VG30E 发动机使用的热线式空气流量计连接器上有 A、B、C、D、E、F 六个接线端子，检测时，将 E、D 端子分别接蓄电池电源的“＋”和“－”极，用万用表测量 B 和 D 之间的电压，正常情况下的标准电压值应为（1.6±0.5）V。若使空气流过空气流量计，同时测量 B 和 D 端子间电压应有所升高，大约在 2～4 V 之间为正常。

2）热线式空气流量计自洁电路的检查。检查时，应拆下空气滤清器，起动发动机，使发动机以 2 500 r/min 以上转速运转；当关闭点火开关 5 s 后，从空气流量计的进气口处观察热线，应能看到热线发出微红的辉光约 1 s。

如果观察结果不符合以上要求，应拆下电子控制单元 20 端子连接器及空气流量计上的连接器，检查 20 端子连接器上的第 12 端子与空气流量计连接器 F 端子间的导通情况，正常情况应导通。否则，应修理或更换线束。若线束导通正常后仍看不到空气流量计电阻丝的辉光，则应更换空气流量计。

4. 热膜式空气流量计

热膜式空气流量计的结构如图 3—26 所示。它的发热体不是热线而是热膜，它把热线、温度补偿电阻（冷线）及精密电阻用厚膜工艺固定在以陶瓷为基片的树脂膜上。同时，它的分析电路比热线式的要简单，而起动速度几乎相同。

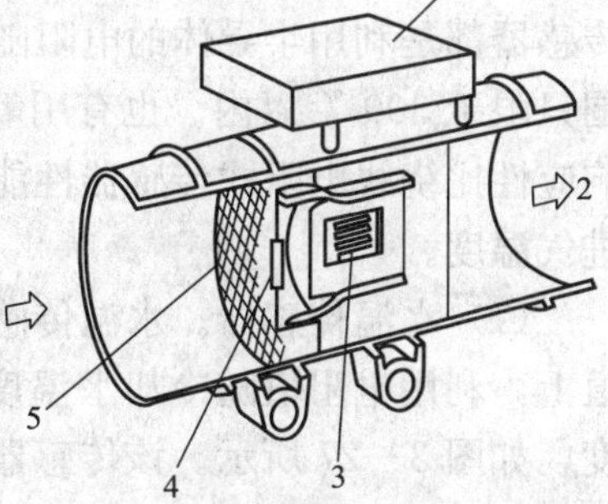

图 3—26　热膜式空气流量计

1—控制回路　2—通往发动机　3—热膜　4—上游温度传感器　5—金属网

热膜式空气流量计的工作原理与热线式空气流量计

的相同。

由于热膜式空气流量计的发热体固定在树脂膜上，不直接承受气体的冲刷，所以它的使用寿命长。

3.2.2 温度传感器

电子汽油喷射式发动机为了计算空气的质量以及响应排气净化处理的要求，需要连续精确地测量冷却水温度、进气温度和排气温度。表 3—1 列出了汽车发动机使用的温度传感器的性能要求。

表 3—1　　汽车发动机使用的温度传感器的性能

项　目	性能要求	项　目	性能要求
温度范围	−50～120 ℃	分 辨 率	±0.5 ℃
输　　出	0～5 V	响应速度	冷却水：10 s；空气：1 s
精　　度	±2 ℃	可 靠 性	0.999　4 000 h

温度传感器有绕线电阻式、热敏电阻式、扩散电阻式、半导体晶体管式、金属心式和热电偶式等。在电控汽油喷射式发动机上应用得较多的是负温度系数热敏电阻式温度传感器。

1. 绕线电阻式温度传感器

绕线电阻式温度传感器是在绝缘绕线架上绕上高纯度镍线，再罩上适当的外套而制成，用于测量冷却水和进气温度。利用它的电阻值随温度变化而变化的特性，作为测量温度的依据。其精度在±1%以内，响应性较差，响应时间大约为 15 s。

2. 热敏电阻式温度传感器

热敏电阻式温度传感器有 NTC（负温度系数）和 FTC（正温度系数）两种。这两种传感器都是利用半导体的电阻随温度变化而改变的特性，其灵敏度高，但线性差，测量范围只限于 300 ℃以内。也有用氧化锆制成的高温型热敏电阻传感器。热敏电阻式传感器的响应性比绕线电阻式传感器性能优良，所以在汽车上广泛使用，用于测量冷却水的温度和进气温度。

（1）水温传感器。水温传感器是用负温度系数热敏电阻制成，它安装在发动机冷却水道上，利用电阻值随冷却水温度的升高而变小的负温度系数变化特性来测量冷却水的温度，如图 3—27 所示。该传感器测得的信号输入 ECU，ECU 可以根据冷却水温度进行喷油量的控制。

水温传感器与 ECU 的连接电路，如图 3—28 所示。ECU 中的电阻器与水温传感器串联，当热敏电阻值变化时，THW 信号电压也随之变化。

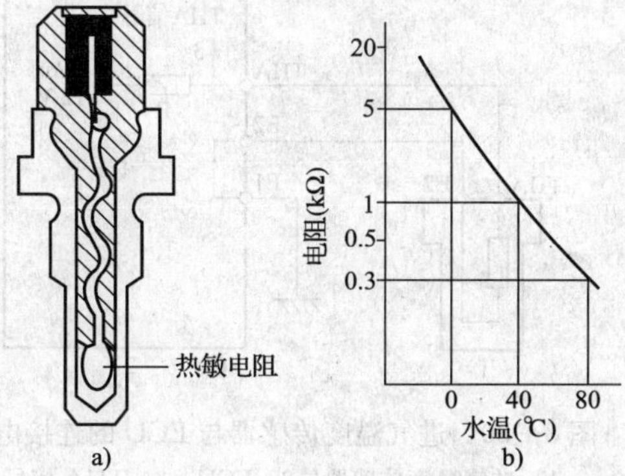

图 3—27　水温传感器

a）结构　b）特性

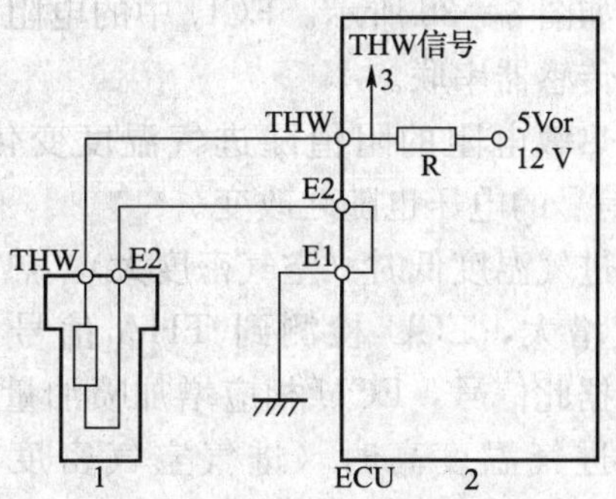

图 3—28　水温传感器与 ECU 连接电路

1—水温传感器　2—ECU　3—THW 信号

当水温低时，燃油蒸发性差，发动机正常工作需要较浓的混合气，由于水温低，热敏电阻值增大，ECU 检测到 THW 信号电压高。根据这个信号，ECU 会适当增大喷油量，改善冷机性能。而当水温高时，ECU 检测到的 THW 信号电压低，ECU 使喷油量减少。

（2）进气温度传感器。进气温度传感器是检测发动机吸入空气温度用的传感器。由于进气温度的变化会影响进气密度，所以非质量流量型空气流量计都必须有此传感器。进气温度传感器一般是由与水温传感器中具有相同特性的热敏电阻构成。当进气温度传感器在叶片式及卡门涡旋式空气流量计或速度密度型 EFI 上使用时，由于吸入空气温度的变化会引起空气密度发生变化，因此需要进行燃油喷射量修正。为使测量及修正精确，通常是将进气温度传感器安装在空气测量部位附近。D 型 EFI 系统中进气温度传感器安装在空气滤清器的壳体内或是稳压箱内，如图 3—29a 所示。叶片式及卡门涡旋式空气流量计的 EFI 系统则将此传感器安装在空气流量计内，如图 3—29b 所示。进气温度传感器的输出特性

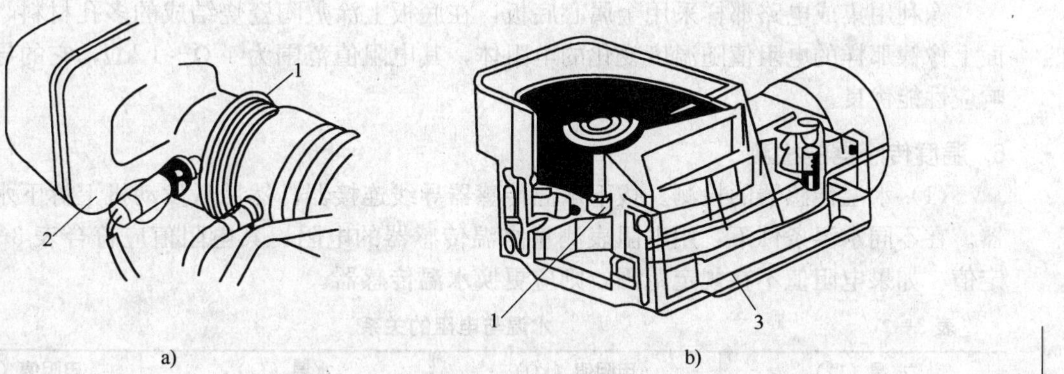

图 3—29　进气温度传感器安装位置

a）D 型 EFI　b）L 型 EFI

1—进气温度传感器　2—空气滤清器　3—空气流量计外壳

与水温传感器相同。进气温度传感器与 ECU 的连接如图 3—30 所示。ECU 中的电阻与进气温度传感器串联。

当热敏电阻的阻值随进气温度变化时，THA 信号的电压也随之改变。

当进气温度低时（空气密度大），热敏电阻阻值增大，ECU 检测到 THA 信号电压高。根据此信号，ECU 相应增加喷油量。反之，当进气温度高时（进气空气密度小），ECU 检测到的 THA 信号电压低，ECU 控制喷油量减少。

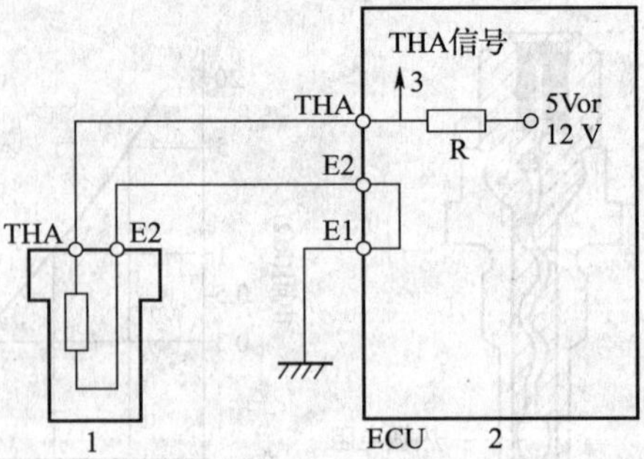

图 3—30　进气温度传感器与 ECU 的连接电路
1—进气温度传感器　2—ECU　3—THA 信号

3. 扩散电阻式温度传感器

在硅半导体上形成电阻电极，当电极上施加电压时，产生的扩散电阻随温度变化。利用这一特性并应用半导体创平技术，可以制成温度传感器。这种传感器制造成本低，并且各项性能指标优良。扩散电阻式温度传感器的响应速度，在空气中是 5 s，温度系数为 0.72%/℃，比镍线电阻式传感器的温度系数 0.5%/℃要高。

4. 半导体晶体管式温度传感器

在一定的电流下，硅晶体管的基极和发射极间的偏置电压依温度而变化，根据这个原理，制成了半导体晶体管式温度传感器。例如，MTS102 传感器，当温度在－40～150 ℃的范围内，其测量精度为±2 ℃，温度系数是－2.25 mV/℃。带塑料外壳时，放在空气中的响应速度是 8 s，放在液体中的响应速度是 3 s。

5. 金属心式温度传感器

像利用集成电路那样采用金属心底板，在底板上涂敷陶瓷烧结成的多孔材料，形成表面上像镍那样的电阻值随温度变化的电阻体，其电阻值范围为 1 Ω～1 kΩ，它的导热性和响应性能优良。

6. 温度传感器的检测

（1）水温传感器的检测。拔下水温传感器导线连接器，然后从发动机上拆下水温传感器。在不同水温条件下，用电阻表测量水温传感器的电阻，其电阻值应符合表 3—2 的规定值。如果电阻值不在规定范围，则应更换水温传感器。

表 3—2　　水温与电阻的关系

水温（℃）	电阻值（kΩ）	水温（℃）	电阻值（kΩ）
0	4～7	60	0.4～0.7
20	2～3	80	0.2～0.4
40	0.9～1.3		

安装好水温传感器，插好导线连接器。使点火开关在 ON 位置时，ECU 的 THW 与 E2 端子间应有电压（见图 3—28），其电压值应为 0.2～1.0 V（水温 80 ℃时），如果无电压则应进一步检查故障。

（2）进气温度传感器的检测。进气温度传感器的电阻检查方法和要求与水温传感器检查方法和要求相同。

对于进气温度传感器还应进行电压检查。当点火开关在 ON 时，ECU 的 THA 与 E_2 端子间应有电压（见图 3—30），其电压值应为 0.5～3.4 V（20 ℃时）。如果无电压，则应进一步检查故障。

3.2.3 曲轴位置传感器

曲轴位置传感器是发动机电控系统控制点火提前角、确认曲轴位置的信号源。曲轴位置传感器检测并输入发动机 ECU 的信号有活塞上止点及曲轴转角两种，曲轴位置传感器可分为磁脉冲式、光电式和霍尔式三大类。它们的安装部位在曲轴前端、凸轮轴前端、飞轮上和分电器内。

1. 磁脉冲式曲轴位置传感器

（1）日产公司磁脉冲式曲轴位置传感器。该曲轴位置传感器安装在曲轴前端的带轮之后，如图 3—31 所示。在带轮后端设置一个带有细齿的薄圆盘，是用以产生信号的转盘，被称为信号盘。信号盘和曲轴带轮一起装在曲轴上，随曲轴一起旋转。在信号盘的外缘，沿着圆周每隔 4°加工一齿，共有 90 个齿。此外，每隔 120°布置一个凸缘，共 3 个。安装

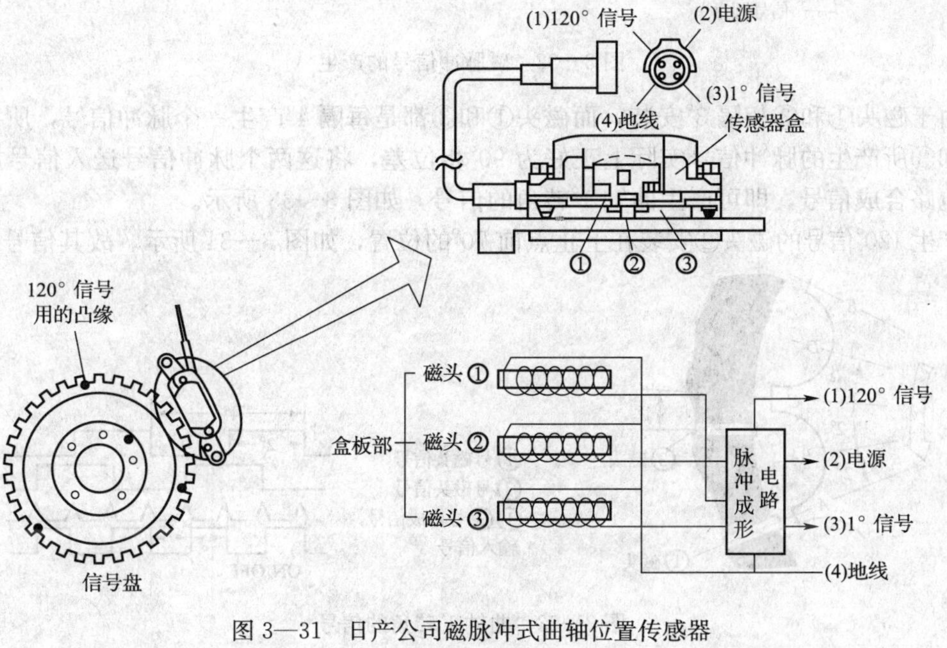

图 3—31　日产公司磁脉冲式曲轴位置传感器

在信号盘边沿的传感器盒是产生电信号的信号发生器，信号发生器内有三个在永久磁铁上绕有线圈的磁头，其中磁头②产生 120°信号，磁头①和③共同产生曲轴 1°信号。磁头②对着信号盘的 120°凸缘，磁头①和③对着信号盘的齿圈，磁头①相对于磁头③间隔 3°曲轴转角的位置安装。信号发生器内有信号放大与成形电路，外部有四插孔电连接器，插孔“(1)”为 120°信号输出线，插孔“(2)”为信号放大与成形电路的电源线，插孔“(3)”为 1°信号输出线，插孔“(4)”是接地线。通过该连接器将曲轴位置传感器的感应信号输送到计算机。

发动机转动时，信号盘的齿和凸缘切割磁头，使感应线圈内磁场变化，从而在感应线圈里产生交变的电动势，再将它滤波整形后，即变成脉冲信号，如图 3—32 所示。发动机旋转一圈，在磁头②上产生三个 120°脉冲信号，在磁头①和③上交替各产生 90 个脉冲信号。

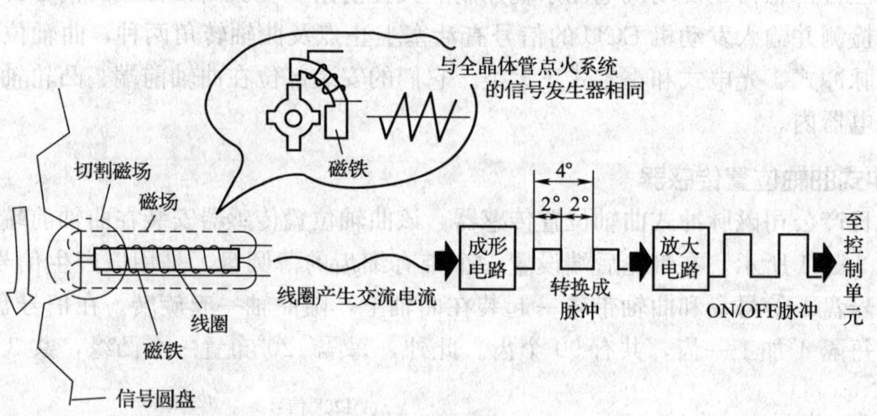

图 3—32　磁脉冲信号的产生

由于磁头①和③相隔 3°安装，而磁头①和③都是每隔 4°产生一个脉冲信号，所以，磁头①和③所产生的脉冲信号实际上正好为 90°相位差，将这两个脉冲信号送人信号放大与成形电路合成信号，即可产生曲轴 1°转角的信号，如图 3—33 所示。

产生 120°信号的磁头②安装在上止点前 70°的位置，如图 3—34 所示。故其信号亦可称

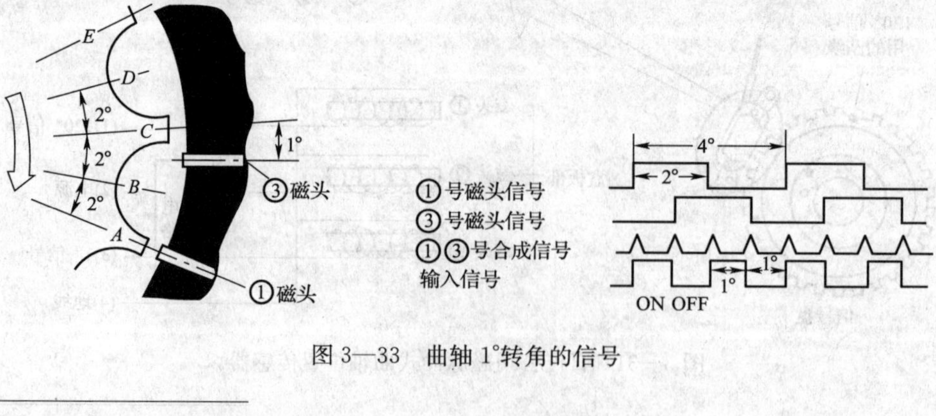

图 3—33　曲轴 1°转角的信号

为上止点前 70°信号，即发动机在运转过程中，各缸上止点前 70°均由磁头②产生一个脉冲信号。

(2) 丰田公司磁脉冲式曲轴位置传感器。丰田公司 TCCS 系统用的磁脉冲式曲轴位置传感器安装在分电器内，其结构如图 3—35 所示。该传感器分成上、下两部分，上部分产生 G 信号，下部分产生 Ne 信号。都是利用带有轮齿的转子旋转时，使信号发生器感应线圈内的磁通变化，从而在感应线圈里产生交变的感应电动势信号，将此信号放大后，送入计算机。

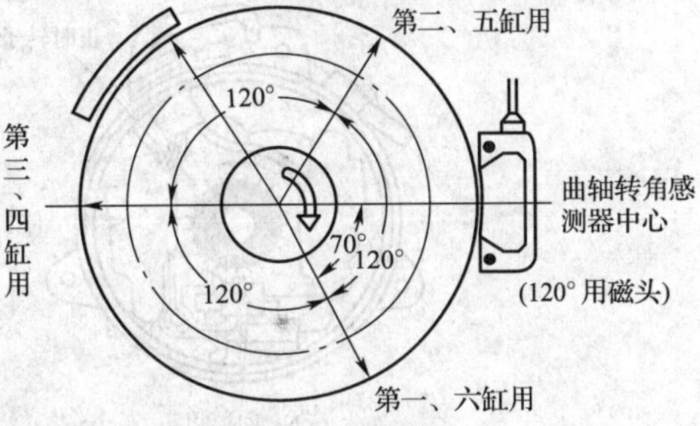

图 3—34　磁头②与曲轴的位置关系

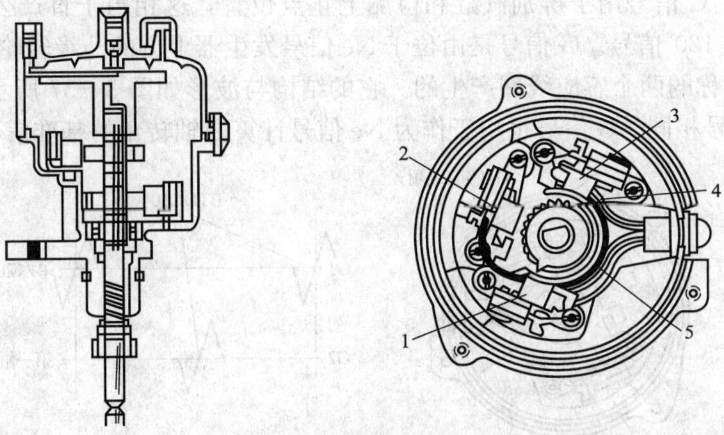

图 3—35　丰田公司磁脉冲式曲轴位置传感器

1—G2 感应线圈　2—Ne 感应线圈　3—G1 感应线圈　4—No. 2 正时转子　5—No. 1 正时转子

1) Ne 信号。Ne 信号是检测曲轴转角及发动机转速的信号，相当于日产公司磁脉冲式曲轴位置传感器的 1°信号。由固定在下半部等间隔 24 个轮齿的转子（No. 2 正时转子）及固定于其对面的感应线圈组合而成，如图 3—35 所示。

就转子上的一个轮齿来说，当转子旋转时，轮齿与感应线圈的凸缘部（磁头）的空气间隙变化时，则导致通过感应线圈的磁场变化而产生感应电动势。因为轮齿靠近及远离磁头时，将产生一次增减磁通的变化，所以，每一个轮齿通过磁头时，都将在感应线圈中产生一个完整的交流电压信号。

No. 2 正时转子上有 24 个齿，故转子旋转一圈，即曲轴旋转 720°时，感应线圈产生 24 个交流信号。Ne 信号如图 3—36 所示，其一个周期的脉冲相当于 30°曲轴转角（720°÷24＝30°）。更精细的转角检测，是利用 30°转角的时间，由计算机再均分为 30 等份，即产生曲轴转角的 1°信号。同理，发动机转速的检测，也一样由计算机依照 Ne 信号的两个脉冲（60°曲轴转角）所经过的时间为基准计测发动机转速。

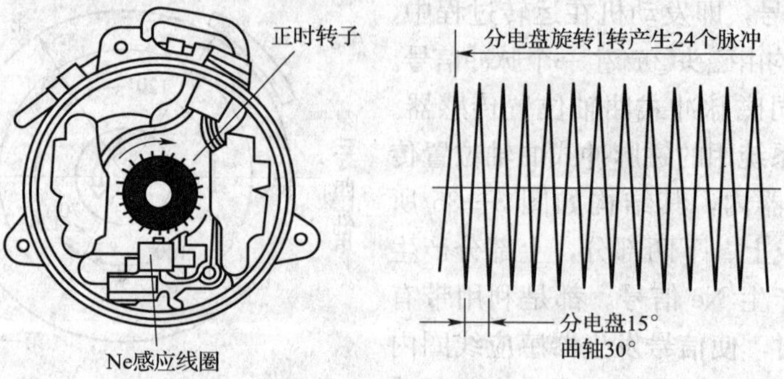

图 3—36　Ne 信号发生器的结构与波形

2）G 信号。G 信号用于辨别汽缸和检测上止点位置，这相当于日产公司磁脉冲式曲轴位置传感器的 120°信号。G 信号是由位于 Ne 信号发生器上方的凸缘转轮（No. 1 正时转子）及其对面对称的两个感应线圈产生的。它的结构与波形如图 3—37 所示。它产生信号的原理与 Ne 信号相同。G 信号也用于作为 Ne 信号计算曲轴转角的基准信号。

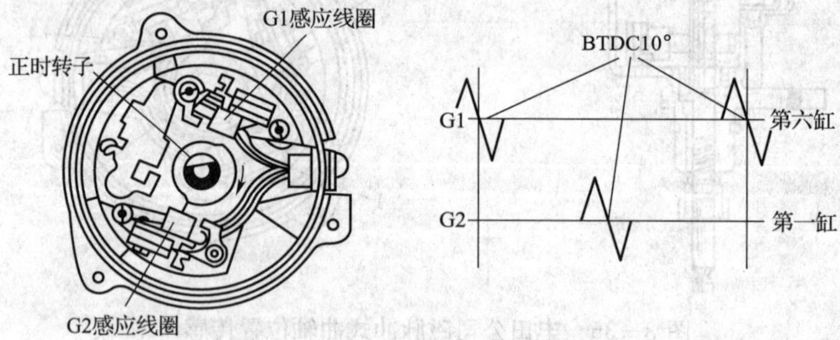

图 3—37　G 信号发生器的结构与波形

G1，G2 信号分别用于检测第六缸和第一缸的上止点位置。由于 G1、G2 信号发生器设置位置的关系，当产生 G1、G2 信号时，实际上活塞并不是正好到达上止点，而是在上止点前 10°的位置。如图 3—38 所示为曲轴位置传感器 G1、G2、Ne 信号与曲轴转角的关系。

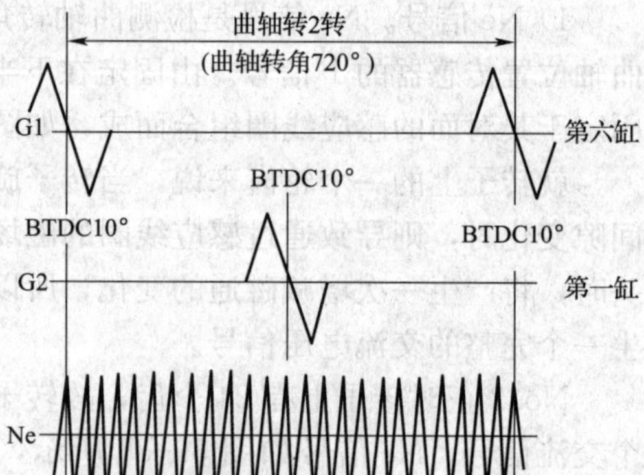

图 3—38　G，Ne 信号与曲轴转角的关系

2. 光电式曲轴位置传感器

日产公司生产的光电式曲轴位置传感器安装在分电器内，它由信号发生器和带光孔的信号盘组成，如图 3—39 所示。信号盘安装在分电器轴上，信号盘的外圆周有 360 条缝隙，每 1 条缝隙，即 1 个光孔，产生 1°信号；在外圆周

稍靠内间隔 60°分布着六个光孔，产生 120°曲轴转角信号，其中有一个较宽的光孔用于产生一缸上止点对应的 120°信号，如图 3—40 所示。

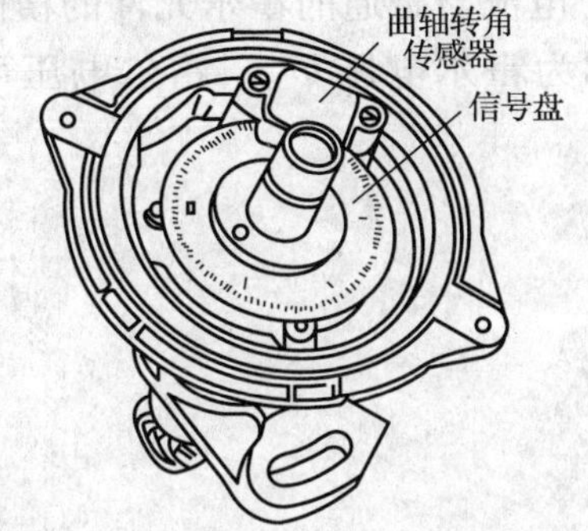

图 3—39　光电式曲轴位置传感器

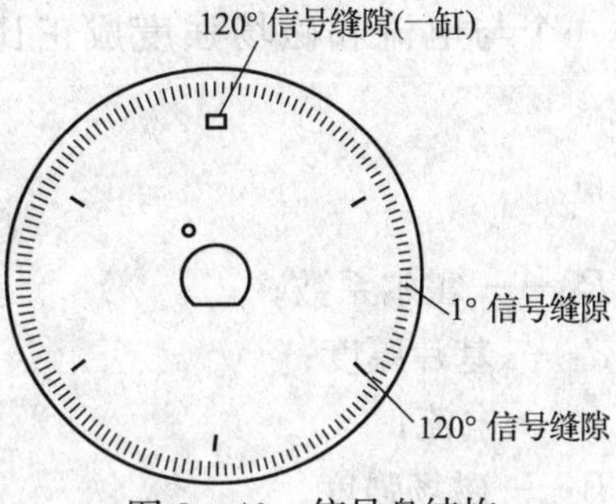

图 3—40　信号盘结构

信号发生器固装在分电器壳体上，主要由两只发光二极管、两只光敏二极管和整形电路组成，如图 3—41 所示。两只发光二极管分别正对着两只光敏二极管，发光二极管以光敏二极管为照射目标。信号盘位于发光二极管和光敏二极管之间，当信号盘随发动机曲轴运转时，因信号盘上有光孔，则产生透光和遮光的交替变化，造成信号发生器输出表征曲轴位置和转角的脉冲信号。

图 3—42 为信号发生器产生脉冲信号的原理。当发光二极管的光束照射到光敏二极管上时，光敏二极管感光产生电压；当发光二极管的光束被遮挡时，光敏二极管产生电压为零。将光敏二极管产生的脉冲电压送至整形电路放大整形后，即向计算机输送曲轴转角的 1°信号和 120°信号。因信号发生器安装位置的关系，120°信号在活塞上止点前 70°输出。发动机每转两圈，分电器轴转一圈，则 1°信号发生器输出 360 个脉冲，每个脉冲周期高电位对应 1°，低电位亦对应 1°，共表征曲轴转角 720°。与此同时，120°信号发生器在各缸压缩上止点前 70°产生一个脉冲，共 6 个脉冲信号。

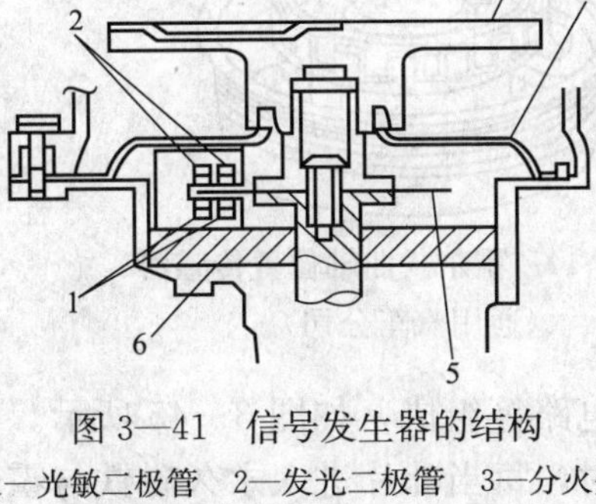

图 3—41　信号发生器的结构

1—光敏二极管　2—发光二极管　3—分火头

4—密封盖　5—转盘　6—波形电路

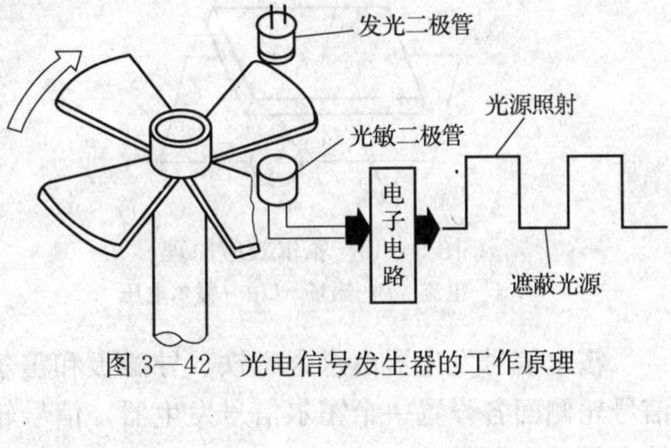

图 3—42　光电信号发生器的工作原理

3. 霍尔式曲轴位置传感器

霍尔式曲轴位置传感器是利用霍尔效应原理，产生与曲轴转角相对应的电脉冲信号。

在磁场中，运动电荷的偏移称为霍尔效应。霍尔效应的原理如图 3—43 所示。

当电流 I 通过放在磁场中的半导体基片（称霍尔元件）且电流方向与磁场方向垂直时，电荷在洛伦兹力作用下向一侧偏移，在垂直于电流与磁通的霍尔元件的横向侧面上即产生一个与电流和磁场强度成正比的电压，称为霍尔电压 U_H，霍尔电压可用下式表达：

$$U_H = \frac{R_H}{d} IB$$

式中 R_H——霍尔系数；

d——基片厚度；

I——电流；

B——磁场强度。

可见，当结构一定且电流 I 为定值时，霍尔电压 U_H 与磁场强度 B 成正比。霍尔式曲轴位置传感器就是利用触发叶片或轮齿改变通过霍尔元件的磁场强度，从而使霍尔元件产生脉冲的霍尔电压信号，经放大整形后即为曲轴位置传感器的输出信号。

（1）采用触发叶片式的霍尔曲轴位置传感器。美国通用汽车公司的霍尔式曲轴位置传感器安装在曲轴前端，采用触发叶片的结构型式，如图 3—44 所示。在发动机曲轴带轮前端固装着内外两个带触发叶片的信号轮，与曲轴一起旋转。外信号轮外缘上均匀分布着 18 个触发叶片和 18 个窗口，每个触发叶片和窗口的宽度为 10°弧长；内信号轮外缘上，设有三个触发叶片和三个窗口，三个触发叶片的宽度不同，分别为 100°、90°和 110°弧长，三个窗口的宽度亦不相同，分别为 20°、30°和 10°弧长。由于内信号轮的安装位置关系，宽度为 100°弧长的触发叶片前沿位于一、四缸上止点前 75°，90°弧长的触发叶片前沿在六、三缸上止点前 75°，110°弧长的触发叶片前沿在五、二缸上止点前 75°。

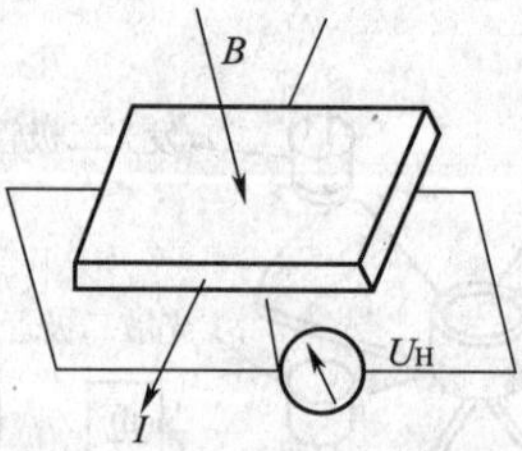

图 3—43　霍尔效应原理

I—电流　B—磁场　U_H—霍尔电压

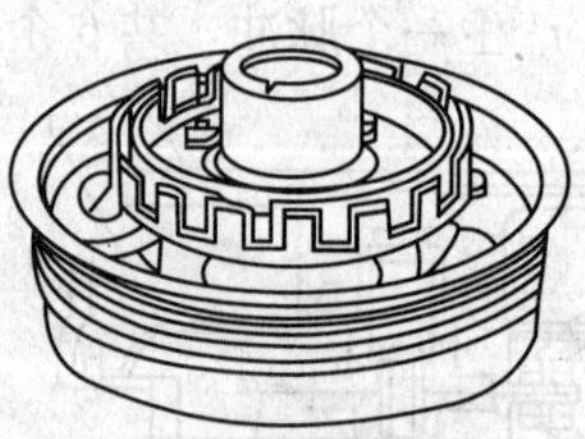

图 3—44　霍尔式曲轴位置传感器

（通用汽车公司）

霍尔信号发生器由永久磁铁、导磁板和霍尔集成电路等组成，如图 3—45 所示。内外信号轮侧面各设置一个霍尔信号发生器，信号轮转动时，每当叶片进入永久磁铁与霍尔元件之间的空气隙中时，霍尔集成电路中的磁场即被触发叶片所旁路（或称隔磁），如图 3—45a 所示，这时不产生霍尔电压。当触发叶片离开空气隙时，永久磁铁 3 的磁通便通过导磁板 5 穿过霍尔元件，这时产生霍尔电压。将霍尔元件间歇产生的霍尔电压信号经霍尔集成电路放大整形后，即向微机控制装置输送电压脉冲信号，如图 3—46 所示。外信号轮每旋转一周产生 18 个脉冲信号，称为 18X 信号。一个脉冲周期相当于曲轴旋转 20°转角的时间，计算机再将一个脉冲周期均分为 20 等份，即可求得曲轴旋转 1°所对应的时间，根据这一信号，计算机用以控制点火时刻。18X 信号的功能相当于光电式曲轴位置传感器产生 1°信号的功能。内信号轮每旋转一周产生 3 个不同宽度的电压脉冲信号，称为 3X 信号。脉冲周期均为 120°曲轴转角的时间，脉冲上升沿分别产生于一、四缸，三、六缸和二、五缸上止点前 75°，作为计算机判别汽缸和计算点火时刻的基准信号。此信号相当于前述曲轴位置传感器产生的 120°信号。

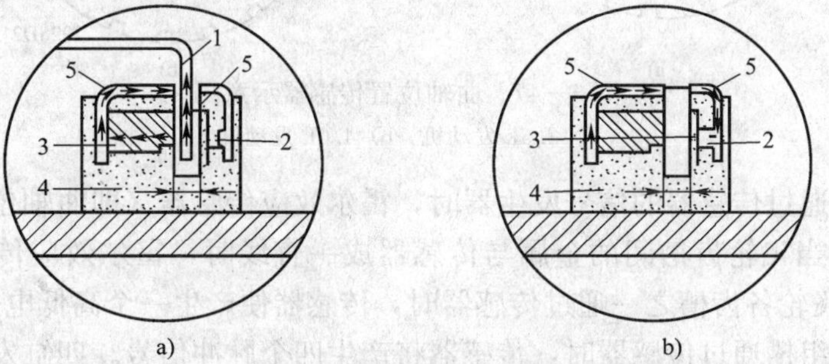

图 3—45　霍尔信号发生器工作原理

a）触发叶片进入旁路空气隙中，霍尔元件中的磁场被旁路

b）触发叶片离开旁路空气隙中，霍尔元件中的磁场饱和

1—信号轮的触发叶片　2—霍尔元件　3—永久磁铁　4—底板　5—导磁板

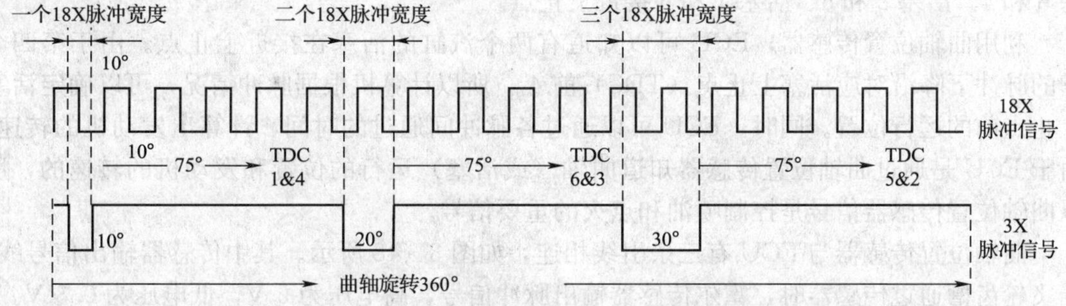

图 3—46　霍尔式曲轴位置传感器输出信号（通用汽车公司）

(2) 采用触发轮齿霍尔式曲轴位置传感器。采用触发轮齿结构的霍尔式曲轴位置传感器安装在飞轮壳上（如北京切诺基 2.5L 四缸发动机和 4.0L 六缸发动机），同时在分电器内设置同步信号发生器，用以协助曲轴位置传感器判别汽缸。

曲轴位置传感器如图 3—47 所示。在 2.5L 四缸发动机的飞轮上有 8 个槽，分成两组，4 个槽为一组，两组相隔 180°，每组中的每个槽相隔 20°。在 4.0L 六缸发动机的飞轮上有 12 个槽，4 个槽为一组，分成三组，每组相隔 120°，每组中的每个槽也相隔 20°。

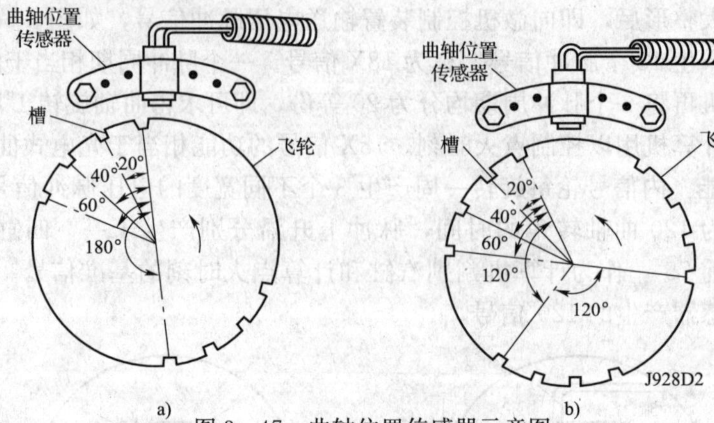

图 3—47　曲轴位置传感器示意图

a）2.5L 发动机　b）4.0L 发动机

当飞轮齿槽通过传感器的信号发生器时，霍尔效应传感器（即曲轴位置传感器）输出高电位（5 V）。当飞轮齿槽间的金属与传感器成一直线时，霍尔效应传感器输出低电位（0.3 V）。每当飞轮各齿槽之一通过传感器时，传感器便产生一个高低电位脉冲信号。

当飞轮上每组槽通过传感器时，传感器将产生四个脉冲信号。四缸发动机每一转产生两组脉冲信号，六缸发动机每一转产生三组脉冲信号。传感器提供的每组信号，可被 ECU 用来确定两缸活塞的位置。例如，在四缸发动机上，利用一组信号，即利用同一时间的同一飞轮槽，可知 1 缸活塞和 4 缸活塞接近上止点，利用另一组信号，可知 2 缸活塞和 3 缸活塞接近上止点。在六缸发动机上，同样利用一组信号，在同一时间内可知两个活塞 3 和 4、活塞 2 和 5、活塞 1 和 6 接近上止点。

利用曲轴位置传感器，ECU 可以知道有两个汽缸的活塞在接近上止点。由于第四个槽的脉冲下降沿对应活塞上止点（TDC）前 4°，所以计算机根据脉冲情况，可以确定活塞上止点前的运行位置。同时，ECU 可以通过各脉冲间通过的时间，计算出发动机的转速。由于 ECU 是通过曲轴位置传感器知道曲轴（或活塞）运行的位置和发动机的转速的，所以曲轴位置传感器信号是控制喷油和点火的重要信号。

曲轴位置传感器与 ECU 有三条引线相连，如图 3—48 所示。其中传感器输出信号线，当飞轮齿槽通过传感器时，霍尔传感器输出脉冲信号，高电压为 5 V，低电压为 0.3 V。

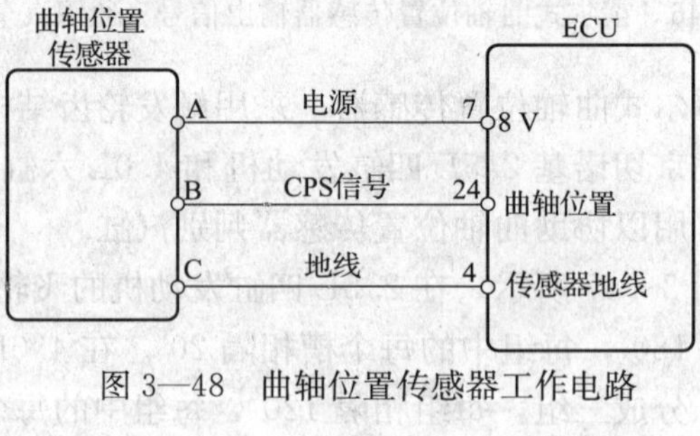

图 3—48　曲轴位置传感器工作电路

利用曲轴位置传感器，ECU 可以知道有两个活塞在接近上止点，但并不清楚是哪一个汽缸的活塞。因此，还需要有判别汽缸信号相配合，即需要同步信号传感器向 ECU 提供信息。

同步信号传感器是汽缸判别定位信号器。它产生的信号可告知下一个到达上止点的是哪个汽缸的活塞。同步信号与曲轴位置传感器产生的曲轴位置和转速信号相配合，可以保证发动机的正常喷油和点火顺序。

同步信号传感器采用霍尔效应传感器，安装在分电器内，如图 3—49 和图 3—50 所示。它主要由脉冲环和霍尔发生器组成。同步信号脉冲环随分电器轴转动。脉冲环占分电器转角的 180°，当脉冲环进入信号发生器时，同步信号传感器输出高电压（5 V），当脉冲环离开信号发生器时，同步信号传感器输出低电位（0 V）。分电器旋转一周，高低电位各占 180°（相当于曲轴转角 360°）。

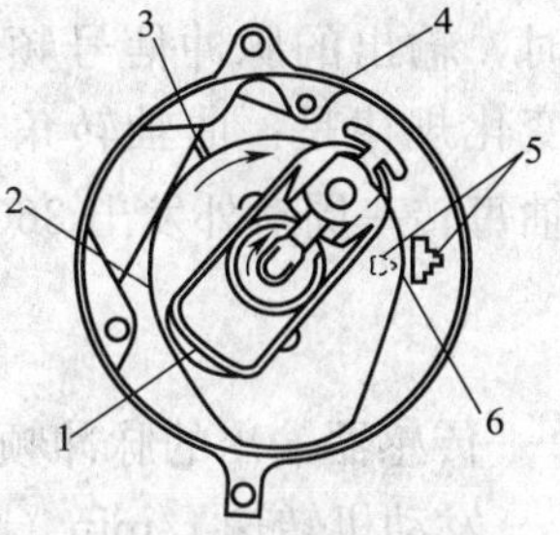

图 3—49　同步信号传感器示意图

1—转子　2—脉冲后沿　3—脉冲环
4—分电器壳　5—信号发生器　6—脉冲前沿

经设计，使脉冲环的前沿进入信号发生器时，即产生 5 V 电压信号，对四缸发动机来说，表示下面到达上止点的是 1、4 缸活塞，其中 1 缸活塞为压缩行程，4 缸活塞为排气行程。对六缸发动机来说，表示下面到达上止点的是 3、4 缸活塞，其中 3 缸为排气行程，4 缸为压缩行程。

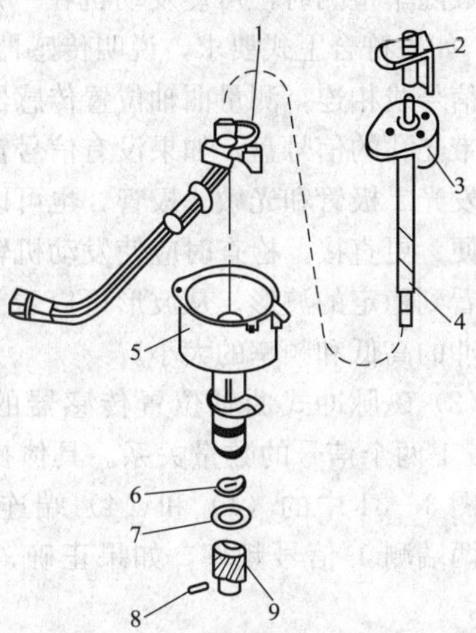

图 3—50　同步信号传感器的结构

1—定子　2—分火头　3—脉冲环　4—轴　5—壳体
6—垫圈　7—垫片　8—柱销　9—驱动齿轮

根据同步信号和曲轴位置信号，ECU 可以确定汽缸正确的喷油和点火顺序。例如，当同步信号上升沿出现时，ECU 可以识别出 4 缸活塞（四缸发动机）或 3 缸活塞（六缸发动机）处于排气行程。此时，根据曲轴位置信号，当活塞行至排气行程上止点前 64°时，ECU 输出喷油信号，使 4 缸或 3 缸喷油器喷油。同时，同步信号上升沿的出现，表示 1 缸活塞（四缸发动机）或 4 缸活塞（六缸发动机）处于压缩行程。这时 ECU 根据发动机负荷、转速信息，当活塞压缩至上止点前适当时刻，输出点火信号，使燃烧室火花塞跳火。

利用同步信号，以上述两缸为定位点，便可按发动机的工作顺序（四缸发动机为 1—3—4—2，六缸发动机为 1—5—3—6—2—4），对各缸进行喷油和点火。

同步信号传感器与 ECU 的连接情况如图 3—51 所示。

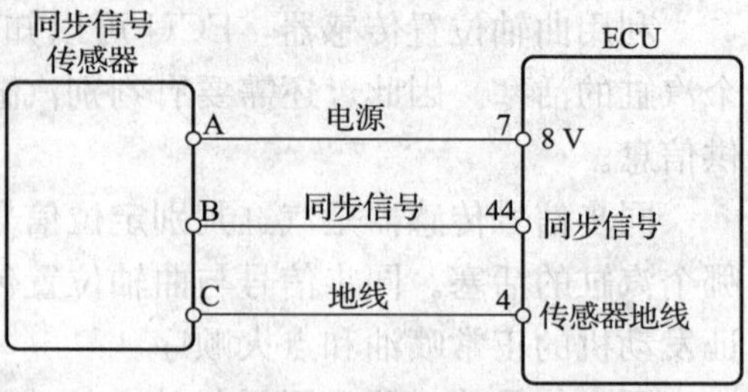

图 3—51　同步信号传感器工作电路

4. **曲轴位置传感器的检修**

（1）光电式曲轴位置传感器的检修。光电式曲轴位置传感器中的信号发生器，在发动机不同转速时，输出的脉冲信号频率也发生相应变化。其变化规律是：曲轴转角脉冲 1°时，即发动机曲轴每转一周对外发出 360 个脉冲，发动机转速 n 和脉冲频率的关系式为：

$$f=\frac{nX}{60}$$

式中　f——传感器输出的脉冲频率（Hz）；

n——发动机转速 r/min（除以 60 为每秒转数，1 转产生 X 个脉冲，$X=360$，所以乘 360 即为每秒输出的脉冲数，即为频率）。

上式中传感器若安装在其他部位，如凸轮轴上，则一定要换算成曲轴的转角。相应的脉冲数随车检测时，可使发动机在一定转速（n）的情况下，测量传感器输出脉冲的频率（f），如果符合上式要求，说明传感器工作正常。这时用频率计的输入端与曲轴位置传感器的信号线相连，测量曲轴位置传感器的脉冲频率，如果测量频率小于计算频率，这时应检查带光孔的信号盘，如果没有信号输出，应检查传感器的电源及地线是否良好，其次是检查发光二极管和光敏二极管，也可以用示波器进行波形检查，使曲轴位置传感器的检查更方便、更直接。检查时应使发动机转速维持一定，选择示波器 X 轴及 Y 轴的合适参数，可以看到稳定的波形。从波形可以看到信号盘的光孔有无堵塞，从 X 及 Y 的标尺上可读出脉冲的高低和频率的大小。

（2）磁脉冲式曲轴位置传感器的检修。首先用公式 $f=Xn/60$ 检查发动机转速与 120°、1°两个信号的数量关系。具体操作是：把发动机分析仪测频率（f）的两测试棒分别与图 3—31 中的（1）和（4）端连接，这时检测的频率是 120°信号，再接到（3）和（4）两端测 1°信号频率，如果正确，再测量输出脉冲的最大值和最小值是否在应用范围内。

如果上述测量发现问题，再分别测量磁头①②③的频率，其数量关系如图 3—33 所示。如果三个磁头频率正确，则说明“脉冲整形电路”有问题，应予以更换。

如果磁头有问题，可用发动机分析仪在电源断开情况下，把三个磁头分别从线路中分开，分别测量三个磁头的电阻，其阻值因车型不同而异（如有的车型为 130 Ω 左右）。如果电阻值为零，则说明该磁头线圈短路，如果无穷大，则为断路，这时应检查连接器及各焊点，最后检查传感器线圈。

也可以用示波器检查，其方法与光电式曲轴位置传感器检查方法相同，只是这里的脉冲是检查转子凸齿与感应线圈铁心之间的空气隙。其值因发动机的不同而异，一般为

0.2～0.4 mm。若间隙与规定不符，可进行调整。

(3) 霍尔式曲轴位置传感器的检修。霍尔式曲轴位置传感器的检查也是先检查频率 f，这里有两组信号，它们的脉冲数和上述不同，但关系仍符合 $f=Xn/60$ 关系式，若有误，应检查霍尔元件。

在发动机停止工作后，用铁片检查永久磁铁的吸力。若吸力甚微，说明磁场没有或太弱，有可能霍尔电势不能正常建立，使霍尔元件无法正常工作。

另外，还应检查霍尔元件电流回路中的电流是否正常。

3.2.4 节气门位置传感器

节气门位置传感器安装在节气门体上，它把节气门开启角转换成电压信号输入 ECU，从而控制燃油喷射量。根据结构型式的不同，可分为线性输出型和开关型两种。

1. 线性输出型节气门位置传感器

线性输出型节气门位置传感器的结构与特性如图 3—52 所示。它的两个触点可与节气门轴联动，一个触点可在电阻器上滑动，利用电阻变化转换成电压值 VTA，这个电压呈线性变化，可感知节气门开度，使 ECU 进行喷油量修正；另一个触点在节气门全关闭时与怠速触点 IDL 接触，IDL 信号用来控制断油和点火提前角。该传感器与 ECU 的连接电路如图 3—53 所示。

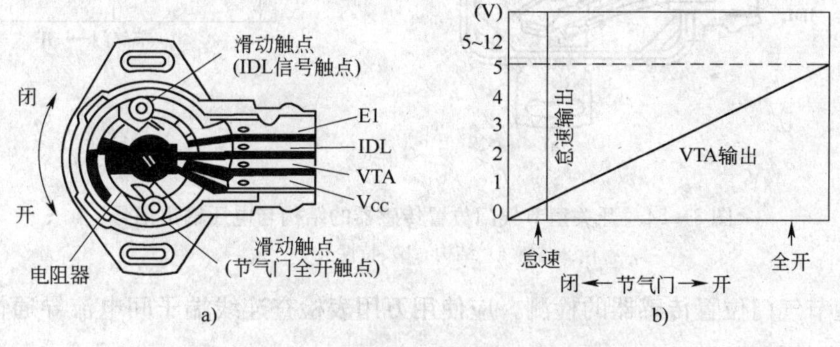

图 3—52　线性输出型节气门位置传感器

a) 结构　b) 特性

V_{CC}—电源　VTA—节气门位置输出信号　IDL—怠速触点　E1—接地

丰田车使用的节气门位置传感器为线性输出型，对于它的检修应进行电压和电阻的测量。

(1) 对 ECU 的 VTA—E1 间电压检查。把点火开关置于 ON，使节气门从闭合状态慢慢开启，用万用表在 ECU 的端子 VTA 与 E1 间进行电压测量：在节气门全闭时为 0.5～0.9 V，节气门全开时为 4～4.5 V。如果电压不符合规定，可能存在故障，应做进一步检查。

（2）电阻检查。拆下传感器插头，在节气门关闭时测量 V_{CC}—E1 间电阻值，电阻应为 3～3.8 kΩ。使节气门从关闭到慢慢张开，测量 VTA—E1 间电阻值。在节气门全闭时，VTA—E1 间电阻值为0.1～6.3 kΩ。节气门全开时，VTA—E1 间电阻值为 3.3～10.3 kΩ。

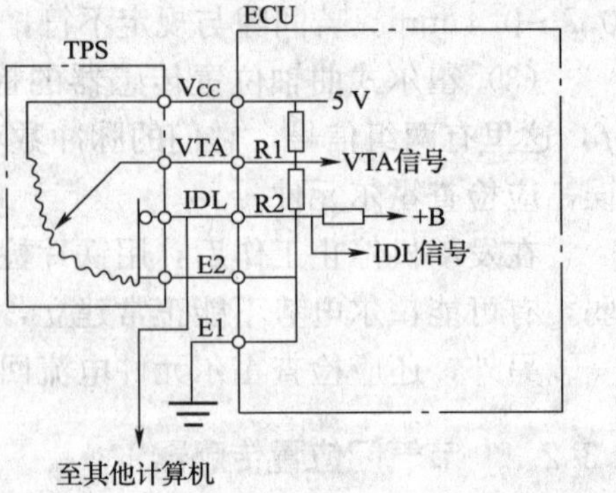

图 3—53　线性输出型 TPS 与 ECU 连接

2. 开关型节气门位置传感器

开关型节气门位置传感器的结构与电压输出信号的关系如图 3—54 所示，它由动触点、功率触点 PSW 和怠速触点 IDL 构成。IDL 触点和 PSW 功率触点可以检测发动机的运行工况。IDL 信号输出高电位说明发动机处于怠速工况，PSW 信号输出高电位说明发动机处于大负荷工况。

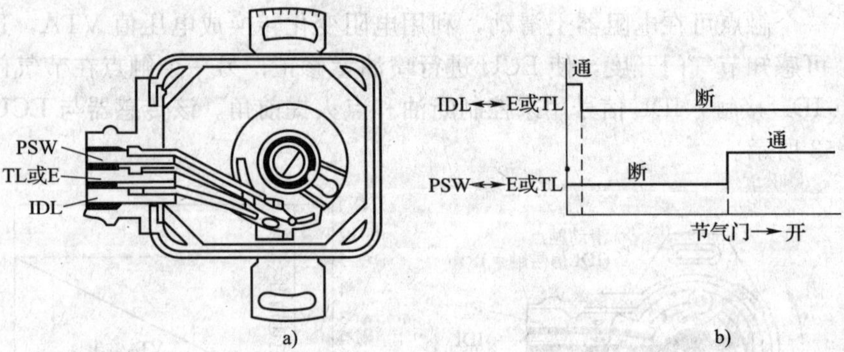

图 3—54　开关型节气门位置传感器的结构与电压输出信号

a）结构　b）特性

开关型节气门位置传感器的检测，应使用万用表检查连线端子间电流导通情况，以判定工作好坏。

为了检测发动机的加速状况，某些发动机在节气门位置传感器中还增加了 A_{CC} 信号输出端子，如图 3—55 所示。

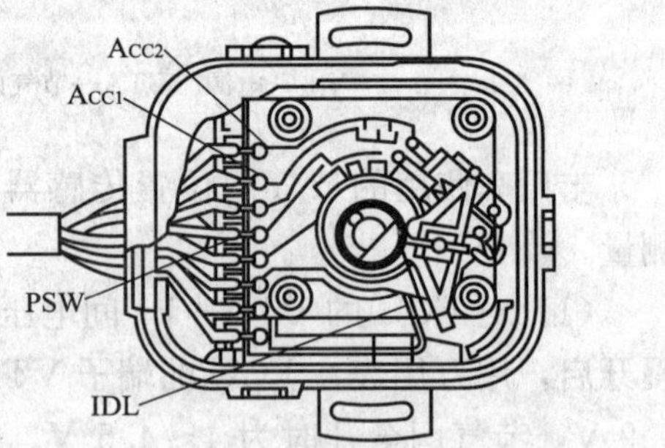

图 3—55　带 A_{CC}信号输出的开关型 TPS 结构

3.2.5　进气歧管绝对压力传感器

进气歧管绝对压力传感器应用在 D 型 EFI 电控燃油喷射式发动机的进气系统中，它是该系统最重要的传感器，相当于 L 型 EFI 电控燃油喷射式发动机进气系统中的空气流量计。它能根据发动机的负荷状态检测出进气歧管内绝对压力的变化，并转换成电压信号与转速信号一起输入 ECU 中，作为喷油器基本喷油量的依据。在单点喷射式发动机上多采用进气歧管绝对压力传感器。

进气歧管绝对压力传感器按其信号产生的原理，可分为电压型和频率型两种。电压型有半导体压敏电阻式和膜盒传动的可变电感式，频率型有电容式和表面弹性波式。其中半导体压敏电阻式和电容式进气歧管绝对压力传感器应用较多。

1. 半导体压敏电阻式进气歧管绝对压力传感器

半导体压敏电阻式绝对压力传感器是利用半导体的压阻效应制成的，其尺寸小、精度高、响应性好，再现性、抗振性好且成本低，所以得到广泛应用。

半导体压敏电阻式绝对压力传感器如图 3—56 所示，它是由压力转换元件和把转换元件输出信号进行放大的混合集成电路构成的。

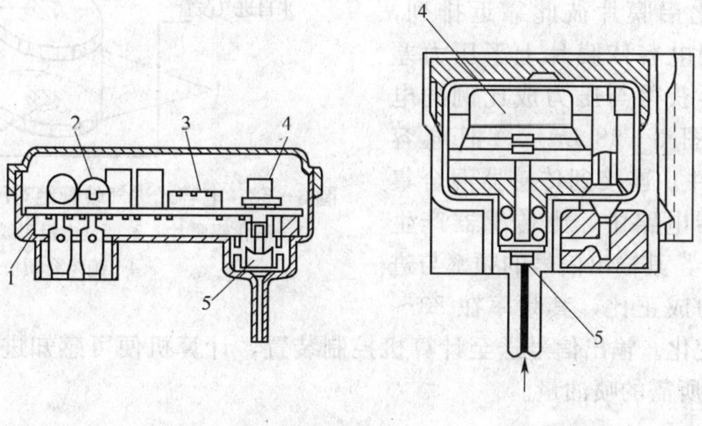

图 3—56　半导体压敏电阻式进气歧管绝对压力传感器

1—塑料外壳　2—EMI 过滤器　3—混合集成电路　4—压力转换元件　5—滤清器

压力转换元件是利用半导体的压电效应制成的硅膜片。硅膜片的一面是真空室，另一面导入进气歧管压力。硅膜片为边长约 3 mm 的正方形，其中部经光刻腐蚀形成直径约 2 mm，厚约 50 μm 的薄膜。薄膜周围有 4 个应变电阻，以惠斯登电桥方式连接。如图 3—57 所示为该传感器的工作原理。

由于硅膜片的一侧是真空室，因此进气歧管的压力越高，硅膜片的变形越大，其应变与压力成正比。附着在薄膜片上的应变电阻的阻值与压力成正比变化，这样就可以利用惠斯登电桥把硅膜片的变形变成电信号。因为输出的电信号很微弱，所以需用混合集成电路进行放大后再输出。

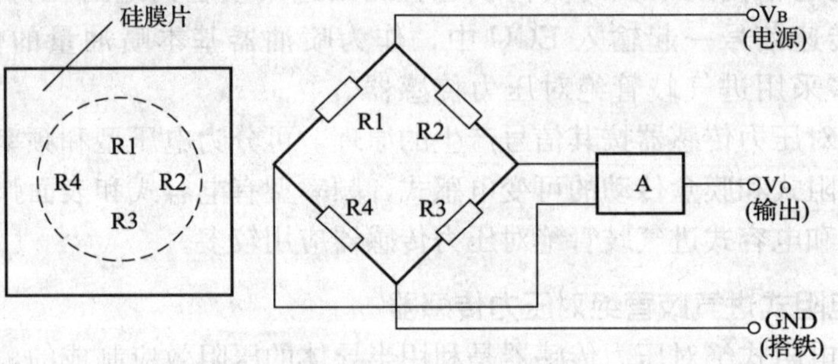

图 3—57　半导体压敏电阻式进气歧管绝对压力传感器的工作原理

2. 电容式进气歧管绝对压力传感器

电容式进气压力传感器是用氧化铝膜片和底板氧化铝膜片彼此靠近排列，形成电容，利用电容依膜片上下压力差而改变的性质，获得与压力成比例的电容值信号，如图 3—58 所示。把电容（即压力转换元件）连接到传感器混合集成电路的振荡器电路中，则传感器产生可变频率的信号，其输出信号的频率与进气歧管绝对压力成正比，其频率在 80～120 Hz 范围内变化。输出信号送至计算机控制装置，计算机便可感知进气歧管的绝对压力，计算、确定所需的喷油量。

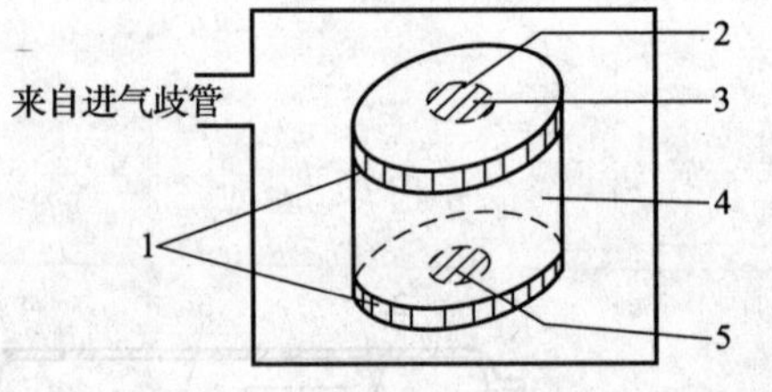

图 3—58　电容式进气歧管绝对压力传感器的结构
1—氧化铝膜片　2，5—电极引线　3—厚膜电极
4—绝缘介质

3. 表面弹性波式进气歧管绝对压力传感器

表面弹性波式进气歧管绝对压力传感器如图 3—59 所示。它是在一块压电基片上用超声波方法加工出一薄膜敏感区，上面刻制换能器（压敏 SAW 延时线），换能器与电路组合成振荡器。为了提高测量精度，补偿温度对基片的影响，在薄膜敏感区边缘设置另一只性能相同的换能器（温基 SAW 延时线）。换能器是在抛光的压电基片上设置两个金属叉指构成，如图 3—59 所示。若在输入换能叉指 T1 上加电信号，便由逆压电效应在基片表面激励起弹性表面波，传播到换能叉指 T2 转换成电信号，经放大后反馈到 T1 以便保持振荡状态。表面弹性波（SAW）在两个换能叉指之间的传播时间即是所获得的延迟时间，其大小取决于两换能叉指间的距离。由于导入的进气歧管压力作用于压电基片上，压力变化将在薄膜敏感区产生应变，即使换能叉指间距离发生变化，因而，表面弹性波传播的延迟时间相应变化。这样，根据与延迟时间成反比的振荡频率，即可输出压力信号。

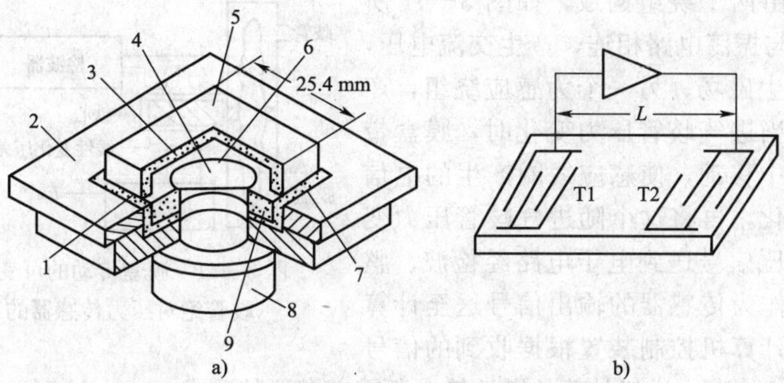

图 3—59 表面弹性波式进气歧管绝对压力传感器

a）传感器结构 b）换能器结构

1—气密封 2—印制电路板 3—温极基 SAW 延时线 4—换能器

5—石英帽 6—压力敏感膜 7—封物 8—压力器件 9—石英基体

4. 膜盒传动的可变电感式进气歧管绝对压力传感器

膜盒传动的可变电感式压力传感器如图 3—60 所示，主要由膜盒、铁心、感应线圈和电子电路等组成。膜盒是由薄金属片焊接而成的，其形状为扁平式、浅盘式或波纹管式。膜盒内腔被抽成真空，外部与进气歧管相通，当膜盒外表压力变化时，膜盒两侧将随着外部压力的高低而内凹或外凸。例如，当节气门打开时，进气歧管内几乎没有真空，膜盒就向内凹，如图 3—60a 所示。反之，当进气歧管内的真空度高时，膜盒就向外凸，如图 3—60b 所示。由于置于感应线圈内部的铁心是与膜盒联动的，所以膜盒的内凹外凸改变了铁心在线圈内的位置。

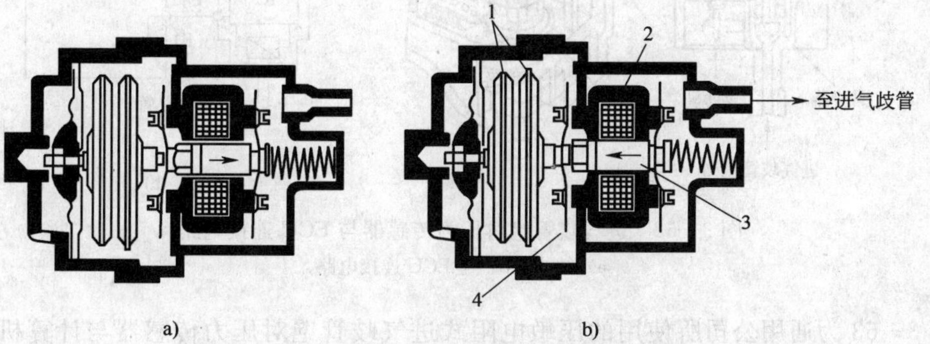

图 3—60 膜盒传动的可变电感式压力传感器

a）真空度低 b）真空度高

1—膜盒 2—感应线圈 3—铁心 4—回位弹簧

感应线圈由两个绕组构成，如图 3—61 所示。一个绕组与振荡电路相连，产生交流电压，在绕组周围产生磁场；另一个为感应绕组，产生信号电压。当进气歧管压力变化时，膜盒带动铁心在磁场中移动，使感应线圈产生的电信号电压随之变化，再将这个随进气歧管压力变化而变化的电压信号送到电子电路经检波、整形和放大后，作为传感器的输出信号送至计算机控制装置，计算机控制装置根据收到的信号改变喷油时间，使喷入进气歧管的燃油符合所需空燃比的要求。

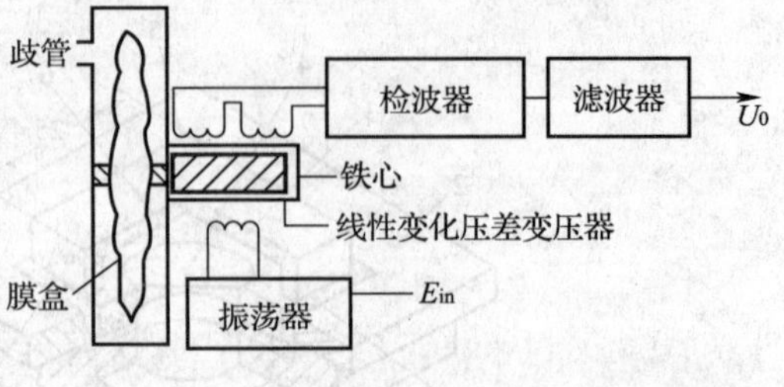

图 3—61　膜盒传动的可变电感式进气歧管绝对压力传感器的工作原理

5. **进气歧管绝对压力传感器的检修**

（1）半导体压敏电阻式进气歧管绝对压力传感器的检修。进气歧管绝对压力传感器输出电压不正常或连接线路接触不良，会使发动机怠速不稳、不容易起动或起动后发动机熄火。当产生上述故障时，应检查压力传感器及其连接线路。

进气歧管绝对压力传感器与 ECU 的连接电路如图 3—62 所示。从图中可知，它有三条连接线，一条为 V_{CC}电源线，一条 PIM 为信号输出线及一条地线。这种电压型压力传感器，应检查输出电压值。在怠速时为 0.9 V，转速升高时，真空度降低，输出电压升高，最高不超过 5 V。

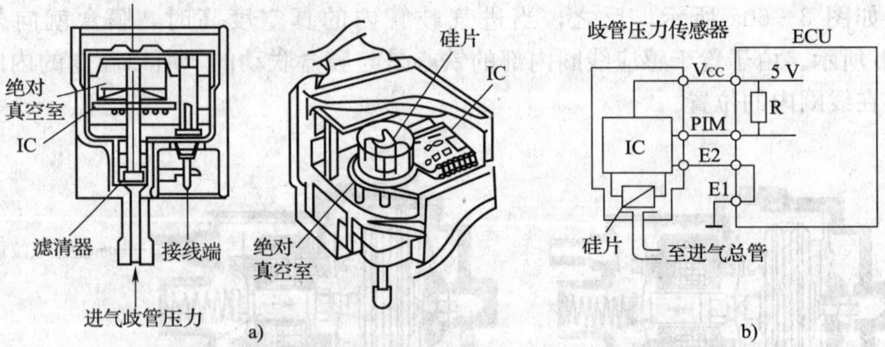

图 3—62　进气歧管绝对压力传感器与 ECU 连接电路
a）结构　b）与 ECU 连接电路

图 3—63 为通用公司所使用的压敏电阻式进气歧管绝对压力传感器与计算机的连接图，检测应按下列步骤进行：

1）用电压表测量进气压力传感器连接器接头，当点火开关在 ON 时，电源线 C 端子电压为 5 V，表明计算机供应 5 V 电压。

2）测量 A 与 C 端子之间的电压，应为 5 V，说明线路搭铁正常。

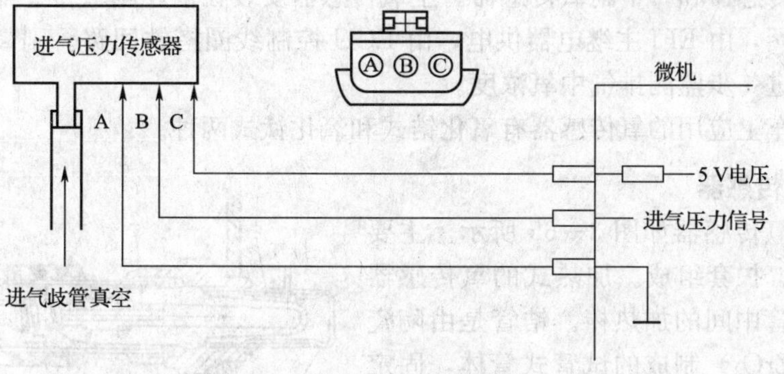

图 3—63　通用公司压敏电阻式进气歧管绝对压力传感器与微机的连接

3）测量 B 与 A 端子之间电压值，点火开关在 ON 时，应在 4 V 以上；发动机启动后，怠速时为 1～1.5 V，逐渐开大节气门，发动机转速升高时，电压应逐渐增大至 5 V。

(2) 电容式进气歧管绝对压力传感器的检修。如图 3—64 所示为福特汽车使用的电容式进气压力传感器与计算机的连接图。检测时，应按下列步骤进行：

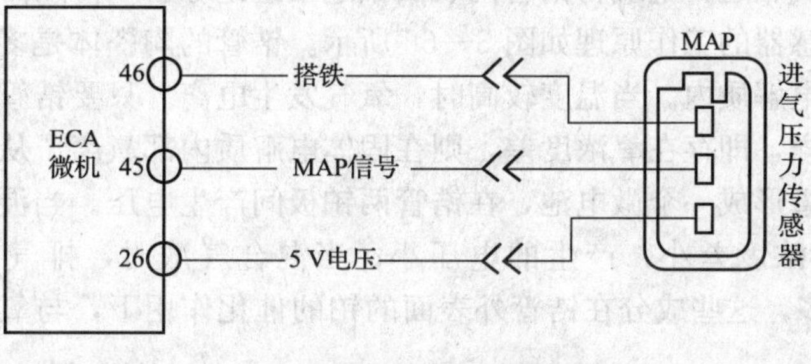

图 3—64　电容式进气压力传感器与微机的连接

1）检查计算机中 26 端子电源线与 46 搭铁线间电压，应为 5 V 左右。

2）检查 46 端子对搭铁间电阻值，应小于 5 Ω。

3）检查 45 端子信号线脉冲电压，平均值为 1.4～1.6 V。

4）使用频率计测量进气压力传感器 45 端子信号输出频率，其值应在 80～160 Hz 之间。当节气门开度加大时，输出信号的频率也随之增大。

3.2.6　氧传感器

在使用三元催化转换器，降低排放污染的闭环控制电控发动机上，在排气管管壁上安装氧传感器，检测排气中的氧浓度并向 ECU 发出反馈信号，用以控制空燃比在理论值范围。因为空燃比偏离理论值，三元催化剂对 CO、HC 和 NO_X的净化能力急剧下降。所以，必须使用氧传感器。在双排气管式轿车上，例如凌志 LS400 轿车，在它的左右排气管上各安装一个主氧传感器和一个副氧传感器。主氧传感器安装在前，副氧传感器在后。主氧传感器带加热线圈，由 EFI 主继电器供电，由 ECU 控制线圈搭铁回路。副氧传感器不带加热线圈，用于进一步监测排气中氧浓度。

目前，轿车上应用的氧传感器有氧化锆式和氧化钛式两种。

1. 氧化锆式氧传感器

氧化锆式氧传感器如图 3—65 所示。主要由锆管、电极、护套组成。加热式的氧传感器还包括置于锆管中间的加热棒。锆管是由陶瓷体即氧化锆（ZrO_2）制成的试管式管体，固定在带有安装螺纹的固定套中，然后将其插入排气管内，其内表面与空气相通，外表面与废气相通。锆管内、外表面都覆盖着一层多孔性铂膜作为电极，为防止废气腐蚀铂膜，在锆管外表面的铂膜层上覆盖一层多孔陶瓷层，并加装一个防护套管，套管上开有槽口或孔。氧传感器的接线端有一个金属护套，其上开有孔，使锆管内表面与空气相通，电线将锆管内表面铂电极经绝缘套从传感器引出。

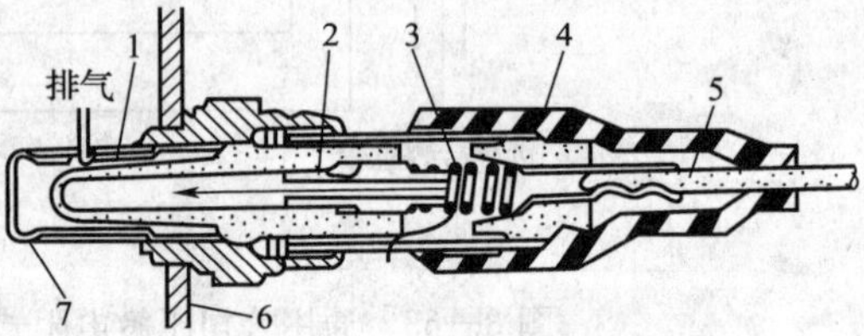

图 3—65　氧化锆式氧传感器

1—锆管　2—电极　3—弹簧　4—线头支架（绝缘）　5—导线　6—排气管　7—导入排气孔罩

氧化锆式氧传感器的工作原理如图 3—66 所示。锆管的陶瓷体是多孔体，氧气可以渗入到该多孔体固体电解质内。当温度较高时，氧气发生电离。只要锆管内（大气）外（废气）侧氧含量不一样，即存在氧浓度差，则在固体电解质内部氧离子从大气一侧向排气一侧扩散，结果，锆管形成一个微电池，在锆管两铂极间产生电压。当混合气稀时，排气中氧含量多，两侧氧浓度差小，产生的电压小；当混合气浓时，排气中氧含量少，CO、HC、H_2的含量较多，这些成分在锆管外表面的铂的催化作用下，与氧发生反应，消耗排

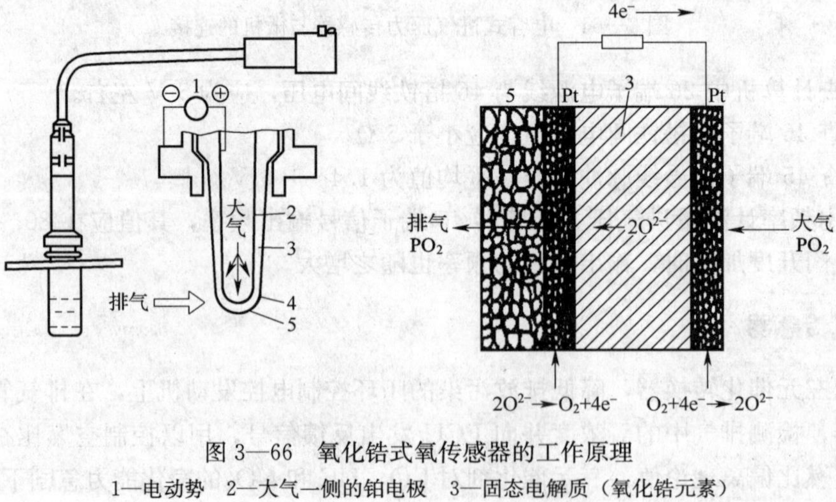

图 3—66　氧化锆式氧传感器的工作原理

1—电动势　2—大气一侧的铂电极　3—固态电解质（氧化锆元素）　4—排气一侧的铂电极　5—涂层（陶瓷）

气中残余的氧，使锆管外表面氧浓度变成零，这样就使得锆管内外两侧的氧浓度差突然增大，两极间产生的电压便突然增大。因此，氧传感器产生的电压将在过量空气系数 $\lambda=1$ 时产生突变，$\lambda>1$ 时，氧传感器输出电压几乎为零，$\lambda<1$ 时，氧传感器输出电压接近 1 V，如图 3—67 所示。在发动机混合气闭环控制的过程中，氧传感器相当于一个浓度开关，根据混合气空燃比的变化向 ECU 输送宽度变化的电脉冲信号，ECU 根据氧传感器反馈的信号，控制喷油器的喷油量，使排气中有害成分的含量最少。

但是，上述特性只有在温度比较高时（600 ℃左右）才能充分体现出来。在低温时，这种特性会发生很大的变化。为了能够得到稳定的输出，有些氧传感器在其内部增设一个陶瓷加热元件，以保证其工作温度，称之为加热型氧化锆式氧传感器，如图 3—68 所示。加热元件（棒）受 ECU 控制，不论排气温度是多少，只要不超过工作极限温度，陶瓷体温度总是不变的。

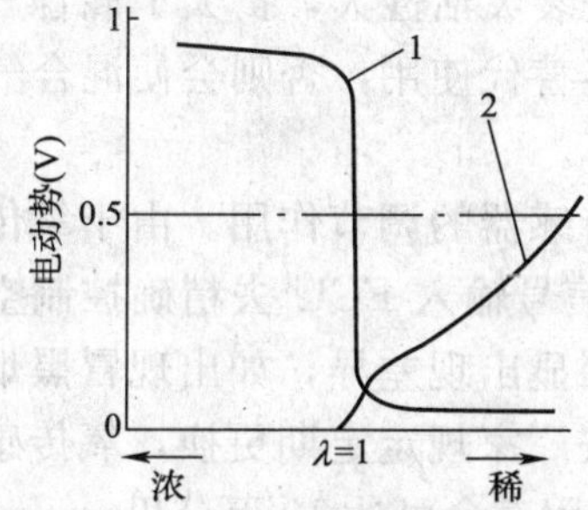

图 3—67　氧传感器电压特性

1—电动势　2—传感器表面的氧浓度

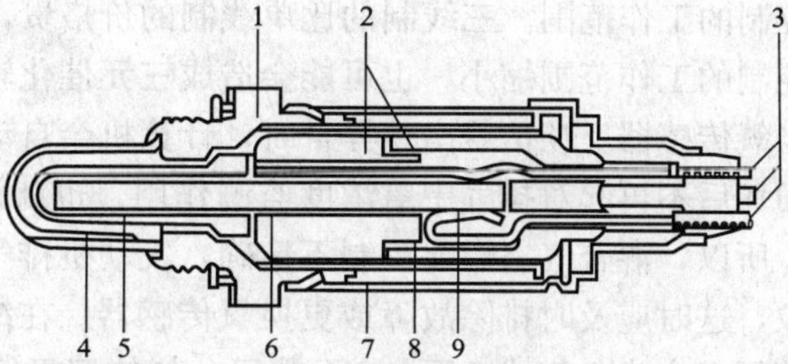

图 3—68　加热型氧化锆式氧传感器

1—传感器壳体　2—陶瓷管支架　3—接线　4—带槽的保护套
5—氧化锆　6—接触部　7—外保护套　8—加热元件　9—电加热接头

2. 氧化钛式氧传感器

氧化钛式氧传感器的结构如图 3—69 所示。它具有两个氧化钛元件，一个是多孔性的二氧化钛陶瓷，用来感测排气中的氧含量；另一个是实心的二氧化钛陶瓷，用来作加热调节，补偿温度的误差。传感器外面套有带孔槽的金属防护套。传感器接线端以橡胶作为密封材料，防止外界气体渗入，它一般安装在排气歧管或尾管上。

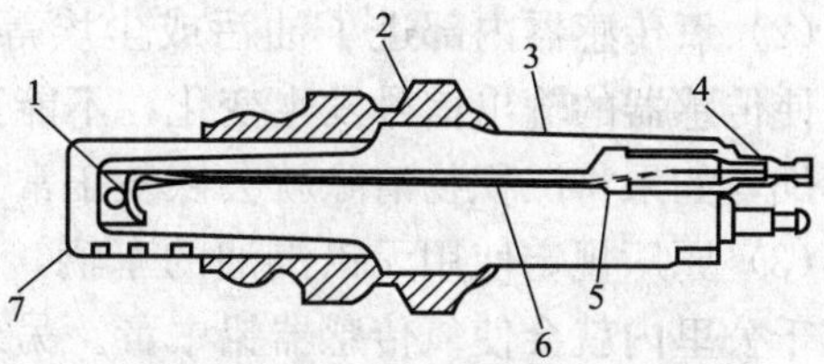

图 3—69　氧化钛式氧传感器

1—二氧化钛元件　2—金属外壳　3—陶瓷绝缘材料
4—接线头　5—陶瓷元件　6—导线　7—金属保护管

氧化钛式氧传感器是利用二氧化钛（TiO_2）材料的电阻值随排气中氧含量的变化而变化的特性而制成的，又称电阻型氧传感器。二氧化钛在室温下具有很高的电阻，但当排气中氧含量少时，二氧化钛中的氧分子将脱离，使其晶体出现空穴，产生更多的电子数，使电阻大大降低。利用电阻值的变化，便可检测排气中的氧含量。

3. 氧传感器的检修

如图 3—65 所示的氧化锆式氧传感器不带加热元件，是单线制。而如图 3—68 所示的是加热型氧化锆式氧传感器，它是三线制。双线制的则为氧化钛式氧传感器。在维修发动机、更换氧传感器时，原则上三者不可替换使用。特别是氧化锆式氧传感器与氧化钛式氧传感器不可以相互替换。因为两者向计算机提供的脉冲信号不同，氧化锆式属电压型氧传感器，它向计算机提供的是电压脉冲信号，而氧化钛式属电阻型氧传感器，它向计算机提供的是电阻值变化的信号。对于单线制和三线制的氧化锆式氧传感器也不能替换。因为，三线制的氧化锆式氧传感器内部带有加热元件，属加热型的。氧化锆式氧传感器输出信号的强弱与工作温度有关，输出信号在 300 ℃左右时最明显，所以采用加热元件保证其工作温度，因而叫做加热型氧化锆式氧传感器。加热型与不加热型氧化锆式氧传感器的结构原理相同，加热型氧传感器所增加的陶瓷加热元件，不论排气温度是多少，只要不超过工作极限温度，陶瓷体温度不变。它的优越性在于使氧传感器的安装灵活性大，扩大了混合气闭环控制的工作范围。三线制的比单线制的价格贵，它们不能替代使用，否则会使混合气闭环控制的工作范围缩小，也可能会造成三元催化转换器损坏。

当氧传感器反馈信号出现异常时，计算机会自动切断氧传感器的调节作用。由于氧传感器损坏后不再起对排气中氧浓度监测作用，也就没有反馈信号输入 ECU 去精确控制空燃比。所以，混合气空燃比控制不精确，发动机排气净化会明显出现差异，如出现冒黑烟等现象，这时应及时排除故障或更换氧传感器。在维修时应按厂家规定定期更换，氧传感器的使用寿命为 5 年或 5 万～8 万公里，加热型氧传感器的使用寿命可达 10 万公里。

氧传感器的常见故障有：

（1）氧传感器的陶瓷绝缘材料硬而脆，用力敲击或用强烈气流吹洗都可能使其破碎而失效，外壳有裂纹或已破碎应及时更换掉。

（2）氧传感器内部进了油污或尘埃等脏物，会阻碍或堵塞外部空气进入氧传感器内部，使传感器的输出信号发生变化，不能正确修正空燃比，这时发动机油耗增高，排气出现黑烟，如果将沉积物清除就会恢复正常工作。

（3）原厂规定使用无铅汽油的车辆，一定按规定使用无铅汽油。如果加用有铅汽油，在几千公里内就会使氧传感器铅中毒。另外，氧传感器也容易发生硅中毒。汽油和润滑机油中含有的硅化合物燃烧后生成的二氧化硅，硅橡胶密封圈使用不当散发出的有机硅气体都会使氧传感器失效。使用和安装氧传感器时，不要在氧传感器上涂原厂没规定使用的溶剂和防黏剂等。

（4）加热型氧传感器，其加热电阻为 5～7 Ω，经测量，电阻无穷大则应更换。

氧传感器出现了故障，发动机故障警告灯会闪亮警告。用综合诊断仪或自诊办法可以读出故障码。也可以就车诊断，方法是使发动机运转到工作温度并高怠速运转，用内阻大于 10 MΩ 的数字式万用表测量氧传感器的输出电压。正常值电压在 0.1～0.9 V 之间变化；如果使发动机转速升高或下降，然而测得的电压仍为 0 V，表示氧传感器已损坏。

氧化钛式氧传感器也会发生中毒现象，在采用上述方法检测时，输出端的电压值应在 0.5 V 左右为正常。否则应拆下氧传感器放在空气中，待其冷却后再测量其电阻，若电阻值很大，表示传感器良好。反之，已经损坏，应及时更换。

3.2.7 爆震传感器

爆震传感器安装在发动机缸体上，检测发动机的爆震情况。在车上使用的有两种类型，一种是共振型爆震传感器，另一种是非共振型爆震传感器，它们的结构与工作原理分述如下：

1. 共振型磁致伸缩式爆震传感器

共振型磁致伸缩式爆震传感器是应用最早的爆震传感器，其结构如图 3—70 所示。高镍合金组成的磁心外侧设有永久磁铁，在其周围绕着感应线圈，由于发动机爆震而使机体发生振动，磁心受振偏移致使感应线圈内磁感应线发生变化。依据电磁感应原理，通过线圈的磁通变化时，线圈将产生感应电动势，此电动势即为爆震传感器的输出电压信号。输出电压的大小与发动机振动的频率有关，当传感器固有振动频率与发动机的振动频率相同时将产生谐振。此时，传感器将输出最大电压信号，如图 3—71 所示。

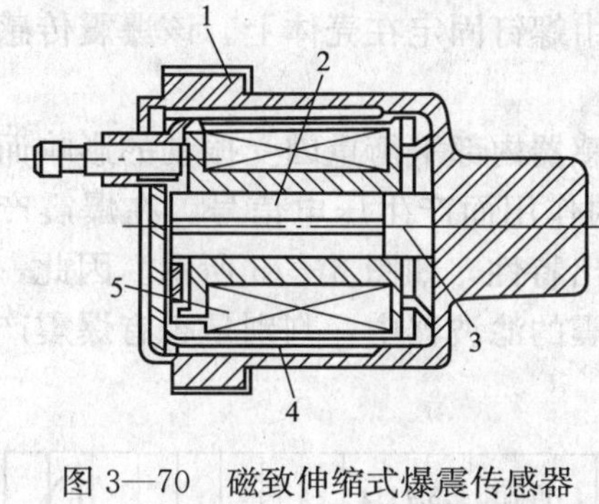

图 3—70　磁致伸缩式爆震传感器
1—外壳　2—磁心（高镍合金）　3—永久磁铁
4—内盖　5—感应线圈

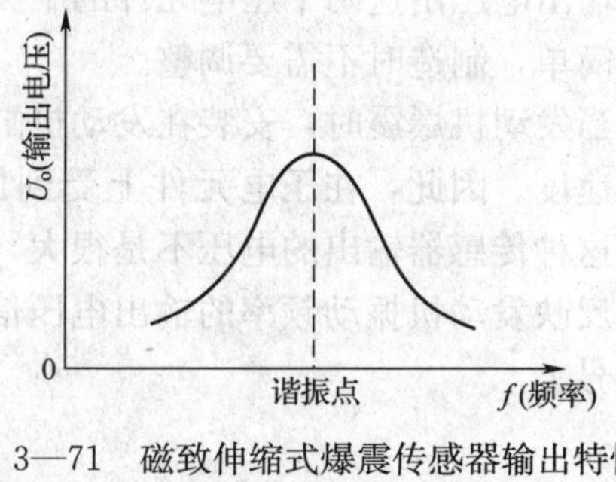

图 3—71　磁致伸缩式爆震传感器输出特性

2. 共振型压电式爆震传感器

如图 3—72 所示为共振型压电式爆震传感器的结构。压电元件紧密地贴合在振荡片上，振荡片则固定在传感器的基座上。振荡片随发动机的振动而振荡，波及压电元件，使其变形而产生电压信号。当发动机爆震时的振动频率与振荡片的固有频率相符合时，振荡片产生共振，此时，压电元件将产生最大的电压信号，如图 3—73 所示。因该爆震传感器在爆震时输出的电压比较高，因此无需使用滤波器即可判别有无爆震产生。

3. 非共振型压电式爆震传感器

该的爆震传感器的结构如图 3—74 所示。它由平衡重、压电元件、壳体、电气连接装

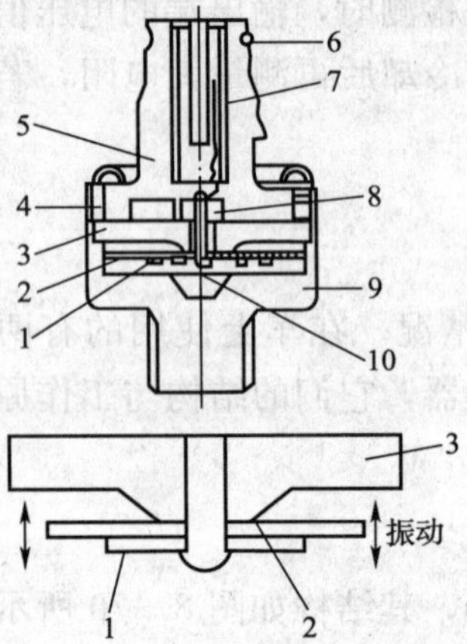

图 3—72　压电式爆震传感器

1—压电元件　2—振荡片　3—基座
4，6—O 形环　5—连接器　7—接头
8—密封剂　9—外壳　10—引线端头

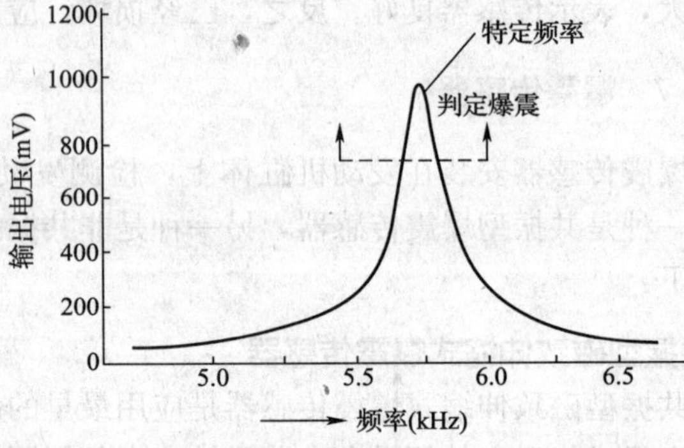

图 3—73　压电式爆震传感器输出电压与频率的关系

置等构成。两个压电元件同极性相向对接，平衡重将加速度变换成作用于压电元件上的压力，输出电压由这两个压电元件的中央取出，平衡重由螺钉固定在壳体上。该爆震传感器构造简单，制造时不需要调整。

当发动机爆震时，安装在发动机缸体上的爆震传感器内部平衡重因受振动的影响而产生加速度。因此，在压电元件上受到加速时惯性力的作用而产生压电信号。在爆震产生时，这种传感器输出的电压不是很大，具有平缓的输出特性，如图 3—75 所示。因此，必须将反映发动机振动频率的输出电压信号送至识别爆震的滤波器中，判别是否有爆震产生的信号。

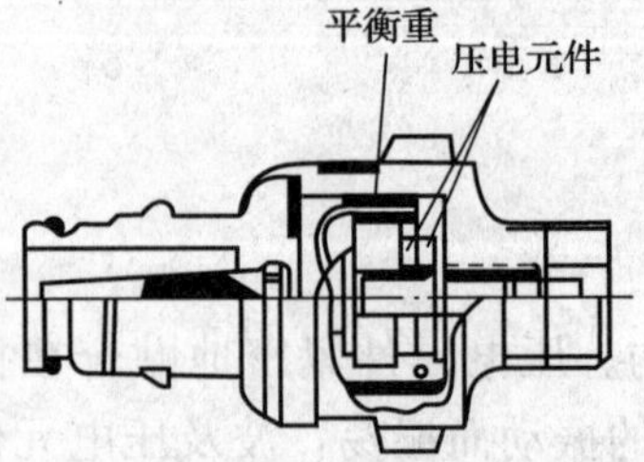

图 3—74　非共振型压电式爆震传感器

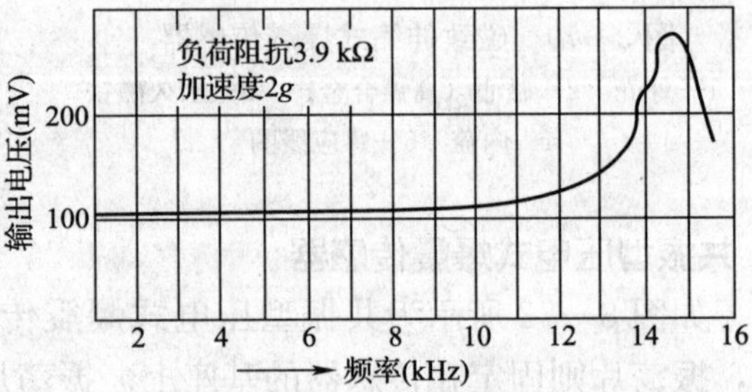

图 3—75　非共振型压电式爆震传感器输出电压与频率的关系

该爆震传感器的突出优点是其检测频率范围宽，可设计成由零至数十千赫兹，可检测很宽频带的发动机振动频率。用于不同的发动机上时，只需调整滤波器的过滤频率即可使用，而不需更换传感器。

爆震传感器的输出波形如图 3—76 所示。其特点是：从共振型的爆震传感器的输出波形可以直接观察出爆震的波形（爆震点），而非共振型的爆震传感器需经滤波器检出爆震的信号。

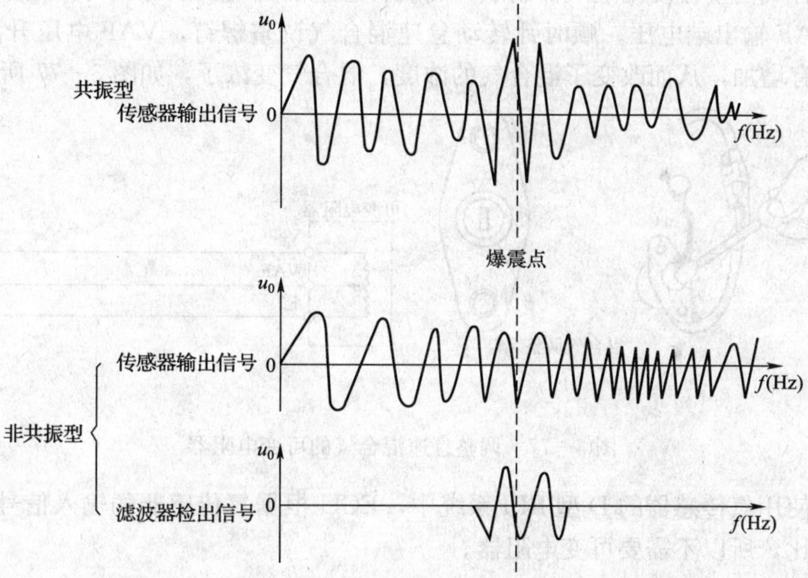

图 3—76　共振型与非共振型爆震传感器输出波形的比较

4. 爆震传感器的检修

如果发动机故障显示系统检测出爆震传感器的故障时，应先检查从传感器到 ECU 的连接器接口中间的连线及部件是否有短路或断路现象发生，如果中间线路无故障再检查传感器。

对于磁致伸缩式爆震传感器，则应拔下该传感器的连接器，用万用表测量信号线圈的电阻值。如果电阻为零或无穷大，则说明线圈有短路或断路发生；如果电阻正常，则可以使发动机运转，用万用表的交流电压挡（mV 挡或 1 V 挡）测量输出电压情况。如果在发动机运转时有电压输出，不运转时无电压输出，则说明传感器基本上是完好的。

非共振式和共振式压电爆震传感器都是用压电材料制成，检查方法是察看连接器及中间连线是否有短路和断路发生。其次是检查压电晶体，它的等效电路是一个电容器，在无压力的情况下，拔下传感器的连接器，用万用表测量输出线的电阻，一般电阻值很大，接近无穷大为正常。因压电晶体受压后产生的电压很小，直接施加压力测量其两端的输出电压比较困难。可以加一定频率和一定压力后，用数字万用表直流 mV 及 μV 挡测量电压，检查是否随压力变化而变化。如果随压力变化输出电压也相应变化，则说明传感器正常。

3.2.8 可变电阻型传感器

在不安装氧传感器的D型EFI系统中，可使用怠速混合气调整器改变混合气的浓度。这种怠速混合气调整器使用电阻器制成，当旋转怠速混合气调整螺钉时，电阻内的触点移动，改变VAF输出端电压。顺时针转动怠速混合气调整螺钉，VAF电压升高，ECU会使喷油量稍有增加，从而改变了混合气的浓度，混合气变浓了，如图3—77所示。

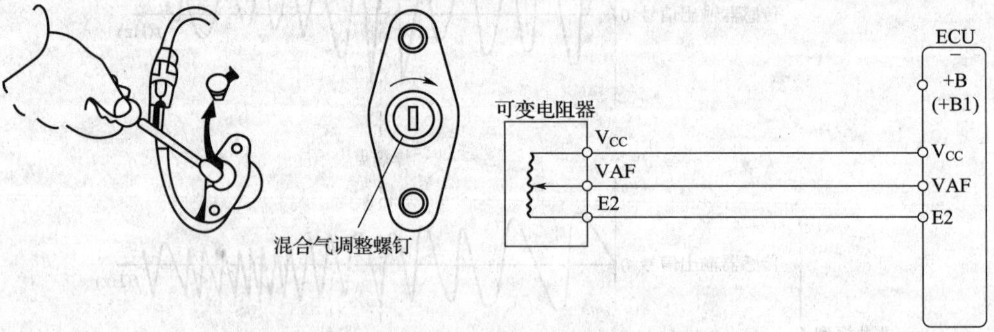

图3—77　调整怠速混合气的可变电阻器

在安装使用氧传感器的D型EFI系统中，ECU根据氧传感器的输入信号修正怠速混合气的空燃比，所以不需要可变电阻器。

3.2.9 车速传感器

车速传感器安装在变速器的输出轴上或组合仪表内，用于测量汽车的行驶速度。

车速传感器主要有舌簧开关型、光电耦合型和电磁型三种。它们的功能是：

(1) 车速传感器信号与节气门位置传感器的怠速触点信号相配合，ECU可以确定汽车的怠速工况，调节发动机的转速，使发动机在怠速工况下运行。

(2) 车速传感器可以检测汽车的减速工况。车辆在高速行驶途中，当松开加速踏板时，ECU可以检测到节气门位置传感器的怠速信号。若发动机转速超过1 200 r/min，则认为发动机仍处于减速状态，ECU会切断喷油器的工作电流，实现减速断油功能。当发动机转速减到1 200 r/min时或踩下加速踏板时，ECU控制喷油器恢复喷油。

(3) ECU根据车速传感器检测到的超速信号实行超速断油。

(4) 配合巡航控制系统的工作实行车速控制。

(5) ECU根据汽车行驶里程，接通排故维修指示灯。规定每行驶132 000 km，指示灯点亮，提醒驾驶员应及时更换氧传感器。

1. 舌簧开关型车速传感器

舌簧开关型车速传感器安装在组合仪表内，它的结构和与ECU连接电路如图3—78所示。舌簧传感器的轴外圆周装有永磁铁，由转速表软轴带动旋转。该传感器实际用于测量车轮的线速度。

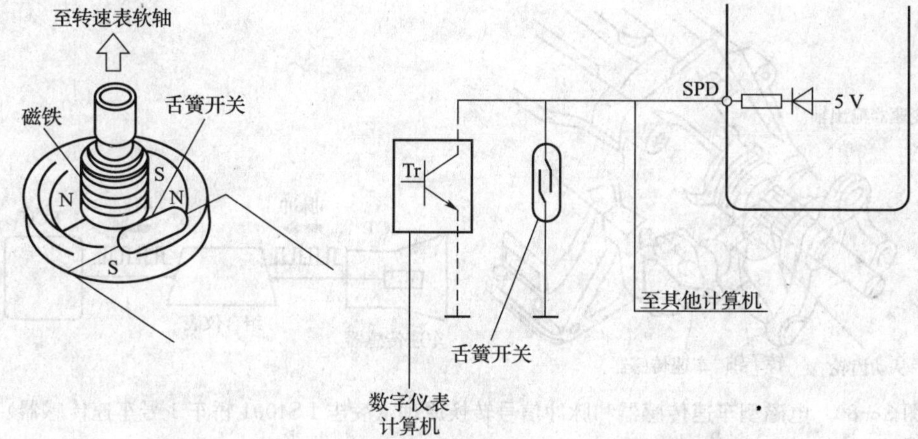

图 3—78　舌簧开关型车速传感器的结构与 ECU 连接电路

舌簧开关的两个钢片平时是断开的，在永久磁铁 N 和 S 极转到舌簧开关两端时，开关的两个钢片臂末端被磁化为与永久磁铁相同的 N 极和 S 极，产生吸力，使开关闭合；在永久磁铁的一个极转到开关中心时，这时开关两臂末端被磁化成相同的极性，互相排斥，触点断开；软轴转一周，开关接通与断开的次数由轴上的永久磁铁的块数决定。当开关信号输入 ECU 后，即可计算出汽车的行驶速度。

2. 光电耦合型车速传感器

光电耦合型车速传感器安装在组合仪表内，它由带切槽的转子和光电耦合器组成。它的结构如图 3—79 所示。

带切槽的转子由转速表软轴驱动。当带切槽的转子转动时，盘齿间断地遮挡发光二极管的光源，使光敏二极管的输出电压发生变化。软轴每转一圈，输出 20 个脉冲信号。经过分频后变成 4 个脉冲信号输入 ECU，ECU 即可计算出汽车行驶速度。

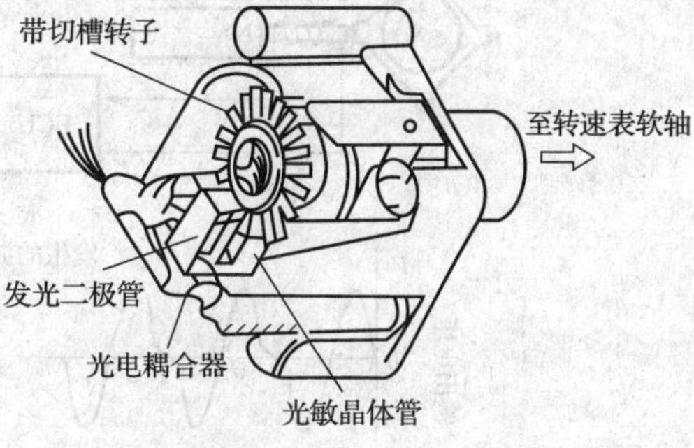

图 3—79　光电耦合型车速传感器的结构

3. 电磁型车速传感器

电磁型车速传感器通常安装在变速器输出轴上。变速器输出轴通过从动齿轮带动车速传感器的转子轴，而转子轴每旋转一周输出 4 个脉冲信号，这 4 个脉冲信号被输入组合仪表内，经过放大整形后变成方波，输入 ECU，ECU 根据这些脉冲信号频率确定车速。如图 3—80 所示为安装在凌志 LS400 轿车上 1 号车速传感器和脉冲信号转换原理图。在凌志轿车上，1 号车速传感器主要用于确定汽车行驶速度，并作为 2 号车速传感器的备用传感器。

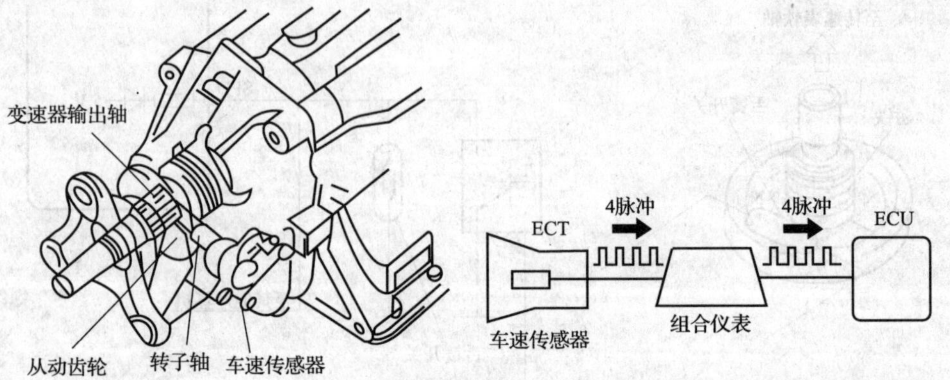

图 3—80　电磁型车速传感器和脉冲信号转换原理（凌志 LS4001 轿车 1 号车速传感器）

在凌志 LS400 轿车的变速器输出轴上，还安装有 2 号车速传感器，它也是电磁型的。2 号车速传感器用来测量变速器输出轴转速，并把脉冲信号直接输入 ECU（计算机）。ECU 把转子旋转产生的交变脉冲电压经放大整形后变成方波，ECU 根据这些信号确定车速。如图 3—81 所示为凌志轿车 2 号车速传感器和脉冲信号波形。2 号车速传感器还和节气门位置传感器信号共同用于自动变速器的换挡和变矩器的锁定正时。如果 2 号车速传感器发生故障，ECU 会利用 1 号车速传感器的输入信号作备用信号使用。

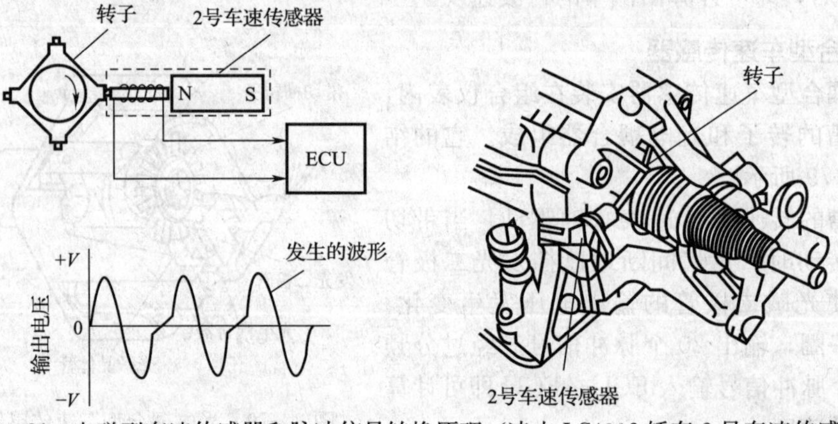

图 3—81　电磁型车速传感器和脉冲信号转换原理（凌志 LS4002 轿车 2 号车速传感器）

4. 车速传感器的检修

以凌志 LS400 轿车装用的两个电磁型车速传感器检修为例，说明车速传感器的检修内容。

（1）凌志 LS400 轿车 1 号车速传感器的检修

当车辆在 N 挡以外的其他挡行驶时，1 号车速传感器无信号输出，而 2 号车速传感器有信号输出，这时产生“42”故障码。这时应对 1 号车速传感器及其连接电路进行检修，如图 3—82 所示为 1 号车速传感器电路。

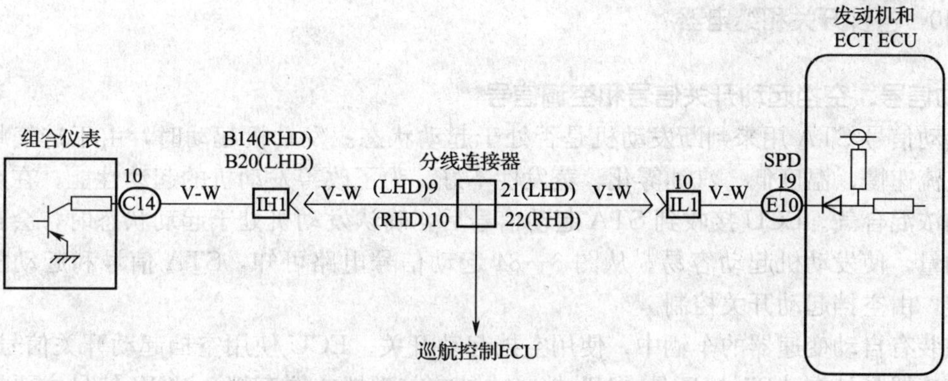

图 3—82　1 号车速传感器电路（原图）

1）检查车速表工作状况。车辆行驶时检查车速表工作是否正常，若不正常则应检查车速表及其连接电路。

2）检查 ECTECU 连接器端子 SPD 与车身接地电压。把点火开关置于 ON，将一个后轮支起，慢慢转动车轮，检查 ECTECU 连接器 SPD 与车身接地间应有电压产生，表示 1 号车速传感器及其连接电路工作良好，如果无电压产生，则应检查 1 号车速传感器、车速表及其连接电路。

（2）凌志 LS400 轿车 2 号车速传感器的检修。当车辆在 N 挡以外的其他挡行驶时，2 号车速传感器无信号输入 ECU，而 1 号车速传感器有信号输入，则产生“61”故障码。这时应对 2 号车速传感器及其连接电路进行检修，图 3—83 为 2 号车速传感器及其连接器。

1）检查 ECT ECU 连接器 $SP2^+$ 和 $SP2^-$ 端子应导通。

2）测量 2 号车速传感器 1 和 2 端子电阻，应为 620 Ω。

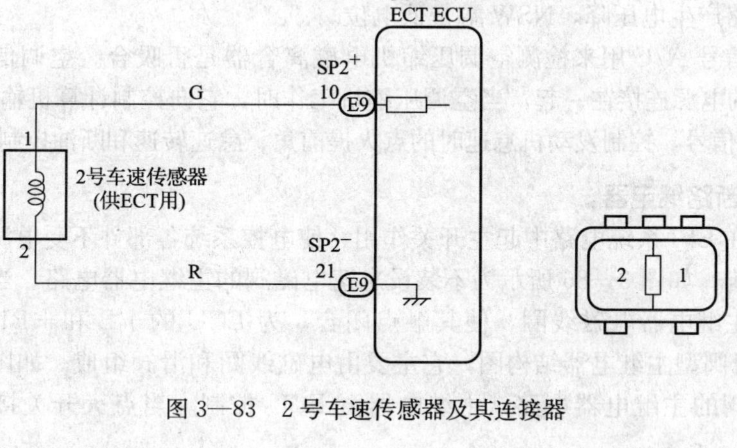

图 3—83　2 号车速传感器及其连接器

3.2.10 各种开关和继电器

1. 起动信号、空挡起动开关信号和空调信号

起动信号 STA 用来判断发动机是否处于起动状态。发动机起动时，由于进气歧管内混合气流速慢、温度低、汽油雾化、蒸发性不好，为了改善发动机的起动性能，在起动时必须加浓混合气。ECU 接收到 STA 起动信号后，确认发动机处于起动状态时，会自动增加喷油量，使发动机起动容易。从图 3—84 起动信号电路可知，STA 信号和起动机的电源相连，由空挡起动开关控制。

在装有自动变速器的车辆中，使用空挡起动开关。ECU 使用空挡起动开关信号 NSW 区别变速器是处在“P”挡还是“N”挡，或处在前进挡或倒车挡。NSW 信号主要用于怠速系统的控制，它的电路图如图 3—85 所示。

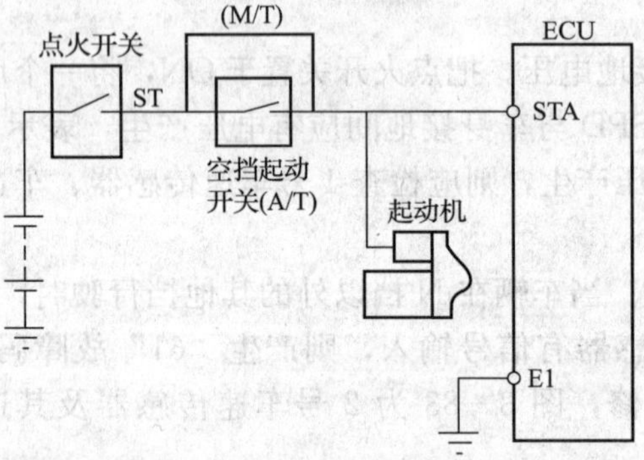

图 3—84　起动信号电路

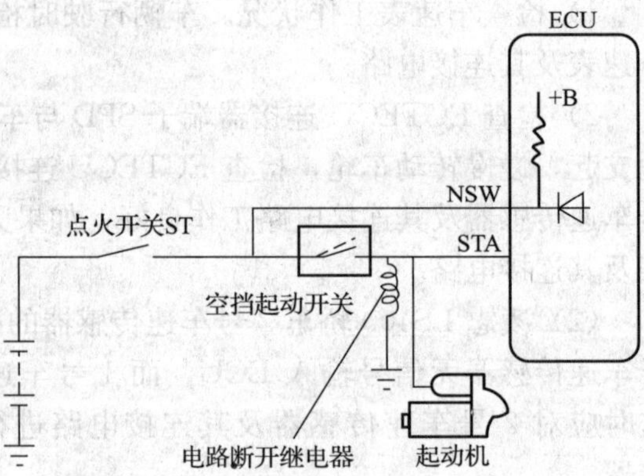

图 3—85　空挡起动开关信号电路

当点火开关在 ST 位置时，NSW 端与蓄电池的正极相连。自动变速器在前进挡或倒挡时，空挡起动开关断开，NSW 端是高电位。

当自动变速器处在“P”或“N”挡时，空挡起动开关触点闭合，由于起动机的用电负载，造成电路产生电压降，NSW 端是低电位。

空调开关信号 A/C 用来检测空调压缩机电磁离合器是否吸合。空调信号与空调压缩机电磁离合器的电源连接在一起，当空调压缩机工作时，它向控制计算机输入高电位信号，ECU 根据 A/C 信号，控制发动机怠速时的点火提前角、怠速转速和断油控制转速等。

2. 主继电器和断路继电器

主继电器在 EFI 系统电路中起主开关作用，使电控系统各部件不受电源干扰，也不受电脉冲波动影响。如图 3—86 所示为不装设怠速电磁阀的主继电器电路。当点火开关接通时，电流流过主继电器电磁线圈，使其触点闭合，为 ECU 的＋B 和＋B1 端供电。如图 3—87 所示为滑阀型主继电器结构图，它主要由电磁线圈和滑阀组成。如图 3—88 所示为装有怠速电磁阀的主继电器电路，主继电器由 ECU 控制。当点火开关接通时，电源与

ECU 的 IGS/W 端相通，电流流过 ECU 的 M－REL 端与主继电器相通，主继电器触点闭合，电源向 ECU 的＋B 和＋B1 端供电。

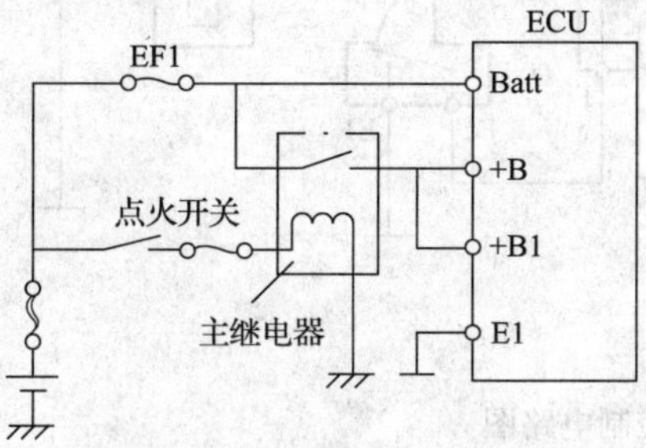

图 3—86　主继电器电路

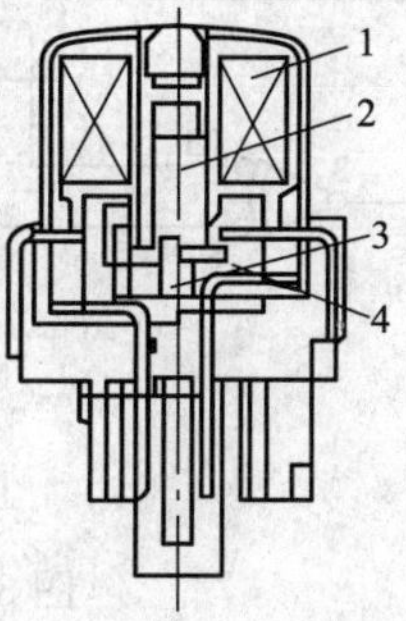

图 3—87　滑阀型主继电器结构

1—电磁线圈　2—滑阀　3—调整块　4—触点

如图 3—89 所示为燃油泵断路继电器的结构和连接电路图。断路继电器的功用就是在发动机运转时，触点闭合，电源向燃油泵供电使之运转。当点火开关 ST 接通时，若发动机不运转，断路继电器触点不闭合，油泵不运转。

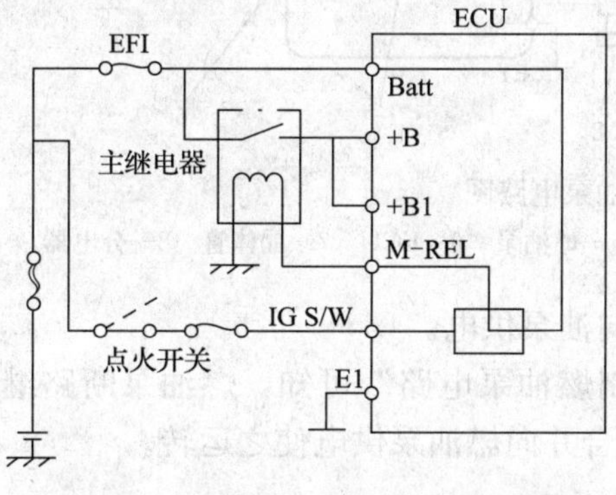

图 3—88　主继电器电路（带怠速电磁阀）

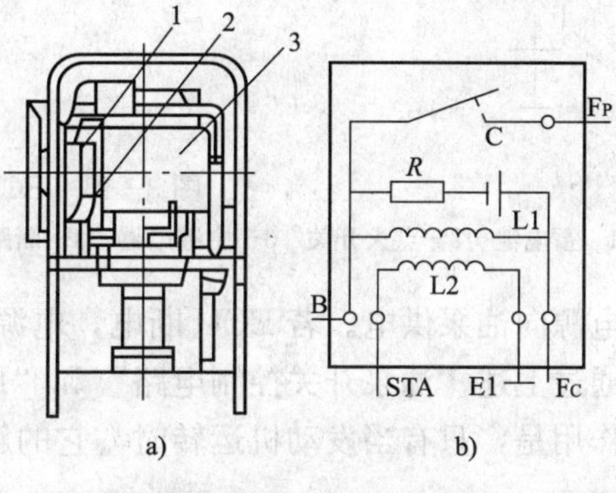

图 3—89　燃油泵断路继电器的结构和连接电路图

a）结构　b）电路

1—动片　2—触点　3—电磁线圈

如图 3—90 所示为 EFI 系统使用叶片式空气流量计时，油泵开关控制电路图。当发动机起动时，点火开关 ST 接通，断路继电器线圈 L2 通电，使触点闭合，电源向油泵供电。当发动机起动后，由于叶片旋转使油泵开关接通，断路继电器线圈 L1 通电。这时 ST 断开，但触点仍接通，油泵仍供油。当发动机停止运转时，油泵开关才断开，L1 线圈失电，触点被打开，使油泵停止工作。

如图 3—91 所示为 EFI 系统使用热线式或卡门式空气流量计时，燃油泵由 ECU 控制的电路图。发动机起动时，点火开关 ST 接通，断路继电器线圈 L2 通电，使触点闭合，电源向油泵供电。发动机起动后，由于转速信号输入 ECU 而使晶体管导通，L1 线圈通

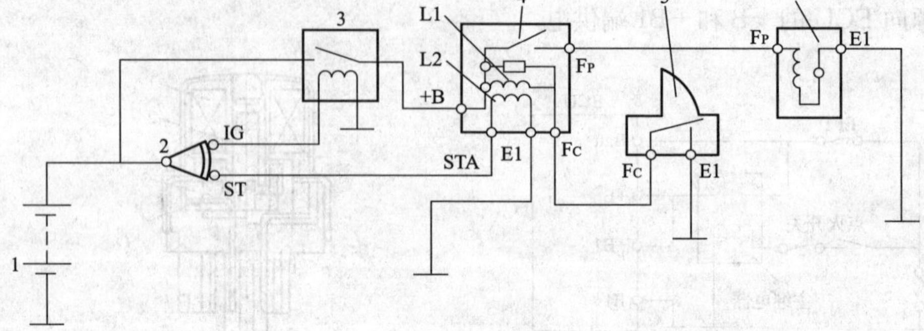

图 3—90　油泵开关控制电路图

1—蓄电池　2—点火开关　3—主继电器　4—断路继电器　5—空气流量计　6—燃油泵

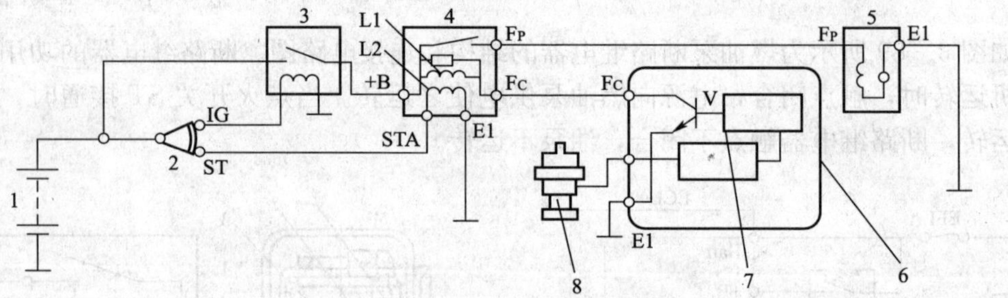

图 3—91　ECU 控制燃油泵电路图

1—蓄电池　2—点火开关　3—主继电器　4—断路继电器　5—燃油泵　6—ECU　7—晶体管　8—分电器

电，电源向油泵供电。若 ECU 断电，电源会停止向油泵供电。

通过上述“油泵开关控制电路”和“ECU 控制燃油泵电路”可知，燃油泵断路继电器的作用是，只有当发动机运转时，它的触点才闭合并向燃油泵供电使之运转。

3.3　汽车计算机控制的网络系统

3.3.1　概述

汽车电气系统从简单的开关电路、继电器电路到模拟电路，从数字电路到计算机控制，汽车控制技术有了很大的发展。而人们对高级汽车的要求却越来越高，汽车中的各个系统的单一的计算机控制不能满足需要。从发动机的动力性、可靠性、环境净化性，从底盘的安全性、稳定性、可操作性和对车身的舒适性等诸多方面，提出了更高的要求。

这不仅对计算机的控制提出了高、精、尖的要求，还需要一个平台。这个平台能使发动机的综合信息、底盘的综合信息、车身电气的综合信息既能互相沟通，又能互相交换，这就是当代高科技的结晶之一——网络技术。

由于网络技术在高级汽车中得到了应用，不仅能解决信息可以互相沟通、互相交换的问题，而且使原来的电线线束的根数大量减少，故障率下降，充分体现了当代高科技的作用，如底盘控制系统出现了故障，不仅能在仪表板上的多功能显示屏显示出来，而且还能抑制发动机的转速，从而保证行驶安全。

目前高级汽车网络电路中采用的信息传输技术是载波电路和光纤电路。

3.3.2 载波电路

信息传输是采用计算机熟悉的语言——波形来进行传输的，波形的传输需要一定的直流电压作为基础，可以搭载波形的直流电路称为载波电路。

1. 奔驰 W220 型采用的信息传输的载波电路为 CAN—C 和 CAN—B 两种，CAN (Controller Area Network) 为并联网络，如图 3—92 所示。

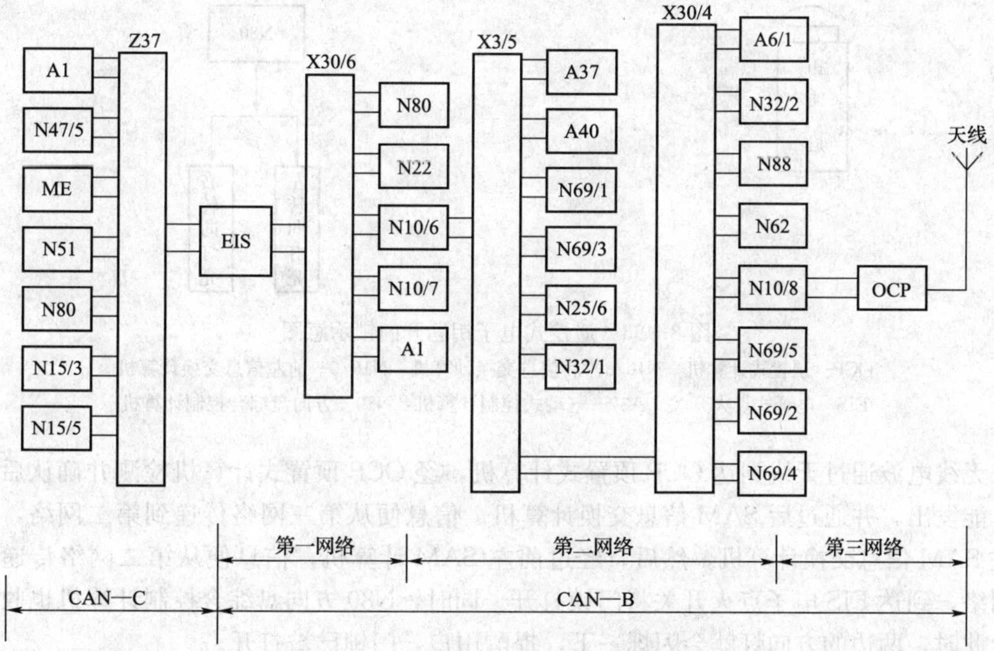

图 3—92 奔驰 W220 型信息传输网络

A1—仪表板 A6/1—遥控和接收计算机 A37—中控门及气动控制计算机 A40—电视机和网络主机 EIS—电子点火开关 ME—发动机控制计算机 N10/6—前左信息交换计算机 N10/7—前右信息交换计算机 N10/8—后信息交换计算机 N15/3—变速箱控制计算机 N15/5—排挡杆控制计算机 N22—空调控制计算机 N47/5—底盘稳定控制计算机 N51—车身高度及避震控制计算机 N25/6—后坐椅调整计算机 N32/1—前左坐椅调整计算机 N32/2—前右坐椅调整计算机 N69/1—前左门控制计算机 N69/2—前右门控制计算机 N69/3—后左门控制计算机 N69/4—后右门控制计算机、N69/5—无钥匙起动控制计算机 N80—方向盘综合控制计算机 N88—轮胎气压控制计算机 N62—停车距离测试计算机 OCP—顶置式控制计算机

由图 3—92 可见，电子点火开关是 CAN—C 和 CAN—B 信息交换中心，而前左信息交换计算机和后信息交换计算机是 CAN—B 的信息交换中心。每个计算机都可以在网上进行信息交换，各取所需。第三网络必须通过后信息交换计算机与第二网络进行信息交换，而第二网络必须通过前信息交换计算机与第一网络进行信息交换，从而达到了综合管理的效果。其工作原理如下：

（1）当用遥控式电子点火钥匙开门时：按下手中遥控式电子钥匙上的开启门锁按钮，如图 3—93 所示。

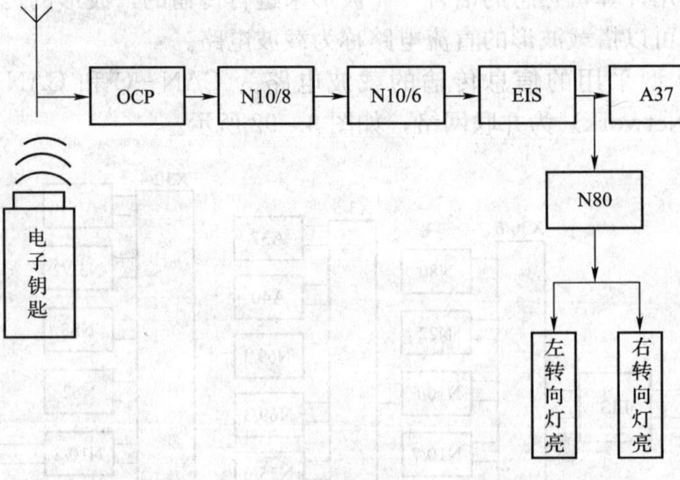

图 3—93　遥控式电子钥匙开门锁示意图

OCP—顶置式计算机　N10/8—后信息交换计算机　N10/6—前左信息交换计算机
EIS—电子式点火开关　A37—气动式控制计算机　N80—方向盘综合控制计算机

无线电波通过天线到达 OCP 顶置式计算机，经 OCP 顶置式计算机检测并确认后，信息方能发出，并通过后 SAM 信息交换计算机。信息便从第三网络传递到第二网络，到达前左 SAM 信息交换计算机。然后，经过前左 SAM 计算机，信息便从第二网络传递到第一网络，到达 EIS 电子点火开关将门锁打开。同时，N80 方向盘综合控制计算机也收到信息，此时，两边的方向灯就会闪烁一下，提醒用户，门锁已被打开。

（2）当底盘系统出现故障时：车辆在行驶途中，底盘系统突然出现故障，ESP 车身稳定控制计算机将信息传递到 CAN—C 网络上，ME 发动机控制计算机接收到信息后可以迅速抑制发动机的转速。同时，A1 仪表板接收到信息后，将故障显示在仪表板的多功能显示屏上，提醒驾驶员，底盘系统有故障，从而保证了行驶安全。如发生严重故障，仪表板上的多功能显示屏显示的颜色是红色的，并发出警告声，此时应停止行驶，尽快维修。

2. CAN—C 为高速网络，其速率较快，约 125 kbit/s。是连接发动机控制计算机和底盘控制计算机的网络。CAN—C 的直流电压为 2.5 V，其波形有两种。

（1）CAN—C—H 是 CAN—C 的高速信号，其波形向上，如图 3—94 所示。

（2）CAN—C—L 是 CAN—C 的低速信号，其波形向下，如图 3—95 所示。

图 3—94　CAN—C—H 的波形

图 3—95　CAN—C—L 的波形

3. CAN—B 为低速网络，其速度较慢，约 83 kbit/s，是连接车身各计算机的网络，其波形也有两种。

(1) CAN—B—H 是 CAN—B 的高速信号，直流电压为 0.1 V，其波形向上，如图 3—96 所示。

(2) CAN—B—L 是 CAN—B 的低速信号，直流电压为 4.8 V，其波形向下，如图 3—97 所示。

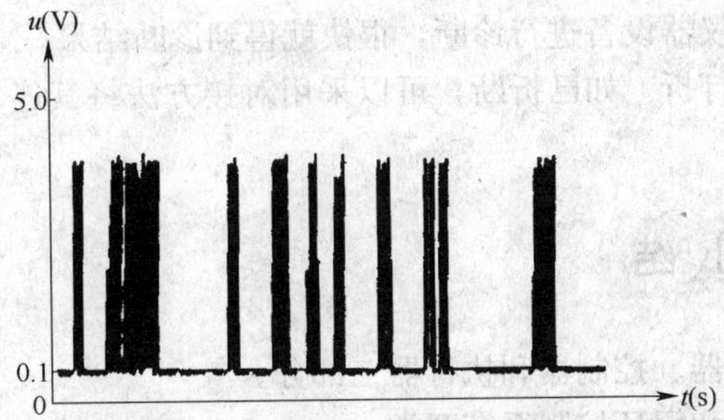

图 3—96　CAN—B—H 的波形

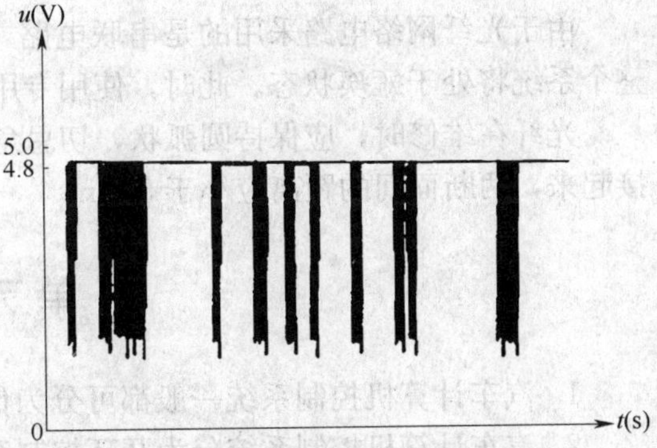

图 3—97　CAN—B—L 的波形

3. 3. 3　光纤电路

通过光在光纤中进行信息交换的网络称为光纤网络电路。奔驰 W220 型的音像系统中采用的信息交换网络就是光纤网络电路，如图 3—98 所示。

音像光纤网络为串联电路，光纤传递速率为 120 Mbit/s，图中的 a 为光纤信号发射器，b 为光纤信号接收器。

工作原理：由于开机信号是并联的，当主机开机时，功放、CD 机、程控电话计算机

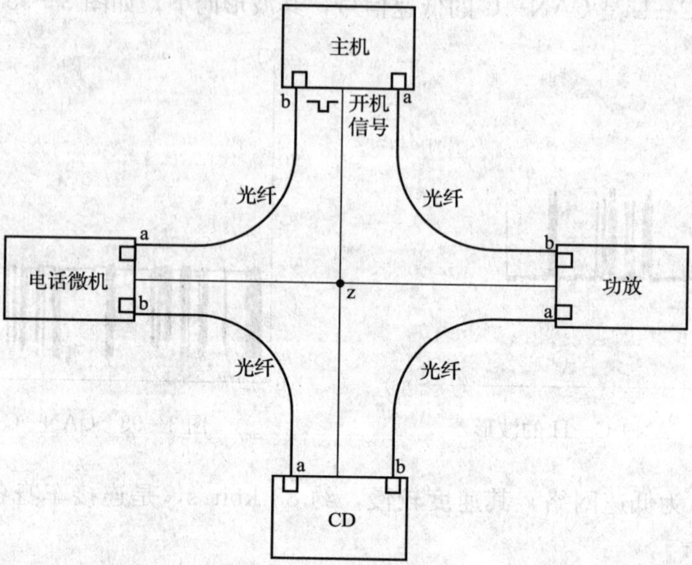

图 3—98　音像光纤网络

被同时打开，使之处于工作状态，同时从主机的光纤信号发射器发出四次光闪烁信号，沿顺时针方向，通过光纤电路和各个元件进行传送，最后，主机接收到四次光闪烁信号，此时，音像系统便处于正常的工作状态。

由于光纤网络电路采用的是串联电路，如果其中一个零部件或者光纤接头发生故障，整个系统将处于瘫痪状态。此时，使用专用的仪器设备进行诊断，很快就得到诊断结果。

光纤在维修时，应保持圆弧状，切忌急弯打折。如已折断，可以采用对接方法将其连接起来，两断面间的距离应小于 5 mm。

单元小结

1. 汽车计算机控制系统一般都可分为传感器、控制器和执行器三部分。

2. 汽车计算机控制系统分为开环控制系统和闭环控制系统两类。

3. 发动机电子控制装置主要包括点火系统控制、燃油喷射系统控制、电子反馈控制化油器、防爆震控制、怠速系统控制、电子 EGR（废气再循环）控制、汽缸变排量控制等。

4. 汽车发动机电子控制系统中常用的传感器有空气流量传感器、曲轴转角与转速传感器、压力传感器、温度传感器、节气门位置传感器、氧传感器、爆震传感器和 ON/OFF（开/关）信号开关等。

5. 空气流量计的种类有叶片式、卡门涡旋式、热线式和热膜式等几种类型。

6. 温度传感器有绕线电阻式、热敏电阻式、扩散电阻式、半导体晶体管式、金属心式和热电偶式等。

7. 曲轴位置传感器是发动机电控系统控制点火提前角并确认曲轴位置的信号源。曲轴位置传感器可分为磁脉冲式、光电式和霍尔式三大类。

8. 节气门位置传感器把节气门开启角转换成电压信号输入 ECU，从而控制燃油喷射量。根据结构型式的不同，可分为线性输出型和开关型两种。

9. 进气歧管绝对压力传感器应用在 D 型 EFI 电控燃油喷射式发动机的进气系统中，它能根据发动机的负荷状态检测出进气歧管内绝对压力的变化，并转换成电压信号与转速信号一起输入 ECU 中，作为喷油器基本喷油量的依据。进气歧管绝对压力传感器按其信号产生的原理，可分为电压型和频率型两种。电压型有半导体压敏电阻式和膜盒传动的可变电感式，频率型有电容式和表面弹性波式。其中半导体压敏电阻式和电容式进气歧管绝对压力传感器应用较多。

10. 氧传感器检测排气中的氧浓度并向 ECU 发出反馈信号，用以控制空燃比在理论值范围。氧传感器有氧化锆式和氧化钛式两种。

11. 爆震传感器检测发动机的爆震情况。有共振型和非共振型爆震传感器两种。

12. 车速传感器安装在变速器的输出轴上或组合仪表内，用于测量汽车的行驶速度。车速传感器主要有舌簧开关型、光电耦合型和电磁型三种。

13. 汽车网络电路中采用的信息传输技术是载波电路和光纤电路。

单元测试题

一、单项选择题（下列每题的选项中，只有 1 个是正确的，请将其代号填在横线空白处）

1. 计算机内表示正，用________符号数。

A. 0　　B. 1　　C. 0 或 1

2. 计算机通常由运算控制部件、存储器、输入设备和________组成。

A. ROM　　B. RAM　　C. 输出设备

3. 计算机控制系统一般可分为传感器、控制器和________。

A. 存储器　　B. 执行器　　C. CPU

4. 叶片式空气流量计主要检测空气的________，并将信号转送至计算机。

A. 流速　　B. 质量　　C. 温度

5. 热敏电阻式水温传感器，当发动机冷却水温度升高时，电阻值________。

A. 增大　　B. 减小　　C. 不变

6. 节气门位置传感器用来检测节气门的________。

A. 开度　　B. 方向　　C. 形状

7. 氧化锆式氧传感器温度要求在________℃的条件下才能可靠工作。

A. 200　　B. 400　　C. 600

8. 正常情况下，氧传感器的工作电压在________V之间。

A. 0～1　　B. 1～5　　C. 5～10

9. 载波电路在传输波形时需要一定的________作为基础。

A. 直流电压　　B. 交流电压　　C. 直流电流

10. Ne 信号是发动机________的信号。

A. 判缸　　B. 曲轴转角及转速　　C. 凸轮轴转角

二、判断题（下列判断正确的请打“√”错误的打“×”）

1. 计算机内的数分为无符号数和带符号数。（　）
2. 十进制数 10 等于二进制数 2。（　）
3. 通常称中央处理单元为 ECU。（　）
4. 传感器是将各装置的物理参数转换为电信号。（　）
5. 霍尔式曲轴位置传感器当触发叶片离开永久磁铁与霍尔元件之间的空气隙时，便产生霍尔电压。（　）
6. 在四线制的线性输出型节气门位置传感器中，一般设有大负荷触点。（　）
7. 半导体压敏电阻式进气压力传感器是将压力的变化转换成频率信号送到 ECU。（　）
8. 装有氧传感器的发动机一定是开环控制。（　）
9. 氧传感器的使用寿命一般为 5 年。（　）
10. 可以搭载图片的直流电路称为载波电路。（　）

单元测试题答案

一、单项选择题

1. A　2. C　3. B　4. A　5. B　6. A　7. C　8. A　9. A　10. B

二、判断题

1. √　2. ×　3. ×　4. √　5. √　6. ×　7. √　8. ×　9. √　10. ×

4

第 4 单元

起动机与起动机电气控制系统

4.1 新型起动机

4.1.1 减速式起动机

减速式起动机与普通的带电磁开关的强制啮合式起动机没有本质的区别，只是在起动机电枢和驱动齿轮之间增加了一对减速齿轮（一般减速比为 3～4），因此可将起动机电枢的工作转速设计得较高，然后通过减速机构使驱动齿轮的转速降低并使转矩增加。

根据电动机原理可知，若电磁功率不变，当转速增加时，则电动机的电枢直径、电枢铁心长度可以减小。因此装用减速齿轮后，可采用小型、高速、低转矩的电动机，从而使起动机的重量与体积可减少 30%～35%，不仅提高了起动性能，且使蓄电池的负担减轻。缺点是机械零件增加，电动机高速运转，结构及生产工艺均比传统式起动机复杂。

减速起动机的减速装置有三种，即内啮合式、外啮合式和行星齿轮式（同轴式），如图 4—1 所示。这三种减速装置的齿轮系统各有优缺点，三种减速装置的比较见表 4—1。以下介绍 12V11E14 型减速起动机。该种起动机为日本电装公司生产，用于皇冠牌轿车上，其结构如图 4—2、图 4—3 所示。

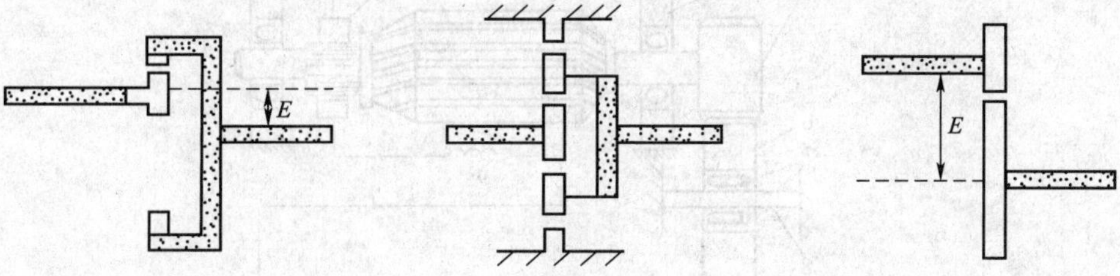

图 4—1　齿轮减速器类型

a）内啮合式　b）行星齿轮式（同轴式）　c）外啮合式

表 4—1　三种减速装置的比较

型　式	内啮合式	行星齿轮式	外啮合式
齿轮数	2	4	2
噪　声	低	高	低
可靠性	高	低	高
轴向中心距（E）	小	0	大
减速比（K）	$2.5<K<4$	$K>3.8$	$1<K<4$

1. 电动机

该电动机的 4 块磁极用黏接剂粘接在外壳内，磁极上套绕磁场绕组，每个绕组同时用 8 根漆包铜线绕制。4 个磁场绕组相互并联后再与电枢绕组串联，仍为串励式电动机，如

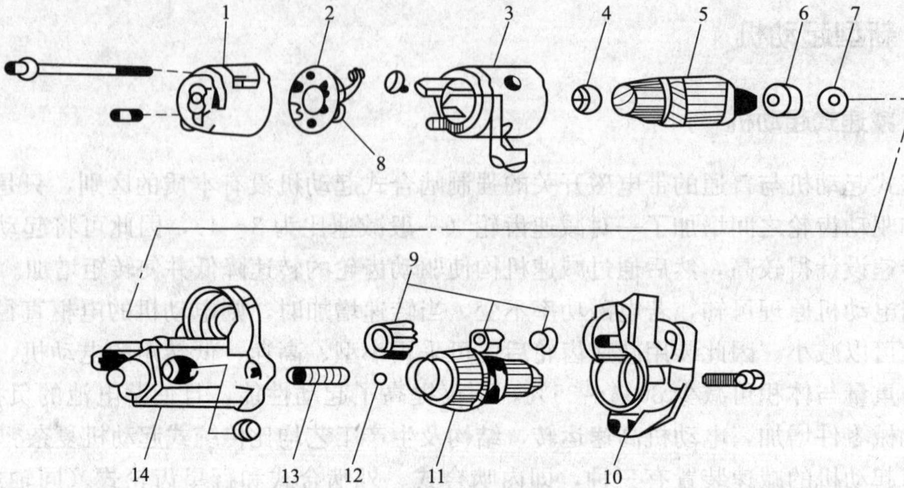

图 4—2　12V11E14 型起动机构造

1—前端盖　2—电刷架　3—机壳　4—轴承　5—电枢　6—轴承　7—密封毡　8—电刷弹簧　9—中间齿轮和轴承　10—后端盖　11—离合器总成　12—钢球　13—复位弹簧　14—电磁开关总成

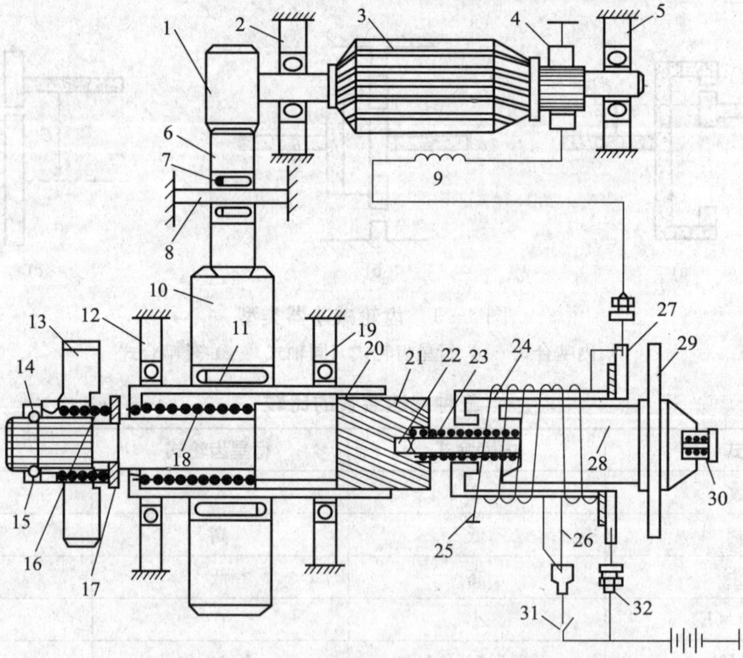

图 4—3　12V11E14 型减速起动机的结构示意图

1—电枢轴齿轮　2，5，12，19—滚珠轴承　3—电枢　4—电刷　6—中间齿轮　7—滚柱轴承　8—中间齿轮轴　9—磁场绕组　10—减速齿轮　11—单向离合器滚柱　13—驱动齿轮　14—挡圈　15—卡环　16，30—缓冲弹簧　17—内键齿挡圈　18—驱动齿轮轴复位弹簧　20—传动导管　21—驱动齿轮轴　22—钢球　23—衔铁复位弹簧　24—钢套　25—保持线圈　26—吸引线圈　27—触点　28—衔铁　29—触盘　31—起动开关　32—接柱

图 4—4 所示。

电枢铁心为 21 槽，并绕有 21 组单匝绕组，绕组采用波绕并滴浸环氧树脂固定。换向器采用全塑换向器，绕组端线与换向器的连接用钎焊焊接，电枢轴由球轴承支撑。

4 只铜质电刷安装在电刷架内，电刷架铆装在一个圆盘上，两只绝缘，两只搭铁。圆盘由两个螺钉紧固在前端盖上。端盖外表面焊有两个对销螺栓孔架，由两个长螺栓将前端盖、机壳及后端盖结合成一体。

2. 传动机构

圆筒形传动导管一端内表面制成螺旋键槽，导管内装有驱动齿轮轴，驱动齿轮轴一端外表面制有螺旋键，与传动导管内表面的螺旋键槽配合；轴的另一端外表面制有键齿，以便固装驱动齿轮。滚柱式单向离合器设置在减速齿轮内毂，其内毂制成楔形空腔。传动导管装入时，将空腔分割成 5 个楔形腔室，腔室内放置滚柱和弹簧。平时在弹簧张力作用下，滚柱滚向楔形腔室窄端；传递动力时，由滚柱将传动导管和减速齿轮卡紧成一体，如图 4—5 所示。

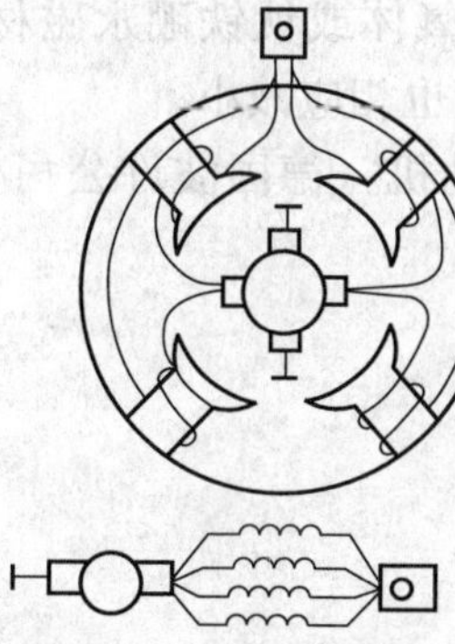

图 4—4　磁场绕组的连接

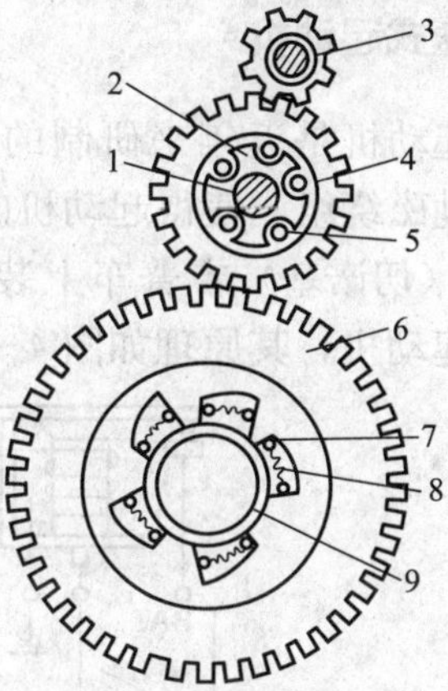

图 4—5　减速齿轮啮合关系

1—中间轴　2—尼龙骨架　3—电枢轴齿轮　4—中间齿轮　5—圆柱滚子轴承　6—减速齿轮　7—滚柱　8—弹簧　9—传动导管

3. 减速齿轮装置

减速齿轮装置采用平行轴外啮合减速齿轮装置，该装置中设有 3 个齿轮，即电枢轴齿轮，中间齿轮（惰性轮）及减速齿轮。电枢轴齿轮制有 9 个齿，利用内键齿压装在电枢轴的一端。中间齿轮制有 26 个齿，利用圆柱滚子轴承支撑在中间轴上。减速齿轮制有 40 个齿，以传动导管为轴心转动，其啮合关系如图 4—5 所示。

减速齿轮装置的减速比为：

$$i=(26/9)\times(40/26)=4.4$$

4. 控制装置及工作过程

控制装置中设有电磁铁机构，其结构同传统式电磁控制装置大致相同（见图 4—3），不同之处在于衔铁的左端固装的挺杆，经钢球推动的是驱动齿轮轴，衔铁右端绝缘地固装着触盘。起动机不工作时，触盘与触点分开，驱动齿轮与飞轮分离。

需要起动发动机时，接通起动开关，吸引线圈和保持线圈通电，电磁力吸动衔铁左移，挺杆推动驱动齿轮轴，迫使驱动齿轮与飞轮啮合，这种动作过程称为直动齿轮式。驱动齿轮与飞轮齿圈进入啮合后，触盘接触触点，电枢电路接通并开始旋转。电枢轴产生的力矩经电枢轴齿轮→中间齿轮→减速齿轮→滚柱式单向离合器→传动导管螺旋键齿→驱动齿轮轴→驱动齿轮→飞轮，从而驱动曲轴旋转，使发动机起动。

发动机起动后，及时放松起动开关，吸引线圈和保持线圈断电，衔铁在复位弹簧张力作用下回位，触盘与触点分离，电枢停止转动。同时，驱动齿轮轴在复位弹簧作用下回位，使驱动齿轮与飞轮分离，一切恢复到初始状态。

驱动齿轮与飞轮不能进入啮合状态时，首先压缩驱动齿轮内装弹簧，使电动机开关先接通，电枢轴转动，驱动齿轮与飞轮即可啮合。

4.1.2 永磁减速式起动机

永磁减速式起动机是近年来研制的新产品，它的磁极为铁氧体或钛铁硼永磁材料制成，由于取消了励磁绕组，使得起动机的结构简化，体积、质量也相应减小。

北京 BJ2021（切诺基）吉普车上装用的 12VDW1.4 型起动机（德国波许公司生产）即是永磁减速式起动机，其原理如图 4—6 所示。

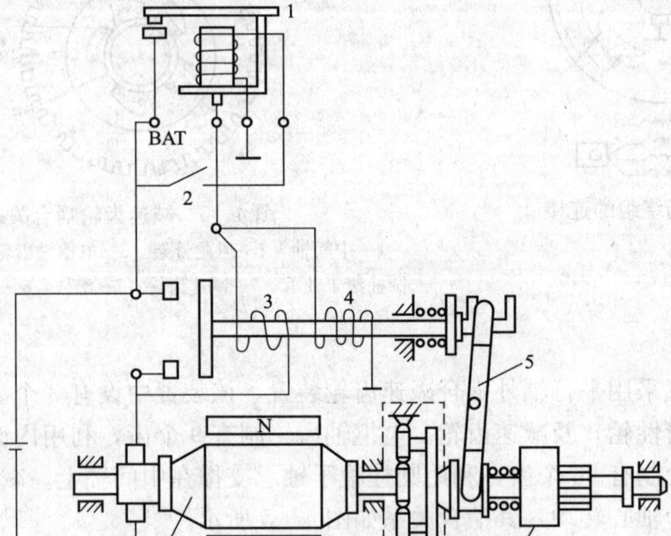

图 4—6　12VDW1.4 型永磁减速式起动机原理

1—起动继电器　2—点火开关　3—吸引线圈　4—保持线圈　5—拨叉
6—滚柱式单向离合器　7—行星齿轮减速装置　8—永久磁铁　9—电枢

1. 电动机

该电动机采用永磁磁场，6 块永久磁极用弹性保持片固定于外壳内，且通过弹片上的孔和外壳内壁的凸起定位。因为采用磁极数量较多，减小了磁极弧度，从而减少了磁极的去磁效应。由于去掉了磁场绕组，减小了电感，与同功率的串励式直流电动机相比，具有更高的起动性能。

电枢、换向器、电刷装置，其结构均与 12V11E14 型起动机基本相同，电枢轴的支撑仍采用滑动轴承。

2. 传动机构

采用滚柱式单向离合器，其结构与工作过程同传统式起动机。

3. 减速齿轮装置

采用行星齿轮减速装置，该装置中设有三个行星轮，一个太阳轮（电枢轴齿轮）及一个固定的内齿圈，其结构如图 4—7 所示，啮合关系如图 4—8 所示。

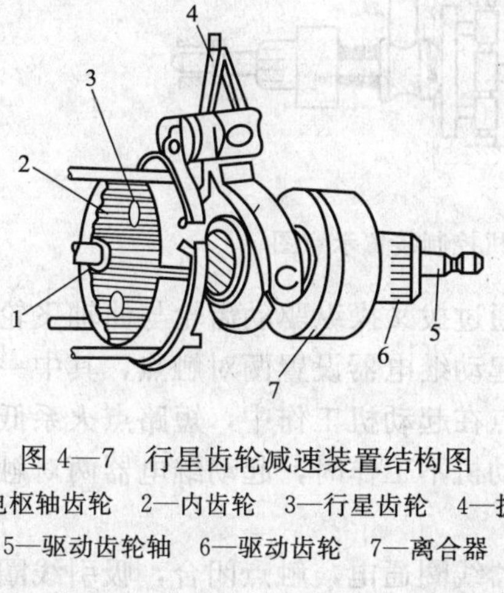

图 4—7　行星齿轮减速装置结构图

1—电枢轴齿轮　2—内齿轮　3—行星齿轮　4—拨叉
5—驱动齿轮轴　6—驱动齿轮　7—离合器

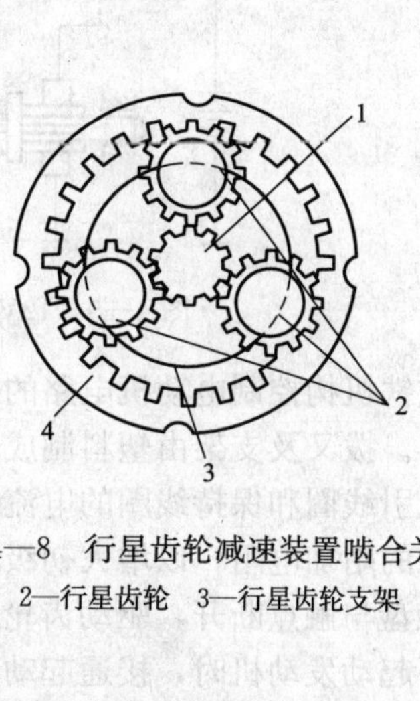

图 4—8　行星齿轮减速装置啮合关系

1—太阳轮　2—行星齿轮　3—行星齿轮支架　4—内齿轮

行星齿轮支架是一个具有一定厚度的圆盘，圆盘和驱动齿轮轴制成一体。3 个行星齿轮连同齿轮轴一起压装在圆盘上，行星齿轮在轴上可以灵活转动。驱动齿轮轴一端制有螺旋键齿，与离合器传动导管内的螺旋键槽配合。

太阳轮制成 11 个齿，压装在电枢轴上，并保持与 3 个行星齿轮同时啮合。

用塑料注塑的内齿圈制有 37 个齿，3 个行星齿轮在其上滚动。内齿圈的外缘制有凸起，嵌放在后端盖上的凹坑内，以保持固定。该齿轮的减速比为：

$$i = 1 + Z_i/Z_e = 1 + 37/11 = 4.4$$

式中 Z_e——太阳轮齿数；

Z_i——内齿圈齿数。

4．控制装置及工作过程

控制装置如图 4—9 所示。

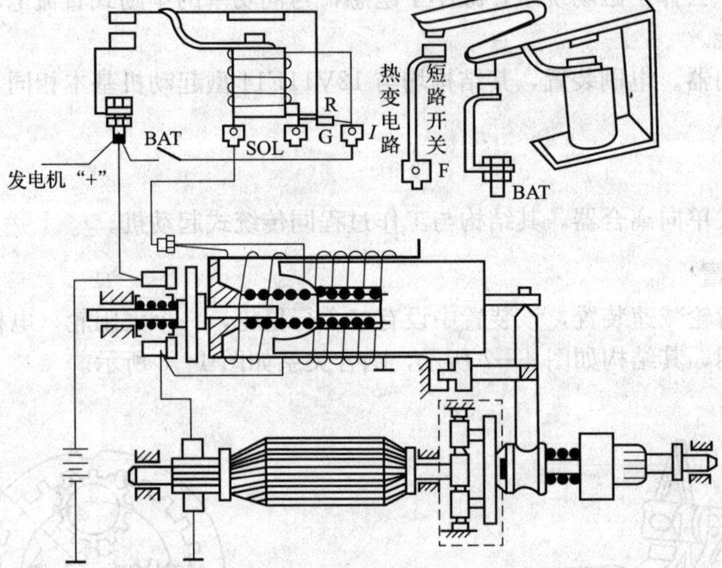

图 4—9　12VDW1.4 型减速起动机控制装置示意图

电磁铁机构控制电动机电路的接通和切断，并通过拨叉操纵驱动齿轮与曲轴飞轮的啮合与分离。拨叉及支架由塑料制成，以减轻质量。起动继电器设置两对触点，其中一对触点控制吸引线圈和保持线圈的电流通路；另一对触点在起动机工作中，短路点火系低压电流通路中的附加电阻，以增大初级绕组电流值。起动机不工作时，起动继电器两对触点均张开，触盘与触点断开，驱动齿轮与飞轮分离。

需要起动发动机时，接通起动开关，起动继电器线圈通电，触点闭合，吸引线圈和保持线圈中有电流流过，电磁力吸动衔铁左移，触盘与触点接触，电动机电路接通，同时，拨叉操纵驱动齿轮与飞轮啮合。电枢轴产生的力矩经电枢轴齿轮（太阳轮）→行星齿轮及支架→驱动齿轮轴→滚柱式单向离合器→驱动齿轮→飞轮，从而驱动曲轴旋转，使发动机起动。发动机起动后，及时放松起动开关，起动继电器线圈断电，触点断开，吸引线圈和保持线圈中无电流通过，吸力消失，衔铁在复位弹簧张力作用下回位，触盘也在复位弹簧张力作用下与触点分离，电动机停止转动。衔铁回位的同时又操纵拨叉带动驱动齿轮与飞轮分离，起动机停止工作。

该起动机的工作过程与 QD124 型起动机基本相同，读者可自行分析。不同之处在于电枢轴产生的转矩需经行星齿轮减速装置才能传给起动机的驱动齿轮。

4.1.3 新型起动机的使用与维修

1. 起动机的使用

为了使汽车具有良好的起动性能，在使用中应注意以下事项：

(1) 经常保持蓄电池处于充足电的状态，保持蓄电池、起动机、起动开关等连接牢固，接触良好。

(2) 每次接通起动机的时间不应超过 5 s，两次接通起动机的时间间隔不应小于 15 s。

(3) 起动时，应挂入空挡或踏下离合器，严禁用挂挡起动的办法移动车辆。

(4) 发动机起动后，应及时切断起动开关，使驱动齿轮退出啮合，起动机停止工作，可以减少单向离合器的磨损。

2. 起动机的检修

(1) 电枢的检修。主要检查换向器和电枢绕组，观察换向器表面有无烧蚀，轻微烧蚀可用 00 号砂纸打磨；检查换向片间切槽深度，切槽内应清洁无异物，最小深度为 0.2 mm，小于该深度应进行修理；换向器直径不应小于规定的最小直径，否则应更换换向器。用万用表检查电枢绕组有无断路或短路，若出现断路或短路应更换电枢。

(2) 电刷的检查。观察电刷与刷架的配合以及与换向器的接触情况，电刷在刷架中应活动自如，不应有卡滞现象；电刷与换向器的接触面不应低于 80%。检查电刷长度，不应小于 11.5 mm，否则需更换电刷。

(3) 检查单向离合器。简单的方法是：一手握住单向离合器，另一只手转动驱动齿轮。齿轮在一个方向可以自由转动，另一个方向不能转动。如两个方向都能转动说明单向离合器已损坏。检查单向离合器所能承受的转矩，可通过全制动试验测得，若出现打滑现象，应更换单向离合器。

(4) 电磁开关的检查。观察主开关触点，接触盘平面是否清洁，有无烧蚀。轻微烧蚀可用细砂纸打磨，严重时要用锉刀锉平。可用蓄电池对起动机电磁线圈短时间供电的方法来判断吸拉线圈和保持线圈工作是否正常、磁铁心运动是否灵活。

4.2 起动机的电气控制系统

除起动机本身电路以外的起动系电路称为起动系的控制电路。起动系的控制电路随车型的不同而有所不同，大体上可以分为无起动继电器的控制电路、带有起动继电器的控制电路和带有复合继电器的控制电路。下面介绍几种典型的控制电路。

4.2.1 东风 EQ1090 型汽车的起动控制电路

东风 EQ1090 型汽车采用 QD124 型起动机，为电磁控制强制啮合式起动机，采用滚柱式单向离合器，驱动齿轮为 11 齿，额定功率 1.5 kW。起动电路如图 4—10 所示，是带有起动继电器的控制电路。

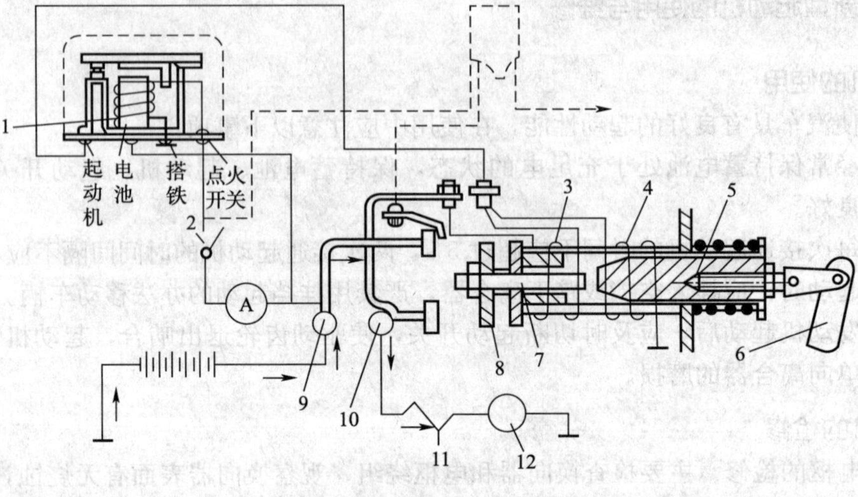

图 4—10　QD124 型起动机的电路

1—起动继电器　2—点火开关　3—吸引线圈　4—保持线圈　5—活动铁心　6—拨叉　7—推杆　8—接触盘　9，10—起动机主接线柱　11—励磁绕组　12—电枢绕组

装用起动继电器的目的是：将通过点火开关的电流减小，防止点火开关烧损。起动继电器有 4 个接线柱分别标有起动机、电池、搭铁和点火开关，点火开关与搭铁接线柱之间是继电器的电磁线圈，起动机和电池接线柱之间是继电器的触点。接线时，点火开关接线柱接点火开关的起动挡，电池接线柱接电源，搭铁接线柱直接搭铁，起动机接线柱接起动机电磁开关上起动机接线柱，如图 4—10 所示。

发动机起动时，将点火开关起动挡接通，继电器的电磁线圈通电，将触点闭合，电源的电流便经继电器的触点通往起动机电磁开关的起动机接线柱。电磁开关通电后，便控制起动机进入工作状态，其工作原理如前述，此处不再重复。

4.2.2　解放 CA1091 型汽车的起动控制电路

解放 CA1091 型汽车使用的起动机为 QD124A 和 QD124H 型起动机，为电磁控制强啮合式起动机，采用滚柱式单向离合器，驱动齿轮为 11 齿，额定功率 1.5 kW。

解放 CA1091 型汽车使用的起动系的控制电路采用了带有组合继电器的控制电路，其组合继电器除了起前述起动继电器的作用外，还可起到发动机起动后禁止起动电路接通和控制充电指示灯、继电器的作用。

1. 组合继电器

CA1091 型汽车起动系装用了 JD171 型组合继电器，如图 4—11 所示。

组合继电器由两部分构成，一部分是起动继电器，其作用与前述起动继电器的作用相同；另一部分是保护继电器，它的作用是与起动继电器配合，使起动电路具有自动保护功

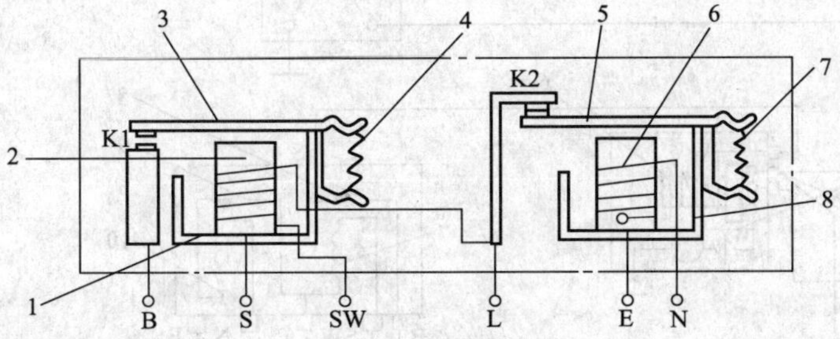

图 4—11　JD171 型组合继电器

1，8—磁轭　2，6—铁心　3，5—衔铁　4，7—弹簧

能，另外还控制充电指示灯。

组合继电器中的起动继电器、保护继电器都由铁心、线圈、磁轭、动铁、弹簧触点组成，其中起动继电器触点 K1 为常开式，保护继电器触点 K2 为常闭式。由于起动继电器线圈与保护继电器触点 K2 串联，因此当 K2 打开时，K1 不可能闭合。组合继电器共有 6 个接线柱，分别为 B、S、SW、L、E、N，分别接电源、起动机电磁开关、点火开关起动挡、充电指示灯、搭铁和发电机中性点。

2. 起动系的工作过程

CA1091 型汽车的起动电路如图 4—12 所示，其工作过程如下：

(1) 当点火开关置于起动挡（Ⅱ挡）时，起动继电器线圈通电，电流回路为蓄电池正极→熔断器→电流表→点火开关起动触点→起动继电器线圈→保护继电器常闭触点→搭铁→蓄电池负极。

起动继电器线圈通电使起动继电器的常开触点闭合，接通了起动机电磁开关电路，使起动机进入起动状态。

(2) 发动机起动后，松开点火开关，钥匙自动返回点火挡（Ⅰ挡），起动继电器触点打开，切断了起动机电磁开关电路，电磁开关复位，停止起动机工作。

(3) 发动机起动后，如果点火开关没能及时返回Ⅰ挡，这时组合继电器中保护继电器线圈由于承受交流发电机中性点的电压，使常闭触点断开，自动切断了起动继电器线圈的电路，触点断开，使起动机电磁开关断电，起动机便自动停止工作。发动机起动后，由于触点的断开，也切断了充电指示灯的搭铁电路，充电指示灯也熄灭。

(4) 在发动机运行时，如果误将点火开关置于起动挡，由于在此控制电路中，保护继电器的线圈总加有交流发电机中性点电压，常闭触点处于断开状态，起动继电器线圈不能通电，起动机电磁开关不能动作，避免了发动机在运行中，起动机的驱动齿轮与飞轮齿圈在啮合时产生的冲击，因而起到了保护作用。

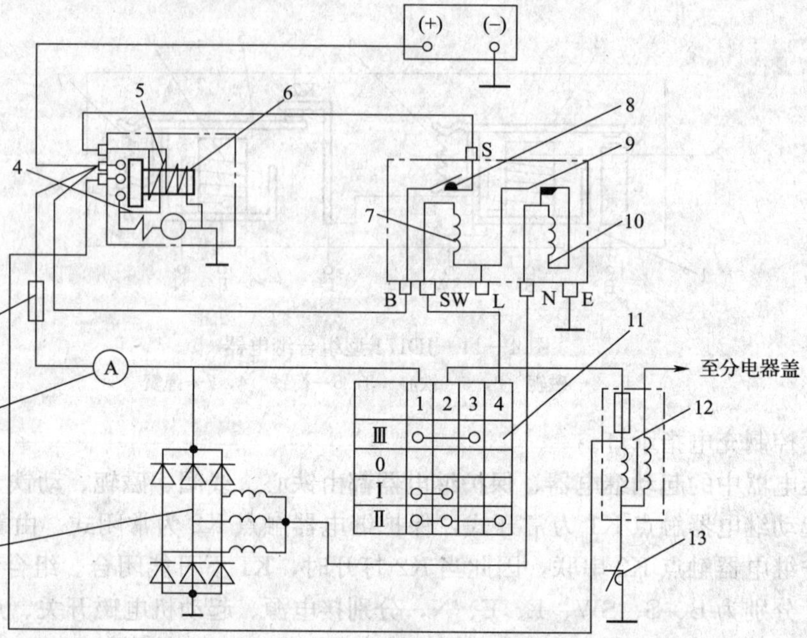

图 4—12　CA1091 型汽车起动系电路图

1—发电机　2—电流表　3—熔断器　4—起动机　5—吸引线圈　6—保持线圈　7—起动继电器　8—起动继电器触点　9—保护继电器触点　10—保护继电器线圈　11—点火开关　12—点火线圈　13—断电器

4.2.3　普通桑塔纳轿车的起动控制电路

桑塔纳轿车采用 QD1225 型起动机，起动机电压为 12 V，功率为 0.95 kW，低转速时力矩大，使发动机易于起动，电磁开关与常规相同，在电磁开关 50 接线柱处的最低工作电压为 8.0 V。起动系的控制电路采用无起动继电器的起动电路，具有结构简单、工作可靠的特点。在其控制电路中（见图 4—13），点火开关 30 接线柱接电源，由红/黑色导线从点火开关上 50 接线柱送至中央线路板 B_8 结点，再通过中央线路板 C_{18} 结点，引到起动机电磁开关 50 接线柱。用黑色导线连接蓄电池正极与起动机 30 接线柱。

QD1225 型起动机的工作过程如下：

点火开关拨到第二挡，其 30 端子与 50 端子接通，使起动机的电磁开关通电，起动机进入工作状态。其电路为：蓄电池正极端子→红色导线→中央线路板的单端子插座 P 端子→中央线路板内部线路→中央线路板单端子插座 P 端子→红色导线→点火开关 30 端子→点火开关→点火开关 50 端子→中央线路板 B_8 端子→中央线路板内部线路→中央线路板 C_{18} 端子→起动机 50 端子→进入电磁开关。

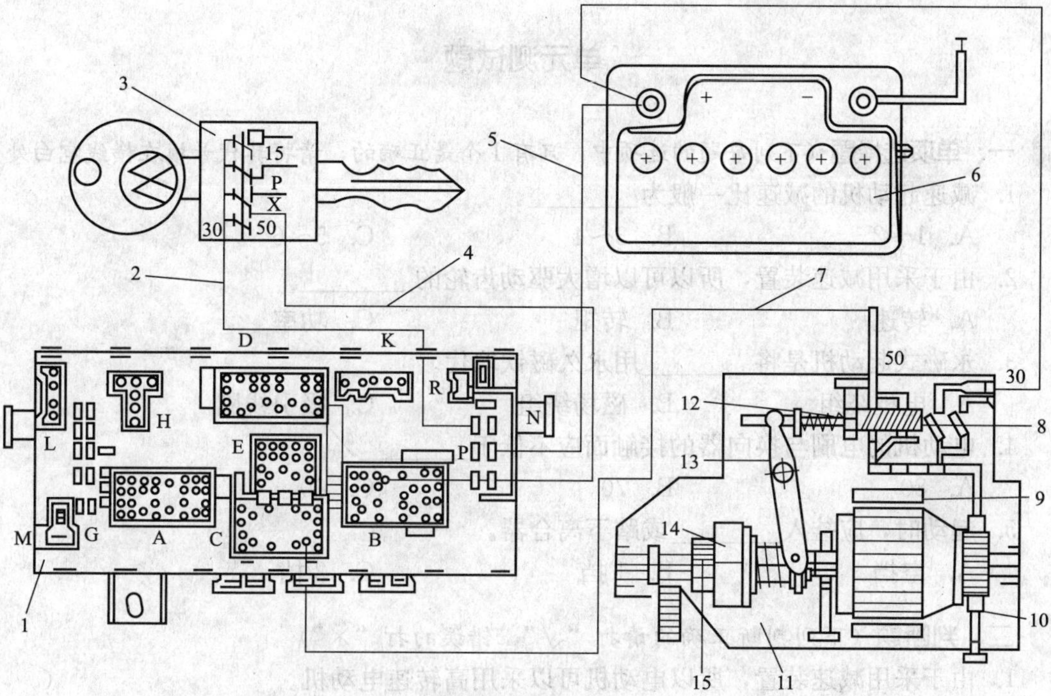

图 4—13　桑塔纳系列轿车起动系统电路

1—中央线路板　2，5，7—红色导线　3—点火开关　4—红黑色导线
6—黑色导线　8—电磁开关　9—磁极　10—电枢　11—起动机总成
12—复位弹簧　13—拨叉　14—单向离合器　15—驱动齿轮

单元小结

1. 减速式起动机是在起动机电枢和驱动齿轮之间增加了一对减速齿轮（一般减速比为 3～4）。

2. 减速式起动机电枢的工作转速较高，驱动齿轮的转速降低并使转矩增加，从而使起动机的质量减轻与体积减小。

3. 减速起动机的减速装置有内啮合式、外啮合式和行星齿轮式（同轴式）三种。

4. 永磁减速式起动机它的磁极为铁氧体或钛铁硼永磁材料制成，取消了励磁绕组，使得起动机的结构简化，体积、质量也相应减小。

单元测试题

一、单项选择题（下列每题的选项中，只有1个是正确的，请将其代号填在横线空白处）

1. 减速起动机的减速比一般为________。

A. 1～2　　B. 3～4　　C. 5～6

2. 由于采用减速装置，所以可以增大驱动齿轮的________。

A. 转速　　B. 转矩　　C. 功率

3. 永磁式起动机是将________用永久磁铁取代。

A. 电枢绕组　　B. 磁场绕组　　C. 吸引线圈

4. 电动机的电刷与换向器的接触面应不低于________%。

A. 80　　B. 70　　C. 60

5. 起动时，应挂入________或踏下离合器。

A. 空挡　　B. 1挡　　C. 2挡

二、判断题（下列判断正确的请打“√”，错误的打“×”）

1. 由于采用减速装置，所以电动机可以采用高转速电动机。（　）
2. 北京切诺基装用的12VDW1.4型起动机其减速装置为行星齿轮式。（　）
3. 由于采用起动保护继电器，所以不需要单向离合器。（　）
4. 起动保护继电器的触点为常闭触点。（　）
5. 每次接通起动机的时间应不超过5 s。（　）

单元测试题答案

一、单项选择题

1. B　2. B　3. A　4. A　5. A

二、判断题

1. √　2. √　3. ×　4. √　5. √

5

第 5 单元

发动机电子控制系统

5.1 汽油机电子控制燃油喷射系统

5.1.1 概述

汽油机电子控制燃油喷射系统的任务是根据发动机各运行工况的要求，对空燃比进行精确控制，通过和其他控制系统的协调工作，满足降低有害物排放和降低燃油消耗的要求。

在微机控制的发动机中，电控燃油喷射系统尽管种类繁多，形式各异，但都遵循一个相同的控制原则：以电控单元（ECU）为控制核心，以空气流量和发动机转速为控制基础，以喷油器为控制对象，保证汽油机在各种工况下都能获得与所处工况相匹配的最佳空燃比。因此从总体构成看，不同公司、不同年代生产的各种形式电子控制燃油喷射系统都具有相同的组成部分和功能相同的类似装置。电子控制燃油喷射系统的总体构成大致可以分为：空气供给系统、燃油供给系统和电子控制系统三个部分。以 1967 年波许公司开发的 D-Jetronic 电子控制燃油喷射系统正式投入应用，作为汽油机电子控制时代的开始。在以后的几十年中，汽油机电子控制经历了从模拟电路到数字电路，从简单控制到微型计算机控制，从单一控制到网络控制的快速发展。

汽油机电子控制技术的应用使汽油机的综合性能得到了全面的提升，其主要的优点如下：

1. 改善了各缸混合气的均匀性

在化油器式汽油机中，当混合气在经过不同宽度、不同长度及具有一定弯曲弧度的进气歧管时，由于空气和汽油颗粒的密度不同，空气比较容易改变方向，而汽油颗粒受惯性力的作用则继续向歧管末端运动，由此造成各缸混合气浓度的不均匀。采用电控多点喷射，燃油喷射在各缸进气门附近，使各缸混合气的浓度基本一致。这样不但有利于提高发动机的经济性，而且也有利于降低 CO 和 HC 的排放量。

2. 使发动机的动力性和经济性得到一定程度的提高

由于电控燃油喷射系统的进气管中不存在化油器中的喉管，进气系统的进气阻力和进气压力损失较小，充气效率较高，因此发动机具有较好的动力性和经济性。另外，电控燃油喷射系统不对进气进行预热，这样提高了进气的密度，对提高发动机动力性有利。

3. 有害物排放量显著减少

电控燃油喷射系统采用氧传感器反馈控制时，能精确地控制 $\lambda\approx1$（即空燃比等于 14.7），使三元催化净化装置具有最高的催化净化效率，从而大大减少 CO、HC 和 NO_x 等有害物的排放量。另外，现代汽油机电子控制系统还包括废气再循环、二次空气喷射、最佳点火提前角控制等功能，在这些控制功能的综合作用下，可以使汽油机有害物的排放量进一步减少。

4. 改善了汽油机过渡工况响应特性

当发动机运行工况发生变化时，由于电控燃油喷射系统能根据传感器的输入信号迅速调整喷油量或喷射正时，提供与该种工况相适应的最佳空燃比，提高了汽油机对加减速工况的响应速度及工况过渡的平稳性。另外，采用电控燃油喷射方式，汽油的雾化质量好，蒸发速度快，在各种工况下混合气都具有良好的品质，这也有利于提高汽油机非稳定工况的性能。

5．改善了汽油机对地理及气候环境的适应性

当汽车在不同地理环境或不同气候条件的地区行驶时，对于采用体积流量方式测量进气量的电控燃油喷射系统，电控系统能根据大气压力、环境温度及时对空燃比进行修正，从而使汽车在各种地理环境及气候条件运行时，无须调整都能保持良好的综合性能。

6．提高了汽油机高低温起动性能和暖机性能

发动机在高温或低温条件下起动时，电控燃油喷射系统能根据起动时发动机冷却水的温度提供与起动条件相适应的喷油量，使汽油机在高温和低温条件下都能顺利起动。低温起动后，电控燃油喷射系统又能根据发动机冷却水温度自动调整喷油量和空气供给量，加快汽油机暖车过程，使发动机很快就能进入带负荷运行状态。

综上所述，汽油机电控燃油喷射系统使汽油机在低排放、低油耗和高功率等方面有了质的飞跃和提高。而其他电控系统在汽油机上的应用，则使汽油机的综合性能得到了全面的提升，相信随着科学技术的发展，电子控制技术将会在汽车及发动机上得到更广泛的应用。

5.1.2 汽油机电控燃油喷射系统的组成

汽油机电控燃油喷射系统由燃油供给系统、空气供给系统和电子控制系统组成。如图5—1所示。

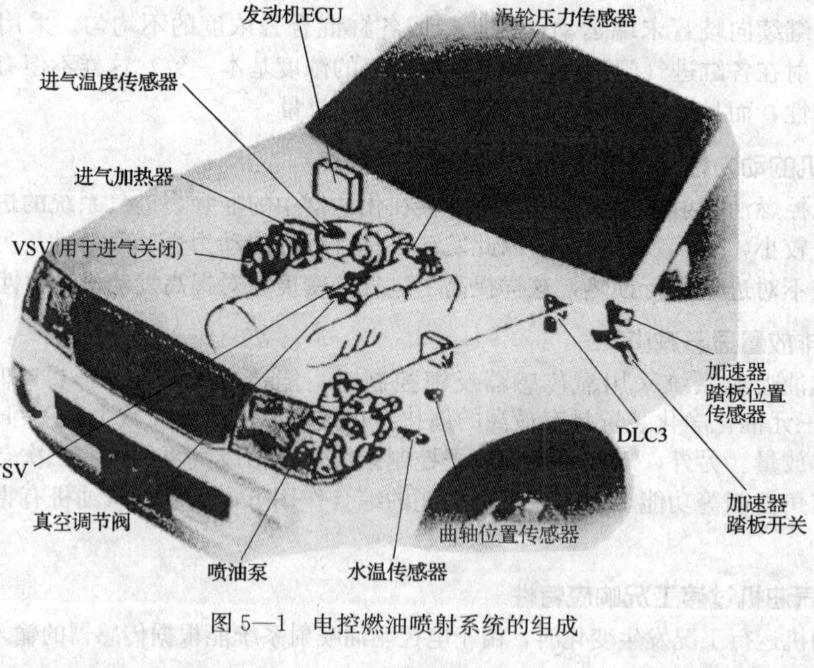

图 5—1 电控燃油喷射系统的组成

5.1.3 电控燃油喷射系统的分类

电控燃油喷射系统的分类见表 5—1。

表 5—1　　电控燃油喷射系统的分类

分类方式	种类		特点
按喷射位置分类	缸内喷射		喷油器安装在汽缸盖上，汽油直接喷入发动机汽缸内与空气混合形成可燃混合气
	进气管喷射（缸外喷射）	单点喷射	单点喷射系统也称节气门体喷射或集中喷射系统，它采用 1～2 个喷油器，喷油器安装在进气总管的节气门上方
		多点喷射	多点喷射系统是在每一个汽缸的进气歧管上都安装一个喷油器，汽油喷在进气门附近并与空气混合形成可燃混合气
按喷射方式分类	连续喷射		在发动机运转期间，喷油器不间断地把汽油连续地喷入进气管
	间歇喷射	同时喷射	发动机每转一转，各缸喷油器同时喷油一次，发动机一个工作循环所需的油量，分两次喷入进气管，也称同时双次喷射
		分组喷射	把发动机所有汽缸分成 2 组（四缸机）或 3 组（六缸机），电控单元用两路或三路控制电路控制各组喷油器
		顺序喷射	发动机运转期间，喷油器按各缸的工作顺序，依次把汽油喷入各缸的进气歧管，曲轴每转两转，各缸喷油器轮流喷射一次
按喷射系统的控制方式分类	机械式燃油喷射系统		燃油喷射控制系统和空气计量装置以机械方式相互连接
	机电混合式燃油喷射系统		在燃油计量分配器中增加了一个电液式压差调节器。电子控制器根据水温和节气门开度，通过电液式压差调节器，改变燃油计量分配器燃油计量槽进出口的油压差，以达到调节燃油供给量、对混合气的空燃比进行修正的目的
	电子控制燃油喷射系统	单一电控燃油喷射系统	电控单元仅仅具有控制汽油喷射的单一功能
		发动机集中管理系统	是集燃油喷射控制、点火控制、排气净化控制、怠速控制、进气控制、增压控制、故障自诊断和故障安全保护等多项控制功能于一体的电子控制系统

续表

分类方式	种类		特点
按空气量测量方式分类	间接测量	节流—速度	电控单元根据节气门开度和发动机转速计算出每一循环的进气空气量，并由此计算出循环基本喷油量
		速度—密度	电控单元根据进气歧管压力和发动机转速计算出每一循环的进气空气量，并由此计算出循环基本喷油量
	直接测量	体积流量	利用翼片式空气流量计或卡门涡旋式空气流量计，直接测量单位时间发动机吸入的空气体积流量。电控单元根据已测出的空气体积和发动机转速，然后计算出每一循环的进气空气体积流量，并进行大气压力和温度修正，再计算出循环基本喷油量
		质量流量	利用热线式空气流量计或热膜式空气流量计，直接测量单位时间发动机吸入的空气质量流量，这种测量方法使用在发动机集中管理系统中。电控单元根据已测出的空气质量和发动机转速，计算出每一循环的进气空气体积流量，再计算出循环基本喷油量

5.2 空气供给系统

5.2.1 概述

空气供给系统的功用是：向汽油机提供与发动机负荷相适应的、清洁的空气，同时对流入发动机汽缸的空气质量进行直接或间接计量，使它们在系统中与喷油器喷出的汽油形成空燃比符合要求的可燃混合气。

空气供给系统除包括与普通汽油机相似的空气滤清器、进气总管和进气歧管外，还有电控汽油机特有的空气计量装置、节气门体和节气门位置传感器。

空气经过空气滤清器滤去尘埃等杂质后，流经空气流量传感器计量后，经节气门进入进气歧管，再分别供给各个汽缸。汽车行驶时空气流量是由驾驶员通过加速踏板操纵节气门来控制的。

1. 空气计量装置

空气计量装置的作用是对进入汽缸的空气质量进行直接或间接搭铁计量，并把空气的流量信息输送到 ECU。在电控燃油喷射系统中有两种方式测量进入汽缸的空气量。一种是用空气流量计直接测量进气的体积流量或质量流量；另一种方法是测量进气歧管绝对压力，然后由 ECU 根据测得的进气歧管绝对压力、转速和节气门开度，换算出相应的空气流量。

（1）空气流量计。在电子控制燃油喷射发动机中使用的空气流量计主要有：翼片式空气流量计、卡门涡旋式空气流量计、热线式空气流量计和热膜式空气流量计。

（2）进气歧管绝对压力传感器。进气歧管绝对压力传感器是一种间接检测空气流量的传感器，其作用与空气流量计相当，用于 D-Jetronic 燃油喷射系统中。ECU 根据发动机转速、节气门开度、进气歧管绝对压力与进入发动机汽缸的空气流量的对应关系，由进气歧管内的绝对压力计算出进气量，进而计算出基本喷油量。

进气歧管压力传感器种类很多，根据信号产生的原理有半导体压敏电阻式、电容式、膜盒传动的可变电感式和表面弹性波式等。

5.2.2 进气控制系统

1. 电控动力阀控制系统

有些发动机上采用动力阀控制系统，根据发动机的不同负荷，改变进气流量以改善发动机的动力性。

用 ECU 控制的动力阀控制系统如图 5—2 所示，受 ECU 控制的真空电磁阀，控制装在进气管上的动力阀，通过改变进气管道的截面积控制进气流量。当发动机小负荷运行时，ECU 根据发动机转速、冷却水温度、空气流量等信号接通真空电磁阀电路，打开真空电磁阀，真空室的真空度进入动力阀上部的真空室，动力阀关闭，进气通道截面积变小，发动机处于小输出转矩与小输出功率状态，如图 5—2a 所示。发动机处于大负荷运行工况时，受 ECU 控制的真空电磁阀关闭，真空室的真空度不能进入动力阀上部的真空室，动力阀打开，进气通道截面积变大，发动机处于大输出功率状态，如图 5—2b 所示。

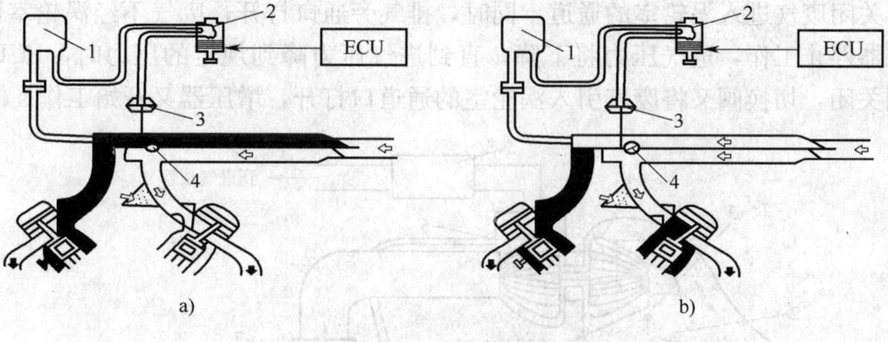

图 5—2 电控动力阀控制系统

a）真空电磁阀打开，动力阀关闭 b）真空电磁阀关闭，动力阀打开

1—真空室 2—真空电磁阀 3—单向阀 4—动力阀

2. 电控进气惯性增压控制系统（ACIS）

进气惯性增压控制系统（ACIS）也称谐波增压进气控制系统，利用进气流惯性产生的压力波来提高进气效率。

当气体高速流向进气门时，如果进气门突然关闭，进气门附近气体的流动将突然停止，但是由于惯性，后面的气体仍在进入，于是进气门附近的气体将受到压缩，压力上升。当气体的惯性效应消减后，被压缩的气体开始膨胀，向进气气流的相反方向流动，压力下降。膨胀气体的膨胀波传到进气管口时又被反射回来，于是形成了压力波。

如果上述的进气压力脉动波与进气门开闭配合好，使反射的压力波集中到要打开的进气门旁，在进气门打开时，就会形成对进气进行增压的效果。

一般而言，进气管长度长时，压力波波长长，可使发动机的中低转速区功率增大。进气管长度短时，压力波波长短，可使发动机的高速区功率增大。如果发动机运行过程中，根据发动机的运行工况使进气管长度可改变，则可兼顾增大功率和增大转矩。进气惯性增压就是基于这一原理发展起来的，目前进气惯性增压系统一般都按最大转矩所对应的转速区域进行考虑和设计。

3. 废气涡轮增压控制系统

丰田车废气涡轮增压系统工作原理如图 5—3 所示。控制废气流动路线的切换阀受驱动气室（切换阀控制装置）的控制。在废气涡轮增压器出口与切换阀控制装置之间的管路上装有受 ECU 控制的释压电磁阀，释压电磁阀控制进入切换阀控制装置的气体压力。当 ECU 检测到的进气压力在 0.1 MPa 以下时，受 ECU 控制的释压电磁阀的搭铁回路断开，释压电磁阀关闭。此时由废气涡轮增压器出口引入的进气压力，经释压阀进入驱动气室，克服气室弹簧的压力推动切换阀将废气进入涡轮室的通道打开，同时将排气旁通通道关闭，此时废气流经泵轮带动涡轮对进气增压。当进气压力高于 0.1 MPa 时，ECU 将释压电磁阀搭铁回路接通，释压电磁阀打开，通往驱动气室的压力空气被切断，在气室弹簧压力作用下，驱动切换阀，关闭废气进入涡轮室的通道。同时，排气旁通口打开，废气不经涡轮室而直接排出，增压器停止工作，进气压力将下降，直到进气压力降到规定的压力时，ECU 又将释压电磁阀关闭，切换阀又将废气引入涡轮室的通道口打开，增压器又开始工作。

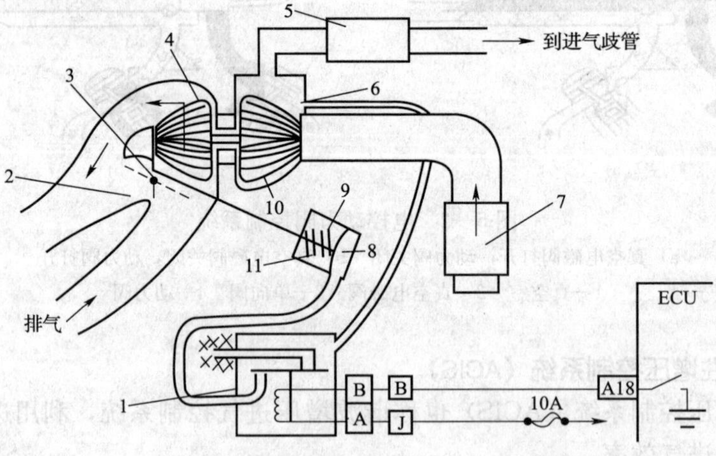

图 5—3　废气涡轮增压控制系统工作原理

1—释压电磁阀　2—排气旁通通道　3—切换阀　4—泵轮　5—空气冷却器　6—废气涡轮增压器出口　7—空气滤清器　8—驱动气室　9—气室弹簧　10—涡轮　11—切换阀控制装置

5.3 燃油供给系统

5.3.1 概述

电控汽油机的燃油供给系统由油箱、电动汽油泵、燃油滤清器、燃油分配管、喷油器、压力调节器等组成，如图 5—4 所示。对于不同类型的电控汽油机，燃油供给系统的组成部件可能会有些差异，如有的电控汽油机还有冷起动喷油器、油压脉动缓冲器等部件，但总体构成上基本相似。

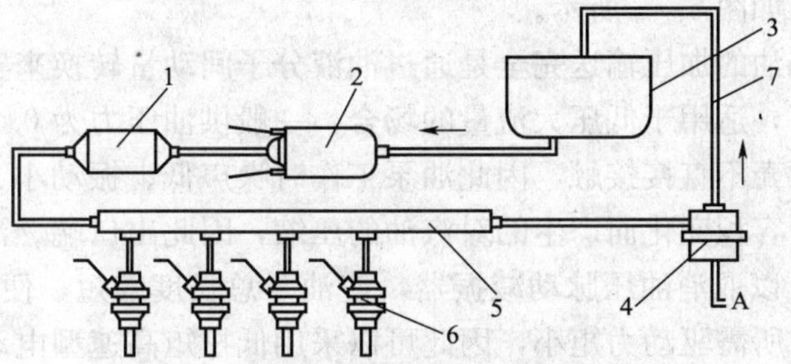

图 5—4　电控汽油机燃油供给系统简图

A—接进气歧管　1—汽油滤清器　2—电动汽油泵
3—油箱　4—压力调节器　5—燃油分配管　6—喷油器　7—回油管

发动机工作时，电动汽油泵把汽油从油箱中吸入并泵送出去，汽油经燃油管和滤清器到达燃油分配管，然后分送到各个喷油器和冷起动喷油器。燃油分配管上装有压力调节器，对燃油压力进行调整，多余的燃油经压力调节器返回油箱。

有些发动机在燃油输送通道中还装有燃油压力脉动减振器，以减弱喷油器喷油过程中油压脉动的传递，降低噪声。

5.3.2 电动汽油泵

电动汽油泵的作用是将汽油从油箱中吸出，加压后通过燃油管道输送到喷油器。电控燃油喷射系统中使用的电动汽油泵有两种类型：外装式电动汽油泵和内装式电动汽油泵。外装式电动汽油泵布置在油箱外面，可以安装在燃油管路的任一适当位置。内装式电动汽油泵安装在油箱内，或者固定在油泵支架上垂直地悬挂在油箱内，或者垂直安装在油箱底上。

电动汽油泵是由点火开关通过电磁继电器控制的，只要点火开关接通，继电器触点闭合，汽油泵就开始工作。

1. 内装式电动汽油泵

内装式电动汽油泵具有不易产生气阻和汽油泄漏，运转噪声小等优点。目前大多数电控燃油喷射系统都采用内装式电动汽油泵。

电控燃油喷射发动机中使用的内装式电动汽油泵，其油泵大多采用叶片式的涡轮泵或侧槽泵。这种内装式电动汽油泵由电动机、涡轮泵（或侧槽泵）、单向阀、限压阀及滤网等部件组成。

（1）涡轮泵。涡轮泵由在圆周上有许多叶片和沟槽的涡轮及开有合适流道的前后泵壳组成。

涡轮泵由电动机驱动，当涡轮在电动机带动下旋转时，涡轮圆周槽内的燃油与涡轮一起高速旋转，在涡轮外缘每一个叶片沟槽的前后，因液体的摩擦作用存在一个压力差，由很多叶片沟槽所产生的递升压力差使汽油的压力升高，升压后汽油通过涡轮泵内部经单向阀从油泵出口排出，如图 5—5 所示。

由于涡轮泵对汽油的加压输送完全是通过油液分子间动量转换来实现的，因此这种泵的压力升高效率不高，适用于低压大流量的场合，一般供油压力为 0.25～0.5 MPa；涡轮泵工作时，涡轮与泵壳不直接接触，因此油泵工作时噪声低、振动小、磨损小，故可靠性高；涡轮泵不存在因容积变化而产生的对汽油的压缩，因此出口端燃油油压脉动很小，仅为 0.002 MPa，故可以取消油压脉动减振器，使油泵总长度缩短，便于直接装入油箱内；由于采用叶轮结构，所需驱动力矩小，因此可以采用低扭矩高速型电动机，使电动机小型化和轻量化。

（2）侧槽泵。侧槽泵是液压泵的一种变型，它的结构与涡轮泵不同，但是它们的工作原理是十分相似的，即通过油液分子之间的动量转换使汽油升压。两者的主要区别在于叶轮形状、叶片数目以及流道的形状与配置。

侧槽泵的结构如图 5—6 所示，它由法兰和叶轮组成。法兰包括进油口、侧槽和封闭式导流槽；叶轮包括正对着边槽的叶片环和可使汽油从导流槽穿过叶轮流向其背面的轮辐。

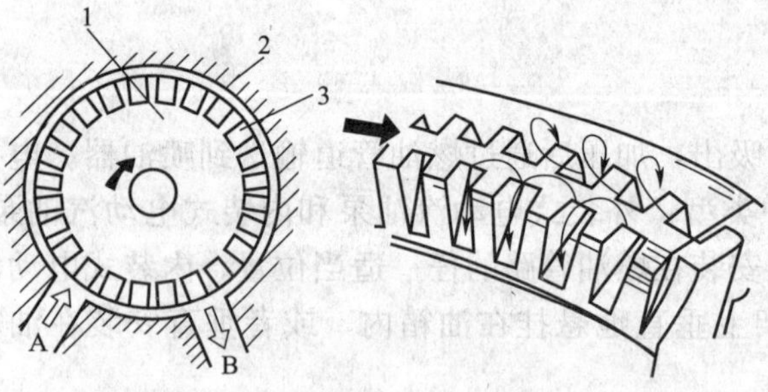

图 5—5　涡轮泵工作原理

A—吸入　B—泵出

1—涡轮　2—泵体　3—叶片沟槽

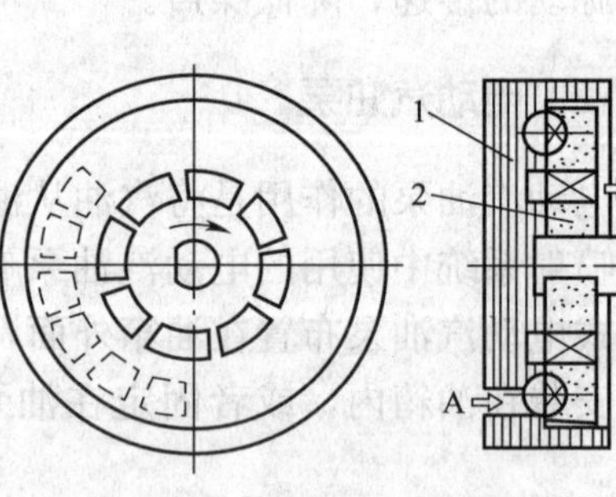

图 5—6　侧槽泵的部分结构

A—进油口　B—出油口

1—法兰　2—叶轮

侧槽泵的突出优点在于能以汽油蒸气和燃油的混合物运转，并能通过适当的放气口分离或提高压力，使汽油蒸气冷凝，有利于防止气阻的发生，这对于电控燃油喷射系统的正常工作具有重要意义。

2. 外装式电动汽油泵

外装式电动汽油泵常采用滚柱泵和齿轮泵。外装式电动汽油泵的构成与内装式电动汽油泵基本相同，即由电动机、滚柱泵或齿轮泵、单向阀、限压阀、滤网和阻尼稳压器等组成。外装式电动汽油泵可以安装在燃油管路中的任何位置上，故安装的自由度较大。

(1) 滚柱泵。滚柱式转子泵主要由转子、与转子偏心的定子（即泵体）以及在转子和定子之间起密封作用的滚柱等组成，如图 5—7 所示。

滚柱泵的转子由电动机驱动，当转子在电动机带动下旋转时，位于转子凹槽内的滚柱在离心力的作用下，压靠在定子的内表面上，两个相邻的滚柱之间形成一个封闭的空腔。在转子旋转过程中，这些空腔的容积随转子的转动产生变化，在容积由小变大一侧汽油被吸入，在容积由大变小一侧汽油被压出。

滚柱泵的工作特点是：

1）滚柱泵是通过对汽油压缩来提升油压的，因此油泵出口端的油压脉动比叶片式油泵大得多。转子每转一周中所发生的油压脉动次数等于滚柱数，因此必须采用阻尼稳压器，以减轻油泵下游燃油管的压力脉动。

2）由于滚柱泵工作过程中泵油室的容积变化大，因此它的吸油高度和供油压力都比叶片式油泵大。

3）由于滚柱泵是依靠滚柱与定子内壁的紧密贴合构成泵油室的，因此滚柱和定子易磨损，运行中噪声较大，且使用寿命也不如叶片式油泵。

(2) 齿轮泵。齿轮泵由带外齿的主动齿轮和带内齿的从动齿轮及泵体构成，从动齿轮及泵体与主动齿轮偏心安装，如图 5—8 所示。齿轮泵的工作原理与滚柱泵相似，主动齿轮由电动机驱动。当主动齿轮在电动机带动下旋转时，其与从动齿轮啮合并带动从动齿轮一起旋转。在主动齿轮与从动齿轮啮合的过程中，由内外齿所围合的泵油室的容积大小发生变化，通过合理地设置进出油口的位置，即可利用这种容积的变化将汽油吸入，然后以一定的压力泵出。

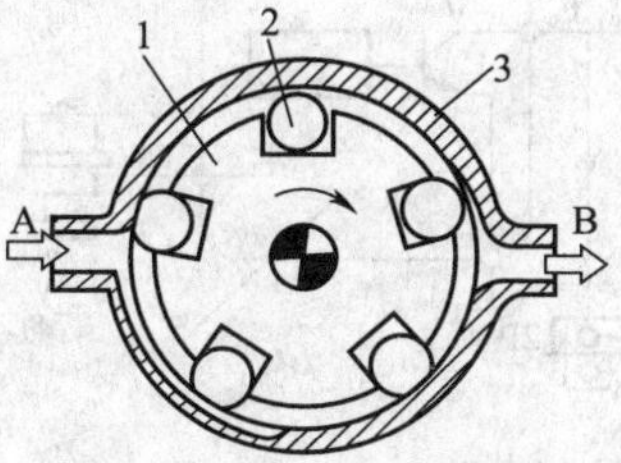

图 5—7 滚柱泵的工作原理

A—进油口 B—出油口

1—转子 2—滚柱 3—定子（泵体）

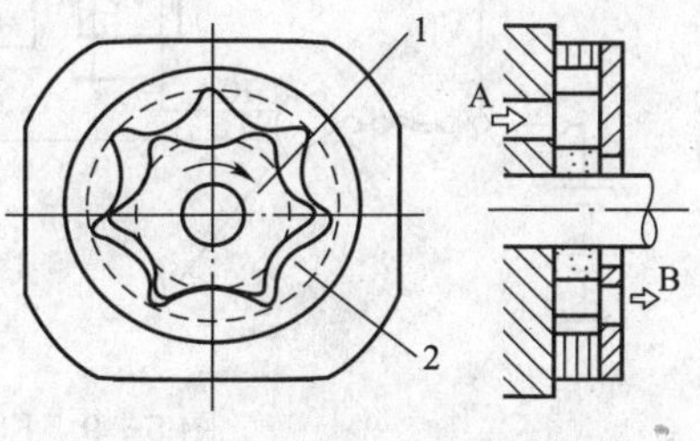

图 5—8 齿轮泵的工作原理

A—进油口 B—出油口

1—主动齿轮 2—从动齿轮

齿轮泵与滚柱泵相比，在同样的外形尺寸下，泵油室的数目（等于齿数）比滚柱泵多，因此，齿轮泵输出的油量比较均匀，油压的波动也比滚柱泵小，比较适合在轿车上使用。

3. 电动汽油泵的其他组成部件

（1）单向阀。单向阀的作用是防止燃油倒流，使管路中保持适当的残余压力，便于发动机热起动。当发动机熄火，电动汽油泵刚刚停止泵送燃油时，单向阀在下游油压作用下立即关闭，使油泵出口端与燃油压力调节器之间油道中的燃油仍能保持一定压力，有利于减少气阻现象，提高发动机高温起动性能。

（2）安全阀。安全阀是一种保护装置。在电动汽油泵中，当出口及下游油路出现堵塞，油泵工作压力大于 0.4 MPa 时，安全阀自动打开，使油泵的高压侧与吸入侧连通，燃油仅在泵和电动机内部循环，避免发生管路破损和燃油泄漏事故。

（3）阻尼稳压器。阻尼稳压器应用于滚柱泵。其作用是吸收油泵出口端油压力脉动的能量，降低其对燃油输送管路内油压的影响和降低噪声。

4. 电动汽油泵的控制

电控燃油喷射系统对油泵控制的基本要求是：只有当发动机处于运转状态时，油泵才工作；若发动机不运转，即使接通点火开关，油泵也不工作。电控燃油喷射系统油泵控制电路有三种类型：ECU 控制的油泵控制电路、油泵开关控制的油泵控制电路和具有转速控制的油泵控制电路。

（1）ECU 控制的油泵控制电路。ECU 控制的油泵控制电路由 ECU 和断路继电器对油泵工作进行控制，如图 5—9 所示。

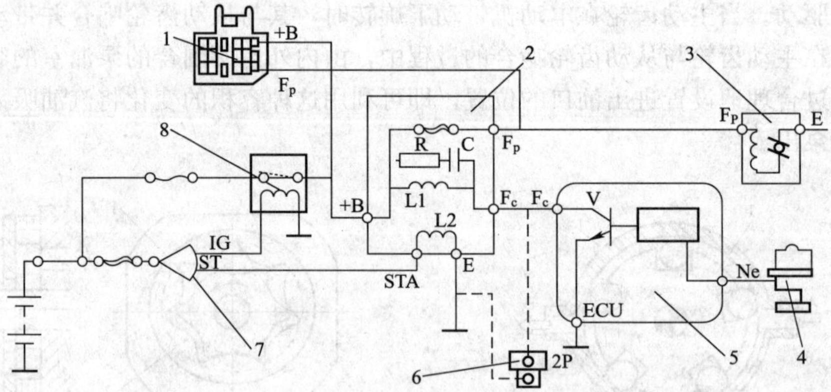

图 5—9　ECU 控制的油泵控制电路

1—检查插座　2—电路断路继电器　3—油泵　4—分电器
5—ECU　6—油泵检查开关　7—点火开关　8—主继电器

当点火开关 IG 接通时，主继电器闭合，电控系统受电。此时若发动机起动，则 ST 端闭合，断路继电器线圈 L2 通电，产生吸力使断路继电器油泵开关闭合，油泵开始工作。

发动机一旦运转，分电器即输出触发信号使 ECU 中的晶体管 V 导通，断路继电器线圈 L1 通电。发动机起动结束，ST 端断开，线圈 L2 断电，但由于线圈 L1 仍然通电，故油泵开关仍保持闭合，油泵继续工作。

发动机停止工作，分电器不输出触发信号，晶体管 V 截止，断路继电器线圈 L1 断电，油泵开关断开，油泵停止工作。

这种油泵控制方式应用于 D-Jetronic 电控燃油喷射系统及使用热线式空气流量计和卡门涡旋式空气流量计的电控燃油喷射系统中。

(2) 油泵开关控制的油泵控制电路。在使用叶片式空气流量计的电控燃油喷射系统中，油泵控制电路与上述的 ECU 控制相似，油泵开关控制的油泵控制电路与 ECU 控制不同之处在于 ECU 控制电路中的开关晶体管 V，现由空气流量计中的油泵开关控制，如图 5—10 所示。发动机工作时，空气流过空气流量计，流量计叶片摆动，油泵开关闭合，L1 通电，断路继电器触点闭合，油泵工作。发动机不工作时，流量计叶片不动，油泵开关断开，L1 断电，断路继电器触点分开，油泵不工作。

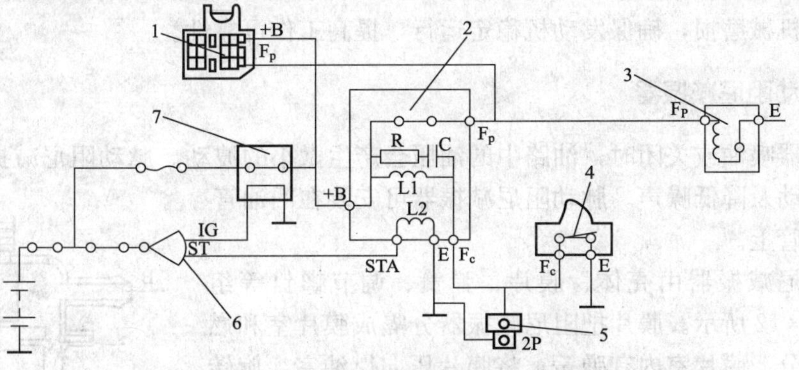

图 5—10　油泵开关控制的油泵控制电路

1—检查插座　2—断路继电器　3—油泵

4—空气流量计油泵开关　5—油泵检查开关　6—点火开关　7—主继电器

(3) 具有转速控制的油泵控制电路。具有转速控制的油泵控制电路的特点是：油泵的转速可以变化，发动机高速及大负荷工况时，由于所需油量增大，此时油泵高速运转，泵油量增加。在低速及中小负荷工况时，油泵低速运转，泵油量相应减少，同时也有利于减小油泵的磨损和不必要的电能消耗。

该控制电路（见图 5—11）与油泵开关控制电路基本相同，油泵工作由空气流量计油泵开关控制。ECU 中的开关晶体管，通过控制继电器与触点 A 或 B 接通，改变油泵转速。

晶体管导通，与 B 接通，电阻 R 串入油泵电路，油泵低速运转。晶体管截止，与 A 接通，油泵高速运转。

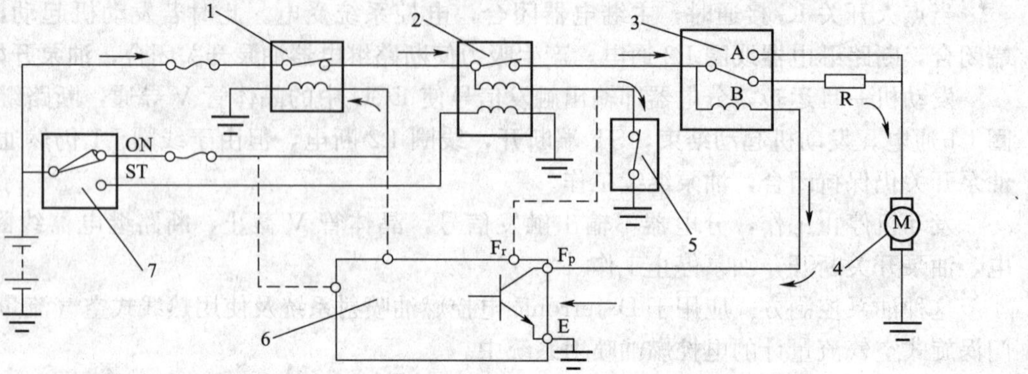

图 5—11　具有转速控制的油泵控制电路

1—检查插座　2—断路继电器　3—油泵控制继电器

4—油泵电动机　5—空气流量计油泵开关　6—ECU　7—点火开关

5.3.3　燃油滤清器

燃油滤清器安装在油泵之后的油路中。用来除去燃油中的固体杂质，防止系统堵塞，减小系统的机械磨损，确保发动机稳定运行，提高工作可靠性。

5.3.4　脉动阻尼减振器

当喷油器喷油或关闭时，油路中的油压会产生微小的波动。脉动阻尼减振器用来减弱燃油压力脉动及降低噪声。脉动阻尼减振器可安装在回油管或燃油分配管上。

脉动阻尼减振器由壳体、膜片、弹簧、调节螺钉等组成，如图 5—12 所示。膜片把阻尼减振器分隔成膜片室和燃油室两个部分。膜片室内有弹簧，将膜片压向燃油室，旋转调节螺钉可调整弹簧的预紧力。来自电动汽油泵的燃油经油道进入燃油室，油压通过膜片作用在弹簧上。当油压升高时，膜片向膜片室拱曲，燃油室容积增大，燃油脉动压力下降，同时弹簧被压缩。当燃油压力下降时，弹簧伸长，膜片向燃油室拱曲，燃油室容积减小，油压上升。燃油室容积的变化吸收了油压脉动的能量，使燃油压力脉动迅速衰减，有效地降低了油压力波动产生的噪声。

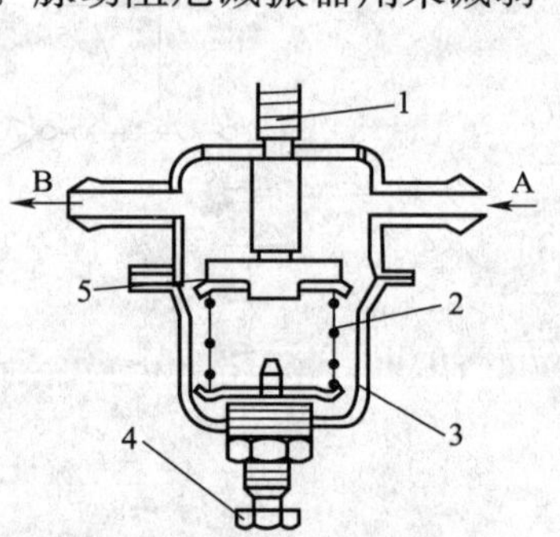

图 5—12　脉动阻尼减振器

A—进油口　B—出油口

1—固定螺钉　2—弹簧　3—壳体

4—调节螺钉　5—膜片

5.3.5　燃油压力调节器

燃油压力调节器的主要功用是使燃油分配管压力与进气歧管压力的差值保持不变，一般为 0.25～0.3 MPa。采用控制压差恒定的方法，可以使 ECU 用单一控制参数——喷油器开启时间，就能对喷油量进行既简单而又精确的控制。因为在喷油器基本参数一定，喷油器开启时间不变的情况下，喷油量不仅与燃油分配管的压力有关，还与进气歧管的压力有关。在燃油分配管压力不变的情况下，进气歧管压力升高，喷油量减少，反之喷油量增加。在进气歧管压力不变的情况下，燃油分配管压力升高，喷油量增加，返之则减少。发动机实际运行时，进气歧管的压力和燃油分配管的压力都在变化，漠视两者的变化，而始终使它们之间的压差保持不变，可以在控制精度符合要求的前提下，简化喷油量控制的过程。

ECU通过控制喷油器电磁线圈通电时间，就能实现喷油器开启时间的控制。

燃油压力调节器结构如图5—13所示，它由金属壳体、弹簧、膜片、阀等组成，一般安装在燃油分配管上。膜片将金属壳体的内腔分成两个小室：一个是弹簧室，内装一个具有一定预紧力的螺旋弹簧，弹簧预紧力作用在膜片上，弹簧室通过软管引入进气歧管的负压；另一个是燃油室，通过两个管接头与燃油分配管及回油管相连。

发动机运转时，进气歧管的负压和弹簧预紧力共同作用在膜片上。燃油泵供给的燃油同时输送到喷油器和压力调节器的燃油室，若油压低于预定值，球阀将回油孔关闭，燃油不再进一步流动。当油压超过预定值时，燃油压力推动膜片使阀向上移动，回油孔打开，燃油经回油管流回油箱，同时弹簧室的弹簧被进一步压缩。

一部分燃油经回油孔流回油箱，燃油分配管内的油压下降，膜片在弹簧力的作用下向下移动到原来位置，球阀将回油孔关闭，使燃油分配管内的油压不再下降。

作用在膜片上方的进气歧管负压用来调节燃油分配管内的压力。若弹簧的预紧力为0.25 MPa，则进气歧管负压为零时，燃油分配管内的压力保持在0.25 MPa。发动机在怠速工况时，进气歧管压力约为−0.054 MPa，此时回油孔开启的燃油压力为0.196 MPa。节气门全开时，进气歧管的压力约为−0.005 MPa，这时回油孔开启的燃油压力变为0.245 MPa，即节气门全开时的油压调整值自动调整为0.245 MPa。燃油分配管内油压调整值随进气歧管的压力变化情况如图5—14所示。

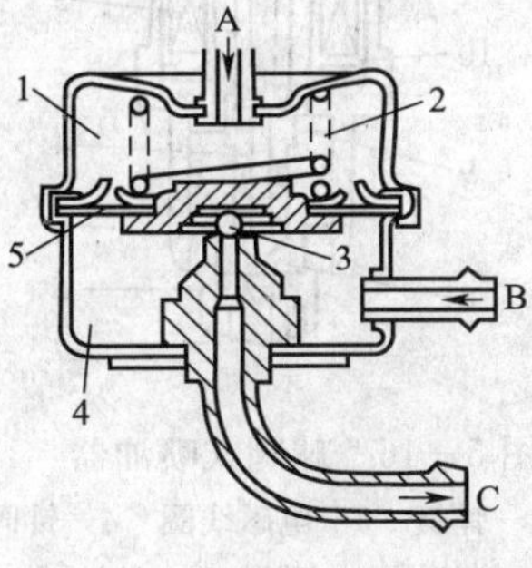

图5—13　燃油压力调节器

A—进气歧管负压进口　B—进油管　C—回油管

1—弹簧室　2—弹簧　3—球阀　4—燃油室　5—膜片

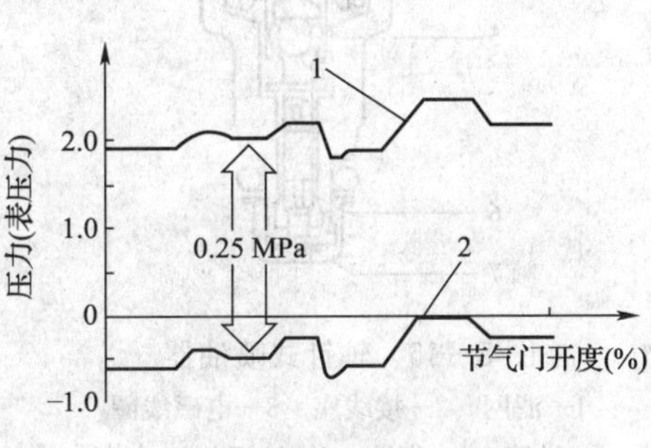

图5—14　节气门开度与进气歧管及燃油分配管压力的关系

1—燃油分配管内油压　2—进气歧管内压力

电动汽油泵停止工作时，膜片在弹簧力的作用下，将回油孔关闭，使电动汽油泵与燃油压力调节器之间的油路内保持一定的残余压力。

5.3.6 喷油器

喷油器是电控燃油喷射系统中一个非常重要的执行元件，在 ECU 的控制下，把雾化良好的汽油喷入进气管或气道。电控燃油喷射系统中都使用电磁式喷油器。在多点电控燃油喷射系统和单点电控燃油喷射系统中，由于喷射系统的不同，对喷油器的性能要求不完全相同，因此喷油器在结构上也存在差异。

1. 喷油器的分类

（1）按喷油器针阀的结构特点分类。根据喷油器针阀的结构特点，可分为轴针式喷油器和孔式喷油器。

1）轴针式喷油器。轴针式喷油器针阀的前端有一段轴针，喷油器关闭时轴针露出喷孔，其结构如图 5—15 所示。轴针式喷油器的主要特点是喷孔不易堵塞，但燃油的雾化质量稍逊于孔式喷油器，且由于针阀的质量较大，因此动态响应不如孔式喷油器。

2）孔式喷油器。孔式喷油器针阀的前端没有轴针，故针阀不露出喷孔。孔式喷油器的喷孔数为 1 或 2 个，针阀头部为锥型或球形（也称球阀式喷油器），其结构如图 5—16 所示。孔式喷油器的特点是燃料雾化好质量较好，且球阀式针阀的质量仅为轴针式针阀的一半，故响应速度快，不足之处是喷孔易堵塞。

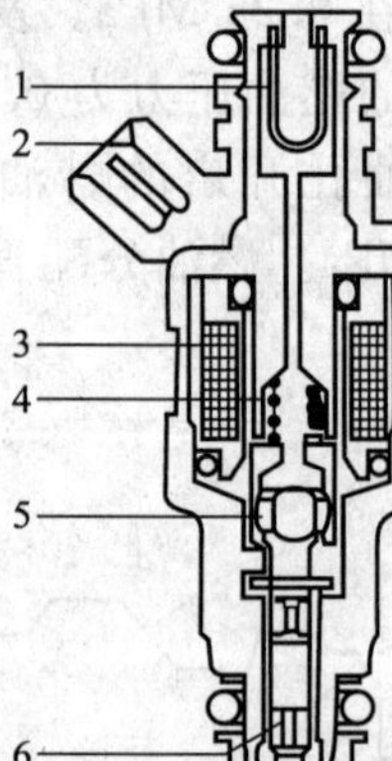

图 5—15　轴针式喷油器

1—滤网　2—接线座　3—电磁线圈
4—弹簧　5—衔铁　6—针阀　7—轴针

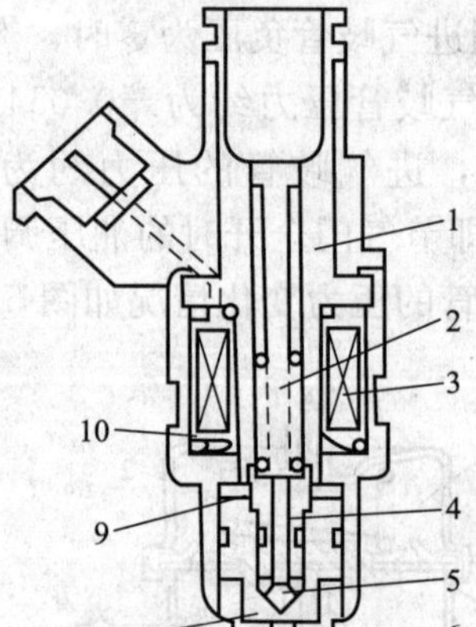

图 5—16　球阀式喷油器

1—喷油器体　2—弹簧　3—电磁线圈　4—针阀　5—钢球
6—护套　7—喷孔　8—阀座　9—挡块　10—衔铁

（2）按喷油器电磁线圈的阻值分类。根据喷油器电磁线圈的阻值，可以分为低阻喷油器和高阻喷油器。

1）低阻喷油器。低阻喷油器电磁线圈的匝数较少，电阻值约为 0.6～3 Ω，由于减少了电磁线圈的匝数，因此线圈的电感小，动态响应特性好。

低阻喷油器可以采用电压驱动方式或电流驱动方式。

当采用电压驱动方式时，需在驱动回路中串入附加电阻，增加回路的阻抗，如图 5—17 所示。因为是低阻喷油器，电磁线圈的电阻很小，在相同的电压下，流过线圈的电流较大，可能导致电磁线圈发热损坏。在电路中串入附加电阻，可以起到减小电磁线圈电流，防止电磁线圈过热损坏的作用。但这种方法会使电磁线圈产生的电磁力降低，对喷油器的动态响应特性产生不利的影响。

当采用电流驱动方式时，喷油器直接与电源连接，ECU 通过检测回路电磁线圈的通过电流进行控制，如图 5—18 所示。这种驱动方式的回路阻抗很小，功率三极管 V1 刚开始导通时，喷油器电磁线圈的通过电流在极短的时间内迅速增大，针阀能以最快的速度升起，使喷油器具有良好的动态响应特性，缩短无效喷射时间（迟滞喷射时间）。当针阀升至全开位置时，电磁线圈中的通过电流达到最大的峰值电流 I_p（一般为 4～8 A）。在电磁线圈通过电流迅速增大的同时，电流检测电阻的电压也在迅速增大。当图 5—18 中 A 点的电压达到设定值时（此时针阀恰好全开），ECU 控制大功率三极管 V1 在喷油期间以 20 MHz 的频率交替导通截止，使电磁线圈的通过电流下降至保持电流 I_n，保持电流的平均值一般为 1～2 A。该电流足以使针阀保持在全开位置，同时具有防止线圈发热，减小电能无效损耗等优点。

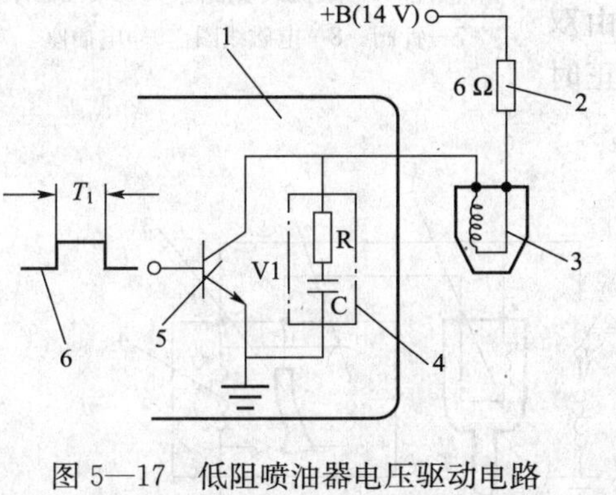

图 5—17 低阻喷油器电压驱动电路

1—ECU 2—附加电阻 3—喷油器 4—消弧电路 5—大功率三极管 V1 6—输入脉冲

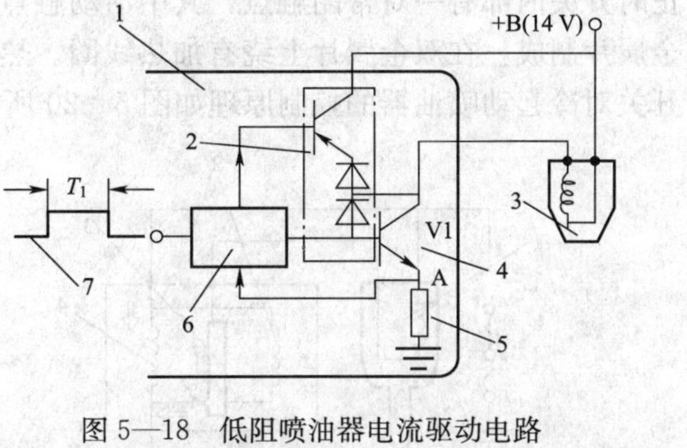

图 5—18 低阻喷油器电流驱动电路

1—ECU 2—消弧电路 3—喷油器 4—大功率三极管 V1 5—电流检测电阻 6—电流控制回路 7—输入脉冲

2）高阻喷油器。高阻喷油器电磁线圈的电阻值（或内装附加电阻）约为 12～17 Ω。高阻喷油器只能采用电压驱动方式，故驱动电路较简单，成本较低，但高阻喷油器无效喷射时间较长，响应特性较差。高阻喷油器的驱动电路与图 5—17 相似，只是在电路中不需要串联附加电阻。在电压驱动电路中，当大功率三极管 V1 截止时，线圈两端可能产生很高的感应电动势，此电动势与电源电压一起作用在功率管上，有可能将功率管击穿，故在电路中设有 RC 消弧电路。

2. 电磁式冷起动喷油器和热控正时开关

（1）电磁式冷起动喷油器。发动机在低温下冷车起动时，混合气中有一部分汽油会发生冷凝，黏附在进气管的壁面上，使实际进入汽缸的混合气浓度变稀。为了对混合气变稀进行补偿，在冷起动时，必须额外地增加喷油量，以改善发动机的低温起动性能。这部分额外增加的喷油量，由电磁式冷起动喷油器在冷起动时喷入进气总管。

电磁式冷起动喷油器安装在进气总管上，它的喷油量取决于喷油持续时间，由热控正时开关或 ECU 根据发动机冷却水温度进行控制。

电磁式冷起动喷油器的结构如图 5—19 所示。它由电磁线圈、针阀、弹簧、衔铁、旋流式喷嘴组成。发动机低温起动时，热控正时开关使电磁线圈通电，线圈产生的电磁吸力将阀门吸起，汽油经旋流式喷嘴成细粒状喷入进气总管，对混合气加浓，使发动机在低温下顺利起动。

由于冷起动喷油器仅在发动机低温起动时工作，所以它的工作电压较低，雾化质量较高，喷射角较大。

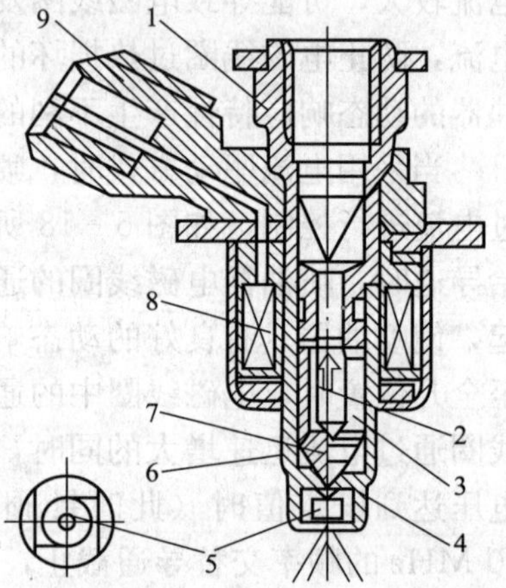

图 5—19　电磁式冷起动喷油器

1—燃油入口连接器　2—弹簧　3—衔铁　4—阀座　5—旋流式喷油器　6—喷油器体　7—针阀　8—电磁线圈　9—电插座

（2）热控正时开关。热控正时开关是个温控开关，以螺纹连接方式安装在发动机冷却水路上。热控正时开关内部有一对常闭触点，其中活动触点臂由双金属片制成，在双金属片上绕有加热线圈。热控正时开关对冷起动喷油器的控制原理如图 5—20 所示。

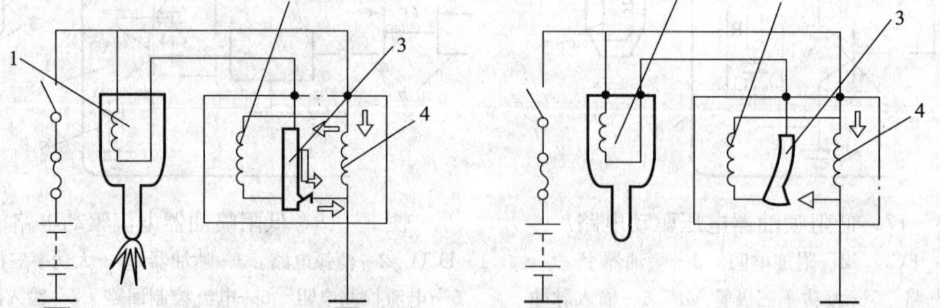

图 5—20　冷起动喷油器与热控正时开关控制电路

a）冷起动时　b）起动后

1—冷起动喷油器　2—加热线圈　3—双金属片动触点　4—加热线圈

发动机低温起动时，点火开关接通，电流经起动开关、冷起动喷油器线圈、活动臂、固定触点、搭铁构成回路。与此同时，也有电流经点火开关流过加热线圈，通电的加热线圈使双金属片受热并弯曲变形，当双金属片弯曲到一定程度时，触点断开，冷起动喷油器停止喷油。发动机暖机后，由于冷却水温度升高，热控正时开关的触点保持常开状态，冷起动喷油器电磁线圈不能受电，故喷油器不会工作。热控正时开关触点闭合时间与受热有关，例如，在－20 ℃温度下，热控正时开关触点闭合时间最长为 7.5 s，随着温度上升，闭合时间将逐渐减少，当温度达到 35 ℃时，触点保持常开状态。

5.4 电子点火系统

5.4.1 概述

汽油机点火系统的任务是点燃汽缸内的可燃混合气。点火系统的性能对汽油机的动力性、经济性、排放性能具有十分重要的影响。为了使汽油机的各项性能指标达到较佳的水平，点火系统的性能必须满足汽油机对它的基本要求：

1. 点火系统必须向火花塞电极提供足够高的击穿电压

火花塞电极间产生火花时的电压，称为击穿电压。汽油机正常工作所需的击穿电压与汽油机的运行工况有关。在低速大负荷时，所需的击穿电压约为 8～10 kV，而起动时所需的击穿电压最高可达到 17 kV。为了能可靠地点燃可燃混合气，点火系除了必须提供能满足不同工况要求的击穿电压外，还应具有一定的次级电压储备。大多数现代轿车汽油机点火系统所能提供的击穿电压超过 28 kV。

2. 火花塞电极间产生的火花必须具有足够的能量

为了可靠地点燃混合气，除了需要足够高的击穿电压外，火花塞产生的电火花还应具有足够的能量（电火花的能量＝火花塞电极间的电压×火花塞电极间渡过的电流×电火花持续时间）。就一般情况而言，电火花能量越大，则混合气的着火性能也越好。点燃混合气所必须的最低能量，与混合气成分、浓度、火花塞电极的间隙及电极的形状等因素有关。发动机正常工作时，由于接近压缩终点的混合气已具有很高的温度，因此所需的火花能量较小（1～5 mJ）。而在发动机起动、怠速及节气门急剧打开时则需较高的火花能量。为了保证可靠点火，一般应保证有 50～80 mJ 的点火能量。目前采用的高能点火装置，点火能量都要求超过 80～100 mJ。

3. 点火正时（点火提前角）应与汽油机的运行工况相匹配

点火正时对汽油机的动力性、经济性及排放性能具有重要的影响。点火系统除了应按各缸的工作顺序依次点火外，还必须把开始点火的时刻控制在最佳时刻。最佳的点火正时能提高汽油机动力性，并能降低燃油消耗率，减少有害物的排放量。

对于以上三个要求，在传统的机械式有触点点火系统中很难完全满足，只有采用能够对点火全过程进行控制的电控点火系统，才能完全满足发动机对点火系统的基本要求。电控点火系统正是在这种基本要求的促进和推动下，发展和不断完善起来的。

5.4.2　电子点火系统的组成

计算机控制的电子点火系统主要由与点火有关的各种传感器、电子控制器（ECU）、点火电子组件（点火器）、点火线圈、配电器、火花塞等组成，如图 5—21 所示。

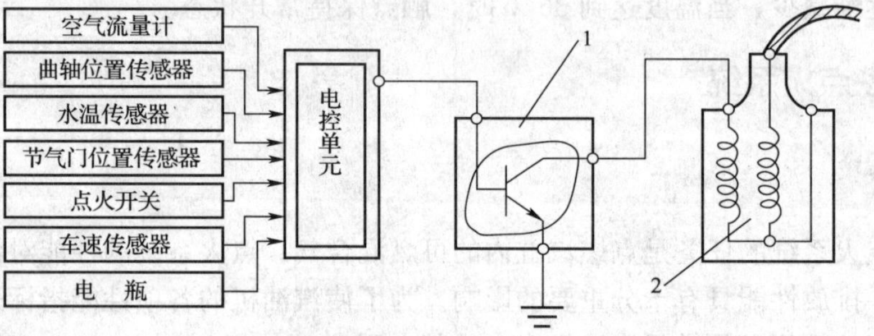

图 5—21　计算机控制的电子点火系统的组成

1—点火电子组件　2—点火线圈

1. 传感器

传感器用来不断地检测与点火有关的发动机工作状况信息，并将检测结果输入电子控制器，作为运算和控制点火时刻的依据。各车型使用的传感器类型、数量、结构及安装位置不同，但其作用大同小异。计算机控制的电子点火系统中所用的传感器主要有以下几种：

（1）曲轴转角与转速传感器。该传感器可将发动机曲轴转过的角度变换为电信号输入计算机，即曲轴每转过一定角度发出一个脉冲信号，计算机不断地检测脉冲个数，即可判断出曲轴转过的角度，同时也可以此信号计算出发动机的转速。在微机控制的电子点火系统中，发动机转速信号是微机用来读取或计算基本点火提前角的最主要依据之一，而曲轴转角信号则用来计算具体的点火时刻。

（2）曲轴基准位置传感器（点火基准传感器）。该传感器可在曲轴转至某一特殊的位置，如 1 缸上止点或上止点前某一确定的角度时，输出一个脉冲信号，微机将这一脉冲信号作为计算曲轴位置的基准点，并与曲轴转角信号一起计算曲轴任一时刻所处的具体位置。

上述两传感器信号是保证微机控制的电子点火系统正常工作最基本的输入信号。传感器一般安装在分电器内（如日本丰田汽车公司的 1G—GEU 型发动机）或飞轮壳上（如奥迪 200 型轿车的发动机），较新型的发动机则大多安装在配气机构凸轮轴的前端或后端（如日本日产汽车公司的 RB20DC 型发动机、奥迪最新的 20V 型五缸发动机等），信号的获取方式也有磁感应式、光电式和霍尔效应式等多种形式。

（3）进气管负压传感器。该传感器可以将节气门后进气管的负压（真空度）变换为电信号输入微机，微机则以此信号作为发动机的负荷信号，读取或计算基本点火提前角。

（4）空气流量传感器。在L型（质量流量型）电控燃油喷射系统的发动机中，空气流量传感器信号除用于计算基本喷油持续时间外，也作为负荷信号计算基本点火提前角。

（5）进气温度传感器。该传感器信号可反映发动机吸入空气的温度，在微机控制的电子点火系统中，微机以此信号对基本点火提前角进行修正。

（6）冷却液温度传感器。该传感器信号可反映发动机工作温度的高低。在微机控制的点火系统中，微机以此信号为基本点火提前角进行修正，并控制起动及暖机期间的点火提前角。

（7）节气门位置传感器。该传感器可以把节气门打开的角度信号转化为电信号，微机以此信号来判断发动机所处的工况（怠速、中等负荷或大负荷），然后对点火提前角进行修正。

（8）爆震传感器。在点火提前角闭环控制系统中，微机可根据爆震传感器的输出信号判断发动机是否发生爆震。从而对点火提前角进行修正。

（9）开关量输入

1）起动开关信号。用于起动时对点火提前角的修正。

2）空调开关信号。在怠速工况下使用空调时，微机以此开关信号对点火提前角进行修正。

3）空挡开关信号。在使用自动变速器的汽车中，微机以此开关信号判断发动机处于空挡停车状态还是行驶状态，然后对点火提前角进行必要的修正。

2. 电子控制器（ECU）

电子控制器也称微机控制器，它是点火控制系统的中枢，用来接收上述各有关传感器信号，并按照特定的程序进行判断、运算后，给点火电子组件输出最佳点火提前角和初级电路导通时间的控制信号。在现代发动机集中控制系统中，点火系统仅是电子控制器的一个子系统。

3. 点火电子组件

点火电子组件是微机控制的电子点火系统的功率输出级，它接受电子控制器输出的点火控制信号并进行功率放大，以便驱动点火线圈的工作。点火电子组件的电路、功能与结构因车而异，有的与电子控制器装在同一块电路板上（如北京Jeep车出口型发动机集中控制系统的电子控制器），有的则有专门的点火电子组件，用导线与电子控制器相连接（如丰田的TCCS系统），而奥迪200型轿车及日本日产公司的ECCS系统则仅是一只控制点火线圈初级电流的大功率开关三极管，它与点火线圈安装在一起并配以较大的散热器以利散热。如图5—22所示为日本丰田车用的与点火线圈安装在一起的点火电子组件。

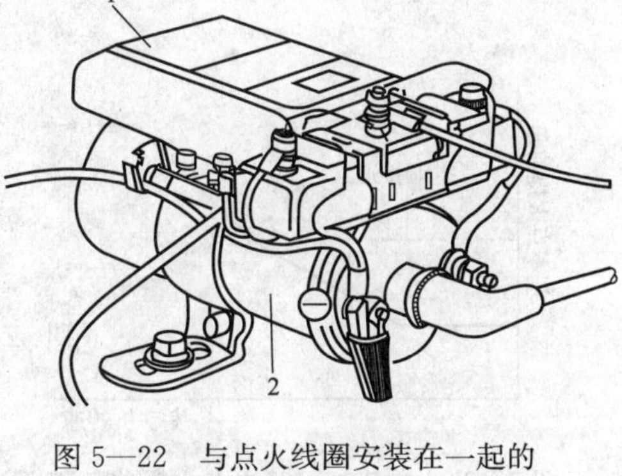

图5—22　与点火线圈安装在一起的点火电子组件

1—点火电子组件　2—点火线圈

5.4.3 最佳点火提前角的确定

在电子控制点火系统中，电控单元对点火提前角的控制分为发动机起动时点火提前角控制和起动后点火提前角控制两种情况。

1. 发动机起动时点火提前角的控制

发动机起动时，电控单元不进行最佳点火提前角调整控制，而是根据发动机转速信号（Ne）和起动开关信号（STA）以固定不变的点火提前角点火。当发动机转速超过一定值时（如大于 500 r/min），则自动转入由电控单元控制的最佳点火提前角计算及控制程序。

2. 起动后最佳点火提前角控制

发动机起动后，电控单元对最佳点火提前角的计算和控制一般按照如下步骤进行：首先根据 G 信号和 Ne 信号确定初始点火提前角，然后根据发动机转速和负荷确定基本点火提前角，最后再根据有关传感器的信号确定修正点火提前角，这三项点火提前角的代数和即为实际的最佳点火提前角：

最佳点火提前角＝初始点火提前角＋基本点火提前角＋修正点火提前角（或点火延迟角）

（1）初始点火提前角。为了控制点火正时，电控单元根据上止点位置来确定点火提前角。在一些微电子控制点火系统中，有些发动机电控单元把 G1 或 G2 信号出现后第一个 Ne 信号过零点定为压缩行程上止点前 10°，并以这个角度作为点火正时计算的基准点，称之为初始点火提前角，其大小随发动机而异。

（2）基本点火提前角。发动机正常运转时，电控单元按怠速工况和非怠速工况两种情况，确定基本点火提前角。

发动机处于怠速工况时，电控单元根据节气门位置信号（怠速触点闭合）、发动机转速信号及空调开关信号，确定基本点火提前角，如图 5—23 所示。

发动机处于非怠速工况时，电控单元根据发动机转速和节气门位置信号，从预置在储存器中的数据表中查出相应工况的基本点火提前角，如图 5—24 所示。

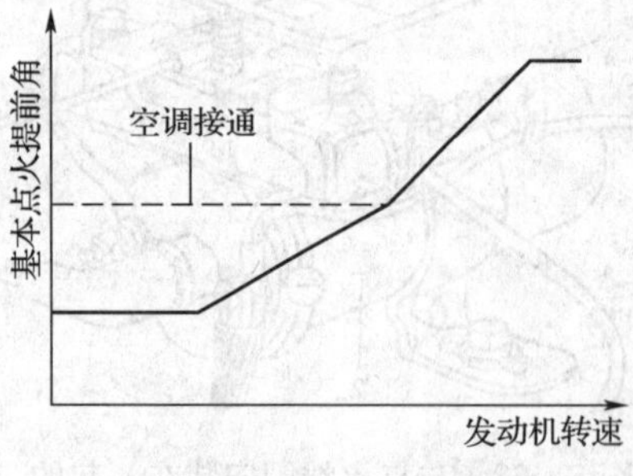

图 5—23 怠速工况基本点火提前角随发动机转速的变化规律

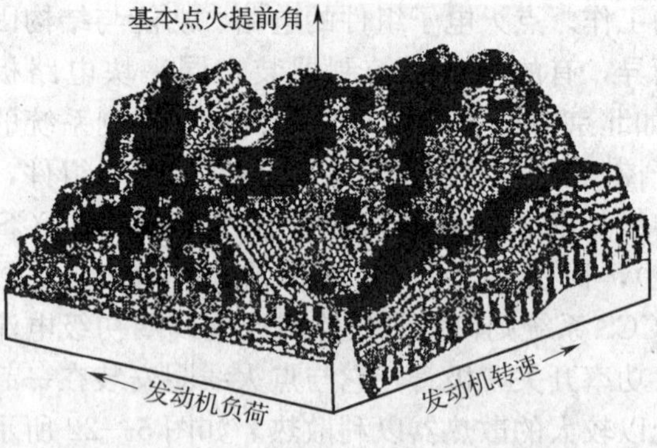

图 5—24 非怠速工况基本点火提前角与发动机转速和负荷的脉谱图

（3）修正点火提前角。除了转速和负荷以外，其他对点火提前角有重要影响的因素均归入到修正点火提前角中。电控单元根据有关传感器的信号，分别示出对应的修正值，它们的代数和就是修正点火提前角。修正点火提前角所包含的修正值有暖机修正、过热修正、空燃比反馈修正、怠速稳定性修正、爆震修正等。

1）暖机修正。发动机冷车起动后，冷却液温度较低时，应增大点火提前角。在暖机过程中，随冷却液温度的升高，点火提前角修正值逐渐减小，如图5—25所示。修正值的变化规律及大小随发动机的型号各不相同，发动机暖机修正的主要控制信号包括冷却液温度信号（THW）、空气流量信号、节气门位置信号（IDL）等。

2）过热修正。发动机处于正常运行工况时（怠速触点断开），若冷却水温度过高，为了避免产生爆震，应将点火提前角推迟。发动机处于怠速工况时（怠速触点闭合），若冷却水温度过高，为了避免发动机长时间过热，应将点火提前角增大。过热修正值的变化规律如图5—26所示。

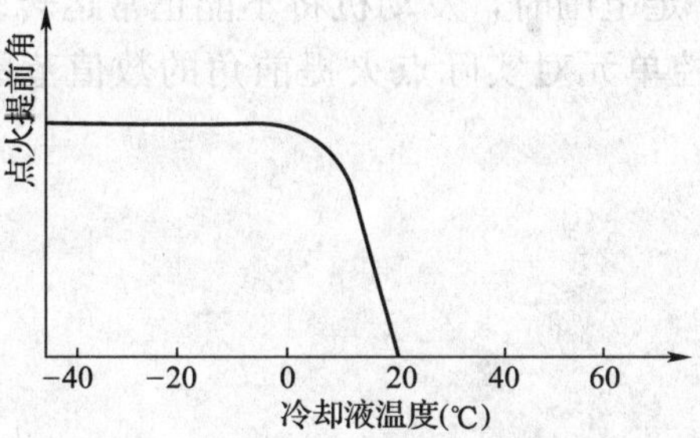

图5—25　暖机修正曲线

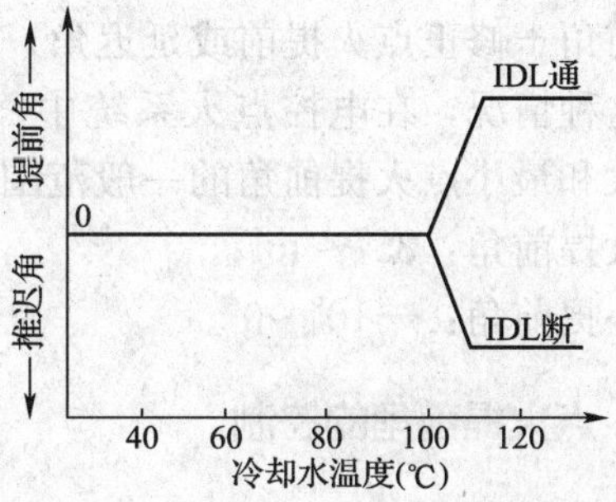

图5—26　过热修正曲线

过热修正的主要控制信号包括冷却水温度信号（THW）、节气门位置信号（IDL）等。

3）空燃比反馈修正。装有氧传感器的电控燃油喷射系统，其电控单元根据氧传感器的反馈信号空燃比进行修正。随着修正喷油的增加或减少，发动机转速在一定范围内波动。为了提高怠速的稳定性，在反馈修正油量减少时，点火提前角相应地增加，如图5—27所示。

空燃比反馈修正的控制信号主要有氧传感器信号（OX）、节气门位置信号（IDL）、冷却水温度信号（THW）、车速信号等。

4）怠速稳定性修正。发动机在怠速工况运行时，由于负荷变化使发动机转速发生变化，电控单元要调整点火提前角，使发动机在规定的怠速转速下稳定运转。

发动机处于怠速工况时，电控单元不断地计算发动机的平均转速，当发动机的转速低于规定的怠速转速时，电控单元根据实际转速与目标转速差值的大小相应地增大点火提前角；当发动机转速高于目标转速时，则减小点火提前角，如图5—28所示。

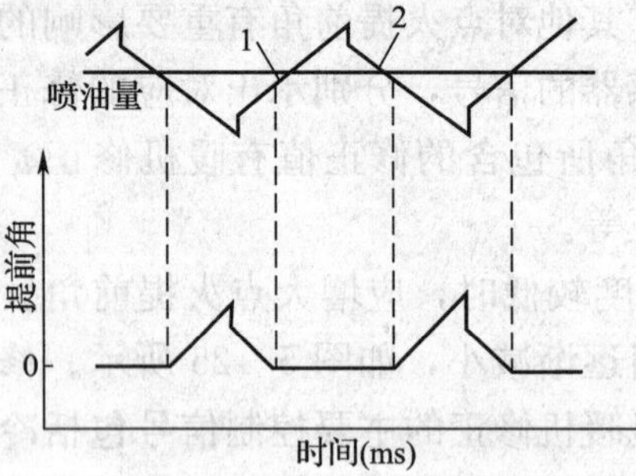

图 5—27　空燃比反馈修正

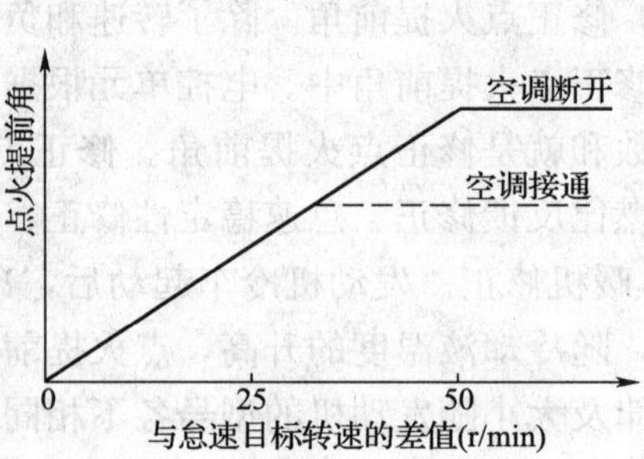

图 5—28　怠速稳定性修正

怠速稳定性修正的控制信号主要有发动机转速信号（Ne）、节气门位置信号（IDL）、车速信号和空调信号（A/C）等。

5）爆震修正。爆震修正参见 5.4.4。

（4）最大和最小提前角控制。如果发动机的实际点火提前角（初始点火提前角＋基本点火提前角＋修正点火提前或延迟角）超出一定范围时，发动机将不能正常运转。为了防止出现这种情况，在电控点火系统中，由电控单元对实际点火提前角的数值范围进行限制。最大和最小点火提前角的一般范围为：

最大提前角：35°～45°；

最小提前角：－10°～0°。

5.4.4　点火提前角的控制

点火提前角控制，也称为点火正时控制。对于现代汽车而言，最佳点火提前角是指不仅要保证发动机的动力性、经济性达到最佳值，而且还必须使排气中有害物质的排放量达到最小。试验表明，在燃烧膨胀过程中，当最高燃烧压力出现在上止点后 10°左右时，发动机的输出功率最大。汽缸压力与点火正时的关系如图 5—29 所示，在图中，曲线 4 表示汽缸内不燃烧时，汽缸内压力随活塞上下运动的变化规律，该曲线以上止点为中心左右对称。曲线 1，2，3 分别是不同点火正时时刻，汽缸内燃烧压力的变化情况。2＃点火时刻最佳，曲线所围的面积最大（斜线所表示部分），作功最多。1＃点火时刻过早，尽管爆发压力最高但发动机已发生爆震。3＃点火时刻过晚，最高爆发压力下降，做功最少。

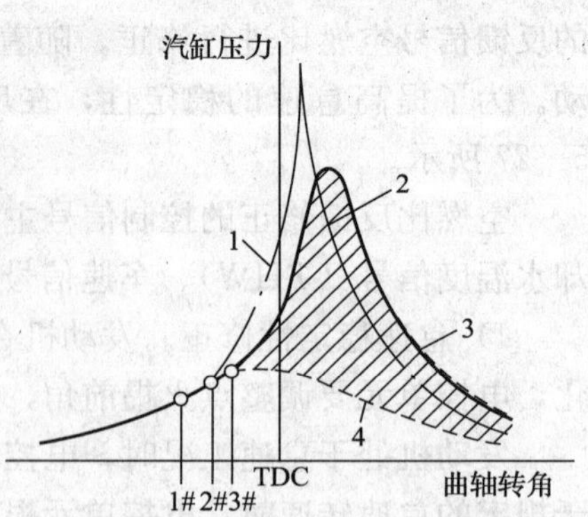

图 5—29　汽缸压力与点火时刻的关系

点火提前角的控制通常有开环控制和闭环控制两种方式。

1. 开环控制方式

即电子控制器根据有关传感器提供的发动机工

况信息从内部存储器（ROM）中读取出相应的基本点火提前角，并通过计算出的修正值给予修正后得出的最佳点火提前角数据来控制点火，而对控制结果好坏不予考虑。图5—30所示为点火提前角的开环控制程序框图。

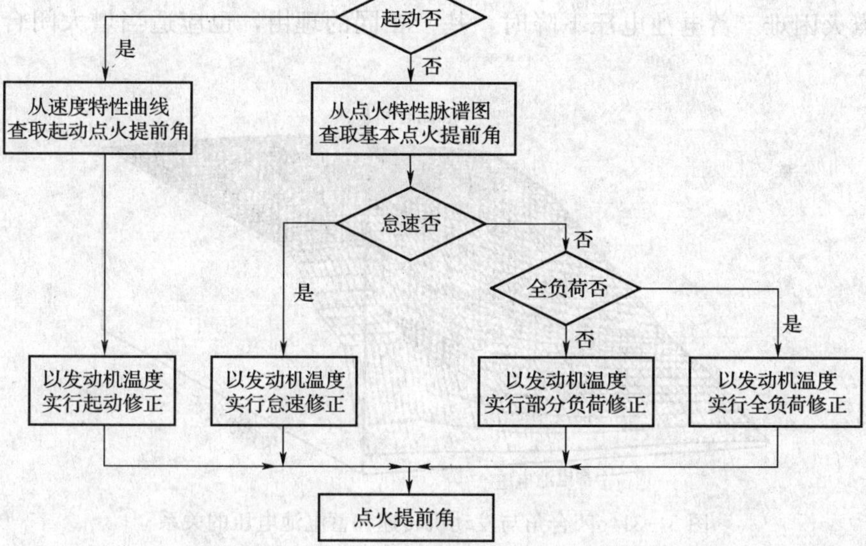

图5—30　点火提前角的开环控制程序框图

点火提前角开环控制方式运算程序简单、运算速度快、控制系统也简单。但其控制精度取决于各传感器的精度，以及修正计量公式的适用程度。传感器所产生的任何偏差都有可能使发动机偏离最佳点火时刻而工作，因此只适用于某一特定的发动机。另外，对于一些使用因素对发动机造成的影响，如积炭增多、使用辛烷值较低的燃料所造成的爆震；怠速时由于负荷的不稳定造成的发动机转速波动，以及发动机使用中的磨损、调整的不同对点火提前角的影响等，开环控制方式便很难及时调整点火提前角，从而影响其控制精度。

2. 闭环控制方式

闭环控制方式可以在控制点火提前角的同时，还不断地检测发动机的有关工作状况，如发动机是否发生爆震、怠速是否稳定等，然后根据检测到的变化量大小，及时对点火提前角进行进一步修正，使发动机始终处于最佳的点火状态，而不受发动机零部件的磨损、老化以及有关使用因素的影响，故控制精度高。

(1) 闭合角控制。闭合角控制也称通电时间控制。对于电感储能式电控点火系统，当点火线圈的初级线圈被接通后，通过线圈的电流是按指数规律增大的。初级线圈被断开瞬间所能达到的断开电流值与初级线圈接通时间长短有关。只有通电时间达到一定值时，初级电流才可能达到饱和。而次级线圈高压的最大值与初级断开电流成正比，为了获得足够的点火能量，必须使初级电流达到饱和。

影响初级线圈通过电流的主要因素有发动机转速和蓄电池电压。为了保证在不同的蓄电池供电电压和不同的转速下都具有相同的初级断开电流，电控单元根据蓄电池电压和发动机转速信号，从预置的闭合角数据表中查出相应的数值，对闭合角进行控制。

当发动机转速高时，适当增大闭合角，以防止初级线圈通过电流值下降，造成次级高压下降，点火困难。蓄电池电压下降时，基于相同的理由，也应适当增大闭合角，如图5—31所示。

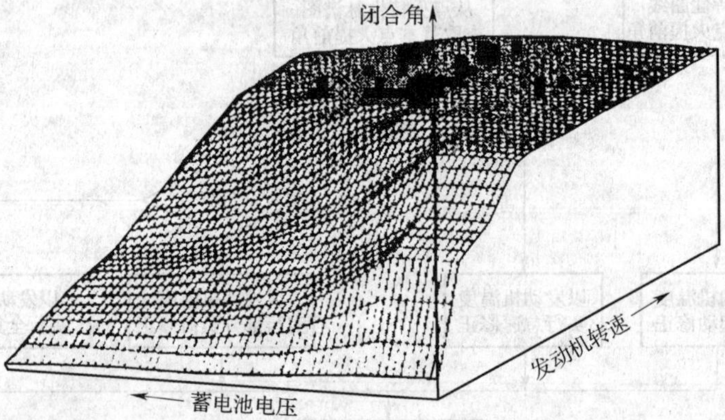

图5—31　闭合角与发动机转速和蓄电池电压的关系

通过对闭合角的准确调节不但改善了点火系统的点火性能，而且还可以防止初级线圈发热和电能的无效损耗。

（2）爆震控制。爆震和点火时刻有密切关系。一般而言，点火提前角越大，就越容易产生爆震，推迟点火时间对消除爆震有明显的作用。ECU对爆震进行反馈控制时，首先把来自爆震传感器的输入信号进行滤波处理，滤波电路只允许特定范围频率的爆震信号通过滤波电路，由此达到将爆震信号与其他振动信号分离的作用。然后，ECU将此信号的最大值与爆震强度基准值进行比较，对是否发生爆震及爆震的强弱程度作出判断，如信号最大值大于基准值，则表示发生爆震，ECU推迟点火时间。

由于发动机工作时振动比较剧烈，为了防止产生错误的爆震判别，ECU对爆震信号的判别不是连续进行的，只限于发动机点火后可能发生爆震的时段的振动信号，才被输入比较电路进行比较和判别，如图5—32所示。

当发动机的负荷低于一定值时，一般不会发生爆震，此时ECU对点火提前角实行开环控制。在这种情况下，ECU对爆震传感器的输入信号不再进行判别分析，只按预置数据及相关传感器的输入信号控制点火提前角的大小。对于是采用开环控制还是闭环控制，ECU通过对反映发动机负荷状况的传感器的输入信号的分析，作出相应的处理。

EUC对点火提前角的闭环控制过程，如图5—33所示。当发动机产生爆震时，ECU根据爆震信号的强弱，控制推迟角度的大小。爆震强，推迟的角度大；爆震弱，推迟的角

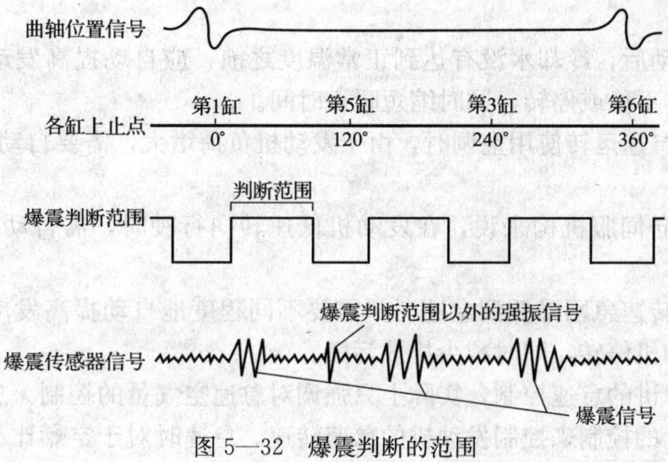

图 5—32　爆震判断的范围

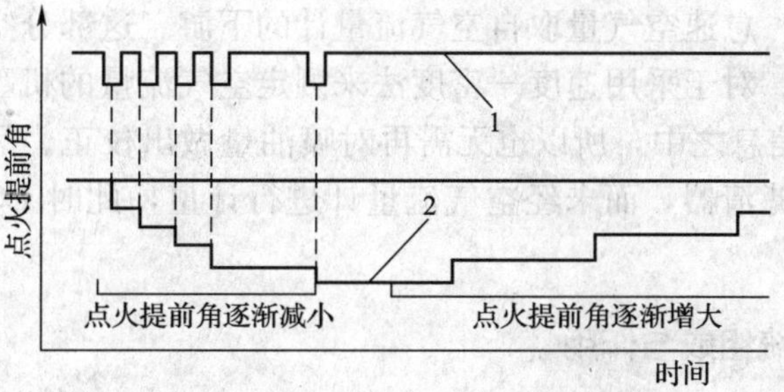

图 5—33　点火提前角的闭环控制过程

1—爆震识别信号　2—闭环控制过程点火提前角的变化

度小。每一次的反馈控制调整都以一固定的角度递减，直到爆震消失为止。当爆震消失后，ECU 又以一固定的提前角度，逐渐增大点火提前角。当再次出现爆震时，ECU 又再次逐渐减小点火提前角。在需要对点火提前角进行闭环控制的工况，这种反馈控制调整过程是反复进行的。ECU 通过对点火提前角的反馈控制，可以使实际的点火提前角始终保持最佳，使发动机的动力性、经济性和有害物的排放都达到较佳的水平。

5.5　怠速控制系统

5.5.1　概述

发动机在无负荷情况下以最低稳定转速运转，叫做发动机怠速。在怠速工况下工作时，只需克服其内部的摩擦阻力，而对外无输出功率。发动机怠速的高低，不但对油耗有严重的影响（实践证明，在交通密度大的道路上行车，怠速油耗约占 30%），对发动机的排放污染、暖机时间和使用寿命等都有一定程度的影响。因此使发动机在各种工况下能自动调节其怠速具有十分重要的意义。一般在以下几种情况下都需要提高发动机怠速（也称快怠速）。

1．发动机起动后，冷却水没有达到正常温度之前，应自动提高发动机的怠速。以免发动机运转发抖、不稳或停转，同时缩短暖机时间。

2．在发动机怠速运转使用空调时，由于发动机负荷增大，需要自动提高发动机怠速，以免发动机停转。

3．对动力转向伺服机构来说，在发动机低速转向行驶时，需自动提高发动机怠速，使转向轻便、可靠。

4．当发动机转速急剧降低到怠速时，需要不同程度地自动提高发动机怠速，以免急抬加速踏板时发动机停转，同时减少排放污染。

注意，这里所讲的怠速控制，实际上只强调对怠速空气量的控制。怠速控制执行机构通过对怠速空气量的控制来控制发动机的怠速转速。怠速时对于空燃比与点火的控制，仍可按各自原来的方式进行。当然，会针对怠速运行特点制定专门的控制策略。

在大多数情况下，怠速空气量取自空气流量计的下游。这部分空气已被计量并已在计算喷油量时予以考虑。对于采用速度—密度法来测定空气流量的机型，怠速空气量的影响也已包括在 MAP 的信息之中，所以也无需再对喷油量做出校正。只对于少数机型，怠速空气量直接取自空气滤清器，而未经空气流量计进行计量，此时 ECU 必须对喷油量做出补偿。

5.5.2　怠速控制系统组成与作用

怠速控制的方式随车型有所不同，对电控燃油喷射系统来说，目前可分为两种类型：一种是控制节气门旁通管路中的空气旁通量，称为旁通空气式；另一种是控制节气门全关时的最小开度，称为节气门直动式，如图 5—34 所示。其中旁通空气式控制目前最为常见。

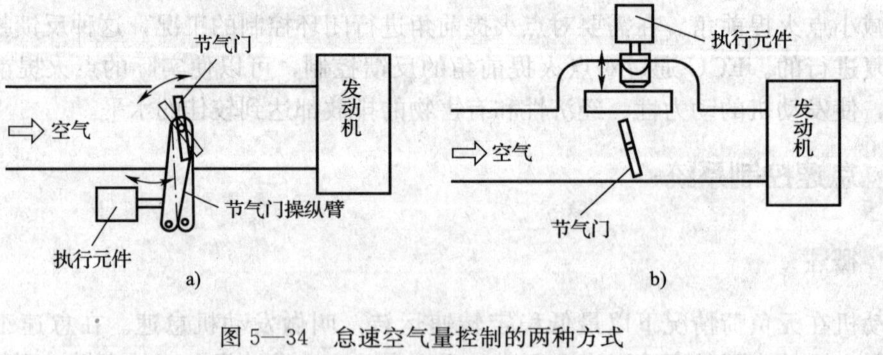

图 5—34　怠速空气量控制的两种方式

a）节气门直动式　b）旁通空气式

发动机怠速控制系统主要由发动机主控制器 ECU、执行器和各种传感器等组成，具体见表 5—2。

表 5—2　　发动机怠速控制系统的组成

组　件		功　能
传感器	转速传感器（Ne）信号	检测发动机转速
	节气门位置传感器	检测发动机的怠速状态
	冷却水温度传感器	检测发动机冷却水温度
	起动开关信号	检测发动机的起动工况
	空调开关（A/C）信号	检测空调的工作状态（ON 或 OFF）
	车速传感器	检测汽车行驶速度
	空挡起动开关（P/N）	检测换挡手柄位置
	液力变矩器负荷信号	检测液力变矩器的负荷变化
	动力转向开关信号	检测动力转向装置的工作状态
	发电机负荷信号	检测发电机负荷的变化
执行器	怠速控制阀（ISVC）	控制节气门旁通空气通道
发动机 ECU		根据各传感器输入的信号，把发动机的实际转速与各传感器的信号所确定的目标转速进行比较。根据比较得出的差值，确定相当于目标转速的控制量，驱动执行机构，使怠速保持在目标转速上

1. 旁通空气式怠速控制机构

旁通空气式怠速控制执行机构的种类较多，一般可按结构分为双金属片式、石蜡式、平动电磁阀式、旋转电磁阀式和步进电动机式等。这些执行机构的结构不同，功能与控制方式也不同。表 5—3 对它们的特点进行了比较。表中前三种并不能针对负荷变化做出补偿，因而随着技术的进步，应用已越来越少。

表 5—3　　各种旁通空气式怠速控制执行机构的比较

种　类	控制方式	功　能	说　明
双金属片式	机械式	只提供低温时的附加空气量	双金属片随温度的变形决定附加空气量的大小
石蜡式	机械式	只提供低温时的附加空气量	石蜡的热胀冷缩决定附加空气量的大小
开关式平动电磁阀式	机械式或电子式	只提供低温时的附加空气量	附加空气量只有开、关两种状态
比例式平动电磁阀式	电子式	提供全部怠速空气量，并具备四种功能	ECU 用 PWM 信号控制空气量大小，或者通过真空阀控制
旋转电磁阀式	电子式	提供全部怠速空气量，并具备四种功能	ECU 用 PWM 信号控制空气量大小
步进电动机式	电子式	提供全部怠速空气量，并具备四种功能	ECU 通过控制旋转步数来控制空气量的大小

（1）比例式平动电磁阀式怠速控制执行机构。比例式平动电磁阀式怠速控制执行机构主要由一只比例电磁阀构成，其电磁线圈的驱动电流为ECU送来的脉宽调制（PWM）信号。这种比例电磁阀可以平衡在中间的任何位置，因此平动电磁阀式怠速控制执行机构可以根据ECU的指令对各种因素均做出补偿，从而实现怠速的最优控制，同时，这种执行机构还有响应速度快的优点。因此，是目前应用较多的一种怠速控制执行机构。

图5—35给出了比例式平动电磁阀式怠速执行器的结构，由电磁线圈、阀轴和阀等组成。当ECU加大PWM信号的脉宽（占空比）时，电磁力加大，阀轴上移而阀门开度加大，从而导致旁通空气量的加大与怠速的提高；当PWM信号脉宽减小时，旁通空气量减少而怠速下降。图中波纹管的作用是为了消除阀门上下两侧压差对开启位置的影响，便于ECU计算决定PWM信号，同时也减小了阀上的作用力。

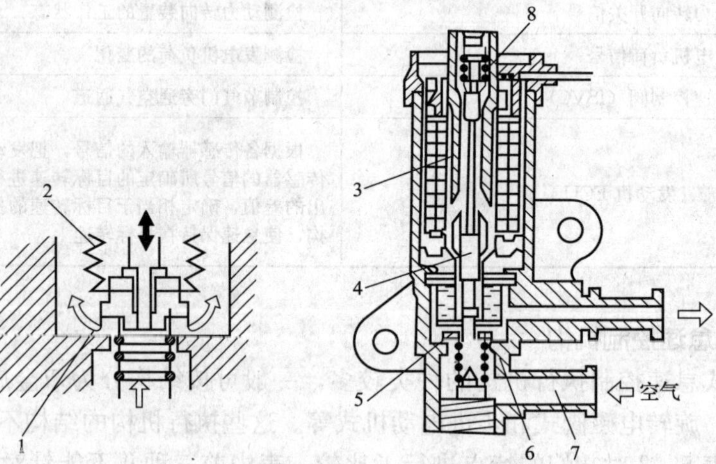

图5—35　平动电磁阀式怠速控制执行机构

1，5—阀　2—波纹管　3—电磁线圈

4—阀轴　6—壳体　7—吸入口　8—弹簧

这种执行机构的控制电路也很简单。通过用晶体管放大电路将ECU输出的PWM信号放大到足以驱动电磁阀的程度就可以了。由于平动电磁式怠速控制执行机构的反应快，且控制信号又是微机十分方便的PWM信号，所以ECU为它设计了不少功能。前面提到的怠速控制执行机构应有四种功能，它都能实现。具体控制可以是：

1）起动时，使阀门处于全开位置，从而可以提供较大空气量，易于起动。

2）通常怠速情况下，阀门处于半开的中间位置，根据所需转速的变化上下移动。

3）在WOT巡航工况，ECU指令阀门处于全开位置。这样一旦节气门突然关闭，怠速执行器可以提供旁通空气供发动机作短暂过渡，类似缓冲作用，使发动机不至于失速；待发动机转速已降至某一低转速时，ECU再指令执行器回到正常怠速位置，形成发动机制动。

(2) 旋转电磁阀式怠速控制执行机构。旋转电磁阀式怠速控制执行机构与用 PWM 信号控制的比例式平动电磁阀式怠速控制执行机构一样，均为目前电控发动机上应用较多、功能较完全的一种怠速控制执行机构，但它们的结构与工作原理有明显区别。

如图 5—36 给出两种旋转电磁阀式怠速执行器的结构示意。其中，图 5—36a 是单绕组式的电枢，只能做单向驱动，复位要由回位弹簧进行；而图 5—36b 是双绕组式的电枢，可以做双向驱动，回位弹簧只在其中起平衡作用。当电枢旋转时，带动下部的旋转滑阀就可以调节空气量的大小。

下面以图 5—36b 双绕组式为例说明其工作情况。先看电枢部分，从结构上看，它很像一只直流电动机。但是电枢轴端部分设立了一些挡块，使电枢只能在 0°～90°的转角范围内转动。定子用永久磁铁作成磁场。在电枢上有两组绕向相反的绕组 L1 与 L2（如图 5—37 所示）。当通电时，L1 与 L2 均产生转矩，但转向相反。当通过 L1 与 L2 的电流不相等时，电枢就会按电流较大的一组绕组规定的方向转动。

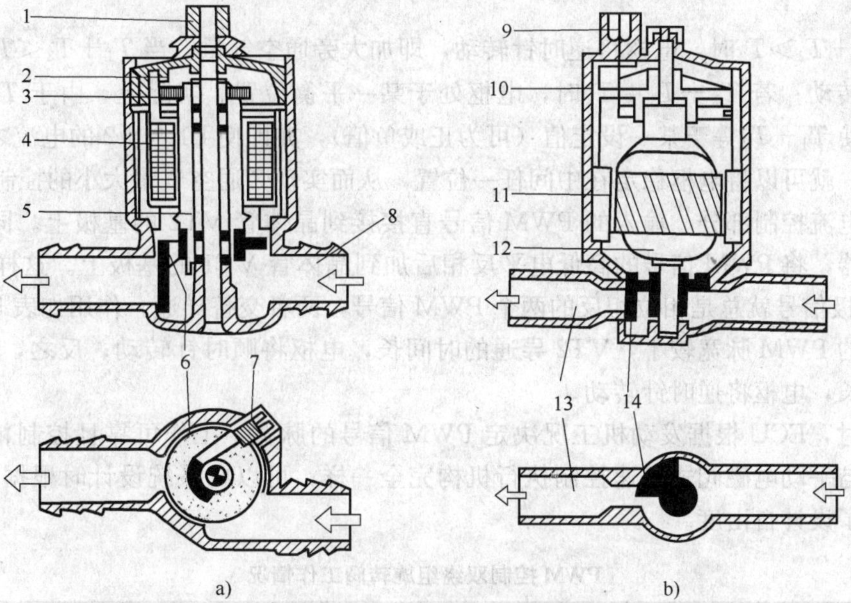

图 5—36　旋转电磁阀式怠速控制执行机构

a）单绕组式结构　b）双绕组式结构

1，9—电接头　2，10—壳体　3—复位弹簧　4—线圈　5，12—旋转电枢

6，14—旋转滑阀　7—调节限位　8，13—怠速空气通道　11—永久磁铁

图 5—37 给出了电枢上两绕组的连接以及电流的控制电路。其中，滑片类似于直流电机的换向器，但由于现在转动只限于 90°转角内，滑片实际上只与某一电刷一直接触，并不换向。图中电枢处于全关位置，在电枢轴端还有一个螺旋状回位弹簧，它将电枢转向全开位置。电枢受到的转矩为：

T_1——线圈 L1 产生的转矩，逆时针方向，大小与电流有关；

T_2——线圈 L2 产生的转矩，顺时针方向，大小与电流有关；

T_3——弹簧产生的转矩，逆时针方向，大小与转角有关。

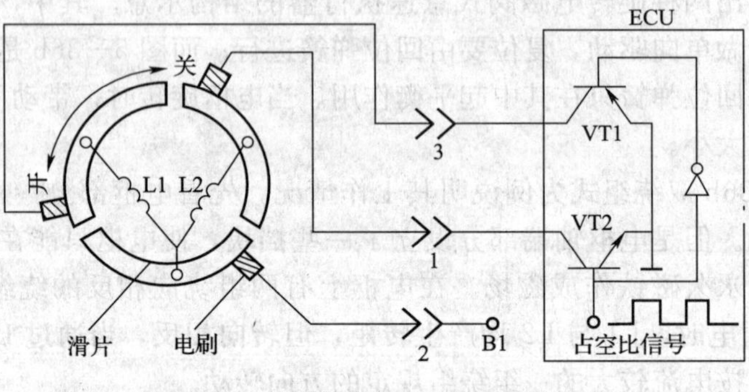

图 5—37　双绕组旋转电磁阀的电流示意

当 $T_1+T_3>T_2$ 时，电枢将逆时针转动，即加大旁通空气量；当 $T_1+T_3<T_2$ 时，电枢则顺时针转动；若 $T_1+T_3=T_2$ 时，电枢处于某一平衡位置。实际上，由于 T_3 随转角而变，只要使 T_1-T_2 等于某一设定值（可为正或负值），亦即使 L1 与 L2 的电流之差等于某一设定值，就可以将电枢稳定在中间任一位置，从而实现旁通空气量大小的控制。

再看电流控制部分。输入的 PWM 信号直接接到晶体管 VT2 的基极上。同时，采用一只反相器，将 PWM 信号的高低电平反相后加到晶体管 VT1 的基极上。这样，VT1 与 VT2 的基极信号就总是相位相反的两个 PWM 信号，两者交替导通，作用如表 5—4 所示。如果输入的 PWM 脉宽较小，VT2 导通的时间长，电枢将顺时针转动；反之，则 VT1 导通的时间长，电枢将逆时针转动。

运行时，ECU 根据发动机工况决定 PWM 信号的脉宽，工作可靠且控制精确。由于控制信号与平动电磁阀式怠速控制执行机构完全一样，可以在系统设计时根据情况选用，从而扩大了设计自由度。

表 5—4　　PWM 控制双绕组旋转阀工作情况

	基极信号	线圈电流波形	平均电流	电枢转动情况
线圈 L1 与晶体管 VT1	①	②	小	电枢顺时针转动，怠速空气量减小，怠速下降
线圈 L2 与晶体管 VT2	③	④	大	

（3）步进电动机式怠速控制执行机构。步进电动机式怠速控制装置，其控制内容主要有以下几项：

1）起动初始位置设定。为了保证怠速控制阀在发动机再起动时处于全开位置，在发动机点火开关关闭后，ECU 的 M—REL 端子继续向主继电器供电，使它继续保持接通状态。此时，ECU 将控制步进电动机转动使怠速控制阀全部打开（125 步级），为下次起动做好准备，然后主继电器才断电。

2）起动后控制。由于发动机起动前，ECU 已把怠速控制阀的初始位置设定在最大开度位置，因此发动机起动后，若怠速控制阀仍保持全开，则会引起发动机转速过高。为了避免出现这种情况，在起动过程中，当发动机转速达到由冷却水温度确定的对应转速时，ECU 控制步进电动机转动，使怠速控制阀逐渐关小到与冷却水温度对应的开度。

3）暖机控制。暖机过程中，ECU 控制步进电动机转动，使怠速控制阀从起动后的开度逐渐关小，当冷却水温度达到 70 ℃时，暖机控制结束，怠速控制阀达到正常怠速开度。

4）反馈控制。当发动机处于怠速工况运转时，如果发动机的实际转速与 ECU 存储器中所存放的目标转速差超过规定值（如 20 r/min），则 ECU 即控制步进电动机转动，通过怠速控制阀增减旁通空气量，使发动机实际转速与目标转速差小于规定值。目标转速与发动机怠速工况时的负荷有关，对应空挡起动开关是否接通、是否使用空调、用电器增加等不同情况，都有确定的目标转速。

5）发动机转速变化的预控制。发动机处于怠速工况时，空调开关、空挡起动开关等接通或者断开，都会即时引起发动机怠速负荷变化，产生较大的怠速转速波动。为了减小负荷变化对怠速转速的影响，ECU 在收到以上开关量信号、发动机转速变化出现前，就控制步进电动机转动，预先把怠速控制阀开大或关小一个固定的距离。

6）学习控制。ECU 通过控制步进电动机的转动，进而控制怠速控制阀的位置，调整发动机的怠速转速。由于发动机在使用过程中其性能会发生变化，因此这时怠速控制阀的位置虽然没有变化，但实际的怠速转速也会偏离初始数值。出现这种情况的时候，ECU 除了用反馈控制使怠速转速仍达到目标值外，并将此时步进电动机转过的步数储存在备用存储器中，供以后的怠速控制用。

2. 节气门直动式怠速控制执行机构

节气门直动式怠速控制执行机构通过控制节气门的开启程度以调节怠速时的空气流量，从而实现怠速的控制，图 5—38 给出了与中央单点喷射单元组合在一起的一个例子。当然，它也可与节气门体做成一体，用于多点喷射系统（如桑塔纳时代超人汽车）。

从图 5—38 中可以看出，该怠速执行器主要由直流电动机、减速齿轮、丝杠等部件组成。执行器的输出是传动轴的前后运动，它与节气门操纵臂的全闭限位器相接触，决定了节气门的最小开度。当微机控制直流电动机通电时，电动机产生旋转力矩，通过减速齿轮减速时，增大了旋转力矩；然后又通过丝杠变转动为传动轴的前后直线运动。通过传动轴的运动，使节气门最小开度随之变化，以调节节气门处的空气通道面积，进而实现怠速的控制。

这种节气门直动式怠速控制执行机构具有较强的工作能力，控制稳定性好，但反应速度不是很快。同时，整个执行器的外形尺寸也较大，安装时受到一些限制，所以其应用有减少的趋势。

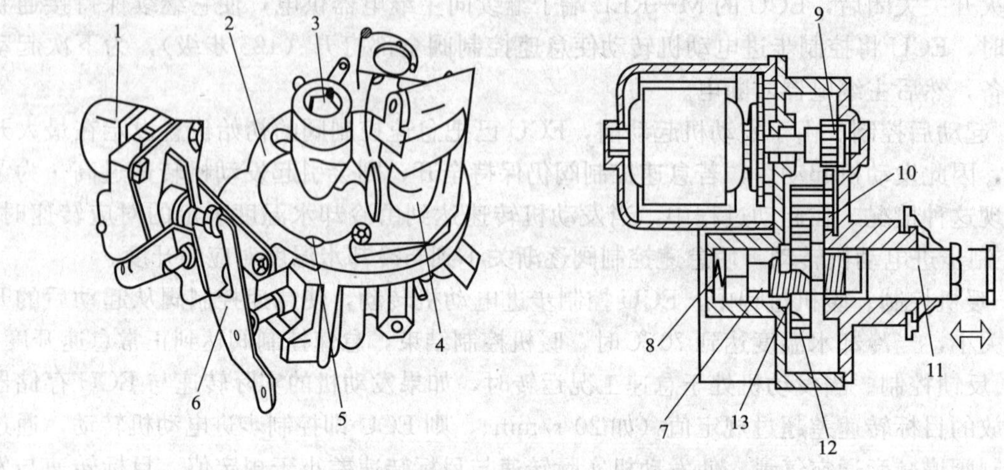

图 5—38　节气门直动式怠速控制执行机构

1—怠速执行机构　2—节气门体　3—喷油器　4—油压调节器　5—节气门
6—节气门操作臂　7—防转六角孔　8—弹簧　9，10，12—减速齿轮　11—空气通道　13—丝杠

5.5.3　怠速控制执行机构检查

1. 怠速控制执行机构（丰田车步进电动机型）

步进电动机安装在怠速控制阀（ISC）内，由四只线圈、磁性转子、阀轴和阀组成。发动机 ECU 根据节气门位置传感器、水温传感器、发动机转速等信号，控制怠速阀的步级数，阀前后移动控制怠速旁通道开启截面积，即控制怠速空气量，从而控制怠速转速，ISC 阀工作原理如图 5—39a 所示，电路图如图 5—39b 所示。

（1）在车上检查怠速控制阀。当发动机熄火时，怠速控制阀会"咔嗒"一声，如果不响，应检查 ISC 阀和 ECU。

（2）检查 ISC 阀的电阻。如图 5—39b 所示，检测 B1—S1，B1—S3，B2—S2 和 B2—S4 四个线圈电阻，都应是 10～30 Ω，如电阻值不对，应更换 ISC 阀。

（3）检查 ISC 阀的工作情况

1）B1 和 B2 端子接上蓄电池正极，然后依次将 S1，S2，S3，S4 接负极（搭铁），阀应逐步关闭，如图 5—40 所示。

2）B1 和 B2 端子接上蓄电池正极，然后依次将 S4，S3，S2，S1 接负极（搭铁），阀应逐步开启，如图 5—41 所示。

如果按上述检查时阀不能关闭或打开，则应更换 ISC 阀。

3）诊断仪检测 ISC 阀步级数。丰田车步进电动机型怠速控制执行机构步级数量为 0～125，0 表示怠速控制阀全部伸出，怠速空气旁通道全部关闭，125 表示怠速控制阀全部收回，怠速空气旁通道全部开启。测试某辆工作良好的皇冠 3.0 车发动机数据如下：冷车

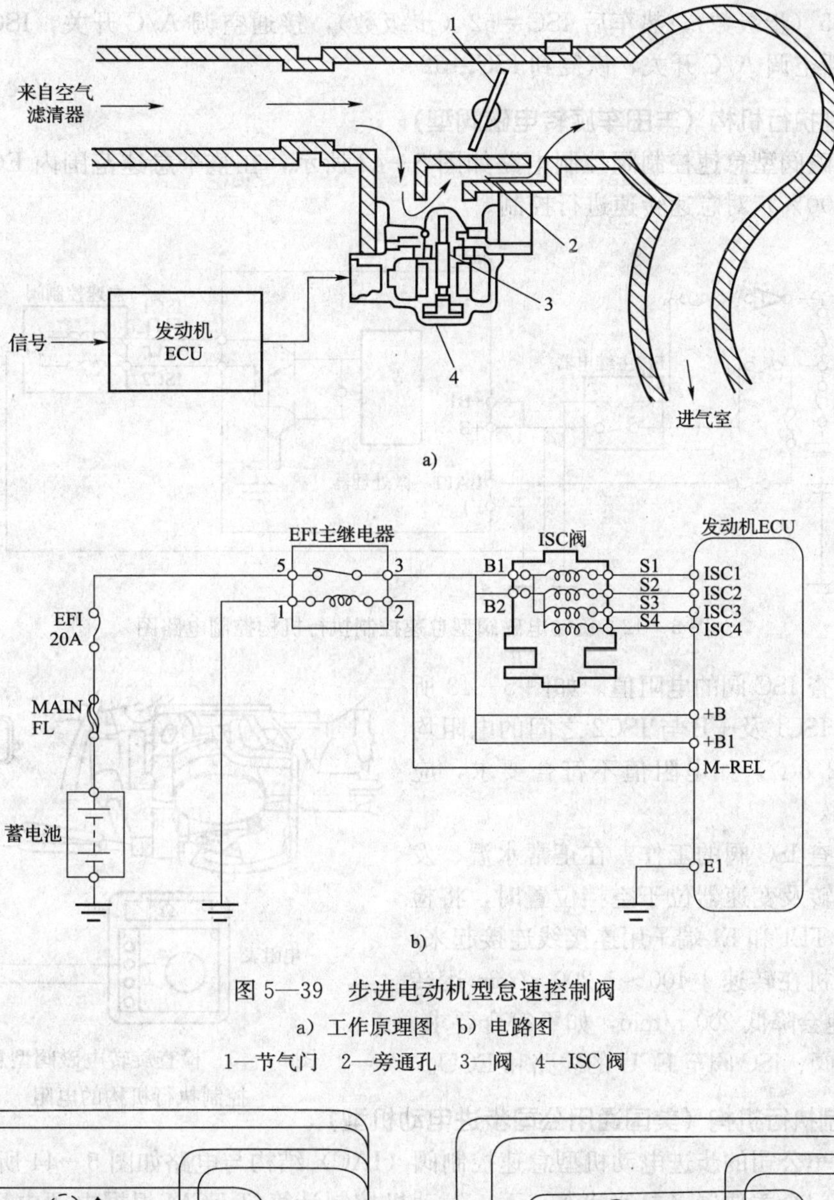

图 5—39　步进电动机型怠速控制阀

a）工作原理图　b）电路图

1—节气门　2—旁通孔　3—阀　4—ISC 阀

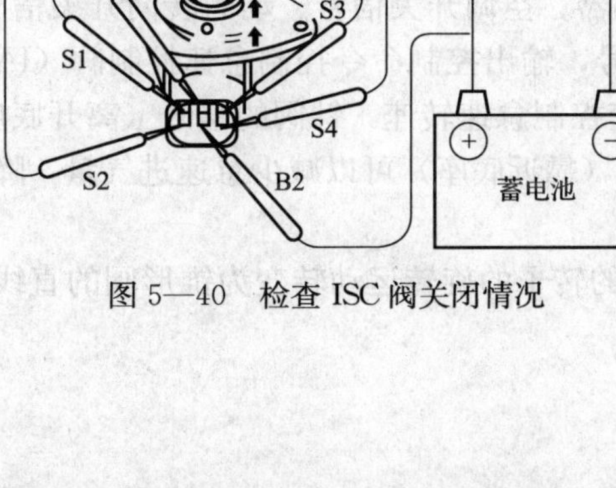

图 5—40　检查 ISC 阀关闭情况

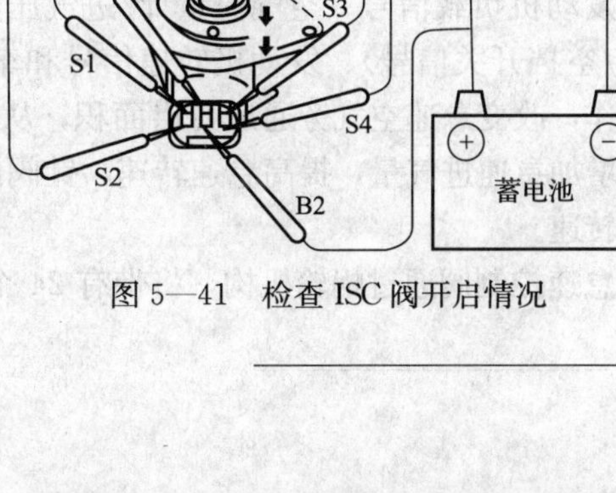

图 5—41　检查 ISC 阀开启情况

时，ISC＝55（步级数），热车后 ISC＝52（步级数），接通空调 A/C 开关，ISC＝63（步级数），切断空调 A/C 开关，恢复到 ISC＝52。

2. 怠速控制执行机构（丰田车旋转电磁阀型）

旋转电磁阀型怠速控制阀控制电路如图 5—42 所示，在整个怠速范围内 ECU 通过占空比（0～100%）对怠速转速进行控制。

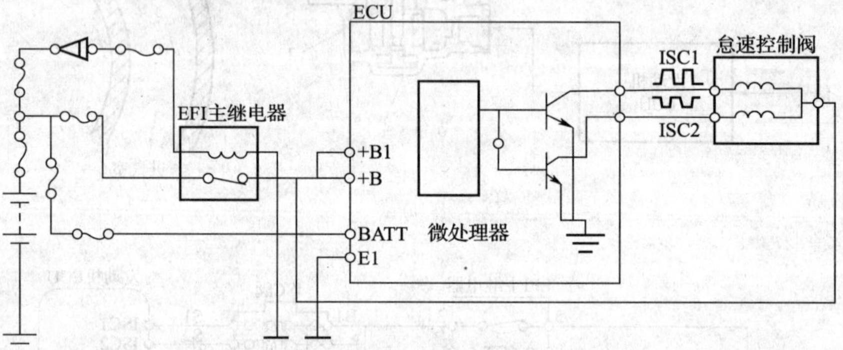

图 5—42　旋转电磁阀型怠速控制执行机构控制电路图

（1）检查 ISC 阀的电阻值。如图 5—43 所示，＋B 与 ISC1 及＋B 与 ISC2 之间的电阻均为 18.8～22.8 Ω，如电阻值不符合要求，应更换 ISC 阀。

（2）检查 ISC 阀的工作。在正常水温、发动机正常运转及变速器位于空挡位置时，将检查连接器中 TE1 和 E1 端子用连接线连接起来，标准是发动机在转速 1 100～1 200 r/min 运转 5 s 后，转速会降低 200 r/min，如不符合要求，应检查 ISC 阀、ISC 阀至 ECU 的线路和 ECU。

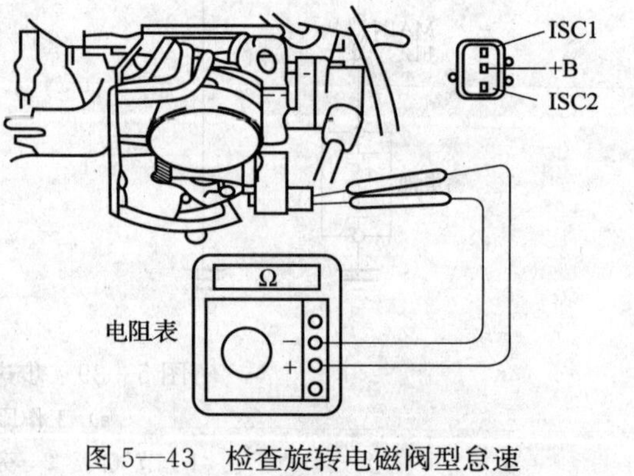

图 5—43　检查旋转电磁阀型怠速控制执行机构的电阻

3. 怠速控制执行机构（美国通用公司步进电动机型）

通用汽车公司的步进电动机型怠速控制阀（IAC）结构与电路如图 5—44 所示。

在节气门全关位置（怠速状态）下，发动机控制计算机 ECM 根据电源电压、水温信号、发动机负载信号（空气流量计/进气压力传感器、空调开关信号、动力转向开关信号、驻车/空挡开关信号）、发动机转速信号和车速信号，输出控制命令控制怠速控制阀（IAC）的动作，改变怠速空气旁通道开启面积，从而改变控制怠速转速，针阀的移开（离开底座）可以增加怠速进气量，提高怠速转速，针阀的移入（靠近底座）可以减少怠速进气量，降低怠速转速。

怠速控制阀通过蜗轮机构，将带有 24 个磁极的转子的旋转运动转变为锥形阀的直线运

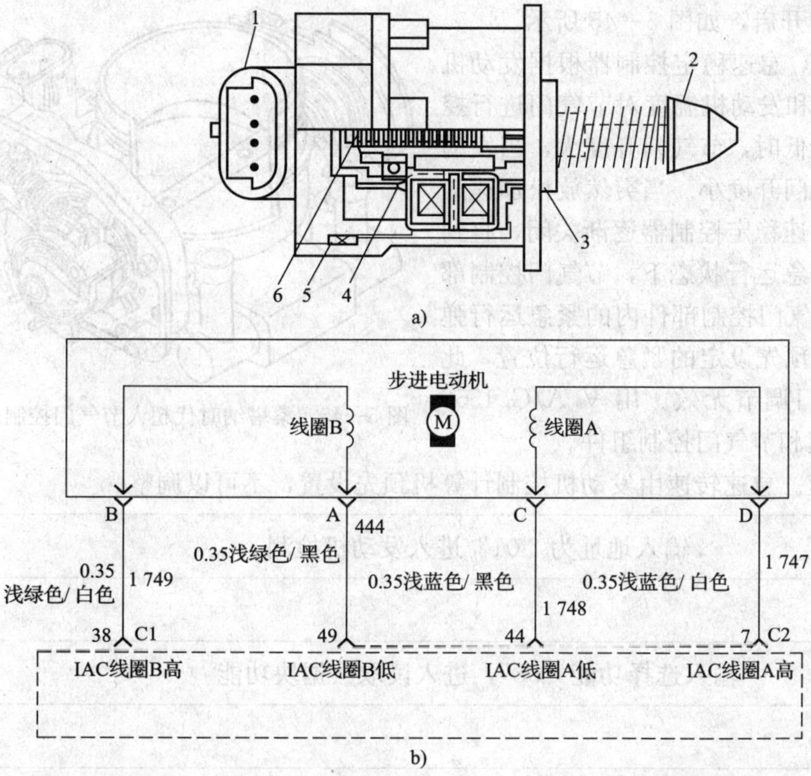

图 5—44　美国通用汽车步进电动机型怠速控制执行机构

a）结构　b）SGM 别克怠速控制阀电路

1—电接头　2—锥形阀　3—前轴承　4—后轴承　5—O 形圈　6—蜗轮

动，其调节范围为 0～255 步级，怠速空气旁通道全关为 0，怠速空气旁通道全开为 255。

发动机每次关闭时，ECM 均向 IAC 发出步级指令，按校准步骤，让针阀移动到底座（伸出），然后离开底座（缩回）至上一次起动时的位置，这为重新起动发动机时，建立了一个正确的工作参数。在检修 IAC 阀时，不要用手推或拉动针阀，否则可能损坏蜗轮蜗杆的螺纹；也不要将控制阀浸没在任何清洗液中，因为控制阀是个微型电动机，浸在清洗液中可能会损坏；针阀及阀座锥面上有亮点是正常的，并不是接触不密封；要注意检查 O 形圈，安装时涂一点机油；更换新 IAC 阀要注意型号，新阀尖到安装法兰座距离应不大于 28 mm，否则可轻轻压回；拆过电源线或 ECM 插头，在装回后，点火开关先“ON” 5 s，再“OFF” 5 s，再起动发动机，以便使 ECM 恢复怠速控制记忆。

4．怠速控制执行机构（桑塔纳时代超人节气门直动式）

怠速控制装置是通过节气门体控制部件中的怠速稳定控制器直接控制节气门的开启，来实现怠速稳定控制的，它没有怠速空气旁通道。怠速稳定控制器是由一个电动机通过齿轮传动控制节气门开启，如图 5—45 所示。

发动机怠速时，怠速稳定控制器根据发动机的负荷（进气量）和发动机温度对节气门进行控制。当发动机温度低时，节气门开度大，当发动机温度高时，节气门开度小。当突然放松加速踏板时，节气门由怠速稳定控制器逐渐关闭，直到所需的怠速。在紧急运行状态下，节气门控制部件电源被切断，节气门控制部件内的紧急运行弹簧将节气门定位在预先设定的紧急运行位置，此时驾驶员对节气门调节无效。用 V. A. G. 1552 诊断仪可检测怠速和节气门控制组件。

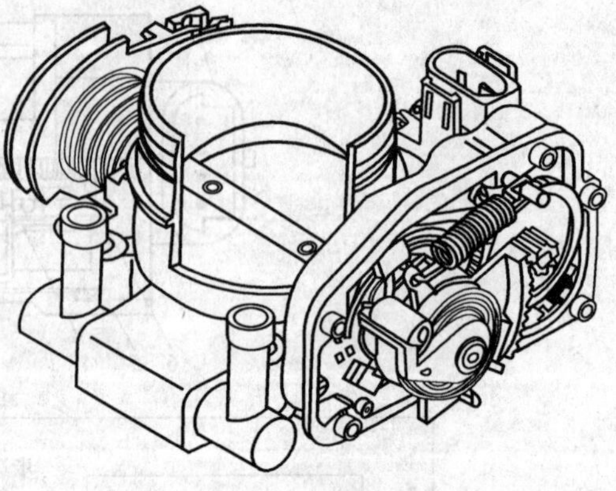
图 5—45　桑塔纳时代超人节气门控制部件

（1）检查怠速。怠速转速由发动机控制计算机预先设置，不可以调整。

输入地址为“01”进入发动机检测

↓

输入选择功能“08”，进入读取数据块功能

↓

输入组号“03”，读取基本数据

↓

显示

Read measuring value block 3→				读取数据块 3→			
800/min	13. 650 V	92. 0 ℃	43. 2 ℃	800/min	13. 650 V	92. 0 ℃	43. 2 ℃
①	②	③	④	①	②	③	④

检查区域③，冷却液温度应大于 80 ℃，测试时冷却风扇不能转。

检查区域①，发动机怠速标准值应在 800±30 r/min，如果怠速转速不在标准值范围内，按“C”键退出，输入组号“20”，读取工作状态数据，显示：

Read measuring value block 20→				读取数据块 20→			
800/min	0. 000	NC-LOW	Kompr. AUS	800/min	0. 000	NC-LOW	Kompr. AUS
①	②	③	④	①	②	③	④

检查区域③，空调 A/C 开关应关闭（A/C-LOW）。

检查区域④，压缩机应关闭（Kompr－AUS）。

如果怠速转速仍然超过范围，按“C”键退出，输入组号“04”，读取怠速稳定数据，显示：

Read measuring value block 4→				读取数据块 4→			
3∠°	0.23 g/S	0.00 g/S	Leerlauf	3∠°	0.23 g/S	0.00 g/S	Leerlauf
①	②	③	④	①	②	③	④

检查区域④，应当怠速（Leerlauf），如果没有显示怠速（Leerlauf），应检查怠速开关。

检查区域①，标准值：0…5∠°，如果没有达到标准值，应检查节气门控制部件与发动机控制计算机的匹配，按“↑”键，显示：

Read measuring value block 5→				读取数据块 5→			
810/min	800/min	1.7%	2.9 g/S	810/min	800/min	1.7%	2.9 g/S
①	②	③	④	①	②	③	④

检查区域①，怠速转速标准值应在 800±30 r/min，如果怠速转速过低，可能产生故障的原因：发动机负荷太大；节气门控制部件与发动机控制单元没有匹配；节气门控制部件损坏。如果怠速转速过高，可能产生故障的原因：进气系统有泄漏；节气门控制部件与发动机控制单元没有匹配；节气门控制部件损坏；活性炭罐电磁阀常开。

(2) 检测节气门控制部件。节气门控制部件位于节气门拉索轮的对面。节气门电位计、怠速开关、节气门定位电位计和紧急弹簧全部安装在节气门控制组件壳体内，这个壳体不必打开，全部调整由 V. A. G. 1552 诊断仪基本设定功能来完成。节气门控制部件控制电路如图 5—46 所示。

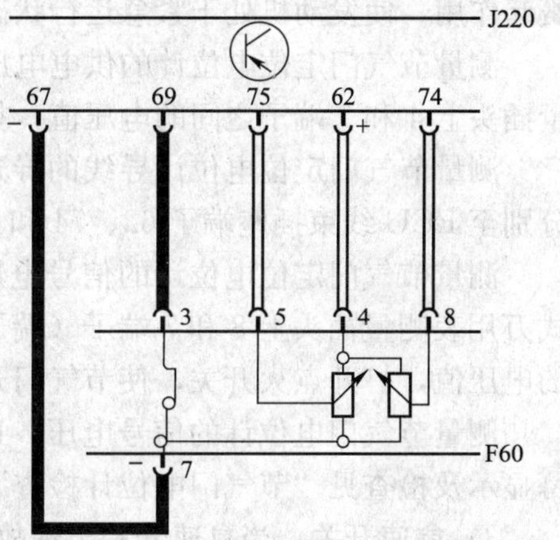

图 5—46 时代超人节气门控制部件电路

1）节气门电位计。节气门电位计也就是节气门位置传感器，当节气门电位计出现故障时，发动机 ECU 就用发动机转速和空气流量计的信号值计算替代。

测量节气门电位计的供电电压：拔下节气门控制部件的插头，用数字式万用表测量插头上 4 和 7 端子之间的电压值，打开点火开关，此电压值应接近 5 V（发动机 ECU 提供）。

测量节气门电位计导线的导通情况：用数字式万用表测量插头上的 4、5 和 7 端子分别至 ECU 线束插座端子 62、75 和 67 之间的电阻值，测得电阻值应小于 1 Ω。

测量节气门电位计的信号电压（万用表）：插上节气门控制部件的插头，用数字式万用表测量插头上 5 和 7 端子（端子 5 和 7 分别对应 ECU 插座上的端子 75 和 67）之间的电压值，打开点火开关，使节气门开度变化，此电压值应在 0.5～4.9 V 之间变化。

测量节气门电位计的信号电压（V. A. G. 1552）：进入 08 功能“读测量数据块”，选择 98 显示组，屏幕显示：

Read measuring value block 98 →			
4.420 V	3.820 V	Leerlauf	ADP. i. o
①	②	③	④

读取数据块 98→			
4.420 V	3.820 V	Leerlauf	ADP. i. o
①	②	③	④

区域①：节气门电位计信号电压，0～5 V 正常

区域②：节气门定位电位计信号电压，0～5 V 正常

区域③：工况，Leerlauf 怠速，其他显示怠速开关打开

区域④：匹配状态

检查区域①的数据是否正确，如不正确检查导线、接插件和更换节气门控制部件。

2）节气门定位电位计。节气门定位电位计的作用是输出怠速时怠速电动机动作使节气门打开的位置信号，当节气门定位电位计出现故障时，节气门控制部件中的紧急运行弹簧起作用，使发动机处于紧急运行状态，此时发动机的怠速升高，约 1 500 r/min。

测量节气门定位电位计的供电电压：拔下节气门控制部件的插头，用数字式万用表测量插头上 4 和 7 端子之间的电压值，打开点火开关，此电压值应接近 5 V。

测量节气门定位电位计导线的导通情况：用数字万用表测量插头上的 4，8 和 7 端子分别至 ECU 线束插座端子 62、74 和 67 之间的电阻值，测得的电阻值应小于 1 Ω。

测量节气门定位电位计的信号电压（万用表）：插上节气门控制部件的插头，用数字式万用表测量插头上 8 和 7 端子（端子 8 和 7 分别对应 ECU 插座上的端子 74 和 67）之间的电压值，打开点火开关，使节气门开度变化，此电压值应在 0.5～4.9 V 之间变化。

测量节气门电位计的信号电压：进入 08 功能“读测量数据块”，选择 98 显示组，屏幕显示及检查见“节气门电位计检查”。

3）怠速开关。当怠速开关出现故障时，ECU 就对节气门电位计和节气门定位电位计的信号值进行比较，判断出怠速位置。

测量怠速开关的电阻：将万用表两根表棒接触 ECU 插座上的 69 和 67 端子，当打开节气门时，测到的电阻值应为无穷大，当节气门关闭时，测得的电阻值应小于 1 Ω。

测量怠速开关导线的导通情况：拔下节气门控制部件的插头，用数字式万用表测量节气门控制部件插头上的 3 和 7 端子至 ECU 线束插座 69 和 67 端子间的电阻值，测得的电阻值应小于 1 Ω。

测量怠速开关信号：进入 08 功能读数据块，选择 98 显示组，屏幕显示及检查见“节气门电位计检查”。

4）节气门定位器。节气门定位器即怠速稳定装置，俗称怠速电动机，怠速电动机损

坏或 ECU 对怠速控制出现故障，节气门控制部件内的紧急运行弹簧设置节气门处于紧急运行位置。

测量节气门定位器的供电电压：打开点火开关，用数字式万用表测量 ECU 上的 66 和 59 端子的电压值，66 号端子的电压值应为蓄电池电压值（12 V 左右），59 号端子的电压值应为 10 V 左右。

测量节气门定位器导线的导通情况：数字式万用表测量 ECU 线束插座至节气门定位器电线插头间的电阻值，电阻值应小于 1 Ω。

5. 示波器检测怠速控制信号

怠速控制阀有步进电动机型、旋转电磁阀型、占空比控制型等，它们都由发动机 ECU 改变信号幅值或脉冲宽度来最终控制怠速控制阀的动作，波形基本都是方波，标准波形（雪佛兰 5.7L，单点喷射）如图 5—47 所示。

怠速旁通空气阀的波形如图 5—48 所示，其中的锯齿状是由感抗所引起的。

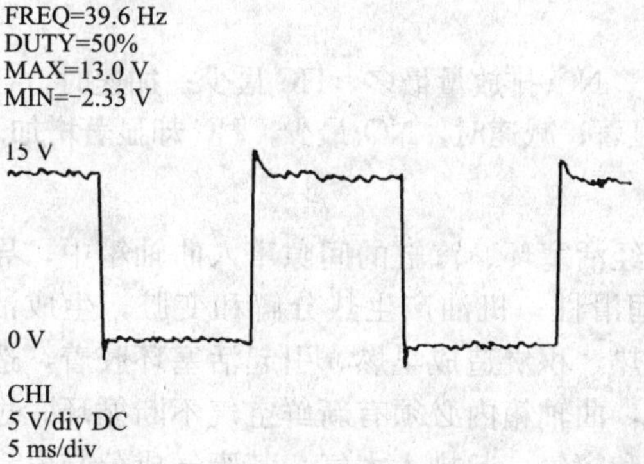

图 5—47 雪佛兰 5.7L 单点喷射怠速控制阀控制信号波形

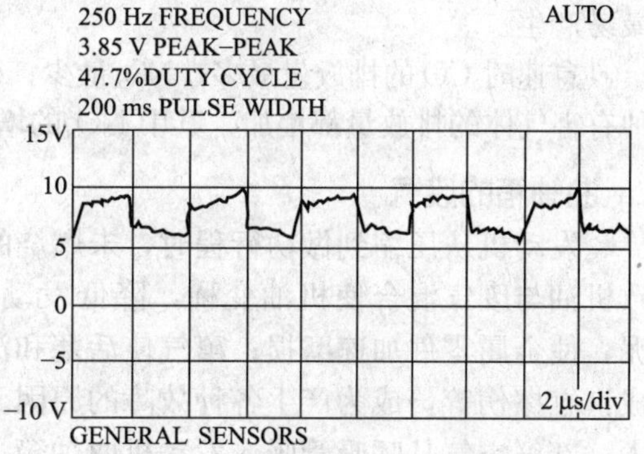

图 5—48 怠速空气旁路阀控制信号波形

怠速控制信号使发动机怠速运行，并将附属设备（空调、风扇、雨刷）开或关，如果装有自动变速器，在停车挡与前进挡之间切换，通过改变发动机的负荷，观察发动机控制单元给怠速控制阀信号波形的变化，如果控制信号波形变化而怠速不变甚至下降，应检查怠速控制阀或旁通道阻塞。

在诊断怠速控制阀和控制电路之前，应先检查节气门动作正常，没有卡滞，最低怠速符合标准数据，无漏气与真空泄漏，否则不能正确判别故障原因。

5.6 排放控制系统

5.6.1 概述

环境保护问题是当前各国所关注的五大社会问题（粮食、能源、人口、资源和环境）之一。汽车所造成的环境污染，已越来越引起人们的普遍关注，各国的废气排放标准越来越严格，各大汽车制造厂为能顺利达到汽车废气检验标准，都在努力研究开发控制废气排放的各种方法。

现代汽车上的有害气体主要从三个途径排出：

1．发动机燃烧后所排放的废气

发动机燃烧后所排放的废气的有害成分有三种：

（1）一氧化碳（CO）。CO 是在空气量不足的情况下所产生的不完全燃烧的产物，因此 CO 的排出量基本上受空燃比所支配。通常在混合气浓时容易产生。

（2）碳氢化合物（HC）。HC 是燃料不完全燃烧的产物（既有未燃的，也有燃料分解的产物）。当发动机点火不良，排气门泄漏或混合气过浓或过稀时，导致燃烧不完全而产生，特别在怠速和减速时最多。

（3）氮氧化物（NO_x）。NO_x是指 NO、NO_2、N_2O_4 等多种多样氮氧化物的总称，其中对环境危害性最大的是 NO 和 NO_2，当汽缸中温度高于 137 ℃，且氧浓度充足的情况下最易产生。

怠速时 CO 的排放量最多，NO_x最少；行驶时，NO_x排放量最多，HC 最少；加速时，各种有害气体的排放量都增加，其中 NO_x的增加最显著；减速时，NO_x最少，HC 却显著增加。

2．曲轴箱的废气

发动机从压缩到做功行程时，未燃烧的气体经活塞环、汽缸的间隙窜入曲轴箱中，导致机油与废气混合使机油变稀，降低发动机的润滑性；机油产生热分解和变脏；生成油泥，使金属零件加速磨损；窜气使活塞和汽缸过热，积炭造成早燃，引起活塞环胶着，造成汽缸擦伤等，成为产生各种故障的原因。因此，曲轴箱内必须有新鲜空气不断循环。过去，新鲜空气从呼吸管吸入发动机曲轴箱，然后和窜气一起排入大气，其废气成分与发动机燃烧所排放的废气相同，这就成为污染源之一。

窜气的主要成分是 HC，占 70％～80％，剩下的 20％～30％是 CO、CO_2、NO_x、SO_2、PbO 等成分。

3．汽油蒸发形成的废气

随着外界温度的降低，油箱内部的汽油蒸气凝结，因此产生部分真空，从油箱盖吸入空气；而随着外界温度的上升，空气与燃油蒸气（HC）一起排出。此外，除油泵外，燃油管道等接头处渗出的汽油蒸气逸散至大气中，以上各种汽油蒸气，成为大气污染源之一。

各汽车制造厂控制汽车废气排放的方式大致分为发动机燃烧过程控制和发动机外部废气控制。发动机外部废气控制又可分为排气前废气控制和排气后废气控制。

5.6.2 三元催化转换器、氧传感器与闭环控制系统

1．三元催化转换器

三元催化转换器也称作触媒转换器，简称触媒。为了进一步降低发动机排气中 CO、

HC 和 NO_x 的排放量，现代轿车汽油机在排气系统中普遍安装净化装置，对上述三种有害物质进行净化处理，这种净化装置称为三元催化转换器。

三元催化转换器安装在排气消声器前面，由三元催化转换芯子和外壳等构成，如图 5—49 所示。大多数三元催化转换芯子以蜂窝状陶瓷作为承载催化剂的载体，在陶瓷载体上浸渍铂（或钯）和铑的混合物作为催化剂。为了提高芯子的抗颠簸性能，芯子外面通常用钢丝包裹。

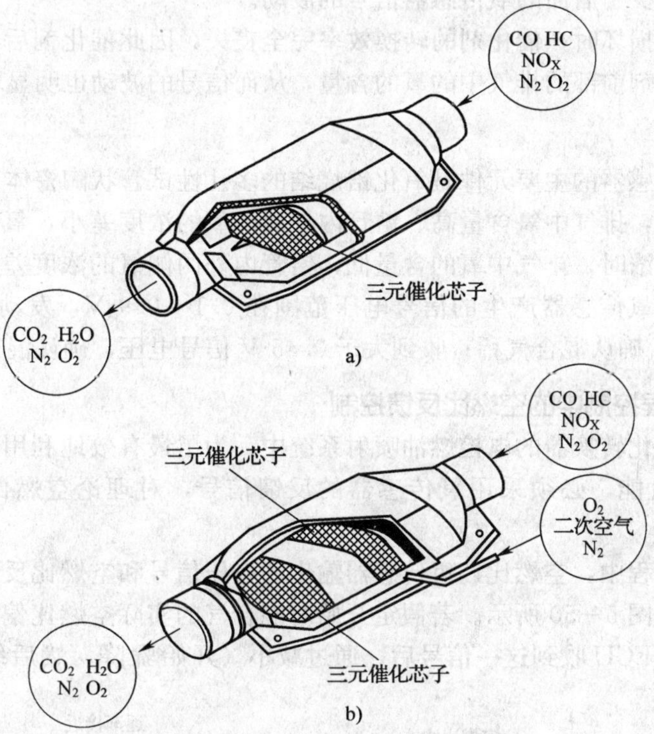

图 5—49　三元催化转换器

a）单芯三元催化转换器　b）双芯三元催化转换器

触媒转化器有氧化触媒转化器（COC）和三元催化触媒转化器（TWC）两种。氧化触媒转化器是用铂、钯的混合物作为催化剂，加入二次空气喷射系统后，将废气中的 CO 及 HC 氧化成 CO_2 和 H_2O 排入大气，三元触媒转化器是用铂、钯和铑作为催化剂，将 CO 和 HC 氧化后，还原 NO_x 与 HC 或空气中的 H，最后形成 CO_2、HC 及 N_2 排入大气。此系统加入后氧传感器，使空燃比控制形成闭路控制，确保转换效率。

触媒催化净化效率的测试在氧传感器检测中已叙述，触媒前后各装一个氧传感器，分别提供了表示催化净化前和后的排气中氧含量的输出电压，前（主）氧传感器用作空燃比控制的反馈信号，后（副）氧传感器信号输入给发动机控制单元，测试催化净化的效率。通过两个传感器电压之差就可以测量出触媒转换有害废气的能力。

一个工作正常的催化转换器，配上正常控制燃油分配系统的燃油反馈控制系统，它可以保证将有害的排气成分转变为相对无害的二氧化碳和水，但是催化器会因过热而受损（由点火不良等造成），催化剂表面物质减少，孔板金属烧结，也会受磷、铅或硫（从燃油中来）以及发动机冷却液中硅的污染而造成永久损坏。

OBD-Ⅱ系统的出现改进了催化剂随车监视系统，在稳态运行时，催化剂后面的氧传感器应比催化剂前的氧传感器信号波动少得多，因为催化剂转换碳氢化合物和一氧化碳时消耗了氧，从而减少了后面的氧传感器信号的波动。

当催化剂完全损坏时，催化剂的转换效率完全丧失，因此催化剂后部的排气中氧的含量将十分接近催化剂前部的排气中的氧的含量，从而信号的波动也明显增加。

2. 氧传感器

氧化锆式氧传感器的主要元件是氧化锆烧结的多孔性试管状陶瓷体，也称锆管。

当混合气稀时，排气中氧含量高、锆管内外两侧氧的浓度差小，氧离子扩散量少，信号电压低；混合气浓时，排气中氧的含量低，锆管内外两侧氧的浓度差大，氧离子扩散量多，信号电压高。氧传感器产生的信号电压范围在 0.1～0.9 V，发动机 ECU 收到小于 0.45 V 信号电压，确认混合气稀；收到大于 0.45 V 信号电压，确认混合气浓。

3. 发动机燃烧过程控制中的空燃比反馈控制

在装有三元催化转换器的电控燃油喷射系统中，为了最有效地利用三元催化转换器对排气的催化净化效能，必须采用氧传感器的反馈信号，对理论空燃比进行精确的反馈控制。

在反馈控制过程中，空燃比、氧传感器输出的电压信号和空燃比反馈控制信号三者之间的变化关系，如图 5—50 所示。若假定开始时混合气的实际空燃比偏浓，此时氧传感器输出高电平信号。ECU 收到这一信号后，通过减小（开始骤降，然后缓降）反馈修正系

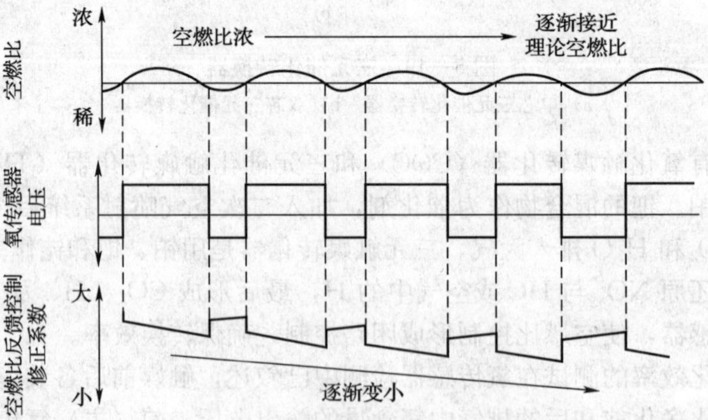

图 5—50 空燃比反馈控制过程

数，使喷油持续时间缩短，喷油器的喷油量减少。由于喷油量减少，混合气很快变稀。当混合气浓度低于理论空燃比时，氧传感器输出低电位信号。ECU 接收到这一信号后，又使反馈修正系数增大（开始快升，然后缓升），结果使喷油持续时间延长，喷油器的喷油增加，致使混合气又很快变浓……，如此反复循环，不断地对空燃比进行反馈控制，最终使混合气的实际空燃比稳定在理论空燃比附近。

当汽油机电控系统对混合气空燃比采用反馈控制时，混合气的浓度基本上在理论空燃比附近。但这种空燃比对发动机有些工况是不适宜的。如发动机起动以及刚起动未暖机时，由于发动机冷却水温度低，这时需要较浓的混合气，如进行反馈控制，供给理论空燃比浓度的混合气，则发动机可能会熄火。又如发动机在大负荷或高转速工况时，也需要较浓的混合气，如进行反馈控制，供给的混合气也在理论空燃比附近，则会使发动机动力不足。所以 ECU 对空燃比的控制还包括在下列状态下是否需要进行反馈控制的判定：在发动机起动时；起动后燃油增量修正（加浓）时；冷却水温度使燃油增量修正时；节气门全开（大负荷、高转速）时；加减速燃油量修正时；燃油中断停供时；从氧传感器输入的空燃比过稀信号持续时间大于规定值（如 10 s 以上）时；从氧传感器送来的空燃比过浓信号持续时间大于规定值（如 4 s 以上）时。ECU 停止空燃比反馈控制，即发动机进入空燃比开环控制运行状态。

此外，当氧传感器的温度在 300 ℃以下时，传感器不会产生电压信号，因而也不能对混合气空燃比进行正确检测，反馈控制也不会发生作用。

5.6.3 废气再循环控制系统

1. 废气再循环的基本概念

废气再循环（Exhaust Gas Recirculation，EGR）是目前广泛采用的，旨在减少发动机氮氧化物生成量的一种较有效的方法。它把发动机排出的一部分废气引入进气系统中，和混合气一起再进入汽缸中燃烧，以抑制氮氧化物（NO_x）的生成。

NO_x 是在高温富氧条件下，混合气中的 N_2 和 O_2 发生化学反应的产物。一般而言，燃烧温度越高，排出的 NO_x 越多。氮氧化物（NO_x）与燃烧温度的关系如图 5—51 所示。将废气再次引入汽缸，是因为废气中含有大量的二氧化碳，二氧化碳是一种惰性气体，新鲜的混合气中渗入适当比例的废气后，使得单位燃料中二氧化碳的含量明显增加，由于二氧化碳不参与燃烧，却能吸收热量，故使燃烧温度随之下降，有利于抑制 NO_x 的生成。

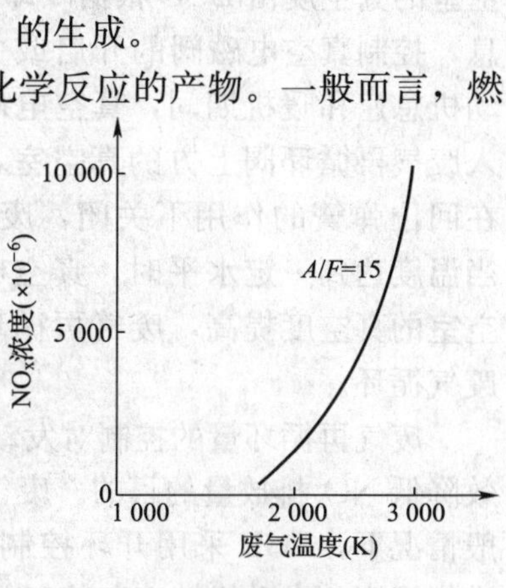

图 5—51　燃烧温度与 NO_x 排放量的关系

采用废气再循环会使混合气着火性能及发动机输出功率下降，因此，应在发动机 NO_x 排放量多的运行工况范围进行适量的废气再循环。EGR 的控制量指标大多采用 EGR 率表示，其定义如下：

$$EGR率=EGR气体流量/(吸入空气量+EGR气体流量)\times 100\%$$

过度的废气再循环会影响发动机的正常运行，特别是在怠速、低转速小负荷及发动机处于冷车运行时，再循环的废气将会使发动机的性能明显降低，故进入进气歧管的废气量一般控制在 6%～15%范围内。

2. EGR 阀控制方式分类

（1）正压力控制式。简称 P 型，完全由真空控制，当发动机发动后，若有真空源加到 EGR 膜盒，将膜片吸起后，EGR 阀打开，真空完全消失后，EGR 阀才会关闭。

（2）负压力控制式。简称 N 型，当发动机发动后，原在 GER 膜盒内的真空会泄放，直到 EGR 动作条件达到时，发动机真空建立在膜盒内，但 EGR 阀还未开启，必须当排气压力达到 EGR 阀，才能打开，打开一次可持续 20 s。

（3）全电子控制式。发动机控制单元根据传感器和开关信号直接控制 EGR 阀的打开或关闭。发动机控制单元依据进气歧管压力传感器或空气流量计、节气门位置传感器、水温传感器和发动机转速、变速箱扭力、锁止离合器、P/N 开关等信号来控制 EGR 阀开度的大小。通常 EGR 在发动机怠速、暖机、小负荷、大负荷减速及高转速时不工作，废气不回送，仅在加速、中负荷到大负荷之间动作。

3. 废气再循环控制系统的基本工作原理

废气再循环控制系统如图 5—52 所示。它由废气再循环阀、废气再循环调节器（真空开关）及其连接管道和软管组成。执行废气再循环时，一部分废气从排气歧管经管道通过废气再循环阀进入进气管与新鲜空气混合。废气再循环阀由阀体上方真空室的真空度控制，真空室的真空度由 ECU 根据冷却水温度等输入信息，控制真空电磁阀的开启或关闭来实现。发动机怠速和暖机期间，真空电磁阀关闭空气进入废气再循环阀上方的真空室，废气再循环阀在回位弹簧的作用下关闭，废气再循环停止。当温度达到一定水平时，真空电磁阀开启，真空室的真空度提高，废气再循环阀打开，进行废气循环。

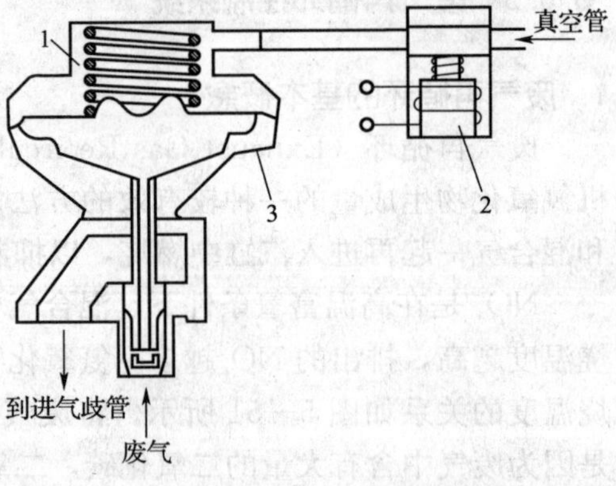

图 5—52　废气再循环控制系统原理图

1—真空室　2—真空电磁阀　3—废气再循环

废气再循环量的控制对发动机工作性能有很大影响。废气再循环量过少，不能达到有效降低 NO_x 排放量的目的。废气再循环量过大，则发动机工作不稳定，综合性能恶化。一般情况下，EGR 采用开环控制，ECU 进行 EGR 控制的相关参数是发动机的冷却水温、进气温度、发动机转速和节气门开度等。由于在对 EGR 进行控制时，需要综合考虑以上因素，故必须采用电子控制，否则很难使发动机性能和有效降低 NO_x 排放量得到和谐的统一。

4．EGR阀位置传感器

废气再循环何时开始工作以及流量多少对废气排放和行驶性能是非常重要的，废气再循环流量调整非常精确，过多的废气再循环量会使发动机怠速失速或功率下降甚至熄火，没有足够的废气再循环将会使尾气排放的氮氧化物猛增，同时发动机还可能产生爆震。

为正确地控制废气再循环量，一些发动机控制系统用电子反馈控制，发动机电子控制单元（ECU）发出开关或脉冲宽度及调制信号给废气再循环真空电磁阀，来控制流入废气再循环控制电磁阀的真空度，在EGR阀打开时，EGR阀位置传感器发出一个与废气再循环阀开启成比例的信号给ECU，ECU能够将这个信号转变成废气再循环流动率。福特车的EEC－IV和EEC－V发动机系统都用EGR阀位置传感器，EGR阀位置传感器标准信号见表5—5。

表5—5　　福特车EGR阀位置传感器信号电压

EGR阀开度	EGR阀位置传感器信号	EGR阀开度	EGR阀位置传感器信号
0	0.40 V	60%	2.50 V
10%	0.75 V	70%	2.85 V
20%	1.10 V	80%	3.20 V
30%	1.45 V	90%	3.55 V
40%	1.80 V	100%	3.90 V
50%	2.15 V		

5．两种电控废气再循环系统简介

（1）带EGR位置传感器的电控废气再循环系统。带EGR位置传感器的电控废气再循环系统的构成如图5—53所示。该系统在EGR阀上部装有一个可以检测EGR阀升程的位置传感器，用来检测EGR阀的开度，并利用电位计将其位移转换为相应的电压信号，输送到ECU，作为ECU控制废气再循环的参考信号。在这种EGR控制系统中，根据发动机的转速和负荷，预先设定出阀的升程位置，通过改变ON－OFF电磁阀的工作状态，控制膜片室的负压。工作时，将预先设定的EGR阀升程位置与当前的EGR阀升程位置（由EGR阀位置传感器提供）作比较，若不相等，由ECU控制改变ON－OFF电磁阀工作状态，将EGR控制阀的升程调至最佳值。在全负荷及高转速范围，利用节气门开度、发动机转速等控制参数，由ON－OFF电磁阀把空气导入真空室，使EGR阀完全关闭，停止废气再循环。

（2）装有背压修正阀的电控EGR系统。如图5—54所示为装有背压修正阀的电控EGR系统。在EGR真空电磁阀与EGR阀之间的真空管路中装有一个背压修正阀。其作用是根据排气歧管中的背压，控制废气再循环。即当发动机在小负荷排气背压低时，背压

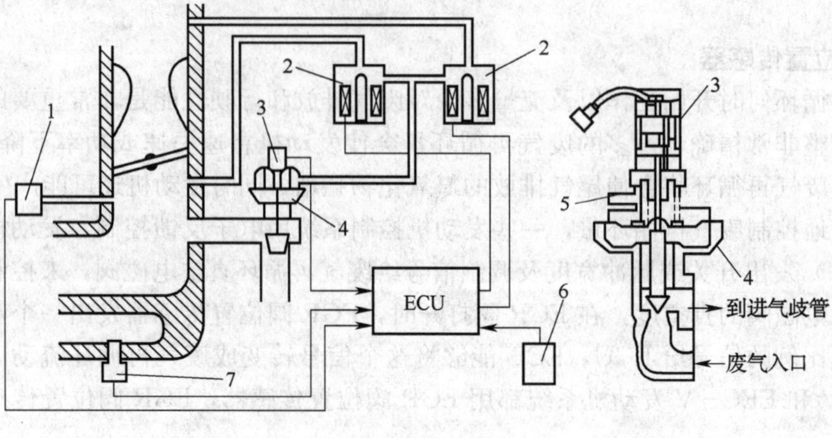

图 5—53　带 EGR 位置传感器的电控 EGR 控制系统

1—压力传感器　2—ON - OFF 电磁阀　3—EGR 位置传感器
4—EGR 阀　5—真空管　6—水温开关　7—水温传感器

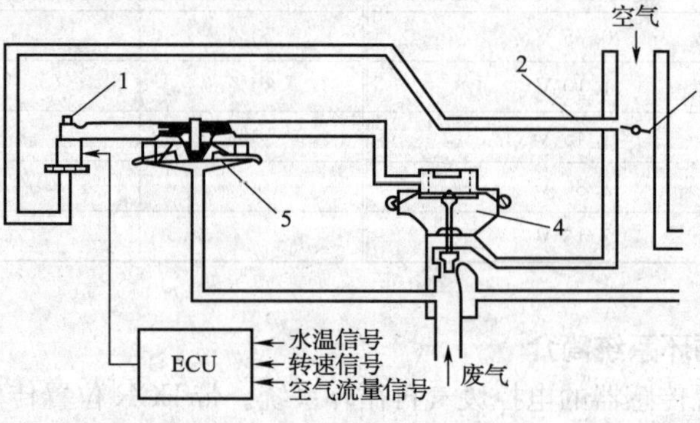

图 5—54　装有背压修正阀的电控 EGR 系统

1—真空电磁阀　2—真空室　3—节气门　4—EGR 阀　5—背压修正阀

修正阀保持 EGR 阀处于关闭状态，不进行废气再循环。当发动机负荷增大，排气歧管背压增大时，背压修正阀才允许 EGR 阀打开，进行废气再循环。

排气歧管的背压通过管路作用在背压修正阀的背压气室下方。当发动机在小负荷工况时，排气背压低，在修正阀弹簧力的作用下，背压气室膜片向下移动，修正阀门关闭真空通道。此时，EGR 阀在弹簧力作用下保持关闭，不进行废气再循环。

当发动机负荷增大时，排气歧管背压升高，修正阀背压气室下方的压力升高，膜片克服阀门弹簧弹力向上运动，将修正阀打开。由 EGR 真空电磁阀控制的真空通过背压修正阀进入 EGR 阀上方真空气室，将 EGR 阀吸起，废气从排气歧管经 EGR 阀进入进气管进行废气再循环。

EGR 真空电磁阀由 ECU 控制。ECU 根据发动机转速、进气压力、冷却水温度和空气流量等输入信号，通过控制 EGR 真空电磁阀的开度，来控制 EGR 阀上方真空室的真空度，从而控制 EGR 阀的开度，达到对参与再循环的废气量进行控制的目的。

5.6.4 活性炭罐蒸发污染控制装置

为了防止燃油箱向大气排放燃油蒸气而污染大气环境，在发动机控制系统中采取了由发动机控制单元（ECU）控制的活性炭罐蒸发污染控制装置。

当燃油受热或大气压力降低（海拔高度增加）时，燃油箱中形成燃油蒸气，经过燃油管将燃油蒸气存储在活性炭罐中。发动机工作时，ECU 根据发动机转速、温度、空气流量等信号，控制碳罐电磁阀的开闭，当打开时，空气从活性炭罐大气入口处吸进碳罐，冲洗活性炭罐，延长活性炭罐寿命，并与燃油蒸气混合送至发动机燃烧。发动机工作时的燃油量包括喷油器喷射油量和来自燃油箱蒸发控制燃油蒸气。

1. 时代超人车燃油箱净化系统检测

时代超人车燃油箱蒸发控制原理如图 5—55 所示，活性炭罐电磁阀结构如图 5—56 所示。

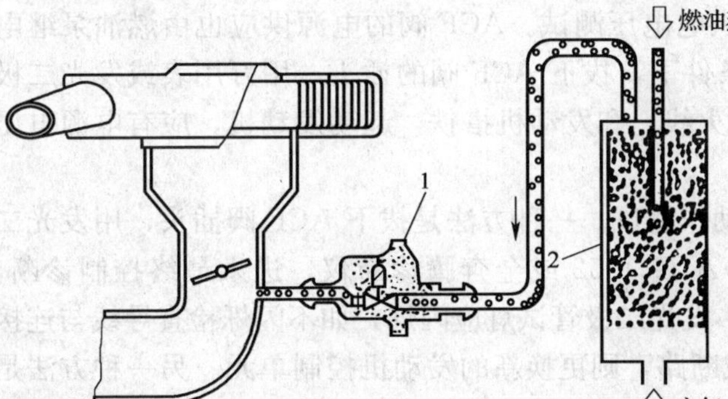

图 5—55 时代超人车燃油箱蒸发控制原理结构

1—控制阀 2—活性炭罐

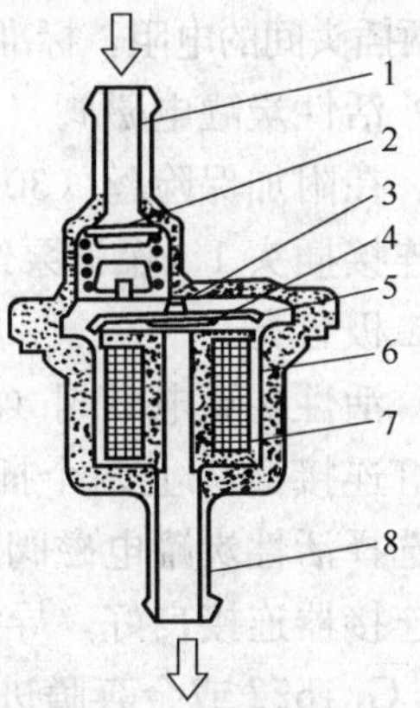

图 5—56 时代超人车活性炭罐电磁阀

1，8—管接头 2—单向阀 3—膜片弹簧 4—密封元件 5—电磁衔铁 6—密封座 7—电磁线圈

（1）测试活性炭罐电磁阀（ACF 阀）泄漏。当没有信号时，电磁阀关闭。拔下活性炭罐电磁阀连接软管，连接电磁阀插头，用 V. A. G. 1552 诊断仪控制活性炭罐动作。

输入“01”地址字，选择发动机系统检测

↓

选择“03”功能，进入最终控制诊断

↓

显示

Final control diagnosis → Injection valve cyl. 1 - N30	最终控制诊断 → 1 缸喷油器- N30

↓

按→键　选择活性炭罐电磁阀 N80 测试

最终控制诊断进行时，对准电磁阀进气孔吹气，检查阀开、闭是否良好，如果阀闭合时有泄漏，更换新的活性炭罐电磁阀。

（2）活性炭罐电磁阀（ACF 阀）线圈阻值测试。拔下 ACF 阀的电线插头，用万用表测量电磁阀两插头间的电阻，标准值是 22～30 Ω，如果数值不在标准值范围内，更换新的 ACF 阀。

（3）活性炭罐电磁阀（ACF 阀）供电电压测试。ACF 阀的电源供应也由燃油泵继电器控制。在附加保险丝（30 A）良好条件下，拔下 ACF 阀的插头，用万用表或发光二极管试灯连接插头 1（燃油泵继电器来的火线）和发动机搭铁，起动发动机，应有电源电压或发光二极管亮。

（4）活性炭罐电磁阀（ACF 阀）动作测试。一种方法是拔下 ACF 阀插头，用发光二极管试灯连接插头上两个插孔，用 V. A. G. 1552 或金奔腾诊断仪，进入最终控制诊断，按→键选择活性炭罐电磁阀 N80 测试，发光二极管试灯应闪烁，如不闪烁检查导线与连接器，如连接器连接良好，导线无短路或断路，则更换新的发动机控制单元。另一种方法是用 V. A. G. 1552 或金奔腾进行最终控制诊断，按→键进入活性炭罐电磁阀动作测试时应听到“咔嗒”响声，如无响声则 ACF 阀不动作。

2. SGM 别克 3. 0L 车

SGM 别克 3. 0L 车的活性炭罐电磁阀（蒸发排放碳罐吹洗电磁阀）电路如图 5—57 所示，当发动机控制单元连续 30 s 检测出碳罐吹洗阀控制输出电路有故障，将设置 DTC P0443 故障码，检测碳罐吹洗阀可用专用测试仪进行动作测试时观察阀动作是否正常，方法与时代超人车基本相同。

检查碳罐，如果碳罐有裂缝或损坏，更换碳罐；如果燃油从碳罐底部漏出，更换碳罐并检查软管是否连接错误、堵塞或泄漏。

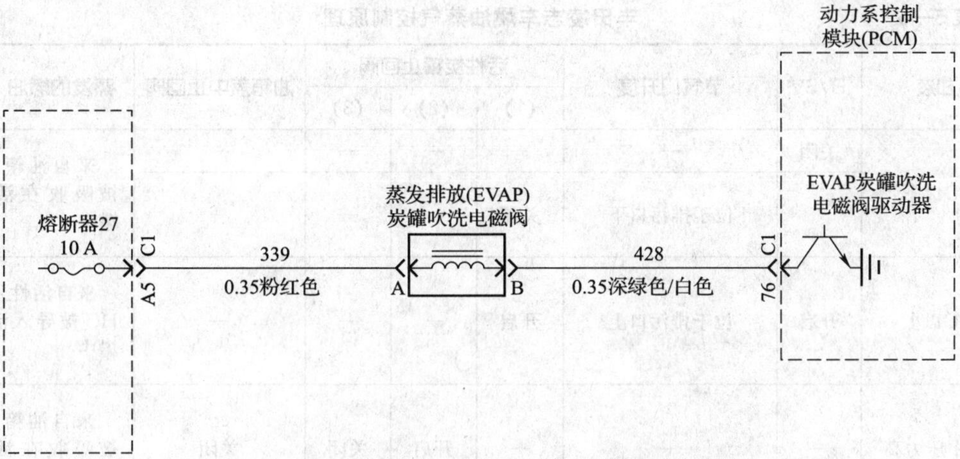

图 5—57　SGM 别克 3.0L 车活性炭罐电磁阀电路

检查碳罐底部的滤清器，如果很脏、堵塞或损坏，则更换滤清器。如图 5—58 所示，将一根软管连接到控制阀的较低的管子上吹气，应该没有或只有少量空气通过进入碳罐（如果碳罐有一个常开的净化口，会有少量空气通过）；用一个手动真空泵对碳罐口的真空管端施加 51 kPa 的真空度，此时再次通过连接到较低的管子上的软管吹气，空气流量应增加，否则更换碳罐。

当控制阀失效或线路不良、活性炭罐损坏、软管裂开或连接错误时，就会引起怠速不稳和失速、发动机性能不良和空燃比不正确。

3. 丰田凌志车

丰田凌志车燃油蒸气控制系统原理如图 5—59 所示。工作原理见表 5—6。

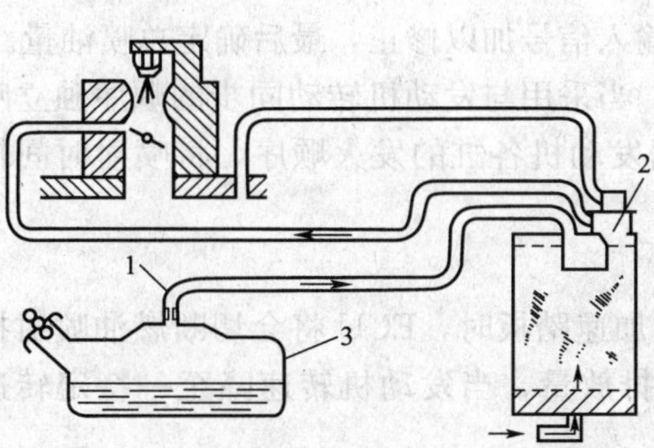

图 5—58　SGM 车燃油蒸气控制系统原理图

1—燃油蒸气管　2—活性炭罐　3—油箱

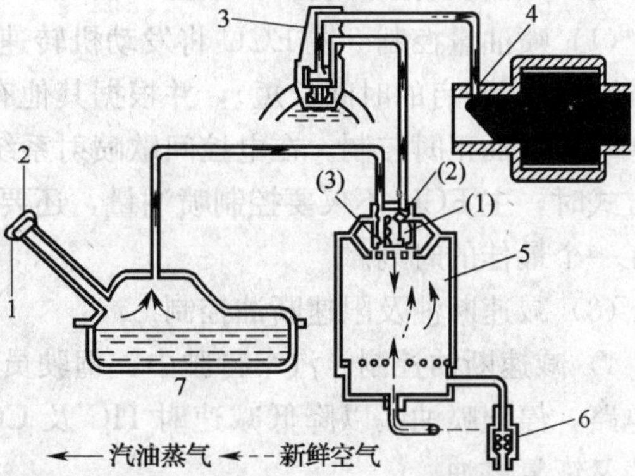

图 5—59　丰田车燃油蒸气控制系统原理图

1—油箱盖　2—单向吸气阀　3—水温控制的真空阀（40 ℃以下关闭，50 ℃以下打开）　4—进气真空管　5—活性炭罐　6—单向吸气阀　7—油箱

表 5—6　丰田凌志车燃油蒸气控制原理

冷却液	BVSV	节气门开度	活性炭罐止回阀			油箱盖中止回阀	蒸发的燃油（HC）
			(1)	(2)	(3)		
35 ℃以下	关闭	—	—	—	—	—	来自油箱的 HC 被吸收在活性炭罐中
		位于排污口下	关闭	—	—	—	
54 ℃以上	开启	位于排污口上	开启	—	—	—	来自活性炭罐的 HC 被导入活性炭罐中
油箱中压力高	—	—	—	开启	关闭	关闭	来自油箱的 HC 被吸收在活性炭罐中
油箱中有负压	—	—	—	关闭	开启	开启	空气被导入燃油箱

5.7　发动机集中控制系统

5.7.1　发动机控制系统功能

1. 电控燃油喷射（EFI）

电控燃油喷射主要包括喷油量、喷射正时、燃油停供及燃油泵的控制。

（1）喷油量控制。主 ECU 将发动机转速和负荷信号作为主控信号，确定基本喷油量（喷油电磁阀开启的时间长短），并根据其他有关输入信号加以修正，最后确定总喷油量。

（2）喷油正时控制。在电控间歇喷射系统中，当采用与发动机转动同步的顺序独立喷射方式时，主 ECU 不仅要控制喷油量，还要根据发动机各缸的发火顺序，将喷射时间控制在一个最佳的时刻。

（3）减速断油及限速断油控制

1）减速断油控制。汽车行驶中，驾驶员快收加速踏板时，ECU 将会切断燃油喷射控制电路，停止喷油，以降低减速时 HC 及 CO 的排放量，当发动机转速降至一特定转速时，又恢复供油。

3）限速断油控制。发动机加速时，发动机转速超过安全转速或汽车车速超过设定的最高车速，ECU 将会在临界转速时切断燃油喷射控制电路，停止喷油，防止超速。

（4）燃油泵控制。当点火开关打开后，ECU 将控制燃油泵工作 2～3 s，以建立必须的油压，此时若不起动发动机，ECU 将切断燃油泵控制电路，燃油泵停止工作。在发动机起动过程和运转过程中，ECU 控制燃油泵保持正常运转。

2．电控点火装置（ESA）

点火装置的控制主要包括点火提前角、通电时间及爆震控制等方面。

（1）点火提前角控制。在主 ECU 中，首先存储记忆发动机在各种工况及运行条件下最理想的点火提前角。发动机运转时，主 ECU 根据发动机的转速和负荷信号，确定基本点火提前角，并根据其他有关信号进行修正，最后确定点火提前角，并向电子点火控制器输出点火指示信号，以控制点火系的工作。

（2）通电时间（闭角）控制与恒流控制。为保证点火线圈初级电路有足够大的断开电流，以产生足够高的次级电压，同时也要防止通电时间过长使点火线圈过热而损坏，主 ECU 可根据蓄电池电压及转速等信号，控制点火线圈初级电路的通电时间。

在高能点火装置中，还增加了恒流控制电路，以使初级电流在极短时间内迅速增长到额定值，减少转速对次级电压的影响，改善点火特性。

（3）爆震控制。当主 ECU 收到爆震传感器输出的信号后，ECU 对信号进行滤波处理并判定有无爆震，在检测到爆震时，立即把点火时刻修正滞后角，在无爆震时，则采用提前角反馈控制形式，此项控制是点火时刻控制中的追加功能，在装有废气涡轮增压器的发动机上常采用此种控制。

3．怠速控制（ISC）

发动机在汽车运转、空调压缩机工作、变速器挂入挡位、发电机负荷加大等不同怠速运转工况下，由 ECU 控制怠速控制阀，使发动机都能处在最佳怠速转速下运转。

4．排放控制

排放控制项目主要有：排气再循环控制（EGR），氧传感器及三元催化转化器开环、闭环控制，二次空气喷射控制，活性炭罐电磁阀控制等。

（1）EGR 排气再循环控制。当发动机温度达到一定温度时，根据发动机负荷和转速，ECU 控制 EGR 阀作用，排气进行再循环，以降低 NO_x 排放量。

（2）开环与闭环控制。在装有氧传感器及三元催化器的发动机中，主 ECU 根据发动机的工况及氧传感器反馈的空燃比信号，确定开环控制与闭环控制方式。

（3）二次空气喷射控制。主 ECU 根据发动机的工作温度，控制新鲜空气喷入排气歧管或三元催化转化器中，以减少排气污染。

（4）活性炭罐电磁阀控制。主 ECU 根据发动机的工作温度、转速、负荷等信号，控制活性炭罐电磁阀的工作，以降低蒸发污染。

5．进气控制

（1）动力阀控制。发动机在不同负荷下，主 CEU 控制真空电磁阀，以控制动力阀的开闭来改变进气流量，从而改善发动机的输出扭矩与动力。

（2）涡流控制阀。主 ECU 根据发动机的负荷和转速信号，控制真空电磁阀，以控制涡流控制阀的开闭，改善发动机大负荷下的充气效率，提高输出扭矩和动力。

6．增压控制

主 ECU 根据进气压力传感器（MAP）检测的进气压力信号去控制释压电磁阀，以控制排气通路切换阀，改变排气通路的走向，从而控制废气涡轮增压器进入工作或停止工作。

7．警告提示

主 ECU 控制各种指示和警告装置，显示有关控制系统的工作状况，当控制系统出现故障时能及时发出警告信号。如氧传感器失效、催化剂过热、油箱油温过高等。

8．自我诊断与报警系统

当控制系统出现故障时，主 ECU 将会点亮仪表板上的“检查发动机”（CHECK ENGINE）灯，提醒驾驶员注意，发动机已出现故障，并将故障信息储存到 ECU 中，通过一定程序，能将故障码及有关信息资料调出，供检修用。

9．传感器故障预诊参考系统（失效保护）

当主 ECU 检测到传感器或线路故障时，即会自动按 ECU 预设的程序提供预设定值，以便发动机仍能保持运转，但性能将有所下降。

10．主计算机故障备用控制系统

当主 ECU 发生故障时，则会自动启动备用系统，使发动机转入强制运转状态，以便驾驶员将车辆开到检修厂进行修理。

5.7.2 发动机控制系统的基本组成

发动机控制系统主要由信号输入装置、电子控制单元（ECU）、执行器等组成。

1．信号输入装置及输入信号

发动机控制系统的信号输入，主要是通过各种传感器或其他控制装置将各种控制信号输入 ECU。发动机控制系统用的传感器和输入信号主要有下列种类。

（1）空气流量计（MAF）。在 L 型 EFI 中，由空气流量计测量发动机吸入空气量，并将信号输入 ECU，作为燃油喷射和点火控制的主控制信号。

（2）进气压力传感器。在 D 型 EFI 中，由进气压力传感器测量进气管压力（真空度），并将信号输入 ECU，作为燃油喷射和点火控制的主控制信号。

（3）转速和曲轴位置传感器。曲轴位置传感器检测曲轴转角信号（转速信号）输入 ECU，作为点火和燃油喷射的主控制信号。

（4）凸轮轴位置传感器。凸轮轴位置传感器向 ECU 输入凸轮轴位置信号，此信号是点火控制的主控制信号。

（5）上止点位置传感器。上止点位置传感器向 ECU 提供每一缸上止点位置信号，作为点火控制主控信号。

(6) 缸序判别传感器。缸序判别传感器向 ECU 提供各缸工作顺序信号，作为点火控制主控信号。

(7) 冷却水温度传感器。检测发动机冷却水温度，向 ECU 输入温度信号，作为燃油喷射和点火正时的修正信号，同时也是其他控制系统的控制信号。

(8) 进气温度传感器。检测进气温度，向 ECU 输入进气温度信号，作为燃油喷射和点火正时的修正信号。

(9) 节气门位置传感器。节气门位置传感器检测节气门的开度状态，如怠速（全关或全开）及节气门开、闭的速率信号，输入 ECU，控制燃油喷射及其他控制系统（如 EGR 阀开、闭环控制等）。

(10) 氧传感器。检测排气中氧的含量，向 ECU 输入空燃比的反馈信号，进行喷油量的闭环控制。

(11) 爆震传感器。爆震传感器向 ECU 输入爆震信号，经 ECU 处理后，控制点火提前角，抑制爆震产生。

(12) 大气压力传感器。检测大气压力，向 ECU 输入大气压力信号，修正喷油和点火控制。

(13) 车速传感器。检测车速，向 ECU 输入车速信号，控制发动机转速，实现超速断油控制。在发动机和自动变速器共同控制时，也是自动变速器的主控制信号。

(14) 起动信号。发动机起动时，由起动系向 ECU 提供一个起动信号，作为喷油量、点火提前角的修正信号。

(15) 发电机负荷信号。当发电机负荷因开启用电量较大的电器设备而增大时，向 ECU 输入此信号，作为喷油量与点火提前角的修正信号。

(16) 空调作用信号（A/C）。当空调开关打开，空调压缩机进入工作，发动机负荷加大时，由空调开关向 ECU 输入空调作用信号，作为对喷油量及点火提前角控制的修正信号。

(17) 挡位开关信号和空挡位置开关信号。自动变速器由 P/N 挡挂入其他挡位时，发动机负荷将有所增加，挡位开关向 ECU 输入信号，作为对喷油量及点火提前角的修正信号。当挂入 P 或 N 挡时，空挡位置开关提供 P/N 挡位置信号，防止在 P/N 挡时发动机起动。

(18) 蓄电池电压信号。当主 ECU 检测到蓄电池和电源系的电压过低时，将对供油量进行修正，以补偿由于电压过低，造成喷油压力过低所带来的影响。

(19) 离合器开关信号。在离合器接合和分离过程中，由离合器开关向主 ECU 输入离合器工作状态信号，作为喷油量及点火提前角控制的修正信号。

(20) 制动开关信号。在制动时，由制动开关向 ECU 提供制动信号，作为对喷油量、点火提前角、自动变速器等的控制信号。

（21）动力转向开关信号。采用动力转向装置的汽车，当转向盘由中间位置向左右转动时，由于动力转向油泵工作而使发动机负荷加大，此时动力转向开关向主 ECU 输入修正信号，调整喷油量及点火提前角。

（22）EGR 阀位置传感器。EGR 阀位置传感器向主 ECU 提供 EGR 阀的位置信号。

（23）巡航（定速）控制开关信号。当进入巡航控制状态时，由巡航控制开关向 ECU 输入巡航控制状态信号，由 ECU 对车速进行自动控制。

随着控制功能的扩展，输入信号也将不断增加。从上述所列传感器及输入信号中可以看出，发动机集中控制系统所用的传感器及输入信号有很多都是相同的。这就意味着，在发动机集中控制系统中，可以减少大量的传感器数目，一个传感器或一个输入信号，可以多次重复使用，作为几个控制系统的输入信号。

2. 电子控制单元（ECU）的功能与组成

ECU 是一种电子综合控制装置，它所具备的基本功能如下：

（1）接受传感器或其他装置输入的信息。给传感器提供参考（基准）电压：2 V、5 V、8 V、12 V 等；将输入的信息转变为微机所能接受的信号。

（2）存储、计算、分析处理信息。计算出输出值所用的程序；存储该车型的特点参数；存储运算中的数据（随存随取）、存储故障信息。

（3）运算分析。根据信息参数求出执行命令数值；将输出的信息与标准值对比，查出故障。

（4）输出执行命令。把弱信号变为强的执行命令；输出故障信息。

（5）自我修正功能（自适应功能）。在发动机控制系统中，ECU 不仅用来控制燃油喷射系统，同时还具有点火提前角控制、怠速控制、排放控制、进气控制、自诊断、失效保护和备用控制系统等多项控制功用。

在发动机控制系统中，由于使用微机，与以往的模拟电路控制相比，信号处理的速度和容量都大大提高，因此，就可以实现多功能的高精度集中控制。

3. 执行器

执行器受 ECU 控制，具体执行某项控制功能。一般是由 ECU 控制执行器电磁线圈的搭铁回路，有的由 ECU 控制的某些电子控制电路，如电子点火控制器等。

在发动机控制系统中，执行器主要有下列各种形式：

（1）电磁式喷油器。

（2）点火控制器（点火模块）。

（3）怠速控制阀、怠速电动机。

（4）EGR 阀。

（5）进气控制阀。

（6）二次空气喷射阀。

（7）活性炭罐排泄电磁阀。

(8) 车速控制电磁阀。

(9) 燃油泵继电器。

(10) 冷却风扇继电器。

(11) 空调压缩机继电器。

(12) 自动变速器挡位电磁阀。

(13) 增压器释压电磁阀。

(14) 自诊断显示与报警装置。

(15) 故障备用程序启动装置。

(16) 仪表显示器。

随着控制功能的增加，执行器也将相应增加。

5.8 安全保护电路及故障自诊断系统

5.8.1 安全保护功能

发动机控制系统具有安全保护功能，当 ECU 检测到传感器或电路出现故障时，即会自动按 ECU 原设定的程序和数据使控制系统继续工作（此时性能将下降）或停机。

下面介绍有关电路出现故障时的情况及安全保护功能的作用。

1. 水温传感器（THW）信号电路、进气温度传感器（THA）信号电路故障

当水温传感器或进气温度传感器信号电路发生开路或短路故障时，ECU 将检测到低于−50 ℃或高于 139 ℃的温度信号，这将引起空燃比过小或过大（混合气过浓或过稀），导致发动机转速不稳、产生爆震。此时，安全保护功能将自动采用正常运转值（标准值）。通常按发动机冷却水温度 80 ℃，进气温度 20 ℃控制发动机工作，防止混合气过浓或过稀。

2. 点火确认信号故障

如果点火系统中产生故障造成不能点燃汽缸内的可燃混合气，ECU 检测不到由点火控制器返回的点火确认信号。此时，ECU 安全保护功能立即停止燃油喷射，以防止大量燃油进入汽缸而又不能完成点火工作。

3. 节气门位置传感器（线性型）信号电路故障

当线性型节气门位置传感器产生断路或短路故障时，ECU 将检测到节气门处于全开或全关闭状态信号。此时安全保护功能将采用正常运转值（标准值）。通常按节气门开度为 0°或 25°值控制发动机工作。

4. 爆震传感器（KNK）信号电路或爆震控制系统故障

当爆震传感器信号电路开路或短路，或 ECU 内爆震控制系统出现故障，无论是否产生爆震，点火提前角控制将无法由爆震控制系统控制执行，这将导致发动机损坏。此时安全保护功能将点火提前角固定在一适当值。

5. 曲轴位置传感器（G1 和 G2）信号电路故障

由于 G 信号用于识别汽缸和确定曲轴基准角，当出现开路或短路时，发动机无法控制，将造成发动机不能起动或失速。如果仍能收到 G1 或 G2 信号，则曲轴基准角还能由保留的 G 信号判别。

6. 空气流量计信号电路故障

如果空气流量计信号电路中出现开路或短路故障，就不能检测进气量，也无法计算基本喷油时间，将引起发动机失速或不能起动。安全保护功能将由起动信号和怠速触点接触情况确定的固定值（标准值）控制喷射时间和点火正时，保证发动机能够运转，但性能下降。

7. 进气压力传感器（PIM）信号电路故障

当进气压力传感器信号电路出现开路或短路故障时，也不能计算基本喷油时间，将导致发动机不能起动或失速。安全保护功能将进入备用状态或采用标准值保证发动机运转。

5.8.2 故障自诊断系统

1. 概述

随着电子技术的不断发展，计算机因其体积小、成本低、可靠性高等显著优点，在汽车电子控制中得到了越来越广泛的应用，使汽车在动力性、经济性和排污控制以及舒适性等方面都有了极大的提高和改善。但是，汽车控制的电子化也给汽车故障诊断的维修工作带来了越来越多的困难，对汽车维修技术人员的要求也越来越高。在这种情况下，汽车电控设计人员，利用微机不但可以进行测试、控制，而且可以很方便地根据软件程序进行推理、判断等特点，在进行现代汽车电子控制系统设计的同时，在微机内增设了故障自诊断功能和故障运行功能。目前，现代汽车电子控制系统的微机内部都有一个故障自诊断电路。它能在汽车运行过程中不断鉴别电子控制系统各组成部分的工作情况，并能检测出电子控制系统中大部分故障。当微机发现在电子控制系统中有故障时，还能自动启动故障运行程序，并将故障以代码的形式储存在微机的读写存储器 RAM 内，只要不切断微机的电源，这些故障代码将一直保存在微机内，这样，不仅可以保证发动机在有故障的情况下可以运行，而且还可以向维修人员提供故障情况，便于及时发现和排除故障。

（1）故障自诊断系统工作原理。汽车电子控制系统中，各系统的 ECU（微机）都有自诊断功能。

系统正常工作时，ECU 的输入信号都在规定范围内变化，执行器件都向 ECU 反馈信号。如果某一型号不在规定范围内或一段时间内没有发生应该有的变化或 ECU 未收到执行器件的反馈信号，ECU 就判断该电路出现了故障，并把这一故障以故障代码的形式存在 ECU 的读写存储器 RAM 中，同时点亮发动机检查警告灯。仪表板上的发动机检查警告灯一般为“CHECK”或“SERVICE ENGINE SOON”。当某传感器信号产生了故障后，其信号就不能用于作为发动机的控制参数而使用，为了维持发动机的正常运转，ECU便从其程序存储器中，调出某一固定数值，作为发动机的应急参数，保证发动机可以继续运转。

各系统工作时，如果偶然出现一次不正常信号，ECU不会判断为故障，只有当不正常信号持续一定时间或多次出现时，ECU诊断系统才判断为故障并将故障码存入计算机内。

（2）自诊断模式的分类。自诊断测试就是利用自诊断系统对电控系统的故障进行诊断。点火开关打开后，发动机故障指示灯会点亮，这是ECU对灯执行自检，发动机起动后，故障指示灯应熄灭，如常亮则表示发动机控制系统有故障存在。自诊断系统通过故障指示灯来提示驾驶员或维修人员，汽车电控系统存在故障应立即修理。至于故障的类型和故障部位，则需通过启动自诊断系统，才能读取故障代码，再由故障代码表查得该代码的含义，或者直接由解码器直接读取故障码和故障内容。

在自诊断系统中，对系统故障的诊断有两种不同的诊断模式：一种是静态检测，简称KOEO模式，即点火开关打开，发动机不发动（Key On Engine Off）在进行这种模式的诊断时，只打开点火开关，不起动发动机，主要在发动机静态时将ECU中所存储的故障代码读取出来。另一种是动态诊断模式，简称KOER模式，即点火开关打开，发动机运转（Key On Engine Run），主要在发动机运行时，读取故障码或进行混合气成分的监测。

2. 丰田自诊断系统示例

（1）日本丰田微机故障检测插座。日本丰田微机故障检测插座一般位于发动机室或仪表板左下方，其故障检测插座有五种形式，如图5—60所示。

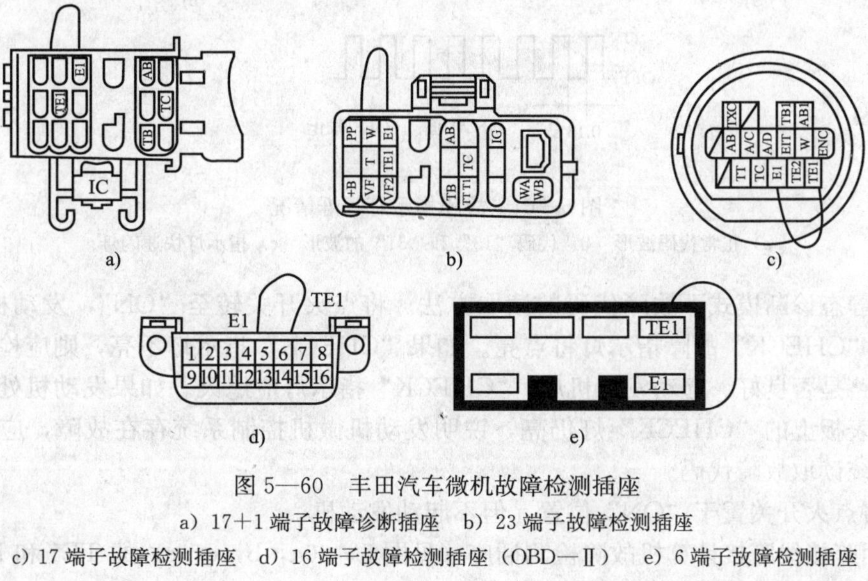

图5—60　丰田汽车微机故障检测插座

a）17＋1端子故障诊断插座　b）23端子故障检测插座

c）17端子故障检测插座　d）16端子故障检测插座（OBD—Ⅱ）　e）6端子故障检测插座

（2）丰田汽车发动机微机故障自诊断的使用方法

1）故障警告。当发动机微机控制系统工作时，自诊断系统连续监测每个传感器的输入信号及各执行器反馈电路的反馈信号，如果出现异常，说明微机控制系统发生故障，故障自诊断将此故障所对应的故障代码存入存储器，同时，点亮仪表板上的“CHECK”（检测发动机）故障指示灯，提示微机控制系统存在故障，应及时予以排除。

2）故障代码的识别。微机控制系统内出现故障时，微机将故障记录在存储器中。当触发故障自诊断系统时，微机通过发动机故障指示灯“CHECK”的闪烁，以故障代码的形式输出记录在微机内的故障信息。

丰田汽车发动机微机控制系统未出现故障时，发动机故障指示灯闪烁、亮、熄间隔时间都是 0.25 s，如图 5—61a 所示。如图 5—61b 所示为微机输出故障代码“13”和“31”时发动机故障指示灯的闪烁情况。触发发动机故障自诊断系统后，故障指示灯间隔 4 s 亮一下，持续 0.5 s 后熄灭（表示故障代码“13”中的“1”），隔 1.5 s 后，又闪三下，亮、熄间隔时间都是 0.5 s（表示故障代码“13”中的“3”）。然后间隔 2.5 s 后再作类似的闪烁，表示故障代码“31”。待两个故障代码输出后，指示灯熄灭 4.5 s 后重复闪烁这两个故障码。需要指出的是：当微机记录多个故障时，不管故障发生的先后次序，输出的故障代码都是数值小的在前、数值大的在后。

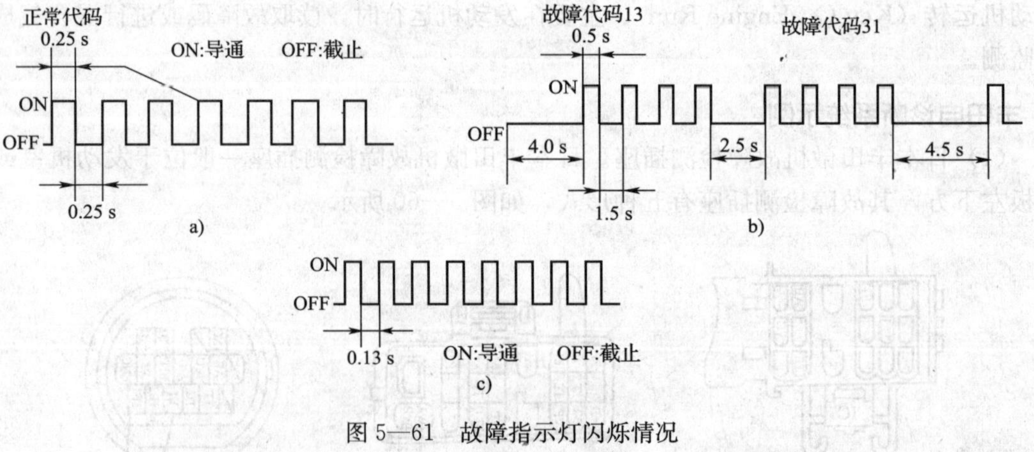

图 5—61　故障指示灯闪烁情况

a）正常代码波形　b）代码“13”和“31”的波形　c）指示灯快速闪烁

（3）静态诊断模式下故障代码的读取方法。将点火开关转至“ON”，发动机不转动，仪表边上“CHECK”故障指示灯将点亮。如果“CHECK”指示灯不亮，则应检查指示灯灯泡及电路是否良好。起动发动机后，“CHECK”指示灯应熄灭。如果发动机处于运转状态时，仪表板上的“CHECK”灯仍亮，说明发动机微机控制系统存在故障，应使用故障自诊断系统读取故障代码。

1）将点火开关置于“ON”位置，但不起动发动机。

2）用跨接线跨接计算机故障检测插座（见图 5—60a，b，c，e）的 TE1 和 E1 端子或如图5—60d的5和6端子。

当做完上述步骤后，仪表板上的“CHECK”即闪烁故障码。

（4）动态诊断模式下的故障代码读取方法。与静态诊断模式相比，动态诊断模式的故障诊断灵敏度更高，它不仅可以对原有的故障代码进行显示，而且可以发现其静态诊断模式下不能发现的故障。如：节气门怠速触电信号、起动信号、空调信号和空挡起动开关信号等。动态诊断模式下故障代码的读取步骤如下：

1）关闭点火开关后，用诊断跨接线跨接微机故障检测插座中的“TE2”和“E1”端子。

2）接通点火开关，此时“CHECK”发动机故障指示灯将快速闪烁，亮、熄时间间隔约为0.13 s。

3）起动发动机，模拟驾驶员描述的故障状况，以不低于10 km/h的车速行驶一段时间。

4）路试之后，再用诊断跨接线将微机故障诊断插座上的“TE1”和“E1”端子跨接，此时实际上是将微机故障检测插座上的“TE1”“TE2”和“E1”三个端子连接在一起。

5）通过仪表板上的“CHECK”发动机故障指示灯的闪烁频率读取故障代码。

6）读取并记录完故障代码后，从微机故障检测插座上拆下诊断跨接线。

使用动态诊断模式读取发动机微机代码时，必须严格按照以上步骤进行操作，否则将出现错误的故障代码或使动态诊断过程不能进行。例如：若用诊断跨接线跨接微机故障检测插座上的“TE1”和“E1”端子时，点火开关处于打开的位置，那么动态诊断模式便不会开始，即使完成了以后的各项操作，也不会获得任何结果；如果在进行动态诊断模式时，汽车的行驶速度低于5 km/h，读出代码为“42”的故障代码（此代码的内容为车速信号故障），但实际上此时的车速信号为正常；如果未起动发动机就进行读码操作，会出现代码为“43”的故障代码（表示起动信号故障），而此时起动信号也是正常的；当自动变速器换挡杆处于“D”挡、“2”挡、“L”挡或“R”挡位时，或空调打开，或加速踏板被踩下时，将显示故障代码“51”（开关状态信号故障），但此时各开关信号也是正常的。

（5）故障代码的清除。对故障部位进行维修后，记录在微机中的故障代码必须清除，如果不清除故障代码，虽然不会影响发动机的运行，但在微机中会一直保留着，下次再出现故障时，保留的故障码会与新的故障代码一起出现，将会造成识别故障代码的错觉。故障代码的清除方法是：把点火开关关掉后，从熔断器盒中拆下EFI熔断器（20 A）10 s以上即可。拆除蓄电池负极搭铁线也可清除故障代码，但这种方法将使时钟和音响等装置中储存的信息也被清除，带密码的音响将被锁死。

（6）丰田汽车发动机微机控制系统故障代码的内容。故障代码的内容就是指故障代码所表示的故障性质和故障范围，这些内容一般是由汽车制造厂提供的，列入维修手册中。1987年以前生产的丰田汽车发动机微机控制系统故障代码为一位数码（跨接TE1与E1端子），其故障代码的含义见表5—7。1988年以后生产的丰田汽车发动机微机控制系统故障代码为两位数码（跨接TE1与E1端子），其故障代码的含义见表5—8。

表 5—7　　丰田汽车发动机控制系统故障代码表（1987 年以前）

故障代码	故 障 内 容
1	正常（一直闪）
2	①输入空气流量计电压不正确 ②空气流量计输出信号太高或太低
3	①空气流量计信号线路搭铁、短路或断路 ②点火无反馈（Igf）信号
4	水温传感器线路短路
5	氧传感器信号太低
6	没有点火信号
7	节气门位置传感器信号不良
8	进气温度传感器不良
9	车速传感器信号不良（发动机在 2 400～2 500 r/min 时）
10	起动机信号不良（发动机在 800 r/min 以上时）
11	①主微机无法取得蓄电池正极信号； ②主微机没有从 A/C 开关、节气门位置传感器/节气门开关触点，停车/空挡开关中接收到信号（读故障码时，节气门没有关闭，A/C 在作用或 A/T 挡位不在 P 挡或 N 挡时，此码也会出现）

表 5—8　　丰田汽车发动机控制系统故障代码表（1988 年以后）

故障代码	故 障 内 容	故 障 原 因
11	微机电源瞬间中断	主继电器接触不良
12	起动时无（Ne）转速信号（2 s 以上）	①Ne、G 配线短路或断路 ②Ne、G 信号发生器故障 ③STA 信号线路短路或断路 ④ECU 故障
12	低速时（600～4 000 r/min 范围内）3 s 以上 ECU 未收到 G 信号	
13	高速时（1 500 r/min 以上）0.3 s 以上 ECU 未收到 Ne 信号	①Ne、G 信号配线短路 ②Ne、G 信号发生器故障 ③线路接头松动、接触不良、脏污 ④ECU 故障
13	发动机在 500～4 000 r/min 之间 ECU 取得 4 次 Ne 信号但无 G 信号	
14	无 IGT 或 IGF 点火控制信号	①IGT 或 IGF 信号配线短路、断路 ②点火控制器故障 ③ECU 故障
15	第二组点火控制系统无 IGT 或 IGF 信号	
16	电子控制自动变速器信号不良	①主 ECU 与 A/T　ECU 之间配线故障 ②A/T　ECU 故障；主 ECU 故障

续表

故障代码	故 障 内 容	故 障 原 因
17	1号（左）凸轮轴位置传感器信号不良	①传感器配线短路或断路 ②传感器故障 ③ECU故障
18	2号（右）凸轮轴位置传感器信号不良	
21	左氧传感器信号不良	①氧传感器故障 ②氧传感器线路故障
28	右氧传感器信号不良；传感器输出电压在0.35 V以上或0.7 V以上超过60 s无变化	
22	水温传感器信号不良，ECU在0.5 s以上未取得水温信号	①水温传感器故障 ②水温传感器线路短路或断路 ③ECU故障
24	进气温度传感器信号不良，ECU在0.5 s以上未取得进气温度信号	①进气温度传感器故障 ②进气温度传感器线路短路或断路 ③ECU故障
25	混合气过稀、空燃比过大；氧传感器输出电压低于0.45 V，时间超过90 s	①主氧传感器线路短路或断路 ②主氧传感器故障 ③E1断线 ④水温传感器故障 ⑤点火系统工作不良 ⑥喷油器卡死或线圈断路 ⑦MAP或MAF传感器工作不良 ⑧ECU故障
26	混合气过浓、空燃比过小；发动机怠速运转水温在80 ℃以上；空燃比变化超过15%的时间在10 s以上	①喷油压力过高 ②喷油器漏油或滴油 ③正时皮带跳齿，配气正时错乱 ④压缩压力过低 ⑤进气歧管漏气 ⑥ECU故障 ⑦发动机搭铁不良
27	左辅助氧传感器信号不良	①辅助氧传感器故障 ②辅助氧传感器配线短路或断路 ③ECU故障
29	右辅助氧传感器信号不良，发动机工作温度80 ℃以上、1 500 r/min以上、猛加速2 s以上、主氧传感器输出电压在0.45 V以上，而辅助氧传感器电压在0.45 V以下	
31	进气压力传感器信号不良（MAP） 空气流量计信号不良（MAF）；怠速运转时ECU在间歇0.5 s以上未取得MAP或MAF信号	①传感器标准电压（5 V，0.5 V）失常 ②MAP或MAF故障 ③PIM或Vs信号失常 ④ECU故障

续表

故障代码	故 障 内 容	故 障 原 因
32	空气流量计信号不良	①MAF E2 断路 ②MAF Vs 与 Vc 之间短路
34	涡轮增压压力信号不良（TURBO 车型）	
35	进气压力传感器信号不良	①压力传感器故障 ②压力传感器配线故障 ③Vc 失常 ④E2 断路 ⑤Vs 与 Vc 之间短路
41	节气门位置传感器（TPS）信号不良，ECU 在 0.5 s 以上未取得 TPS 信号或怠速时电压低于 0.4 V 高于 3.5 V	①TPS 配线断路、短路 ②TPS 故障 ③ECU 故障
42	车速传感器信号不良	①车速传感器故障 ②车速传感器配线短路或断路 ③P/N 开关故障 ④仪表板故障 ⑤ECU 故障
43	起动信号不良	①STA 线路短路或断路 ②点火开关或起动电路故障 ③ECU 故障
47	辅助节气门位置传感器信号不良（凌志 LS400）	参见故障码 41
51	A/C、P/N 开关信号不良	①A/C 开关不良 ②TPS 的 IDL 接头为接合 ③P/N 开关不良 ④ECU 故障
52	左爆震传感器信号不良；右爆震传感器信号不良	①爆震传感器故障 ②爆震传感器配线故障 ③爆震传感器安装不当，过紧或过松 ④点火正时不对 ⑤发电机、压缩机等固定不紧 ⑥气门间隙过大，轴承间隙过大 ⑦ECU 故障
53	ECU 检测爆震传感器信号无法处理	ECU 故障
54	涡轮增压器冷却水温传感器信号不良	①冷却水温传感器故障 ②冷却水温传感器配线故障 ③ECU 故障

续表

故障代码	故障内容	故障原因
71	EGR 系统工作不良	①EGR 真空电磁阀配线故障 ②EGR 真空电磁阀故障 ③EGR 排气温度传感器故障 ④ECU 故障
72	燃油切断电磁阀工作不良	①燃油切断电磁阀故障 ②燃油切断线路故障 ③ECU 故障

3. 第二代随车微机自诊断系统（OBD－Ⅱ）

从 1980 年开始，各汽车制造厂开始在其生产的车辆上，配备了全功能的控制诊断系统，当发动机控制系统发生故障时，可警示驾驶员，汽车修理工人在维修时，可用特定的方式读取故障码，以快速诊断故障原因，缩短维修时间，这称之为随车诊断系统（OBD）。

到了 1985 年，美国加州大气资源局（CARB）开始制定法规，要求各汽车制造厂在加州销售的车辆，必须装置 OBD 系统，这些车辆配备的 OBD 系统，称为 OBD－Ⅰ（第一代随车诊断系统），OBD 系统必须符合下列规定：

1）仪表板上必须有“故障警告灯”（MIL），以提醒驾驶员注意该车辆系统已发生故障（通常是与废气排放控制有关的系统）。

2）系统必须有记录及传输有关废气排放控制系统故障码的功能。

3）电器元件监控必须包含氧传感器，废气再循环控制系统和燃油蒸气控制系统。

当 OBD－Ⅰ正式在 1988 年全面实施时，虽然美国环保局（U. S. EPA）并未强制要求其他州销售的车辆（除了加州以外）也要配备 OBD－Ⅰ系统，但实际上汽车制造厂在其他州销售的车辆也都配备了相同的系统。

当初，加州大气资源局制定 OBD－Ⅰ的用意是要减少车辆废气排放，以及简化维修的流程，但由于 OBD－Ⅰ规格不够严谨，它遗漏了触媒转换器的效率监测，以及燃油蒸气系统的泄漏侦测，再加上 OBD－Ⅰ的监测灵敏度不高，一旦发觉车辆有故障再进厂维修时，实际上已排放了大量的有害气体。

OBD－Ⅰ系统除了无法有效地控制废气排放，它还引起另一个严重的问题，各汽车制造厂设计了自己的诊断系统，检修流程和特殊工具等，各汽车制造厂设计的诊断系统，诊断座不同，故障码不同，读取故障码的方法也各不相同，从而使非原厂的修理工人在维修车辆时必须面对更复杂的维修环境。美国加州大气资源局（CARB）发现 OBD－Ⅰ离当初制定的目标越来越远，所以开始开发第二代随车诊断系统（OBD－Ⅱ）。

美国加州大气资源局（CARB）所定义的 OBD－Ⅱ必须具备下列功能：

1）检测废气排放控制系统的元件是否“衰老”或损坏。

2）必须有警示驾驶员应该进行废气控制系统的保养与检修的功能。

3）使用标准化的故障码，并且可以用通用的仪器读取或清除故障码。

CARB 规定所有 1996 年在加州销售的小型车辆必须配备 OBD-Ⅱ系统，从 1997 年起，所有的小型卡车也要配备 OBD-Ⅱ系统。OBD-Ⅱ系统规格在 1997 年也被美国环保局（U. S. EPA）采纳为联邦标准，并在 1998 年正式生效。

（1）OBD-Ⅱ诊断系统的功能

1）OBD-Ⅱ诊断座与故障码定义。诊断座统一为 16 脚诊断座，安装在驾驶室仪表台左下方，如图 5—62 所示。

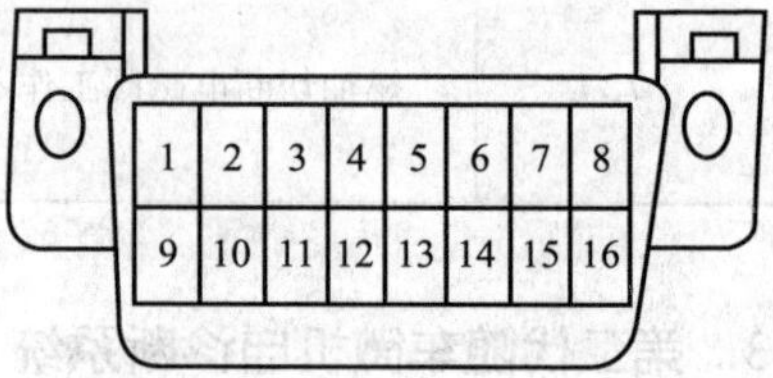

图 5—62 OBD-Ⅱ诊断座

各种车辆相同故障代码的意义相同，这种 OBD-Ⅱ标准码由五位数字组成。

例：P1352

其中，P：第五位代表测试系统；1：第四位代表汽车制造厂码，如为 0 则代表 SAE 定义故障码，如为 1、2、3 则代表汽车制造厂；3：第三位代表 SAE 定义故障代码范围；52：第二位、第一位代表原厂故障码。

在表 5—9 中代码代表的是 SAE 定义的故障范围。

表 5—9　代码及其代表的 SAE 定义的故障

代　码	SAE 定义故障范围	代　码	SAE 定义故障范围
1	燃油系统或进气系统故障	5	怠速控制系统故障
2	燃油系统或进气系统故障	6	微机或执行器故障
3	点火系统或发动机间歇熄火	7	变速器控制系统故障
4	废气排放控制系统故障	8	变速器控制系统故障

2）OBD-Ⅱ诊断座各引脚功能（见表 5—10）。OBD-Ⅱ诊断系统具有行车记录功能，能记录车辆行驶过程中有关数据资料；能够重新显示记忆故障；可由仪器直接清除故障码。

表 5—10　OBD-Ⅱ诊断座各引脚功能

插孔代号	通用（GM）	福特（FORD）	克莱斯勒（CHRYSLER）	奔驰（BENZ）	沃尔沃（VOLVO）	丰田（TOYOTA）	三菱（MITSUBISHI）
1				DM7/1 HFM15/1			触发发动机故障码
2 （SAE—J2012）	“M”发动机资料	BUS 总线				SDL	
3	悬　挂		SRS—4	A 2BUS	发动机 B5		

续表

插孔代号	通用 (GM)	福特 (FORD)	克莱斯勒 (CHRYSLER)	奔驰 (BENZ)	沃尔沃 (VOLVO)	丰田 (TOYOTA)	三菱 (MITSUBISHI)
4	搭 铁	搭 铁	搭 铁	搭 铁	搭 铁	搭 铁	搭 铁
5	搭 铁	搭 铁	搭 铁	搭 铁	搭 铁	搭 铁	搭 铁
6			发动机 9				A/T 故障码 9
7 (ISO—9141)			发动机 30 ABS 5	DM 23/I	A 6BUS		发动机资料 92
8	防 盗						ABS 故障码 22
9	BCM 资料			DM6/1 HFM16/1			
10 (SAE—J2012)		BUSS					发动机资料 86
11	悬 挂		SRS				
12							SRS 诊断 9
13		触发					定速 24
14	音响空调						
15 (ISO—9414)							
16	B+	B+	B+	B+	B+	B+	B+

(2) OBD-Ⅱ的自诊断

1) 延迟监测的因素。在 OBD-Ⅱ系统中，延迟监测的因素有三类：

①次要延迟测试（Pending Tests)。监测系统在某些主要测试项目尚未通过前，会暂时不执行次要的测试项目。

②冲突延迟测试（Conflicting Tests)。当二个测试项目使用到相同的电路或元件时，监测系统会在每项测试结束后才进行其他测试，以免冲突。

③优先权延迟测试（Suspended Tests)。每一项废气控制系统的测试，都有优先权代码，优先权越高的项目越早进行。

2) 测试方式。OBD-Ⅱ的测试方式分为主动测试（Active)，被动测试（Passive）和强制测试（Intrusive)。

①主动测试（Active Tests)。当被动测试失败时，监测器会送出测试信号到元器件，再判断其响应状态。

②被动测试（Passive tests）。在不影响系统或元器件动作的情况下，监测其动作是否正常。

③强制测试（Intrusive）。在被动及主动测试失败时，使用强制测试来进行系统和元器件检查，进行这项测试会影响发动机输出及废气排放。

3）监测内容

①综合元器件监测。CCM 监测的元器件包含空气流量计、进气温度传感器、水温传感器、节气门位置传感器、曲轴位置传感器、凸轮轴位置传感器、燃油泵、怠速控制阀，锁止离合器等元件。

在进行监测时，CCM 首先检查各元器件信号电压是否过高（断路）、过低（短路）、信号超出范围，其次再检查信号的合理性，例如：在速度—密度的进气量检测系统上，CCM 会将 TPS 的信号与 MAP 信号作比较，当节气门开度变化时，歧管真空应随之变化。

②触媒转换器监测。OBD-Ⅱ的触媒转换器效率监测，必须使用触媒后方的副氧传感器。当触媒工作正常时，触媒前方的主氧传感器的变动次数应远高于后方的副氧传感器，通过比较前、后氧传感器的变动次数来判定触媒是否老化。

③氧传感器监测。监测器监测前、后氧传感器的加热线路及发动机控制计算机参考信号是否短路或断路，主氧传感器信号电压的高低变化，以及变化频率。在测试变化频率时，发动机控制计算机检查在某一固定时间内，信号电压跨越中点（0.45 V）的次数是否与内定值符合。另外，还检查浓稀的转换时间，并与计算机内定值比较。

触媒后方的副氧传感器监测方式，一般以击穿测试进行，计算机以固定浓稀的方式供油，直到触媒无法进行氧化还原反应时，触媒后方的副氧传感器也应有浓稀电压变化。

在连续两次行驶过程中，氧传感器都无法通过测试时，故障指示灯即点亮并设定故障。

④发动机熄火监测。发动机熄火的原因可能由压缩比、空燃比等因素所造成。当发动机发生熄火时，未燃烧的燃油蒸气（HC）会直接排入触媒转换器，造成触媒寿命缩短。由于熄火发生瞬间会减慢曲轴的转速，因此可用曲轴传感器来判定是否发生熄火，再配合凸轮轴传感器即可知道是哪一缸发生熄火。

⑤燃油修正监测。OBD-Ⅱ检查两项燃油修正数值是否超出上/下限，第一项是短效修正，它根据氧传感器的信号来快速地增减喷油时间；第二项是长效修正，当短效修正值超过±3%一段时间后，长效修正即以新的供油时间来取代计算机内定的供油时间。这两项修正值在计算机中分别设有修正的上/下限，以避免自适应过度后，情况改变而造成车辆反而不顺的现象。OBD-Ⅱ设定的上/下限约在 20%～25%，当修正值超出限制时即设定故障。

⑥燃油蒸气蒸发控制系统监测。活性炭罐在平时吸收油箱内的蒸气，在车辆行驶时将油气吸入燃烧室燃烧。燃油蒸气蒸发控制系统（EVAP）在不同车上各不相同。

在进行系统状况监测下，EVAP 监测器在车辆行驶时先关闭大气呼吸孔并打开碳罐电磁阀，此时用油箱压力传感器所测得的系统真空上升率来决定油气流量。

当进行系统漏气测试时，监测器先关闭碳罐电磁阀，接着再以油箱压力传感器来测量泄漏率。若在连续两次发动过程中，其泄漏率都超出计算机的内定值时，即点亮故障指示灯并设定故障码。

⑦废气再循环监测。不同厂家所使用的监控方式各不相同。一般来说，都是利用计算机在开、关废气再循环（EGR）阀时，以其他的传感器来侦测 EGR 动作是否正常。例如 GM 利用 MAP 监控，FORD 利用 DPEF 或 EGR 温度传感器，CHRYSLER 利用氧传感器监控。

在连续两次发动过程中，EGR 的效率都无法达到预测值时，计算机即设定故障。

⑧二次空气喷射监测。监测器检查系统内的各电气元件是否正常，并以氧传感器判定此系统是否工作正常，由于监测过程会利用到氧传感器，因此监测器待氧传感器监测完成后方进行二次空气喷射监测。如同前面各监测项目，必须连续两次发动过程都检测到故障才设定故障。

4. 故障码与故障的关系

现代汽车 ECU 都具有故障自诊断功能，当系统正常时，接通点火开关，仪表板上的“检查发动机”警告灯点亮，起动后熄灭；当发动机 ECU 检测到控制系统有故障时，将故障信息存入存储器，同时，起动后“检查发动机”警告灯常亮，通过一定的操作程序可将故障码从 ECU 中调出，读取故障码，了解故障原因，从而缩小检查范围，迅速准确地确定故障的性质和部位，有针对性地去检查有关部位、元器件和线路，将故障排除。但是读取故障码并不一定能快速排除故障，因为有故障码不一定有故障，而无故障码控制系统不一定正常，故障码仅指一个范围，有时必须综合考虑其他因素。

（1）有故障码不一定有故障。发动机 ECU 存储器中存储的故障码有两种，一种是当前故障码，即当前控制系统中存在着故障，另一种是历史故障码，过去曾经存在故障，但当前不存在该故障。区别当前故障码还是历史故障码的方法有两种：

方法一：读出故障码，但起动后“检查发动机”警告灯熄灭，说明当前发动机控制单元未检查到故障，所以“检查发动机”警告灯起动后熄灭，读出的故障码是过去的故障码，由于过去没有清除故障码，所以故障码仍存在发动机 ECU 存储器中，只要清除该历史故障码即可。

方法二：读出几个故障码，但起动后“检查发动机”警告灯常亮，说明当前发动机 ECU 检查到故障，所以“检查发动机”警告灯在起动后常亮，几个故障码中可能都是当前故障码，也有可能同时有历史故障码和当前故障码，判别的方法是首先记下读出哪几个故障码，然后清除故障码，再起动运行发动机，只要当前控制系统存在故障，“检查发动机”警告灯起动运行后一定亮，这时再读故障码，如果原来读出 3 个故障码，现在读出 1 个故障码，那么这个故障码是当前故障码，而消失的 2 个故障码则是历史故障码，清码后则消失。

(2) 无故障码控制系统不一定正常。如果读故障码时发现无故障码，不能肯定控制系统一定正常，这主要指没有故障码但传感器信号或开关信号不一定正常，有时发动机运行不正常，但起动后“检查发动机”警告灯熄灭，这时应该用诊断仪读取发动机数据与标准数据比较，检查传感器或开关信号是否正常。

1）水温传感器。水温传感器信号有一定的范围，如果超出信号范围，发动机一定储存故障码，但如果信号在范围内，也不一定正常，因为水温传感器是一个负温度系数的热敏电阻器，水温低，阻值大，信号电压高；水温高，阻值小，信号电压低，假设水温传感器标准是 20 ℃时阻值为 2～3 kΩ，80 ℃时阻值 200～400 Ω，但实际水温传感器在 80 ℃时阻值为几千欧，发动机 ECU 认为是冷车，增加喷油量，造成热车难发动，混合气浓，油耗大，在这种情况下绝对读不出故障码，因为水温传感器信号在范围内，ECU 认为是正常的，所以没有故障码。如果 20 ℃时阻值是几百欧，ECU 认为是热车，不增加喷油量，造成冷起动困难，暖车工况不良，因为水温传感器信号在范围内，没有开路或断路，所以 ECU 认为正常的，也没有故障码。

2）节气门位置传感器。滑片电阻式的节气门位置传感器一般信号电压在 0.5～4.5 V 范围内，怠速时约 0.5 V，如果由于节气门卡、拉索过紧，安装位置不当，就会使怠速时信号电压不正常，假如安装位置不当，怠速时信号电压为 0.8 V，ECU 认为此时是小负荷工况，非怠速工况，因此不修正喷油量，使怠速时混合气稀而怠速不稳，这种情况下节气门位置传感器有信号电压，ECU 认为是正确的，所以没有故障码。节气门位置传感器信号不正确还会使自动变速器的换挡点改变，如，某克莱斯勒车节气门位置传感器型号不对，怠速时 4.5 V，节气门全开 0.5 V，因为有信号，所以没有故障码，但该车会存在两个故障现象，一是不踩油门不能起动，因为 ECU 收到节气门位置传感器 4.5 V，认为节气门全开，此时再收到起动信号，ECU 即进入“清溢油功能”，控制不喷油或空燃比为 20∶1，造成不能起动，此时必须踩下油门才能起动，踩到底正好是 0.5 V。又因为怠速时节气门位置传感器 4.5 V，从而造成自动变速器换挡点错误，发动机转速很高而车速仅仅 20 km/h 左右。节气门位置传感器信号错误还会使空调压缩机不工作。这些情况都不会有故障码。

3）空气流量计。空气流量计与发动机转速信号确定基本喷油量，如果空气流量计信号偏弱，或随着节气门开度的增加，空气流量计信号上升很小，会造成基本喷油量少，但实际进气量随着节气门开度的增加而增加，结果造成混合气稀，加速时动力反而下降，甚至熄火，因为空气流量计有信号所以也没有故障码。

4）进气歧管绝对压力传感器。随着节气门开度的增加真空度会下降，进气压力传感器信号下降或上升，如果真空管漏气、发动机真空度低或进气压力传感器本身故障，进气压力传感器信号偏离正常值，由于进气压力传感器与发动机转速确定基本喷油量，所以会造成混合气浓或稀，因为有信号，所以也没有故障码。

5）氧传感器。氧传感器监测发动机燃烧情况，信号电压应该在 0.45 V 左右变动，信号电压小于 0.45 V，反馈给 ECU 后，ECU 立即修正增加喷油量，信号电压大于 0.45 V，反馈给 ECU 后立即修正减少喷油量，如果氧传感器本身故障造成信号电压一直偏低，即反馈告诉 ECU 混合气稀，ECU 立即增加喷油量，虽然增加喷油量，但氧传感器信号电压仍偏低。ECU 再增加喷油量，造成混合气越来越浓，甚至排气管排出大量的黑烟，在这种情况下有的车会储存氧传感器信号偏低的故障码，有的车不会储存故障码。

6）爆震传感器。爆震传感器监测发动机爆震情况，有的车爆震传感器信号断路会储存故障码，有的车拔去爆震传感器的信号线也不会产生故障码。

7）曲轴位置传感器和凸轮轴位置传感器。曲轴位置传感器没有信号不能发动，凸轮轴位置传感器没有信号有的车能发动，有的车不能发动，如果曲轴位置传感器或凸轮轴位置传感器由于脏污、信号盘缺齿或弯曲变形，造成信号不正确影响喷油正时和点火正时，就会造成转速不稳，动力性和加速性差，回火或放炮等故障现象，但不一定储存故障码。

8）开关信号。怠速时接通空调 A/C 开关或变速杆由 P 挡、N 挡插入 D 挡或打方向使动力转向开关接通，此时 ECU 收到开关信号要提高怠速转速，如果由于开关信号损坏，接通上述开关时，开关信号没有传递给 ECU，ECU 就不会控制怠速提速，造成不接通上述开关时怠速正常，接通上述开关时怠速下降甚至熄火。韩国大宇车当动力转为开关短路，每起动一次发动机怠速转速就会上升 200 r/min。开关信号断路或短路不会存在故障码。

（3）故障码不一定反映具体故障部位。如果存在当前故障码，起动后“检查发动机”警告灯常亮，读取的故障码仅指一个故障范围，而不是一个具体的故障部位。常见故障码内容与可能故障原因见表 5—11。

表 5—11　　常见故障内容和可能故障原因

故障码内容	可能故障原因
水温传感器信号电压过低	水温高；水温传感器故障；信号电路对搭铁短路；ECU 故障
水温传感器信号电压过高	水温低；水温传感器故障；水温传感器或 ECU 接插件接触不良；信号电路断路；发动机搭铁不良；ECU 故障
进气温度传感器信号电压过低	进气温度传感器故障；信号电路对搭铁短路；ECU 故障
进气温度传感器信号电压过高	进气温度传感器故障；进气温度传感器接插件接触不良；信号电路短路；发动机搭铁不良；ECU 故障
节气门位置传感器信号电压过低	ECU 的标准 5 V 电路故障；ECU 的 5 V 接插件接触不良；节气门位置传感器信号电路故障；接插件故障；节气门位置传感器故障；ECU 电源电路或搭铁电路故障；ECU 本身故障
节气门位置传感器信号电压过高	节气门位置传感器信号电路对电流电路短路；ECU 的 5 V 电路对电源电路短路；节气门位置传感器信号断路、接触不良；ECU 故障

续表

故障码内容	可能故障原因
空气流量计信号电压过低	空气流量计滤网堵；进气歧管漏气；节气门体泄漏真空；EGR 阀门法兰和管路之间泄漏真空；曲轴箱通风阀故障、安装不正确；接插件接触不良；信号电路故障；空气流量计电源电路故障；空气流量计本身故障；汽缸压缩压力低，三元催化净化器堵
空气流量计信号电压过高	接插件接触不良；空气流量计本身故障；空气流量计线束布线不正确，靠近线圈或其他高压部件；ECU 故障
进气压力传感器信号电压过低	ECU 的 5 V 电路断路或搭铁短路；5 V 电路接插件接触不良；信号电路故障；进气压力传感器本身故障；ECU 故障
进气压力传感器信号电压过高	信号电路对电源电路短路；信号电路故障；传感器搭铁电路接触不良；传感器真空堵塞或泄漏；接插件接触不良；发动机真空度低；漏气；进气压力传感器本身故障；三元催化净化器堵；ECU 故障
氧传感器信号电压过低	信号电路故障；燃油压力过低；真空泄漏；排气管漏气；空气流量计或进气压力传感器故障；氧传感器本身故障；喷油器堵塞；发动机机械故障；废气再循环阀故障；ECU 故障
氧传感器信号电压过高	信号电路故障；燃油压力过高，真空泄漏；排气管漏气；空气流量计或进气压力传感器故障；节气门位置传感器故障；氧传感器本身故障；喷油器滤油雾化不良；高压火弱；高压线或火花塞故障；点火正时；碳罐故障；ECU 故障
爆震传感器	信号电路故障；爆震传感器故障；ECU 故障；接插件接触不良

单元小结

1. 汽油机电子控制系统的主要优点：改善了各缸混合气的均匀性、使发动机的动力性和经济性得到一定程度的提高、有害物排放量显著减少、改善了汽油机过渡工况响应特性、改善了汽油机对地理及气候环境的适应性、提高了汽油机高低温起动性能和暖机性能。

2. 燃油喷射系统由空气供给系统、燃油供给系统和电子控制系统组成。

3. 空气供给系统的功用是向汽油机提供与发动机负荷相适应的、清洁的空气，同时对流入发动机汽缸的空气质量进行直接或间接计量，使它们在系统中与喷油器喷出的汽油形成空燃比符合要求的可燃混合气。空气供给系统除包括与普通汽油机相似的空气滤清器、进气总管和进气歧管外，还有电控汽油机特有的空气计量装置、节气门体和节气门位置传感器。

4. 空气流量计主要有翼片式空气流量计、卡门旋涡式空气流量计、热线式空气流量计和热膜式空气流量计。

5. 进气歧管绝对压力传感器是一种间接检测空气流量的传感器。ECU 根据发动机转速、节气门开度、进气歧管绝对压力与进入发动机汽缸的空气流量的对应关系，由进气歧管内的绝对压力计算出进气量，进而计算出基本喷油量。进气歧管压力传感器根据信号产生的原理有半导体压敏电阻式、电容式、膜盒传动的可变电感式和表面弹性波式等。

6. 电控汽油机的燃油供给系统由油箱、电动汽油泵、燃油滤清器、燃油分配管、喷油器、压力调节器等组成。

7. 电动汽油泵的作用是将汽油从油箱中吸出，加压后通过燃油管道输送到喷油器。电控燃油喷射系统中使用的电动汽油泵有外装式电动汽油泵和内装式电动汽油泵。

8. 内装式电动汽油泵由叶片式的涡轮泵或侧槽泵；外装式电动汽油泵由滚柱泵和齿轮泵。

9. 电控燃油喷射系统油泵控制电路有 ECU 控制的油泵控制电路、油泵开关控制的油泵控制电路和具有转速控制的油泵控制电路。

10. 脉动阻尼减振器用来减弱燃油压力脉动及降低噪声。

11. 燃油压力调节器的主要功用是使燃油分配管压力与进气歧管压力的差值保持不变(一般为 0.25～0.3 MPa)。

12. 喷油器按针阀的结构特点可分为轴针式喷油器和孔式喷油器；按喷油器电磁线圈的阻值可以分为低阻喷油器和高阻喷油器；按驱动方式可分为电压驱动和电流驱动。

13. 低阻喷油器电磁线圈的匝数较少，电阻值约为 0.6～3 Ω，低阻喷油器可以采用电压驱动方式或电流驱动方式；高阻喷油器电磁线圈的电阻值（或内装附加电阻）约为 12～17 Ω。高阻喷油器只能采用电压驱动方式。

14. 冷起动喷油器的作用是当发动机在低温下冷车起动时，混合气中有一部分汽油会发生冷凝，黏附。

在进气管的壁面上，使实际进入汽缸的混合气浓度变稀。为了对混合气变稀进行补偿，在冷起动时，必须额外地增加喷油量，以改善发动机的低温起动性能。

15. 汽油喷射电子控制系统由各传感器、ECU 和执行器组成。

16. 计算机控制的电子点火系统主要由与点火有关的各种传感器、电子控制器(ECU)、点火电子组件（点火器）、点火线圈、配电器、火花塞等组成。

17. 在电子控制点火系统中，电控单元对最佳点火提前角的控制分为发动机起动时点火提前角控制和起动后点火提前角控制两种情况。起动时点火提前角的控制是电控单元不进行最佳点火提前角调整控制，而是根据发动机转速信号（Ne）和起动开关信号（STA）以固定不变的点火提前角点火；而起动后最佳点火提前角控制是首先根据 G 信号和 Ne 信号确定初始点火提前角，然后根据发动机转速和负荷确定基本点火提前角，最后再根据有关传感器的信号确定修正点火提前角，这三项点火提前角的代数和即为实际的最佳点火提前角：最佳点火提前角＝初始点火提前角＋基本点火提前角＋修正点火提前角（或点火延迟角）。

18. 点火提前角的控制通常有开环控制和闭环控制两种方式。

19. 发动机在无负荷情况下以最低稳定转速运转，叫做发动机怠速。怠速控制的方式有控制节气门旁通管路的旁通空气式和控制节气门的节气门直动式。

20. 发动机燃烧后所排放的废气包括一氧化碳（CO）、碳氢化合物（HC）和氮氧化物（NO_x）以及汽油蒸发形成的废气。

21. 三元催化转换器、废气再循环（EGR）、空气二次净化和活性炭罐的控制系统都可控制废气的产生。

单元测试题

一、单项选择题（下列每题的选项中，只有1个是正确的，请将其代号填在横线空白处）

1. 在每个汽缸安装一个喷油器的电喷发动机叫________。

A. 多点喷射　　B. 单点喷射　　C. 连续喷射

2. 混合气在汽缸内燃烧，当最高燃烧压力出现在上止点后曲轴转角________左右时，发动机输出功率最大。

A. 5°　　B. 10°　　C. 15°

3. 受真空控制的动力阀主要控制________通道的大小。

A. 燃油管　　B. 进气管　　C. 排气管

4. 电控燃油喷射系统的喷油压力一般为________ kPa。

A. 100～200　　B. 250～350　　C. 400～500

5. EGR 废气再循环系统主要用来减少________的排放量。

A. CO　　B. HC　　C. NO_x

6. 脉动阻尼器主要用来减少油压的________，降低________。

A. 波动　噪声　　B. 波动　渗漏　　C. 波动　压力

7. 如油压调节器的真空管漏气，则系统油压将________。

A. 升高　　B. 降低　　C. 不变

8. 高阻值喷油器的阻值一般为________Ω。

A. 5～6　　B. 6～8　　C. 12～17

9. 爆震强，推迟点火角度________，爆震弱，推迟的角度________。

A. 大　小　　B. 大　大　　C. 小　大

10. 电子控制点火系统一般都有________种点火模式。

A. 二　　B. 三　　C. 四

二、判断题（下列判断正确的请打“√”错误的打“×”）

1. 在电喷发动机的排气管中安装氧传感器的控制系统为闭环控制。（　）
2. 检测空气质量的传感器主要可分为空气流量计和进气温度传感器这两大类。（　）
3. 冷起动喷油器和普通喷油器一样，只受计算机控制。（　）
4. 内装式电动汽油泵具有不易产生汽油泄漏和不易产生气阻等优点。（　）
5. 低阻值喷油器的阻值一般为0.2～0.3 Ω。（　）
6. 一般情况下，当油泵输出油压达到300 kPa时，卸压阀打开。（　）
7. 对喷嘴除了可进行渗漏试验以外，还能对喷嘴的喷油量进行检测，以判定喷嘴的工作状态。（　）
8. 低阻喷油器的驱动方式有电压驱动和电流驱动两种。（　）
9. 一般来说，缺少了曲轴位置信号，电子点火系将不能点火。（　）
10. 怠速控制系统均采用闭环控制。（　）

三、多项选择题（下列每题的选项中，至少有2个是正确的，请将其代号填在横线空白处）

1. 汽油喷射系统按喷射装置的控制方式分为________。

A. 连续喷射式　B. 间歇喷射式　C. 电控式
D. 机械式　E. 机电结合式　F. 单点喷射

2. 电子点火系中实际点火提前角由________点火提前角组成。

A. 怠速　B. 初始　C. 全负荷
D. 修正　E. 基本　F. 加速

3. 现代汽车中采用ECU控制的减少有害物排放的措施有________等。

A. 三元催化转化器　B. 活性炭罐吸附及泄放控制　C. 二次空气喷射控制
D. 氧传感器　E. EGR　F. 爆震控制

单元测试题答案

一、单项选择题

1. A　2. B　3. B　4. B　5. C　6. A　7. A　8. C　9. A　10. A

二、判断题

1. √　2. ×　3. ×　4. √　5. ×　6. ×　7. √　8. √　9. ×　10. √

三、多项选择题

1. CDE　2. BDE　3. ABCE

第 6 单元

底盘电子控制系统

6.1 自动变速器电子控制系统

6.1.1 概述

为提高驾驶操作的轻便性，减轻驾驶员的疲劳程度，提高汽车的动力性和经济性，人们在改进变速器的结构和换挡方法上作了很大的努力，目前在小客车上已经广泛使用自动变速的有级或无级变速器，即自动变速器。

汽车自动变速器能自动改变传动比，调节或变换发动机动力输出性能，经济而方便的传送动力，较好地适应外界负载与道路条件的需要。自动变速器于 1939 年美国通用汽车公司首次应用于轿车上，随着电子技术及微处理机应用于变速系统，自动变速器技术发展迅速。从 1981 年起，美国、日本等一些汽车公司相继开发出各种 ECU 控制的自动变速系统，诸如电子控制液力变矩器式自动变速器、电子控制多级齿轮变速器等。

目前，电控自动变速器正在实现一机多参数多规律控制，并在此基础上将控制变速器的 ECU 与控制发动机的 ECU 合并在一起，实现综合控制。在 ECU 中同时存储了多种换挡规律，如最佳经济性和最佳动力性换挡规律等，驾驶员可根据需要调用相应的规律实现最佳换挡控制。发动机与变速器的微机系统，在处埋信号的同时，对变速时发动机的点火时间能进行延迟控制，使发动机输出转矩略有下降，大大减少变速时的冲击现象，明显改进变速性能。电控自动变速器为提高传动效率，改善燃油经济性，普遍采用了闭锁式液力变矩器，为减轻质量，缩短动力路线，在前置发动机前轮驱动的车辆中，自动变速器通常与驱动桥结合为一体，构成自动变速驱动桥；为加宽变速范围，缩小传动比间隔，自动变速器正在向多挡化发展，4 挡和 5 挡自动变速器已普遍成为轿车的标准结构，6 挡、7 挡甚至 8 挡自动变速器已在中高档轿车上广泛采用；为便于使用维修，控制系统的诊断功能不断增强。

1. 自动变速器的分类

自动变速器可按汽车驱动方式、按前进挡的挡位数、按齿轮变速器的类型、按内部控制方式进行分类（见表 6—1）。

表 6—1　　自动变速器的种类

种　类		特　点	备注
按汽车驱动方式分类	后驱动自动变速器（见图 6—1）	后驱动自动变速器的变矩器和齿轮变速器的输入轴及输出轴在同一轴线上，因此轴向尺寸较大，阀体总成布置在齿轮变速器下方的油底壳内	
	前驱动自动变速器（见图 6—2）	前驱动自动变速器与后驱动自动变速器组成相同，自动变速器的壳体内还装有主减速器和差速器。前驱动汽车的发动机有横置和纵置两种	

续表

种　类		特　点	备注
按前进挡位数分类（见图 6—3）		按前进挡的挡位数不同，自动变速器可分为 2 位前进挡、3 位前进挡、4 位前进挡、5 位前进挡、6 位前进挡、7 位前进挡、8 位前进挡几种。早期的自动变速器只有 2～3位前进挡，并以直接挡为最高挡；目前自动变速器一般为设有超速挡的 4、5 挡自动变速器；而高挡自动变速器一般配置带超速挡的 6、7、8 挡自动变速器	
按齿轮变速器的类型分类	普通齿轮式（见图 6—4）	普通齿轮式自动变速器的体积比较大，目前只有日本本田公司生产的轿车上应用	
	行星齿轮式（见图 6—5）	行星齿轮变速器由于体积小、结构紧凑而得到广泛的应用	
按内部控制的方式分类	全液压控制（见图 6—6）	全液压控制的自动变速器采用机械的方式，将车辆行驶的速度和发动机的负荷这两个换挡信号转变为液压信号，液压控制系统根据这两个液压信号进行换挡控制	
	计算机控制（见图 6—7）	计算机控制的自动变速器则是通过各种传感器接受发动机的负荷和水温、车辆行驶的速度、节气门位置等信号，对其输入的信号进行分析、对比、判断和运算，并根据结果向执行器发出控制信号，控制换挡执行元件的动作，从而实现挡位的自动变换	

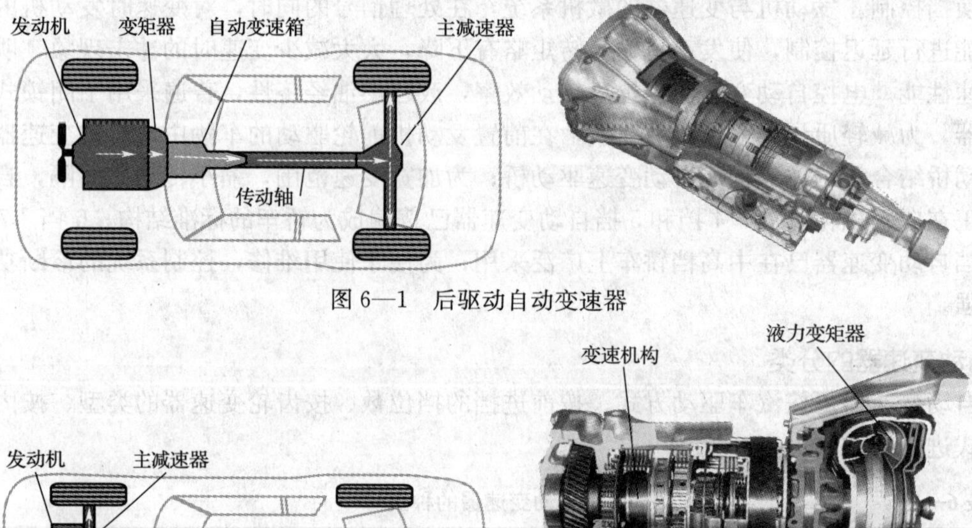

图 6—1　后驱动自动变速器

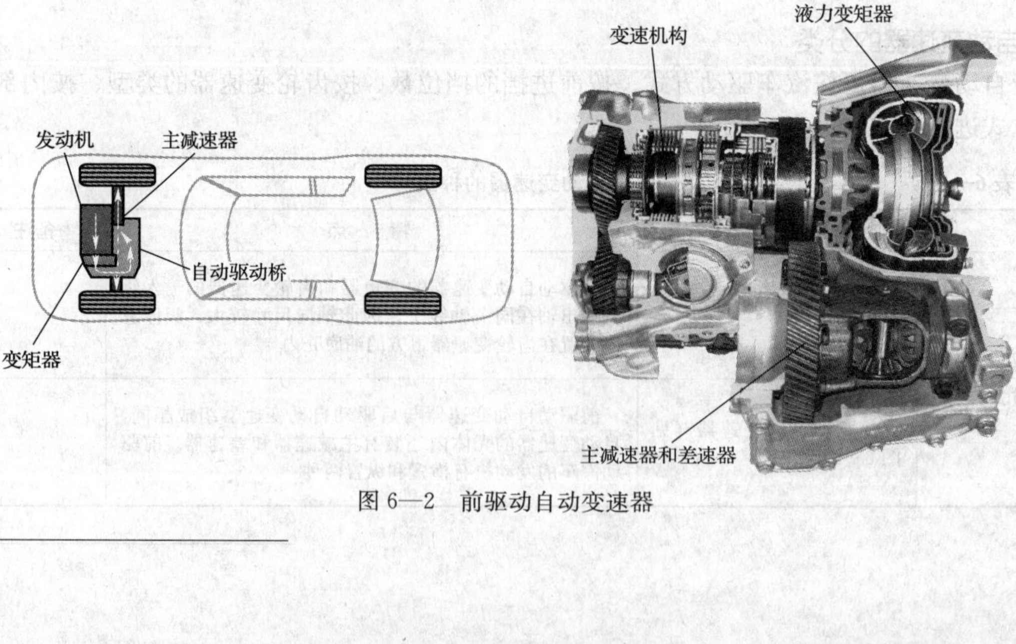

图 6—2　前驱动自动变速器

动。三者的组合用于固定或连接几个行星排中的某些太阳轮、行星架、齿圈等基本元件，让行星齿轮变速器组成不同传动比的挡位。

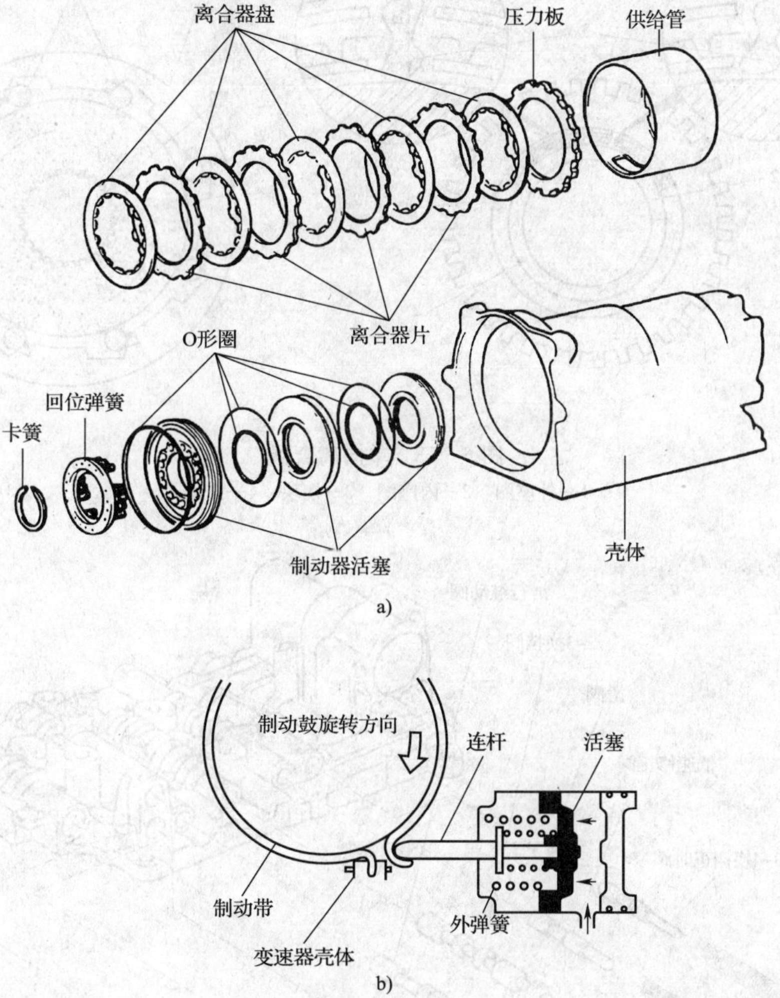

图 6—12　制动器

a）多片式制动器　b）带式制动器

（3）液压控制系统。液压控制系统一般安装在自动变速器的油底壳中，是自动变速器中用于换挡控制的系统。在全液压自动变速器中，液压控制系统将发动机的负荷和车辆行驶速度转变成液压信号，并由这两个信号控制离合器和制动器的工作，根据车辆的行驶情况自动选择合适的传动比。液压控制系统主要由阀体和各种控制阀及油路所组成的。阀门和油路设置在一个板块内，称为阀体总成。如图 6—14 所示。

（4）电子控制系统。电子控制系统充分利用现代电子控制技术，在液压控制系统的基础上，增设了一些传感器和控制某些液压油路的执行元件，使得变速器的换挡精度大大提

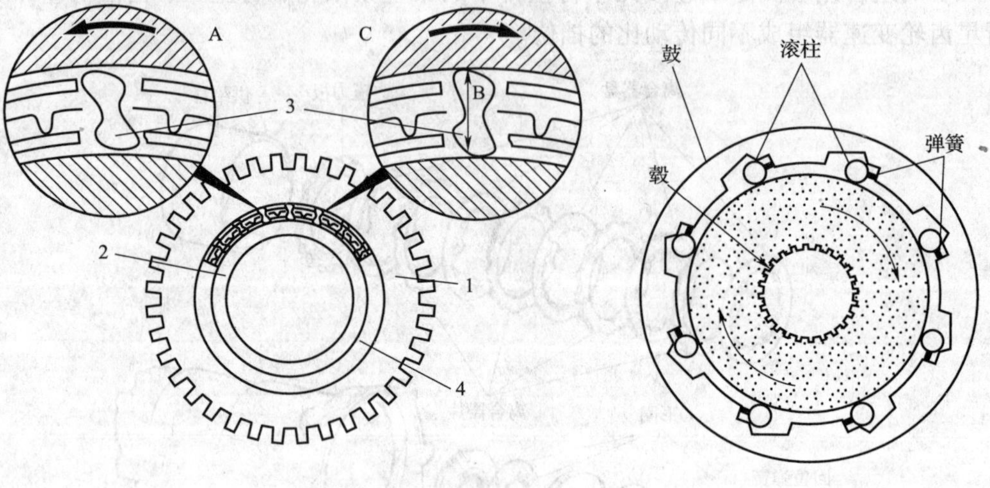

图 6—13　单向离合器

1—外座圈　2—内座圈　3—楔块　4—支架

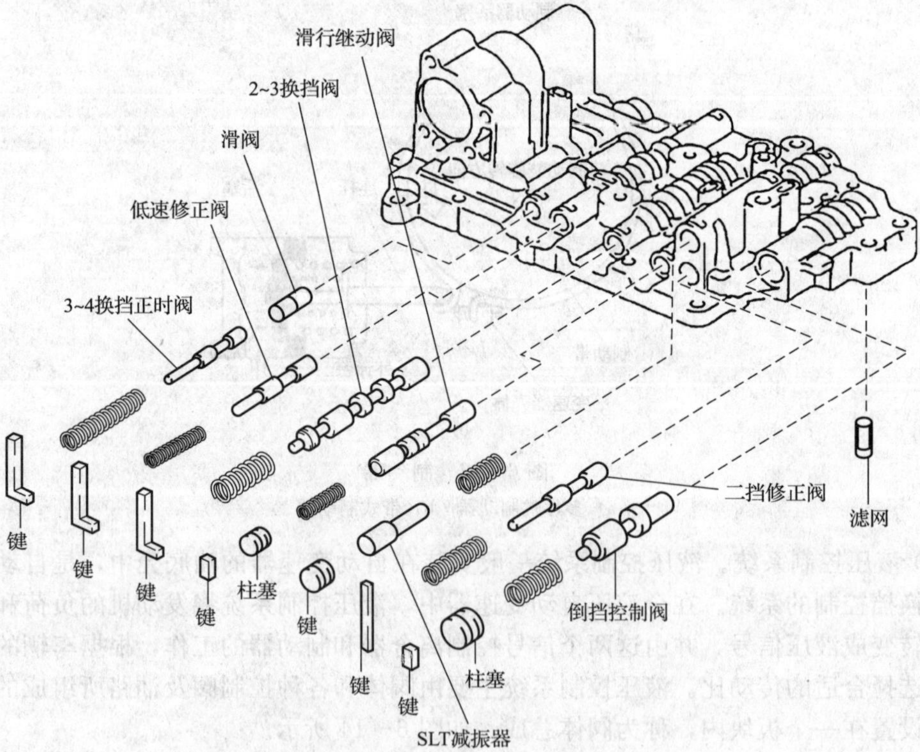

图 6—14　液压控制阀体

图 6—3　奔驰的 7 前进挡自动变速器

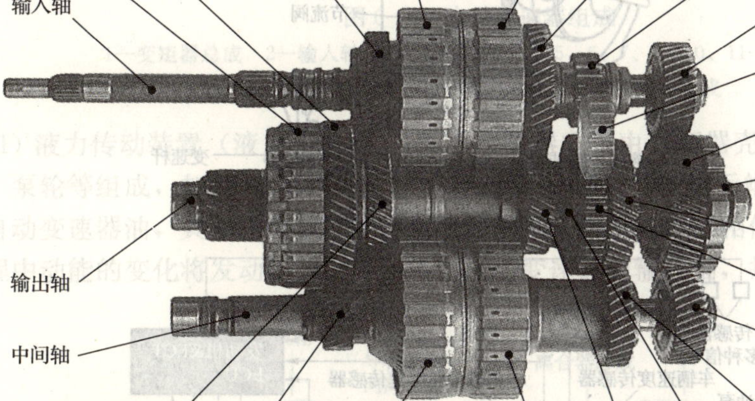

图 6—4　普通平行轴式自动变速器

的变化。在一定范围内自动地、无级地改变传动比和转矩比，具有一定的减速增矩功能。

（2）机械传动装置。机械传动装置是自动变速器中重要组成部分，它将液力传动装置输入的转矩进一步增大并从输出轴传给万向传动装置。

机械传动装置由齿轮传动装置和换挡执行机构两部分组成。

齿轮传动装置是起变速作用的机械部分，除日本本田汽车使用平行轴式自动变速器外，绝大多数厂家都使用行星齿轮式的自动变速器（见图6—10）。行星齿轮系统主要由太阳齿轮（也称中心齿轮）、内齿圈、行星架和行星齿轮等元件组成。行星齿轮系统是实现变速的机构，速比的改变是通过以不同的元件作主动件，同时限制不同元件的运动而实现的。在速比改变的过程中，整个行星齿轮组还存在运动，传递动力，因而实现了动力换挡。

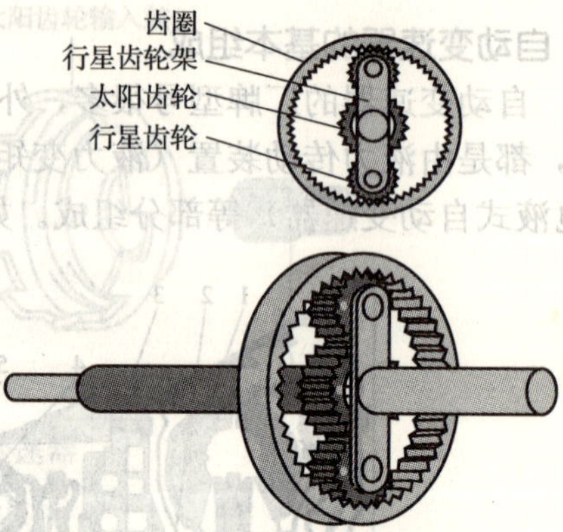

图 6—10　简单行星齿轮机构

换挡执行机构主要是用来改变行星齿轮机构中的主动元件或限制某个元件的运动，改变动力传递的方向和速比。它主要由多片式离合器、制动器和单向超越离合器等组成。多片式离合器的作用是把动力传给行星齿轮机构的某个元件，使之成为主动件。如图 6—11 所示。

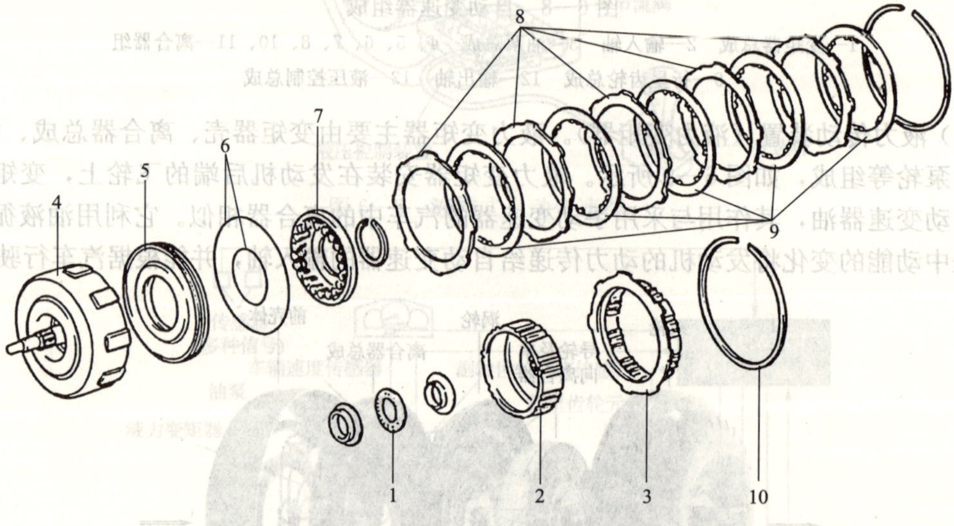

图 6—11　多片式离合器

1—止推轴承　2—前进挡离合器毂　3—直接挡离合器毂　4—前进挡离合器鼓
5—前进挡离合器活塞　6—O 形圈　7—回位弹簧　8—片　9—盘　10—卡环

制动器（见图 6—12）的作用是将行星齿轮系统中的某个元件固定，使之不动；单向超越离合器（见图 6—13）也是行星齿轮变速器的换挡元件之一，它只允许某元件单向转

图 6—3　奔驰的 7 前进挡自动变速器

图 6—4　普通平行轴式自动变速器

的变化。在一定范围内自动地、无级地改变传动比和转矩比，具有一定的减速增矩功能。

(2) 机械传动装置。机械传动装置是自动变速器中重要组成部分，它将液力传动装置输入的转矩进一步增大并从输出轴传给万向传动装置。

机械传动装置由齿轮传动装置和换挡执行机构两部分组成。

齿轮传动装置是起变速作用的机械部分，除日本本田汽车使用平行轴式自动变速器外，绝大多数厂家都使用行星齿轮式的自动变速器（见图6—10）。行星齿轮系统主要由太阳齿轮（也称中心齿轮）、内齿圈、行星架和行星齿轮等元件组成。行星齿轮系统是实现变速的机构，速比的改变是通过以不同的元件作主动件，同时限制不同元件的运动而实现的。在速比改变的过程中，整个行星齿轮组还存在运动，传递动力，因而实现了动力换挡。

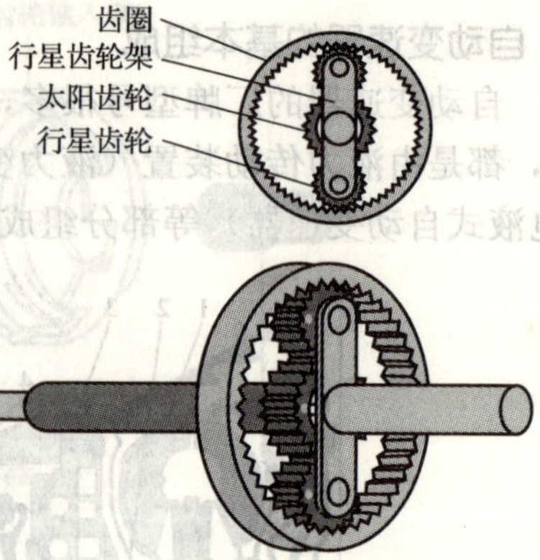

图 6—10　简单行星齿轮机构

换挡执行机构主要是用来改变行星齿轮机构中的主动元件或限制某个元件的运动，改变动力传递的方向和速比。它主要由多片式离合器、制动器和单向超越离合器等组成。多片式离合器的作用是把动力传给行星齿轮机构的某个元件，使之成为主动件。如图 6—11 所示。

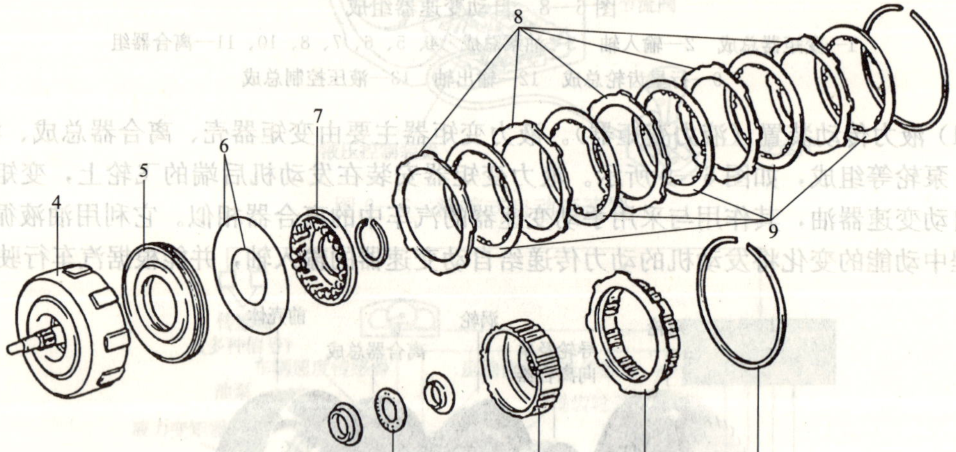

图 6—11　多片式离合器

1—止推轴承　2—前进挡离合器毂　3—直接挡离合器毂　4—前进挡离合器鼓
5—前进挡离合器活塞　6—O 形圈　7—回位弹簧　8—片　9—盘　10—卡环

制动器（见图 6—12）的作用是将行星齿轮系统中的某个元件固定，使之不动；单向超越离合器（见图 6—13）也是行星齿轮变速器的换挡元件之一，它只允许某元件单向转动。三者的组合用于固定或连接几个行星排中的某些太阳轮、行星架、齿圈等基本元件，让行星齿轮变速器组成不同传动比的挡位。

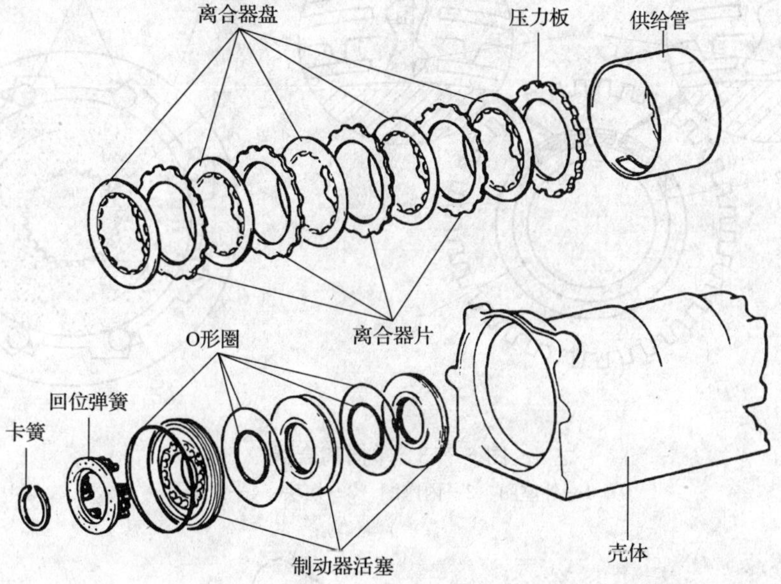

a)

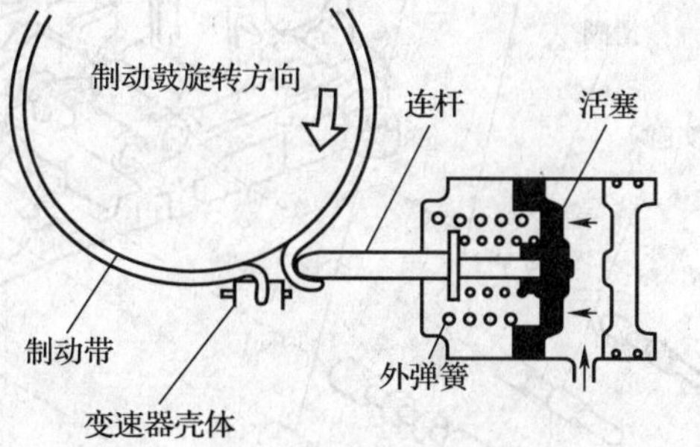

b)

图 6—12　制动器

a）多片式制动器　b）带式制动器

(3) 液压控制系统。液压控制系统一般安装在自动变速器的油底壳中，是自动变速器中用于换挡控制的系统。在全液压自动变速器中，液压控制系统将发动机的负荷和车辆行驶速度转变成液压信号，并由这两个信号控制离合器和制动器的工作，根据车辆的行驶情况自动选择合适的传动比。液压控制系统主要由阀体和各种控制阀及油路所组成的。阀门和油路设置在一个板块内，称为阀体总成。如图 6—14 所示。

(4) 电子控制系统。电子控制系统充分利用现代电子控制技术，在液压控制系统的基础上，增设了一些传感器和控制某些液压油路的执行元件，使得变速器的换挡精度大大提

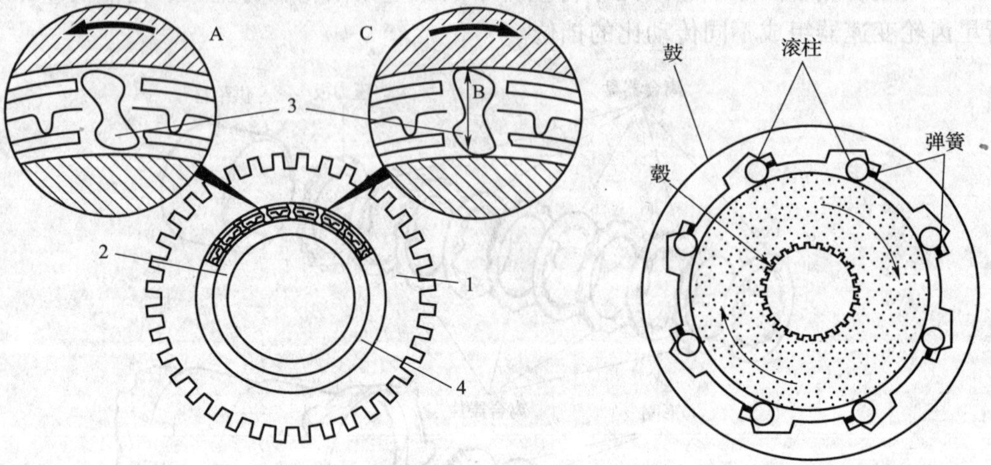

图 6—13　单向离合器

1—外座圈　2—内座圈　3—楔块　4—支架

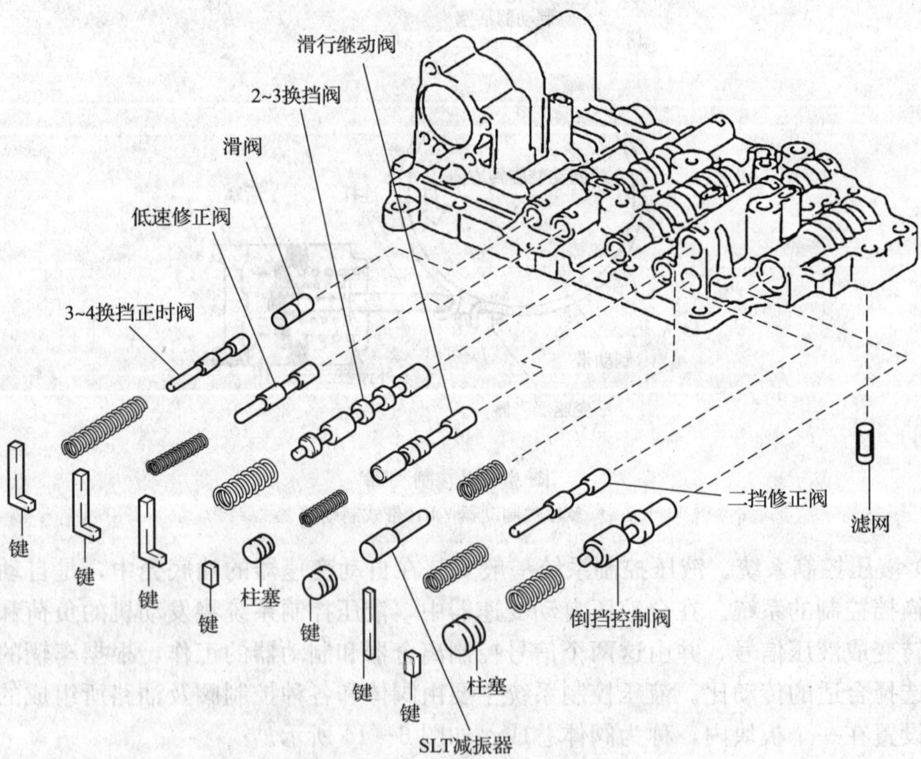

图 6—14　液压控制阀体

高，但在结构上出了阀体部分，其余的机械部分与全液压的自动变速器是一样的。

3. 自动变速器的工作过程

自动变速器之所以能够实现自动换挡，是因为工作中驾驶员踏下油门的位置，或发动机进气歧管的真空度、汽车的行驶速度都能指挥自动换挡系统工作，自动换挡系统中各控制阀不同的工作状态将控制变速齿轮机构中离合器的分离与结合和制动器的制动与释放，并改变变速齿轮机构的动力传递路线，实现变速器挡位的变换。

传统的全液控自动变速器根据汽车的行驶速度和节气门开度的变化，自动变换挡位。其换挡控制方式是通过调速阀和节气门液压阀将车速和节气门开度信号转换成控制油压，并将该油压加到换挡阀的两端，以控制换挡阀的位置，从而改变换挡执行元件（离合器和制动器）的油路（见图 6—15）。这样，工作液压油进入相应的执行元件，使离合器结合或分离，制动器制动或松开，控制行星齿轮变速器的升挡或降挡，从而实现自动变速。

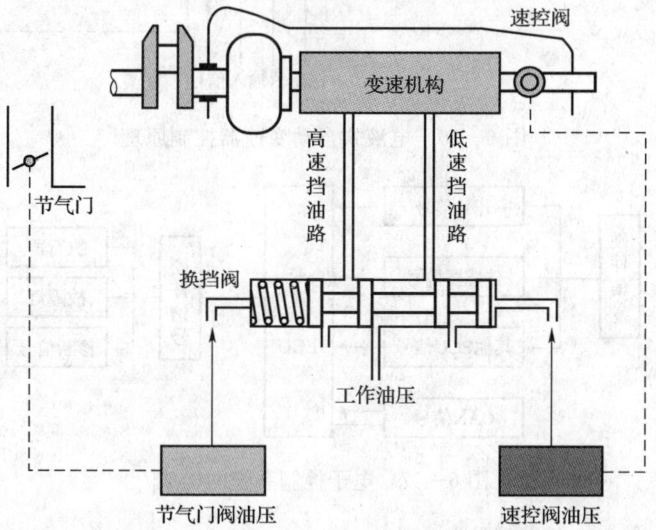

图 6—15　全液控自动变速器控制原理

电液式自动变速器是在全液控自动变速器基础上增设电子控制系统而形成的。它通过传感器和开关监测汽车和发动机的运行状态，接受驾驶员的指令，将车速和节气门开启角度等信号输入到电控单元（ECU）。ECU 经过处理后，再输入指令给电磁阀，利用电磁阀控制液压控制装置的换挡阀，使其打开或关闭通往控制换挡的离合器和制动器油路，从而控制换挡时刻和挡位的变换，以实现自动变速。如图 6—16 所示。

6.1.2　电子控制系统的结构和工作原理

自动变速器的电子控制系统（ECT）用于精确控制自动变速器的换挡时机和锁止离合器的工作，同时使换挡更加平顺。电子控制系统主要由信号输入装置、电子控制单元（ECU）

和执行器组成，如图 6—17 所示。

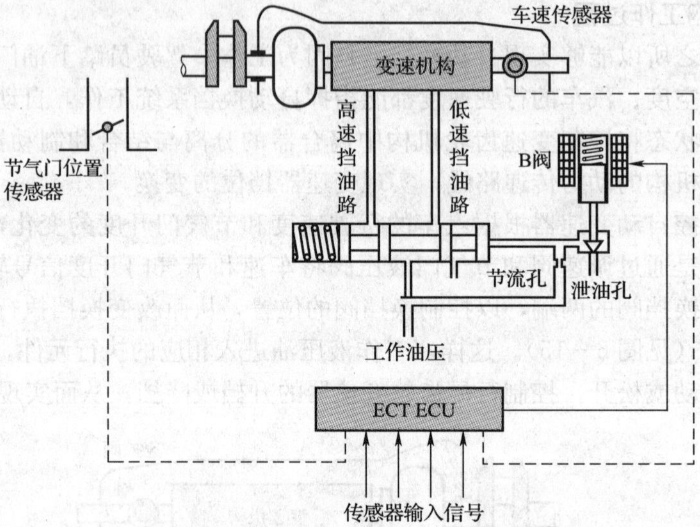

图 6—16　电液式自动变速器控制原理

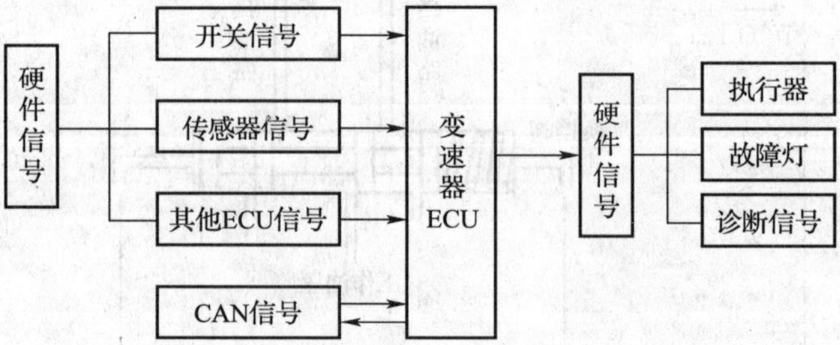

图 6—17　电子控制系统的构成

1. 硬件信号输入

硬件信号输入分为开关信号输入和传感器信号输入，常用的开关信号有模式选择开关、挡位开关、超速挡开关等；常用的传感器信号有节气门位置传感器、发动机转速传感器、车速传感器、温度传感器等。

（1）开关信号

1）模式选择开关。模式选择开关又称程序开关，用于选择自动变速器的控制模式，是提供给驾驶员用来选择所需的行驶模式的开关。模式选择开关安装在换挡操纵手柄旁，在不同的车型上，模式选择开关用不同的方式表现，大部分车型用“N”（NORMAL＝常规模式）、“PWR”（POWER＝动力模式）表示，有些车型还有“E”（ECONOMY＝经济模式），另外还有部分车型用“S”（SPORT＝运动模式）、“W”（WINTER＝冬季模式）、“＊”（＊＝雪地模式）等表示，计算机根据所选择的行驶模式选择换挡及锁止方式，并且相应地改变换挡正时及锁止正时。各车型的模式选择开关的控制方式基本一样，下面以富康车型为例说明模式选择开关及其控制线路，如图 6—18 所示。

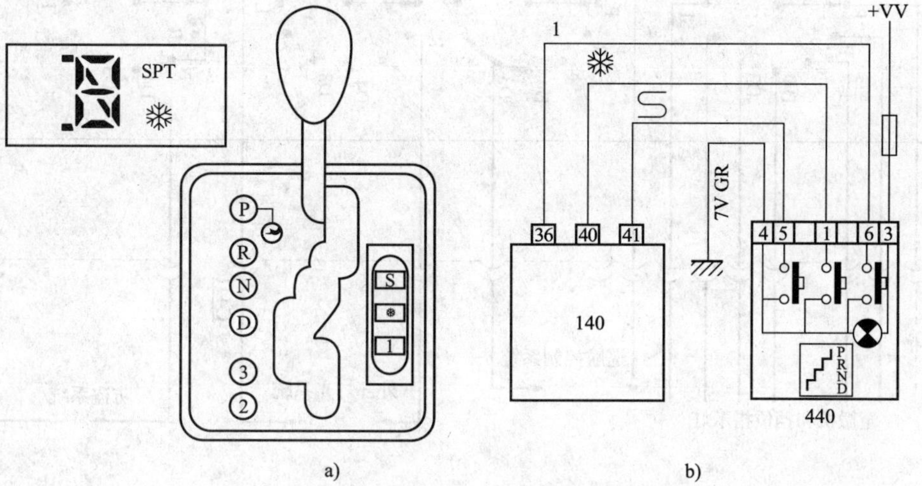

图 6—18　模式开关

a）模式开关识别　b）模式开关控制线路

2）挡位开关。挡位开关一般装在变速器的侧边的手动阀联动杆上，或装在换挡操纵手柄的下面。用于检测变速器换挡操纵手柄的位置，并将此信号送到变速器 ECU 及仪表上，作为 ECU 控制升挡的依据及仪表的挡位指示灯的显示；另外，大部分车型的 P/N 挡起动开关也组合在挡位开关内部，只有挡位置于 P/N 挡时，才可能起动汽车。

挡位开关的作用在不同的车型上大同小异，但其线路的构成不同，各车型的挡位开关的控制线路大概有以下几种方式：如图 6—19a、b、c、d 所示。

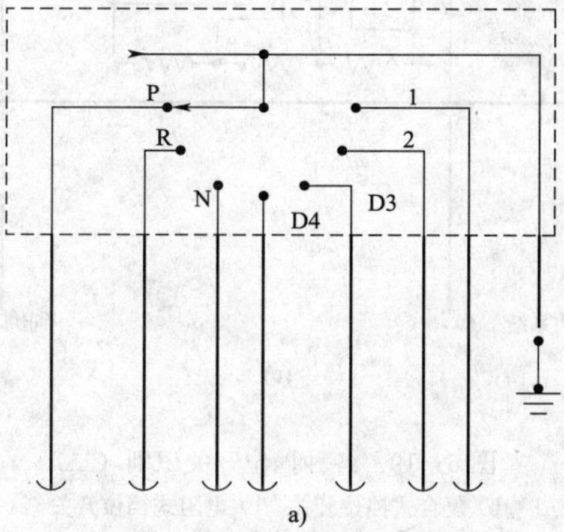

图 6—19　各种挡位开关识别（一）

a）单线式挡位开关

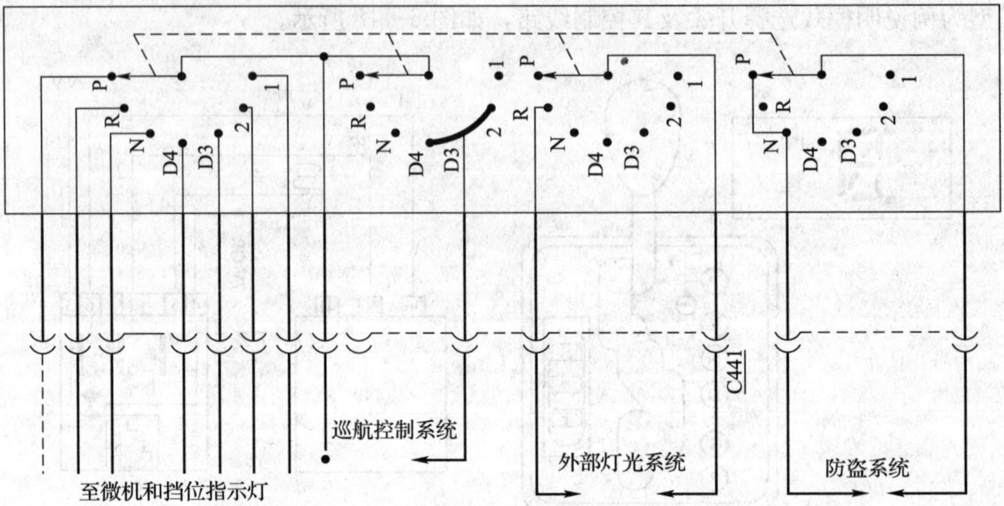

b)

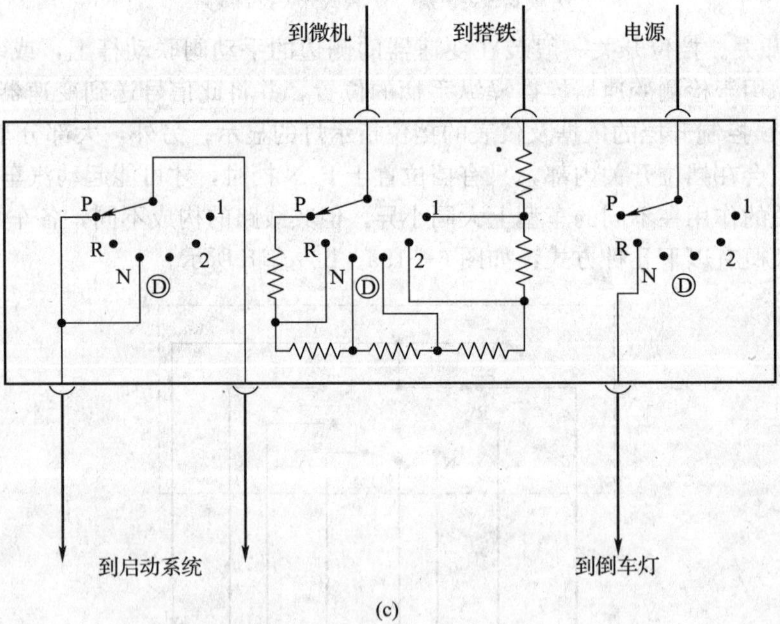

(c)

图 6—19　各种挡位开关识别（二）

b）复合式挡位开关　c）电阻式挡位开关

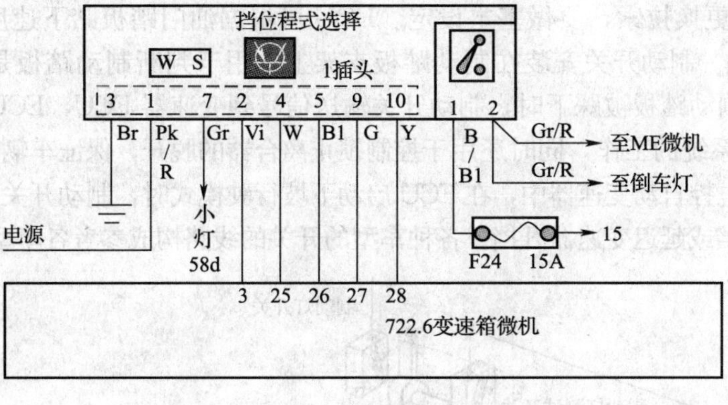

(d)

图 6—19 各种挡位开关识别（三）

d）数位电子式挡位开关

3）强制降挡开关。强制降挡开关也称之为 KD 开关，安装在加速踏板的后面（VW 车型组合在油门拉索内），用来检测加速踏板打开的程度，如图 6—20a 所示。当加速踏板超过节气门 95％开度时，强制降挡开关接通，并向 ECU 输送信号，这时 ECU 按其设置的程序控制换挡，并使变速器降一个挡位，以提高汽车的加速性能。开关的线路构成如图 6—20b 所示，在 VW AG4 系列自动变速器中，当触动此开关时 ECU 执行以下动作：

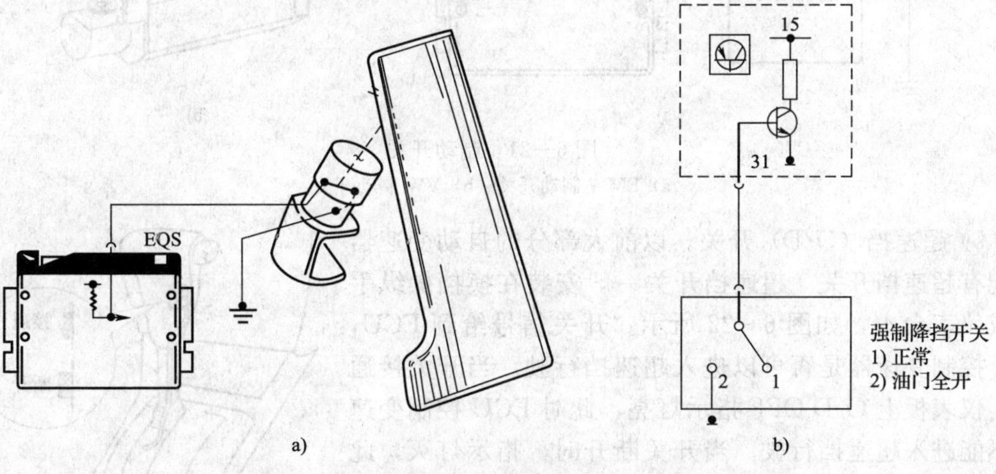

图 6—20 强制降挡开关

a）BMW 强制降挡开关 b）BMW 强制降挡开关的线路构成

① 当车速＞120 km/h 时，触动此开关，ECU 不反应。

② 当车速＜50 或等于 50 km/h 时，触动此开关，则向下换一挡。

③ 当车速约等于 80 km/h 时，触动此开关，切断空调压缩机 8 s。

如果开关有故障，自动变速箱一般不进入应急状态，可用诊断仪器对其进行故障查询和数据读取。如更换拉索，要做基本设定。ECU 可根据油门踏板踏下速度强制降挡。

4）制动开关。制动开关安装在制动踏板支架上，用于判断制动踏板是否被踩下，如图 6—21 所示。当制动踏板被踩下时，制动开关输送信号到变速器 ECU，ECU 用于解除选挡杆锁定及取消巡航系统的工作，同时还用于控制锁止离合器的脱开，保证车辆稳定行驶。在采用模糊逻辑控制的电控自动变速器中，在 ECU 启动下坡行驶模式时，制动开关连续被接通，ECU 会控制变速器降挡或延迟变速器升挡。各种车型的开关的线路构成参考各车型的维修手册。

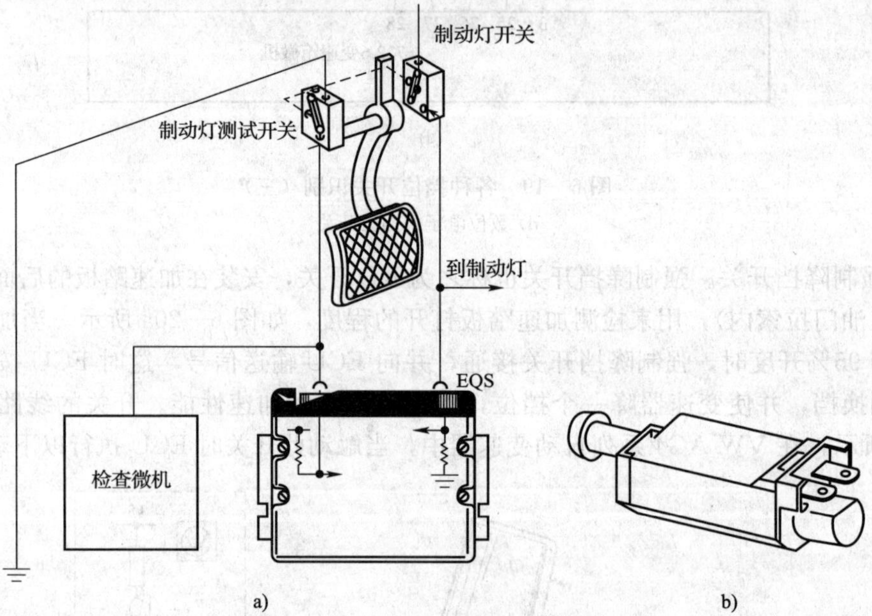

图 6—21　制动开关

a）BMW 制动开关　b）VW 制动开关

5）超速挡（O/D）开关。以前大部分的自动变速器都配有超速挡开关。超速挡开关一般安装在换挡操纵手柄或仪表台上，如图 6—22 所示。开关信号给到 ECU，用于控制变速器是否可以进入超速挡行驶。当开关接通时，仪表板上 O/D OFF 指示灯亮，此时 ECU 控制变速器不能进入超速挡行驶。当开关断开时，指示灯灭，此时 ECU 控制变速器在条件允许时可以进入超速挡行驶。

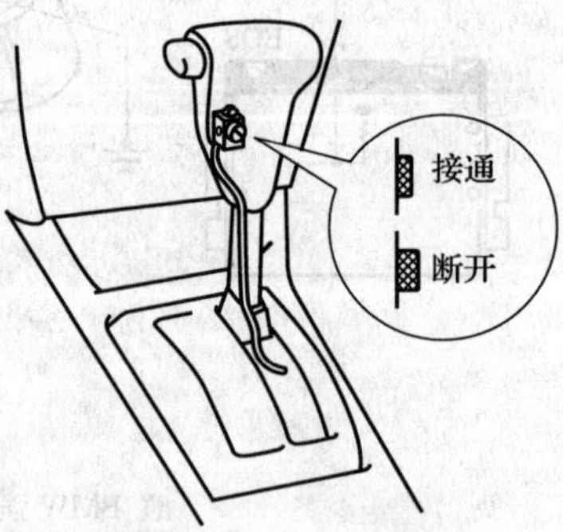

图 6—22　超速挡开关

6）手控换挡开关。手控换挡开关用在手动和自动混合控制的变速器上（MAT），开关一般安装在换挡操纵手柄的下面，如图 6—23a 所示。不同的车型对手控换挡开关的命名不同，如 BMW 称为 Steptronic 开关，AUDI 称为 Tiptronic 开关，BENZ 称为 Touch shift 开关。为了方便阐述，统称为手控换挡开关。当自动变速器选择用手控操纵

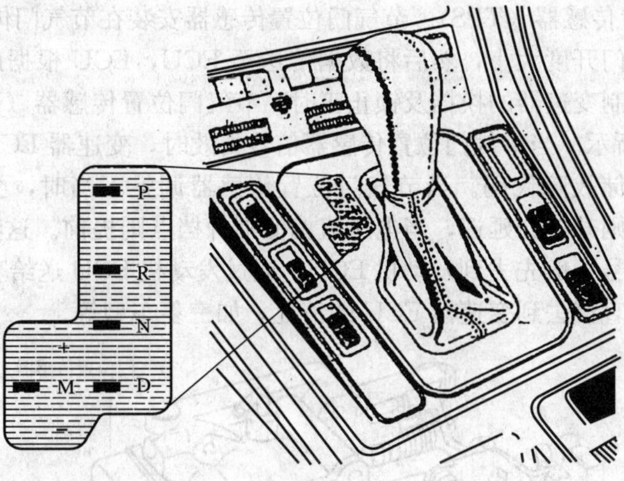

a)

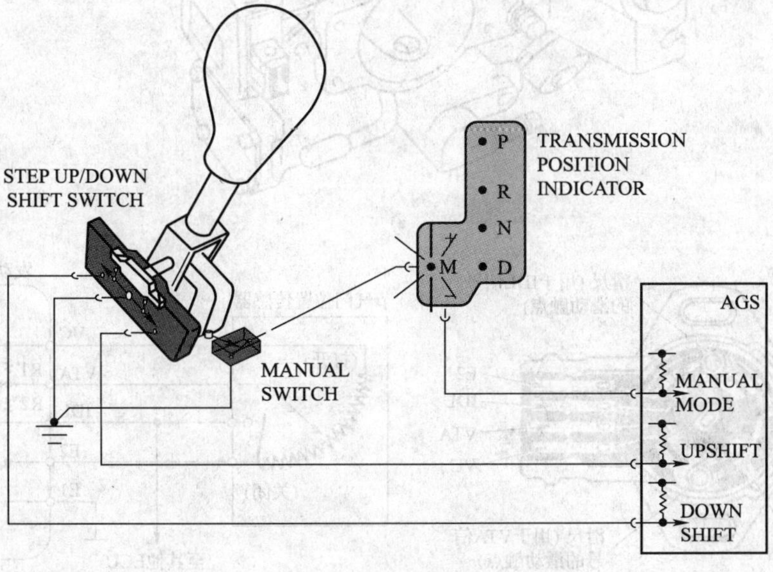

b)

图 6—23　手控换挡开关

a）BMW 手控换挡开关　b）BMW 手控换挡开关线路构成

换挡模式时，手控换挡开关首先给 ECU 挡位的确认信号，然后通过操纵换挡手柄，ECU 根据手控换挡开关的信号“＋”控制升挡，“－”控制降挡。开关的线路构成如图 6—23b 所示，不同的车型其开关的控制线路不同，这里以 BMW 车型开关为例介绍。当手控换挡开关失效时，ECU 不再根据选挡杆的操作控制升挡和降挡。其他车型的开关工作原理和 BMW 类似，不过 BMW 提供给 ECU 的是搭铁信号，而在 VW/AUDI 及奇瑞东方之子等车型上提供给 ECU 的是电源信号。

（2）传感器

1）节气门位置传感器（TPS）。节气门位置传感器安装在节气门体上，如图 6—24a 所示。用来检测节气门开度大小，然后将数据传送至 ECU，ECU 根据此信号判断发动机负载的大小，从而控制变速器的换挡及锁止正时。节气门位置传感器（可变电阻式）的线路构成如图 6—24b 所示。当节气门位置传感器信号失效时，变速器 ECU 会以固定的方式控制换挡，同时会存储故障代码。当节气门位置传感器调整不当时，会影响变速器的换挡点。如电压值偏高则升挡会延迟，当电压值偏低则升挡点则提前。这都会影响变速器的正常工作。节气门信号一般先去到发动机 ECU，通过发动机 ECU 送给变速器 ECU。也有从节气门位置传感器直接去到变速器 ECU 的情况，如三菱车型等。

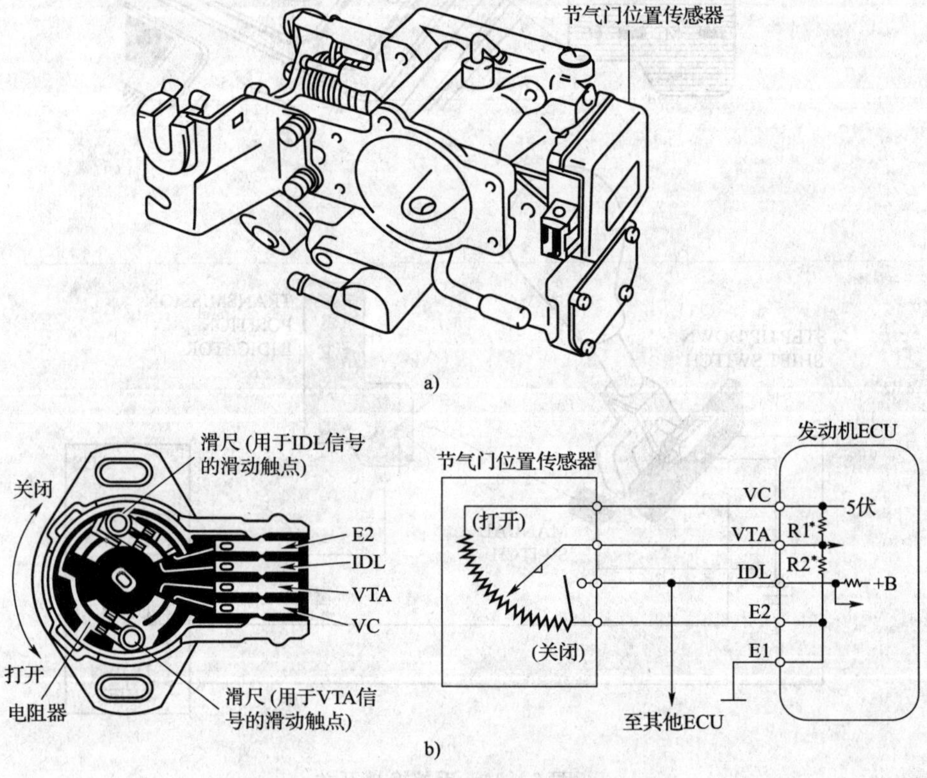

图 6—24　节气门位置传感器

a）节气门位置传感器　b）节气门位置传感器线路构成

下面以 VW 车型为例介绍 TPS 信号，如图 6—25 所示，信号从节气门总成送到发动机 ECU 后，再由发动机 ECU 通过 CAN 数据线给到变速器 ECU。

信号：监测节气门位置信号；节气门踏下速度信号。

信号的作用：确定换挡点（与速度信号配合，程序控制）；控制变速器油压，使换挡时速度变化较平稳。

故障：当 TPS 信号出现故障，ECU 不进入应急状态，此时以中等负荷信号（50%）

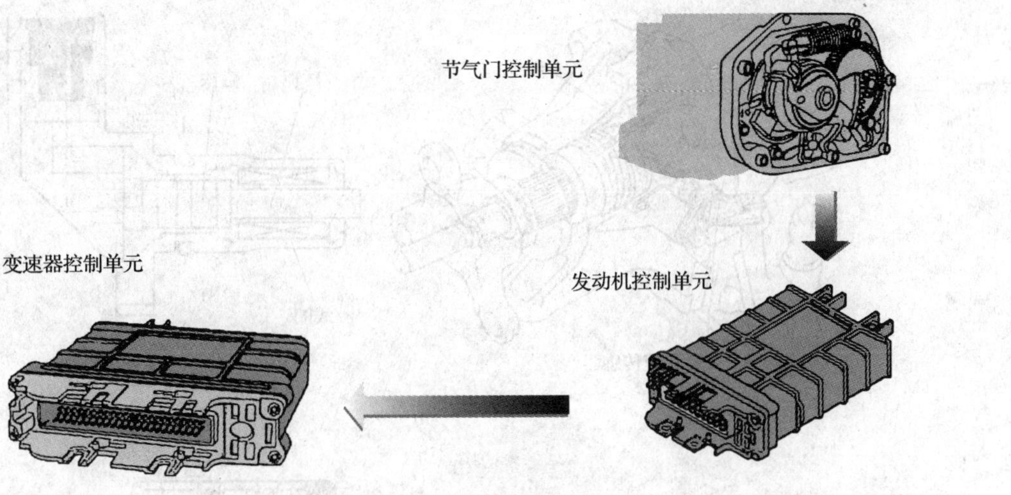

图 6—25　VW TPS 信号

来进行工作，但此时停止模糊逻辑控制，锁止离合器停止工作（变速箱此时无刚性挡）。

2）车速传感器（VSS）。大部分车速传感器由永久磁铁和电磁感应线圈组成，安装在输出轴或与输出轴连接的离合器鼓附近的壳体上。安装在输出轴上的停车锁止齿轮或感应转子附近的 VSS，如图 6—26a 所示。当输出轴转动时，停车锁止齿轮或感应转子的凸齿不断地靠近或离开车速传感器，使感应线圈的磁通量发生变化，从而产生交流感应电压，如图 6—26b 所示。车速越高，输出轴的转速也越高，感应电压的脉冲频率也越大。ECU 根据感应电压脉冲频率的大小计算出车速。车速传感器用来检测输出轴的转速，ECU 根据传感器的信号计算出车速，并根据此信号控制变速器的换挡和锁止。当车速传感器信号失效时，ECU 会存储故障代码，同时执行失效保护模式。

下面以 VW 车型为例说明 VSS 车速传感器的工作，此传感器的位置如图 6—27 所示。

信号：检测车辆速度。

作用：根据车速传感器信号和转速传感器、节气门位置传感器信号，用以确定换挡时刻；确定锁止离合器滑差；保证巡航系统工作（D、3 挡、2 挡，车速＞30 km/h）。

故障：变速器 ECU 在车速传感器信号故障时用转速传感器信号作为替代信号，不会执行失效保护，但锁止离合器不再锁止。

3）温度传感器。变速器 ECU 根据水温传感器或油温传感器信号，来检测发动机的冷却液温度或变速器 ATF 的油温，并根据温度信号控制变速器的换挡点、工作压力及锁止离合器的锁止。水温传感器一般安装在发动机的缸盖或水道的附近，并将信号送到发动机 ECU，由发动机 ECU 送到变速器 ECU。油温传感器一般安装在变速器的阀体上或是在电磁阀的线束上，如图 6—28a 所示。油温传感器内部是一个半导体热敏电阻器，会随着温度的改变而改变其电阻值。目前大部分车型的油温传感器采用负温度系数的热敏电阻器，即当温度低时电阻大，温度升高时电阻下降，如图 6—28b 所示。有一部分车型的油温传感器采用正温度系数的热敏电阻器，如多用在欧洲车型上的德国“ZF”公司生产的自动变速器。

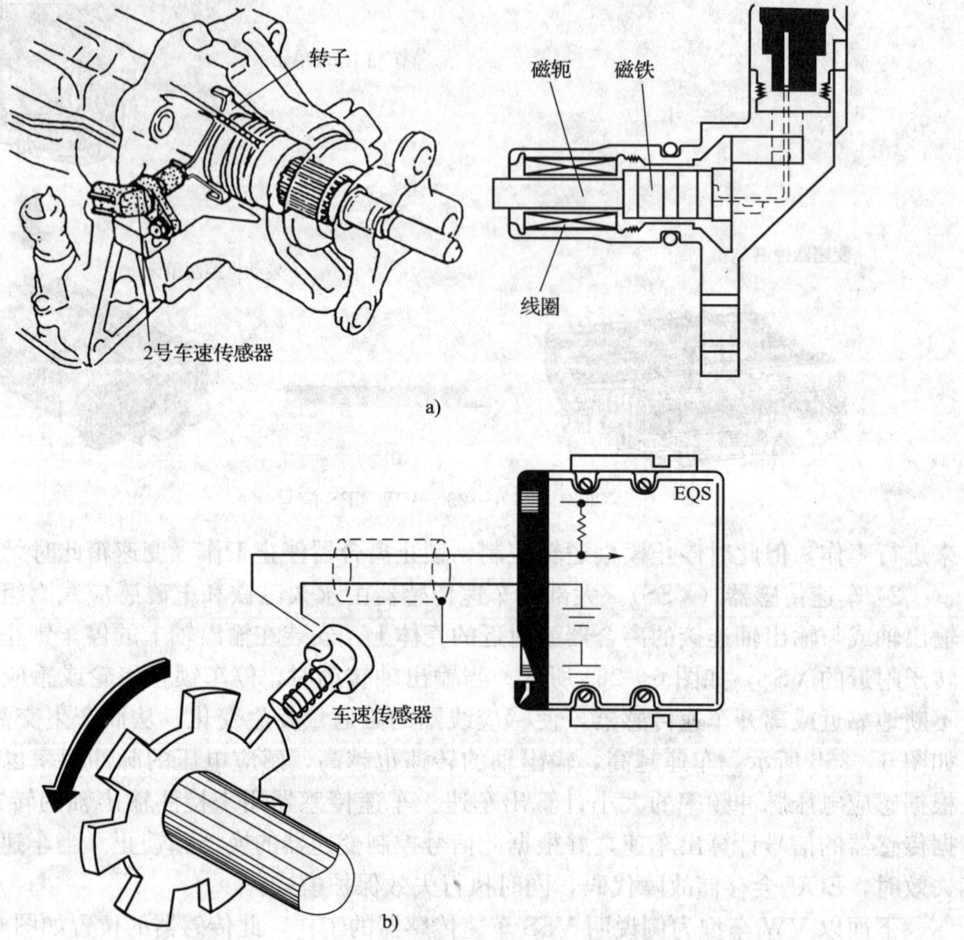

图 6—26　车速传感器

a）车速传感器　b）车速传感器原理

油温传感器检测到的变速器的油温过高和过低时都对变速器的超速挡及锁止离合器的锁止的影响很大，如大部分车型当油温过高时，ECU 会控制锁止离合器提前锁止；在 BMW 的新款车型上，当油温超过 136 ℃ 时，变速器计算机会控制变速器不再换入超速挡；在 AUDI 新款车型上，当油温超过 148 ℃ 时，变速器 ECU 也会控制变速器不再换入超速挡。

以 VW 车型为例介绍油温传感器。

信号：检测变速器油温度。

图 6—27　VW 车速传感器位置（黑色插头）

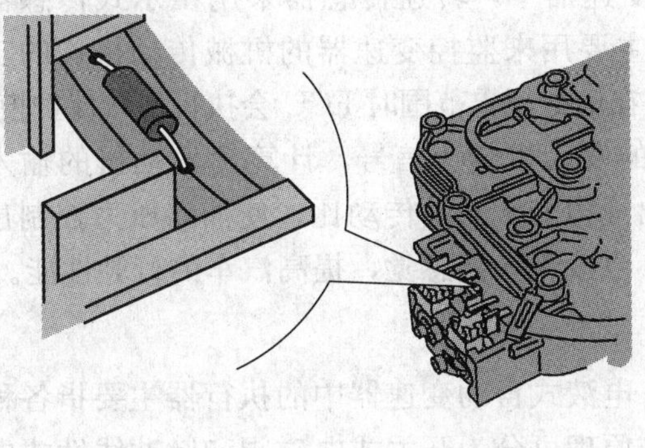

b)

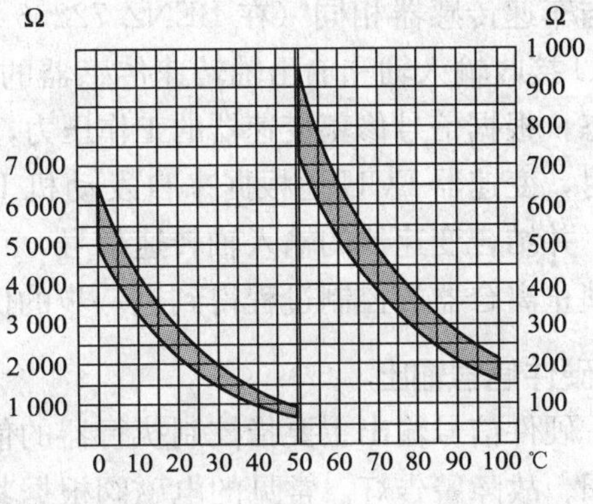

b)

图 6—28　油温传感器

a）VW 车型油温传感器　b）负温度系数的热敏电阻器

作用：使自动变速箱工作在最适宜的温度，当油温超出 150 ℃时，锁止离合器锁止（不让油液发生搅动），如油温仍不下降，则自动变速器自动切换到下一挡。

故障：故障反应为温度高，则无法进入高挡；如反应为温度低，则换挡缓慢，不容易进入高挡。

4）转速传感器。转速传感器分为输入轴转速传感器和输出轴转速传感器，输入轴转速传感器安装在变速器的输入轴或与输入轴连接的离合器鼓附近的壳体上，用来检测变速器的输入轴转速；输出轴转速传感器安装在输出轴或与输出轴连接的离合器鼓附近的壳体上，用来检测输出轴转速。如图 6—29 所示。输入轴和输出轴转速传感器的结构、工作原

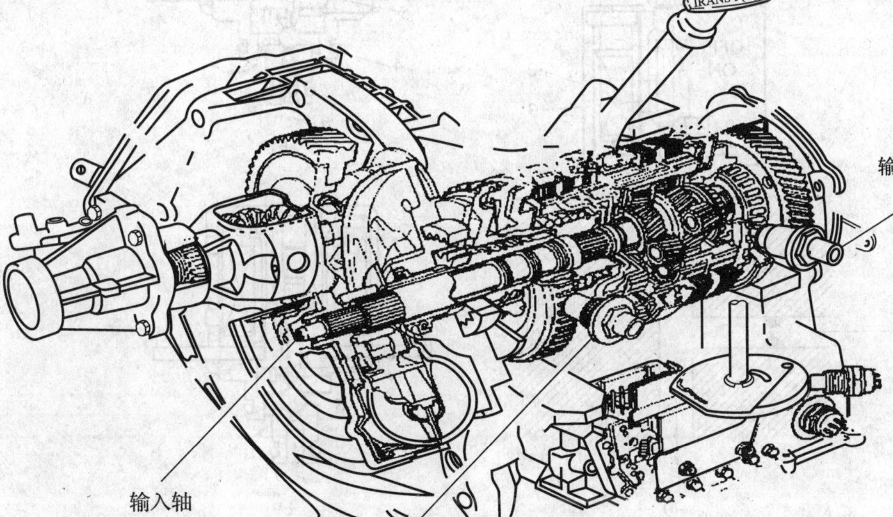

图 6—29　转速传感器

理与车速传感器相同（在 BENZ 722.6 自动变速器中，转速传感器采用霍尔式传感器）。ECU 接收输入轴和输出轴转速传感器的信号主要用来监控变速器的机械传动机构的工作状态，根据信号修正变速器的工作压力，并且在信号超出范围时 ECU 会执行失效保护模式。同时，变速器 ECU 还根据来自发动机 ECU 的发动机转速信号，计算出发动机的输入扭矩，并结合变速器的输入轴转速信号，计算出液力变矩器的传动比，使油路压力控制过程和锁止离合器的控制过程得到进一步的优化，以改善换挡感觉，提高汽车的行驶性能。

2. 硬件信号输出

硬件信号输出主要指控制执行器的信号，电液式自动变速器中的执行器主要指各种电磁阀、故障警告灯。常见的电磁阀根据其工作原理可分为开关式电磁阀和脉冲线性式电磁阀。根据其功能不同，又大致可分为控制换挡电磁阀、控制锁止离合器电磁阀、控制变速器工作压力电磁阀、控制换挡压力电磁阀、控制换挡操纵手柄 P/N 挡锁定的电磁阀等。以下说明各种类型的电磁阀的工作。

（1）按原理分为

1）开关式电磁阀。开关式电磁阀的作用是开启或关闭液压油路，通常用于控制换挡阀及变矩器锁止控制阀的工作。开关式电磁阀由电磁线圈、衔铁、回位弹簧、阀芯和阀球所组成，如图 6—30 所示。它有两种工作方式：一种是让某一条油路保持油压或泄空，如

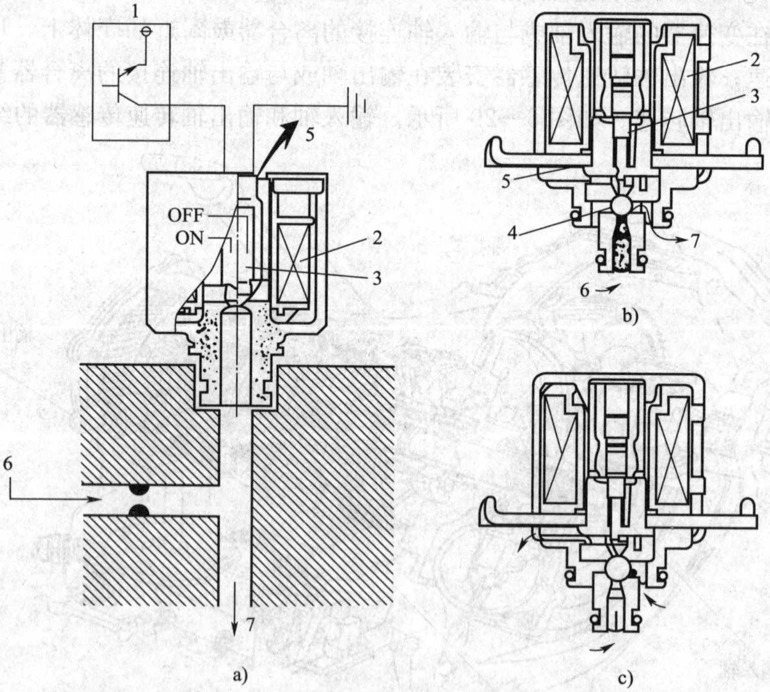

图 6—30　开关式电磁阀

a）泄油孔打开时　b）泄油孔关闭、进油孔打开时　c）进油孔关闭、泄油孔打开时

1—CPU　2—线圈　3—衔铁和阀芯　4—阀球　5—泄油孔　6—主油道　7—控制油道

图 6—30a 所示，即当电磁线圈不通电时，阀芯被油压推开，打开泄油孔，该油路的液压油经电磁阀泄空，油路压力为零；当电磁线圈通电时，电磁力使阀芯下移，关闭泄油孔，使油路油压上升。另一种是开启或关闭某一条油路，即当电磁线圈不通电时，油压将阀芯推开，阀球在油压作用下关闭泄油孔，打开进油孔，使主油路压力油进入控制油道，如图 6—30b 所示；当电磁线圈通电时，电磁力使阀芯下移，推动阀球关闭进油孔，打开泄油孔，控制油道内的压力油由泄油孔泄空，如图 6—30c 所示。

2）脉冲线性式电磁阀。脉冲线性式电磁阀的结构与电磁式相似，也是由电磁线圈、衔铁、阀芯或滑阀等组成，如图 6—31 所示，它通常用来控制油路中的油压。当电磁线圈通电时，电磁力使阀芯或滑阀开启，液压油经泄油孔排出，油路压力随之下降。当电磁线圈断电时，阀芯或滑阀在弹簧弹力的作用下将泄油孔关闭，使油路压力上升。脉冲线性式电磁阀和开关式电磁阀的不同之处在于控制它的电信号不是恒定不变的电压信号，而是一个固定频率的脉冲电信号。电磁阀在脉冲电信号的作用下不断反复地开启和关闭泄油孔，ECU 通过改变每个脉冲周期内电流接通和断开的时间比率（称为占空比，变化范围为 0%～100%），改变电磁阀开启和关闭时间的比率，来控制油路的压力。占空比越大，经电磁阀泄出的液压油越多，油路压力就越低；反之，占空比越小，油路压力就越大。（注：另外一种情况是当占空比越大则油路压力越高）。

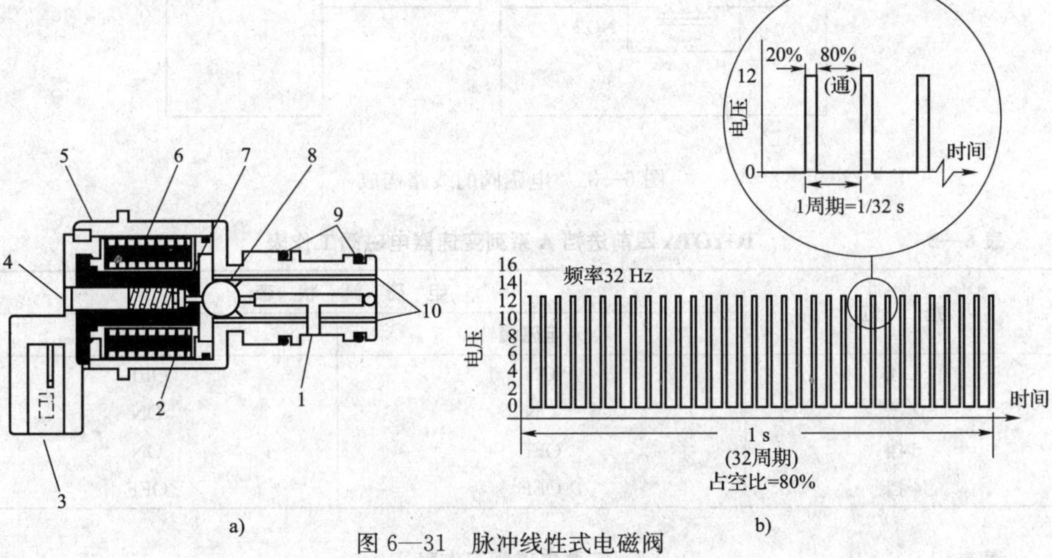

图 6—31　脉冲线性式电磁阀

a）电磁阀结构　b）脉冲信号

1—经滤清器的 3 挡工作油液　2—柱塞　3—插座　4—排泄口　5—壳　6—电磁线圈　7—衔铁和阀芯　8—限位球　9—O 形圈　10—变矩器离合器信号油液

（2）按功能分为

1）换挡电磁阀。大部分的变速器的换挡电磁阀采用开关式电磁阀（目前只有 BENZ 的 722.6 五速电控自动变速器和三菱系统 F4A4 系列自动变速器采用脉冲线性式电磁阀控制换挡）。ECU 根据各种输入信号，控制电磁阀的打开或关闭，从而控制阀体中的换挡阀的位置，实现换挡。不同的变速器使用不同数量的换挡电磁阀，一般 4 前进挡的自动变速器有两个换挡电磁阀，5 前进挡的自动变速器有 3 个换挡电磁阀。但是也有一部分 4 前进挡的自动变速器采用了 3 个或者是 4 个换挡电磁阀的。如 FORD 公司的 AX4N 或 AX4S；AUDI/VW 公司的 01M、01N 等自动变速器采用了 3 个换挡电磁阀控制 4 个前进挡；而 AUDI/VW 早期的 097、096 等自动变速器采用了 4 个换挡电磁阀控制 4 个前进挡。

以下分别以 TOYOTA 中采用两个换挡电磁阀的变速器和三菱系列中采用占空比控制的车型为例，说明电磁阀的工作。电磁阀的线路构成如图 6—32 所示，当电磁阀工作时，ECU 提供电源给电磁阀。当 ECU 控制变速器在不同的挡位时，电磁阀处在如表 6—2 所示的状态。表 6—3 为三菱电磁阀工作表。变速器分别由 4 个电磁阀控制 4 组执行元件控制换挡。

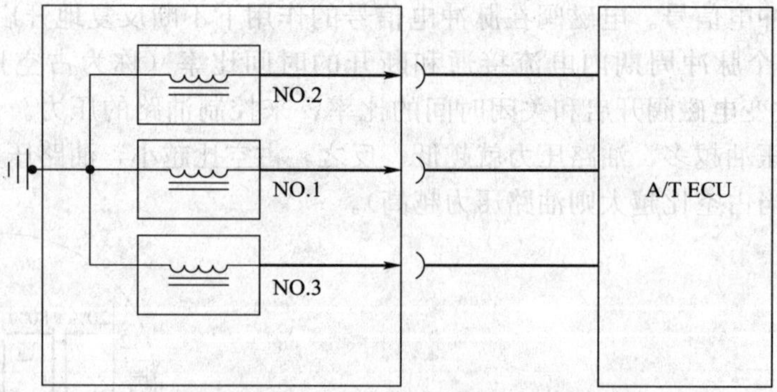

图 6—32　电磁阀的线路构成

表 6—2　**TOYOTA 四前进挡 A 系列变速器电磁阀工作表**

挡　位	电磁阀状态	
	A 电磁阀	B 电磁阀
1 挡	ON	OFF
2 挡	ON	ON
3 挡	OFF	ON
4 挡	OFF	OFF

表 6—3　**三菱电磁阀工作表**

电磁阀	1 挡	2 挡	3 挡	4 挡	R 挡
L/R 电磁阀	0%	100%	100%	100%	0%
UD 电磁阀	0%	0%	0%	100%	100%
2ND 电磁阀	100%	0%	100%	0%	100%
OD 电磁阀	100%	100%	0%	0%	100%

2）锁止离合器控制电磁阀。锁止离合器也采用了开关型和脉冲线性式两种类型的电磁阀。在新型的自动变速器中，大部分采用脉冲线性式电磁阀。采用开关型电磁阀控制的变速器的锁止离合器锁止时的压力是不能修正的。而采用脉冲线性式电磁阀的变速器锁止离合器锁止时的压力可根据液力变矩器的传动比来修正（通过转速信号监控液力变矩器的传动比），即 ECU 对锁止离合器的工作效率是可监控的。

3）油压调节电磁阀。自动变速器采用油压调节电磁阀来调节自动变速器的工作油压或是换挡时的油压，这样令自动变速器的工作更为可靠、换挡的品质更好。油压调节电磁阀全部采用脉冲线性式电磁阀。通过改变电磁阀的打开，调节送到主油压调节阀的油压从而改变自动变速器的工作油压。

4）换挡操纵手柄 P/N 挡位置锁定电磁阀。此电磁阀用于控制自动变速器在 P/N 挡位置时的锁定功能，防止换挡操纵手柄误挂，造成危险。换挡操纵手柄 P/N 挡位置锁定电磁阀全部采用开关型电磁阀，当电磁阀工作时，挡位不能从 P/N 挡位置移开。必须是打开点火开关、踩下刹车踏板时（刹车开关接通），才能将挡位从 P/N 位置移开。P/N 挡位置锁定电磁阀的构成如图 6—33 所示。早期的变速器主要根据上述信号控制换挡操纵手柄的工作，在新型的自动变速器中，ECU 还根据车速信号或发动机转速信号，控制电磁阀的工作。如 BENZ 202 底盘车型，在前进的车速超过 12 km/h 时，ECU 控制电磁阀工作，防止变速器挂入倒挡。在 AUDI A6 车型中，当发动机转速超过 2 500 r/min 时，ECU 也会控制电磁阀工作，防止在发动机输出扭矩较大的情况下挂入动力挡。

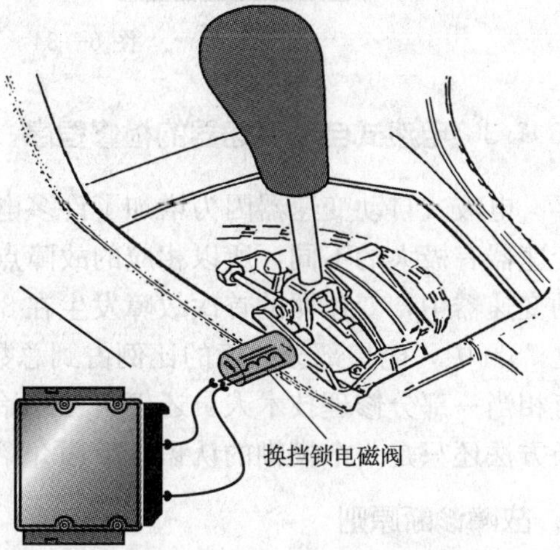

图 6—33　P/N 挡锁定电磁阀

3. 不同系统的 ECU 之间的信号传输

不同系统的 ECU 之间的信号指的是和自动变速器 ECU 相关的系统的 ECU 之间的信号的传输，这些信号是自动变速器的工作中所必须的，而且是其他系统的 ECU 处理过的信号。如节气门位置传感器信号，由节气门位置传感器输入到发动机 ECU 之后，经发动机 ECU 处理后再送到自动变速器 ECU。这一类型的信号主要有发动机 ECU 来的发动机转速信号、发动机水温信号，巡航 ECU 来的取消锁止信号，ABS/ASR 系统来的轮速信号、换挡调整的信号等。如图 6—34 所示为以风度 A33 自动变速器为例说明 ECU 之间的信号传输。

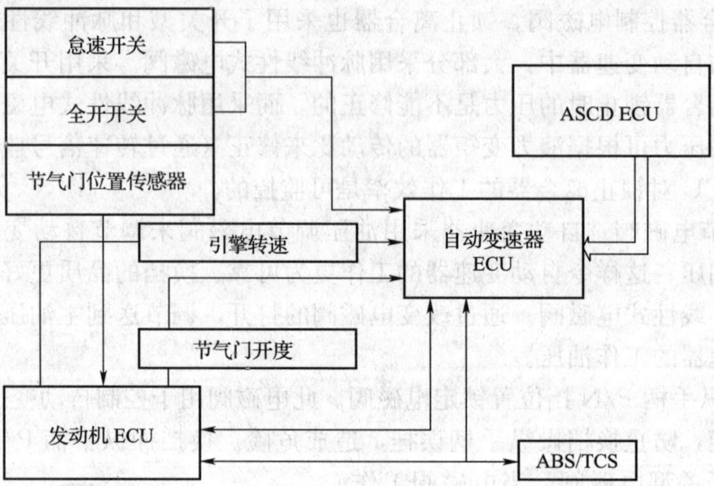

图 6—34　ECU 之间的信号传输

6.1.3　电液式自动变速器的检修程序

电液式自动变速器因为增加了许多电控元件，其控制原理和内部结构与全液压式自动变速器有极大的不同，所以相应的故障点也就增加了许多。据粗略统计，在我国使用的自动变速器中，变速器的首次故障发生在 8 万～15 万 km 之间，约占全部故障的 75%，而在这 75%中，电控部分故障的比例占到总数的一半以上。就目前我国的实际诊断水平而言，有相当一部分修理技术人员还停留在原始的自动变速器的诊断思路上，对自动变速器的诊断方法还只是一个模糊的认识。下面介绍电液式自动变速器的检修程序。

1. 故障诊断原则

电液式自动变速器在工作中出现的故障类型、表现形式各不相同，但只要熟悉自动变速器的工作原理，正确地使用自动变速器的相关检测仪和检测步骤，就能做到快速的排除故障，总的原则是：

（1）分清故障性质与原因。首先分清引发故障的根源在发动机、液压控制装置、电子控制系统还是自动变速器的机械部分。只有正确区别变速器故障的性质是机械的、液压的，还是电子的，才能有针对性地去查找故障根源，少走弯路。

（2）由简单到复杂。检查时应根据故障特点由简单到复杂、由外到内，从最易于接近的部位，易于被忽视的部位和影响因素开始，如 ATF 油液状况、自动变速器油压、电器连接等。不要先将问题想象得过于复杂。

（3）多种检验项目结合。要充分利用自动变速器检验项目（基础检验、失速试验、时滞试验、道路试验、电液式自动变速器的手动换挡试验、液压试验）的检验结果，综合各项检测结论，将线索汇集，使其指向最大嫌疑。因为一个故障在不同的检测项目中会有不同的表现形式，通过这些检验项目的试验，一般可以发现自动变速器的故障所在。

(4) 充分利用电液式自动变速器的自诊断功能。电液式自动变速器的 ECU 内部有一个自诊断电路，它能在汽车行驶过程中不断地监测自动变速器控制系统各部分的工作情况，并能检验出控制系统中大部分故障，将故障以代码的形式储存在 ECU 中。维修人员可以按照特定的方法将故障从 ECU 中读出，为自动变速器控制系统的检修和故障排除提供依据。

(5) 不要轻易进行解体。为了确诊必须进行的拆检，应是故障诊断的最后手段。电液式自动变速器不要轻易分解，因为在故障原因不明的情况下盲目解体，不但不能确诊故障原因和部位，还可能在拆检过程中出现新的故障现象。

(6) 维修信息和资料。在进行故障诊断与排除前，最好先阅读有关故障指南、使用说明书和该车型的“自动变速器维修手册”，掌握必要的结构原理图、油路图、电子控制系统电路图等有关技术资料，否则进行的检测和诊断带有相当的盲目性。

2. 电液式自动变速器常见故障部位

电液式自动变速器的机械系统、液压控制系统和电子控制系统由于长期使用或使用不当都会发生故障，对于不同系统故障的诊断方法也不尽相同。要迅速而准确地诊断出故障的具体部件，必须按照一定的步骤和方法进行。通过对自动变速器各系统发生故障的难易程度分析，结合不同诊断方法，可以总结出电液式自动变速器故障诊断和维修的一般程序。

(1) 机械部分。电液式自动变速器的机械部分，如各挡离合器、制动器、行星齿轮组、轴等，以及液压控制系统部件如液力变矩器、阀体、伺服机构等的加工精度都比较高，所以在正常使用条件下一般不会发生故障。电液式自动变速器的常见故障，如换挡粗暴、挡位不正确等，通常与油位不正确，油质不佳，节气门拉索、换挡手柄等联动装置调节不当，发动机怠速不正确等原因有关。

(2) 液压回路。液压控制回路漏油，如液压系统的密封垫、油封失效是发生漏油的常见原因。液压系统漏油会引起压力不足，从而造成摩擦片打滑、换挡延时等故障。

(3) 电控系统。电液式自动变速器的电子控制系统是继上述两项之后较易发生故障的部位。故障既可能发生在自动变速器电控系统的线路和元件本身，也可能由汽车电子控制单元（ECU）本身引起。电控系统的故障会引起自动变速器没有某一挡位，不能升挡等故障。当然，除上述三项外，由于自动变速器的长期使用或自动变速器不正确使用，也会导致机械系统部件和液压控制系统部件发生故障，主要原因可能是各离合器、制动器磨损、粘连等。阀体等精度要求高的部件，一般不会出现严重性机械故障。

综上所述，电液式自动变速器发生故障时可分为液压故障、机械故障和电控故障。液压故障和机械故障一般发生在变速器内部，维修起来工作量比较大，需要解体自动变速器。而电控系统故障一般发生在外部，相对工作量比较小，因此应本着先易后难的原则，在做完基本检查后，先检查电控系统的故障。

当发生下述情况时，很有可能是电控元件造成的故障：

1）自动变速器故障指示灯点亮。

2）通过读取故障代码，发现有相关的电控部件的代码。

3）失速试验所测试的结果符合修理手册的要求。

4）故障突然发生，有时故障又会自动消失，有时发动机熄火一次之后再启动故障又消失。

5）最高车速上不去，在同样发动机转速和路况情况下，明显感觉车速没有以前高，没有升挡感觉。这种情况一般是由于自动变速器进入了失效保护功能，强制将自动变速器锁止在某一挡位，如三菱 F4A23 自动变速器会自动锁止在 2 挡或 3 挡位置；克莱斯勒 41TE、42TE 会自动锁止在 2 挡；奥迪 A6 装备的 ZF4HP—18 自动变速器会自动锁止在 4 挡；上海通用别克 4T65E 自动变速器会自动锁止在 3 挡。

6）发生故障后马上检查自动变速器油液，观察油量是否合适，颜色是否变化，油底壳有无杂质等。

以上条件中具备三条以上，基本可以认为是电控系统出现故障，应优先予以检查。

6.1.4 电液式自动变速器应用实例及故障诊断

下面详细介绍上海通用别克 4T65E 自动变速器的结构和检修方法。

1. 4T65E 自动变速器的组成

4T65E 自动变速器的组成如图 6—35 所示。

(1) 行星齿轮机构。4T65E 自动变速器采用串联式行星齿轮机构，即前齿圈与后齿架连接，前齿架与后齿圈连接，后齿架与主减速器连接作为输出元件，如图 6—36 所示。

(2) 换挡执行元件。4T65E 自动变速器采用了 3 个离合器、3 个带式制动器、1 个片式制动器和 3 个单向离合器。

1）离合器

① 输入离合器将动力传递给输入单向离合器的外圈。

② 2 挡离合器将动力直接传递给前行星架和后齿圈。

③ 3 挡离合器将动力传递给 3 挡单向离合器的外圈，3 挡单向离合器与输入单向离合器的锁止和超越方向是相反的。

2）制动器

① 2-1 挡制动带固定 2-1 挡单向离合器的外圈，2-1 挡单向离合器与输入单向离合器的锁止和超越方向是一致的。

② 4 挡片式制动器固定前太阳轮。

③ 倒挡制动带固定前行星架和后齿圈。

3）单向离合器

① 输入单向离合器外圈逆时针转动时（面向变速器前方），可以将动力传递给前太阳轮。

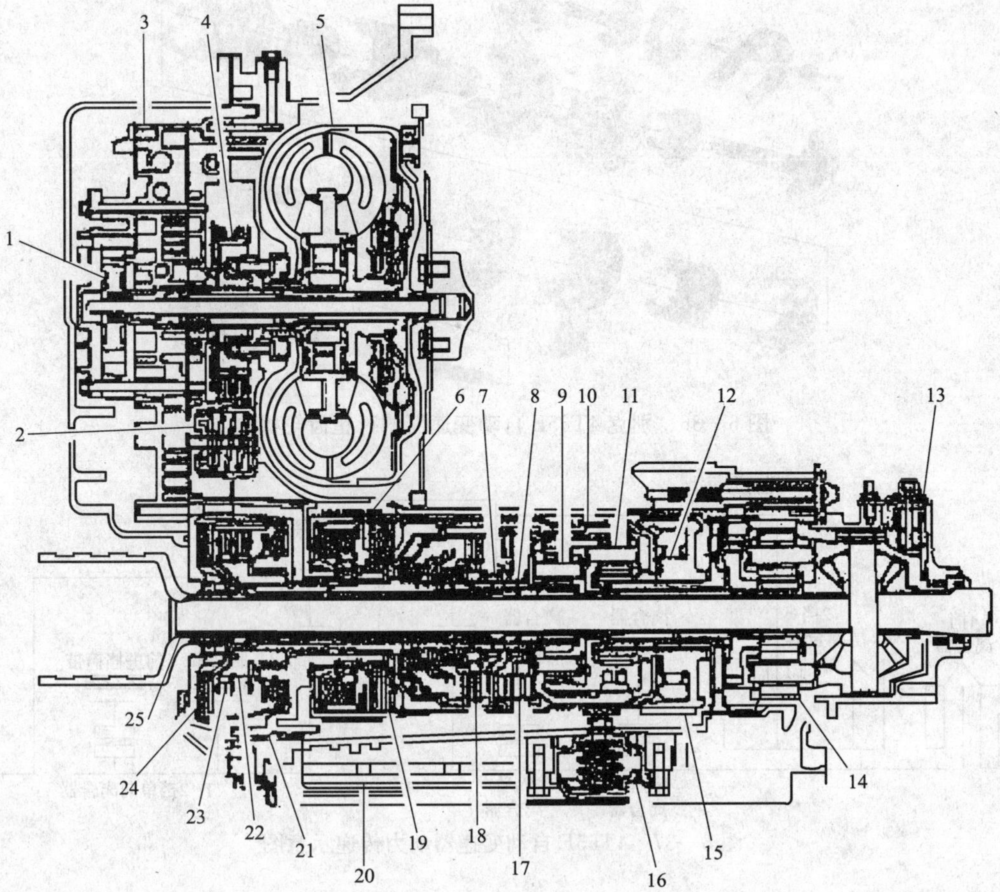

图 6—35　4T65E 自动变速器的组成

1—油道盘　2—油泵　3—阀体　4—主动链轮　5—液力变矩器　6—倒挡制动带　7—3 挡离合器及单向离合器　8—输入离合器及单向离合器　9—输入行星架　10—2-1 挡制动器　11—后行星架　12—1-2 挡单向离合器　13—车速传感器　14—主减速行星架　15—前进挡制动带　16—2-1 挡制动带伺服机构　17—输入离合器　18—3 挡离合器　19—2 挡离合器　20—滤油器　21—从动链轮支撑体　22—从动链轮　23—从动链　24—4 挡离合器　25—输出轴

② 3 挡单向离合器外圈顺时针转动时（面向变速器前方），可以将动力传递给前太阳轮。

③ 2-1 挡制动带固定 2-1 挡单向离合器的外圈时，可以阻止后太阳轮顺时针转动（面向变速器前方）。

2. 4T65E 自动变速器的动力传递

如图 6—37 所示为 4T65E 自动变速器的动力传递示意图，各元件工作情况见表 6—4。

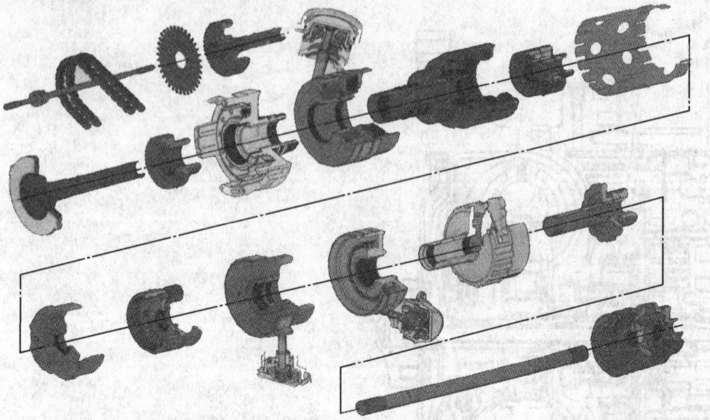

图 6—36　别克 4T65E 自动变速器的行星齿轮机构

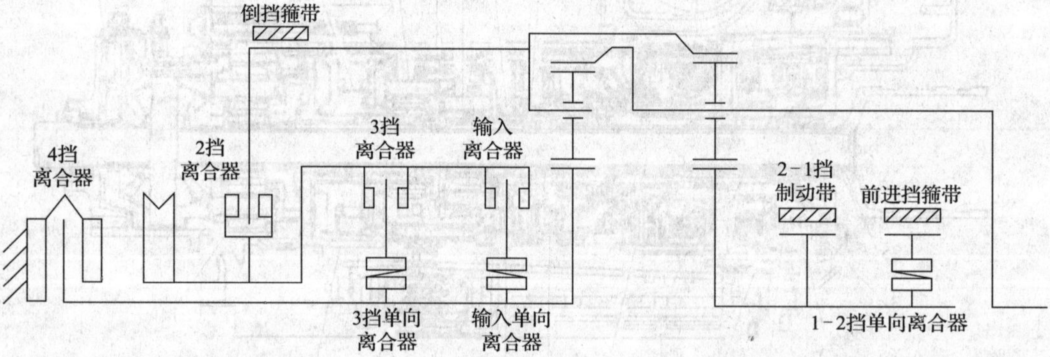

图 6—37　4T65E 自动变速器动力传递示意图

表 6—4　　　　4T65E 自动变速器各元件工作情况

范围	挡位	A电磁阀	B电磁阀	4挡离合器	倒挡箍带	2挡离合器	3挡离合器	3挡单向离合器	输入离合器	输入单向离合器	前进挡箍带	1-2挡单向离合器	2-1挡制动带
P-N		on	on						*	*			
D	1挡	on	on						作用	锁止	作用	锁止	
	2挡	off	on			作用			*	超越	作用	锁止	
	3挡	off	off			作用	作用	锁止			作用	超越	
	4挡	off	off	作用		作用	*	超越			作用	超越	
D	3挡	@off	@off			作用	作用	锁止	作用	锁止	作用	超越	
	2挡	@off	@on			作用			*	超越	作用	锁止	
	1挡	@on	@on						作用	锁止	作用	锁止	
2	2挡	@off	@on			作用			*	超越	作用	锁止	作用
	1挡	@on	@on						作用	锁止	作用	锁止	作用

续表

范围	挡位	A电磁阀	B电磁阀	4挡离合器	倒挡箍带	2挡离合器	3挡离合器	3挡单向离合器	输入离合器	输入单向离合器	前进挡箍带	1-2挡单向离合器	2-1挡制动带
1	1挡	@on	@on				作用	锁止	作用	锁止	作用	锁止	作用
R	倒挡	on	on		作用				作用	锁止			

* 表示已起作用，但不起效果

on——电磁阀参与工作

off——电磁阀不参与工作

@电磁阀的状态是按照一种换挡模式，这种模式是取决于汽车的速度和节气门开度，它不是取决于被选择的挡位

3. 4T65E自动变速器电子控制系统

4T65E 自动变速器的电气元件位置如图 6—38 所示。

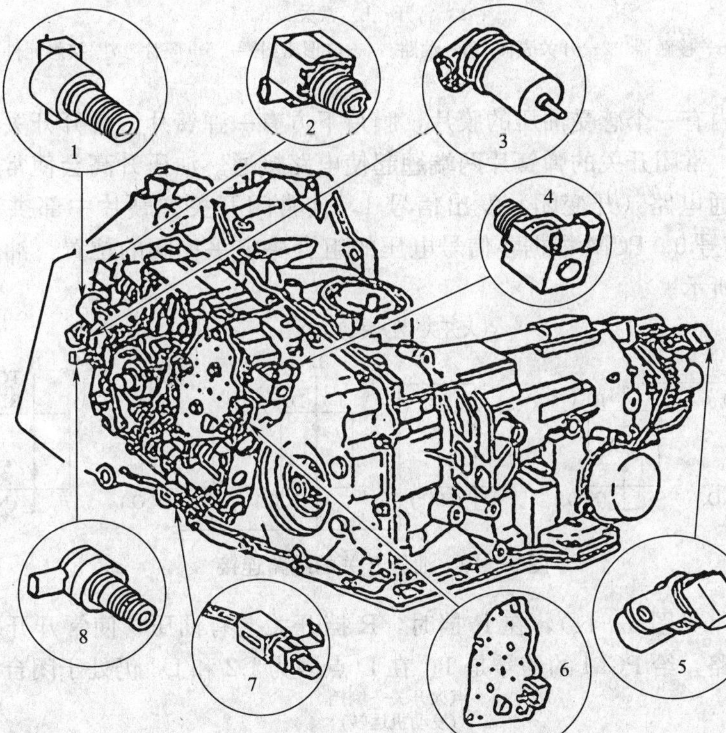

图 6—38 4T65E 自动变速器电气元件位置图

1—调压电磁阀 2—1-2 挡电磁阀 3—输入转速传感器 4—2-3 挡电磁阀
5—车速传感器（VSS） 6—手动阀位置压力开关模块 7—油温传感器 8—TCC 调制电磁阀（PWM）

下面仅介绍主要电气元件的结构和工作原理：

（1）手动阀位置油压开关（TFP）。手动阀位置油压开关（TFP）共有 6 个（图 6—38 中的 6），它是一种油压开关，3 个为常开开关（D4、LO、REV），3 个为常闭开关（D3、D2、TCCREL），用于指示手动阀的位置。PCM 根据手动阀的位置控制主油压、锁止离合器的接合或释放。手动阀位置开关的结构如图 6—39 所示。

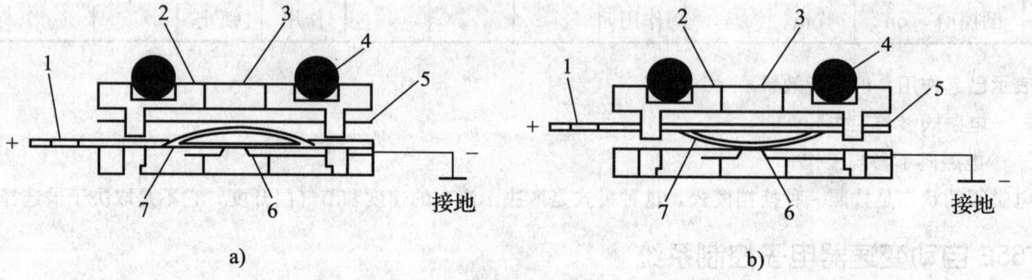

图 6—39　手动阀位置油压开关结构

a）常开　b）常关

1，6—接触器　2—开关壳体　3—油路　4—O 形密封圈　5—膜片　7—接触元件

在油压开关内有一个感受油压的膜片，膜片下方有一弹簧片。常开开关的弹簧片中部拱起使电路断开，常闭开关的弹簧片两端翘起使电路接通。油压升高会使常开开关的弹簧片两端翘起而接通电路（开变闭）发出信号 1，使常闭开关弹簧片中部拱起而断开电路（闭变开）发出信号 0。PCM 根据各信号电压的组合决定手动阀的位置，油压开关的连接线路如图 6—40 所示。

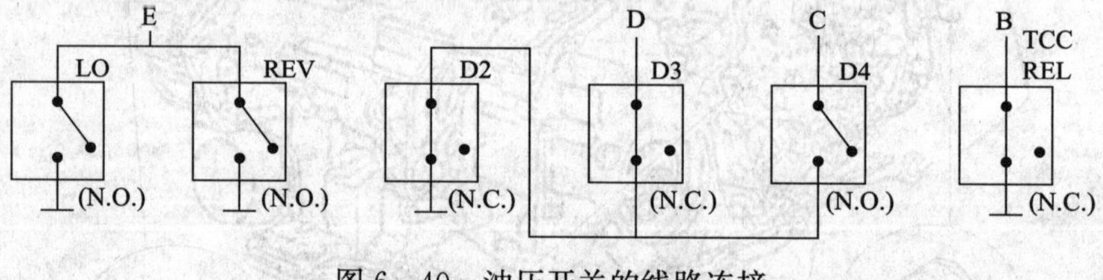

图 6—40　油压开关的线路连接

以 R 挡为例（见图 6—41），在 R 挡时，R 挡开关上有油压，使常开开关闭合，电路经 E 搭铁构成回路，给 PCM 的信号是 1；在 D 点因为 D2 和 D3 仍处于闭合状态，电路经

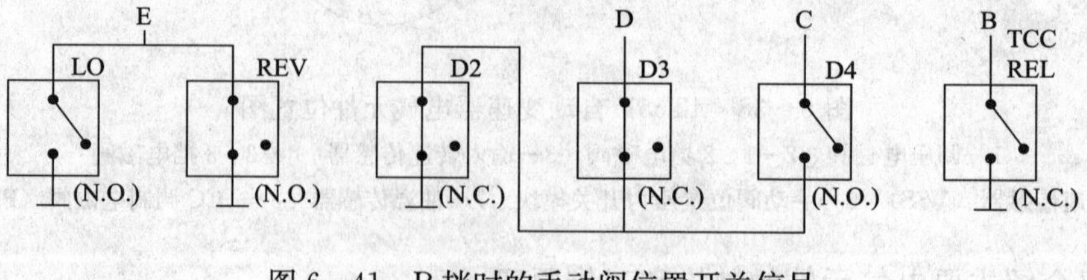

图 6—41　R 挡时的手动阀位置开关信号

开关搭铁构成回路，给 PCM 的信号也是 1；而在 C 点由于 D4 仍处于断开状态，电路没有接通，给 PCM 的信号是 0。B 点因为锁止离合器没有锁止，开关 TCC REL 断开，给 PCM 的输出信号为 0。

如果油压开关出现故障，PCM 除了存储故障信息以外，还会自动取消自适应换挡功能并使主油路油压保持在最大值。

(2) 输入轴转速传感器。4T65E 自动变速器的输入轴转速传感器如图 6—42 所示。

传感器为电磁感应式，PCM 根据接收的信号进行主油路油压控制、锁止离合器控制和换挡模式控制。

如果信号错误，PCM 除了存储故障信息以外，还会取消自适应换挡功能。

(3) 车速传感器。车速传感器如图 6—43 所示。车速传感器也是电磁感应式，PCM 使用该信号控制换挡模式、控制主油压、控制液力变矩器的锁止和释放。如果车速传感器出现故障，PCM 除了存储故障信息外，还会自动取消自适应换挡功能并使主油路油压保持在最大值。

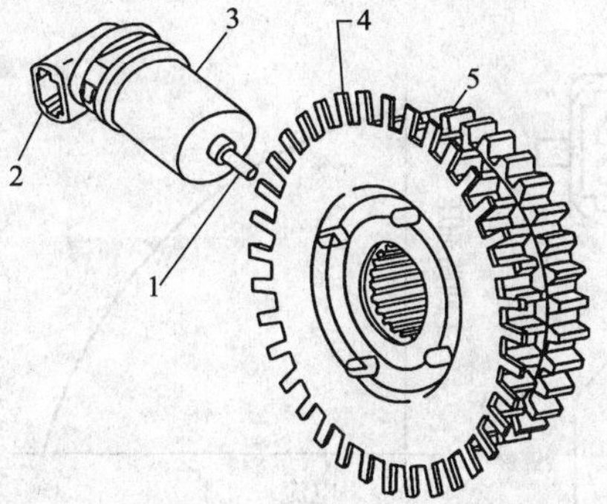

图 6—42 输入轴转速传感器

1—磁性传感器 2—导线连接插座 3—输入速度传感器（440）
4—输入速度传感器磁性转轮（527） 5—驱动链轮（516）

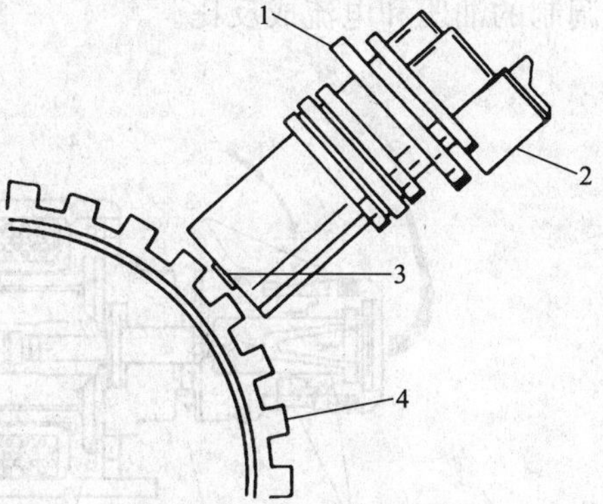

图 6—43 车速传感器

1—速度传感器（10） 2—导线连接插座
3—磁性传感器 4—转轮（713）

(4) 换挡电磁阀。如图 6—44 所示是这种换挡电磁阀的结构。它实际上是一种常开的两位两通电磁阀，即断电时通道是打开的，当通电时，通道关闭。当然也可以是一种常闭的两位两通电磁阀，那么工作状态正好相反。当电磁阀关闭时，换挡阀的控制口建立油压，推动滑阀移动，实现挡位变化；当电磁阀打开时，控制口油压和回油口相通，则滑阀恢复到初始位置。这种换挡电磁阀采用的是球阀结构，它反应迅速，制造简单。当螺旋线圈通电时，电流产生的磁力场，强制中央的柱塞克服弹簧力，向右移动，迫使钢球位于阀座上，使阀门关闭，这样控制口油压和回油口隔离。当电磁阀断电时，弹簧力强制中央的柱塞回到左侧的位置，钢球脱离阀座，控制口油压和回油口相通，控制口处于卸压状态。通过两位两通电磁阀的通/断电的变化，就能实现换挡阀位置变化，从而实现挡位的升降。目前大部分的电液式自动变速器的换挡电磁阀都采用这种结构。

（5）压力控制电磁阀。压力控制电磁阀是一种精确的电子压力调节器（见图 6—45），它根据流经螺旋线圈的电流大小，来控制变速器的主回路油压。当电流增大时，由线圈产生的磁力场推动柱塞克服弹簧力进一步离开泄油口。通过增大电流，增大泄油口的开度，减小调节后的输出油压。自动变速器 ECU 根据各种输入信号控制压力控制电磁阀，这些信号包括节气门开度，油液温度，进气歧管绝对压力（MAP）传感器和挡位状态。压力控制电磁阀调节主回路油压，实际是通过改变线圈的电流使得电磁力发生变化，当电流大时，电磁力增大，泄油口打开大，结果被调制的油压减低。调制的油压和电流成反比。

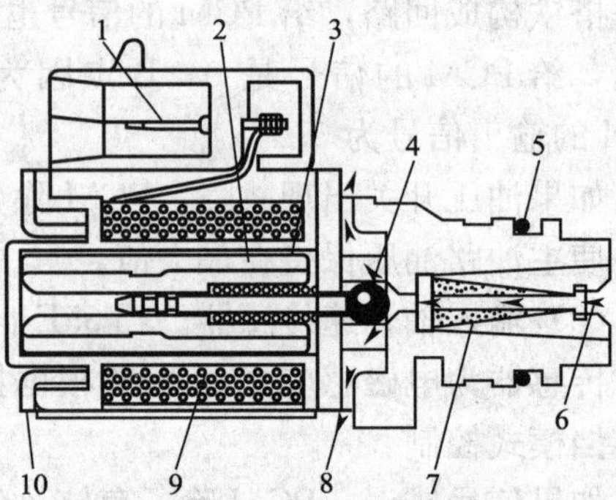

图 6—44　换挡电磁阀和线圈

1—接插件　2—可动铁心　3—弹簧　4—钢球　5—O 形圈　6—控制油压　7—过滤器　8—泄油口　9—螺旋线圈　10—骨架

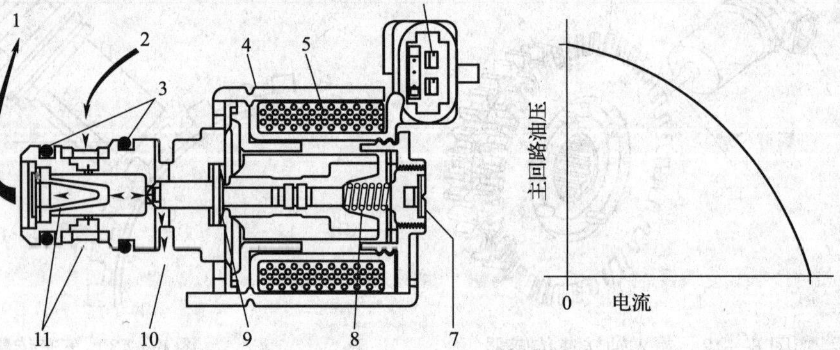

图 6—45　压力控制电磁阀和输出曲线

1—控制油压输出　2—来自限压后的油压　3—O 形圈　4—壳体　5—螺旋线圈　6—接插件　7—调节螺塞　8—弹簧　9—膜片　10—泄油口　11—过滤网

通常电子控制的脉冲宽度调制电磁阀的工作，是用占空比和频率的术语来说明的（详见第 3 单元有关内容）。例如，4T65E 自动变速器的压力控制电磁阀采用正占空比，固定的频率是 292.5 Hz。当送给压力控制电磁阀一个较高的占空比，那么电磁阀线圈就得到一个较大的电流，压力电磁阀就产生比较大泄油口。表 6—5 说明了 4T65E 自动变速器压力控制电磁阀电流、占空比和调制油压的关系。在 PCM 中设有控制压力控制电磁阀工作的电子回路。PCM 为电子回路提供了一条接地线的通道，监控平均电流并连续地改变压力控制电磁阀的泄油口开度。调节占空比就是为了维持在压力控制电磁阀中有一个正确的平均电流。

表 6—5 4T65E 压力控制电磁阀占空比和电流、主回路油压之间的关系

占空比值（近似值）	平均电流	主回路油压
+5%	0.02 A	最大
+40%	1.1 A	最小

占空比和通往压力控制电磁阀的电流主要受到节气门开度（发动机扭矩）的影响，并且和节气门开度成反比。换句话说，当节气门开度增加，通过 ECU 减少占空比，从而减少送入压力控制电磁阀的电流。电磁阀中的电流产生了一个磁力场，使衔铁克服弹簧力移动，同时计算机内部的程序还允许自动调节换挡压力，它建立在改善自动变速器特性的基础上。当变速执行元件多片离合器和制动带处于磨损期间，则换挡时间增长。为了弥补这种磨损，维持初始标定的换挡时间，ECU 通过自动调节压力控制电磁阀，使其产生比较大的油压。自动调节的过程被称为“自学习”，它是利用假设的符合换挡感觉作为目标逐步增加变速器适应性能。汽车在确定的速比挡位行驶中，ECU 通过监控推动杆使泄油口阀门打开。

许多自动变速器都设置了输入速度传感器和汽车速度传感器，利用已确定的传动比，判断该挡位转速是否太快（油压过高）或太慢（油压过低），并通过调节压力控制电磁阀信号，维持一种设定的换挡感觉。

(6) 液力变矩器锁止离合器（TCC）占空比电磁阀。占空比电磁阀主要应用于控制液力变矩器的锁止离合器。通过改变占空比使锁止离合器在作用和释放时的油压发生变化，使作用（释放）的过程变得比较平稳和柔顺。控制锁止离合器的占空比电磁阀通常是一种常闭的脉冲宽度调制的电磁阀，用于控制变矩器锁止离合器的作用和释放。计算机通过采用负占空比控制该电磁阀，计算机发送给电磁阀的固有的频率是 32 Hz (4T65E 自动变速器)，通过改变负占空比率控制锁止离合器的作用（释放）。电磁阀具有使锁止离合器作用（释放）的油压呈斜直线上升（下降）的功能，从而保证锁止离合器平稳工作。

如图 6—46 所示是液力变矩器锁止离合器占空比电磁阀的结构。它的结构和工作原理和前面介绍的换挡电磁阀类似，都属于两位两通电磁阀。但它们之间还存在区别：换挡电磁阀是常开的两位两通阀，而该电磁阀是常闭的两位两通阀，即电磁阀通电时，控制口油压和泄油口相通，处于泄压状态。另外的区别是，换挡电磁阀的通（断）电的作用时间较长，只要汽车挡位没有变化，换挡电磁阀的通（断）电状态同样没有变化。但是变矩器锁止离合器的占空比电磁阀工作状态却不同，它接收的是一种周期变化的信号，在一个周期中，电磁阀一会儿断电又一会儿通电。当断电时，电磁阀和泄油口隔离，控制油压比较高。当通电时，电磁阀和泄油口相通，控制油压又迅速下降。由于电磁阀的通（断）电都是在瞬间完成的，因此通过改变负占空比的不同比率，就能实现控制口不同油压的调节。

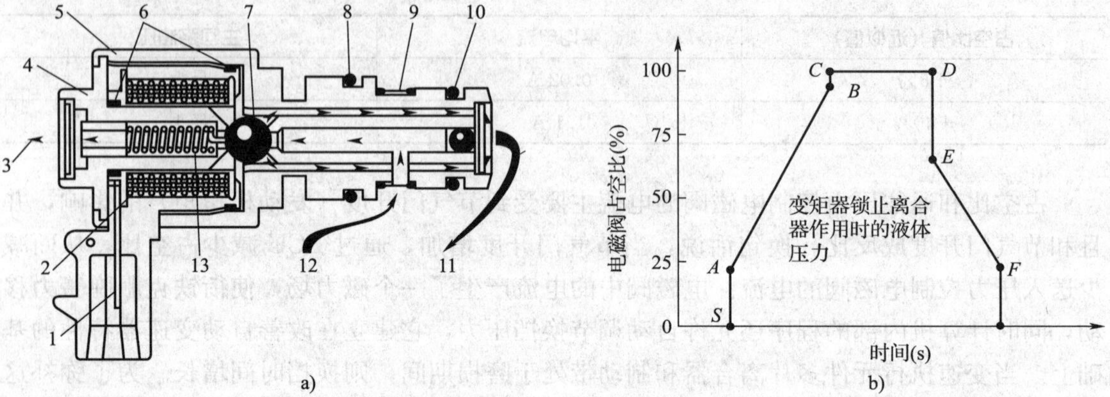

图 6—46　用于变矩器锁止离合器的占空比电磁阀

a）结构　b）占空比变化参数

1—接插件　2—螺旋线圈　3—泄油口　4—中间支撑套筒　5—壳体

6，8，10—O 形圈　7—钢球　9—过滤网　11—控制压力输出　12—压力源　13—弹簧

当汽车的工作条件满足一定的要求时，液力变矩器的锁止离合器进入作用状态，ECU 立即增加占空比，大约增加到 22%（如图 6—46b 中的 A 点所示）。ECU 使占空比呈斜直线上升，直到占空比达到大约 98%，完成全部的锁止离合器的作用油压。ECU 通过改变占空比率来控制锁止离合器的作用。同样，当锁止离合器释放时，占空比率也呈斜直线下降。如图 6—46 中给出的占空比变化参数，仅仅是一个例子。实际上的占空比的变化，则取决于汽车的性能匹配和汽车的工作条件。

4．4T65E 自动变速器的故障诊断

（1）读取故障码。当自动变速器出现故障后，动力控制模块（PCM）就将所发现的故障以故障码的形式存储起来。如故障码持续存在一段时间，故障指示灯（MIL）就会点亮。如果故障指示灯常亮，说明 PCM 检测到故障码，如果在行驶过程中故障指示灯亮，说明控制模块检测到电路或传感器有间歇性故障。已经存储的故障码，可通过别克专用故障诊断仪（TECH—2）从存储器中读取。16 针的自诊断接头位于仪表板下方，转向柱右侧，将 TECH—2 与诊断接口连接，通过数据线可以读取故障码并测量系统电压，检查系统数据。4T65E 自动变速器的故障码见表 6—6。

表 6—6　　4T65E 自动变速器故障码

DTC	说　明	PCM 默认操作（失效保护）
P0218	变速器油温过高	冻结换挡
P0502	车辆速度传感器——信号电压低	最大管路压力； PCM 从 ISS 和指令的挡位计算车辆速度； 冻结换挡
P0503	车辆速度传感器——信号间断	

续表

DTC	说　明	PCM 默认操作（失效保护）
P0711	变速器油温传感器——范围/效能	PCM 从 ECT 和 IAT 计算默认 TFT；冻结换挡
P0712	变速器油温传感器——信号电压低	
P0713	变速器油温传感器——信号电压高	
P0716	输入速度传感器——信号间断	禁止 TCC 工作；在热状态下抑制挂入 4 挡；冻结换挡
P0717	输入速度传感器——信号输入低	
P0719	制动器开关电路——低输入	忽略用于 TCC 操作的制动器开关输入
P0724	制动器开关电路——高输入	无
P0730	不正确的齿轮传动比	最大管路压力；冻结换挡
P0741	液力变矩器离合器（TCC）系统一直处于 OFF 位置	禁止 TCC 工作；在热状态下抑制挂入 4 挡；冻结换挡
P0742	液力变矩器离合器（TCC）系统一直处于 ON 位置	在最大功率时命令 TCC ON；冻结换挡
P0748	压力控制电磁阀线路故障	最大管路压力；冻结换挡
P0751	1-2 挡换挡电磁阀性能不良	最大管路压力；在车速大于 48 km/h 时暂时关闭 3～2 降挡；冻结换挡
P0753	1-2 挡换挡电磁阀线路故障	
P0756	2-3 挡换挡电磁阀线路故障	最大管路压力；禁止 TCC 工作；不能升入 3 挡；冻结换挡
P0758	2-3 挡换挡电磁阀线路故障	
P1810	自动变速器油压手动阀位置开关总成线路故障	最大管路压力；PCM 假定换入 D4；冻结换挡
P1811	最大的适配和长时间的换挡	最大管路压力；冻结换挡
P1860	液力变矩器离合器脉冲宽度调节电磁阀线路故障	禁止 TCC 工作；在热状态下抑制挂入 4 挡；冻结换挡
P1887	液力变矩器离合器释放开关线路故障	

利用故障诊断仪（TECH—2）也可以提供输出元件（电磁阀及继电器）的状态信息，但此状态参数只是显示输出信号，并由 PCM 输出给执行元件，但它不能显示执行元件是否对信号作出了正确反应，不能肯定执行元件是否动作。使用电压表或检测灯可检测输出元件的参数是否正确。

如果没有故障码显示，并不表明系统没有故障存在。因为与驱动性能相关的故障，作故障码存储的只占一部分，不能够存储故障码的占很大部分。使用故障诊断仪是监测传感器和其他一些数据参数的最简单和有效的办法，如果发现有间歇性故障存在，又不能很快确定故障部位，可以采取如下方法：打开点火开关，不起动发动机，通过摇动相关电气线束及插头，同时监测故障诊断仪，可检查出线路的间歇性短路或断路故障。

（2）电气元件的检查。

1）出现故障码 P0128 时的检查

① 如果变速器 ATF 液面高度正确时，一定有以下情况引发故障码：发动机过热、汽车超载、ATF 被防冻液污染、滤清器堵塞或安装不到位、回油泵滤网堵塞、冷却器管路堵塞、散热器阻塞而导致主油路压力过低。检查所有项目，进行必要的修理，修理完成后，进行下一步检查。

② 将故障诊断仪 TECH—2 接到数据接口上，路试并检测变速器 ATF 温度，确保变速器 ATF 温度低于 54.4℃，保持 5 s，读取故障码 P0128，如果路试故障码 P0128 消失，则系统完好；如果路试未通过，重新检查排除。

2）出现故障码 P0502 和 P0503 时的检查。出现故障码 P0502 和 P0503 时进行车速传感器的检查：

① 将故障诊断仪连接到数据传送接头上，将点火开关置于 ON 位置，不要起动发动机，故障诊断仪记录故障情况。

② 抬起汽车，然后起动发动机，怠速运转。将换挡手柄放在 D 位置，让驱动轮旋转，如果车轮转速增加而通过检测仪读取的变速器输出转速不增加，进行下一步检查；如果车轮转速增加时变速器输出转速增加，进行步骤③。

③ 关闭点火开关，断开动力控制模块组件接头。在动力控制模块的车速传感器端子之间连接电压表，转动驱动轮，观察电压表，如果电压大于 0.5 V，进行步骤⑥；如果电压小于 0.5 V，进行步骤⑤。

④ 用故障诊断仪检查当前的动力控制模块标定识别码，如果识别码相配，更换动力控制模块，然后进行步骤⑧；如果识别码不相配，用最新标定值更新动力控制模块，然后进行步骤⑧。

⑤ 从变速器上拆下车速传感器，在车速传感器的两个端子间连接万用表检测，如果电阻值不在 981～1 864 Ω 之间，更换车速传感器，然后进行步骤⑧。

⑥ 将车速传感器安装到自动变速器上，在动力控制模块的车速传感器的两个端子间连接万用表检测，如果电阻值小于 981 Ω，进行下一步检查；如果电阻值大于 1 864 Ω，检查车速传感器和动力控制模块之间的电路是否断路，必要时进行修理，然后进行步骤⑧。

⑦ 检查车速传感器导线是否短路。如果车速传感器与动力控制模块间电阻值小于 981 Ω，检查车速传感器和动力控制模块间的电路是否搭铁短路。

⑧ 完成修理后，在故障诊断仪上清除故障码。驾车测试，直到变速器输出的转速大于 250 r/min 持续 3 s。如果故障码 P0502 不存在，修理完成；如果故障码 P0502 仍然存

在，重复进行测试。

3）出现故障码 P0711、P0712、P0713 时的检查。当出现故障码 P0711、P0712、P0713 时，对油液温度传感器进行检查：

① 确保 ATF 液面高度正确。将故障诊断仪连接到数据传送接口上，将点火开关置于 ON 位置，不要起动发动机，用故障诊断仪记录故障情况。

② 清除故障码。起动发动机并怠速运转，检测 ATF 温度、发动机冷却液温度和进气温度传感器温度。如果 ATF 温度传感器温度为标定值（0 ℃），则进行下一步检查；如果 ATF 温度传感器不为标定值，则进行步骤⑤。

③ 将点火开关置于 ON 位置，不要起动发动机，一边观察故障诊断仪，一边晃动发动机线束、动力控制模块接头和变速器线束接头。如果晃动部件时自动 ATF 温度传感器电压值没有显示变化，则进行下一步检查；如果晃动部件时自动 ATF 温度传感器电压值显示变化，则修理动力控制模块和自动 ATF 温度传感器间电路，然后进行步骤⑤。如果电路完好，更换动力控制模块，然后进行步骤⑤。

④ 断开变速器线束接头，将数字万用表接在 ATF 温度传感器接头两端（变速器线束一侧）之间。晃动变速器线束和 ATF 温度传感器接头，同时记录电阻值，如果数字万用表显示的值比以前记录的值偏高或偏低，则检查变速器线束是否与地短路、断路或导线之间互相短路。对电路进行必要的修理，然后进行下一步检查。如果电阻值不变化，则在着车状态下，用数字万用表测量自动 ATF 温度传感器两端的电压，如果电压小于 0.20 V，检查自动变速箱油液温度传感器连线与壳体是否短路；如果电压大于 0.20 V，检查传感器电压是否随着温度的上升而变化，如果变化不稳定或者有断点，更换 ATF 温度传感器，然后进行下一步检查。

⑤ 完成修理后，用故障诊断仪清除故障码。在下列条件下操作汽车：ATF 温度传感器电压是 0.2～4.92 V，从起动开始 ATF 温度变化超过 3 ℃，在 2 s 内 ATF 温度变化小于 20 ℃，所有条件必须满足 7 s。如果故障码存在，则重复测试。

4）出现故障码 P0719 时的检查。当出现故障码 P0719 时，则检查相应的制动器开关电路：

① 将故障诊断仪连接到数据传送接头上，将点火开关置于 ON 位置，不起动发动机，用故障诊断仪记录故障情况。

② 先检查机罩下附件导线接线盒内的相应的熔丝（27 号 10A），如果熔丝断开，检查与熔丝连接的制动开关信号电路是否搭铁短路，必要时进行修理，然后进行步骤④。更换熔丝后，如果故障码消失，进行下一步检查。

③ 断开液力变矩器离合器制动开关，在制动开关接头的两个端子间跨接熔丝，如果故障诊断仪上的制动开关状态从接合变为分离，则更换液力变矩器离合器制动开关，然后进行下一步检查；如果故障诊断仪上的制动开关状态不变化，检查制动开关信号电路是否断路，必要时进行修理，然后进行下一步检查。如果电路完好，更换 PCM，然后进行下

一步检查。

④ 完成修理后，用故障诊断仪清除故障码。在下列条件下操作汽车：将点火开关置于ON位置，液力变矩器离合器制动开关必须关闭超过2 s。如果故障码P0719消失，则修理完成；如果故障码P0719仍然存在，重复进行测试。

5）出现故障码P0730时的检查。当出现故障码P0730时，检查自动变速器是否进行换挡，因为不正确的齿轮传动比是因为某一挡位打滑，或者某一信号丢失后，ECU不能确定正确的挡位，将挡位冻结所至，这一故障代码一般不会单独出现，一般会伴随换挡电磁阀、速度传感器、油温传感器等故障的发生。

6）出现故障码P0741、P0742时的检查。出现故障码P0741，P0742时，作如下检查：

① 确保ATF液面高度正确，将故障诊断仪连接到数据传送接头上，将点火开关置于ON位置，不起动发动机，用故障诊断仪记录故障情况。

② 用故障诊断仪观察液力变矩器离合器松开时的压力，如果液力变矩器离合器松开时存在压力，进行步骤④；如果液力变矩器离合器松开时没有压力，则进行步骤⑦。

③ 关闭点火开关，断开变速器线束接头，将点火开关置于ON位置，不起动发动机，用故障诊断仪观察液力变矩器离合器松开时的压力，如果液力变矩器离合器松开时存在压力，则进行下一步检查；如果液力变矩器离合器松开时没有压力，则进行步骤⑤。

④ 检查液力变矩器离合器松开开关输入电路（变速器线束侧）是否搭铁短路，必要时进行修理。如果电路正常，则检查手动阀位置开关是否搭铁短路，必要时更换手动阀位置开关，然后进行步骤⑨。如果位置开关正常，进行步骤⑥。

⑤ 检查液力变矩器离合器松开开关输入电路（动力控制模块线束侧）是否搭铁短路，必要时进行修理，然后进行步骤⑨。如果电路正常，则更换动力控制模块，然后进行步骤⑨。

⑥ 检查下列部件并进行必要的修理：液力变矩器离合器控制阀、液力变矩器离合器供油限制阀、液力变矩器离合器调节器接合阀、液力变矩器脉宽调制电磁阀和压力调节阀。这些部件可能被堵塞，检修后进行步骤⑨。

⑦ 以62 km/h的速度行驶汽车，用故障诊断仪监测液力变矩器离合器的滑移速度。起动液力变矩器脉宽调制电磁阀，如果液力变矩器离合器的滑移速度不为50～100 r/min，则检查压力调节器和主油路压力，必要时进行修理；如果滑移速度为50～100 r/min，则进行下一步检查。

⑧ 检查下列部件并进行必要的修理：液力变矩器离合器控制阀、ATF冷却器、液力变矩器离合器调节器和液力变矩器离合器电磁阀，然后进行下一步骤。

⑨ 修理完成后，用故障诊断仪清除故障码。驾车测试，确保液力变矩器离合器接合，在下列条件下操作汽车持续至少3 s：节气门开度为14%～45%，变速器挡位是D4，发动机转速超过500 r/min达5 s，并且不处于燃油切断模式，换挡时间超过6 s，液力变矩器离合器不工作，液力变矩器离合器松开压力存在，如果故障码P0742仍然存在，重复进行

测试。

7）出现故障码 P0751、P0753、P0756 和 P0758 时的检查。出现故障码 P0751、P0753、P0756 和 P0758 时，应进行电磁阀的检查。4T65E，自动变速器电磁阀可以用万用表检查。换挡电磁阀和 TCC 电磁阀在 20 ℃时，电阻应为 20～30 Ω，在 90 ℃时，应在 23～50 Ω。TCC PWM 电磁阀在 20 ℃时应为 10～15 Ω，90 ℃时电阻应该为 11～25 Ω。每一个电磁阀的电极在变速器线束中是导通的。经过检查后，如果电阻值合适，而仍有上面的故障码，则进行下面的检测。

① 确保 ATF 高度正确，将故障诊断仪 TECH—2 连接到数据传送接口上，将点火开关置于 ON 位置，不起动发动机，用故障诊断仪记录故障情况。

② 用故障诊断仪监测当前的挡位和传动比数据参数。检查下列部件，必要时进行修理：1—2 挡换挡阀是否卡滞在升挡位置，或阀内是否有碎屑；液力变矩器离合器支撑密封圈是否损坏，螺柱是否损坏或断裂；下部滚子离合器是否磨损或损坏；前进挡离合器活塞是否损坏或有裂纹，密封圈是否滚动、切断或损坏；支撑壳体密封圈是否泄漏、损坏或切断；前进挡楔块是否损坏或不能保持；单向阀门球是否丢失或卡滞。

③ 加速汽车，用故障诊断仪指令转至 3—4 挡，检查下列部件，必要时进行修理：1—2 挡换挡阀是否卡滞在 ON 位置，或阀内是否有碎屑；前进挡制动带是否烧蚀或打滑，伺服销是否断裂或卡滞，伺服活塞是否损坏，伺服活塞密封圈是否滚动、切断或损坏，伺服盖是否有裂纹；3—4 挡换挡阀孔塞是否装配不当。

④ 加速汽车，用故障诊断仪指令转至 1—2 挡，检查下列部件，必要时进行修理：1—2 挡换挡阀是否卡滞在 ON 位置，或阀内是否有碎屑，换挡阀是否卡滞在 1 挡；2 挡离合器片是否烧蚀或损坏，活塞总成是否有裂纹或损坏，复位弹簧是否断裂或错位，活塞密封圈是否滚动、损坏或泄漏；2 挡楔块是否不能保持或损坏。

⑤ 加速汽车，用故障诊断仪指令转至 2—3 挡，检查下列部件，必要时进行修理：1—2 挡换挡阀是否卡滞在 OFF 位置，或阀内是否有碎屑；从动链轮支架排油阀杯形塞或排油阀是否安装不正确；3 挡离合器片是否烧蚀或花键是否损坏；活塞总成是否有裂纹或损坏，活塞单向阀门球是否损坏、丢失或卡滞，活塞密封圈是否滚动、损坏或泄漏。

8）出现故障码 P1860 时的检查。如果出现故障码 P1860，应检查变矩器脉宽调制电磁阀及其电路：

① 将故障诊断仪连接到数据传送接头上，将点火开关置于 ON 位置，不起动发动机，用故障诊断仪记录故障情况，如果故障码 P0753（1—2 挡换挡电磁阀）和 P0758（2—3 挡换挡电磁阀）存在，进行下一步检查；如果故障码 P0753 和 P0758 不存在，进行步骤③。

② 拆下并检查相应的熔丝，如果熔丝熔断，检查熔丝与变速器 20 针接头间的电路是否搭铁短路；如果熔丝完好，检查熔丝与变速器 20 针接头间的电路是否断路，如断路则修理后，进行步骤⑧。

③ 关闭点火开关，断开变速器 20 针接头，将跨接线束（J—39775）接到变速器 20 针

接头上（动力控制模块线束一侧），在跨接线束端子 E 和端子 T（脉宽调制电磁阀电路）间连接测试灯。将点火开关置于 ON 位置，不起动发动机，其他故障码可能设置。如果测试灯亮，进行下一步检查；如果测试灯不亮，检查变速器 20 针接头和动力控制模块间的脉宽调制电磁阀控制电路是否断路，如断路则进行修理后，进行步骤⑧。如果电路完好，更换动力控制模块，然后进行步骤⑧。

④ 在故障诊断仪上选择变速器输出、液力变矩器离合器脉宽调制电磁阀，如果测试灯闪烁 3 次，进行下一步检查；如果测试灯没有闪烁 3 次，检查变速器 20 针接头和动力控制模块间的脉宽调制电磁阀控制电路是否搭铁短路，如短路则修理后进行步骤⑧。如果电路完好，且测试灯一直不亮，检查变速器 20 号接头和动力控制模块间的脉宽调制电磁阀控制电路是否对电源短路，如短路则修理后进行步骤⑧，如果电路完好，更换动力控制模块，然后进行步骤⑧。从变速器 20 针接头断开跨接线束。

⑤ 关闭点火开关，将跨接线束接到变速器 20 针接头上，将数字万用表接在跨接线束的端子 E 和端子 T 间检测，如果在 20 ℃时电阻值为 10～15 Ω，则进行步骤⑦。

⑥ 如果电阻值小于 100 Ω，则进行下一步检查；如果电阻值大于 100 Ω，检查变速器 20 针接头和电磁阀间的脉宽调制电磁阀电源电路和搭铁电路是否断路或连接不良，如是则对电路进行必要的修理，然后进行步骤⑧。如果电路完好，更换液力变矩器离合器脉宽调制电磁阀，然后进行步骤⑧。

⑦ 将万用表接在跨接线束的地线和脉宽调制电磁阀的端子 T 间检测，如果电阻值小于 100 Ω，检查变速器 20 针接头和脉宽调制电磁阀间的电路是否搭铁短路，如是则进行修理，然后进行下一步检查。

⑧ 完成修理后，用故障诊断仪清除故障码。将点火开关置于 ON 位置，使发动机转速大于 500 r/min 运行 5 s，发动机没有处在燃油切断模式下，如果脉宽调制电磁阀占空比大于 90%，动力控制模块检测到过高的电路电压；如果脉宽调制电磁阀占空比小于 10%，动力控制模块检测到过低的电路电压。所有条件满足 5 s，如果故障诊断代码 P1860 不存在，则修理完毕。如 P1860 仍然存在，应重复进行测试。

9）出现故障码 P1887 时的检查。如果出现故障码 P1887，则进行如下检查：

① 将故障诊断仪连接到数据传送接头上，将点火开关置于 ON 位置，不起动发动机，用故障诊断仪记录故障情况。

② 用故障诊断仪测试液力变矩器离合器分离压力，如果液力变矩器离合器有分离压力，进行步骤④；如果不存在液力变矩器离合器分离压力，进行下一步检查。

③ 关闭点火开关，断开变速器 20 针接头，将点火开关置于 ON 位置，不起动发动机，如果液力变矩器离合器分离压力存在，进行步骤⑤；如果液力变矩器离合器分离压力不存在，检查液力变矩器离合器分离开关与动力控制模块的连接电路是否搭铁短路，如是则修理后进行步骤⑦。

④ 将跨接线接到变速器凹针接头上，用接头测试适配工具（J—35616）将保险丝跨接线

接在搭铁和端子U间，如果液力变矩器分离压力不存在，进行下一步检查；如液力变矩器离合器分离压力存在，检查液力变矩器离合器分离开关与动力控制模块的连接电路是否断路，如是则修理后进行步骤⑦。如果电路完好，检查动力控制模块蓝色接头端子是否弯曲、损坏或脱落，如是则修理后进行步骤⑦，如果接头完好，更换动力控制模块，然后进行步骤⑦。

⑤ 从变速器20针接头（动力控制模块线束一侧）断开跨接线束，将跨接线束接到变速器20针接头上（变速器线束一侧），用数字万用表电阻挡测量端子U和地线间电阻值，如果电阻值小于50 Ω，进行下一步检查；如果电阻值大于50 Ω，检查与ATF压手动阀位置开关的连接线束是否断路，如是则修理后进行步骤⑦，如果电路完好，更换ATF压手动阀位置开关后，进行步骤⑦。

⑥ 起动发动机，如果上述检测的电阻值大于50 Ω，更换ATF压手动阀位置开关，然后进行下一步检查；如电阻值小于50 Ω，检查与ATF压手动阀位置开关的连接线束是否搭铁短路。如果电路线束完好，更换ATF压手动阀位置开关，然后进行下一步检查。

⑦ 修理完成后，用故障诊断仪清除故障码。驾车路试，在D4挡位，当车速为72 km/h，在液力变矩器离合器接合时，故障诊断仪上的液力变矩器离合器分离开关关闭（开关上没有分离液压）3 s，如果故障码P1887消失，则修理完成。如果故障码P1887仍存在，重复进行测试。

6.2 防抱死制动电子控制系统

6.2.1 概述

防抱死制动系统（Anti-Lock Brake System），简称ABS或ALB，它是汽车上的一种主动安全装置，其作用是在汽车制动时，自动调节制动力的大小，避免车轮完全抱死在路面上产生滑拖，使车轮处于边滚边滑的状态，以保证车轮与地面之间有最好的附着状态，提高制动效果，缩短制动距离，并能有效地提高汽车制动过程中的方向稳定性及转向操纵能力，使汽车制动更为安全有效。

1. ABS系统的分类与布置类型

（1）根据制动系传动介质分类。根据制动系传动介质的不同，ABS系统可分为液压式和气压式两种。液压式用于液压式制动系统的汽车，气压式用于气压式制动系统的汽车，主要应用于中、重型载货汽车。

（2）根据结构分类。根据结构的不同，ABS系统可分为机械式和电子式两种。机械式使用在液压制动系统上，也称为液压机械式ABS系统，如图6—47所示。该系统成本低，但只适合于前轮驱动并采用对角双回路制动系统的汽车，不能保证在紧急制动时不被抱死。电子式ABS系统由轮速传感器、电子控制装置和压力调节装置等组成。目前汽车上的ABS系统都是电子式ABS。

（3）根据压力调节装置与制动主缸、制动助力器的位置关系分类。根据压力调节装置

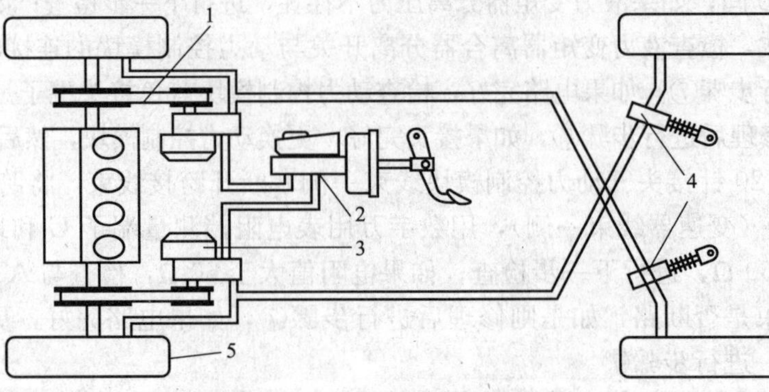

图 6—47　机械式 ABS 系统

1—带驱动装置　2—制动主缸　3—液压调节装置　4—比例阀　5—车轮

与制动主缸、制动助力器的位置关系，ABS 可分为附加式（Addon）和整体式两种。附加式 ABS 也称作分离式 ABS，压力调节装置与制动主缸和制动助力器在结构上是独立的，如图 6—48a 所示。博世 ABS 2 型、博世 ABS 5 型和戴维斯 MK Ⅳ型都是典型的附加式 ABS。整体式 ABS 中，压力调节装置与制动主缸和制动助力器做成一体，戴维斯 MK Ⅱ型是典型的整体式 ABS，如图 6—48b 所示。

（4）根据控制方式分类。ABS 采用的控制方式可分为两种：模仿控制方式和预测控制方式。

模仿控制方式是在控制过程中，记录前一控制周期——即从制动减压到增压过程中的各种参数，再按这些参数规定出下一控制周期的控制条件。此种控制方式更接近理想的制动控制，它能对制动过程中各种因素（如制动时的路面条件、使用的挡位等）的影响及时修正，在各种路面或行驶条件下紧急制动时，使车轮滑移率的变化范围更窄。

预测控制方式是预先规定控制参数和设定值等控制条件，然后再根据检测的实际参数与设定值进行比较，对制动过程进行控制。根据控制参数不同，采用预测控制方式的 ABS 又可分为下列四种形式：

1）以车轮减速度为控制参数的 ABS。此种形式的 ABS 通过轮速传感器检测轮速，并对其进行微分计算求得车轮减速度，然后与 ABS 电子控制单元中预先设定的车轮减速度限值进行比较，根据比较结果向执行机构发出指令以增加或减小制动压力，对制动过程进行控制。

2）以车轮滑移率为控制参数的 ABS。此种形式的 ABS 通过传感器检测的车速和轮速计算求得车轮的滑移率，然后与 ABS 电子控制单元中预先设定的车轮滑移率限值进行比较，根据比较结果向执行机构发出指令以增加或减小制动压力，对制动过程进行控制。轮速传感器可准确检测轮速，而准确检测车速比较困难，目前 ABS 中应用最多的检测车速的方法是根据车轮速度近似计算车速。

3）以车轮减速度和加速度为控制参数的 ABS。此种形式的 ABS 通过轮速传感器检测轮速，并计算求得车轮减速度和加速度，然后与 ABS 电子控制单元中预先设定的车轮减

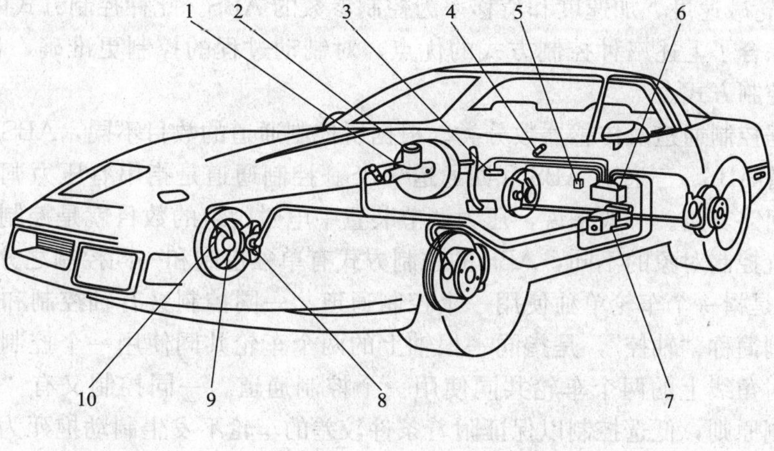

a)

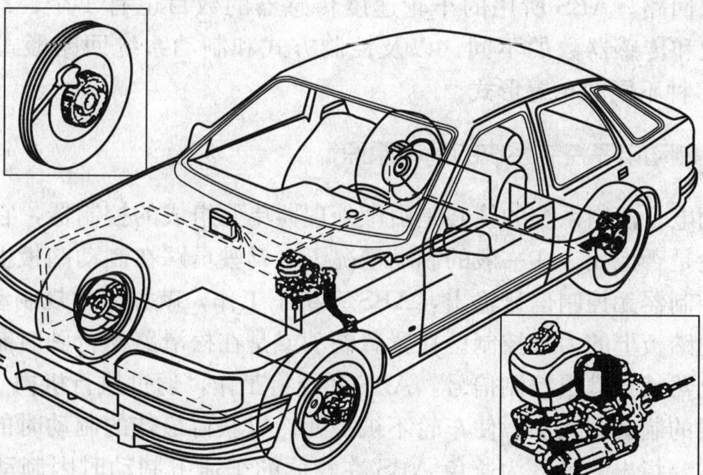

b)

图 6—48　附加式和整体式 ABS 系统

a）附加式 ABS 系统　b）整体式 ABS 系统

1—制动助力器　2—制动主缸　3—侧向加速度开关　4—ABS 警告灯

5—主机电路　6—ECU　7—液压调节装置　8—制动钳　9—齿圈　10—轮速传感器

速度限值和加速度限值进行比较，对制动过程进行控制。当车轮减速度超过其设定值时，ABS 电子控制单元向执行机构发出指令减小制动压力，此后车轮将加速旋转；当车轮加速度超过其设定值时，ABS 电子控制单元向执行机构发出指令增加制动压力，此后车轮将减速旋转；如此反复实现 ABS 控制。

4）以车轮减速度、加速度和滑移率为控制参数的 ABS。此种控制方式的 ABS 采用多参数控制，综合了上述三种控制方式的优点，对制动过程的控制更准确，目前多数 ABS 均采用此种控制方式。

(5) 根据控制通道及传感器数分类。根据所控制通道的数目不同，ABS 可分为单通道 ABS、双通道 ABS、三通道 ABS 和四通道 ABS。控制通道是指串有压力调节装置的制动回路或制动回路支路。一般来说，压力调节装置中电磁阀组的数目就是控制通道数。根据压力调节装置控制对象的不同，ABS 的控制方式有单独控制和一同控制之分。单独控制简称“轮控”，是指一个车轮单独使用一个控制通道。一同控制又有轴控制和对角控制两种方式。轴控制简称“轴控”，是指同一根轴上的两个车轮共同使用一个控制通道；对角控制是指处于对角线上的两个车轮共同使用一个控制通道。一同控制又有“低选”和“高选”两种控制原则，低选控制以保证附着条件较差的车轮不发生制动抱死为原则而进行一同控制；高选控制以保证附着条件较好的车轮不发生制动抱死为原则而进行一同控制。

轿车上一般都采用双回路制动系统。双回路制动系统有两种不同的布置形式，即前后双回路和对角双回路。ABS 所用的车轮速度传感器的数目也有 1 个、2 个、3 个、4 个。根据控制通道数和传感器数的不同，以及控制方式和制动系统回路形式的不同，可构成 ABS 在汽车上多种不同的布置形式。

6.2.2 防抱死制动电子控制系统的基本原理

防抱死制动电子控制系统的核心是由微处理器单元组成的控制器，它通过传感器监视汽车制动时车轮是否抱死。在一般的制动情况下，驾驶员踩在制动踏板上的力较小，车轮不会被抱死，控制器无控制信号输出，ABS 系统不工作，就如同常规制动，制动力完全由驾驶员踩在制动踏板上的力来控制。在紧急制动或是在松滑路面行驶时制动，车轮被抱死的情况下，控制器就会输出控制信号，ABS 系统将工作，通过执行机构（即制动压力调节器）控制制动器的制动力大小，使车轮不被抱死。以获得最佳的制动时的方向稳定性和转向操纵能力。需要指出的是，为避免 ABS 在较低的车速下制动时因制动压力的循环调节而延长制动距离，ABS 有最低工作车速的限制，当车速超过 7 km/h 时，ABS 才起作用。

6.2.3 防抱死制动电子控制系统的组成与工作过程

防抱死制动电子控制系统由传感器、电子控制单元（ECU）、执行器（制动压力调节器）及故障警告灯等组成。

1. 传感器

ABS 系统的传感器是感受汽车运动参数（车轮转速）的元件，用来感受系统控制所需的基本信号，通常 ABS 系统中使用的传感器主要包含有以变换车轮转速信号为目的的轮速传感器和以感受车身加速度目的的加速度传感器。

(1) 轮速传感器。轮速传感器的作用是检测车轮的速度，并将轮速信号输入到 ABS 的电子控制单元。

轮速传感器目前常用的有电磁感应式和霍尔式两大类，目前，轿车上大多采用电磁感应式轮速传感器。

1）电磁感应式轮速传感器

① 结构及原理。电磁感应式轮速传感器由传感头和齿圈两部分组成，如图 6—49 为轮速传感器的结构图。

如图 6—49 所示，极轴与永磁体 2 相连接，永磁体通过极轴延伸到齿圈并与齿圈构成磁路。感应线圈 4 套在极轴外面。齿圈固定在轮毂上与车轮一同旋转。齿圈旋转时，齿顶和齿隙交替对向极轴。当齿顶对向极轴时，磁路磁阻最小，通过感应线圈的磁通最大；当齿隙对向极轴时，磁路磁阻最大，通过感应线圈的磁通最小。齿顶齿隙交替对向极轴，就使通过感应线圈内部的磁通交替变化从而产生感应电动势，通过线圈末端的电缆将此信号输入 ECU。感应电动势（电压）信号变化的频率便能精确地反映出车轮速度的变化。

传感头由永磁体、极轴、感应线圈等组成，根据极轴的结构形式不同，轮速传感器又可分为凿式极轴轮速传感器、柱式极轴轮速传感器和菱形极轴轮速传感器等形式，传感头外形如图 6—50 所示。

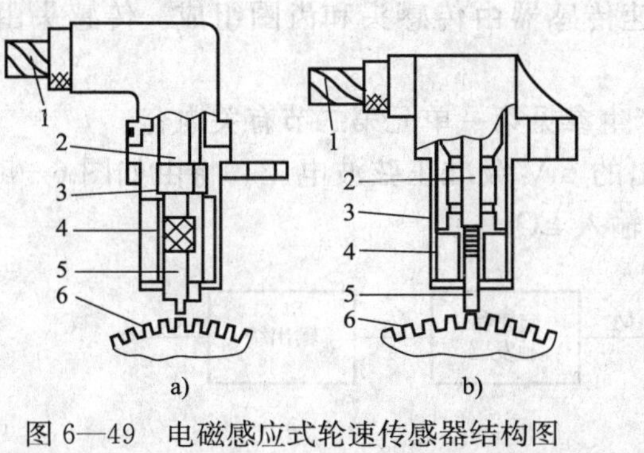

图 6—49　电磁感应式轮速传感器结构图

a）凿式极轴轮速传感器 DF2　b）柱式极轴轮速传感器 DF3

1—电缆　2—永磁体　3—外壳　4—感应线圈　5—极轴　6—齿圈

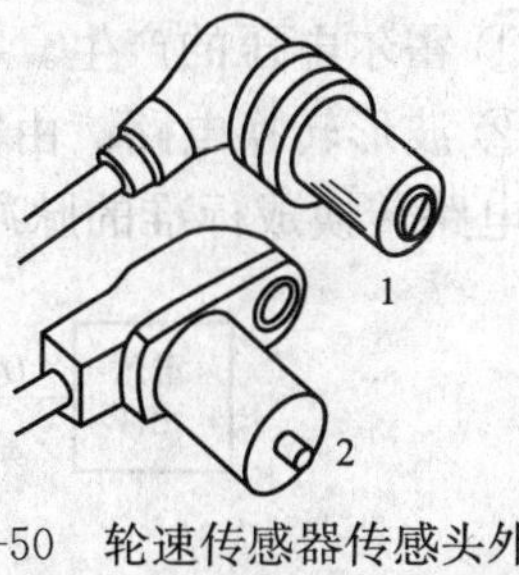

图 6—50　轮速传感器传感头外形

1—凿式极轴传感头　2—柱式极轴传感头

② 种类与安装。不同极轴形状的传感头，相对于齿圈的安装方式各不相同，主要有径向和轴向两种安装方式。如图 6—51 所示，凿式轮速传感器属于径向安装方式，而菱形和圆柱形轮速传感器属于轴向安装方式。安装时，传感头直接安装于齿圈的上方，传感头与齿圈之间应留有约 1 mm 的空隙，并且安装必须牢固，以保证汽车在制动过程中产生的振动不会干扰或影响传感信号。为避免水、泥、灰尘对传感器工作的影响，在安装前需向传感器加注黄油。

电磁感应式轮速传感器结构简单、成本低，但存在以下缺点：

a. 其输出信号的幅值是随转速的变化而变化，在规定转速范围内，其输出信号的幅

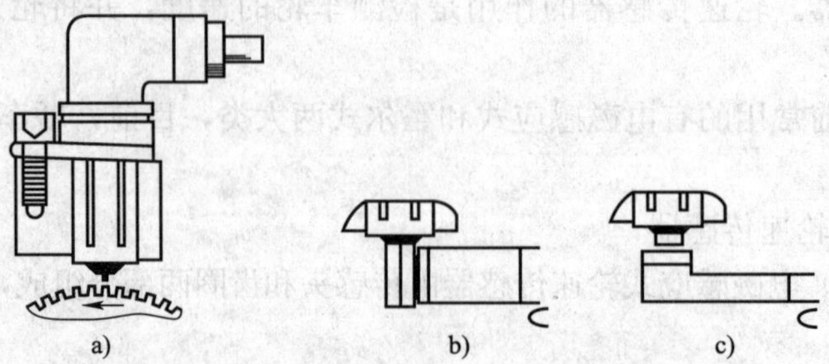

图 6—51　不同形状极轴传感头的安装方式

a）凿式极轴　b）菱形极轴　c）圆柱形极轴

值一般在 1～15 V 范围内变化，若车速过慢，其输出信号低于 1 V，ECU 就无法检测到。

b. 频率响应不高。当转速过高时，传感器的频率响应跟不上，容易产生误信号。

c. 抗电磁波干扰能力差，尤其是其输出信号幅值较小时。汽车在电磁波干扰源很多的特定条件下，抗干扰能力尤为重要。

目前国内外 ABS 防抱死制动系统的控制速度范围一般为 15～160 km/h，今后要求控制速度范围扩大到 8～260 km/h 以至更大，显然电磁感应式轮速传感器很难适应。目前，霍尔式轮速传感器在 ABS 系统中应用越来越广泛。

2）霍尔式轮速传感器。霍尔式轮速传感器由传感头和齿圈组成。传感头由永磁体、霍尔元件和电子电路等组成。

① 霍尔电压的产生。霍尔电压的产生参见第一单元第二节有关内容。

② 波形转换电路。由霍尔元件输出的 mV 级准正弦波电压，将由如图 6—52 所示的电子电路转换成标准的脉冲电压信号，输入 ECU。

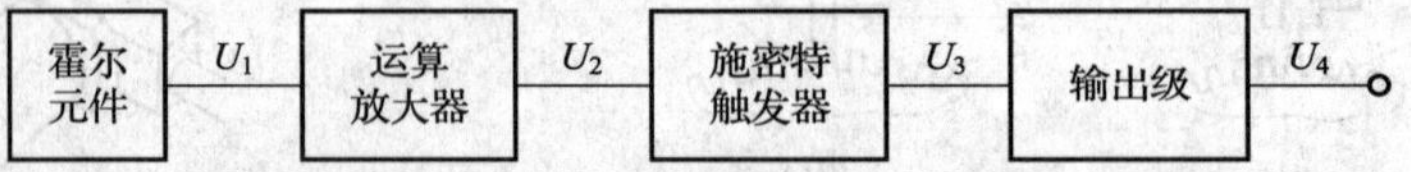

图 6—52　霍尔式轮速传感器电子线路框图

如图 6—52 所示，由霍尔元件输出的毫伏级准正弦电压，经运算放大器放大为伏级的电压信号，送至施密特触发器，施密特触发器将正弦波信号转换成标准的脉冲信号再送至输出级放大后输出。各级波形如图 6—53 所示。电子线路原理如图 6—54 所示。其工作电压为 8～15 V，负载电流为 100 mA，工作频率为 20 kHz，输出电压幅值为 7～14 V。

霍尔式轮速传感器具有以下优点：

a. 输出信号电压幅值不受转速的影响。在汽车电源电压 12 V 条件下，其输出信号电压保持在 11.5～12 V 不变，即使车速下降接近 0 也不变。

b. 频率响应高。其响应频率高达 20 kHz，用于 ABS 系统时，相当于车速为 1 000 km/h 时所检测的信号频率。

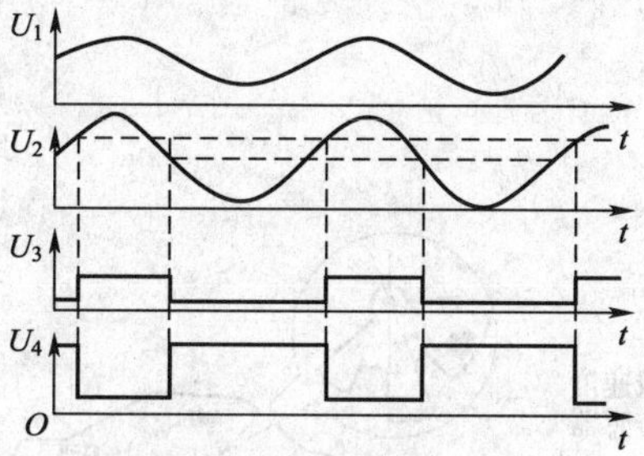

图 6—53　电子线路的各级波形

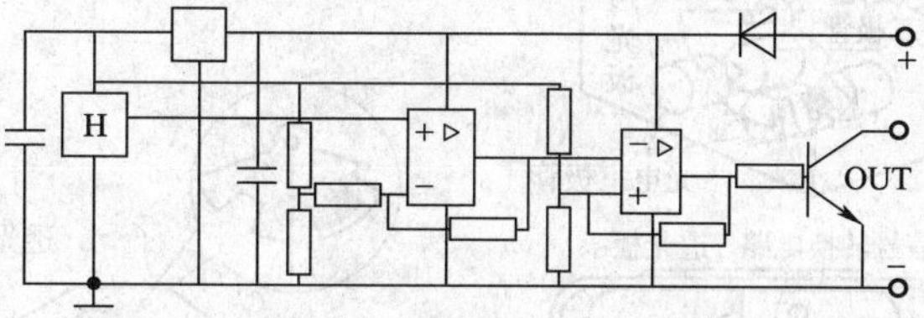

图 6—54　霍尔传感器电子线路原理图

c. 抗电磁波干扰能力强。由于其输出信号电压不随转速的变化而变化，且幅值高，故具有很强的抗电磁波干扰的能力。

由于上述原因，霍尔式传感器不仅广泛应用于 ABS 轮速检测，也广泛应用于其他控制系统的转速检测。

（2）减速度传感器。目前，在一些四轮驱动的汽车上，还装有汽车减速度传感器，又称 G 传感器。其作用是在汽车制动时，获得汽车减速度信号，用以判定路面附着系数高低的情况，汽车减速度大，则路面附着系数高，汽车减速度小，则路面附着系数低。当判定汽车行驶在雪路、结冰路等易打滑的路面上时，采取相应控制措施，以提高制动性能。

减速度传感器有光电式、水银式、差动变压器式和半导体式等。

1）光电式传感器。光电式传感器是利用发光二极管和受光（光电）三极管构成的光电耦合器所具有的光电转换效应，以沿径向开有若干条透光窄槽的偏心圆盘作为遮光板，制成了能够随减速度大小而改变电量的传感器（见图 6—55）。遮光板设置在发光二极管和受光三极管之间，由发光二极管发出的光束可以通过板上窄槽到达受光三极管，光敏的三极管上便会出现感应电流。当汽车制动时，质量偏心的遮光板在减速惯性力的作用下绕其转动轴偏转，偏转量与制动强度成正比，如果像图 6—55 所示那样，在光电式传感器中设置两对光电耦合器，根据两个三极管上出现电量的不同组合就可区分出如图表中所示的四种减速度界限，因此，它具有感应多级减速度的能力。

2）水银式减速度传感器。水银式传感器利用具有导电能力的水银作为工作介质。在传感器内通有导线两极柱的玻璃管中装有水银体，由于水银的导电作用，传感器的电路处于导通状态，当汽车制动强度达到一定值后，在减速惯性力的作用下，水银体脱离导线极柱，传感器电路断电（见图 6—56）。这种开关信号可用于指示汽车制动的减速度界限。

3）差动变压器式减速度传感器。差动变压器式传感器的基本结构如图 6—57 所示。从图 6—57b 可以看出，差动变压器式减速度传感器由两部分组成，其上部为差动变压器，下部为电子电路。差动变压器主要由一个一次绕组、两个相串联的二次绕组和铁心组成。直流电经振荡电路变成交流电压 u_p 加到一次绕组上，因此时穿过铁心的磁通发生变化，在二次

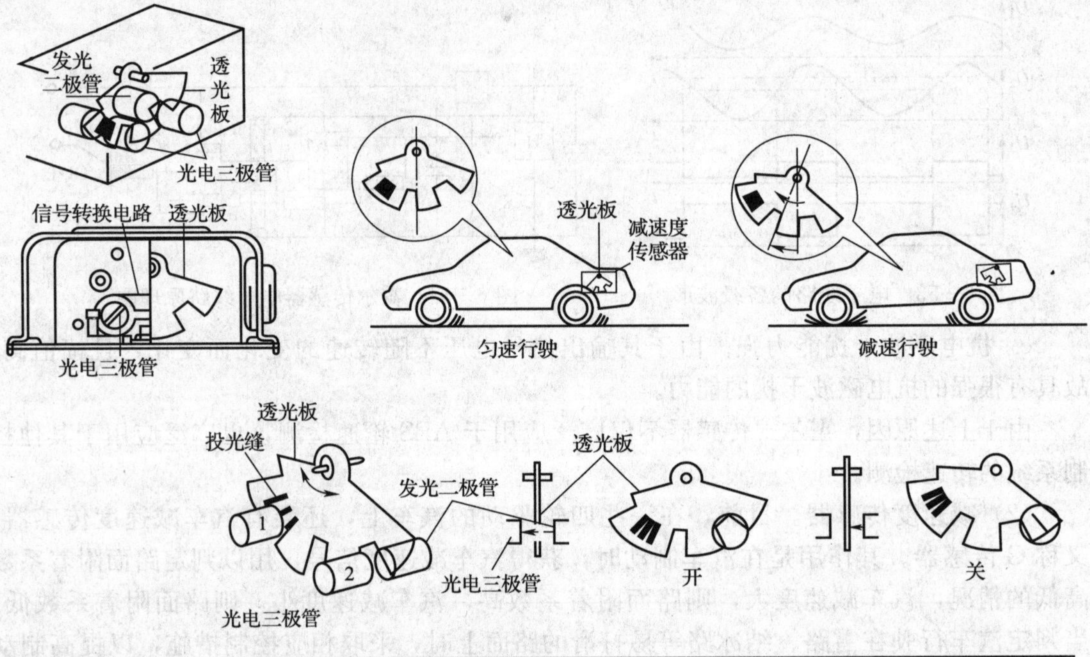

减速度速率	低减速率1	低减速率2	中减速率	高减速率
光电三极管1	开	关	关	开
光电三极管2	开	开	关	关
透光板位置	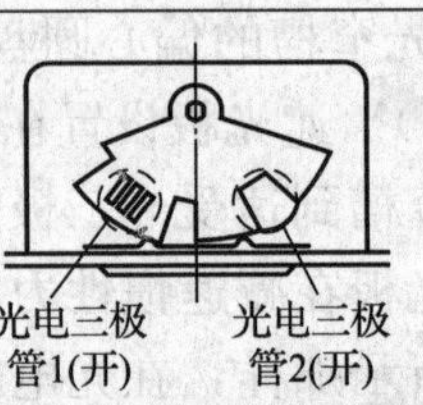	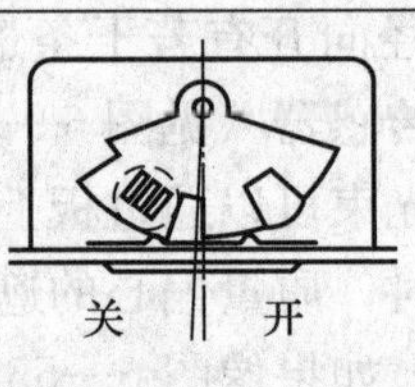	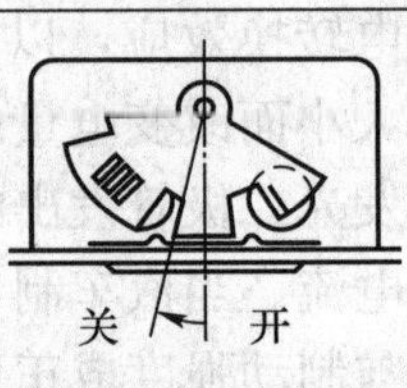	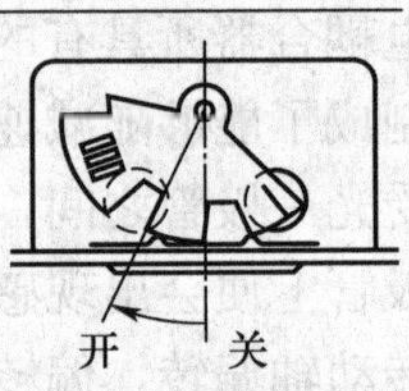

图 6—55　光电式减速度传感器

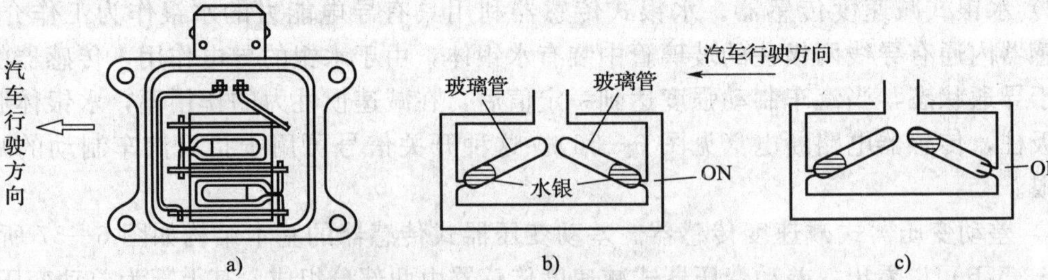

图 6—56　水银式减速度传感器

a）整体结构　b）减速度小时　c）减速度大时

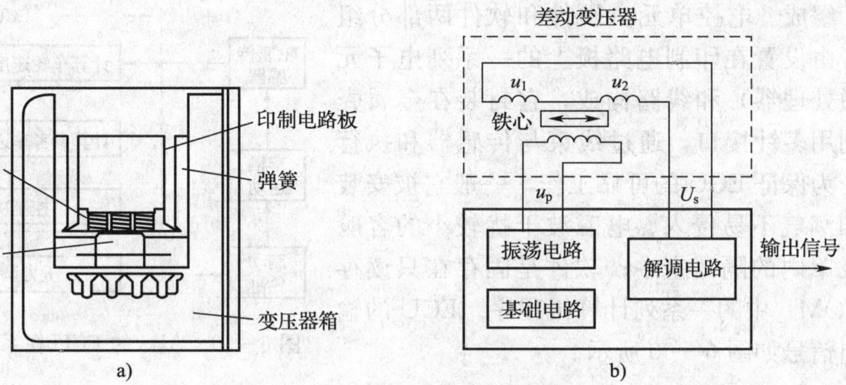

图 6—57　差动变压器式减速度传感器

a）基本结构　b）原理电路

绕组中分别产生电压 u_1 和 u_2。当铁心在中间位置时，u_1 和 u_2 相等；当铁心左右移动偏离中间位置时，u_1 与 u_2 不再相等，二者出现一个电压差 U_s，U_s 即是差动变压器的感应电压信号。U_s 的高低与铁心的位移距离成正比。U_s 信号经过电子电路处理后成为传感器输出信号。

在汽车正常行驶时，差动变压器绕组中的铁心处于绕组中间位置；当汽车制动减速时，铁心受惯性力的作用向前移动，使差动变压器内的感应电压信号发生变化。汽车制动时减速度越大，铁心位移越大，输出电压信号越大。该信号送入 ECU 用来控制 ABS 系统工作。

另外，还有一些 ABS 系统中装有横向加速度传感器，里面主要由开关触点组成，因而一般称为横向加速度开关，其外形如图 6—58 所示。横向加速度开关用来检测汽车横向加速度范围。在此开关中串联有两对开启方向相反的开关触点。当汽车的横向加速度低于限定值时，两触点都处于闭合状态，插头两端子通过开关内部构成回路；当汽车在高速急转弯过程中，横向加速度超过限定值时，开关中的一对触点在自身惯性力的作用下处于开启状态，插头两端子之间在开关内部形成断路，此信号输入 ECU 后可对防抱死制动控制指令进行修正，以便有效地调节左右车轮制动分泵的液压，使 ABS 更有效的工作。在较高级的轿车和跑车上采用较多。

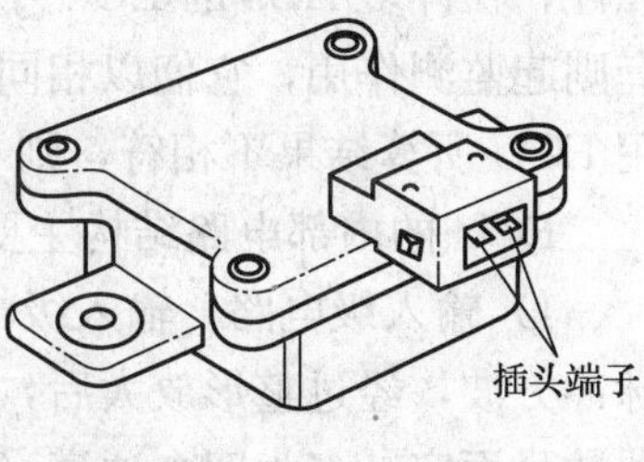

图 6—58　横向加速度开关

2. 电子控制单元（ECU）

（1）作用。ABS 系统中 ECU 的作用是接受轮速传感器及其他传感器输入的信号，对信号进行整形、放大、比较、分析和判断处理，通过精确计算，得出制动时车轮的滑移率、车轮的加、减速度，以判断车轮是否有抱死趋势，再由其输出级向 ABS 执行器发出控制指令，控制制动压力调节器去执行压力调节的任务。一般来说，ABS 电控单元还具有初始检测、故障排除、速度传感器检测和系统失效保护等功能。图 6—59 显示了 ABS 电控单元（ECU）的基本作用。

（2）组成。电控单元由硬件和软件两部分组成，前者由设置在印制电路板上的一系列电子元器件（微处理器）和线路构成，它封装在金属壳体中，利用多针接口，通过线束与传感器和执行器相连，为保证 ECU 的可靠工作，一般它被安装在尘土和潮气不易侵入、电磁波干扰较小的客舱或发动机罩内的隔离室中；软件是固存在只读存储器（ROM）中的一系列计算机程序。ECU 的输入和输出信号如图 6—60 所示。

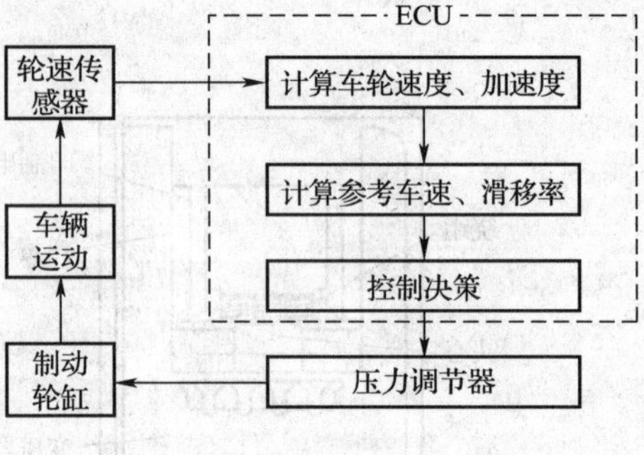

图 6—59 ABS 的 ECU 在系统中的作用

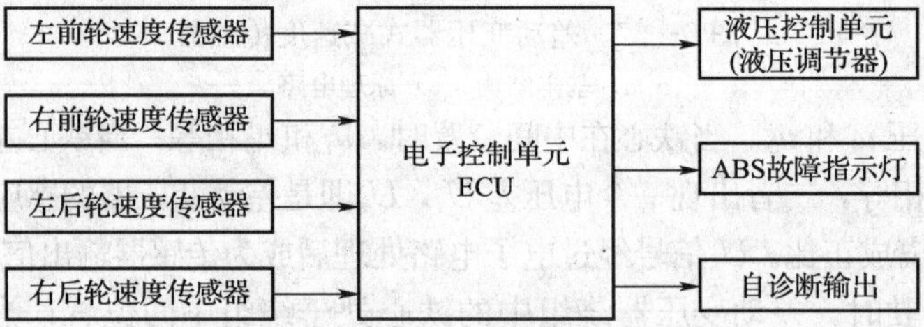

图 6—60 ABS 电控单元的基本输入和输出信号

（3）内部结构。ABS 电控单元的内部结构如图 6—61 所示。为确保系统工作的安全可靠性，在许多 ABS 的 ECU 中采用了两套完全相同的微处理器，一套用于系统控制，另一套则起监测作用，它们以相同的程序执行运算，一旦监测用 ECU 发现其计算结果与控制用 ECU 所算结果不相符，则 ECU 立即让制动系统退出 ABS 控制，只维持常规制动。

ECU 的内部电路结构主要包括以下几方面：

1）输入级电路。输入级电路的功能是将车轮转速传感器输入的正弦波信号转换成为脉冲方波，经过整形放大后，输入运算电路。输入级电路的通道数视 ABS 所设置的传感器数目而定，多为四个通道（四个轮速传感器和四个输入放大电路），也有三通道即有三个轮速传感器，三个输入放大电路。

2）运算电路（微型计算机）。根据输入信号运算电磁阀控制参数。主要根据车轮转速传感器输入信号进行车轮线速度、初速度、滑移率、加速度和减速度等运算，以及调节器电磁阀控制参数的运算和监控运算，并将计算出的电磁阀控制参数输入到输出级。

ECU 中一般设有两套运算电路，同时进行运算和传递数据。利用各自的运算结果相互比较，相互监视，确保可靠性。

3）输出级电路。接受微机输入的电磁阀控制参数信号，控制大功率三极管向电磁阀线圈提供控制电流。

4）安全保护电路。安全保护电路的功用首先是将汽车 12 V 电源电压改变并稳定为 ECU 工作所需的 5 V 标准电压，监控这种工作电压的稳定性。同时监控输入放大电路、

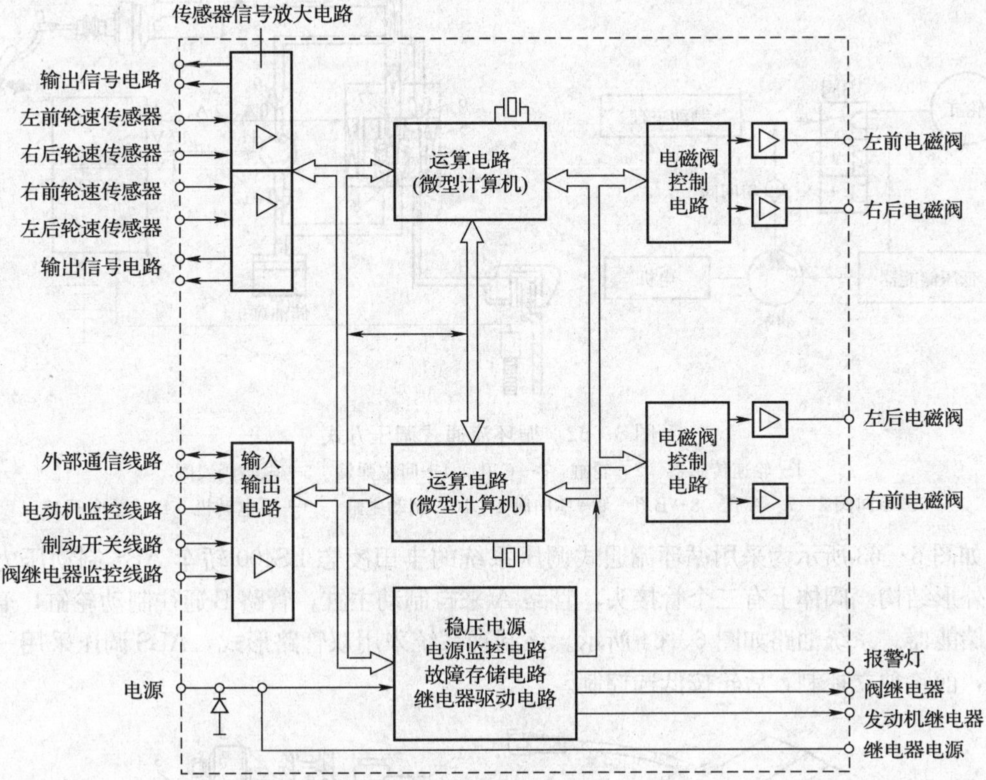

图 6—61　ABS 电控单元的内部结构

ECU 运算电路和输出电路的故障信号。当系统出现故障时，控制继电器驱动电动机和继电器驱动阀门的动作，使 ABS 停止工作，转入常规制动状态，起到失效保护作用。同时点亮仪表板上的 ABS 警告灯，并将故障以故障码的形式存储在 ECU 的存储器中，以供诊断时调取。

3. 制动压力调节器

制动压力调节器一般串接在制动主缸与车轮制动轮缸之间，其主要作用是根据 ABS ECU 的控制指令，通过电磁阀的动作来实现车轮制动器制动压力的自动调节。

根据用于不同制动系统的 ABS，制动压力调节器主要有液压式、气压式等。

液压式制动压力调节器主要由电磁阀、液压泵和储能器等组成。我们把通过电磁阀直接控制轮缸制动压力的制动压力调节器称作循环流通式调节器，把电磁阀间接改变轮缸制动压力的制动压力调节器称作可变容积式调节器。

（1）循环流通式调压方式。制动压力调节器是在制动主缸与轮缸之间串联一个电磁阀，直接控制轮缸的制动压力。回油泵也叫做再循环泵，其作用是在电磁阀减压过程中，将制动轮缸流出的制动液经储能器由回油泵泵回制动主缸，储能器能在电磁阀减压过程中，将制动轮缸流出的制动液暂时储存，然后由回油泵泵回制动主缸。基本工作原理如图 6—62 所示。

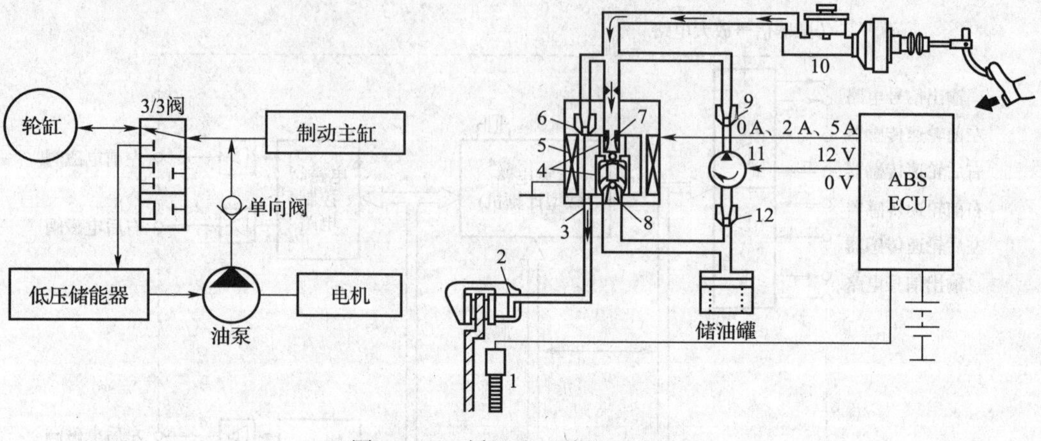

图 6—62　循环流通式调压方式

1—轮速传感器　2—轮缸　3—C 孔　4—回位弹簧　5—电磁阀线圈

6—单向阀 3　7—A 孔　8—B 孔　9—单向阀 1　10—制动主缸　11—泵电动机　12—单向阀 2

如图 6—63 所示为采用循环流通式调压系统的丰田凌志 LS400 轿车 ABS 制动压力调节器的外形结构。阀体上有三个管接头，管路 A 来自制动主缸，管路 B 通往制动轮缸，管路 C 通往储能器。系统油路如图 6—64 所示。该制动系统采用双管路形式，ABS 调压采用三通道方式，前轮独立控制，后轮按低选控制。

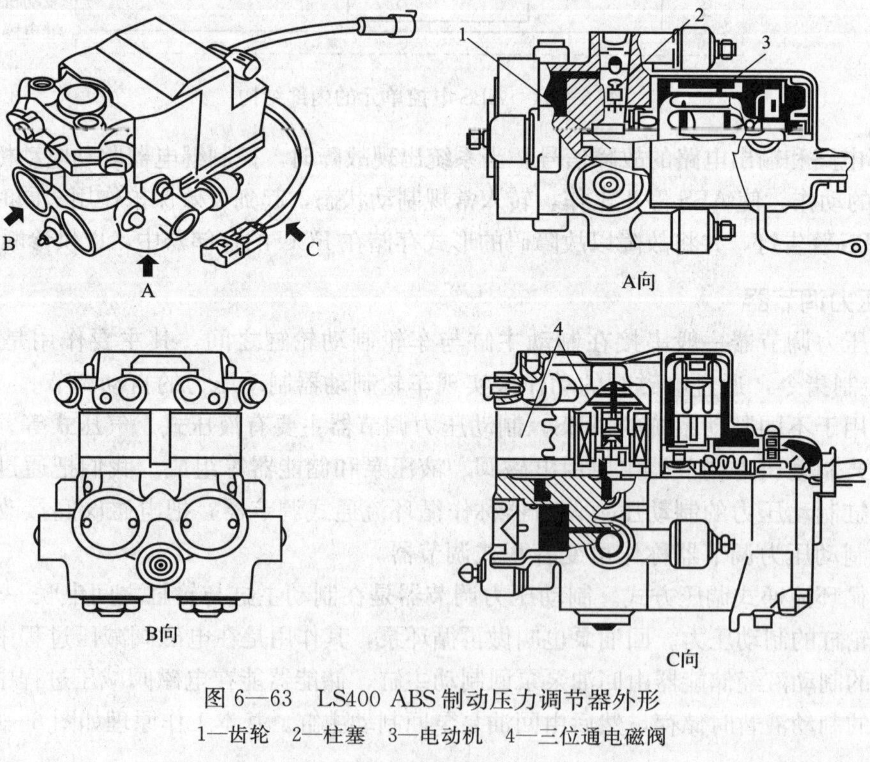

图 6—63　LS400 ABS 制动压力调节器外形

1—齿轮　2—柱塞　3—电动机　4—三位通电磁阀

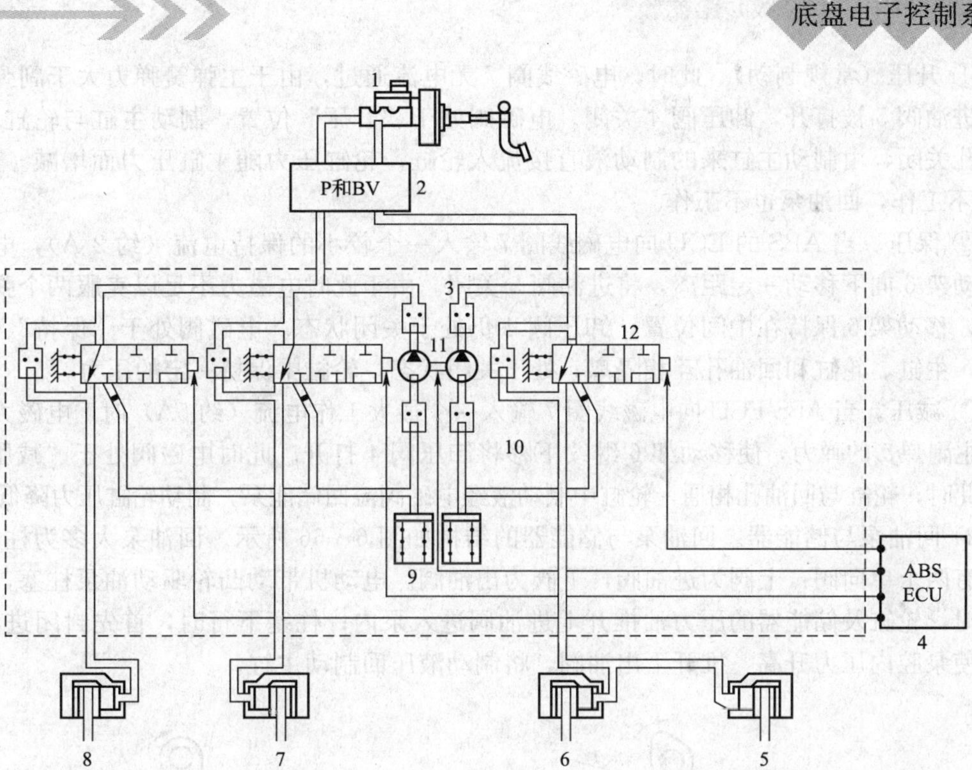

图 6—64　系统油路

1—主缸　2—比例分配阀　3—ABS 压力调节器　4—ABS ECU　5—右后制动轮缸　6—左后制动轮缸　7—右前制动轮缸　8—左前制动轮缸　9—储能器　10—单向阀　11—油泵　12—三位三通电磁阀

1）三位三通电磁阀（3/3 阀）如图 6—65 所示，阀上有 3 个孔分别通制动主缸、制动轮缸和储能器。电磁线圈流过的电流由 ABS ECU 控制，能使阀处于“升压”“保压”“减压”三种位置，以控制三条通道的连通状态。

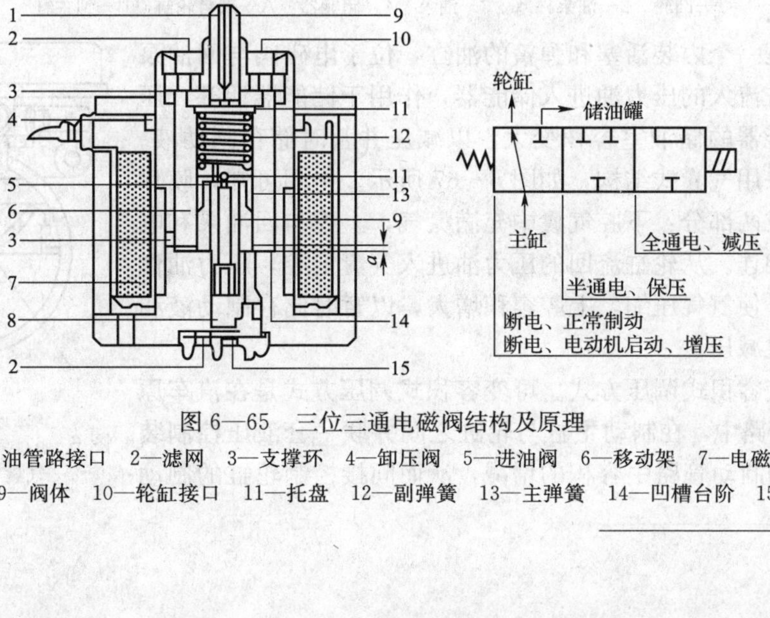

图 6—65　三位三通电磁阀结构及原理

1—回油管路接口　2—滤网　3—支撑环　4—卸压阀　5—进油阀　6—移动架　7—电磁线圈　8—检测阀　9—阀体　10—轮缸接口　11—托盘　12—副弹簧　13—主弹簧　14—凹槽台阶　15—主缸接口

① 升压（常规制动）。此时，电磁线圈 7 无电流通过，由于主弹簧弹力大于副弹簧弹力，进油阀 5 被打开，卸压阀 4 关闭。电磁阀处于“升压”位置，制动主缸与轮缸相通，回油孔关闭，由制动主缸来的制动液直接流入轮缸，轮缸压力随主缸压力而增减。此时，ABS 不工作，回油泵也不工作。

② 保压。当 ABS 的 ECU 向电磁线圈 7 输入一个较小的保持电流（约 2 A），电磁力使移动架 6 向下移动一定距离，将进油阀 5 关闭。由于此时电磁力不足以克服两个弹簧的弹力，移动架 6 保持在中间位置，卸压阀 4 仍处于关闭状态。电磁阀处于“保持”位置。此时，主缸、轮缸和回油孔互相隔离，处于关闭状态，轮缸中保持一定的压力。

③ 减压。当 ABS ECU 向电磁线圈 7 输入一个最大工作电流（约 5A）时，电磁力足以克服主副弹簧的弹力，使移动架 6 继续下移将卸压阀 4 打开。此时电磁阀处于“减压”位置。此时，轮缸与回油孔相通，轮缸中制动液经电磁阀流回储能泵，制动轮缸压力降低。

2）回油泵与储能器。回油泵与储能器的结构如图 6—66 所示。回油泵大多为柱塞泵。泵内有两个单向阀：上阀为进油阀，下阀为出油阀。电动机带动凸轮驱动油泵柱塞，柱塞上行时，轮缸及储能器的压力油推开上进油阀进入泵内；柱塞下行时，首先封闭进油孔，继而使泵腔内压力升高，推开下出油阀，将制动液压回制动主缸。

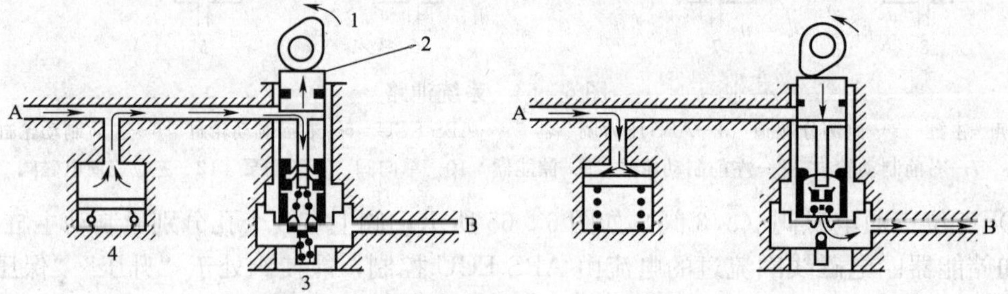

图 6—66　回油泵与储能器

1—凸轮　2—油泵柱塞　3—油泵　4—储能器　A—来自轮缸　B—到主缸

储能器是一个内装活塞和弹簧的油缸，位于电磁阀与回油泵之间，由轮缸流入的压力油进入储能器，作用于储能器活塞，压缩弹簧使储能器的储油室容积变大，以减压并暂时储存制动液。有的储能器采用气囊式结构，如图 6—67 所示。由图可知，膜片将容器分隔成两部分：下腔气囊中充满氮气，上腔与回油泵和电磁阀回油口相连。从轮缸流回的压力油进入气囊上腔，压力油作用在气囊上，使氮气压缩，上腔容积增大，以暂时储存制动液和能量，并使之减压。

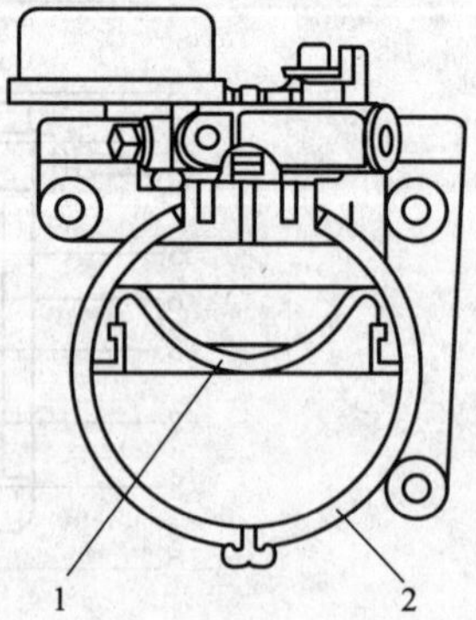

图 6—67　气囊式储能器

1—气囊　2—储能器

（2）可变容积式调压方式。可变容积式调压方式是在汽车原有制动系统管路中，在制动主缸与轮缸之间并联一套液压控制装置，用它控制制动管路中容积的增减，从而间接控制轮缸的制动压力的变化。该种制动压力调节系统的特点是制动压力油路和 ABS 控制压力油路是相互隔开的。

本田 ALB 型 ABS 装有分离式液压防抱死制动系统，采用四传感器四通道，两前轮独立—后轮选择控制方式，虽然后轮采用选择控制方式，但由于制动管路为交叉 X 形布置，所以制动压力调节器内仍设有四个控制通道。调节器由电磁阀、控制活塞、液压泵、储能器、压力开关等组成，如图 6—68 所示。电磁阀的作用是根据 ABS ECU 的指令控制进出调节器 *C* 腔的控制压力油的通路。液压泵的作用与循环式压力调节器中的回油泵作用不同，它主要用以在控制制动管路中建立油压，并通过储能器使控制管路中始终保持规定的油压。每当汽车起动并且车速超过 9.7 km/h 后，ABS ECU 使油泵运转，储能器上安装有液压开关，监测储能器压力并将压力信号输送给 ABS ECU。

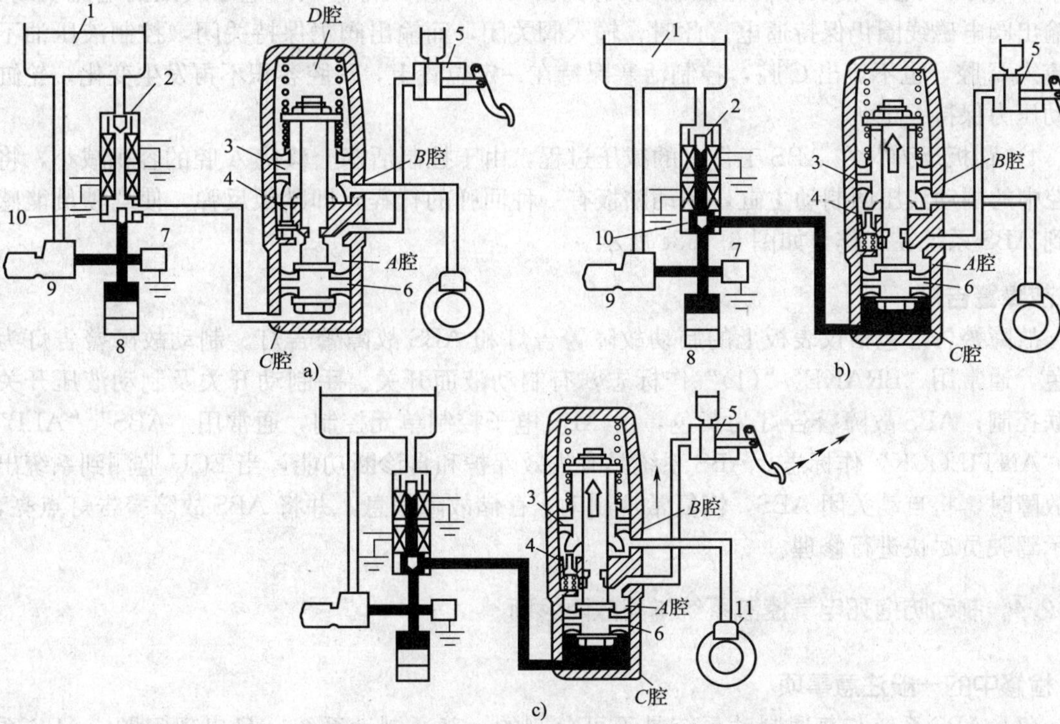

图 6—68　本田 ABS 调节器结构与工作过程

a）常规制动时　b）减压时　c）踏板反弹

1—油箱　2—输出阀　3—滑动活塞　4—开关阀　5—制动主缸　6—控制活塞　7—压力开关　8—储能器　9—泵　10—输入阀　11—滑动活塞

ABS 系统工作时，若压力降到所要求的最低压力之下，ABS 的 ECU 控制油泵运转，一般在 3～5 s 内可重新建立高压；如果油泵运转 2 min 后，仍不能建立正常的压力，ABS 的 ECU 将停止 ABS 系统工作，并点亮 ABS 警告灯。本田 ALB 型 ABS 的制动液压调节原理如图 6—68 所示。

1）常规制动（制动压力上升）状态。如图 6—68a 所示，ABS 的 ECU 切断输入阀与输出阀中电磁线圈的电路。此时，输出阀打开，而输入阀关闭，调节器下端 *C* 腔与油箱连通，控制活塞在上端主弹簧弹力作用下下移，当控制活塞下移至将开关阀顶开位置时，将 *B* 腔与 *A* 腔连通，从制动主缸来的制动液由 *A* 腔经开关阀到 *B* 腔而进入轮缸，轮缸的压力将随主缸压力的变化而变化，即处于常规制动和升压状态。

2）减压状态。减压时，ECU 分别向输出阀和输入阀通电流，输出阀关闭，而输入阀打开，从液压泵和储能器来的控制压力油由输入阀流入调节器下端的 *C* 腔，推动控制活塞上移，从而使开关阀关闭，将 *A* 腔与 *B* 腔隔离，从制动主缸来的制动液不再进入 *A* 腔，由于控制活塞的上移使 *B* 腔的容积增大，与 *B* 腔相连的轮缸制动压力下降，如图 6—68b 所示。

3）保压状态。需要保持轮缸制动压力时，ABS ECU 将输入阀电磁线圈的电流切断，而输出阀电磁线圈仍保持通电。此时，输入阀关闭，而输出阀仍保持关闭，控制液压油不再流入 *C* 腔，也不流出 *C* 腔，控制活塞保持在一定位置上，*B* 腔容积不再发生变化，轮缸制动压力保持一定。

4）踏板反弹。在 ABS 工作时的减压过程，由于控制活塞上移使 *A* 腔的容积减小，将 *B* 腔中的制动液压回制动主缸，制动踏板有一种回弹的行程，即踏板反弹，使驾驶员能感觉到 ABS 系统在工作，如图 6—68c 所示。

4. 故障警告灯

故障警告灯包括仪表板上的制动故障警告灯和 ABS 故障警告灯。制动故障警告灯为红色，通常用“BRAKE”“(!)”作标志，有制动液面开关、手制动开关及制动液压开关并联控制；ABS 故障警告灯为黄色，由 ABS 电子控制单元控制，通常用“ABS”“ALB”或“ANTILOCK”作标志。ABS 系统具有失效保护和自诊断功能，当 ECU 监测到系统出现故障时，将自动关闭 ABS，恢复常规制动；存储故障信息，并将 ABS 故障警告灯点亮，提示驾驶员尽快进行修理。

6.2.4 制动防抱死电气控制系统常见故障诊断

1. 检修中的一般注意事项

（1）ABS 系统与普通制动系统是不可分割的，普通制动系统一旦出现问题，ABS 系统就不能正常工作。因此，要将两者视为一体进行维修，不能只把注意力集中于传感器、电子控制单元和制动压力调节器上。

（2）ABS 电子控制单元对过电压、静电非常敏感，如有不慎就会损坏电控单元中的芯片，造成整个 ABS 瘫痪。因此，点火开关接通时，不要插或拔电子控制单元上的连接器；在车上进行电焊之前，要采取防静电措施（也可用导线一头缠手腕上，另一头缠在车体上），拔下电子控制单元上的连接器后，再进行电焊；给蓄电池进行专门充电时，要将蓄电池从车上拆卸下来或拆下蓄电池电缆后，再进行充电。

(3) 维修车轮转速传感器时，一定要十分小心。拆卸时，应注意不要碰伤传感器头，不要用传感器齿圈当做撬面，以免损坏。安装时，应先涂覆防锈油；安装过程中，不可敲击或用蛮力。一般情况下，传感器气隙是可调的（也有不可调的），调整时，应使用非磁性塞尺，如塑料或铜塞卡，当然也可使用纸片进行调整。

(4) 维修 ABS 液压控制装置时，切记首先要进行泄压，然后再按规定进行修理。例如，制动主缸和制动压力调节器设计在一起成整体式的 ABS，其储能器存储了高达 18 MPa 的压力，修理前一定要彻底泄压，以免高压油喷出伤人。

泄压的方法是：关闭点火开关，然后反复踩制动踏板 20 次以上，直到感觉踩制动踏板力明显增加（无液压助力）时为止。

通常在检修如下部件时需进行泄压：制动压力调节器的各部件、制动分泵、储能器、后轮分配比例阀、电动油泵、制动液管路、压力警告和控制开关等。

(5) 制动液至少每间隔两年换一次，最好是每年换一次。这是因为 DOT_3 乙二醇型制动液的吸湿性很强，含水分的制动液不仅使制动系统内部产生腐蚀，而且会使制动效果明显下降，影响 ABS 的正常工作。应注意：不要使用 DOT_5 硅硐型制动液；更换的与存储的制动液及其器皿要清洁，不要让污物、灰尘进入液压控制装置；制动液不能沾到 ABS 电控单元和导线上；要按规定的方式进行放气（与普通制动系统的放气有所不同）。

(6) 在进行 ABS 诊断与检查时，只要掌握扫描仪等专业工具的使用方法，按照维修手册中给出的故障诊断图表作故障诊断就行，可以不拘泥于检查形式和步骤，只要能准确地判断出故障点即可。但是，在更换 ABS 零部件时，一定要选用本车型高质量的正宗配件，确保 ABS 维修后能正常工作。

2. ABS 系统的诊断与检查

(1) 区分常规制动故障或 ABS 制动故障。当点火开关一接通，ABS 电子控制单元就立即对其外部电路进行自检，仪表板上的制动故障警告灯和 ABS 故障警告灯将被点亮。若系统正常（放松手制动），故障警告灯 2～3 s 内熄灭，自检过程完成；当常规制动系统有故障时，红色制动故障警告灯和黄色 ABS 故障警告灯都常亮不熄；当仅 ABS 制动系统有故障时，起动后，制动故障警告灯熄灭而 ABS 故障警告灯常亮。如仅 ABS 故障警告灯常亮，则应检查 ABS 系统；如制动故障警告灯和 ABS 故障警告灯都常亮，或两个灯在起动后（或点火开关打开数秒后）都熄灭，但制动性能不良，可先读取 ABS 系统故障码，如有 ABS 故障码，可根据故障码内容进行检修；如无故障码，可拆下 ABS 熔断器或 ABS 继电器，强制 ABS 系统不工作，使制动进入普通制动系统继续工作，但仪表板上 ABS 故障警告灯常亮。此时进行路试制动性能检测，不用考虑 ABS 故障警告灯常亮的问题，如路试制动性能良好，与良好的普通制动性能一样，则 ABS 制动系统有故障；如路试制动性能仍差，与未拆 ABS 熔断器或 ABS 继电器之前一样，则普通制动系统有故障。

(2) ABS 系统的检查内容。ABS 系统的检查内容是在 ABS 系统出现故障而不能正常工作时，首先应采取的检查项目，例如 ABS 故障指示灯常亮不熄，系统不能工作。其检查方法如下：

1）检验驻车制动（手刹）是否完全释放。

2）检查制动液液面是否在规定的范围之内。

3）检查 ABS 电子控制单元导线插头、插座的连接是否良好，连接器及导线是否损坏。

4）检查 ABS 系统中各导线连接器（插头与插座）和导线的连接器或接触是否良好：

① 液压调节器上的电磁阀体连接器。

② 液压调节器上的主控制阀连接器。

③ 连接压力警告开关和压力控制开关的连接器。

④ 制动液液面指示开关连接器。

⑤ 四轮车速传感器的连接器。

⑥ 泵电动机连接器。

5）检查所有的继电器、熔断器是否完好，插接是否牢固。

6）检查蓄电池容量（测量电解液密度）和电压是否在规定的范围内；检查蓄电池正、负极导线的连接是否牢靠，连接处是否清洁。

7）检查 ABS 电子控制单元、液压控制装置等的接地（搭铁）端的接触是否良好。

8）检查车轮胎面纹槽的深度是否符合规定。

3．故障码的读取与清除

（1）故障码的读取。ABS 系统一般具有故障自诊断的能力，当 ABS 制动系统出现故障时，ABS 电子控制单元将故障用故障码形式记录在存储器中。故障码的读取方式一般有人工和仪器两种，具体应用根据车载电子控制单元的功能及维修设备条件选择。人工获取故障码的渠道通常有以下几种：通过 ABS 故障警告灯闪烁读取；通过电子控制单元盒上的二极管灯读取；通过自制的发光二极管读取；通过自动空调面板读取等。人工读码的基本步骤是先将自诊断座的某些脚短接，然后根据故障警告灯的闪烁规律读取，但具体方法及故障码的含义因车而异，可查阅维修手册。仪器读码则只需将自诊断座与仪器相连，按仪器操作提示进行读取，仪器能对故障码含义进行解释。

（2）故障码的清除。故障码的清除方法也有人工和仪器两种。仪器清除故障码安全可靠，但车载电子控制单元必须提供仪器清除故障码的功能。人工清除故障码的常用方法是断开 ABS 电子控制单元电源（拆下电子控制单元熔丝或断开蓄电池连接），但也有例外，如皇冠 3.0 汽车清码的方法是先将 TC 和 E1 短接，然后在 3 s 内踩制动踏板 8 次。

4．ABS 系统主要部件检查

（1）车轮转速传感器故障的检查

1）车轮转速传感器的故障有感应线圈短路、断路或接触不良，传感器齿圈上的齿有缺损或脏污。传感器信号探头部分安装不牢（松动）或磁极与齿圈之间有脏物。

2）车轮转速传感器故障的检查方法

① 直观检查。主要检查传感器安装有无松动，导线及线束插接器有无松脱、裸露；齿圈有无损伤及脏物等。

② 传感器间隙检查。用非磁性塞尺测量传感头与齿圈之间的间隙应符合车辆规定值。

③ 传感器感应线圈的电阻检查。对于电磁感应式传感器可用万用表电阻挡检测感应线圈阻值，一般为 1 kΩ 左右。如果电阻过大或过小，均说明传感器不良，应更换。

④ 测量传感器的输出信号电压。在车轮转动时，传感器应有电压输出，其电压值应随车轮转速的增加而升高。

⑤ 检测传感器的输出波形。正常的信号电压波形应是均匀稳定的正弦电压波形，如图 6—69 所示。如果信号电压无或有缺损，应拆下传感器作进一步的检查。

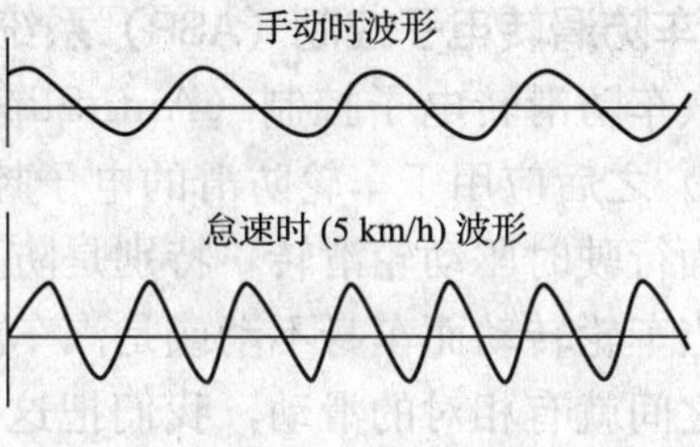

图 6—69　示波器显示的车轮转速传感器信号电压波形

（2）ABS 电子控制单元的检查。ABS 电子控制单元的故障检查方法如下：

1）检查 ABS 电子控制单元线束插接器有无松动，连接导线有无松脱。

2）检查 ABS 电子控制单元线束插接器各端子的电压值、波形或电阻值，如果与标准值不符，与之相连的部件和线路正常，则应更换控制器再试。

3）直接采用替换法检验，即在检查传感器、继电器、电磁阀及其线路均无故障时，会怀疑是否是 ABS 电子控制单元有故障。这时，可以用个新的电子控制单元替代，如果故障现象消失，怀疑就被证实。

（3）制动压力调节器的检查。

1）制动压力调节器的常见故障有电磁阀线圈故障、电磁阀有泄漏、油泵不工作等。

2）制动压力调节器故障的检查方法。

① 用万用表检测电磁阀线圈的电阻值，如果电阻值无穷大或过小等，均说明电磁阀有故障。

② 加电压试验。将制动压力调节器电磁阀加上其工作电压，看或听电磁阀能否正常动作。如果不能正常动作，则应更换制动压力调节器。

③ 通过汽车微机诊断仪对 ABS 系统的执行元件（制动压力调节器）进行测试。

④ 解体后检查，如果怀疑是制动压力调节器有问题，则应在制动压力调节器内无高压制动液时，仔细拆开调节器进行检查。

（4）ABS 控制继电器的检查。继电器的常见故障有触点接触不良、继电器线圈不良等，检查方法如下：

1）用万用表检测继电器线圈的电阻值，电阻值应在正常范围之内。

2）对继电器施加其正常的工作电压，看继电器能否正常动作；若能正常动作，则用万用表检测继电器触点间的电压和接触电阻，正常情况下触点闭合时的电压应为零。若电压大于 0.5 V 以上，则说明触点接触不良。

6.3 驱动防滑转电子控制系统

6.3.1 概述

1. 汽车防滑转电子控制（ASR）系统的作用

汽车防滑转电子控制（Anti-Slip Regulation）系统简称 ASR，是继防抱死制动系统（ABS）之后应用于车轮防滑的电子控制系统，其作用是防止汽车在起步、加速时和在滑溜路面行驶时驱动轮滑转，特别是防止汽车在非对称路面或转弯时驱动轮空转。

当车轮转动而车身不动或是汽车的移动速度低于转动车轮的轮缘速度时，车轮胎面与地面之间就有相对的滑动，我们把这种滑动称为“滑转”，以区别于汽车制动时车轮抱死而产生的车轮“滑移”。只有驱动轮才会产生“滑转”，而所有车轮（包括驱动轮和从动轮）都可能产生“滑移”。驱动车轮的滑转，同样会使车轮与地面的附着力下降。纵向附着力下降，使驱动车轮产生的牵引力减小，导致汽车的起步性能、加速性能和在滑溜路面的通过性能下降；而横向附着力的下降，又会降低汽车在起步、加速、滑溜路面行驶时的行驶稳定性。汽车防滑转电子控制系统是在车轮出现滑转时，通过对滑转车轮施以制动力或控制发动机的动力输出来抑制车轮的滑转，以避免汽车牵引力和行驶稳定性的下降。

这种防滑转控制方式也被称为牵引力控制系统（Traction Control System），简称 TCS。

2. ASR 系统的控制方式

防滑转电子控制系统的控制参数是滑转率，滑转率的计算公式如下：

$$S_Z=\frac{v_q-v}{v_q}\times 100\%$$

式中 S_Z——驱动轮滑转率；

v_q——驱动轮轮缘速度；

v——汽车车身速度，实际应用时常以非驱动轮轮缘速度代替。

当车身未动（$v=0$）而驱动车轮转动时，$S_Z=100\%$，车轮处于完全滑转状态；当 $v=v_q$ 时，$S_Z=0$，驱动车轮处于纯滚动状态。控制器根据各车轮转速传感器信号计算 S_Z，当 S_Z 值超过某一限定值时，控制器就输出控制信号，抑制车轮的滑转。

汽车防滑转电子控制系统一般采用如下控制方式：

（1）差速制动控制。当驱动车轮单边滑转时，控制器输出控制信号，使差速制动阀和制动压力调节装置动作，对滑转车轮施以制动力，使车轮的滑转率控制在目标范围之内。这时，非滑转车轮仍有正常的驱动力，从而提高了汽车在滑溜路面的起步和加速能力及行驶方向的稳定性。这种控制方式的作用类似于差速锁，在一边驱动车轮陷于泥坑，部分或完全失去驱动能力时，对其制动后，另一边的驱动车轮仍能发挥其驱动力，使汽车能驶离泥坑。当两边的驱动车轮都滑转，但滑转率不同的情况下，则对两边驱动车轮施以不同的制动力。

(2) 发动机输出功率控制。在汽车起步、加速时若加速踏板踩得过猛，会因为驱动力过大而出现两边的驱动车轮都滑转的情况，这时，ASR 控制器输出控制信号，控制发动机的功率输出，以抑制驱动车轮的滑转。发动机功率控制可以通过改变节气门的开度，调节喷油器的喷油量和改变点火时间等方法实现。

(3) 差速制动与发动机输出功率综合控制。为了达到最理想的控制效果，采用差速制动控制与发动机输出功率控制相结合的控制系统。汽车在行驶过程中，路面滑溜的情况千差万别，驱动力的状态也是不断变化，综合控制系统将根据发动机的状况和车轮滑转的实际情况采取相应的控制。比如，在发动机驱动力较小的状态下出现车轮滑转的主要原因可能是由于路面滑溜，这时，采用对滑转车轮施以制动的方法就比较有效。而在发动机输出功率大（节气门开度大、转速高）时出现车轮滑转，则主要通过减小发动机输出功率的方法来控制车轮的滑转。有时候，车轮滑转的情况更为复杂，需要通过对车轮制动和减小发动机驱动力的共同作用来控制车轮的滑转。

(4) 警报。当车轮出现滑转时，控制器点亮仪表板上的警告灯，向司机发出警告，提示司机不要刹车过猛（紧急制动）、注意转向盘的操作、不要猛踩加速踏板等，以确保行车的安全。

3. ASR 的特点

尽管现代汽车上所采用的 ASR 系统各不相同，但是，概括说来它们均具有以下一些特点：

(1) ASR 系统可由驾驶员通过 ASR 选择开关对其是否进入工作状态进行选择，在 ASR 进行防滑转调节时，ASR 工作指示灯会自动点亮，如果通过 ASR 选择开关将 ASR 关闭，ASR 关闭指示灯会自动点亮。

(2) ASR 系统关闭时，副节气门将自动处于全开位置，此时，其制动压力调节装置不影响制动系统的正常工作。

(3) ASR 系统工作时，ABS 具有调节优先权。

(4) ASR 系统通常只在一定的车速范围内起作用，当车速达到一定值后（如 80 km/h 或 120 km/h），ASR 将会自动退出防滑转调节过程。

(5) ASR 系统在不同的车速范围内通常具有不同的特性。如车速较低时，以提高牵引力为目的，对两驱动轮可施加不同的制动力矩（即两驱动轮制动压力独立调节）；车速较高时，则以保持行驶方向稳定性为目的，施加在两驱动轮上的制动力矩保持相同（两轮一同控制）。

(6) ASR 与 ABS 一样，具有自诊断功能。一旦发现存在影响系统工作的故障时，ASR 将自动关闭，并向驾驶员发出警示信号。

(7) ASR 与 ABS 都是通过控制作用于被控车轮上的力矩，而将车轮的滑转率控制在设定的理想范围内，以提高车轮附着力的利用率，从而缩短汽车制动距离或提高汽车的加速性能，改善汽车行驶方向的稳定性和转向操纵能力。

（8）ASR 和 ABS 都要求系统具有快速反应能力，以适应车轮附着力的变化；都要求控制偏差尽可能达到最小，以免引起汽车及传动系统的振动；都要求尽量减少调节过程中的能量消耗。

6.3.2 ASR 系统的基本组成与工作过程

1. ASR 系统的基本组成

ASR 系统主要由轮速传感器、ECU、制动压力调节器、差速制动阀、发动机控制阀和发动机控制缸组成，如图 6—70 所示。

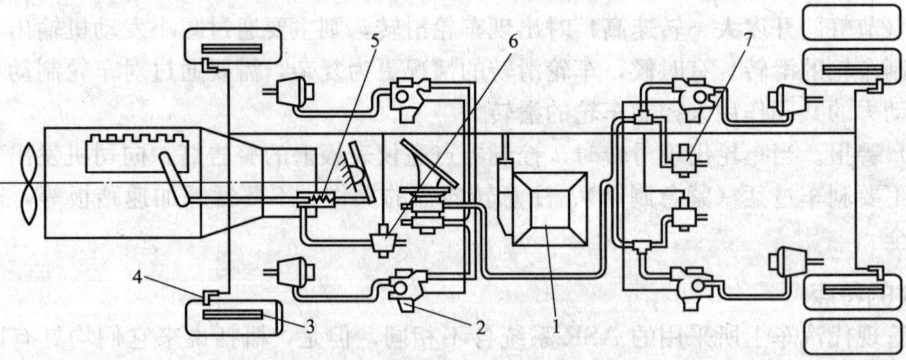

图 6—70 ASR 系统主要元件布置

1—ECU 2—制动压力调节器 3—轮速传感器脉冲盘 4—轮速传感器
5—发动机控制缸 6—发动机控制阀 7—差速制动阀

2. ASR 系统的传感器

ASR 系统的传感器主要是轮速传感器和节气门位置传感器。轮速传感器与 ABS 系统共用，而节气门位置传感器则与发动机控制系统共用。轮速传感器的结构及原理参见本章第二节相关内容，节气门位置传感器的结构及原理在很多有关发动机控制技术的资料中都有详细的叙述，在此不再重述。

ASR 专用的信号输入装置是 ASR 选择开关，关闭 ASR 选择开关，则可停止 ASR 系统的作用。如在汽车维修中需要将汽车驱动车轮悬空转动时，ASR 系统就可能对驱动车轮施以制动，影响故障的检查。这时，关闭 ASR 开关，停止 ASR 系统作用，就可避免这种影响。

3. ASR 系统的电子控制单元

ASR 电子控制单元以微处理器为核心，配以输入、输出电路及电源电路等。为了减少电子元器件的数目，简化和紧凑结构，ASR 电子控制单元通常均与 ABS 电子控制单元组合为一体，如图 6—71 所示，ASR ECU 的输入信号来自 ABS ECU、发动机控制 ECU

和几个选择控制开关等。根据上述输入信号，ASR ECU 通过计算后向制动器与发动机节气门发出工作指令，并通过指示灯显示当前的工作状态。一旦 ASR ECU 检测到任何故障，则立即停止 ASR 调节，此时，车辆仍可以保持常规方式行驶，同时系统会将检测到的故障信息存入 ECU 的 RAM，所诊断的故障码输出到多路显示 ECU，并点亮故障报警指示灯。

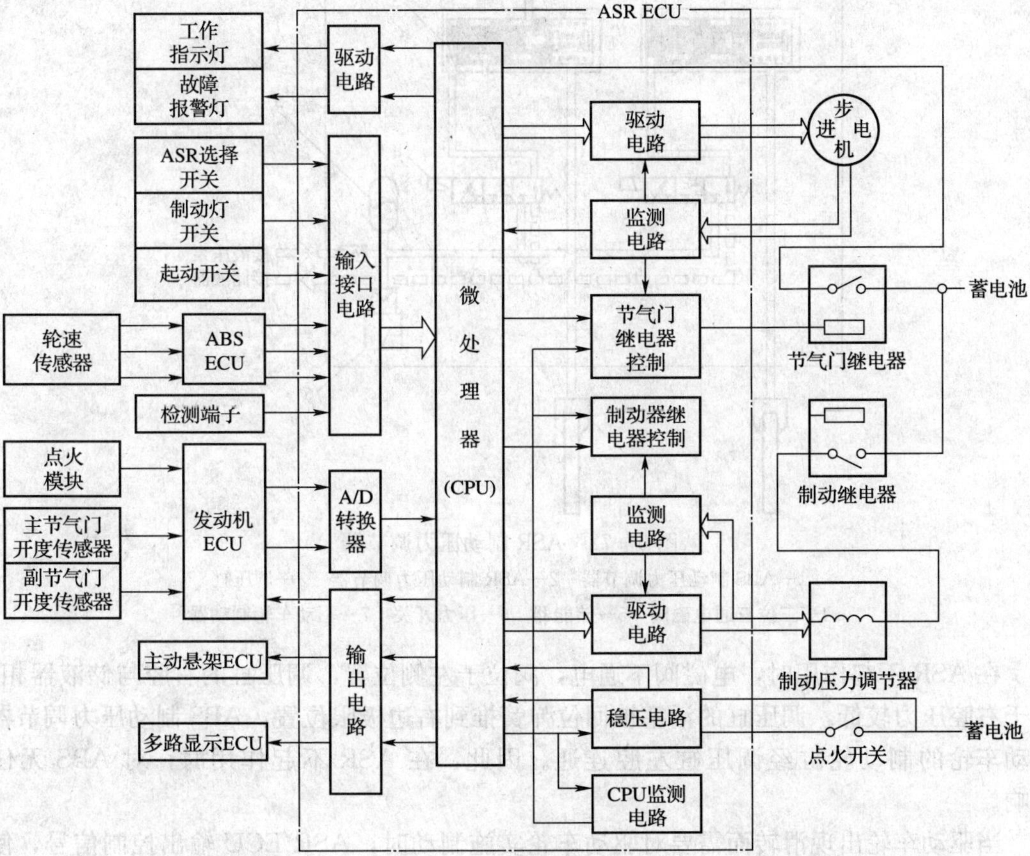

图 6—71 ASR 系统的控制器

4. ASR 系统的执行机构

(1) 制动压力调节器。ASR 制动压力调节器执行 ASR 电子控制单元的指令，对滑转车轮施加制动力并控制制动力的大小，以使滑转车轮的滑转率在控制目标范围之内。ASR 制动压力源是储能器，通过电磁阀来调节驱动车轮制动压力的大小。ASR 制动压力调节器的结构有单独方式和组合方式两种。

1) 单独方式的 ASR 制动压力调节器。所谓单独方式是指 ASR 制动压力调节器和 ABS 制动压力调节器在结构上各自分开，其工作原理如图 6—72 所示。

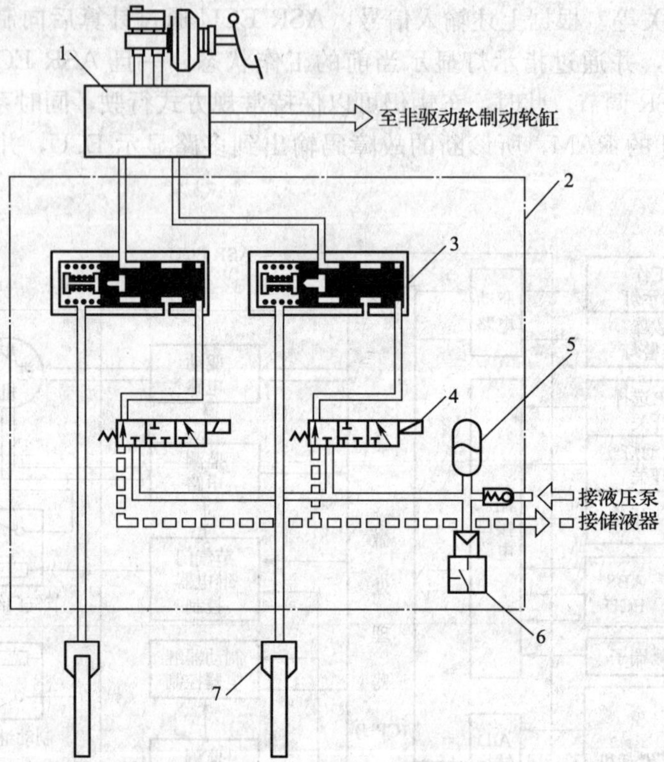

图 6—72　ASR 制动压力调节器

1—ABS 制动压力调节器　2—ASR 制动压力调节器　3—调压缸
4—三位三通电磁阀　5—储能器　6—压力开关　7—驱动车轮制动器

在 ASR 不起作用时，电磁阀不通电，阀位于左侧位置，调压缸的右腔与储液器相通，由于右腔压力较低，调压缸的活塞被回位弹簧推到右边极限位置，ABS 制动压力调节器与驱动车轮的制动轮缸经调压缸左腔连通。因此，在 ASR 不起作用时，对 ABS 无任何影响。

当驱动车轮出现滑转而需要对驱动车轮实施制动时，ASR ECU 输出控制信号，使电磁阀线圈通电而移至右侧位置。此时调压缸右腔与储液室隔断而与储能器连通，储能器内具有一定压力的制动液推动调压缸的活塞左移，切断 ABS 制动压力调节器与驱动车轮制动轮缸之间的液压通道。同时随调压缸活塞左移压缩左腔内的制动液。使调压缸左腔和驱动车轮制动轮缸内的制动压力增大。

当需要保持驱动车轮的制动压力时，ASR ECU 使电磁阀半通电（最大电流的一半），阀处于中间位置，调压缸与储液器和储能器的液压通道均切断，于是，调压缸活塞保持原位不动，使驱动车轮制动轮缸内的制动压力保持不变。

当需要减小驱动车轮的制动压力时，ASR ECU 使电磁阀断电，阀在其回位弹簧力的作用下回到左侧位置，调压缸右腔与储能器隔断而与储液器连通。于是，调压缸右腔压力下降，其活塞在回位弹簧作用下右移，调压缸左腔和驱动车轮制动轮缸内的制动压力下降。

在汽车行驶中，ASR ECU 就是通过对电磁阀的上述控制，实现对驱动车轮制动力的控制，将车轮的滑转率控制在目标范围之内。

2）组合方式的 ASR 制动压力调节器。组合方式是指 ASR 制动压力调节器与 ABS 制动压力调节器在结构上组合为一个整体，称 ABS/ASR 制动压力调节器，其工作原理如图 6—73 所示。

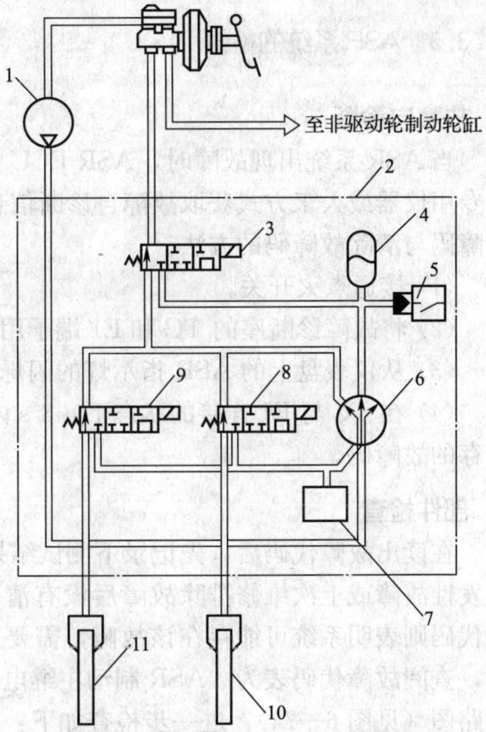

图 6—73　ABS/ASR 制动压力调节器

1—液压泵　2—ABS/ASR 制动压力调节器　3—电磁阀Ⅰ　4—储能器　5—压力开关　6—循环泵　7—储液器　8—电磁阀Ⅱ　9—电磁阀Ⅲ　10，11—驱动车轮制动器

在 ASR 不起作用时，电磁阀Ⅰ不通电。汽车在制动过程中如果车轮出现抱死现象，则 ABS 起作用，通过控制电磁阀Ⅱ和电磁阀Ⅲ来调节制动压力。

当驱动车轮出现滑转时，ASR 控制器使电磁阀Ⅰ通电，阀移至右侧位置；电磁阀Ⅱ和电磁阀Ⅲ不通电，阀处于左侧位置；于是，储能器的压力油进入驱动车轮制动轮缸，以增大制动压力。

当需要保持驱动车轮的制动压力时，ASR ECU 使电磁阀Ⅰ半通电，阀移至中间位置，切断储能器与制动轮缸的通道，驱动车轮制动轮缸的制动压力保持不变。

当需要减小驱动车轮的制动压力，电磁阀Ⅲ通电，阀Ⅱ和阀Ⅲ移至右侧位置，将驱动车轮制动轮缸与储液器连通，以降低制动压力。

如果需要对左右驱动车轮的制动压力实施不同的控制，ASR ECU 则分别对电磁阀Ⅱ和电磁阀Ⅲ实行不同的控制。

（2）节气门驱动装置。ASR 系统通过改变发动机辅助节气门的开度来控制发动机的输出功率是应用最多的方法。在 ASR 不起作用时，辅助节气门处于全开的位置；当需要减小发动机的驱动力来控制车轮滑转时，ASR ECU 就输出控制信号，使辅助节气门驱动装置工作，改变辅助节气门的开度，以达到控制发动机输出功率，进而抑制驱动车轮滑转的目的。

节气门驱动装置一般由步进电动机和传动机构组成。步进电动机根据 ASR ECU 输出的控制脉冲信号转动规定的转角，通过传动机构带动辅助节气门转动。

6.3.3 ASR系统的检修

1. 故障自诊断

当 ASR 系统出现故障时，ASR ECU 会将故障以相应代码的形式存储，维修人员可通过专用仪器或人工方式获取故障自诊断信息，下面以凌志 LS400 汽车为例，介绍人工读取故障码与清除故障码的方法。

（1）接通点火开关。

（2）将故障诊断座的 TC 和 E1 端子用跨接线连接。

（3）从仪表盘上的 ASR 指示灯的闪烁来读取故障码。

（4）在 TC 与 E1 连接的状态下，3 s 内连续踩踏制动踏板 8 次以上即可清除计算机中储存的故障码。

2. 部件检查

在读出故障代码后，先记录下测试结果，清除故障码后再读，消失的故障代码可能为偶发性故障或上次维修排除故障后没有清码（即历史故障码）；若清除后再读仍出现的故障代码则表明系统可能存在该故障，需要进一步检查核实。例如当读出故障代码为“11”时，查阅故障代码表为“ASR 制动主继电器电路出现断路或短路故障”，利用万用表对照电路图（见图 6—74），进一步检查如下：

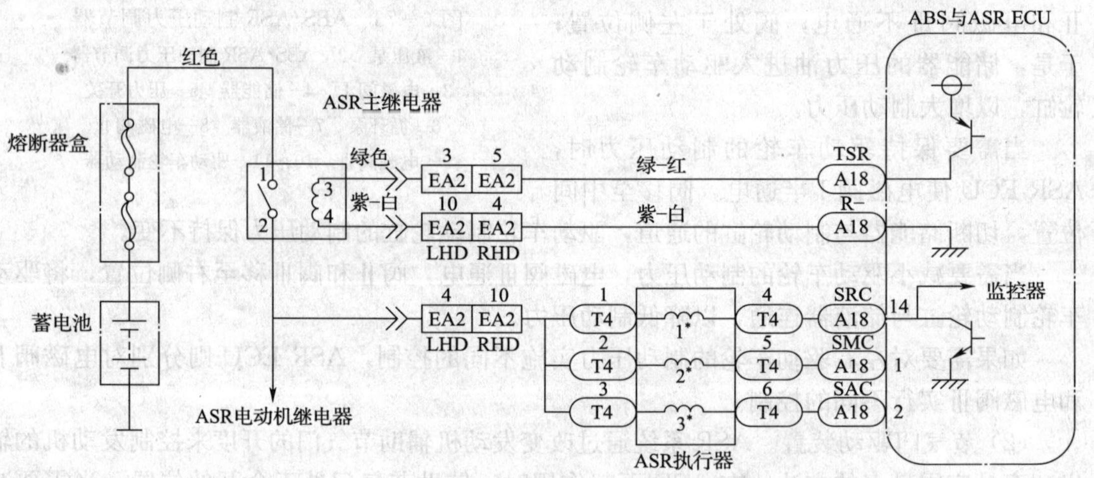

图 6—74　凌志 LS400 型 ASR 主继电器电路图

LHD—左舵驾驶车辆　RHD—右舵驾驶车辆　EA2，T4—线路接插器

（1）检查电源。拔下 ASR 主继电器插接器，在点火开关接通时，用万用表检测插接器线束侧 1 号端子对地电压应为蓄电池电压，否则应检查与蓄电池之间的连线、插接器及熔丝。电源正常则进行下一步。

（2）检查 ASR 主继电器自身性能。正常情况下，用万用表检测继电器 1—2 端子之间应不通（电阻为∞），3—4 端子间通路（电阻应很小）；将继电器 3—4 端子之间施加蓄电池电压，检查 1—2 端子之间应为通路。若继电器正常则进行下一步检查。

（3）检查 ECU 与主继电器间的连线，若通路则应检查 ECU。

3．液压部件的拆卸与安装注意事项

需拆下检修或更换 ASR 液压部件，在拆卸和安装时应注意：

（1）拆卸前应先泄压。由于储能器使管路中的制动液保持着一定的压力，在拆卸油管前先泄压，避免高压制动液喷出伤人。

（2）安装时不能漏装 O 形密封圈，且密封圈应良好。

（3）各管路螺纹连接和部件连接螺栓应按规定力矩拧紧。

（4）安装后一定要按正确方法排出制动液压系统中的空气。

6.4　动力转向电子控制系统

6.4.1　概述

汽车转向系统可按转向的能源不同分为机械转向系统和动力转向系统两类。机械转向系统是依靠驾驶员操纵转向盘的转向力来实现车轮转向的；动力转向系统则是在驾驶员的控制下，借助于汽车发动机产生的液体压力或电动机驱动力来实现车轮转向。因此动力转向系统也称为转向动力放大装置。

动力转向系统是兼用驾驶者体力和发动机动力为转向能源的转向系统。在正常情况下，汽车转向所需能量中只有一小部分由驾驶者自身的体能提供，其余大部分则通过发动机驱动的油泵（或空气压缩机）将发动机输出的机械能转化为压力能，并在转向盘控制下，对转向传动装置或执行器中某一传动件施加不同的液压（或气压）作用力，以减轻驾驶者长时间驾车的疲劳，并能在车速较低时，特别是停车时保持转向轻便。上述用来协助转向的部件称为转向助力装置。

动力转向系统由于能使转向操纵灵活、轻便，在设计汽车时对转向器结构形式的选择灵活性增大，能吸收路面对前轮产生的冲击等优点，因此已在各国的汽车制造中普遍采用。但是，具有固定放大倍率的动力转向系统也存在着一定的缺点：如果所设计的固定放大倍率的动力转向系统是为了减小汽车在停车或低速行驶状态下转动转向盘的力，则当汽车高速行驶时，这一固定放大倍率的动力转向系统会使转动转向盘的力显得太小，不利于对高速行驶的汽车进行方向控制；反之，如果所设计的固定放大倍率的动力转向系统是为了增加汽车在高速行驶时的转向力，则当汽车停车或低速行驶时，转动转向盘就会显得非常吃力。电子控制技术在汽车动力转向系统的应用，使汽车的驾驶性能达到令人满意的程度。电子控制动力转向系统在低速行驶时可使转向轻便、灵活；当汽车在中高速区域转向时，又能保证提供最优的动力放大倍率和稳定的转向手感，从而提高了高速行驶的操纵稳定性。

为了满足汽车的使用要求，动力转向系统应该具有以下一些特性：

1. 良好的随动性，即转向盘与转向轮之间具有准确的一一对应关系，同时能保证转向轮可维持在任意转向角位置。

2. 高度的转向灵敏度，即转向轮对转向盘应具有灵敏的响应。

3. 良好的稳定性，即具有很好的直线行驶稳定性和转向自动回正能力。

4. 助力效果能随车速变化和转向阻力的变化作相应调整。高速行驶时，转向盘有适当的“路感”，以避免因转向过轻发生事故。低速时，则希望有大的助力效果，以克服路面大的转向阻力，并且，两种状态之间的转换要平稳。

动力转向系统有气压、液压和电动三种形式。

气压控制式动力转向系统主要用于部分前轴轴载质量为 3～7 t，并采用气压制动的货车和客车上。

液压控制式动力转向系统结构紧凑，工作无噪声，动作滞后时间短，且能吸收来自不平路面的冲击，因此，在各类汽车上获得了广泛应用。

电子控制式动力转向系统又可分为电子控制式液压动力转向系统和电动式动力转向系统，后者采用电动机和电子控制技术帮助驾驶员转向，具有控制容易、结构简单、质量轻、能耗小等优点，近年来受到人们广泛重视，多见于轿车结构中使用。

6.4.2 电子控制式液压动力转向系统

电子控制式液压动力转向系统是在传统的液压动力转向系统的基础上增设电子控制装置而构成的。根据控制方式的不同，可分为流量控制式、反力控制式和阀灵敏度控制式三种形式。

1. 流量控制式动力转向系统（以蓝鸟车为例）

如图 6—75 所示为蓝鸟车所使用的流量控制式动力转向系统。它也是在一般液压动力转向系统上增加了旁通流量控制阀、车速传感器、转向盘转角传感器、电子控制单元和控制开关等。在转向油泵与转向器之间设有旁通管路，在旁通管路中又设有旁通流量控制阀。根据车速传感器、转向角速度传感器和控制开关的信号，电子控制单元向旁通流量控制阀发出控制信号，控制旁通流量，从而调整向转向器供油的流量，如图 6—76 所示。

当向转向器供油流量减少时，动力转向控制阀灵敏度下降，转向助力作用降低，转向力增加。在这一系统中，利用仪表板上的转换开关，驾驶员可以选择三种适应不同行驶条件的转向力特性曲线（见图 6—77）。另外，电子控制单元还可根据转向角速度传感器输出信号的大小，在汽车急转弯时，按照如图 6—78 所示的转向力特性实施最优控制。

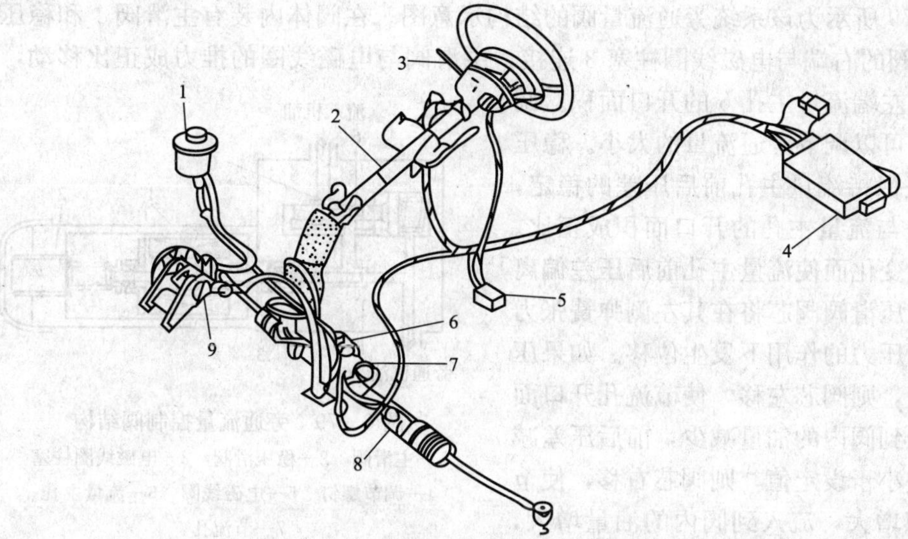

图 6—75　蓝鸟轿车电子控制式液压助力转向系统

1—机油箱　2—转向管柱　3—转向角速度传感器　4—电子控制单元　5—转向角速度传感器增幅器　6—旁通流量控制阀　7—电磁线圈　8—转向连动机构　9—机油泵

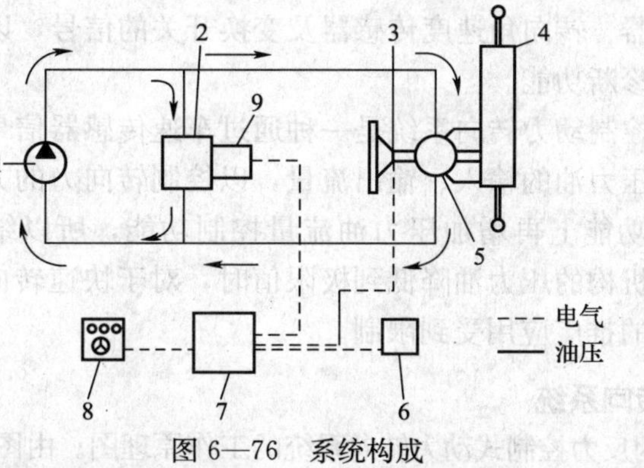

图 6—76　系统构成

1—动力转向泵　2—旁通流量控制阀　3—转向角速度传感器　4—动力转向齿轮机构　5—控制阀　6—车速传感器　7—电子控制单元　8—选择开关　9—电磁线圈

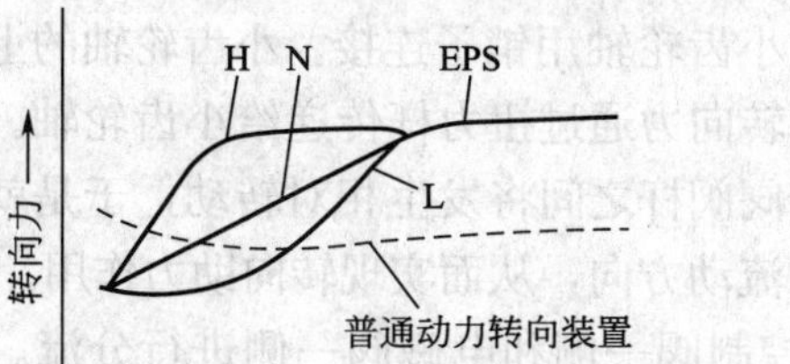

图 6—77　三种不同的转向力特性曲线

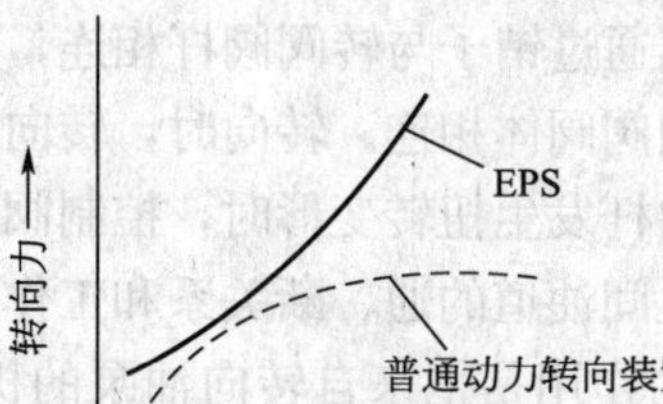

图 6—78　弯曲道路时的转向力特性

如图 6—79 所示为该系统旁通流量阀的结构示意图。在阀体内装有主滑阀 1 和稳压滑阀 2，在主滑阀的右端与电磁线圈柱塞 3 连接，主滑阀与电磁线圈的推力成正比移动，从而改变主滑阀左端流量主孔 6 的开口面积。调整调节螺钉 4 可以调节旁通流量的大小。稳压滑阀的作用是保持流量主孔前后压差的稳定，以使旁通流量与流量主孔的开口面积成正比。当因转向负荷变化而使流量主孔前后压差偏离设定值时，稳压滑阀阀芯将在其左侧弹簧张力和右侧高压油压力的作用下发生位移。如果压差大于设定值，则阀芯左移，使节流孔开口面积减小，流入到阀内的油量减少，前后压差减小；如果压差小于设定值，则阀芯右移，使节流孔开口面积增大，流入到阀内的油量增大，前后压差增大。流量主孔前后压差的稳定，保证了旁通流量的大小只与主滑阀控制的流量主孔的开口面积有关。

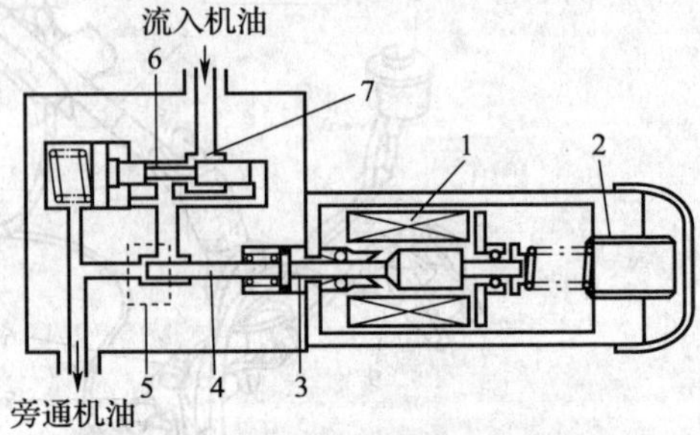

图 6—79　旁通流量控制阀结构

1—主滑阀　2—稳压滑阀　3—电磁线圈柱塞
4—调节螺钉　5—电磁线圈　6—流量主孔
7—节流孔

如图 6—80 为蓝鸟轿车流量控制式动力转向系统电路图。系统中电子控制单元的基本功能是接收车速传感器、转向角速度传感器及变换开关的信号，以控制旁通流量控制阀的电流，并具有故障自诊断功能。

流量控制式电子控制动力转向系统是一种通过车速传感器信号调节向动力转向装置供应压力油，从而改变压力油的输入、输出流量，以控制转向力的方法。这种方法的优点是在原来液压动力转向功能上再增加压力油流量控制功能，所以结构简单，成本较低。但是，当流向动力转向机构的压力油降低到极限值时，对于快速转向会产生压力不足、响应较慢等缺点，故使它的推广应用受到限制。

2．反力控制式动力转向系统

如图 6—81 所示为反力控制式动力转向系统的工作原理图。由图可见，系统主要由转向控制阀、分流阀、电磁阀、转向动力缸、转向油泵、储油箱、车速传感器及电子控制单元等组成。

转向控制阀是在传统的整体转阀式动力转向控制阀的基础上增设了油压反力室而构成。扭力杆的上端通过销子与转阀阀杆相连，下端与小齿轮轴用销子连接。小齿轮轴的上端部通过销子与控制阀阀体相连。转向时，转向盘上的转向力通过扭力杆传递给小齿轮轴。当转向力增大，扭力杆发生扭转变形时，控制阀体和转阀阀杆之间将发生相对转动，于是就改变了阀体和阀杆之间油道的通、断关系和工作油液的流动方向，从而实现转向助力作用。

分流阀的作用是把来自转向油泵的机油向控制阀一侧和电磁阀一侧进行分流。按照车速和转向要求，改变控制阀一侧与电磁阀一侧的油压，确保电磁阀一侧具有稳定的机油流量。

固定小孔的作用是把供给转向控制阀的一部分流量分配到油压反力室一侧。

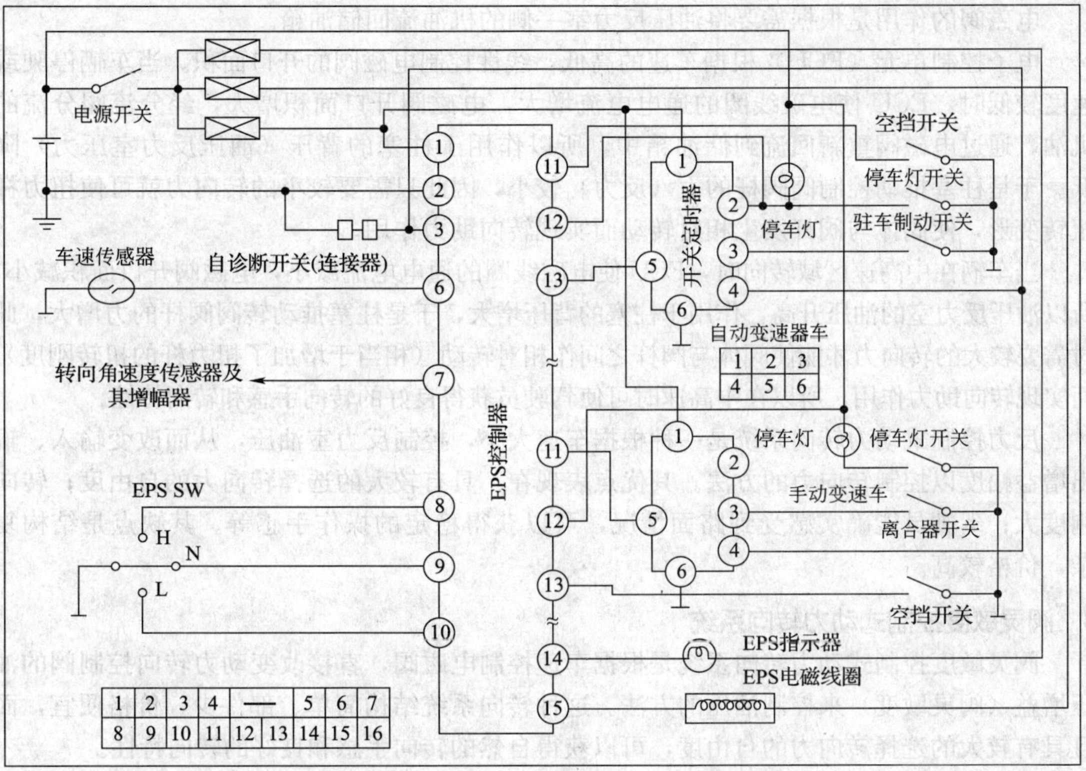

图 6—80　蓝鸟轿车电子控制式液压助力转向系统电路图

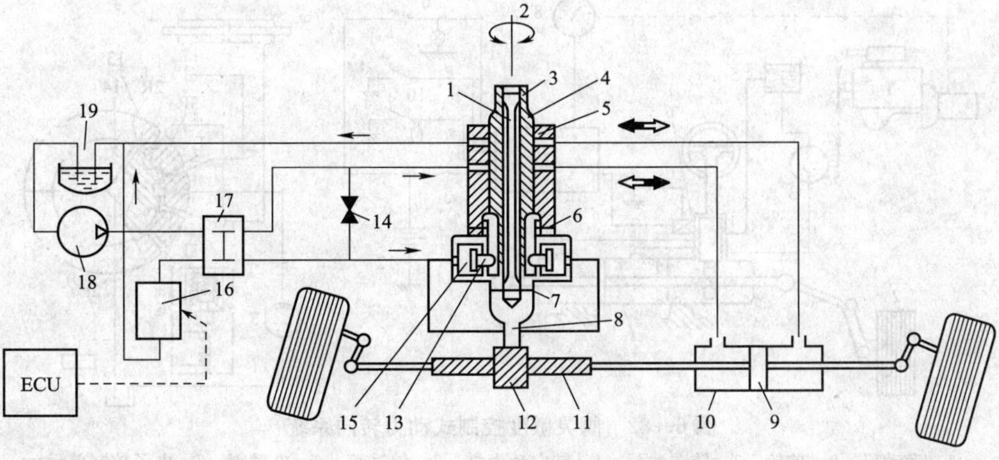

图 6—81　反力控制式动力转向系统

1—扭力杆　2—转向盘　3，6，7—销　4—转阀阀杆　5—控制阀阀体　8—小齿轮轴　9—活塞　10—动力缸　11—齿条　12—小齿轮　13—柱塞　14—小孔　15—油压反力室　16—电磁阀　17—分流阀　18—泵　19—储油箱

电磁阀的作用是根据需要将油压反力室一侧的机油流回储油箱。

电子控制单元（ECU）根据车速的高低，线性控制电磁阀的开口面积。当车辆停驶或速度较低时，ECU 使电磁线圈的通电电流增大，电磁阀开口面积增大，经分流阀分流的机油，通过电磁阀重新回流到储油箱中，所以作用于柱塞的背压（油压反力室压力）降低。于是柱塞推动控制阀阀杆的力（反力）较小，因此只需要较小的转向力就可使扭力杆扭转变形，使阀体与阀杆发生相对转动而实现转向助力作用。

当车辆在中高速区域转向时，ECU 使电磁线圈的通电电流减小，电磁阀开口面积减小，所以油压反力室的油压升高，作用于柱塞的背压增大，于是柱塞推动转阀阀杆的力增大，此时需要较大的转向力才能使阀体与阀杆之间作相对转动（相当于增加了扭力杆的扭转刚度），而实现转向助力作用，所以在中高速时可使驾驶员获得良好的转向手感和转向特性。

反力控制式动力转向系统是一种根据车速大小，控制反力室油压，从而改变输入、输出增益幅度以控制转向力的方法。其优点表现在：具有较大的选择转向力的自由度；转向刚度大；驾驶员能确实感受到路面情况，可以获得稳定的操作手感等。其缺点是结构复杂，价格较高。

3. 阀灵敏度控制式动力转向系统

阀灵敏度控制式动力转向系统是根据车速控制电磁阀，直接改变动力转向控制阀的油压增益（阀灵敏度）来控制油压的方法。这种转向系统结构简单、部件少、价格便宜，而且具有较大的选择转向力的自由度，可以获得自然的转向手感和良好的转向特性。

如图 6—82 所示的阀灵敏度控制式动力转向系统，在转向控制阀的转子阀做了局部改进，并增加了电磁阀、车速传感器和电子控制单元等。

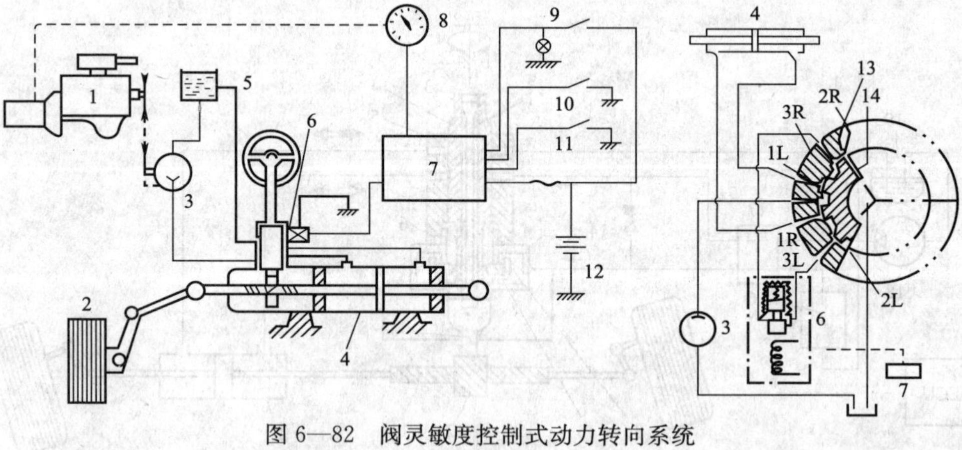

图 6—82　阀灵敏度控制式动力转向系统

1—发动机　2—前轮　3—转向油泵　4—转向动力缸　5—储油箱　6—电磁阀　7—电子控制单元
8—车速传感器　9—车灯开关　10，11—空挡开关　12—蓄电池　13—外体　14—内体

转子阀的可变小孔分为低速专用小孔（1R、1L、2R、2L）和高速专用小孔（3R、3L）两种，在高速专用可变孔的下边设有旁通电磁阀回路。如图 6—83 所示为该系统的阀

部等效液压回路，其工作过程如下：

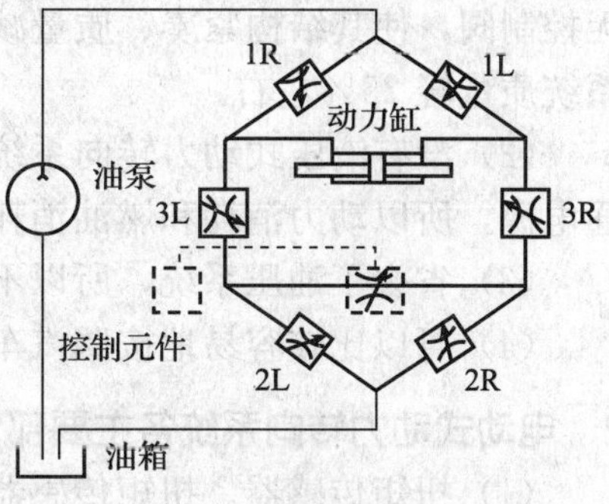

图 6—83　阀部等效液压回路

当车辆停止时，电磁阀完全关闭，如果此时向右转动转向盘，则高灵敏度低速专用小孔 1R 及 2R 在较小的转向扭矩作用下即可关闭，转向油泵的高压油液经 1L 流向转向动力缸右腔室，其左腔室的油液经 3L、2L 流回储油箱。所以此时具有轻便的转向特性。而且施加在转向盘上的转向力矩越大，可变小孔 1L、2L 的开口面积越大，节流作用越小，转向助力作用越明显。

随着车辆行驶速度的提高，在电子控制单元的作用下，电磁阀的开度也线性增加，如果向右转动转向盘，则转向油泵的高压油液经 1L、3R 旁通电磁阀流回储油箱。此时，转向动力缸右腔室的转向助力油压就取决于旁通电磁阀和灵敏度低的高速专用可变孔 3R 的开度。车速越高，在电子控制单元的控制下，电磁阀的开度越大，旁通流量越大，转向助力作用越小；在车速不变的情况下，施加在转向盘上的转向力越小，高速专用小孔 3R 的开度越大，转向助力作用也越小，当转向力增大时，3R 的开度逐渐减小，转向助力作用也随之增大。由此可见，阀灵敏度控制式动力转向系统可使驾驶员获得非常自然的转向手感和良好的速度转向特性。

6.4.3　电动式动力转向系统

1. 电动式动力转向系统的组成、原理与特点

电动式动力转向系统通常由扭矩传感器、车速传感器、电子控制单元（ECU）、电动机和电磁离合器等组成，如图 6—84 所示。

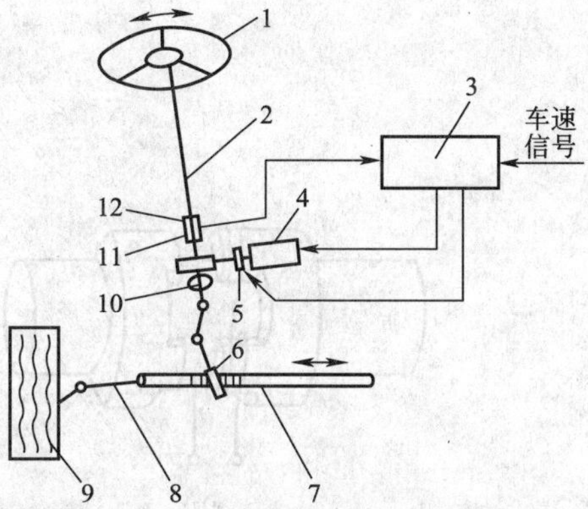

图 6—84　电动式 EPS 的组成

1—转向盘　2—输入轴（转向轴）　3—电子控制单元　4—电动机　5—电磁离合器　6—转向齿轮　7—转向齿条　8—横拉杆　9—转向轮　10—输出轴　11—扭力杆　12—扭矩传感器

电动式动力转向系统是利用电动机作为助力源，根据车速和转向参数等，由电子控制单元完成助力控制，其工作原理如下：

当操纵转向盘时，装在转向盘轴上的扭矩传感器不断地测出转向轴上的扭矩信号，该信号与车速信号同时输入到电子控制单元。电子控制单元根据这些输入信号，确定助力扭矩的大小和方向，即选定电动机的电流和转向，调整转向辅助动力的大小。电动机的扭矩由电磁离合器通过减速机构减速增扭后，加在汽车的转向机构上，使之得到一个与汽车工况相适应的转向作用力。

电动式动力转向系统有许多液压式动力转向系统所不具备的优点：

（1）将电动机、离合器、减速装置、转向杆等各部件装配成一个整体，这既无管道也无控制阀，使其结构紧凑、质量减轻。一般电动式动力转向系统的质量比液压式动力转向系统质量轻25%左右。

（2）没有液压式动力转向系统所必须的经常运转的转向油泵，电动机只是在需要时接通电源，所以动力消耗和燃油消耗均可降到最低。

（3）省去了油压系统，所以不需要给转向油泵补充油，也不必担心漏油。

（4）可以比较容易地按照汽车性能的需要设置、修改转向助力特性。

2. 电动式动力转向系统各主要部件的结构及工作原理

（1）扭矩传感器。扭矩传感器的作用是测量转向盘与转向器之间的相对扭矩，以作为电动助力的依据之一。

如图 6—85 所示为无触点式扭矩传感器的机构及工作原理。在输出轴的极靴上分别绕有 A、B、C、D 四个绕组，转向盘处于中间位置（直驶）时，扭力杆的纵向对称面正好处于图示输出轴，极靴的磁通量相等，所以在 V、W 两端检测到的输出电压信号 $U_0=0$ V。转向时，由于扭力杆和输出轴极靴之间发生相对扭转变形，极靴 A 绕组、D 绕组之间的磁阻增加，B 绕组、C 绕组之间的磁阻减少，各个极靴的磁通量发生变化，于是在 V、W 之间就出现了电位差。其电位差与扭力杆的扭转角 θ 和输入电压 U_i 成正比。如果比例系数为 K，则有：$U_0=KU_i\theta$，所以通过测量 V、W 两端的电位差就可以测量出扭力杆的扭转角，于是也就知道了转向盘施加的转动扭矩。

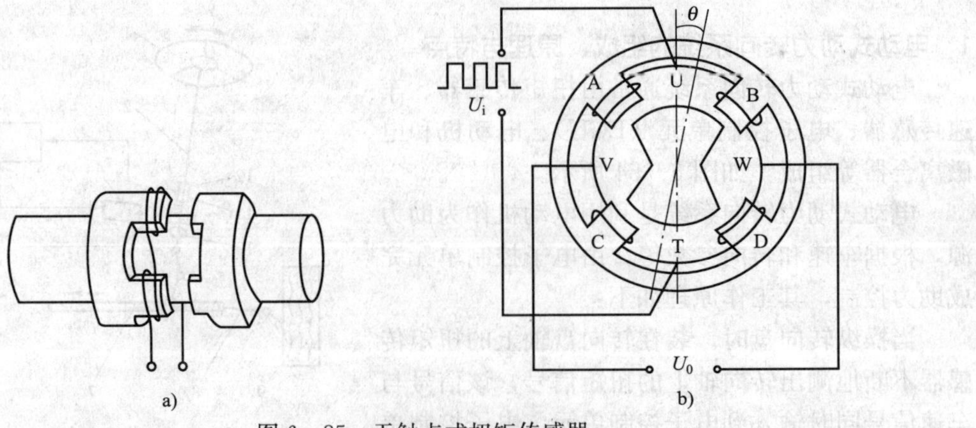

图 6—85　无触点式扭矩传感器

如图 6—86 所示为滑动可变电阻式扭矩传感器的结构。它是将负载力矩引起的扭力杆角位移转换为电位器电阻的变化，并经集电环传递出来作为扭矩信号。

（2）电动机。电动式动力转向系统用电动机与起动用直流电动机原理上基本相同，但一般采用永磁磁场。其最大电流一般为 30 A 左右，电压为 DC12 V，额定转矩为 10 N·m左右。

转向系统助力用直流电动机需要正反转控制，如图 6—87 所示为一种比较简单实用的控制电路。a_1，a_2 为触发信号端。当 a_1 端得到输入信号时，晶体管 VT3 导通，VT2 得到基极电流而导通，电流经 VT2、电动机 M、VT3、搭铁而构成回路，于是电动机正转；当 a_2 端得到输入信号时，电流则经 VT1、M、VT4、搭铁而构成回路，电动机则因电流方向相反而反转。控制触发信号端电流的大小，就可以控制通过电动机电流的大小。

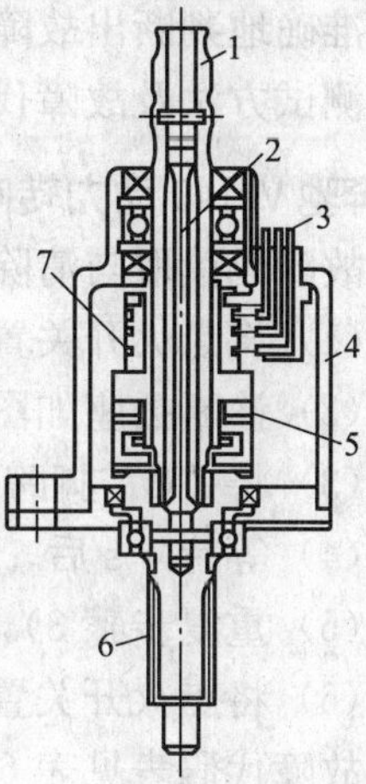

图 6—86 滑动可变电阻式扭矩传感器结构

1—轴 2—扭杆 3—输出端 4—外壳 5—电位器 6—小齿轮 7—集电环

(3) 电磁离合器。如图 6—88 所示为单片干式电磁离合器的工作原理图。当电流通过集电环进入电磁离合器绕组时，主动轮产生电磁吸力，带花键的压板被吸引与主动轮压紧，于是电动机的动力经过轴、主动轮、压板、花键、从动轴传递给执行机构。

电动式动力转向系统一般都设定一个工作范围，例如当车速达到 45 km/h 时，就不需要辅助动力转向，这时电动机就停止工作，为了不使电动机和电磁离合器的惯性影响转向系统的工作，离合器应及时分离，以切断辅助动力。另外当电动机发生故障时，离合器会自动分离，这时仍可利用手动控制转向。

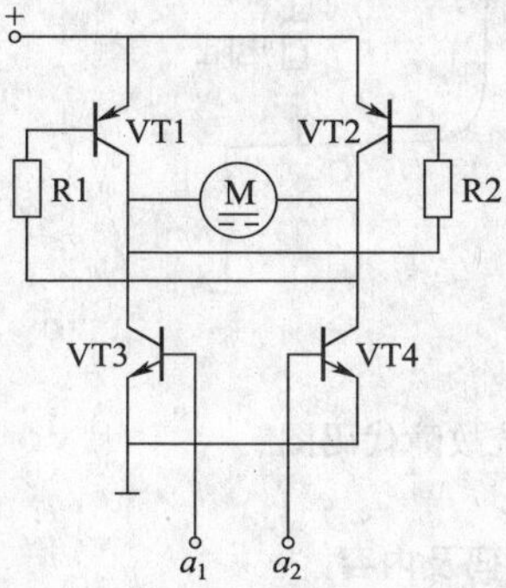

图 6—87 电动机正反转控制电路

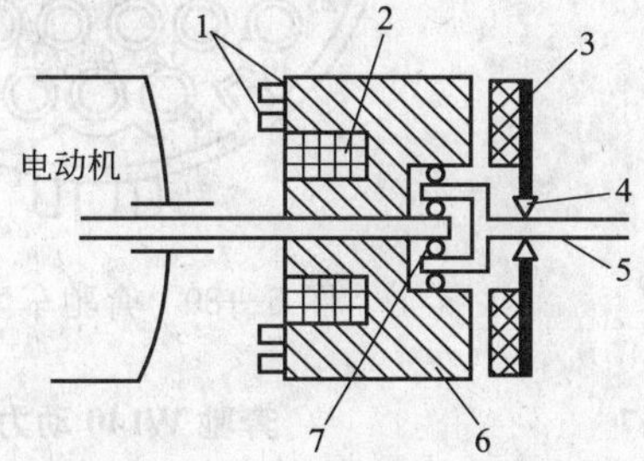

图 6—88 电磁离合器工作原理

1—集电环 2—绕组 3—压板 4—花键 5—从动轴 6—主动轮 7—滚珠轴承

(4) 减速机构。减速机构是电动式动力转向系统不可缺少的部件。目前实用的减速机构有多种组合方式，一般采用蜗轮蜗杆与转向轴驱动组合式，也有的采用两级行星齿轮与传动齿轮组合式。为了抑制噪声和提高耐久性，减速机构中的齿轮有的采用特殊齿形，有的采用树脂材料制成。

6.4.4 电子控制式动力转向系统故障诊断

电子控制式动力转向系统一般具有故障自诊断功能，以监测、诊断系统的工作情况。当系统出现故障时，电子控制单元将其故障信息以代码的形式显示出来，以使维修人员快速、准确地判断出故障类型及部位。下面介绍几种车型电子控制式动力转向系统的故障自诊断测试方法及故障代码内容。

1. 奔驰 W140 动力转向系统

故障码读取与清除方法：

（1）将点火开关置于 ON 位置。

（2）诊断插座如图 6—89 所示。在 2＃与 6＃端子之间跨接 LED 灯。

（3）将“C”脚跨接搭铁 4 s 后取开，从 LED 灯读取故障码闪烁信号。

（4）等待 4 s 后，再将“C”脚跨接搭铁 8 s 以上。

（5）重复步骤 3），4）直到故障码重新显示，即完成故障码读取。

（6）将点火开关置于 OFF 时，30 s 以上即可清除故障码。

故障代码表见表 6—7。

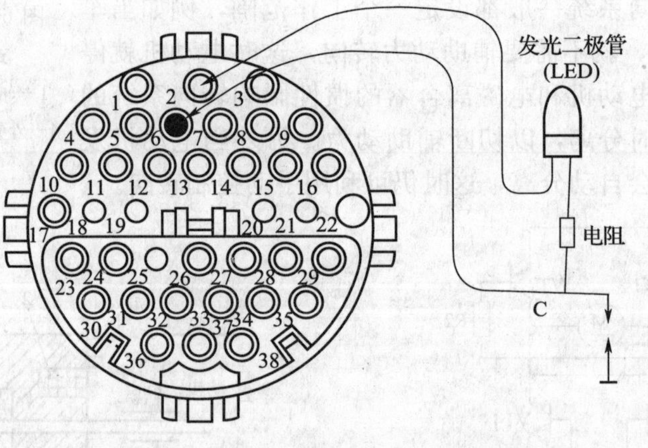

图 6—89　奔驰车读取动力转向系统故障代码图

表 6—7　奔驰 W140 动力转向系统故障代码及内容

故障码	内　容	故障码	内　容
1	系统正常	7	变速器车速信号传感器回路（L2）
2	PML 控制计算机（N49/1）	8	车速控制动力转向阀线路短路（电源侧）
3	左后车速信号（由 ABS 微机＃1/6 来或由 ASR 微机＃1/28 来）到＃1/30 脚	9	车速控制动力转向阀线路短路
4	右后车速信号（由 ABS/ASR 微机＃1/26来）到 AML＃1/7 脚	10	车速控制动力转向阀线路搭铁
5	差速器车速信号到 PML ＃ 1/30 脚（N30/1）	11	PML 电源来自 BASE 计算机或主继电器＃87 电源线有一条短路
6	无法取得所有车速信号		

2. 三菱轿车动力转向系统故障码读取与清除方法：

（1）点火开关置于 OFF。

（2）诊断座如图 6—90 所示，将 12 端子诊断座的 4＃脚与 12＃脚用 LED 跨接。

（3）点火开关置于 ON。

（4）读取 LED 灯闪烁的故障码。

（5）拆开蓄电池负极搭铁 15 s 以上再装回，即可清除故障码。

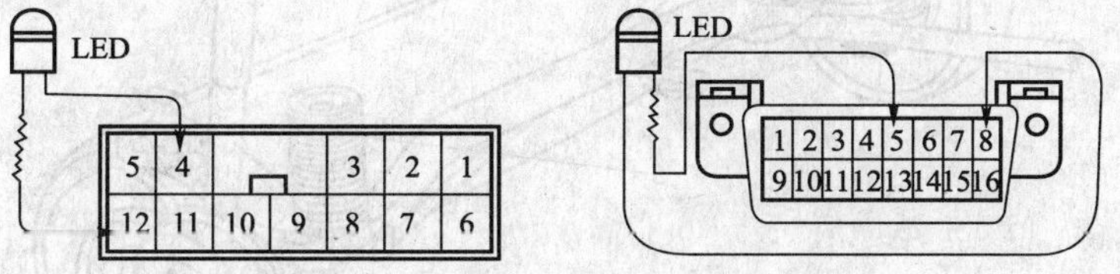

图 6—90　三菱车系诊断座

a）老式诊断座　b）OBD—Ⅱ诊断座

三菱车故障代码见表 6—8 所示。

表 6—8　三菱轿车动力转向系统故障代码及内容

故障码	内　容	故障码	内　容
11	EPS 主计算机电源不良	13	EPS 电磁阀工作不良
12	VSS 车速信号不良	14	EPS 主微机故障

6.5　悬架电气控制系统

6.5.1　概述

1. 汽车悬架系统的作用、组成和分类

悬架是车身与车轮之间的一切传力连接装置的总称。它的作用是把路面作用于车轮上的垂直反力（支承力）、纵向反力（牵引力和制动力）和侧向反力以及这些反力所造成的力矩都传递到车身上，以保证汽车的正常行驶。

汽车悬架主要由弹性元件（如钢板弹簧、螺旋弹簧、扭杆弹簧、空气弹簧和油气弹簧等）、减振器和导向机构三部分组成（见图 6—91）。当汽车在不同的路面上行驶时，由于悬架系统实现了车身和车轮之间的弹性支承，有效地降低了车身与车轮的振动，从而改善了汽车行驶的平顺性和操纵稳定性。

汽车行驶的平顺性和操纵稳定性是衡量悬架性能好坏的主要指标，但二者性能要求又相互排斥。平顺性一般通过车身或车身某个部位的加速度响应来评价，操纵稳定性可借助车轮的动载来度量。例如，降低弹簧的刚度，可使车身加速度减小，平顺性变好，但同时会导致车体位移增加，对操纵稳定性产生不良影响；另一方面，增加弹簧刚度会提高操纵稳定性，但硬弹簧将导致汽车对路面不平度很敏感，使平顺性降低。因此，理想的悬架应

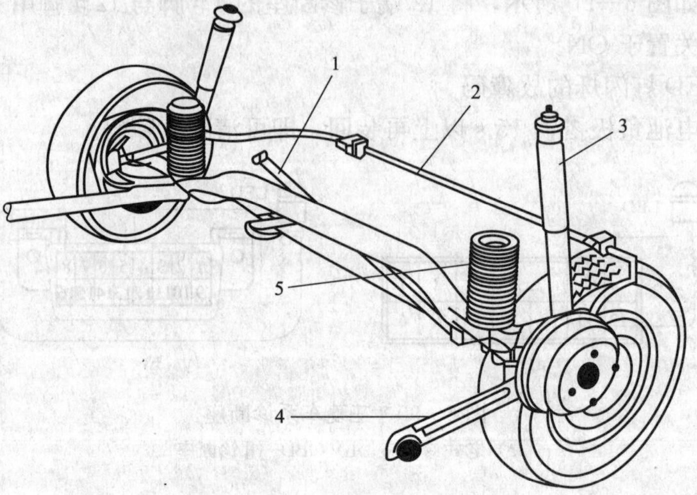

图 6—91　汽车悬架组成示意图

1—弹性元件　2—纵向推力杆　3—减振器　4—横向稳定器　5—横向推力杆

在不同的使用条件下具有不同的弹簧高度和减振器阻尼，既能满足平顺性要求又能满足操纵稳定性要求。

车轮相对于车身跳动时，车轮（特别是转向轮）的运动轨迹应符合一定的要求，否则就会影响汽车的操纵稳定性，因此，悬架系统中还应具有导向机构（如图 6—91 中的横向推力杆、纵向推力杆），以使车轮按一定的轨迹相对于车身跳动。

汽车悬架系统的三个组成部分分别起缓冲，减振和导向的作用，然而三者共同的任务则是传力。在多数的轿车和客车上，为防止车身在转向等情况下发生过大的横向倾斜，在悬架系统中还设有辅助弹性元件——横向稳定器。

应当指出，悬架系统只要求具备上述各个功能，在结构上并非一定要设置上述这些单独的装置不可。例如常见的钢板弹簧，除了作为弹性元件起缓冲作用外，当它在汽车上纵向安置，并且一端与车架作固定铰链连接时，就可担负起决定车轮运动轨迹的任务，因而就没有必要再设置其他导向机构。此外，一般钢板弹簧是多片叠成的，它本身即具有一定的减振能力，因而对减振要求不高时，在采用钢板弹簧作为弹性元件的悬架系统中，就可以不装减振器（例如，一般中型货车的后悬架和重型货车悬架中都不装减振器）。

悬架的结构形式很多，分类方法也不相同。按导向机构的形式来分，可分为独立悬架和非独立悬架两大类。如果从控制力的角度来分，则可把悬架分为被动悬架、半主动悬架和主动悬架三大类。

（1）被动悬架。一般的汽车绝大多数装有由弹簧和减振器组成的机械式悬架。由于这种常规悬架系统内无能源供给装置，悬架的弹性和阻尼参数不会随外部状态而变化，因而称这种悬架为被动悬架。

（2）半主动悬架。半主动悬架可视为由可变特性的弹簧和减振器组成的悬架系统，虽然它不能随外界的输入进行最优控制和调节，但它可按存储在 ECU 内部的各种条件下弹簧和减振器的优化参数指令来调节弹簧的刚度和减振器的阻尼状态。半主动悬架又称无源主动悬架，因为它没有一个动力源为悬架系统提供连续的能量输入，所以在半主动悬架系统中改变弹簧刚度要比改变阻尼状态困难得多，因此在半主动悬架系统中以可变阻尼悬架系统最为常见。

（3）主动悬架。主动悬架是一种具有做功能力的悬架，通常包括产生力和扭矩的主动作用器（油缸、汽缸、伺服电动机、电磁铁等）、测量元件（如加速度、位移和力传感器等）和反馈控制器等。因此，主动悬架需要一个动力源（液压泵或空气压缩机等）为悬架系统提供连续的动力输入。当汽车载荷、行驶速度、路面状况等行驶条件发生变化时，主动悬架系统能自动调整悬架刚度，从而同时满足汽车的行驶平顺性、操纵稳定性等各方面的要求。

2. 悬架控制系统的基本组成与分类

现代汽车悬架控制系统是指利用有源或无源控制元件构成的闭环控制系统对汽车悬架施行主动控制的装置，它能根据车辆的运动状况和路面情况主动作出反应，抑制车身的各种振动，使悬架始终处于最佳减振状态。

目前，悬架控制系统可实现对车高、悬架弹簧刚度和减振器阻尼、侧倾刚度等方面的主动调节。与其他控制系统一样，悬架控制系统一般也包含有传感器、ECU、执行机构这三部分：

（1）用来感受汽车运动状态的传感器。

（2）能对汽车运动状态作出分析判断，并发出控制指令的 ECU。

（3）能完成各种控制动作的执行机构。

悬架控制系统的传感器有多种形式（见表 6—9），它们在系统中承担着将汽车行驶路况（汽车的振动）和车速及起动、加速、转向、制动等工况转变为电信号，并输送给 ECU 的任务。

表 6—9　　悬架控制系统的传感器及其作用

名　称	作　用
车身加速度传感器	检测车身振动，间接反映行驶的路面状况和车身横向运动状况
车身位移传感器	检测车身与车桥的相对位移，反映车身的平顺性和车身高度
车速传感器	检测车轮转速，反应车速和计算车身的侧倾量
方向盘转角传感器	检测方向盘转角，计算车身侧倾
制动压力开关	检测制动管路压力，判断汽车制动情况
制动灯开关	检测制动灯电路通断，判断汽车制动状况
节气门位置传感器	检测节气门开度，反映汽车加速度
门控灯开关	检测门控灯电路通断，判断乘员状况

电子控制装置（ECU）由微处理器和信号输入、输出电路组成，它对传感器输入的电信号进行综合处理，向执行机构发出控制指令。

悬架控制系统的执行机构可以是电磁阀、步进电动机或泵气电动机等，它们接受来自电子控制装置的控制信号，准确、快速和及时地做出动作反应，实现对弹簧刚度、减振器阻尼或车身高度的调节。

6.5.2 电子控制半主动悬架系统

半主动悬架系统从改变减振器阻尼入手，将阻尼分为两级或三级，可由驾驶员选择或根据传感器信号自动选择所需要的阻尼级。

1. 三级可调阻尼式减振器

可调阻尼式减振器由执行机构和减振器两部分组成。执行机构设在减振器支柱的顶部，由直流电动机、驱动齿轮、扇形齿轮、控制杆以及电磁线圈等组成，如图 6—92 所示。ECU 根据汽车行驶状况给直流电动机和电磁线圈施加不同强度的电流，电动机依靠下部的驱动齿轮带动扇形齿轮转动，受电磁线圈控制的挡块下端伸入扇形齿轮的凹槽中，用以限制扇形齿轮的极限转角，从而确定与扇形齿轮相连的控制杆位置，控制杆驱动的减振器转阀可在减振器上获得不同的阻尼。如图 6—93 所示，可调阻尼式减振器的活塞杆为中空结构，控制杆置于其中，杆的上端和下端分别与执行机构和转阀相连，执行机构可通过控制杆带动转阀旋转，使转阀上的小孔与活塞杆上的小孔接通或切断，从而增加或减少减振器上下油室之间的过流面积，达到调节减振器阻尼的目的，这种减振器可提供软、中等和硬三种阻尼力。当转阀上的 A、C 油孔导通时，减振器为小阻尼；当转阀 B 油孔导通时，减振器为中等阻尼；而当转阀上三个油孔全部关闭时，仅有止回阀产生节流作用，此时减振器为大阻尼状态。

当电动机通过驱动齿轮带动扇形齿轮逆时针旋转，直至扇形齿轮的凹槽一端靠在挡块

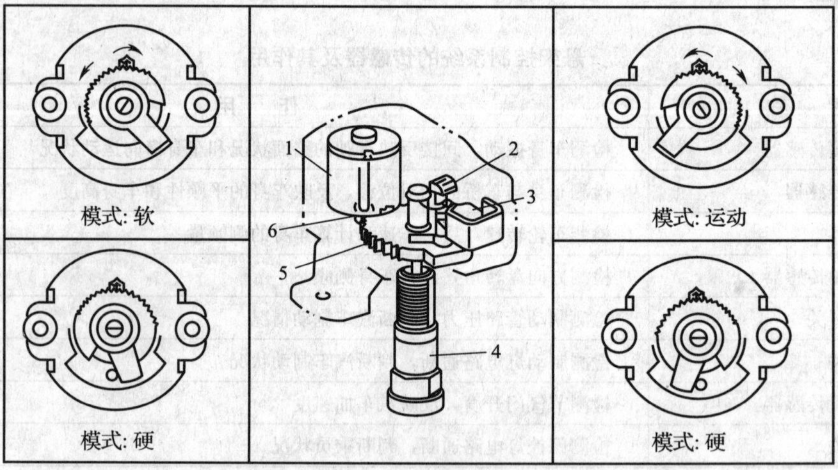

图 6—92　执行机构的结构与工作原理

1—直流电动机　2—挡块　3—电磁线圈　4—减振器　5—扇形齿轮　6—驱动齿轮

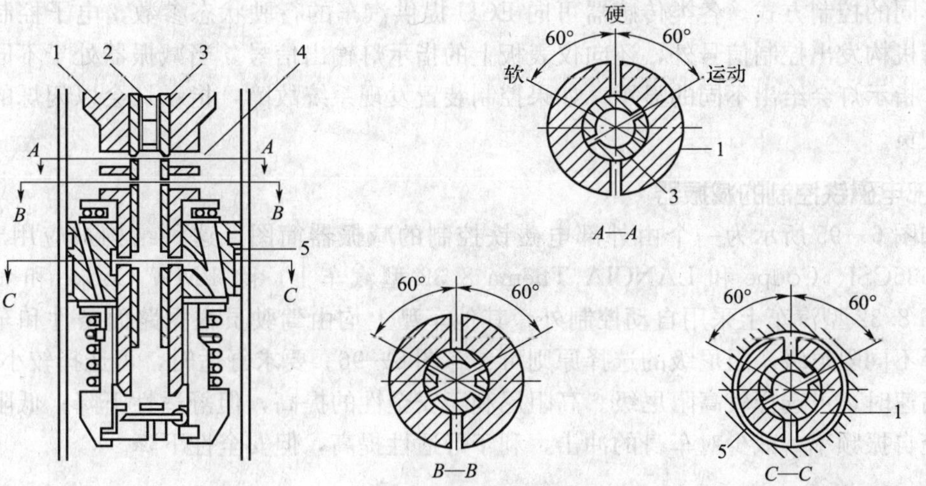

图 6—93　可调阻尼式减振器

1—活塞杆　2—控制杆　3—回转阀　4—油孔　5—活塞

上时，减振器转阀处产生较大的节流孔过流面积，减振器处于小阻尼状态；当电动机反向通电，扇形齿轮顺时针转动，其凹槽的另一端靠在挡块上时，减振器转阀处以节流孔适中的过流面积产生中等强度的阻尼；当控制装置同时向电动机和电磁线圈通电时，电动机将扇形齿轮转离小阻尼或中等阻尼位置，同时电磁线圈将挡块吸拢，使挡块进入扇形齿轮凹槽中间的凹坑内，此时减振器转阀将节流阀过流面积收至最小，产生大阻尼。

电子控制装置（ECU）的输入和输出如图 6—94 所示，通过模式选择开关驾驶员可以

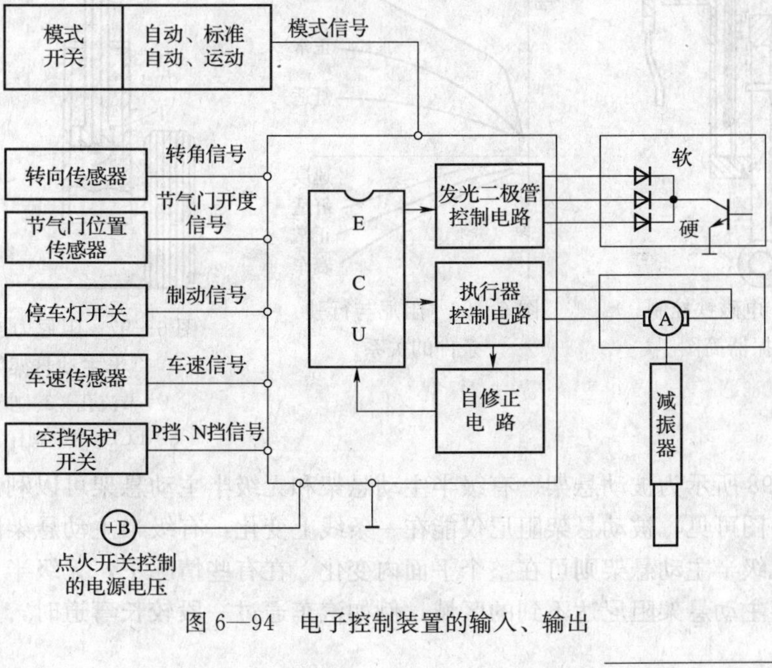

图 6—94　电子控制装置的输入、输出

选择不同的控制方式。各类传感器可向 ECU 提供汽车的行驶状态参数，电子控制装置除向执行机构发出控制信号外，还向仪表板上的指示灯输出信号。当减振器处于不同阻尼状态时，指示灯会给出不同的显示。如果控制装置发现系统故障，指示灯会以闪烁的方式提示驾驶员。

2. 外部电磁铁控制的减振器

如图 6—95 所示为一个由外部电磁铁控制的减振器简图，这种结构被应用于 BMW M3、635CSI、Coupe 和 LANCIA Thema 8.32 型汽车上，除 BMW Coupe 和 LANCIA Thema 8.32 型汽车上采用自动控制外，其他车型上均由驾驶员根据路面条件和车速等情况选择不同阻尼级，阻尼级的选择原则可参考图 6—96。要求舒适时，可选择较小阻尼级；赛车高速时，可选择较高阻尼级。高阻尼利于安全性的提高，但舒适性下降；低阻尼可降低系统自振频率，减少对车身的冲击，利于舒适性提高，但安全性下降。

3. 可连续调节阻尼力的半主动悬架系统

如图 6—97 所示为一种阻尼力可连续调节的半主动悬架系统简图。该装置的阻尼力能在几毫秒内由最小变到最大，其 ECU 从传感器接收速度、位移、加速度等信号，计算出相应的所需阻尼值，向步进电动机发出控制信号，经阀杆调节阀门，使节流孔阻尼连续变化。

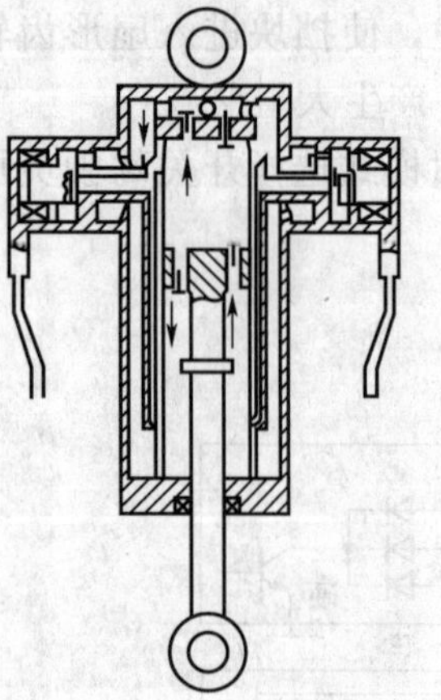

图 6—95 电磁铁控制可调减振器简图

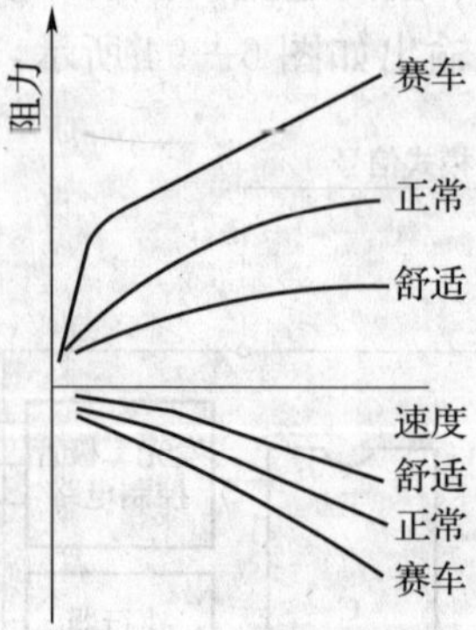

图 6—96 阻尼与行驶条件的关系

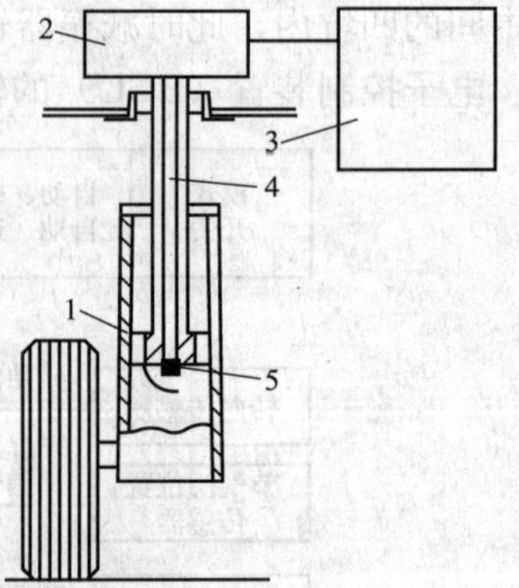

图 6—97 阻尼力连续可调的半主动悬架简图

1—节流孔 2—步进电动机 3—ECU 4—阀杆 5—阀门

如图 6—98 所示为被动悬架、有级半主动悬架和无级半主动悬架可以利用的阻尼力的变化范围。由图可见，被动悬架阻尼仅能在一条线上变化，有级半主动悬架阻尼可在几条线上变化，无级半主动悬架则可在整个平面内变化。在有些情况下，无级半主动悬架阻尼可达到有级半主动悬架阻尼达不到的区域，例如汽车通过一段较长弯道时，要求给出很大阻尼，以便使外侧车轮因离心力而产生的摆动力矩很快衰减，这不仅对平顺性有利，而且使各车轮的附着力储备比较均匀。

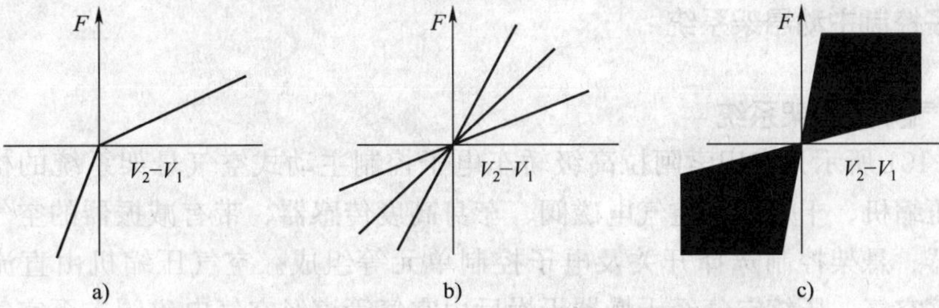

图 6—98　被动与半主动悬架阻尼力变化范围

a）被动悬架　b）有级半主动悬架　c）无级半主动悬架

4. 采用 MR 油液的减振器

在凯迪拉克 XLR 等车型上目前采用的是 MR 油液的减振器，该减振器通过对其电磁体通电电流大小的控制，来改变 MR 作用区油液的黏度，从而改变油液的流动阻力。其结构如图 6—99 所示。

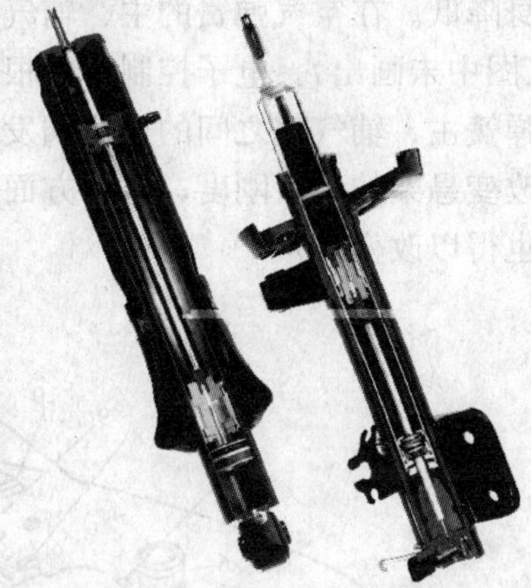

图 6—99　MR 减振器

MR 减振器工作原理如图 6—100 所示。当活塞和连杆在外力的作用下往右移动时，活塞右侧为高压区，活塞左侧为低压区，高压的油液通过 MR 油液通道流向低压区，此时，电磁体被通电产生电磁力，由于 MR 油液中含有大量金属分子，因此在 MR 作用区的油液黏度增大，油液从高压区往低压区流动的阻力增大，电磁体通电电流越大，产生的电磁力越大，MR 油液的黏度也越

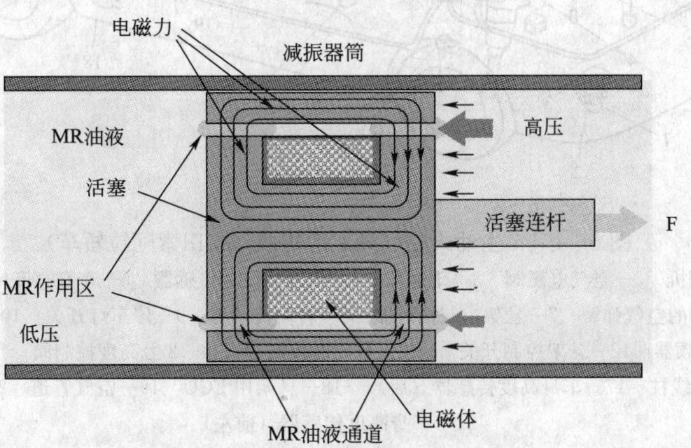

图 6—100　MR 减振器工作原理图

大，阻力越大。反之则减小阻力。控制器通过精确的控制电流大小即可精确的控制减振器的阻尼力大小。

6.5.3 电子控制主动悬架系统

1. 主动式空气弹簧悬架系统

如图 6—101 所示为丰田索阿拉高级轿车电子控制主动式空气悬架系统的构成图。它主要由空气压缩机、干燥器、空气电磁阀、车身高度传感器、带有减振器的空气弹簧、悬架控制执行器、悬架控制选择开关及电子控制单元等组成。空气压缩机由直流电动机驱动，形成压缩空气，压缩空气经干燥器干燥后由空气管道经空气电磁阀送至空气弹簧的主气室。当车身需要升高时，电子控制单元控制空气电磁阀使压缩空气进入空气弹簧的主气室（见图 6—102b），使空气弹簧伸长，车身升高；当车身需要降低时，电子控制单元控制电磁阀使空气弹簧主气室中压缩空气排到大气中去（见图 6—102a），空气弹簧压缩，车身降低。在空气弹簧的主、辅气室之间有一连通阀，空气弹簧的上部装有悬架控制执行器（图中未画出）。电子控制单元根据各传感器的输出信号，控制悬架执行器，一方面使空气弹簧主、辅气室之间的连通阀发生改变，使主、辅气室之间的气体流量发生变化，因此而改变悬架的弹簧刚度；另一方面，执行器驱动减振器的阻尼力调节杆，使减振器的阻尼力也得以改变。

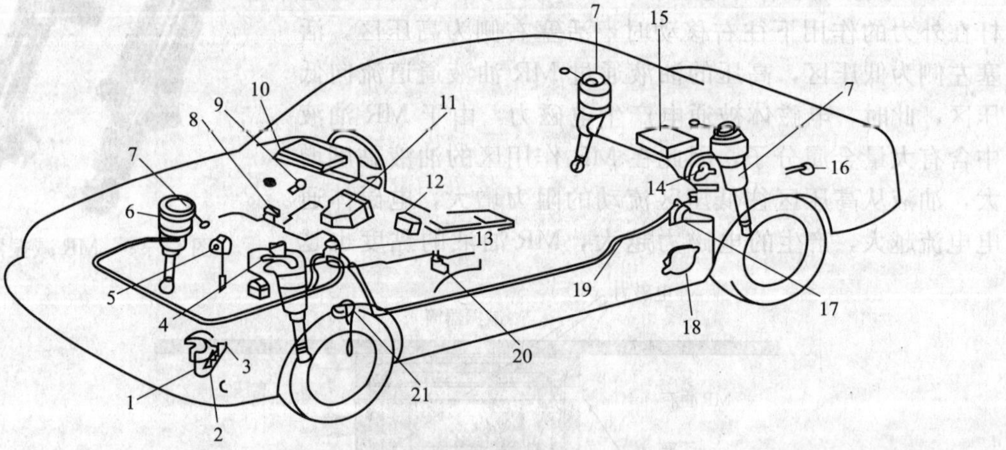

图 6—101　主动式空气悬架的构成（丰田索阿拉轿车）

1—空气压缩机　2—空气电磁阀　3—干燥器　4—节气门位置传感器　5—车身高度传感器（前右）　6—带有减振器的空气弹簧　7—悬架控制执行器　8—转向传感器　9—停车灯开关　10—TEMS 指示灯　11—电子多点视频器　12—悬架控制开关　13—1 号高度控制阀　14—2 号高度控制阀　15—显示器用 ECU　16—诊断用接线柱　17—车身高度传感器（后）　18—悬架用 ECU　19—空气管道　20—车速传感器　21—车身高度传感器（前左）

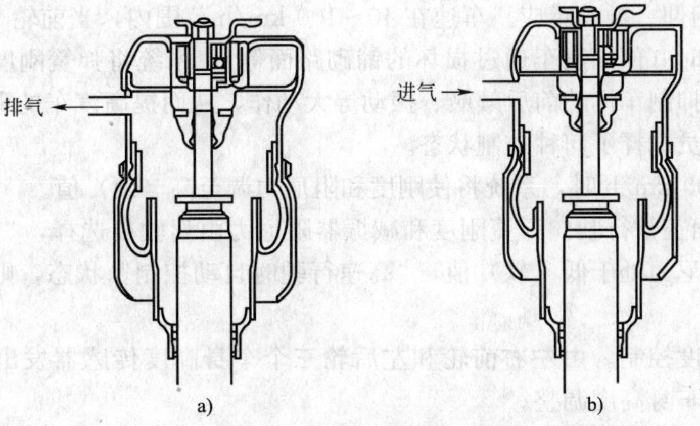

图 6—102　车身高度调整过程

a）车身降低　b）车身升高

丰田索阿拉轿车采用的主动式空气悬架系统中，车高、弹簧刚度和减振器阻尼力可同时得到控制，且各自可以取三种数值，其所取数值由电子控制单元根据当时的运行条件和驾驶员选定的控制方式决定。驾驶员可以任意选择四种自动控制模式，即控制车身高度的“常规值自动控制”和“高值自动控制”，以及控制弹簧刚度和减振器阻尼力的“常规值自动控制”和“高速行驶时自动控制”，具体控制内容如下：

（1）利用弹簧刚度/减振器阻尼力进行控制

1）抗后坐。通过传感器检测油门踏板移动速度和位移。当车速低于 20 km/h 且加速度大时（急起步加速），ECU 通过执行器将弹簧刚度和减振器阻尼力调到高值，从而抵抗汽车起步时车身后坐。如果此时驾驶员选择了“常规值自动控制”状态，则弹簧刚度和减振器阻尼力由软调至硬，如果此时驾驶员选择了“高速行驶自动控制”状态，则刚度和阻尼力由中调至硬。

2）抗侧倾。由装于转向轴的光电式转向传感器检测转向盘的操作状况。在急转弯时，ECU 通过执行器使弹簧刚度和减振器阻尼力转换到高（硬）值，以抵抗车身侧倾。

3）抗“点头”。在车速高于 60 km/h 时紧急制动，ECU 通过执行器使弹簧刚度和减振器阻尼力调到高（硬）值，而不管驾驶员选择了何种控制状态，以抵抗车身前部的下俯。

4）高速感应。当车速大于 110 km/h 时，系统将使弹簧刚度和减振器阻尼力调至中间值，从而提高高速行驶时操纵稳定性。即使驾驶员选择了“常规值自动控制”状态（刚度和阻尼处于低、软值），系统也将刚度和阻尼力调至中间值。

5）前、后关联控制。车速在 30～80 km/h 范围内时，若前轮车高传感器检测出路面有小凸起（例如前轮通过混凝土路面接缝等），则在后轮越过该凸起之前，系统将使弹簧刚度和减振器阻尼力调至低（软）值，从而提高汽车乘坐舒适性。此时即使驾驶员选择了高速行驶状态（刚度和阻尼力为中间值），系统仍将刚度和阻尼力调至低（软）值。为了不影响高速时的操纵稳定性，这种动作在车速为 80 km/h 以下才发生。

6）坏路、俯仰、振动感应。车速在 40～100 km/h 范围内，当前轮车高传感器检测出路面有较大凸起时（例如汽车通过损坏的铺砌路面等），系统将弹簧刚度和减振器阻尼力调至中间值，以抑制车体的前后颠簸、振动等大动作，从而提高汽车的乘坐舒适性和通过性，而不管驾驶员选择了何种控制状态。

车速高于 100 km/h 时，系统将使刚度和阻尼力调至高（硬）值。

7）良好路面正常行驶。弹簧刚度和减振器阻尼力由驾驶员选择，“常规值自动控制”状态，刚度和阻尼力处于低（软）值，“高速行驶时自动控制”状态，则刚度和阻尼力为中间值。

（2）车身高度控制。由左右前轮和左后轮三个车身高度传感器发出车高信号，ECU 发出指令来进行车身高度调整。

1）高速感应。当车速高于 90 km/h 时，将车身高度降低一级，以减小风阻，提高行驶稳定性。如果驾驶员选择了“常规值自动控制”状态，则车身高度值由中间值（标准值）调至低值，如果驾驶员选择了“高值自动控制”状态，则车高由高值调至中间值（标准值）。在车速为 60 km/h 时，车高恢复原状。

2）连续坏路面感应。汽车在坏路面上连续行驶，车高信号持续 2.5 s 以上有较大变动，且超过规定值时，将车高升高一级，使来自路面的突然抬起感减弱，并提高汽车的通过性能。

连续坏路且车速大于 40 km/h 小于 90 km/h 时，不论驾驶员选择了何种控制状态，都将车高调至高值，以减小路面不平感，确保足够的离地间隙，提高乘坐舒适性。

车速小于 40 km/h 时，车高则完全由驾驶员选择，选择“常规值自动控制”时，车高为中间值（标准值）；选择“高值自动控制”时，车高为高值。

在连续坏路面上，车速高于 90 km/h 时，不管驾驶员选择了何种控制状态，车高都将调至中间值，这样做是为了避免车身过高对高速行驶稳定性产生不利影响。

另外，还具有驻车时车高控制功能。当汽车处于驻车状态时，为了使车身外观平衡，保持良好的驻车姿势，在点火开关关闭后，ECU 发出指令，使车身高度处于常规模式的低状态。

2. 主动式油气弹簧悬架系统

油气弹簧以气体（一般是惰性气体——氮）作为弹性介质，而用油液作为传力介质。它一般是由空气弹簧和相当于液力减振器的液压缸组成。通过油液压缩气室中的空气实现刚度特性，而通过电磁阀控制油液管路中的小孔节流实现变阻尼特性。如图 6—103 所示为雪铁龙 XM 轿车的主动式油气弹簧悬架布置图。

从图 6—103 中可以看到，它有五个基本行车状态的传感器，其中，转向盘转角传感器安装于转向柱上，通过转向盘转角信号间接地把汽车转向程度（快慢、大小）的信息送给 ECU。

加速度传感器实际上是与油门踏板连接的油门动作传感器，间接地将加速动作信号送给 ECU。

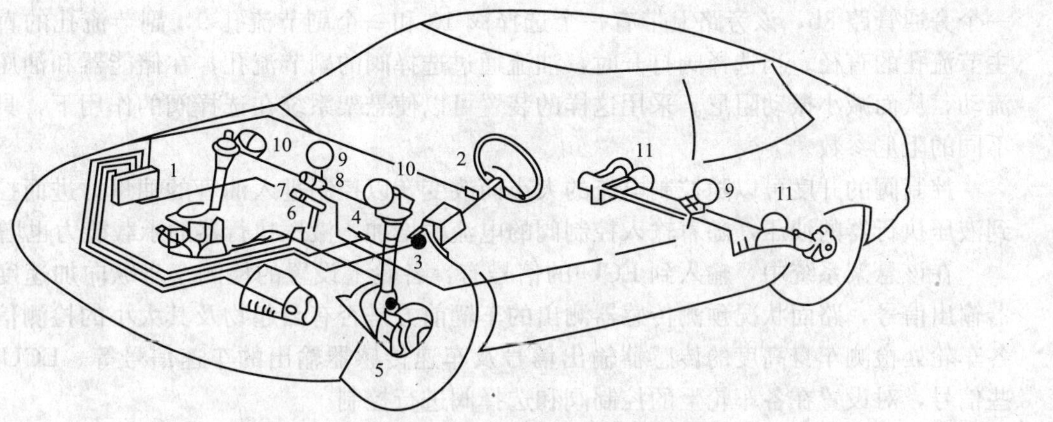

图 6—103　雪铁龙 XM 轿车油气主动悬架系统

1—ECU　2—转向盘转角传感器　3—加速度传感器　4—制动压力传感器　5—车速传感器
6—车身位移传感器　7—电磁阀　8—辅助液压阀　9—刚度调节器　10—前油气室　11—后油气室

制动压力传感器安装在制动管路中，当制动时，它向 ECU 发送一个阶跃信号，表示制动，使 ECU 产生抑制“点头”的信号输出。

车速传感器安装于车轮上，送出与转速成正比的脉冲，ECU 利用它和转向盘转角信号，可以计算出车身的侧倾程度。

车身位移传感器安装在车身与车桥之间，用于测量车身与车桥的相对高度，其变化频率和幅度可反映车身的属性信息，同时还用于车高自动调节。

该系统的工作原理如图 6—104 所示。

在图 6—104a 中，电磁阀 7 在 ECU 指令下向右移动，从而接通压力油道，使辅助液压阀 8 的阀芯向左移动，中间的油气室 9 与主油气室连通，使总的气室容积增加，气压减小，从而刚度变小，所以 9 又称为刚度调节器。a、b 节流孔是阻尼器，在上图图示位置，系统处于“软”状态。

在图 6—104b 图中，电磁阀 7 中无电流通过，在弹簧作用下，阀芯左移，关闭压力油道，原来用于推动液压阀 8 的压力油通过阀 7 的左边油道泄放，阀 8 阀芯右移，关闭刚度调节器 9，气室总容积减小，刚度增大，使系统处于“硬”状态。

在正常行车状态时，系统处于“软”状态，以提高乘坐的舒适性；制动时，系统处于“硬”状态，以提高车辆的操纵稳定性。

3. 带路况预测传感器的主动悬架系统

如图 6—105 所示为带有路面状况预测传感器的主动悬架示意图。该系统中包括一个悬架弹簧 16 和一个单向液压执行器 14，控制阀 6 通过油管 8 与单向液压执行器的油压腔相通。油管上还接有一个支管 8a，该支管与一个储压器 11 相连，储压器内充有气体，这些可压缩的气体可以产生一种类似弹簧的效果。另外，支管的中间还设有一个主节流孔 12，以限制储能器和油压腔之间的油流，从而形成减振作用。在油管和储能器之间还设有一个旁通管路 8b，该旁路上带有一个选择阀 10 和一个副节流孔 9，副节流孔的直径大于主节流孔的直径。当选择阀打开时，油流通过选择阀的副节流孔，在储能器和油压腔之间流动，从而减小振动阻尼。采用这样的装置可以使悬架系统在选择阀的作用下，具有两种不同的阻尼参数。

控制阀的开度可以随控制电流的大小而改变，以控制进入油管的油量，进而控制施加到液压执行器的油压，随着输入控制阀的电流的增加，液压执行器的承载能力也增加。

在该悬架系统中，输入到 ECU 的信号有：各轮上设置的检测车身纵向加速度的传感器输出信号，路面状况预测传感器测出的车辆前方是否有凸起物及其大小的检测信号，在各车轮处检测车身高度的传感器输出信号及车速传感器输出的车速信号等。ECU 根据这些信号，对设置在各车轮上的控制阀和选择阀进行控制。

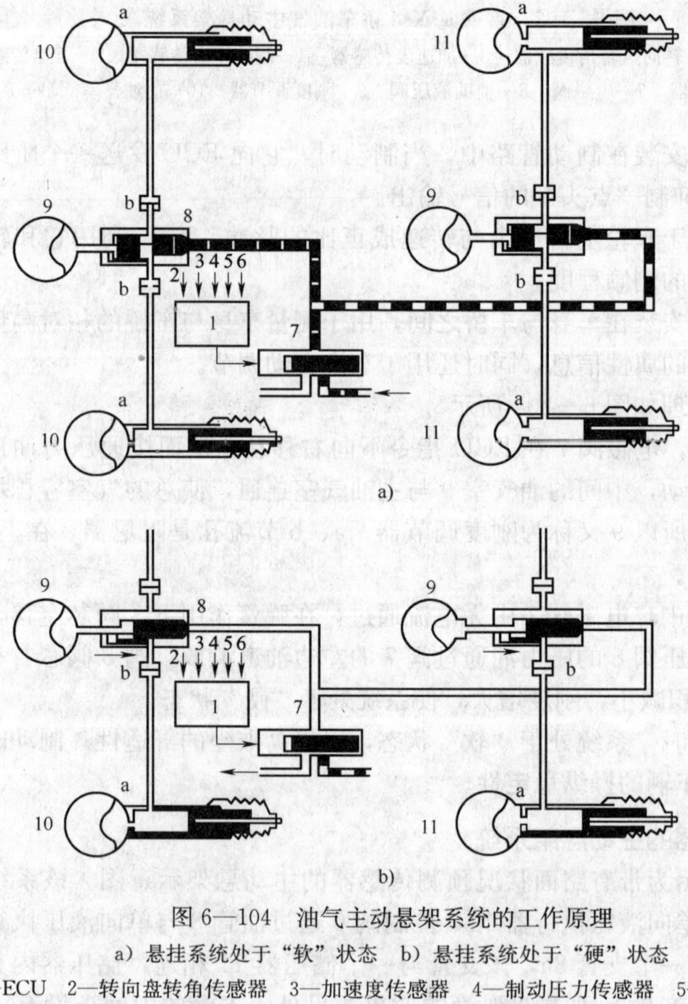

图 6—104　油气主动悬架系统的工作原理

a）悬挂系统处于“软”状态　b）悬挂系统处于“硬”状态

1—ECU　2—转向盘转角传感器　3—加速度传感器　4—制动压力传感器　5—车速传感器
6—车身高度传感器　7—电磁阀　8—辅助油气阀　9—刚度调节器　10—前油气室　11—后油气室

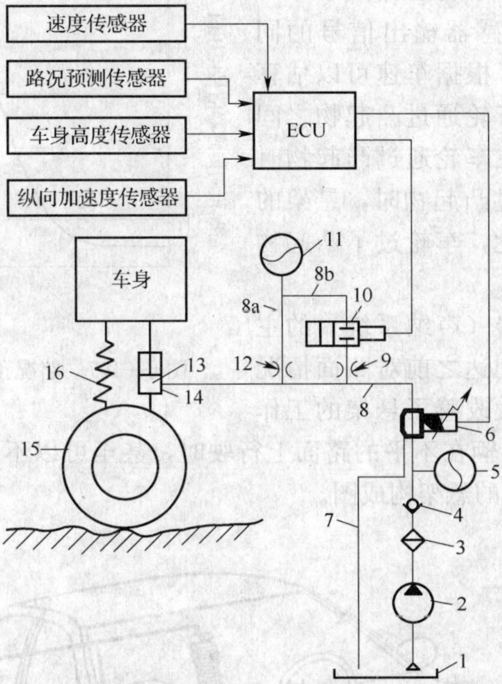

图 6—105　带路况预测传感器的主动悬架系统

1—油箱　2—油泵　3—滤清器　4—单向阀　5—储压器　6—控制阀　7—回油管　8—油管　8a，8b—支管　9—副节流孔　10—选择阀　11—储能器　12—主节流阀　13—油压腔　14—液压执行器　15—车轮　16—悬架弹簧

如图 6—106 所示为路况预测传感器的设置情况。这种传感器通常为超声波传感器，频率为 40 kHz 左右，它安装在车身的前面，以便对其下方的路面状况进行检测。

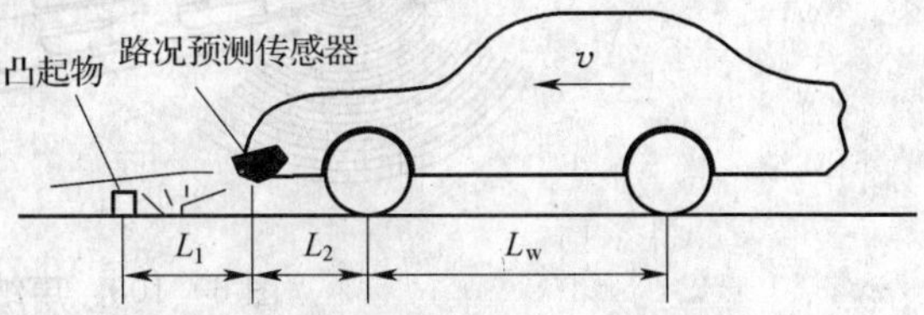

图 6—106　路况预测传感器的设置

在车辆正常行驶时，选择阀关闭，液压执行器的油压腔通过主节流孔与储能器相通，它可以吸收并降低因路面不平而引起的微小振动。当车辆上的路况预测传感器发现路面上有将引起振动的凸起物时，ECU 便控制选择阀打开，并将悬架系统的阻尼系数减小到一个特定的值上。

如图 6—107 所示为路况预测传感器的输出信号，输出信号的幅值与路面凸起物的大小成正比。如果完全按照传感器输出信号进行控制，悬架系统的阻尼变化就会过于频繁，因此，在控制系统中设置了一个低值 U_1。另外，如果在车辆通过一个很大的凸起物时，悬架系统的阻尼系数若调整得过低，就可能会产生极大的冲击力，形成悬架底部与车桥的刚性碰撞，因此，控制系统中还设定了一个高值 U_2。只有在路况预测信号介于 U_1 和 U_2 之间时，

ECU 才输出一个打开选择阀的控制信号。

ECU 在检测路况传感器输出信号的同时，也不断地检测车速。根据车速可以估算出测得的凸起物和实际车轮通过凸起物之间的滞后时间。选择阀应在车轮通过凸起物时打开，这样，在车轮通过凸起物时，悬架的阻尼系数只是作短暂变化，车轮过了凸起物后，选择阀便再次关闭。

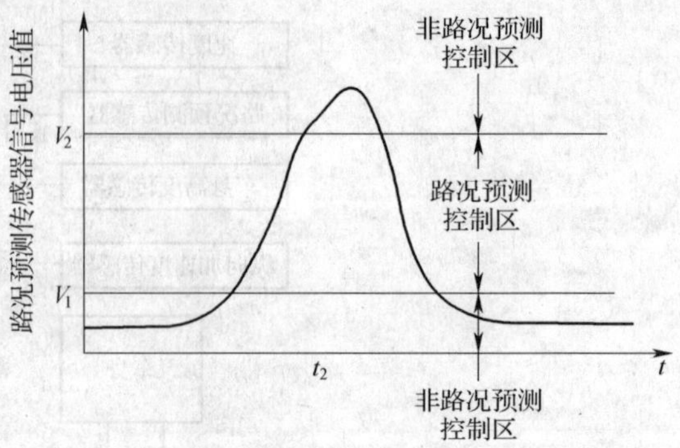

图 6—107　路况预测传感器的输出曲线

具有路况预测传感器（声纳系统）的主动悬架系统可以在汽车到达之前对路面情况进行预测处理，因而大大改善了悬架的工作性能，装有这种系统的车辆在不平的路面上行驶时，甚至可以不扶转向盘。如图 6—108 为日产公司具有声纳系统的悬架构成图。

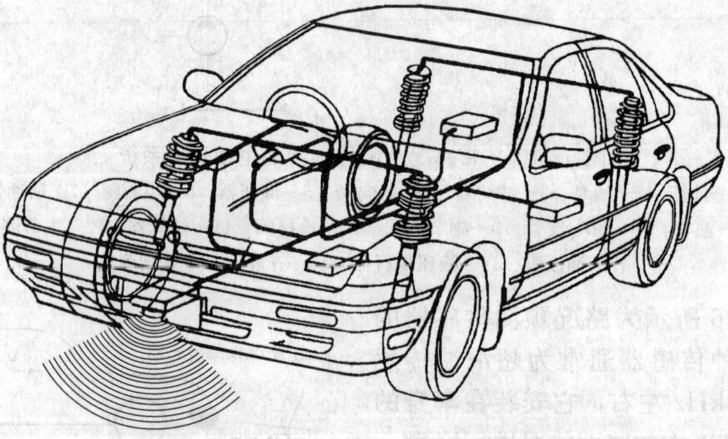
图 6—108　声纳悬架系统构成图

6.5.4　车高传感器与车高自动调整

1. 车高传感器

在控制系统中，车高传感器装在车身与悬架之间（见图 6—109），用来检测某一车轮或车轴上方车身高度的变化，向电子控制装置提供车身高度信号。高度传感器有簧片式、霍尔式和光电式等多种形式。其中，光电式最为常见，其结构如图 6—110 所示，工作原理如图 6—111 所示。在传感器内部有一根由连杆带动的传感器轴，轴上固定一个开有许多窄槽的遮光板，其两面对称安装着 4 组发光二极管和光敏三极管，组成了四对光电耦合

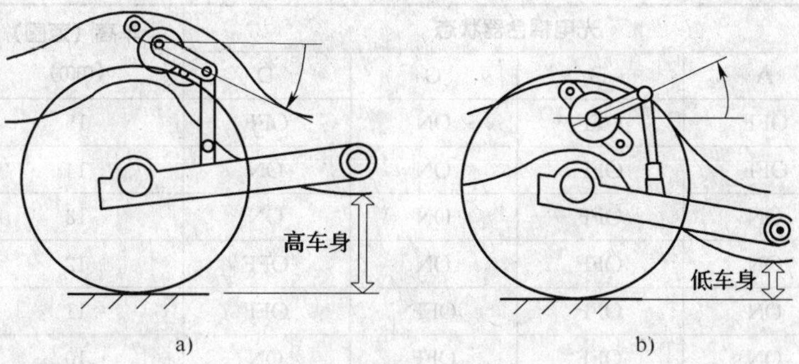

图 6—109　车高传感器位置

器，发光二极管的电源由控制器提供。当车身高度发生变化时，车身与车轮的相对运动使车身高度传感器的摆臂转动，通过传感器轴带动遮光板转动。遮光板的缺口对准耦合器时，发光二极管发出的光线通过缺口，使光敏三极管受光，输出通（ON）信号；遮光板的缺口没有对准耦合器时，光线被阻断，输出断（OFF）信号。利用这 4 组光电耦合元件导通与截止的组合，就可以把车身高度的变化分为 16 个区域进行检测。圆盘的转动可在遮光器输出电路中出现开关量转换，这种不断转换的开关信号输入电子控制装置，用来识别悬架高度的变化。采用数个这样的遮光器，传感器便可以把车身高度划分为若干个区域。比如采用四个光电耦合器，则可根据它们的通断状态，组合成 16 个车高区域，见表 6—10。

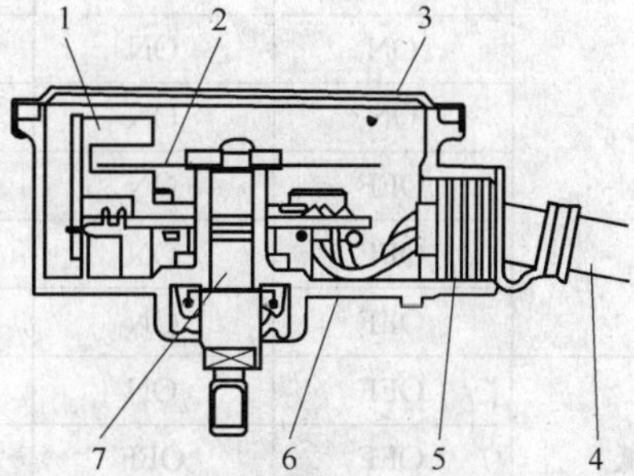

图 6—110　光电式高度传感器的结构

1—遮光器　2—圆盘　3—传感器盖　4—信号线
5—金属油封环　6—传感器壳　7—传感器轴

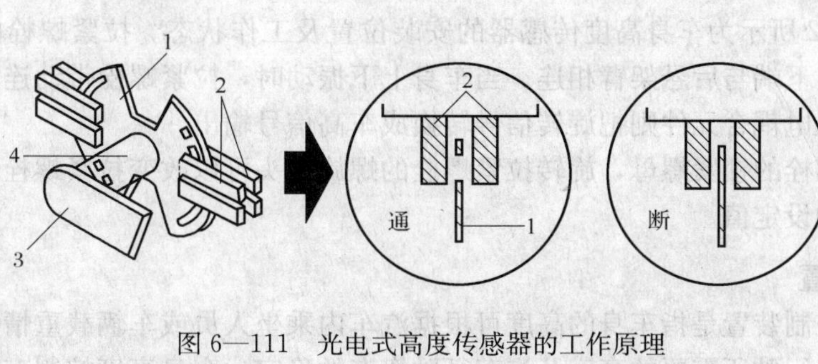

图 6—111　光电式高度传感器的工作原理

1—遮光板　2—光电耦合器　3—摆臂　4—传感器轴

表 6—10　　光电耦合器状态与车高

车高	光电耦合器状态				车高（范围）(mm)	计算结果
	A	B	C	D		
高	OFF	OFF	ON	OFF	15	过高
	OFF	OFF	ON	ON	14	
	ON	OFF	ON	ON	13	高
	ON	OFF	ON	OFF	12	
	ON	OFF	OFF	OFF	11	
	ON	OFF	OFF	ON	10	普通
	ON	ON	OFF	ON	9	
	ON	ON	OFF	OFF	8	
	ON	ON	ON	OFF	7	
	ON	ON	ON	ON	6	低
	OFF	ON	ON	ON	5	
	OFF	ON	ON	OFF	4	
	OFF	ON	OFF	OFF	3	
低	OFF	ON	OFF	ON	2	过低
	OFF	OFF	OFF	ON	1	
	OFF	OFF	OFF	OFF	0	

ECU 根据车身高度传感器输入的信号，控制压缩机及排气阀，以此增加或减少悬架主气室内的空气量，从而保持车身高度一定。因为减振器在行车过程中总是振动的，很难判定当时车身所处的区域，所以计算机每隔数十毫秒就检测一次车身高度传感器输出的信号，并对一定时间各信号所占区域的百分比做出计算，以此来判断车身实际所处的区域。

如图 6—112 所示为车身高度传感器的安装位置及工作状态。拉紧螺栓的上端与传感器的连杆铰连，下端与后悬架臂相连。当车身上下振动时，拉紧螺栓带动连杆使传感器的轴左右旋转，光电耦合元件则把旋转信号转换成车高信号输出。

拧松拉紧螺栓的锁紧螺母，旋转拉紧螺栓的螺旋接头可以改变拉紧螺栓的长度，从而调整车身高度的设定值。

2. 车高控制装置

车身高度控制装置是指车身的高度可根据汽车内乘坐人员或车辆载重情况自动做出调整，以保持汽车行驶所需要的高度及汽车行驶姿态的稳定。车身高度控制有两种类型，一种是对汽车全部四个车轮悬架系统进行高度控制；另一类型是仅对后轮的悬架系统进行高度控制。

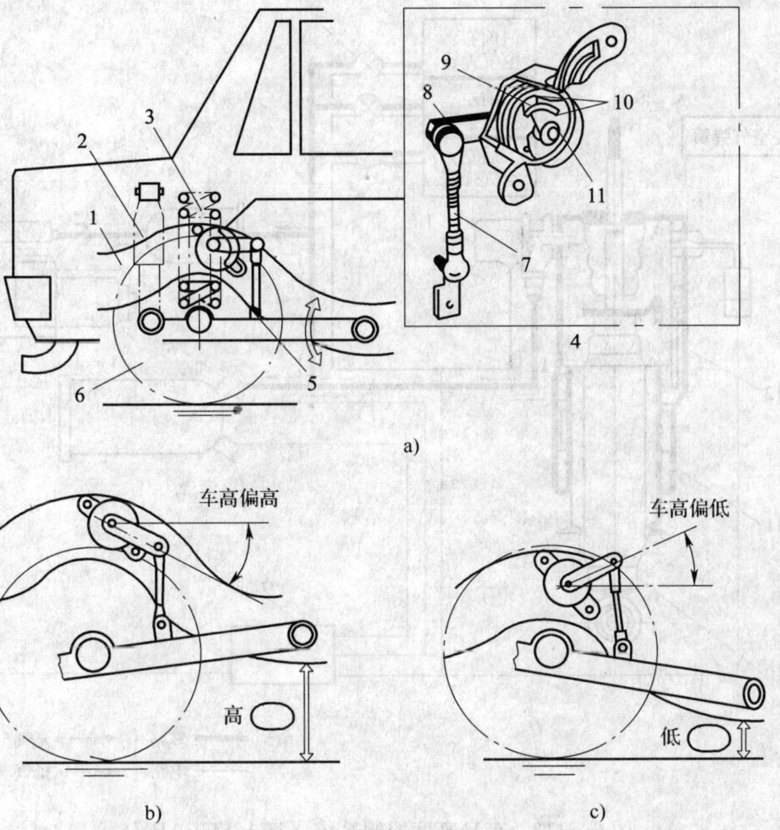

图 6—112　车身高度传感器安装位置及工作状况

a）安装位置　b）高车身　c）低车身

1—车架　2—减振器　3—螺旋弹簧　4—车高控制传感器　5—后悬架臂
6—轮胎　7—拉紧螺栓　8—连杆　9—槽　10—光电耦合元件　11—遮光盘

如图 6—113 所示为日本富士汽车空气悬架的车身高度控制系统。主要由空气压缩机、排气阀、干燥器、进气阀、储气罐、调压阀、电磁阀、高度传感器、气室及电子控制单元（ECU）等组成。

直流电动机带动空气压缩机工作，从压缩机出来的压缩空气进入干燥器，经干燥后进入储气罐，储气罐的气体压力由调压阀进行调节。

ECU 根据车高传感器信号的变化和驾驶员给予的控制模式（常规正常模式或高模式）指令，给控制车高的电磁阀发出指令。当车身需要升高时，电磁阀动作，压缩空气进入空气悬架的主气室，主气室的充气量增加，车身上升。如果电磁阀不动作，则悬架主气室的气量保持不变，车身维持在一定的高度。如果乘客增加而使车身高度降低时，车高传感器输出的车高信号将与 ECU 存储的车高信息不符，ECU 就会发出指令，电磁阀通电打开，给悬架主气室充气，直到车高达到规定的高度为止。当车身需要下降时，空气压缩机停止

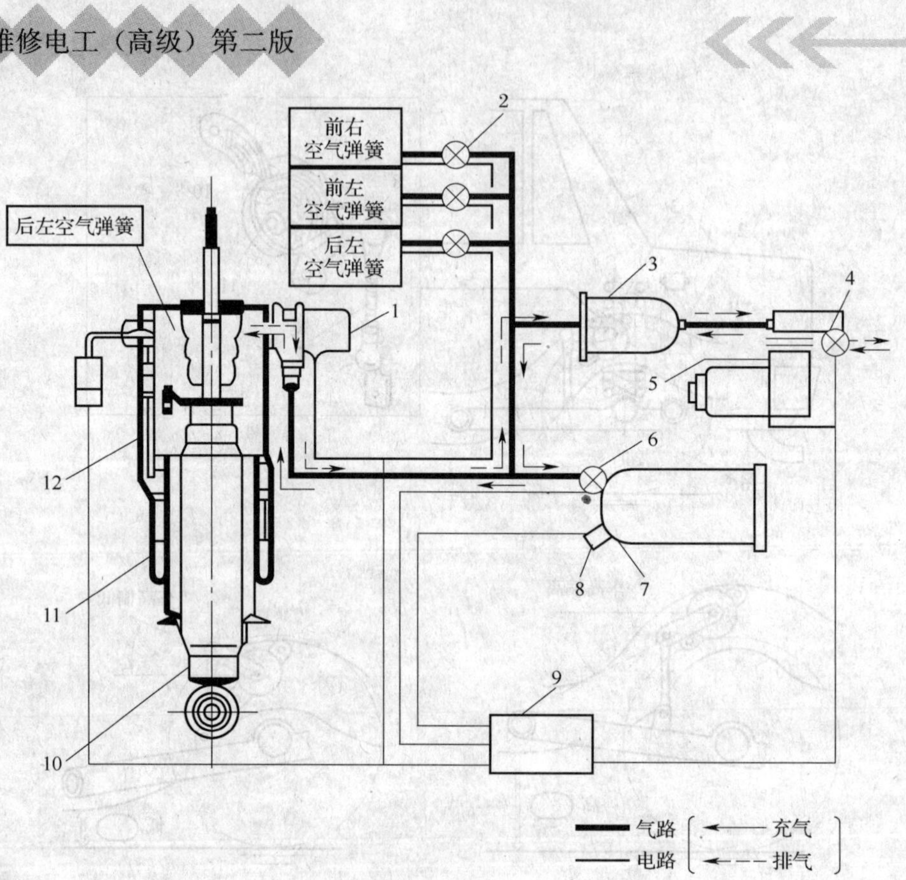

图 6—113　车身高度控制系统（富士 SUBARV）

1，2—电磁阀　3—干燥器　4　排气阀　5　空气压缩机　6—进气阀

7—储气罐　8—调压阀　9—控制单元　10—减振器　11—伸缩膜　12—高度传感器

工作，电磁阀通电打开，同时排气阀也通电打开，悬架主气室的气体通过电磁阀、空气管路、干燥器、排气阀而排出，车身下降。

在干燥器的封闭容器内装有硅胶，压缩空气经干燥器送至储气罐时，硅胶将压缩空气中的水分吸出。在排气阀打开，压缩空气经排气阀从系统中排出时，通过抽气喷嘴从干燥器内将吸出的潮湿以气雾形式排出。

单元小结

1. 汽车自动变速器能自动改变传动比，调节或变换发动机动力输出性能，经济而方便的传送动力，较好地适应外界负载与道路条件的需要。

2. 自动变速器主要由液力传动装置（液力变矩器）、机械传动装置、液压控制系统、电子控制系统（电控自动变速器有）等部分组成。

3. 液力传动装置（液力变矩器）安装在发动机后端的飞轮上，其中充满自动变速器油，其作用与采用手动变速器的汽车中的离合器相似。

4. 机械传动装置是自动变速器中重要组成部分，它将液力传动装置输入的转矩进一步增大并从输出轴传给万向传动装置。

5. 液压控制系统一般安装在自动变速器的油底壳中，是自动变速器中用于换挡控制的系统。

6. 自动变速器之所以能够实现自动换挡，是因为工作中驾驶员踏下油门的位置，或发动机进气歧管的真空度、汽车的行驶速度都能指挥自动换挡系统工作，自动换挡系统中各控制阀不同的工作状态将控制变速齿轮机构中离合器的分离与结合和制动器的制动与释放，并改变变速齿轮机构的动力传递路线，实现变速器挡位的变换。

7. ABS 系统根据制动系传动介质的不同可分为液压式和气压式；根据结构的不同可分为机械式和电子式；根据压力调节装置与制动主缸、制动助力器的位置关系可分为附加式（Addon）和整体式；根据控制方式可分为预测控制方式和模仿控制方式；根据所控制通道的数目不同可分为单通道、双通道、三通道和四通道的 ABS。

8. 防抱死制动电子控制系统由传感器、电子控制单元（ECU）、执行器（制动压力调节器）及警告灯等组成。

9. 轮速传感器的作用是检测车轮的速度，并将轮速信号输入到 ABS 的电子控制单元。轮速传感器有电磁感应式和霍尔式两大类。

10. ECU 的作用是接受轮速传感器及其他传感器输入的信号，对信号进行整形、放大、比较、分析和判断处理，通过精确计算，得出制动时车轮的滑移率、车轮的加、减速度，以判断车轮是否有抱死趋势，再由其输出级向 ABS 执行器发出控制指令，控制制动压力调节器去执行压力调节的任务。

11. 制动压力调节器一般串接在制动主缸与车轮制动轮缸之间，其主要作用是根据 ABS ECU 的控制指令，通过电磁阀的动作来实现车轮制动器制动压力的自动调节。制动压力调节器主要有液压式、气压式等。

12. 液压式制动压力调节器主要由电磁阀、液压泵和储液器等组成。把通过电磁阀直接控制轮缸制动压力的制动压力调节器称作循环流通式调节器，把电磁阀间接改变轮缸制动压力的制动压力调节器称作可变容积式调节器。

13. ASR 是防止汽车在起步、加速时和在滑溜路面行驶时驱动轮滑转，特别是防止汽车在非对称路面或转弯时驱动轮空转。

14. ASR 控制方式由差速制动控制、发动机输出功率控制和警报。

15. 动力转向系统是兼用驾驶者体力和发动机动力为转向能源的转向系统。动力转向系统有气压、液压和电动三种形式。

16. 电子控制式液压动力转向系统在传统的液压动力转向系统的基础上增设了电子控制装置。按控制方式的不同可分为流量控制式、反力控制式和阀灵敏度控制式三种形式。

17. 电动式动力转向系统利用电动机作为助力源，根据车速和转向参数等，由电子控制单元完成助力控制。电动式动力转向系统通常由扭矩传感器、车速传感器、电子控制单元（ECU）、电动机和电磁离合器等组成。

18. 悬架是车身与车轮之间的一切传力连接装置的总称。其作用是把路面作用于车轮上的垂直反力（支承力）、纵向反力（牵引力和制动力）和侧向反力以及这些反力所造成的力矩都传递到车身上，以保证汽车的正常行驶。汽车悬架主要由弹性元件（如钢板弹簧、螺旋弹簧、扭杆弹簧、空气弹簧、油气弹簧等）、减振器和导向机构三部分组成。

19. 悬架按导向机构的形式来分，可分为独立悬架和非独立悬架两大类。按控制力的角度来分，可分为被动悬架、半主动悬架和主动悬架三大类。

20. 悬架控制系统可实现对车高、悬架弹簧刚度和减振器阻尼、侧倾刚度等方面的主动调节。其控制系统由传感器、ECU、执行机构等组成。

单元测试题

一、单项选择题（下列每题的选项中，只有1个是正确的，请将其代号填在横线空白处）

1. 当自动变速器挂入________挡时，空挡起动开关闭合，发动机可以起动。
A. P或N　　B. D或N　　C. L或N

2. 四轮驱动式自动变速器有________输出轴。
A. 一根　　B. 二根　　C. 三根

3. 车轮完全抱死拖滑时，滑移率为________。
A. 100%　　B. 50%　　C. 20%

4. 桑塔纳2000GSI轿车用________轮速传感器。
A. 电磁感应式　　B. 霍尔感应式　　C. 热敏电阻式

5. 防抱死制动系统主要由轮速传感器、电子控制单元和________三部分组成。
A. 储能器　　B. 电动油泵　　C. 液压调节装置

6. 当在三位三通电磁阀上通________电流时，为保压状态。
A. 0　　B. 最大　　C. 一半

7. 磁感应式轮速传感器是将车轮转动的位移信号转化为________信号。
A. 交流电压　　B. 直流电压　　C. 脉冲电压

8. 电子控制悬架系统由传感器、ECU和________组成。
A. 执行器　　B. 储液缸　　C. 电动泵

9. 动力转向系统有气压式、电动式和________三种形式。
A. 手动式　　B. 液压式　　C. 机械式

10. 电动式动力转向系统是以________作为系统的执行元件。
A. 电动机　　B. 电磁阀　　C. 液压

二、判断题（下列判断正确的请打“√”，错误的打“×”）

1. 液力变矩器式自动变速器也称为有级变速器。 （ ）
2. 行星齿轮变速器共有一个前进挡。 （ ）
3. ABS的车轮速度传感器主要是用于检测制动时汽车的速度。 （ ）
4. ABS二位二通电磁阀只有增压和减压两种状态。 （ ）
5. 当压力调节器直接控制轮缸制动压力时，称为循环式调压方式。 （ ）
6. 悬架结构参数能主动适应汽车行驶中路面变化要求的称为被动悬架。 （ ）
7. 电子控制液压动力转向系统是通过调节电磁阀，来调节转向助力大小。 （ ）
8. 装有ABS系统的汽车都有四个轮速传感器。 （ ）
9. 当在三位三通电磁阀上通电流为0时，为减压状态。 （ ）
10. GA763型电子控制液力机械自动变速器的机械系统中采用一个双排三速行星齿轮。 （ ）

单元测试题答案

一、单项选择题

1. A 2. C 3. A 4. A 5. C 6. C 7. A 8. A 9. B 10. A

二、判断题

1. √ 2. × 3. × 4. × 5. √ 6. √ 7. × 8. × 9. × 10. √

7

第 7 单元

汽车空调控制系统

汽车空调用来对汽车驾驶室和车厢内的空气进行调节，使温度、湿度、洁净度等满足人体舒适的需要。汽车空调系统主要由通风装置、暖风装置、制冷装置和空气净化装置等组成。

7.1 汽车空调的结构与工作原理

7.1.1 空调制冷剂与润滑油

1. 制冷剂

制冷剂又称冷冻剂，是一种化学物质。它是制冷系统中完成制冷循环的工作介质，制冷剂的种类很多，有数十种，汽车空调设备的制冷剂主要有 R12 和 R134a。

制冷剂 R134a——四氟乙烷，也称为 HFC134a，其分子式为 $C_2H_2F_4$。与 R12 相比，R134a 的臭氧层破坏系数（ODP）为 0，即不破坏臭氧层。它具有安全性高，不易燃、无色、无毒、无刺激性和腐蚀性；蒸发潜热高，具有较好的制冷能力；黏度较低，流动性好；导热系数较高，热传导效果好等优点。国家规定，2000 年以后出产的新车，不准再使用 R12 作为汽车空调制冷剂。

使用 R134a 时应注意：

（1）R134a 和 R12 不能互换。R134a 系统不能充注 R12，R12 系统也不能充注 R134a。R12 系统所用的润滑油不能混入 R134a 系统内，反之，R134a 系统所用的润滑油 PAG 也不能混入 R12 系统内，否则，会产生交叉污染，压缩机将会损坏。

（2）R134a 及其润滑油 PAG 极易吸水，只有在装配时，才可打开干燥器及压缩机防尘盖，并随即连接管道，如作业中断，应立即装上防尘盖，以杜绝水汽侵入。

（3）R134a 空调系统管道接口全部采用公制，以防止与 R12 系统误装或交叉污染。

（4）R134a 空调系统修理工具全部采用公制（而 R12 则采用英制）。

2. 润滑油

制冷装置使用的润滑油一般称为冷冻机油。它是一种能在高、低温工况下均能正常工作的特殊润滑油，它可以保证压缩机正常可靠地工作并延长其使用寿命。

润滑油具有润滑、密封、冷却、降低噪声的作用。在制冷循环系统中，润滑油始终与制冷剂混合在一起，并随制冷剂循环于制冷系统中的各个部分，润滑油除对压缩机进行润滑外，还对制冷系统运动的阀件进行润滑。

每个制冷系统所使用的润滑油的种类都应是唯一的，不可随便用其他种类的润滑油来代替，也不应混用不同牌号的润滑油。否则会造成润滑油的黏度降低，甚至破坏油膜的形成，使用时必须注意。对于汽车空调使用的润滑油，一般国产地用润滑油 18 号或 25 号，进口地用日本生产的 SUNISO3－5GS。

7.1.2 汽车空调制冷系统的组成与工作原理

1. 汽车空调制冷系统的组成

汽车空调制冷系统由压缩机、冷凝器、高压侧储液干燥器（或低压侧集液器）、膨胀阀（或节流管）、蒸发器和电气控制系统等组成。它们由下列三种管路连成制冷系统：

（1）高压蒸气软管。用于连接压缩机和冷凝器。

（2）高压液体管路。用于连接冷凝器和蒸发器。

（3）低压蒸气软管。用于连接蒸发器和压缩机。

膨胀阀或孔管总是装在液体管路上的蒸发器进口处，而使用储液干燥器的系统必须把储液干燥器放在冷凝器和膨胀阀之间。如图 7—1 所示为装有热力膨胀阀的循环离合器制冷系统。

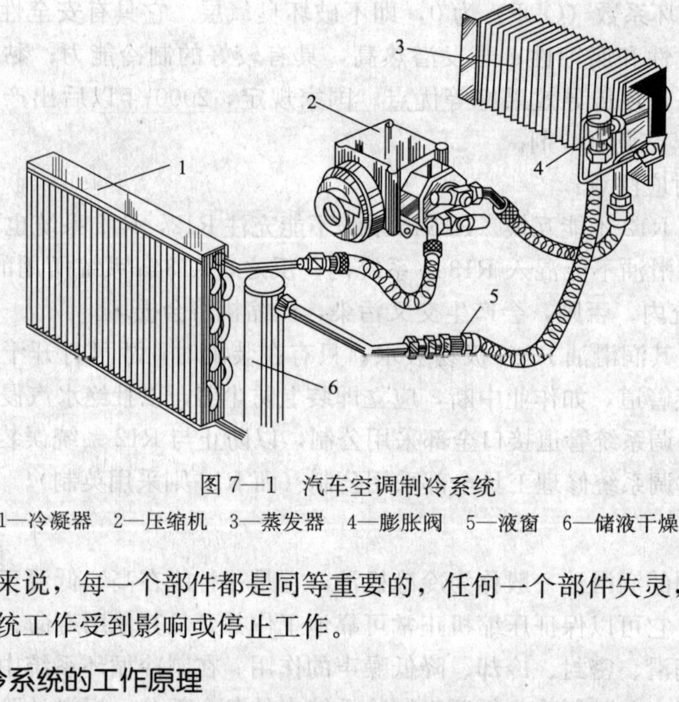

图 7—1　汽车空调制冷系统

1—冷凝器　2—压缩机　3—蒸发器　4—膨胀阀　5—液窗　6—储液干燥器

对整个系统来说，每一个部件都是同等重要的，任何一个部件失灵，都会中断制冷剂循环，使整个系统工作受到影响或停止工作。

2. 汽车空调制冷系统的工作原理

如图 7—1 所示，汽车空调制冷系统的工作过程是：制冷剂密封在制冷系统中，制冷系统工作时，压缩机转动，热的制冷剂蒸气从蒸发器内被吸进压缩机，压缩机把制冷剂的蒸气压缩，使之压力升高后，泵进冷凝器中。冷凝器一般装在迎风面的发动机冷却器（水箱）的前面，依靠发动机的风扇及汽车行驶的迎面风进行冷却。这样的冷却方法势必会影响发动机冷却器的散热效果，使冷却水温急剧升高，尤其在停车使用空调时更为严重。所以在现在的小型汽车上，空调都另装有电动风扇。它一般也装在发动机的前面，但也有装在其他部位的，如德国的大众牌大客车，空调风扇装在汽车顶棚上，日本日野大客车则装在汽车两侧。冷凝器把制冷剂蒸气的热量散发出去，使制冷剂蒸气变为液体。制冷剂放出热量后，经干燥过滤器过滤去水分。液态制冷剂在高温高压下，被压向膨胀阀，因膨胀阀有限流作用，它可根据汽车车厢内的热负荷情况，自动地调节制冷剂的流量，使液态制冷剂经过限量后进入蒸发器。制冷剂突然进入大容积的蒸发器螺旋管中，由于体积变大而压力下降，又由液态变为气态，同时吸收大量的热量，使流经蒸发器的空气变冷，然后再由鼓风机将这些冷空气吹向车厢。带有热量的气态制冷剂又被吸进压缩机，开始下一个循环的工作。由此可知，汽车空调制冷系统实际上是一个传热系统，通过制冷剂把车厢内的热量带走，并散发到车外，使车内降温。

7.1.3 汽车空调制冷系统主要部件的构造及工作原理

1. 压缩机

压缩机被称为制冷循环系统的心脏，它能将低温、低压的气态制冷剂压缩成高温、高压状态并输出到冷凝器中，同时吸入蒸发器中低温、低压的气体制冷剂。即它能把热从吸热部分的蒸发器传送到放热部分的冷凝器里去。

汽车空调制冷压缩机，主要采用容积式压缩机，其动力除大型客车采用独立发动机驱动外，大部分是通过汽车发动机驱动。

2. 冷凝器

冷凝器的作用是将制冷剂从蒸发器吸收来的热和压缩机作功转换的热排放出去。即把送进冷凝器的高温、高压气体制冷剂，用发动机的冷却风扇和汽车行驶时产生的自然风进行强制冷却，使之成为温度较低的高压液体制冷剂。所以冷凝器应布置在散热条件好的地方，一般安装在车头或汽车的侧面或车底。

3. 储液干燥器

由于膨胀阀的出口处温度很低，所以如果制冷剂里有水分，就会冻结住出口造成堵塞，因此，在冷凝器和膨胀阀之间就应该设置一个储液干燥器。储液干燥器有过滤杂质、吸收水分、防止堵塞的作用，另外，还可以储存由冷凝器送来的高压液体制冷剂，以顺应制冷负荷的大小，随时供给膨胀阀。如图 7—2 所示为储液干燥器内部结构示意图，它由外壳、视窗、易熔塞和滤网等组成。

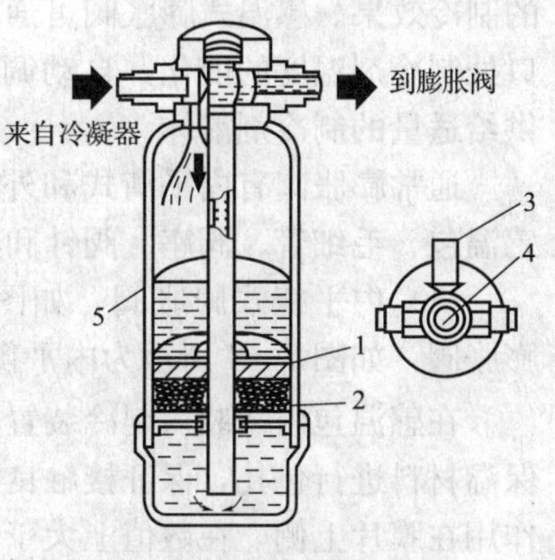

图 7—2　储液干燥器内部结构

1—滤网　2—干燥剂　3—易熔塞　4—视窗　5—外壳

储液干燥器的外壳内装有铜丝布网制作的过滤器和干燥用的硅胶。在储液干燥过滤器壳体的顶部，还装有易熔塞，当由于某种原因，使得高压侧压力和温度骤然升高，制冷机有被爆的可能时（一般在温度上升至 100～105 ℃，或者压力超过 2.04 MPa 时），易熔塞就会熔化或被冲破，及时将制冷剂喷射到大气或储液器里，从而防止制冷系统损坏。

视窗是用来观察制冷剂循环流动的具体情况的。一般来讲，若观察到气泡就表示循环制冷剂不足；若无气泡，则表示适量。

4. 膨胀阀

膨胀阀也称节流阀，是组成汽车空调制冷系统的重要部件，它安装在蒸发器入口前，为制冷循环高压与低压之间的分界点。在膨胀阀前，制冷剂是高压液体；在膨胀阀后，制冷剂是低压、低温饱和液体和蒸气的雾状混合物。膨胀阀的功能，一是将高压制冷剂液体节流减压，由冷凝压力降至蒸发压力；二是自动调节制冷剂进入蒸发器的流量，以适应制冷负荷变化的需要。

汽车空调制冷循环采用的膨胀阀属于感温式膨胀阀，即利用蒸发器出口蒸气过热度来调节制冷剂的流量（过热度是指蒸发器出口处蒸气实际温度高于蒸发温度的数值）。

膨胀阀的开度必须适宜，当蒸发器出口的蒸气刚好是饱和温度时，蒸发器的制冷效率最高。这是因为饱和状态下沸腾气化吸热量最大。同样，进入蒸发器的制冷剂数量也要与制冷负荷变化相适应，不能多，也不能少。若膨胀阀的开度与制冷负荷相比过大，则蒸发器中液体制冷剂的流量就会过多，容易使液体制冷剂流入压缩机的汽缸中产生“液击”。相反，若是膨胀阀的开度与制冷负荷相比太小，则液体制冷剂在蒸发管内的流动途中就已经蒸发完了，在这之后的一段蒸发管中将没有液体制冷剂可供蒸发，这会影响空调的制冷效果。感温式膨胀阀可通过感温包随着蒸发器出口处制冷剂温度的变化，自动调节阀开启度的大小，以供给适量的制冷剂液体。

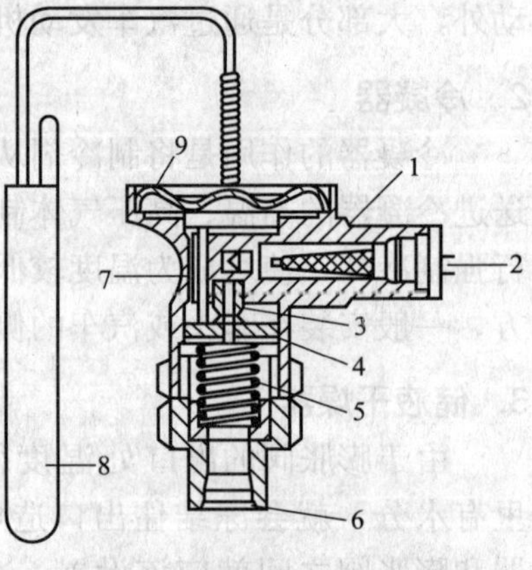

图 7—3　内平衡式膨胀阀

1—滤网　2—进口　3—孔口　4—阀座　5—弹簧　6—出口　7—内平衡通道　8—感温包　9—膜片

通常膨胀阀有内平衡式和外平衡式两种，它们都由感温包、毛细管、阀座、阀针和感应机构等组成。

(1) 内平衡式膨胀阀。如图 7—3 所示为内平衡式膨胀阀，如图 7—4 所示为内平衡式膨胀阀工作原理。

在感温包内，装入制冷装置所用的制冷剂，感温包固定在蒸发器的出口管路上，并用保温材料进行包扎，保证接触良好，这样温度随之上升，从而压力也增高。增高了的压力作用在膜片上侧，在数值上大于蒸发器进口压力和弹簧压力的总和，于是针阀离开阀座，阀门开启，制冷剂流入蒸发器。针阀开启后，较多的制冷剂进入蒸发器，使蒸发器内压力上升，当气温降低后，膜片下侧压力增加，上侧压力降低，于是阀门关闭。

(2) 外平衡式膨胀阀。如图 7—5 所示为外平衡式膨胀阀，如图 7—6 所示为外平衡式

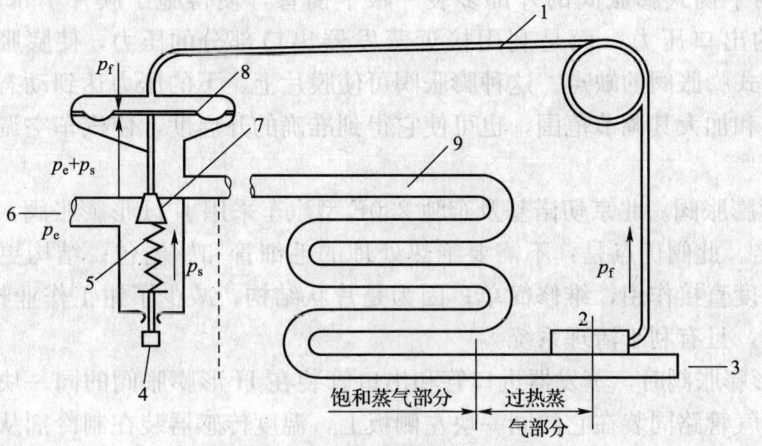

图 7—4　内平衡式膨胀阀工作原理

1—毛细管　2—感温包　3—制冷剂出口　4—调整螺钉　5—弹簧
6—制冷剂入口　7—阀　8—膜片　9—蒸发器

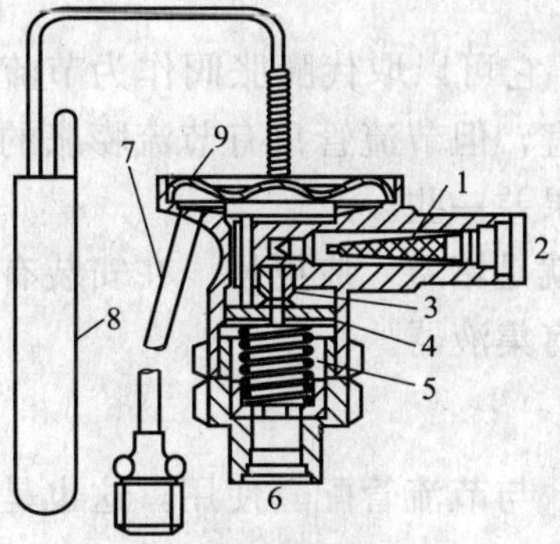

图 7—5　外平衡式膨胀阀

1—滤网　2—入口　3—孔口　4—阀座
5—弹簧　6—出口　7—外平衡管
8—感温包　9—膜片

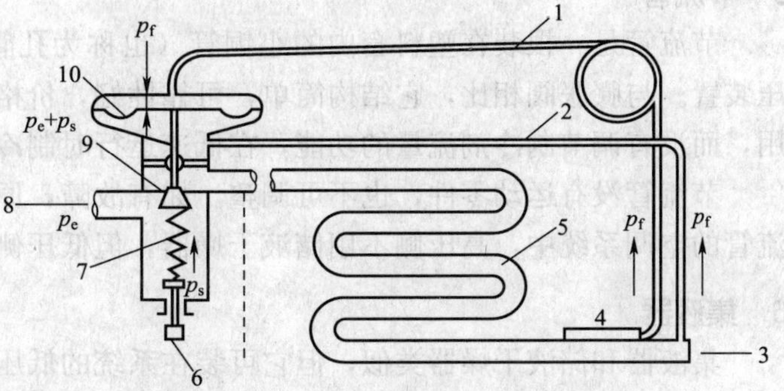

图 7—6　外平衡式膨胀阀工作原理

1—毛细管　2—外平衡管　3—制冷剂出口　4—感温包
5—蒸发器　6—调整螺钉　7—弹簧　8—制冷剂入口
9—阀　10—膜片

膨胀阀工作原理。

外平衡式膨胀阀工作原理：制冷剂通过装在蒸发器出口上的外平衡管，将蒸发器出口端的压力作用于膨胀阀膜片下部。外平衡式膨胀阀膜片下腔和蒸发器出口相通，由于从蒸发器的入口流到出口存在流动阻力，因而引起压力下降，导致蒸发器进、出口温差达到2～8 ℃。这种温差很重要，只要数值合适，就不会有液体制冷剂离开蒸发器。

有些汽车空调的蒸发器管道较长，如仍然采用内平衡式膨胀阀，就会造成针阀长时间处于全开状态，因制冷剂在管道中蒸发吸热的过程较长，针阀的进、出口的压力差太大，感温包始终处于过热状态，将造成膨胀阀起不到调节作用或调节范围变小。

为此，就在内平衡式膨胀阀的外部多装一根平衡管，使得施于膜片下部的压力，不是利用膨胀阀的出口压力，而是利用接近蒸发器出口部分的压力，使膨胀阀动作，以此来弥补内平衡式膨胀阀的缺点。这种膨胀阀可使膜片上、下的压力达到动态平衡，既可实现针阀的调节和加大其调节范围，也可使它得到准确的开启度，使汽车空调制冷系统效能良好。

（3）H 形膨胀阀。北京切诺基及奔驰 230E 型汽车采用了 H 形膨胀阀，因其内部通路形同 H 而得名。此阀优点是：不需要绝热处理的毛细管和感温包；结构更紧凑，可由蒸发器内蒸汽温度直接作用，维修简单；因为是片状结构，减少了钳工作业损坏的可能性；运行事故较少，且有利于清理系统。

使用 H 形膨胀阀时，蒸发器进口管和出口管装在 H 形膨胀阀的同一块右侧板上，而液体管路和回气管路同装在它的同一块左侧板上，温度传感器装在制冷剂从蒸发器至压缩机的管路中，制冷剂温度的变化，将造成传感器膨胀或收缩，进而直接控制阀门（钢球和过热弹簧）的动作。H 形膨胀阀的结构保证了蒸发器出口压力直接作用在膨胀阀膜片的下侧。

5. 节流管

节流管是一根装在塑料套内的小铜管（也称为孔管），它可以取代膨胀阀作为节流降压装置。与膨胀阀相比，它结构简单，可靠性好，价格便宜，但节流管只有节流膨胀的作用，而没有调节制冷剂流量的功能，在低速运行时制冷效果差一些。

节流管没有运动零件，也不可调整。如有故障，原因就是堵塞，应更换。在安装有节流管的空调系统中，高压侧不用储液干燥器，但低压侧装有集液器。

6. 集液器

集液器和储液干燥器类似，但它可装在系统的低压侧，与节流管配套使用，这也是循环离合器空调系统的特征之一。

集液器的主要功能是防止液态制冷剂液击压缩机（压缩机是容积式泵，设计上不允许压缩液体），也用于储存过多的液态制冷剂，内含干燥剂，能起到储液干燥器作用。

制冷剂从集液器上部进入，液态制冷剂落入容器底部，气态制冷剂积存在上部，并经上部出气管进入压缩机。在容器底部，出气管管弯处装有带小孔的过滤器，允许少量的积存在管弯处的机油返回压缩机，但液体制冷剂不能通过，因而要用特殊过滤材料。

7. 蒸发器

蒸发器和冷凝器一样，也是一种热交换器，它的作用恰好与冷凝器作用相反。蒸发器利用低温低压的液态制冷剂蒸发时需吸收大量热量的原理，把通过它周围的空气中的热量带走，变成冷空气后送入车厢，从而达到车内降温的目的。因此蒸发器是制冷系统中产生和输出冷量的设备。

7.2 汽车空调的电气控制系统

7.2.1 汽车空调电气控制系统简介

汽车空调种类繁多，电路形式不一，但其电气系统的组成还是大同小异。汽车空调电气系统是由电磁离合器、鼓风机电动机、发动机怠速自动调整装置安全电路、压力开关电路、温度控制器、继电器和控制开关等组成。

汽车空调基本电路如图 7—7 所示。

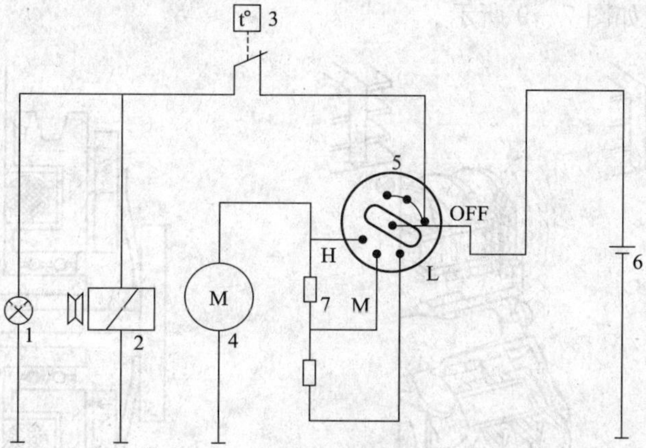

图 7—7 汽车空调电路基本形式

1—指示灯 2—电磁离合器 3—温控器 4—鼓风机电动机
5—鼓风机开关 6—电源 7—调速器

非独立式汽车空调控制电路较为简单，其工作过程是：接通空调及鼓风机开关，电流从蓄电池流经开关后分两路，一路从上面经温控器至电磁离合器，使离合器线圈通电，压缩机被主发动机带动开始工作，同时与电磁离合器并联的指示灯也通电，指示灯亮；另一路从开关下面经 L，通过两个鼓风机调速电阻到鼓风机电动机，这时鼓风机也开始运转。由于电流经过两个电阻才到达鼓风机电动机，故这时电动机转速较低。转动空调及鼓风机开关，上面电路未变，下面电路通过开关的 M 点，电流只经过一个调速电阻到鼓风机电动机，因此，电动机转速升高；再转动开关，上面电路仍未变，下面电路通过开关的 H 点，电流不经电阻直接到电动机，因此这时电动机转速最高。

温控器的触头在设定的温度低于车厢内温度时是闭合的。当车厢温度由于空调的工作低于设定温度时，温控器触头断开，电磁离合器断电，压缩机停止工作，指示灯亦熄灭，这时鼓风机仍在工作。空调停止工作后，车厢温度上升，当车厢温度高于设定的温度时，温控器的触头又闭合，电流通过电磁离合器线圈，压缩机再工作，使车厢温度控制在设定的温度范围内。

1. 电磁离合器

一般轿车空调设备的压缩机，是由该车发动机通过电磁离合器来驱动的，其功能是控制压缩机和发动机带轮之间的动力连接。电磁离合器安装在压缩机曲轴伸出端，其结构如图 7—8 所示。

电磁离合器有三个主要组件，第一个是装在轴承上的带轮，第二个是和压缩机主轴花键连接的驱动盘（盘状衔铁），第三个是不转动的电磁线圈。当电流通过离合器电磁线圈时产生强磁场，使压缩机驱动盘和自由转动的带轮接合，从而驱动压缩机主轴旋转。而空调控制器一旦切断电流，磁场消失，在弹簧的作用下，驱动盘与带轮就会脱开，压缩机停止工作。其工作原理如图 7—9 所示。

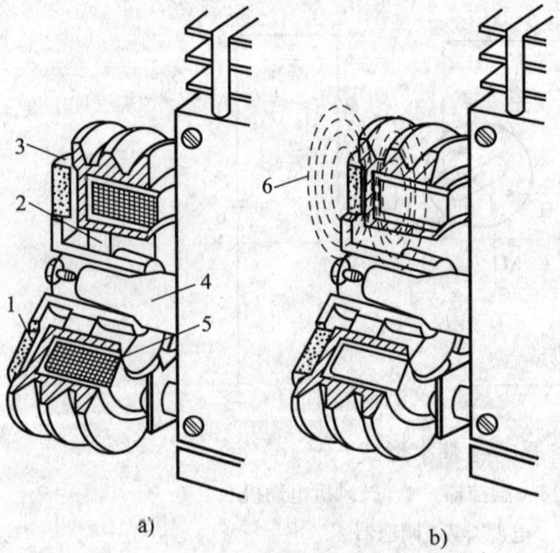

图 7—8 电磁离合器结构
a）电磁离合器分离 b）电磁离合器接合
1—盘状衔铁 2—轴承 3—带轮
4—压缩机驱动轴 5—电磁线圈 6—磁场

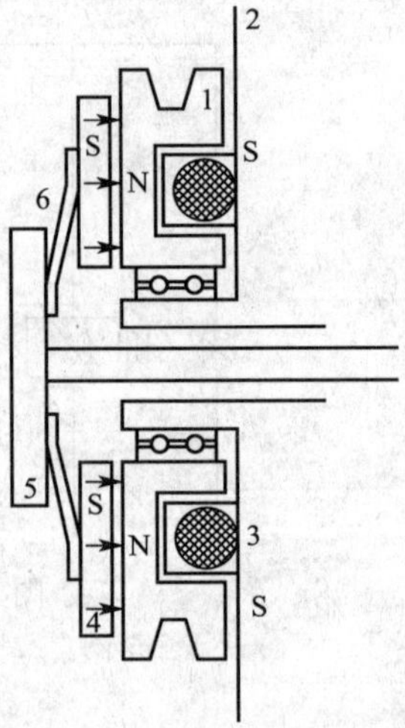

图 7—9 电磁离合器工作原理
1—带轮 2—压缩机壳体 3—线圈
4—摩擦板 5—驱动盘 6—弹簧爪

使用电磁离合器时应注意：

（1）使用的电压一定要与要求相符。

（2）离合器表面不允许有油渍存在。

（3）衔铁和压板的间隙一般应在 0.025 mm 左右。

2. 制冷系统的安全保护装置

要想保证汽车空调的制冷系统能够长期安全地运行，就必须在系统当中装设一些安全保护装备，以确保制冷系统在正常的温度和压力下工作。

（1）过热限制器。如图 7—10 所示为压缩机过热限制器。

气温开关的作用是如果环境不要求使用空调器，气温开关打开，使压缩机不能启动。

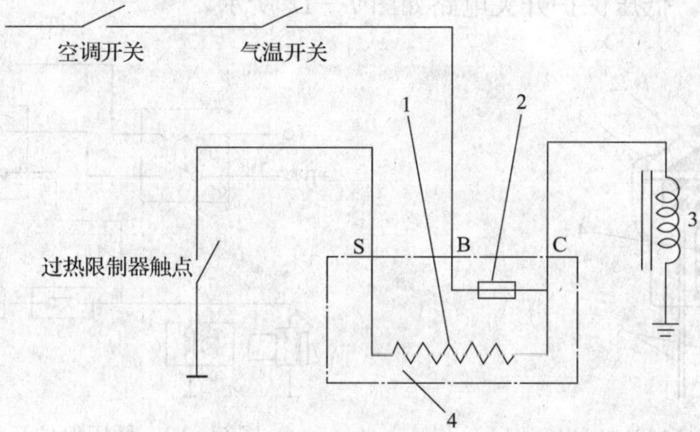

图 7—10　压缩机过热限制器

1—加热器　2—熔断器　3—离合器线圈　4—过热限制器

此开关通常在 32 F（0 ℃）时是闭合的，但有些厂家规定有其他的调定值。

过热限制器的作用是使压缩机内焊在薄膜上的电气触点在高温条件下闭合，以便接通电路熔断器熔丝，使压缩机停转。薄膜或感温管装在压缩机后盖回气口处，用以感应回气温度。

对于缺少制冷剂时的保护系统，当系统内制冷剂部分或全部丧失，装在压缩机后缸盖上的过热限制器就感应到回气高温，因此它的触点闭合，此时电流通过电阻加热器，加热器向熔丝供热，使熔丝达到它的熔点温度，于是烧断熔丝，切断至压缩机离合器的电源，使电磁离合器不能啮合，保护压缩机免遭损坏。

目前，这种装置装在凯迪拉克和奥斯莫比尔等几种通用汽车上，而大部分汽车为低压保护开关所代替。

（2）低压保护开关。低压保护开关的作用是感测制冷系统高压侧的制冷剂压力是否正常。当压缩机排出的制冷剂压力过低，低于 0.423 MPa 时，低压保护开关会自动切断电磁离合器电路，使压缩机停止工作。低压保护开关还有一个作用，就是在环境温度较低（低于 10 ℃）时，自动切断电磁离合器电路，避免浪费。

低压保护开关用螺纹接头安装在储液干燥器上，用来控制电磁离合器电路的通断，使蒸发器的压力不至于过低而结冰。低压保护开关的结构如图 7—11 所示。

（3）高压保护开关。高压保护开关用来防止制冷系统在异常高的压力下工作，保护系统不受损坏。当冷凝器被阻塞而制冷剂压力过高（≥2.788 MPa）时，高压保护开关会自动切断电磁离合器电路，同时接通冷凝器风扇高速挡电路，提高风扇转速，快速降低冷凝器的温度和压力。当制冷剂压力下降到 2.17 MPa 时，电路接通，压缩机又恢复工作。高压保护开关安装在储液干燥器上面。高压保护开关结构和低压保护开关一样，只不过是动、静触点位置调换一下。

（4）高低压联动开关。将高、低压保护开关组合成一体，可以减少重量和接口，减少泄漏的可能性，其工作原理同上。当高压超过规定值或低压低于规定值时，高、低压开关动作，将电路切断。低压保护开关电路如图 7—12 所示。

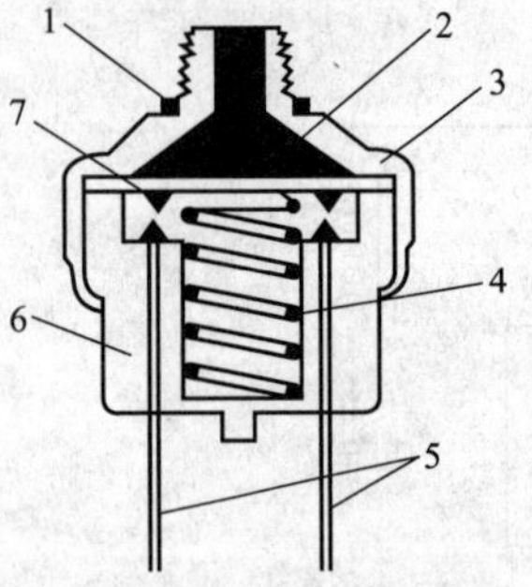

图 7—11　低压保护开关的结构

1—垫圈　2—膜片　3—外罩

4—弹簧　5—接线　6—壳体　7—触点

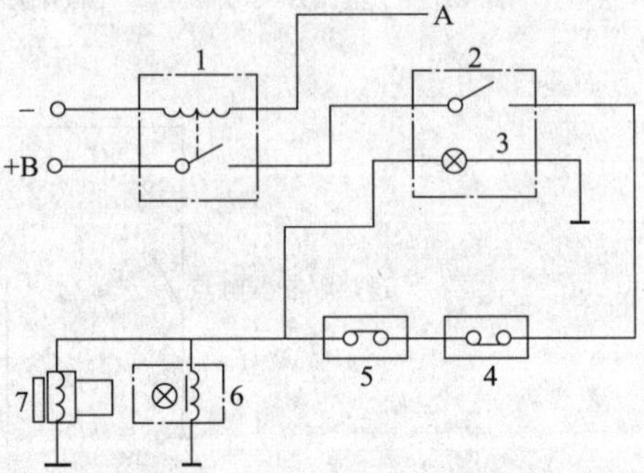

图 7—12　低压保护开关电路

1—继电器　2—空调开关　3—指示灯

4—高压开关　5—低压开关　6—真空电磁阀　7—电磁离合器

3．发动机怠速自动调整装置

汽车空调设备的压缩机是由发动机通过电磁离合器来驱动的，如果在发动机怠速时，使用空调设备会使发动机负荷增大，造成发动机熄火或过热，因此必须提高发动机的怠速转速。怠速自动调节装置就能起到调节怠速转速的作用。

如图 7—13 所示为节气门控制式怠速自动调整装置电路，如图 7—14 所示是该装置的结构原理。

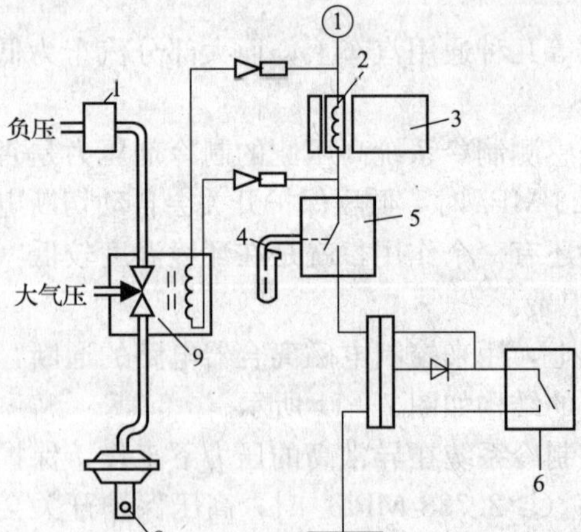

图 7—13　怠速自动调整装置电路

1—真空输送阀　2—电磁离合器　3—压缩机

4—鼓风机开关　5—恒温器　6—制冷开关　7—感温包

8—节气门位置控制器　9—真空电磁阀

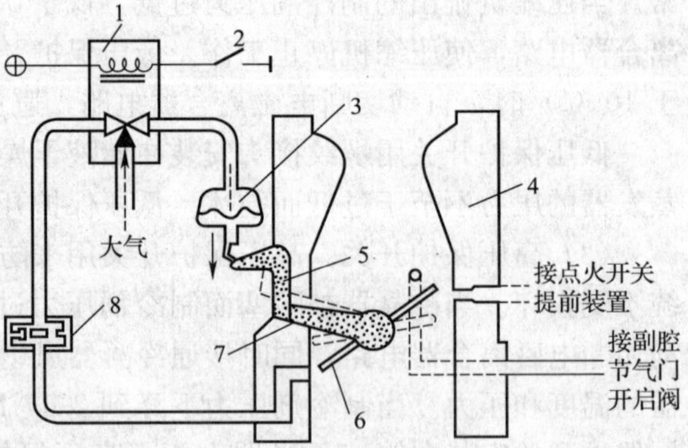

图 7—14　怠速自动调整装置的结构原理

1—真空电磁阀　2—开关　3—节气门位置控制器

4—化油器　5—拉杆　6—节气门　7—控制臂

8—真空输送阀

怠速自动调整装置主要由真空电磁阀、节气门位置控制器、真空输送阀和管道组成。真空电磁阀线圈并接在压缩机电磁离合器中，真空源来自化油器节气门下方。真空电磁阀的三通阀门分别接大气、节气门位置控制器和真空源。接节气门位置控制器的阀门只能分别与真空源阀门和大气阀门相通，其连通情况受真空电磁阀控制。节气门位置控制器通过拉杆和操纵臂来控制化油器节气门的开度。

当汽车空调制冷系统的开关断路时，真空电磁阀电路不通，三通阀因受内部压缩弹簧的作用，真空源阀门开启，化油器节气门下方的真空度通过真空输送阀作用在节气位置控制器膜片上，膜片上行，拉杆运动，使节气门从特定位置移到正常怠速位置。当接通空调制冷系统时，电流即通过真空电磁阀线圈，三通阀受电磁力的作用，使真空源阀门关闭，大气阀门开启，节气门位置控制器膜片连通大气，在膜片弹簧作用下，膜片拉杆下行，此时节气门操纵臂动作使节气门开度略大于怠速时的位置并稳定下来，这样发动机转速就会增大，就可防止因空调制冷系统工作而使发动机熄火。

4. 怠速稳定和温度调节器

怠速稳定和温度调节器也叫空调调节器，是汽车空调制冷系统的一个附属装置。它能控制汽车空调制冷系统，使车厢内温度、发动机转速协调工作，保护发动机在怠速时正常运转，并使空调的控制更为灵敏。最基本的空调调节器由温度控制器和速度控制器组成。其内部电路由发动机转速检测电路、电磁离合器、温度检测电路和放大驱动电路组成，如图 7—15 所示。

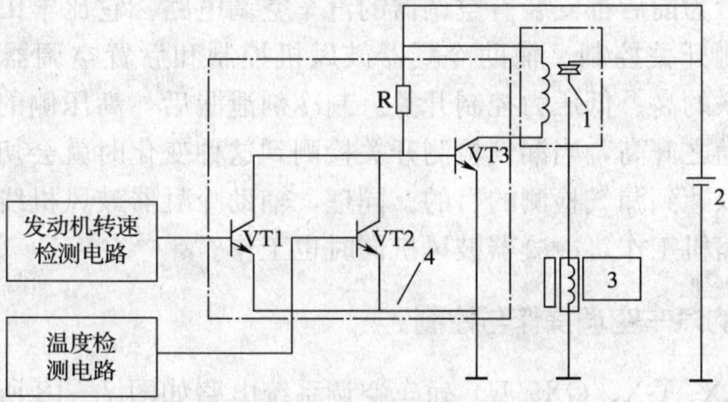

图 7—15　怠速稳定和温度调节器

1—电磁离合器　2—蓄电池　3—压缩机　4—放大驱动电路

发动机转速检测电路的转速信号是从点火线圈负极输入，用来检测发动机是否达到规定转速，如果转速过低，则输出信号使三极管 VT1 导通，VT3 截止，压缩机电磁离合器不能工作。

温度检测电路的温度信号是由蒸发器温度传感器（热敏电阻）输入，如果温度过低，电路输出信号使三极管 VT2 导通，VT3 截止，压缩机电磁离合器不能工作。

只有当转速和温度信号都满足条件的情况下，压缩机离合器才能接合，压缩机工作。采用这种空调调节器的车型有天津夏利。

手动调节的空调主要应用多功能调节器，这种调节器在温度控制和速度控制的基础上增加了其他功能，使调节器更加完善。它由工作电源、信号电路、执行器电路和空调放大电路等组成。空调调节器根据空调开关等各种信号控制压缩机电磁离合器、发动机怠速自动调整装置等。采用空调调节器控制空调系统的车型有：本田、丰田海狮、神龙富康等。

5. 汽车空调控制电路继电器

汽车空调控制电路中有各种类型的继电器，其作用是控制各种部件执行不同的功能，并减少流入控制开关的电流，延长开关使用寿命。继电器由铁心、线圈、触头和弹簧等组成。常用的继电器有常开继电器（圆型、方型）和常闭继电器（圆型）两种。常开型继电器一般用于电磁离合器、冷凝器风扇、怠速提升装置控制等，方型常开继电器常用在电流负载较大的场合。常闭型继电器一般串接在起动电路中，只要汽车开关处于启动位置，此继电器的触头就断开，保证汽车起动时空调暂不工作，以利于汽车启动。

6. 汽车空调电路

汽车空调电路是由上述的各种控制装备组合而成。在分析电路时，只要分成温度控制、速度控制、压力控制、鼓风机控制等部分即可清楚了解其电路功能了。

如图 7—16 所示为丰田汽车前置式空调系统电路。从图中可以看出，它具有温度恒温控制和怠速稳定控制功能，电路中还包括鼓风机调速开关和压力开关。其中，使用丰田 18R 发动机的轿车，还装有 VSV 阀，用于自动提高怠速时发动机的转速。

如图 7—17 所示为前后都安装有空调器的汽车空调电路。它比丰田汽车前置式空调系统电路多了漏气检测开关控制、辅助冷凝器鼓风机控制和后置空调器控制。漏气检测开关，实际上就是串联的高、低压力控制开关。制冷剂泄漏后，高压侧的压力会变低，同时低压侧的温度也会随之升高，当漏气检测开关检测到这种变化时就会切断离合器电路，使压缩机停止工作，以达到漏气检测的目的。同理，辅助冷凝器鼓风机线路是并联在压缩机电路上的，只要压缩机工作，冷凝器鼓风机同时也工作。

7.2.2 手动调节的汽车空调操作与控制

上海桑塔纳（LX、GX、GX5 型）轿车空调系统电路如图 7—18 所示。电路主要由电源电路、电磁离合器控制电路、鼓风机控制电路和冷凝器冷却风扇控制电路等主要电路组成。

电源电路由蓄电池 GB，点火开关 SA、减荷继电器 K59 以及熔断器 FU1，FU14，FU23 和空调主继电器 K32 组成。当点火开关 SA 断开（off 挡）或置于起动挡（ST 挡）时，减荷继电器不通电，触点断开而使空调系统的供电线路“X”号线无电，空调无法启动运行。当点火开关 SA 接通（即处于 on 挡）时，减荷继电器通电，触点闭合，“X”号线通电，这时主继电器 K32 中的 2 号继电器经熔丝 FU14 得电使触点闭合，接通了鼓风机电动机 M2 的供电回路，鼓风机便可在鼓风机开关 SA9 控制下运转，进行强制通风换气或送出暖气，它不受空调 A/C 开关 SA30 的限制。鼓风机开关 SA9 在不同的挡位时，鼓风

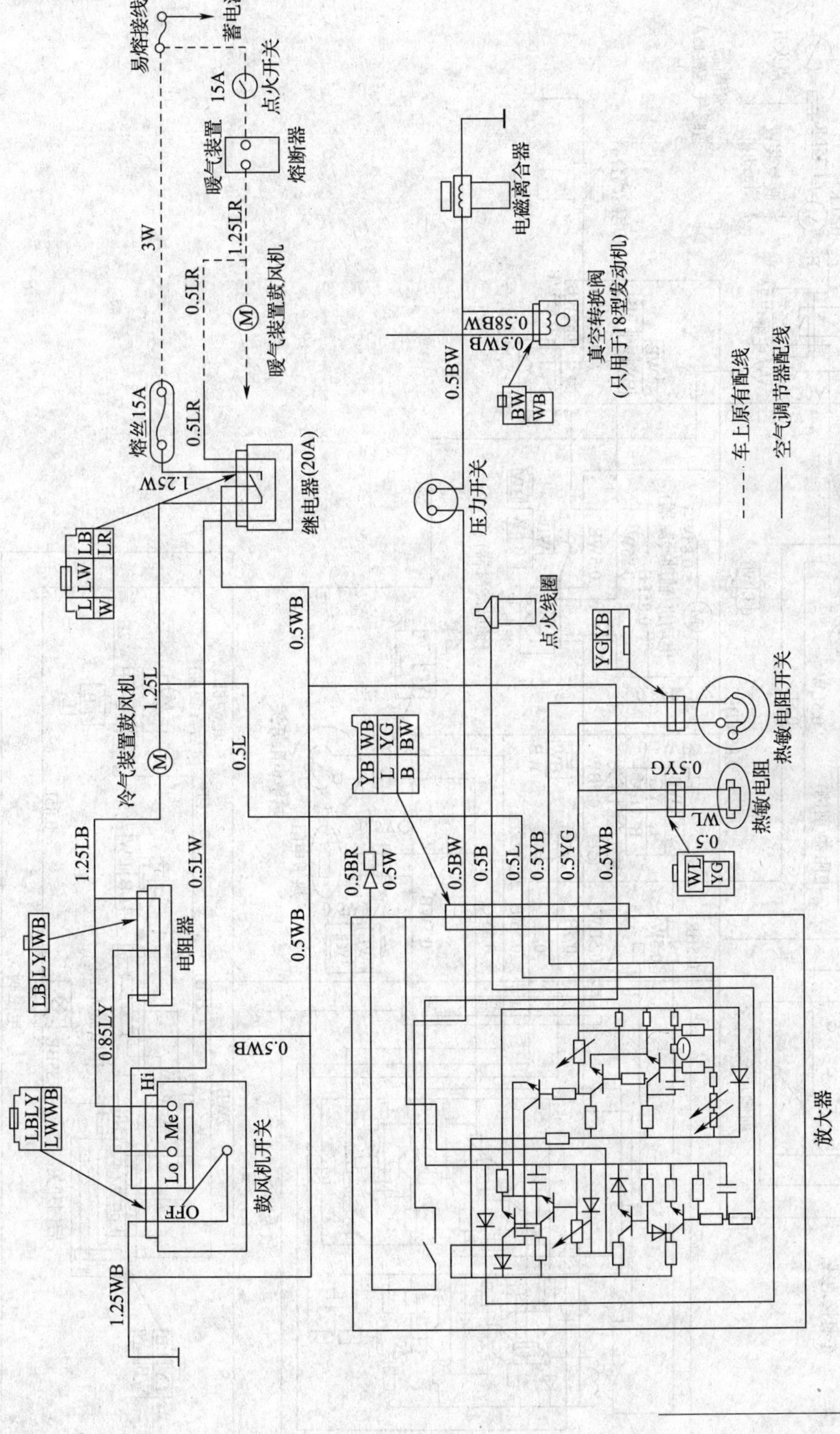

图 7—16　丰田汽车前置式空调系统电路（原图）

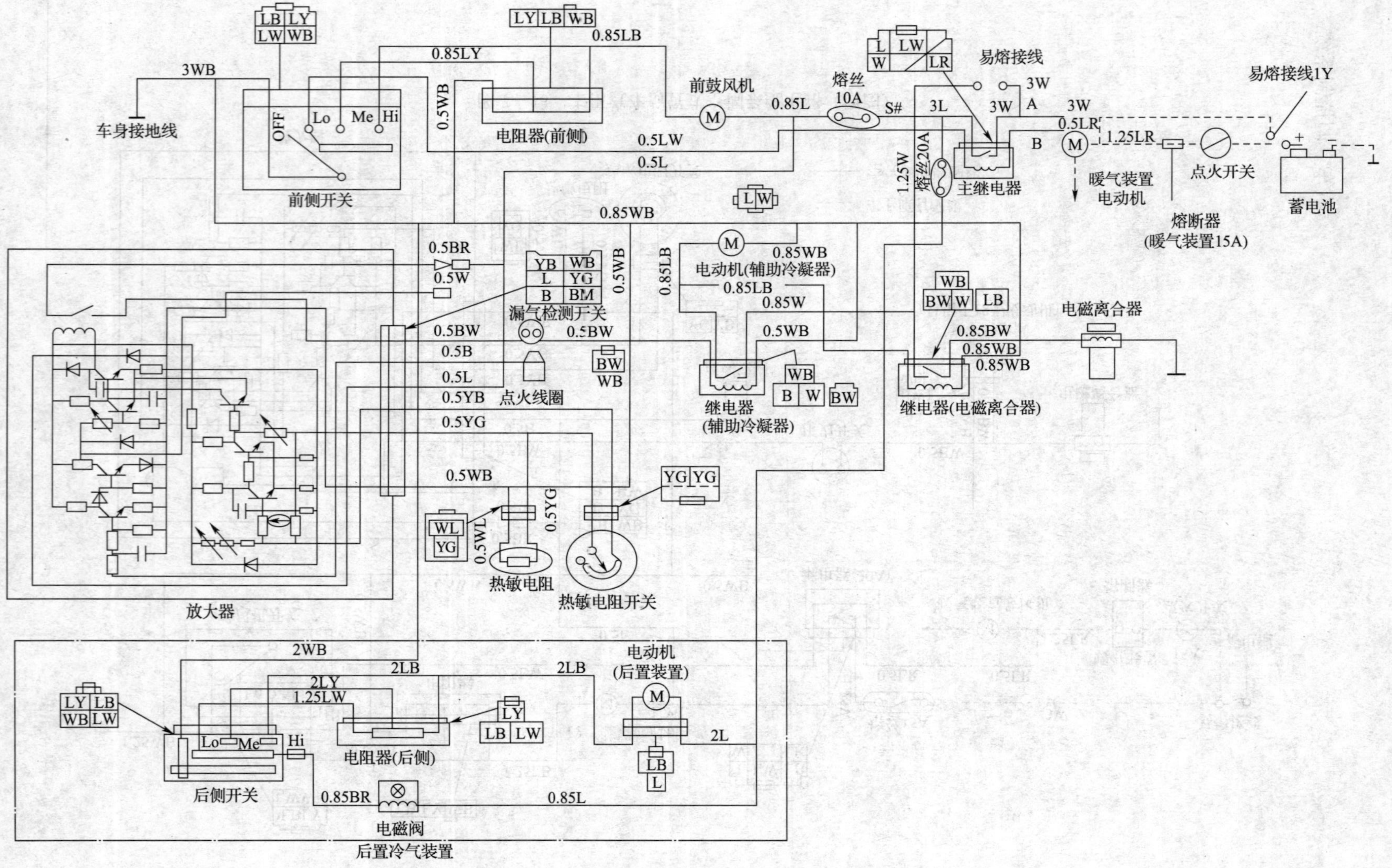

图 7—17　前后都安装有空调器的汽车空调电路（原图）

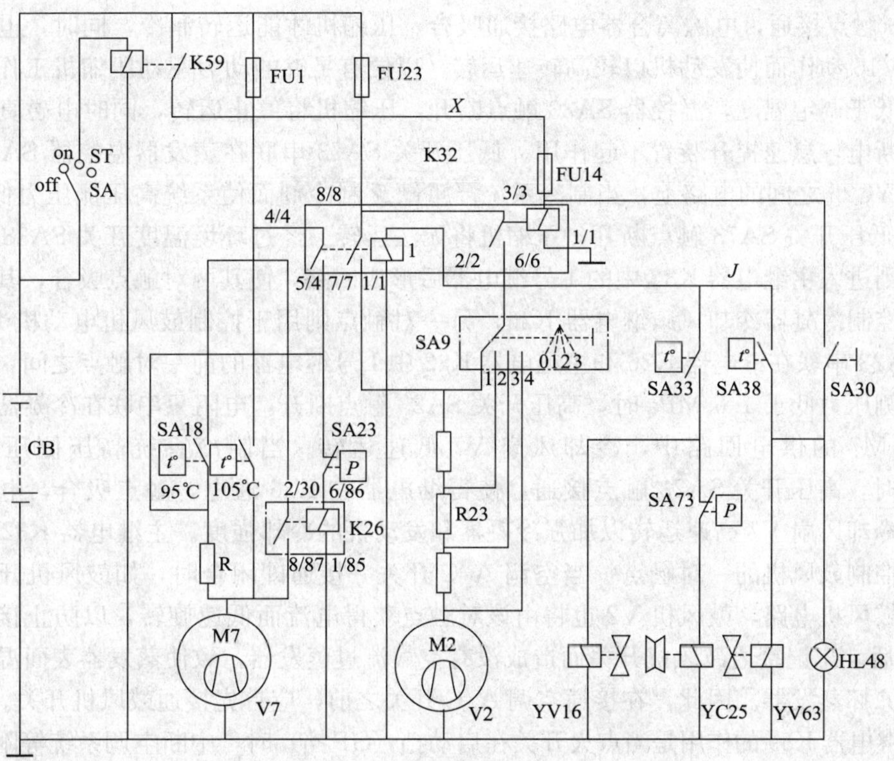

图 7—18　上海桑塔纳空调系统电路

GB—蓄电池　SA—点火开关　K59—减荷继电器　FU1，FU14，FU23—熔丝　K32—空调继电器
SA9—鼓风机开关　SA33—蒸发器温控器　SA38—环境温度开关　SA30—空调 A/C 开关
SA18—冷凝器冷却风扇温控开关　SA23—高压开关（15 bar）　K26—冷凝器冷却风扇继电器
R23—鼓风机调速电阻　SA73—低压开关（2 bar）　M7—冷凝器冷却风扇电动机　M2—鼓风机电动机
YV16—怠速提升电磁阀　YC25—电磁离合器　YV63—新鲜冻空气翻板电磁阀
HL48—空调 A/C 开关指示灯　V2—鼓风机　V7—冷却风扇

机电动机 M2 的供电回路串入的调速电阻个数也不同，从而可得到不同的送风速度。鼓风机电动机 M2 的供电回路为：蓄电池"＋"极→熔断器 FU23→主继电器 K32 中的 2 号继电器触点→鼓风机开关 SA9→鼓风机调速电阻 R23→鼓风机电动机 M2→搭铁→蓄电池"—"极。

夏季需要获得冷气时必须接通空调 A/C 开关 SA30，电流从蓄电池"＋"极→减荷继电器 K59 的触点→熔断器 FU14→空调 A/C 开关 SA30，经 SA30 后分为三路，一路经空调 A/C 指示灯 HL48 构成回路，指示灯 HL48 亮表示空调 A/C 开关接通；第二路经新鲜空气翻板电磁阀 YV63 构成回路，使该阀动作以接通新鲜空气翻板真空促动器的真空通路而使鼓风机强制通过蒸发器总成的空气通道进风，否则将无法获得冷气；第三路经环境温度开关 SA38 后又分为两路，一路到蒸发器温控器 SA33，由 SA33 控制电磁离合器 YC25 和怠速提升电磁真空转换阀 YV16 的供电，只有当蒸发器温度高于调定温度时，蒸发器温控器 SA33 触点接通，电磁离合器电路接通吸合，压缩机才能运转制冷，同时，电磁真空转换阀 YV16 动作而使发动机以较高转速运转，以便有足够的动力驱动压缩机工作。如蒸发器温度低于调定温度，温控器 SA33 触点断开，压缩机将停止运转，同时电磁真空转换阀 YV16 断电，怠速提升装置不起作用。低压开关 SA73 串联在蒸发器温控器 SA33 和电磁离合器 YC25 之间的电路上，当制冷系统严重缺乏制冷剂而使系统高压侧压力低于 0.2 MPa 时，低压开关 SA73 触点断开，压缩机将无法运转。经过环境温度开关 SA38 后的另一路电流则进入主继电器 K32 中的 1 号继电器后形成回路，使其两对触点吸合，其中一对触点用于控制冷凝器冷却风扇继电器 K26，另一对触点则用于控制鼓风机电动机 M2。高压开关 SA23 串联在继电器 K26 和主继电器 K32 中 1 号继电器的前一对触点之间，当制冷系统高压侧压力低于 1.5 MPa 时，高压开关 SA23 触点断开，电阻只串联在冷凝器冷却风扇电动机 M7 的供电回路中，冷却风扇 V7 低速运转。当制冷系统高压侧压力高于 1.5 MPa 时，高压开关 SA23 触点接通，使得继电器在 K26 通电，触点吸合，电阻被短接，这时冷却风扇 V7 高速运转以加强冷凝器和发动机的冷却强度。主继电器 K32 中 1 号继电器还控制鼓风机的一对触点，当空调 A/C 开关一接通即闭合时，如鼓风机开关 SA9 没有接通鼓风机电路，鼓风机 V2 也将由该对触点获得电流而低速旋转，以防止接通空调 A/C 开关后，忘记接通鼓风机开关而造成没有空气流过蒸发器，致使蒸发器表面温度过低而结冰或冻坏蒸发器。因此，在接通空调 A/C 开关之前，应首先接通鼓风机开关。

减荷继电器 K59 的作用是当点火开关在启动挡（ST 挡）时，中断空调系统等附属电器的工作，以保证发动机启动时有足够的电流，当启动结束后将自动接通空调系统的工作。

汽车车厢温度的控制（前面已介绍过），大致可采用以下几种系统。

（1）传统温控系统。即采用膨胀阀、储液干燥器和吸气节流阀的汽车空调系统。它的特点是：只要驾驶员把控制板上的功能杆拨至空调的任何一个工作位置上，压缩机就不停地运转，蒸发器温度靠吸气节流阀控制。

（2）循环离合器孔管系统（CCOT）。利用孔管作为节流膨胀装置，利用制冷剂温度或压力，控制压缩机电磁离合器的通断。当蒸发器温度或压力一旦达到调定值以上，压缩机即开始工作，向车厢内供冷气。当蒸发器温度或压力低于调定值，压缩机即停止工作，防止蒸发器结冰，因此叫循环离合器系统。控制离合器循环有两种方法：其一是用恒温开关，感应蒸发器出口温度；其二是压力开关，利用 R134a 回气压力的作用，装在集液器上。

（3）循环离合器 H 形膨胀阀系统。其 H 形膨胀阀和热力型循环离合器开关及低压切断开关组装在一起，遇到系统中制冷剂大量泄漏或气温过低时，可避免空调系统工作。

现代化的轿车，对舒适性要求很高，这就使汽车空调系统越来越复杂。目前的汽车空调已经把制冷、采暖和通风合为一体，并由统一的车厢温度控制器进行操纵了。

1. 空调空气分配及控制

如图 7—19 所示为小型汽车空调空气分配控制原理图。整个车厢内的空气流通由驾驶员通过设置在仪表板上的开关进行控制。车外新鲜空气的进口和车内空气的排出口常设在汽车的前部和后部两侧，空气通道内设有 A、B、C、D、E 五个控制气门，气门由开关手柄控制。

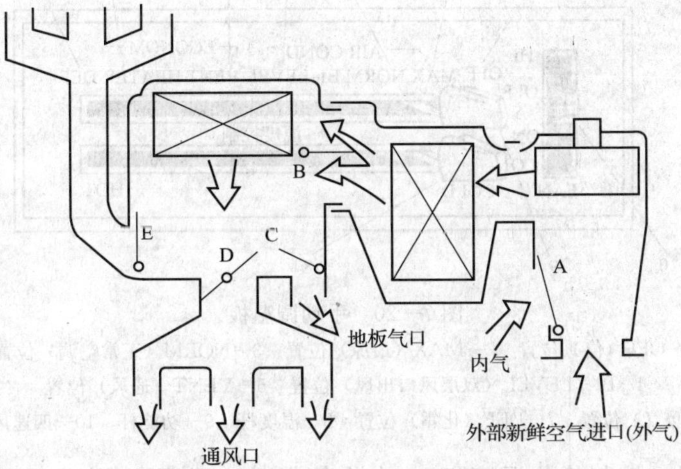

图 7—19　小轿车汽车空调系统空气分配原理

A 用来选择外部来的新鲜空气（外气）或车内的再循环空气（内气）。将手柄设在新鲜控制位置（FRESH）时，外界空气进入车厢进行循环；手柄设在再循环位置（RECIRC）时，空气只能在车内进行循环。

B 用来选择冷气或暖气，发动机冷却水流开关和 B 相连接。B 关闭时，发动机冷却水流开关关闭，暖风装置不工作。

C，D，E 用一个手柄控制，根据手柄位置决定空气通道：

（1）手柄设在通风位置（VENTILATION）时，B、C、E 关闭，D 打开，再循环空气或新鲜空气从通风口流出。

（2）手柄设在水平位置（LEVEL）时，B、E 关闭，C、D 部分打开，空气由通风口和地板气口同时流出。

（3）将手柄设在加热位置（HEAT）时，B、C 打开，D 关闭，E 部分开，和 B 相连的发动机冷却水流开关打开，暖气由地板气口流出。如需要去湿，可打开制冷开关。

（4）将手柄设在除霜/加热位置（DEFROST/HEAT）时，B、E 打开，C 部分开，暖气由除霜器出口和地板气口流出。

制冷系统的冷气调节，通过改变附设在控制板的空调开关与其同轴的电阻器，改变风扇转速来进行。

各种空调系统的一个基本区别在于：驱动或操纵元件不同，有的系统使用机械元件驱动；有的系统利用发动机产生的真空驱动；有的系统兼而有之。

2. 手动调温板

手动调温板如图 7—20 所示：其功能杆有 OFF（停）、MAX（最凉）、NORM（正常）、

BI-LEVEL（双层风口出风）、VENT（通风）、HEATER（暖气）和 DEF（化霜）。

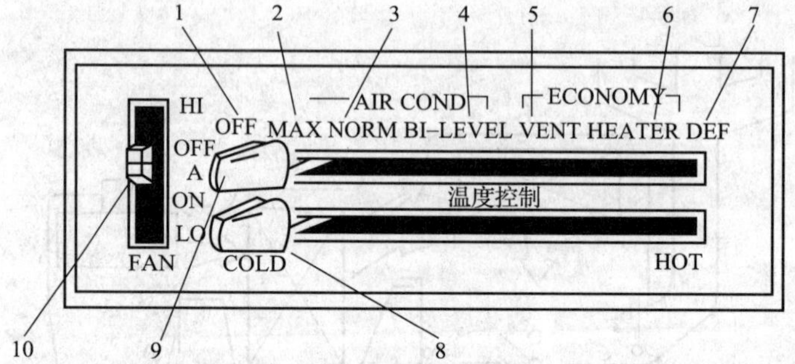

图 7—20 手动调温板

1—OFF（停）位置 2—MAX（最凉）位置 3—NORM（正常空调）位置 4—BI-LEVEL（双层风口出风）位置 5—VENT（通风）位置 6—HEATER（暖气）位置 7—DEF（化霜）位置 8—温度杆 9—功能杆 10—四速风机速度控制杆

手动调温板另一控制杆（温度杆），向右侧拨动，温度渐高（HOT）；向左侧拨动，温度渐低（COLD），属无级控温。温度杆和温度门用拉线连接。在经济（ECONOMY）挡的 VENT、HEATER（通风、暖气）两个位置上，压缩机不工作。

左侧为风机速度选择杆。风机有四速，即低速、中速 1、中速 2 和高速。

3. 真空系统

功能杆选定在各种不同的位置时，各真空电动机和风门的动作情况如图 7—21 所示。从图上可以看出功能杆、温度杆和真空管路、真空电动机、风门位置的相互关系。

在图 7—21 中，当功能杆放在 MAX（最冷）位置，空调—化霜真空电动机推动空调—化霜门关闭化霜风口，从而打开至车厢的冷气出口。

从图左向右数，第二个风门就是暖气—化霜门。在功能杆移到暖气挡（真空开关位置 6）之前，此门一直静止不动，如拨至 6，此门旋转，并堵塞住冷气出口，这样，全部气流都流经暖气出口进入车厢，即暖气流向车厢地板风口。

从左侧数，第二个就是驱动暖气—化霜门的真空电动机，它是双膜片真空电动机。此真空电动机在位置 2、3、5 和 7 时工作，这些位置对应的功能是 MAX（最凉）、NORM（正常空调）、VENT（通风）和 DEF（化霜）。当功能杆选在 HEATER（位置 6，暖气）时，此双膜片真空电动机移动风门关闭冷气出口。当功能杆选在 MAX（最凉）、NORM（正常空调）、VENT（通风）或 DEF（化霜）时，此真空电动机的双膜片就起作用，使暖气—化霜门半开，气流从冷气和暖气风口排出。

从左侧数，第三个就是气源门真空电动机。只有在 MAX（最凉）位置时，此真空电动机才起作用，即关闭气源门，车外新风不得进入车内，此时只循环车内空气。当功能杆离开 MAX（最凉）位置时，气源门又重新定位，允许车外新风进入。

右侧第一个就是驱动热水阀的真空电动机。热水阀一关闭，发动机的冷却液就不能流

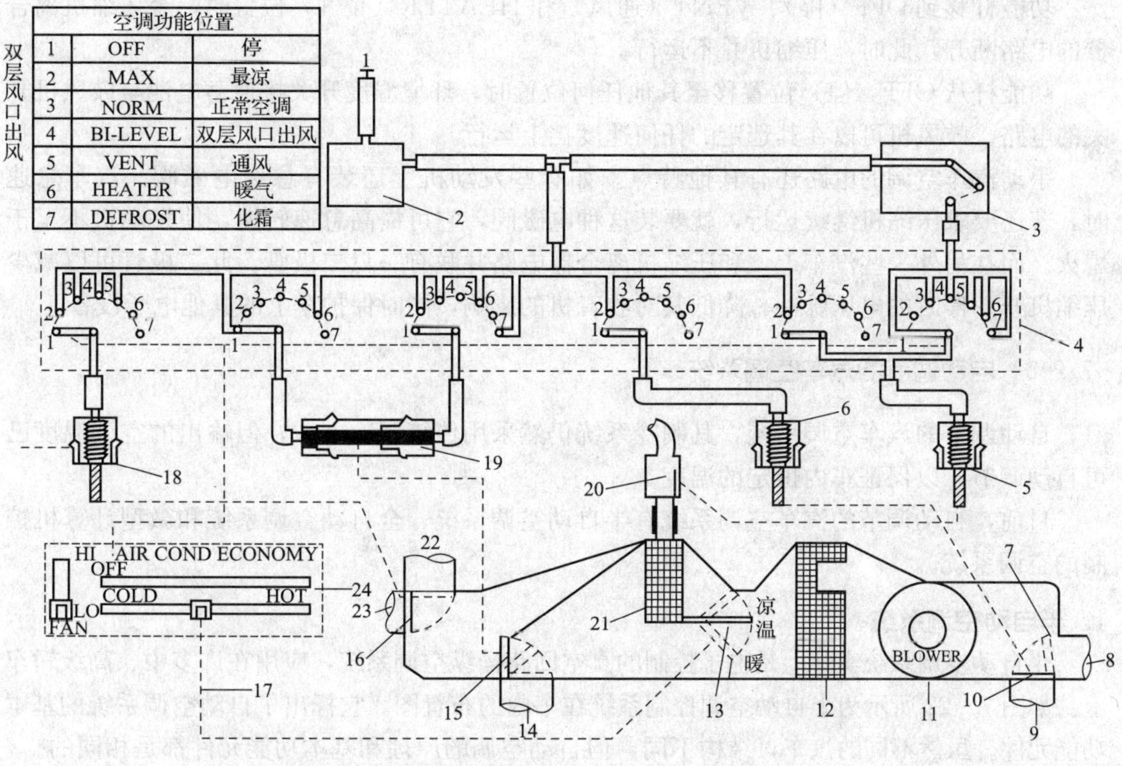

图 7—21　手动遥控真空系统

1—接发动机真空源　2—真空罐　3—真空阀　4—手动调温板（局部）　5—热水阀真空电动机　6—气源门真空电动机　7—设计规定局部开启，假定，20%新风，80%车内空气　8—车外新风　9—车内空气　10—气源门　11—鼓风机　12—蒸发器　13—温度门　14—暖气出口　15—暖气-化霜门　16—空调-化霜门　17—温度门控制拉线　18—空调-化霜门真空电动机　19—暖气-化霜门真空电动机　20—热水阀　21—加热器　22—至化霜门　23—冷气出口　24—手动调温板

进加热器，当功能杆移至 MAX（最凉）位置时，真空电动机关闭热水阀，此时已无真空送至此电动机，由于其中的弹簧张力而推动热水阀闭合。

图中右上侧的手动调温板是用来控制热水阀真空电动机的。当温度杆推向左侧极限位置（COLD）时，就截断至真空阀的真空通路，热水阀关闭。温度杆移至其他任何位置时，接通至真空阀的真空通路。也就是在位置 1、2、3、4、5、6 和 7 时，通过真空阀，接通至热水阀真空电动机的真空管路，此时真空电动机工作，热水阀开启，热冷却液流经加热器。部分已经冷却的空气，经过加热器后，又被加热升温。

4. 电路特点

通过移动功能杆来驱动各种真空电动机的基本原理就是接通或断开电路。

功能杆移至 MAX（最凉）、NORM（正常），BI - LEVEL（双层风口出风）或 DEF（化霜）时，通过压力循环开关，接通至离合器电路，压力循环开关保护蒸发器免于结冰。

功能杆移到OFF（停）、VENT（通风）和HEATER（暖气）位置时，至压缩机离合器的电路断开。此时，压缩机并不运行。

功能杆从OFF（停）位置移至其他任何位置时，环境温度开关接通蓄电池至鼓风机开关的电路。鼓风机可以在其选定的任何速度挡上运行。

手动汽车空调的电路还有其他特点。如有些发动机上还装有怠速电磁阀。汽车怠速时，若还要求压缩机继续运行，就要装这种电磁阀，它可提高怠速转速，使发动机不至于熄火。而在另外一些汽车上，和压缩机离合器电路并联有一只二极管。此二极管可以减少压缩机开、停时的电压脉冲，降低其对收音机的影响，同时保护车上的其他电子设备。

7.2.3 自动调节的汽车空调系统

自动调节的汽车空调系统，其制冷系统仍然采用传统制冷方式，但输出的空调温度已可自动调节，以保证车内恒定的温度。

目前，自动调节的汽车空调系统有半自动空调系统、全自动空调系统和微型计算机控制的空调系统。

1. 半自动空调系统

半自动空调系统实际上是电子控制的真空回路操纵空调系统，应用在许多中、高级轿车上。如图7—22所示为半自动空调控制系统在车内的布置图。它标出了自动空调系统的基本功能元件。虽然不同的汽车，结构不同，但自动空调的原理和基本功能元件都是相同的。

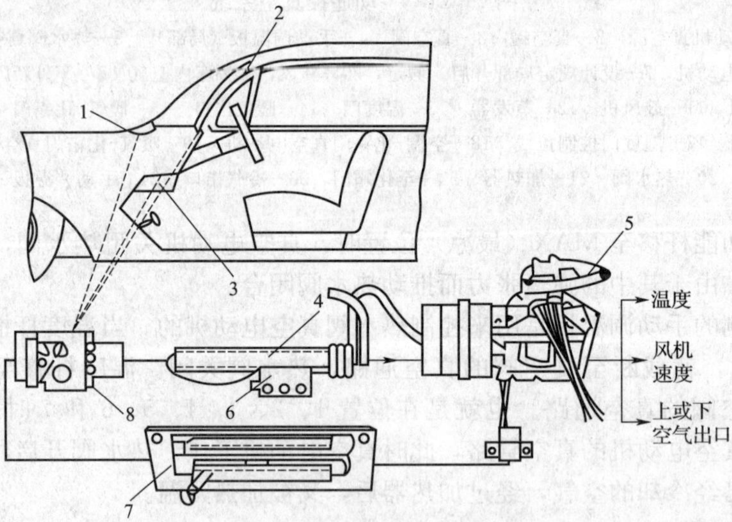

图7—22　半自动空调控制系统的布置

1—气温传感器　2—车内温度传感器　3—风道温度传感器

4—电—真空换能器　5—动力伺服控制板　6—控制板

7—手动温度选择板　8—放大器

(1) 温度选择及功能选择。半自动空调仍然要通过人来输入某一个温度（可以从18.3 ℃到29.4 ℃之间任意选择）和决定空调的功能，整个系统才会为达到预定的温度而自动工作。

1) OFF（停止)。若点火开关是断开的，空调系统完全不工作；若点火开关是接通的，压缩机不工作。但当车内温度高于26.7 ℃时，空调风扇会自动在低速吹入微风；当车内温度低于26.7 ℃但发动机冷却液温度高于82 ℃时，空调器也会自动吹出自然风。

2) VENT（自然风)。在此位置时，空调系统的动作是：风扇运行，把车外的空气吸进车内。由于取暖、制冷系统不运行，故吹来的风是未经加热和冷却的自然风。车内温度高，风扇转速较高；车内温度低，风扇低速运转。

3) LO—AUTO（低速—自动)。在此位置时，风扇低速运行，当发动机水温高于82 ℃，车内温度低于预选温度时，空气将先经冷凝器再经加热器，空调送出暖风；若车内温度高于预选温度时，空气将在冷却后不通过加热器或部分通过，冷却空气从中风门吹出，而加热空气从下风口吹出，形成头冷脚暖的环境。

4) AUTO（自动)。在此位置时，空调器的工作同LO—AUTO。只是风扇可根据车内温度，自动选择高速、中速1、中速2、低速运行。

5) HI—AUTO（高速—自动)。在此位置时，空调器工作同上述3)、4)，但是风扇会终以高速转动。直到车内温度达到预选温度，风扇才会自动减慢转速，但是在此时，热水阀不打开，加热器不工作，故从风口吹出来的空气都是冷气。

6) BI-LEVEL（双向)。在此位置时，风扇可以以任意一个转速工作，自控系统能按照预选温度和车内温度分别从中风口吹出空调风，从上、下风口吹出暖风，用于暖脚和除霜。

7) DEF（除霜)。在此位置时，风扇高速运行，大部分暖风从上风口吹出，少部分从下风口吹出。

(2) 传感器。传感器是一种热敏电阻器，它的电阻值和温度成反比，温度升高，电阻值会降低；温度降低，电阻值会增加。在汽车空调系统中的不同位置安装有数个传感器用以完成各自的功能。

1) 气温传感器。通常装在空气进口风道内，用以感应进入空气的温度。有些汽车也用此传感器感应阳光对车内温度的影响。

2) 车内传感器。通常装在控制板上，用以感应车厢内的温度。

3) 风道传感器。通常装在配气室或风道内，用以感应系统出口处吹入车内的空气温度。

这些传感器能提供各处温度条件与温度选择盘所处位置的电信号，然后送入放大器进行放大，再输入真空换能的电磁线圈，从而引起磁场强度的变化，以控制输出不同的真空度，再使真空伺服电动机按选定的真空度工作，控制输出空气量和温度。

(3) 换能器。换能器是一种电—机装置，它把来自放大器的电信号转变为真空信号，然后控制动力伺服机构的运行。

（4）动力伺服机构。它是系统的控制装置，按照输入的传感器信号进行动作。它和温度门相连，并能确定温度门的位置，从而确定向车厢内供暖还是供冷。它也能调节真空控制器，还能调节鼓风机电动机的转速，以保持温度选择器上选定的温度。半自动空调系统电路原理如图 7—23 所示。

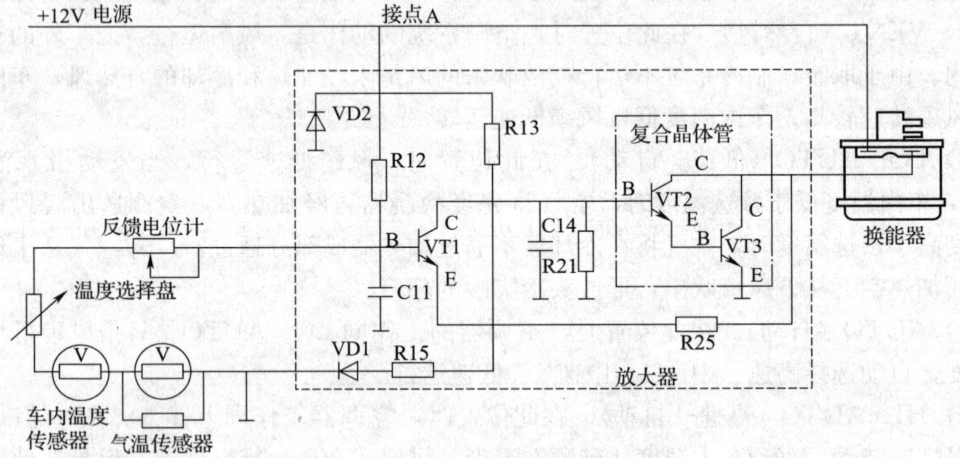

图 7—23 半自动空调系统电路原理

2. 全自动空调系统

目前，全自动空调系统在一些高级轿车上采用较多，如“凯迪拉克”“宝马”等。它比前面介绍的真空控制的自动空调要准确得多，而且控制板也很简单。

在全自动空调系统中，有一套计算比较电路，通过对传感器信号和预调信号的处理、计算、比较，输出不同的电信号指挥控制机构工作，使温度门的位置不断调节空调温度，并使风扇的转速随着空调参数的改变而改变。空调风向的控制、各风门的开关是用电磁阀控制的，故控制键都是琴键式，操作方便。

如图 7—24 所示为全自动汽车空调系统的工作原理图。全自动空调系统主要由电桥、比较计算器和真空伺服电动机控制三部分组成。

车外温度传感器、车内温度传感器、太阳辐射热传感器和调温键电阻组成的电桥和计算器组成一个控制系统。由于温度变化，由热敏电阻组成的传感器电阻必然引起电阻变化，则电桥的输出电位 V_A 和 V_B 发生相应变化，电桥处于不平衡状态，引起比较器 OP1、OP2 的启动。OP1 和 OP2 组成的计算比较器，对电桥来的电信号进行比较后，输出一个电流值给真空电磁阀，而真空电磁阀将电信号转换成真空信号，指挥真空伺服电动机工作，带动控制杆对温度门的开度进行控制，同时对风扇转速和热水阀进行控制，最后达到恒温。

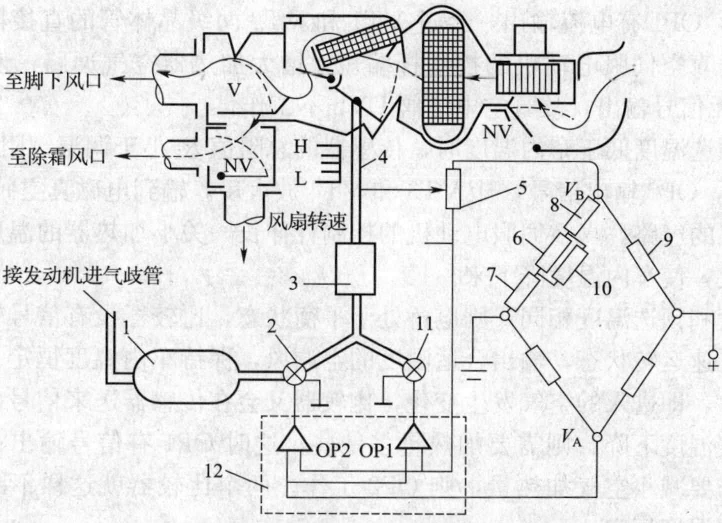

图 7—24　全自动汽车空调系统的工作原理

1—真空罐　2—升温真空电磁阀　3—真空伺服电动机　4—控制杆
5—反馈电位器　6—太阳辐射热传感器　7—车外温度传感器　8—车内温度传感器
9—调温键电阻　10—风道温度传感器　11—降温真空电磁阀　12—比较计算器

如图 7—25 所示为全自动空调控制电路。其中包含有由车内温度传感器 C、车外温度传感器 D 和日光辐射传感器 E、反馈电位器 B 和温度选择器的可变电阻 A 组成的检测信号电桥和由 OP1、OP2 和晶体管组成的比较放大电路。

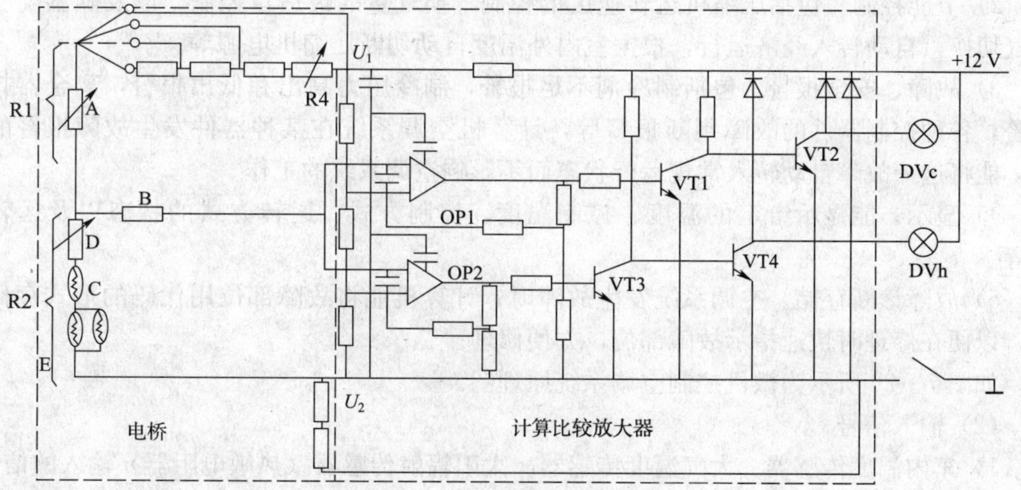

图 7—25　全自动空调控制电路

温度自动控制系统的工作过程如下：

当预定温度高于车内温度时，传感器的总阻值 R_2 大于调温键的阻值 R_1，即 $R_1<R_2$，

则电压$U_1>U_2$，OP1 有电流输出，经过 VT1 和 VT2 两级晶体管的直接耦合放大后，电磁阀 DV_c工作，真空伺服电动机的控制杆缩短，增大加热器空气通路，使车内的温度上升。由于 OP2 无信号输出，故真空电磁阀 DVh 不工作。

当设置的预选温度低于车内温度时，传感器的总阻值R_2小于调温键阻值R_1，即$R_1>R_2$，则$U_1<U_2$，OP2 输出信号，让 VT3 和 VT4 放大后，输到电磁真空阀 DVh 上，导通真空伺服电动机的气路，真空伺服电动机的控制杆伸长，关小加热器的温度门，输入车内的是较凉的空气，使车内温度降下来。

若车内温度和预选温度相同，则电桥处于平衡状态，比较器没有信号输出，空调器维持在风扇中、低速运转状态，输出合适温度的空调风，保持车内温度恒定。这时，只要车外温度发生变化，即进入的空气发生变化，比较器又会在传感器送来信号的基础上进行工作。若外界空气温度下降，则需要加热量多一些，这时 OP1 有信号输出；若输入的空气温度上升，则需要减小空气加热量，则 OP2 工作。两个比较器就这样不断地修正交替工作，以保持车内温度恒定。

3. 微机控制的汽车空调系统

微机控制的空调系统，不仅能按照乘员的需要吹出最适宜的温度、湿度的风，而且可以根据实际需要调节风速、风量。

（1）微机控制的汽车空调系统的功能

1）空调控制。包括温度自动控制，风量控制，运转方式给定的控制，换气量的控制等，以满足车内舒适性的要求。

2）节能控制。包括压缩机运转速度的控制，换气量的最适量控制，以及随温度变化换气切换，自动转入经济运行，根据室内外温度自动切断压缩机电源等。

3）故障、安全报警。包括制冷剂不足报警，制冷压力高出和低出报警，离合器打滑报警，各种控制器件的故障判断报警等，计算机空调系统在某种器件发生故障报警的同时，能将这一故障自动转入常规运行状态而不影响空调系统的工作。

4）显示。能显示给定的温度、控制温度、控制方式、运转方式的状态以及运转时间等。

5）故障诊断存储。空调系统发生故障时，计算机能将故障部位用代码的形式存储起来，以便在修理时快速指示故障部位，方便修理。

如图 7—26 所示为微机控制空调系统原理图。

（2）输入信号

1）车内温度传感器、大气温度传感器、太阳辐射传感器（热敏电阻器）输入的信号。

2）驾驶员预定的调节温度信号，选择功能信号。

3）由分压器检出的温度风门位置信号，以及蒸发器温度传感器和冷却水温度传感器信息。

4）压缩机的工作参数（转速、制冷剂、压力、温度）。

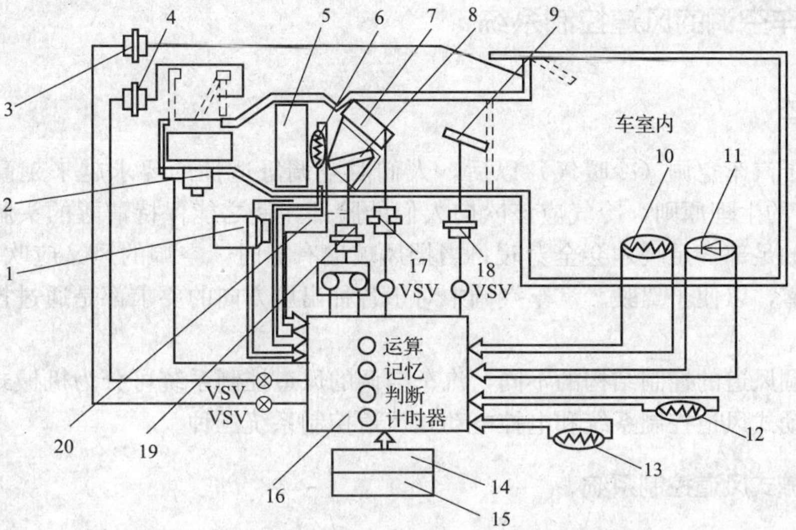

图 7—26　微机控制空调系统原理图

1—压缩机　2—鼓风机　3—上风口真空电动机　4—气源门真空电动机　5—蒸发器　6—蒸发器传感器　7—加热器芯　8—温度门　9—吹出风口　10—车内温度传感器　11—太阳辐射热传感器　12—车外温度传感器　13—冷却水温度传感器　14—触摸开关　15—预定温度键　16—微型计算机　17—热水阀真空电动机　18—风口切换真空电动机　19—反馈电位计　20—真空伺服电动机　VSV—真空切换阀

（3）信号处理

微机根据输入的信息进行计算、比较、判断并发出工作指令让执行机构动作和故障警告。

（4）执行机构

1）向有关真空电磁阀（伺服电动机）发出指令驱动各个风门到相应的位置。

2）控制 DVV 阀动作，调节温度门到适当的位置，输出合适温度的空调风。

3）通过调节鼓风机电动机的电压来控制空调风量。

4）自动切断或接通压缩机电路和加热器电路，以控制它们的工作情况。

5）对于使用容积可调式压缩机制冷系统，压缩机的节能输出会引起蒸发器温度上升。这时计算机可自动调节温度门位置，保持输出空气温度不变，保持车内温度恒定。

6）需要除霜和除凝雾时，只要触摸 DEF 开关，空调就会向挡风玻璃和汽车两侧吹出热风。

7）根据实际情况自行决定运行方式和自动切换风口。

微机控制的空调系统操纵机构常采用触摸式电子开关。计算机控制板上的触摸开关下面有一个灵敏转换器，只要轻轻触按一下功能键，微机控制的空调系统即可按照选定的温度和功能自动选择运行方式，达到所需的温度。

7.3 汽车空调的风道控制系统

7.3.1 概述

自从有了汽车空调（冷暖气）以后，人们对空调舒适性的要求越来越高，根据人们“头冷足暖”的生理原则，冷气应该吹向人们的脸部，使之能保持清醒的头脑；而暖气却会吹向人们的足部，足暖才会全身暖；当挡风玻璃有雾时，空调的风又应吹向挡风玻璃，使之迅速除雾，以便于驾驶。汽车空调中对于各种出风方向的要求都是通过控制风道来实现的。

根据空调风道的控制结构的不同，汽车空调的风道控制系统可分为机械式风道控制系统；电控气动式风道控制系统和电控电动式风道控制系统三种。

7.3.2 机械式风道控制系统

机械式风道控制系统也称为手动式风道控制系统，桑塔纳汽车所用空调风道控制系统就属于此类，其控制面板如图 7—27 所示。

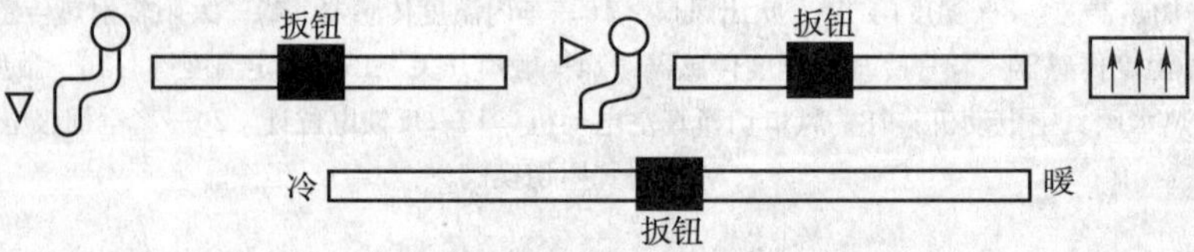

图 7—27　桑塔纳汽车用空调风道扳钮示意图

它有上下两行控制扳钮，如果将上一行的左侧控制扳钮扳向左边，空调的风就会向下吹，吹向足部，这是开暖风时风道的位置。如果将上一行左侧的扳钮扳向右边、右侧的扳钮扳向左边，空调的风就会吹向人们的脸部，这是开冷风时，风道的位置。如果将上一行右侧的扳钮扳向右边，空调的风就会向上吹，吹向挡风玻璃。其工作原理如图 7—28 所示。

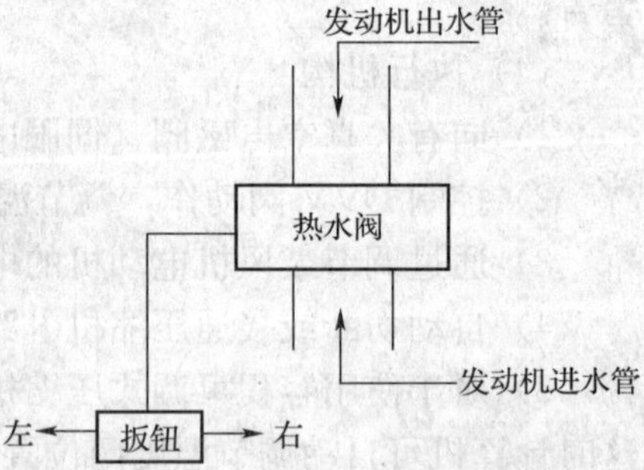

图 7—28　暖气热水阀工作示意图

将下一行控制扳钮扳向左面，实际上是将热水阀关闭，发动机的冷却水无法流通，暖风就没有了。反之，将控制扳钮扳向右面，热水阀打开，发动机的冷却水就流通，暖风就有了。如果将扳钮扳到中央位置，此时，热水阀半开半闭，空调的出风即为混合风，其温度可通过扳动扳钮任意调整。

7.3.3 电控气动式风道控制系统

电控气动式风道控制系统是由空调微机、风逆转换电磁阀和阀门三大部分组成。奔驰W140型空调风道转换系统就是属于此种类型。

1. 空调微机

奔驰W140型的自动空调系统为微机自动恒温控制系统。这是一种先进的车内温度控制系统，具有温度自动控制功能，自动检测功能，故障消除功能，风量自动控制功能，出风口自动转换功能。其空调操作面板如图7—29所示，该面板的左侧按钮控制左侧风口，并显示左侧设定温度，右侧按钮控制右侧风口，并显示右侧设定温度。

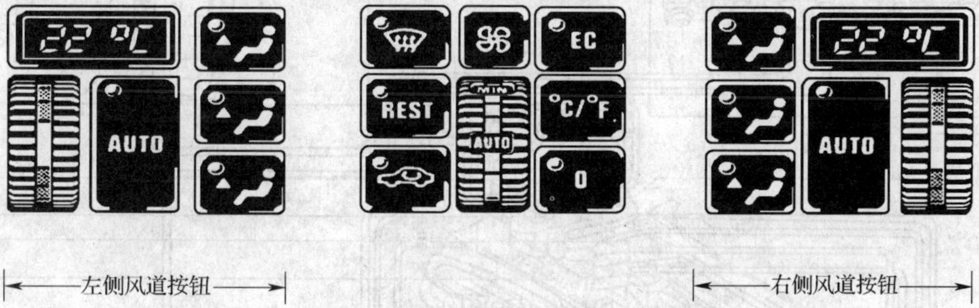

图7—29 奔驰W140型空调操作面板

(1) 按下左侧AUTO按钮，此时，汽车空调根据车内温度，车外温度和人们所需要的设定的温度进行左侧风口的自动转换。按下向上吹的按钮，此时风只能向上吹；按下向上向下吹的按钮，此时风即可向上也可向下吹；若按下向下吹的按钮，则风只能向下吹。右侧按钮和左侧按钮的功能及使用方法都是一样的。

(2) 按下除雾按钮，系统就会自动将温度设定到最高温度，并将风吹向挡风玻璃和两侧车窗。

(3) 当车外有异味时，可以按下车内循环按钮。过20 min后，车内外循环阀门会自动打开，让外界空气流通，避免车内缺氧。

2. 风道转换电磁阀

风道转换电磁阀能根据空调微机的指令，将电信号转换成真空信号来控制风道的转换和启闭。

风道转换电磁阀的工作原理如图7—30所示。

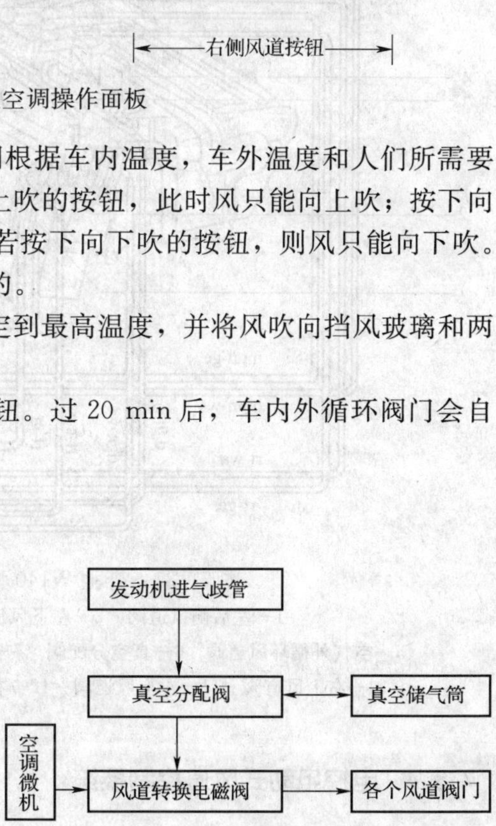

图7—30 风道转换电磁阀工作示意图

(1) 发动机的真空压力经过真空分配阀和单向阀到储气筒和风道转换电磁阀。

(2) 空调微机的指令经过风道转换电磁

阀，由电信号转换成真空信号到各个风道的阀门。

3. 阀门

电控气动式风道控制系统中的阀门即为真空吸力气动式阀门，每只阀门均有两根真空管来控制风道的全开全闭和半开半闭，阀门下端的机械结构来连接风道的翻板，使之打开和关闭，真空管路和各个阀门的位置如图 7—31 所示。

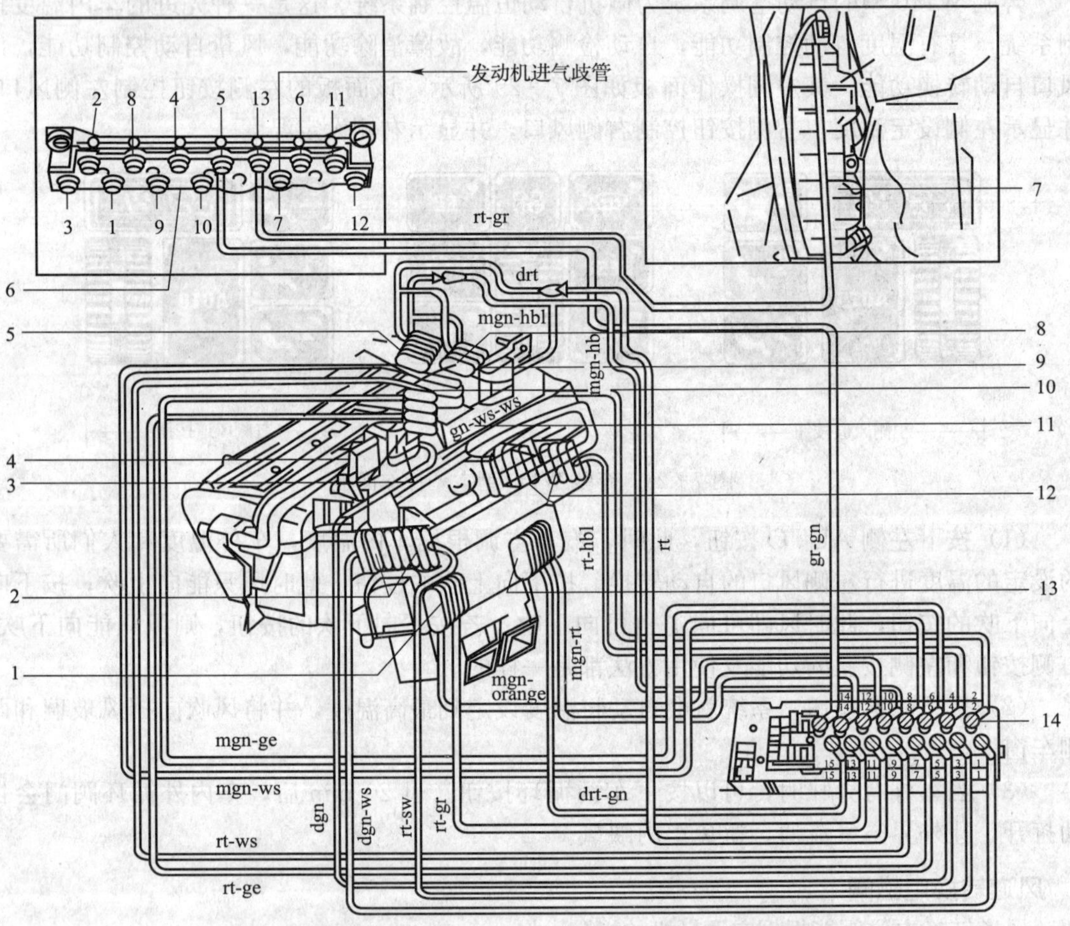

图 7—31　奔驰 W140 型空调真空管路及真空阀门位置图

1—左后侧风道阀　2—左下风道阀　3—活性炭过滤器　4—左边侧风道阀　5—空气外循环风道阀　6—真空分配阀　7—真空储气筒　8—空气内循环风道阀　9—右边侧风道阀　10—右上风道阀　11—左上风道阀　12—右下风道阀　13—右后侧风道阀　14—电磁真空分配阀

7.3.4　电控电动式风道控制系统

电控电动式风道控制系统是由空调微机、风道转换控制模块、伺服电动机三大部分组成，奔驰 W220 型空调风道转换系统就是属于此种类型。其出风口的风向如图 7—32 所示。

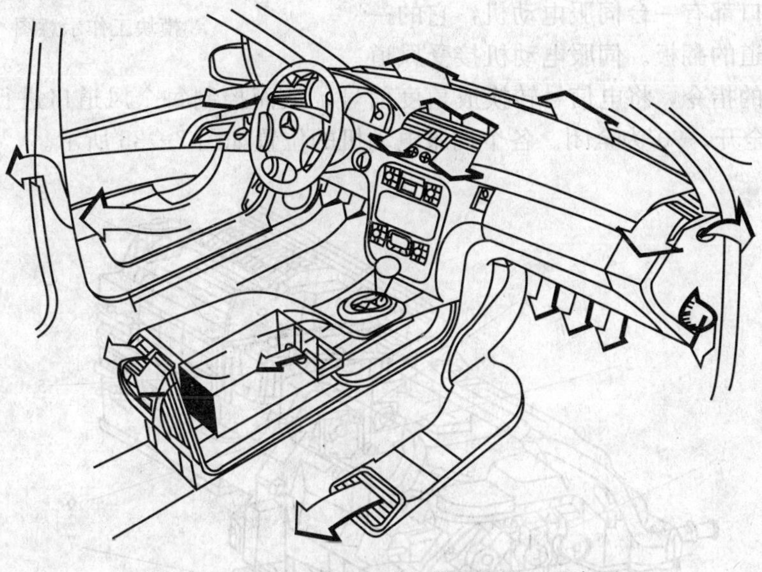

图 7—32　奔驰 W220 型空调各出风口示意图

1. 空调微机

奔驰 W220 型自动空调系统比 W140 型更为先进，不仅具有 W140 型的功能，还具有许多其他功能。风道的转换最终是由伺服电动机将电信号转换成角度信号来完成的。其空调操作面板如图 7—33 所示。

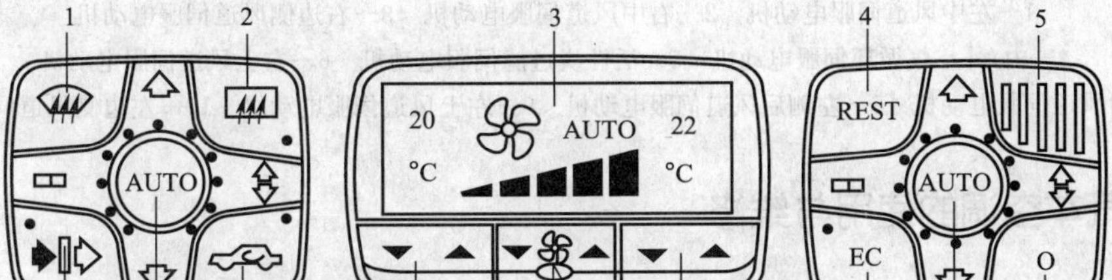

图 7—33　奔驰 W220 型空调微机面板

1—挡风玻璃除雾　2—后窗除雾　3—显示屏　4—空调测试　5—车内温度传感器　6—空调开关　7—右侧风道自动/手动选择　8—关闭空调压缩机　9—右侧温度选择　10—调节鼓风机　11—左侧温度选择　12—内循环　13—左侧风道自动/手动选择　14—活性炭过滤

2. 空调转换控制模块

风道转换控制模块根据空调微机的指令由电控信号转换成电动机信号，从而驱动电动机。其工作过程如图 7—34 所示。

图 7—34　空调风道转换控制模块工作示意图

3. 伺服电动机

每个风道口都有一台伺服电动机，它的一个端部连接风道的翻板。伺服电动机接受风道转换控制模块的指令，将电信号转换成角度信号，从而控制每个风道口进行 0°～90°的任意调节，0°为全开，90°为全闭。各个伺服电动机的位置如图 7—35 所示。

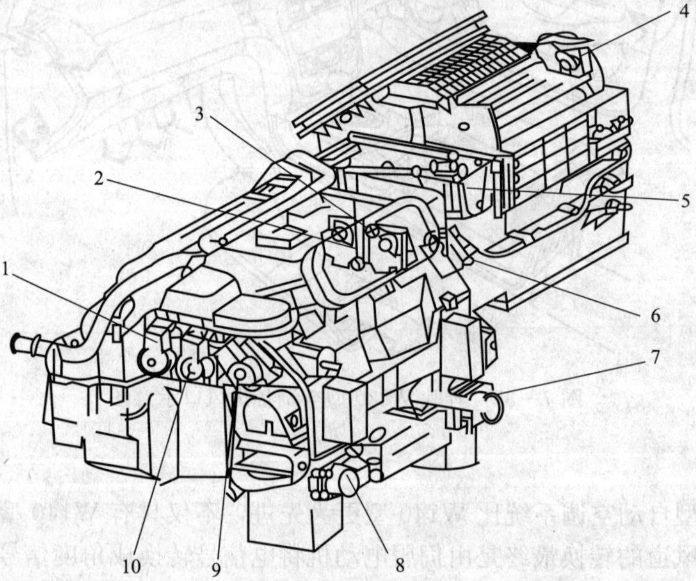

图 7—35　奔驰 W220 型伺服电动机位置图

1—左中风道伺服电动机　2—右中风道伺服电动机　3—右边侧风道伺服电动机　4—内/外空气循环伺服电动机　5—活性炭过滤伺服电动机　6—右上风道伺服电动机　7—右侧后风道伺服电动机　8—左侧后风道伺服电动机　9—左上风道伺服电动机　10—左边侧风道伺服电动机

7.4　汽车空调的使用与维修

7.4.1　汽车空调系统的常规检查

为保证空调系统运行正常，在不使用制冷设备测试仪器的情况下，平时应经常进行下列常规检查工作。检查时，应将汽车停放在通风良好的场地上，保持发动机转速在 2 000 r/min 左右，空调机风速开在最快挡，车内空气设定为内循环。

1. 用手检查各部件及管路的温度

用手触摸空调系统管路及各部件，检查表面温度。正常情况下，低压管路呈低温状态，高压管路呈高温状态。

(1) 高压区。从压缩机出口→冷凝器→储液干燥器→膨胀阀进口处，这一部分是制冷系统的高压区，这些部件应该先暖后热，最后会变得很烫，手摸时应特别小心，避免被烫伤。如果在其中某一部分发现有特别热的部位，例如在冷凝器表面，则说明此部分有问题，散热不好。如果某一部位如储液干燥器特别凉或者结霜（如膨胀阀入口处），则说明此部位有问题，可能有堵塞。储液干燥器进、出口之间若有明显温差，同样说明此处有堵塞。

(2) 低压区。从膨胀阀出口→蒸发器→压缩机进口处，这一部分是制冷系统的低压区，这些部件表面应该由凉到冷，但膨胀阀处不应发生霜冻现象。

(3) 压缩机高、低压侧之间。此处应该有明显温差，若没有明显温差，则说明几乎没有制冷剂，系统有明显泄漏。

2. 用肉眼检查渗漏部位

所有连接部位或冷凝器表面一旦发现油渍，一般都说明此处有氟利昂渗漏，应采取措施修理，也可用较浓的肥皂水涂抹在可疑之处，观察是否有气泡出现。

重点检查渗漏的部位是：

(1) 各个管道接头及阀门连接处。

(2) 全部软管，尤其在管接头附近，察看是否有气泡、裂纹、油渍。

(3) 压缩机轴封，前、后盖板密封垫，检修阀，安全阀处。

(4) 冷凝器表面被刮坏、压扁、碰伤之处。

(5) 蒸发器表面被刮坏、压扁、碰伤之处。

(6) 膨胀阀的进、出口连接处，膜盒周边焊接处，以及感温包与膜盒的焊接处。

(7) 储液干燥器的易熔塞，视窗，高、低压阀连接处。

(8) 歧管压力表（如果安装的话）本身各种连接头、手动阀，以及软管处。

3. 从视窗判断工况

视窗大多安放在储液干燥器上，也有个别的安放在从储液干燥器到膨胀阀之间或冷凝器到储液干燥器之间的管路上。

启动发动机，稳定在 1 500～1 750 r/min，制冷压缩机运行 3 min。擦干净视窗的玻璃，把空调功能键置于 MAX（最大制冷）位置，鼓风机（包括空调器和冷凝器风机）置于最高转速，这时可从观察窗中看到如下几种情况：

(1) 清晰、无气泡。分下列几种情况：

1) 出风口是冷的，说明制冷系统工作正常，制冷剂量适当。

2) 出风口不冷，说明制冷剂漏光了。

3) 出风口不够冷，而且关掉压缩机 1 min 后仍有气泡慢慢流动，或在关压缩机后的一瞬间就清晰无气泡，则说明制冷剂太多，要放掉一点。

(2) 偶尔出现气泡，并且伴有下列现象：

1) 时而伴有膨胀阀结霜，则说明有水分。

2）没有膨胀阀结霜现象，可能是制冷剂缺少，或有空气。

（3）有气泡、泡沫，说明制冷剂不足。

（4）视窗玻璃上有油斑，出风口不冷，说明完全没有制冷剂。

（5）泡沫很混浊，可能是冷冻油过多。

4. 检查换热器表面并清洗

停机检查蒸发器通道及冷凝器表面，以及冷凝器与发动机水箱之间是否有碎片、杂物、泥污，如有，应及时清理、小心清洗。冷凝器可用软长毛刷蘸水轻轻刷洗，但千万不要用蒸气冲洗。换热器表面，尤其是冷凝器表面要求经常清洗。检查冷凝器表面是否有脱漆，注意及时补漆，以免锈蚀。

5. 检查电磁离合器与低温保护开关

可断开和接合电路，以检查电磁离合器及低温保护开关工作是否正常。

（1）小心地断开电磁离合器电源，此时压缩机会停止转动，再接上电源，压缩机应立即转动。这样每次短时间接合试验几次，以证明电磁离合器工作正常。

（2）在天冷时，若压缩机不启动，可能是因为低温保护开关在起作用。可将蓄电池与电磁离合器直接连接（连接时间不能超过 5 s），若压缩机仍不转动，则说明有故障，首先应排除电磁离合器故障。

（3）在低温保护开关规定的气温以下正常启动压缩机，若仍能起动，则低温保护开关有故障，需更换。

6. 检查车速控制器

（1）低速保护。先确认该系统有无低速保护装置（即利用怠速控制器使发动机转速低于某一限值时，压缩机自动停转）。若有，首先将发动机在高于此限定值上运转，确认压缩机工作正常，然后让发动机降速至限定值以下，若压缩机自动停转，则说明怠速控制器工作正常，否则应调整怠速控制器限定值或调整发动机怠速。

（2）高速保护。先确认该系统有无高速保护装置（即超速控制器）。若有，将发动机正常运转，确认压缩机能正常运转，然后短时间内让发动机高速运转（模拟超车）几秒钟，观察压缩机能否自动停转，并能否在几秒钟后又恢复运转。

7. 检查感温包保温层

检查膨胀阀感温包与蒸发器出口管路是否贴紧，隔热保护层是否包扎牢固。

8. 检查换热器壳体

检查蒸发器壳体有无缝隙，冷凝器导风罩是否完好，冷凝器与水箱之间的距离是否合理（两者不应超过 5 cm 间距，否则会产生紊流，空气重复在两者间隙中循环而不流过换热器芯子，影响两者的换热率效）。

9. 检查压缩机油面

对于大型压缩机，在开机以前需要检查冷冻油是否足够，一般从玻璃油孔或油标尺检查油面高度，可根据压缩机说明书判断油量是否适宜。

10. 检查电线连接及软管连接

检查电线接头是否正常，电线有否碰到过热、转动、有毛刺的部件及被发动机排气吹到的可能，是否固定牢靠。检查制冷软管及冷凝水管固定是否牢靠，是否有碰到过热、运动、尖角部件及废气的可能，是否有足够的伸缩余地。电线和软管穿过金属板件时有否固定良好的橡胶保护套。

11. 检查压缩机传动带张力

检查传动带张力是否适宜、表面是否完好（若鼓风机也用传动带传递动力，则也要检查）。一般新传动带装上时张力正好，运转一段时间应会伸长，因此需要再次张紧，即在装好新传动带后运转 5 min 以上，然后停机再次张紧。由于结构不同，传动带长度不同，对于传动带的张力要求也就不同，张紧时的张力应符合使用说明书提出的标准。

12. 检查辅助发动机驱动的机组

对于辅助发动机驱动的机组除要检查上述内容以外，还要检查发动机的油压、燃油量、水箱水量等项目，以及其他发动机的常规检查内容。

7.4.2 制冷系统的抽真空、检漏及加液方法与注意事项

检漏、抽真空、加液是制冷维修工作的主要内容，下面以轿车及旅行车用非独立式空调机为例，介绍其检修工作程序：

1. 汽车空调制冷系统常用检测工具

在对汽车空调制冷系统进行检修时，检测工具是必不可少的。常用的制冷系统检测工具有歧管压力计、氟利昂检漏仪、制冷剂注入阀和真空泵等。

(1) 歧管压力计。歧管压力计是汽车空调器操作中的主要工具，无论是加制冷剂、抽真空，还是检查制冷循环压力情况都离不开歧管压力计。

1) 歧管压力计的构造。歧管压力计结构如图 7—36 所示。它由高压表、真空低压表、阀体、单向阀、高低压侧手动阀和连接软管组成。工作时，高、低压侧接头分别与压缩机高、低压服务阀相连，中间接头与真空泵相连或与氟利昂瓶相连。

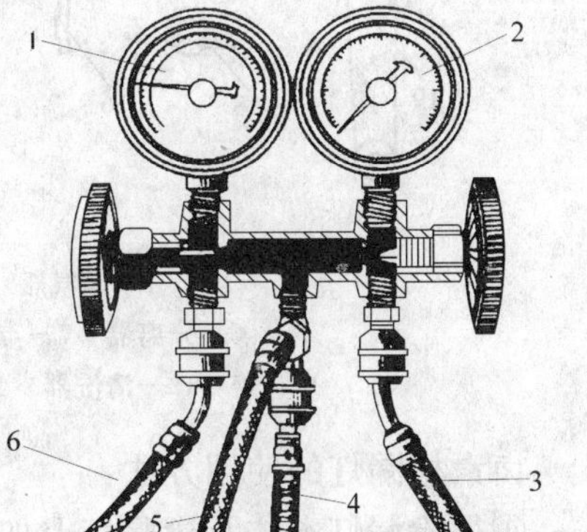

图 7—36 歧管压力计

1—低压表 2—高压表 3—接高压工作阀 4—至真空表 5—至制冷剂供应储液器 6—接低压工作阀

2) 歧管压力计的使用

①当低压侧手动阀开启，高压侧手动阀关闭时，低压侧管路与中间管路、低压表、单向阀接通，可进行从低压侧加注 R12 或泄放 R12，检查高、低压侧压力的操作。

②低压侧手动阀关闭，高压侧手动阀开启时，高压侧管路与中间管路、高压表、单向阀接通，可进行从高压侧加注 R12、泄放 R12，检查高、低压侧压力的操作。

③高、低压侧手动阀均关闭时，可进行检查高、低压侧压力的操作。

④高、低压侧手动阀都开启时，可进行加注 R12、系统抽真空，检查高、低压侧压力的操作。

3）使用歧管压力计的注意事项

①压力计的软管与接头相连，只能用手拧紧，不可使用工具。

②不用时，软管要与备用接头连起来。

③使用时，必须排尽管内空气。

（2）氟利昂检漏仪。氟利昂检漏仪有卤素检漏灯、卤素电子检漏仪两种。

1）卤素检漏灯。卤素检漏灯是一种丙烷（或乙醇）气燃烧喷灯，利用制冷剂气体进入安装在喷灯的检测管（吸入管）内，会使喷灯的火焰按漏气的多少相应地改变颜色这一特性来判断机组中 R12 泄漏部位及泄漏程度。其灵敏度是 0.1%，即可检测出空气中氟利昂浓度为 0.1%时的泄漏位置。其结构如图 7—37 所示。

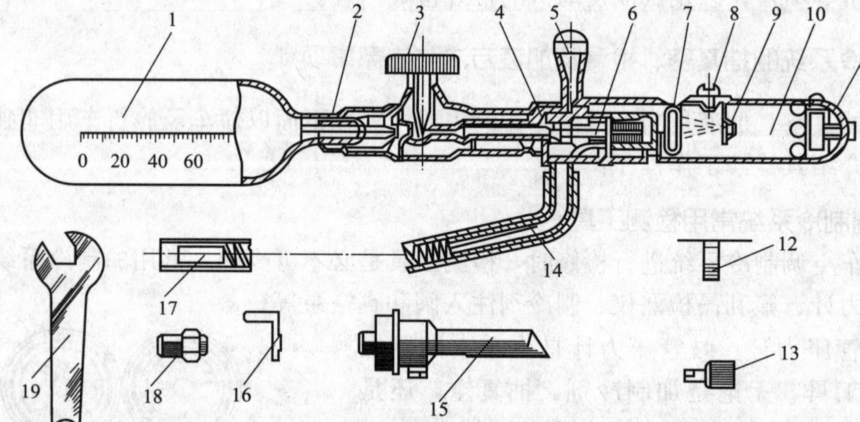

图 7—37　卤素检漏灯

1—储气瓶　2，4，18—喷嘴　3—调节阀　5—支架

6—分离器　7—点火孔　8—螺钉　9，16—反应板　10—烧火筒

11—盖　12—清洗器　13，19—扳手　14—吸入管　15—烙铁　17—滤清器

卤素检漏灯的使用方法：

①往检漏灯本体及检漏灯上加工业无水酒精（丙烷检漏灯则加足液态丙烷）。

②对于进口的卤素灯将划着的火柴插进检漏灯点火孔里，接着朝逆时针方向慢慢拧转调节把手，让丙烷气体溢出，遇火即能点着燃烧。

国产的卤素灯，将火柴点着灯盘上的酒精，待酒精将要烧完时，拧开调节把手，让检漏灯本体中的酒精喷出，遇到被烧热的铜环而点着燃烧。

③将燃烧的火焰调节到尽量小。火焰越小，对制冷剂漏气的反应越灵敏，火焰的光头伸出铜环（反应器）约 5 mm 为好。

④把吸入管末端靠近有可能漏气的部位。

⑤细心观察火焰的颜色（氟利昂气体在 600～700 ℃温度的燃烧区内能分成氯化氢和氟化氢，这些气体接触到烧红的铜时会使火焰变绿，并升高火焰）。

表 7—1 列出了卤素灯不同火焰颜色所反应的制冷剂泄漏量。

表 7—1　　卤素检漏灯故障判断表

燃烧的物质	火焰颜色	故障判断
酒　精	浅绿色	有少量泄漏
	深绿色	有大量泄漏
丙　烷	浅蓝色	有较少泄漏
	蓝　色	有更多泄漏
	紫　色	有大量泄漏

2）电子检漏仪。检测 R134a 泄漏情况要使用一种专门适用于它的检漏仪，或使用标明检测 R134a 及 R12 的两用电子检漏仪。

电子检漏仪的一般使用方法：

①将检漏仪的电源接上，预热 10 min 左右。

②将开关拨至校核挡，确认指示灯和警告灯工作正常。

③调节灵敏度至所要求的灵敏度范围。

④将开关拨至检测挡，将探头放至被检测位置，若有超过该灵敏度范围的泄漏量，则警铃会发出声响，指示灯也会闪光。

⑤一旦查出泄漏部位，探头须立即离开此部位，以免缩短仪器使用寿命及影响灵敏度。

⑥如果空调机有大量泄漏，或刚经过维修，周围空间有大量制冷剂气体，则应（用风扇）先吹净空气，再进行检查，否则会影响检查的正确性，无法测出泄漏部位。

2. 泄漏检查

在抽真空、加液之前，先要进行泄漏检查，以确定系统是否有泄漏及泄漏部位，以便进行修补。制冷剂的泄漏检查除了检漏仪法外，还有皂泡法、着色法和检查油迹法等，这里仅介绍检漏仪法。

（1）将歧管压力计与压缩机、制冷剂罐（或氮气瓶）连接，如图 7—38 所示。连接时，要注意放掉软管中的空气，不可使之进入压缩机。

（2）关闭氮气瓶，打开制冷剂罐及高低压手动阀，让少量制冷剂进入制冷系统，到压力显示为 98 kPa，立即关闭制冷剂罐。

(3) 将干燥氮气减压至 981 kPa，打开氮瓶，使氮气进入制冷系统。

(4) 待系统内压力稳定后，关闭氮瓶，再保压数小时，确认系统压力不下降，或立即进行泄漏检查。

(5) 利用检漏仪检查制冷系统各处有否泄漏。

(6) 若发现连接处泄漏，则拧紧接头或螺栓，再检查一遍。待全部泄漏部位都找到后统一进行修理，然后再重新进行泄漏检查。

(7) 确认系统无泄漏后，卸下制冷剂罐及氮瓶，放掉系统内的制冷剂及氮气。

3. 抽真空

(1) 将图 7—39 中的氮气瓶阀关闭，打开真空泵，即使歧管压力计中间连接管与真空泵相连。

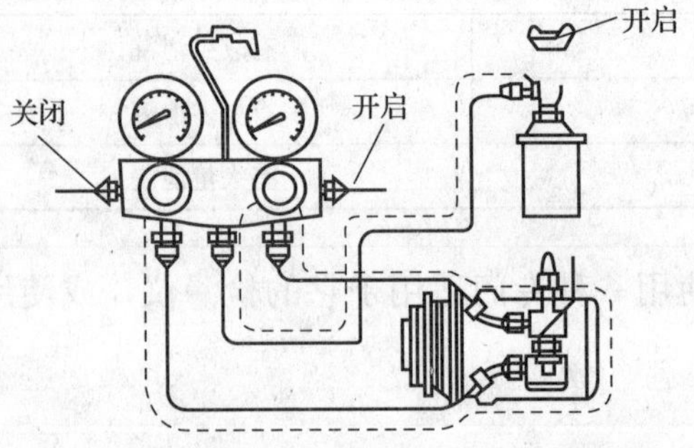

图 7—38　泄漏检查时歧管压力表连接图

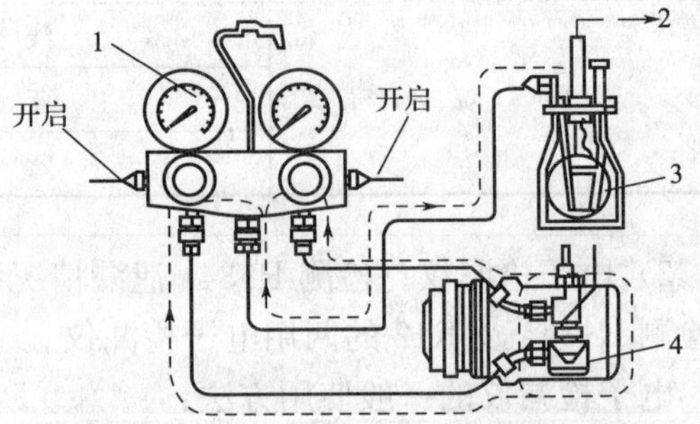

图 7—39　抽真空时歧管压力表连接图

1—压力表　2—空气　3—真空泵　4—压缩机

(2) 打开歧管表高低压手动阀及真空泵，将系统压力抽真空至 1×10^{-5} Pa。

(3) 放置 5 min，如果压力表指针指示变大，则说明系统有泄漏，停止抽真空，进行泄漏检查，并修理。然后再重新进行泄漏检查和抽真空工作。

(4) 若表针保持不动，则打开真空泵手动阀，再抽真空。在抽真空过程中，可将真空泵出气管插入水中，待水中不再冒气泡（约 20～30 min），真空指针稳定后，停止抽真空。

4. 加制冷剂

此项操作紧接在抽真空以后进行。

(1) 将制冷剂罐放在磅秤上，称出初始质量。与压缩机相连的歧管压力表中间接头与制冷剂罐相连。要完全排除软管中的空气，千万不可让空气进入系统。

(2) 打开制冷剂罐和高压侧手动阀，让制冷剂从高压侧进入。此时，为加快充注速度，可将制冷剂罐倒置，但千万不要加过量，发动机绝对不能发动。

(3) 若系统制冷剂加不足，则关闭高压侧手动阀，将制冷剂罐直立，开动发动机，接合压缩机快速运转，打开低压侧手动阀，让气态制冷剂从低压侧吸入压缩机。

(4) 如果气态制冷剂加注速度慢，可将制冷剂罐直立，置于 40 ℃以下的温水中，以保持制冷剂罐中的蒸气压稍高于系统内的蒸气压。但注意千万不可用过高温度的热水或火源接近制冷剂罐。

（5）待制冷剂注入达到要求量，关闭低压侧手动阀及制冷剂罐。

（6）通过视窗处确认系统内无气泡、无过量制冷剂。

（7）将发动机转速调到 2 000 r/min，冷风机风量开到最高挡，若气温在 30～35 ℃，系统内低压侧压力应为 147～192 kPa，高压侧压力应在 1 373～1 668 kPa 左右（视机型不同，此值略有高低），若气温改变，则压力值相应有所改变。

（8）加注工作完毕后，停止发动机转动，将歧管压力表从压缩机上卸下。与装上时一样，卸下时的动作要迅速，以免有过多制冷剂排出。

（9）将堵盖螺母装于压缩机的维修服务阀上，防止此处泄漏。

5．操作注意事项

（1）操作时要戴防护眼睛的用具。

（2）周围有水或下雨天露天作业时，不能打开制冷系统。

（3）干燥器一定要在最后安装。

（4）制冷系统打开后，一定要及时加盖密封。

（5）冷冻油要随时盖严。

（6）修理工具必须清洁干燥。

（7）制冷剂要存放在 40 ℃以下的环境中。

（8）制冷剂必须慢慢排放，以防带走冷冻油。

（9）不能在密闭的房内或靠近火焰的地方处理制冷剂。

（10）低压端不能加液态制冷剂，从高压端加制冷剂时不能开动压缩机。

单元小结

1．汽车空调是用来对汽车驾驶室和车厢内的空气进行调节，使温度、湿度、洁净度等满足人体舒适需要的装置。汽车空调系统主要由通风装置、暖风装置、制冷装置和空气净化装置等组成。

2．汽车空调制冷剂 R134a（四氟乙烷），具有良好的大气环境特性，臭氧层破坏系数（ODP）为 0，即不破坏臭氧层。它具有安全性高、不易燃、无色、无毒、无刺激性和腐蚀性；蒸发潜热高，具有较好的制冷能力；黏度较低，流动性好；导热系数较高，热传导效果好等优点。

3．汽车空调制冷系统由压缩机、冷凝器、储液干燥器（或积累器）、膨胀阀（或孔管）、蒸发器和电气控制系统等组成。

4．压缩机能将低温、低压的气态制冷剂压缩成高温、高压状态并输出到冷凝器中，同时吸入蒸发器中低温、低压的气体制冷剂。汽车空调压缩机主要采用容积式压缩机，大部分是通过汽车发动机驱动。

5. 冷凝器的作用是将制冷剂从蒸发器吸收来的热和压缩机作功转换的热排放出去，即把送进冷凝器的高温、高压气体制冷剂，用发动机的冷却风扇和汽车行驶时产生的自然风进行强制冷却，使之成为温度较高的高压液体制冷剂。

6. 储液干燥器有过滤杂质、吸收水分、防止堵塞的作用。储液干燥器的视窗可用来观察系统制冷剂循环流动的具体情况。一般来讲，若观察到气泡就表示循环制冷剂不足；无气泡，则表示适量。

7. 膨胀阀的功能，一是将高压制冷剂液体节流减压，由冷凝压力降至蒸发压力；二是自动调节制冷剂进入蒸发器的流量，以适应制冷负荷变化的需要。

8. 蒸发器是一种热交换器，它是利用低温低压的液态制冷剂蒸发时需吸收大量热量的原理，把通过它周围的空气中的热量带走，变成冷空气后送入车厢，从而达到车内降温的目的。

9. 汽车空调电气控制系统由电磁离合器、鼓风机电动机、发动机怠速自动调整装置安全电路、压力开关电路、温度控制器、继电器和控制开关等组成。

10. 电控气动式风道控制系统是由空调微机、风道转换电磁阀和阀门三大部分组成。

11. 电控电动式风道控制系统是由空调微机、风道转换控制模块、伺服电动机三大部分组成。

单元测试题

一、单项选择题（下列每题有3个选项，其中只有1个是正确的，请将其代号填在横线空白处）

1. 桑塔纳汽车采暖量的强度是通过________进行调节的。

A. 风量大小　　B. 发动机水温　　C. 调节水阀

2. 0 ℃相当于绝对温度________K。

A. 273　　B. 237　　C. －273

3. R12与R134a制冷系统中，________是可以互换使用的。

A. 冷冻机油　　B. 干燥剂　　C. 鼓风机

4. 在汽车空调系统中，冷凝器是安装在压缩机与________之间的。

A. 储液干燥器　　B. 蒸发器　　C. 膨胀阀

5. 空调压缩机电磁离合器的间隙一般为________mm。

A. 0.1～0.3　　B. 0.3～0.5　　C. 0.5～1.0

6. 开空调时，鼓风机只有高速而无低速，可能是________。

A. 风挡开关坏　　B. 调速电阻坏　　C. A/C开关坏

7. 在储液干燥器的视窗中发现有气泡，可能的原因是________。

A. 制冷剂过多　　B. 制冷剂过少　　C. 膨胀阀堵塞

8. 阳光下曝晒过的车辆，开空调时，先应将鼓风机置于________位置。

A. 通风　　B. 1 挡　　C. 2 挡

9. 抽空真空后加注第一小罐制冷剂时，应将制冷剂罐________，打开________手动阀，并且不能起动空调系统。

A. 直立　低压　　B. 直立　高压　　C. 倒立　高压

10. 歧管压力表中的蓝色管子是与________连接的。

A. 低压检修阀　　B. 高压检修阀　　C. 真空泵

二、判断题（下列判断正确的请打“√”，错误的打“×”）

1. 汽车通风装置的主要作用是换气。（　）
2. 从空调压缩机出来的是低温高压气态制冷剂。（　）
3. 只有空调压缩机电路被接通，怠速电磁阀才会通电工作。（　）
4. 桑塔纳轿车空调系统的 4 个挡位的风是通过调速电阻调出的。（　）
5. 在装有自动空调的车辆上，急加速时，空调压缩机仍可工作。（　）
6. 一般检测 R12 制冷剂的电子检漏仪对检测 R134a 的空调系统是无效的。（　）
7. 因为制冷剂比空气重，所以检漏时应先下后上。（　）
8. 若在视窗中观察到清晰的液体流动，说明制冷剂过多。（　）
9. 储液干燥器的主要作用是过滤、干燥和储液。（　）
10. 空调系统膨胀阀入口处的是高压液态的制冷剂。（　）

三、多项选择题（下列每题的多个选项中，至少有 2 个是正确的，请将其代号填在横线空白处）

汽车空调系统由________组成。

A. 空气净化装置　　B. 暖风装置　　C. 制冷装置

D. 通风装置　　E. 压缩机　　F. 膨胀阀

单元测试题答案

一、单项选择题

1. C　2. A　3. C　4. A　5. C　6. B　7. B　8. A　9. C　10. A

二、判断题

1. √　2. ×　3. ×　4. ×　5. ×　6. √　7. ×　8. ×　9. √　10. √

三、多项选择题

ABCD

第 8 单元

车身电器装置

8.1 电动坐椅

为了提高驾驶员和乘客的舒适和便利性，现代汽车都安装了电动坐椅。安装电动坐椅对汽车的结构设计提出了更高的要求，它必须满足驾驶员多种姿势下的操作安全的要求，当然也包括对乘客的舒适性和安全性的要求。

8.1.1 电动坐椅的构造与工作原理

电动坐椅按运动方向的不同可分为：只能作前后移动的两向移动坐椅；除能前后移动外，还可以升降的四向移动坐椅；以及还有坐椅前部和后部能分别升降的六向移动坐椅。如图 8—1、图 8—2 所示分别为电动坐椅控制系统零件的位置图与电动坐椅工作图。

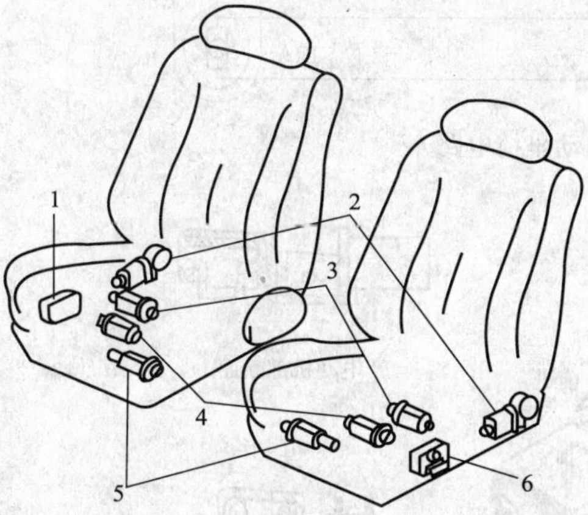

图 8—1　电动坐椅控制系统零件的位置图

1，6—电动坐椅开关　2—倾斜电动机

3—前垂直电动机　4—后垂直电动机

5—滑动电动机

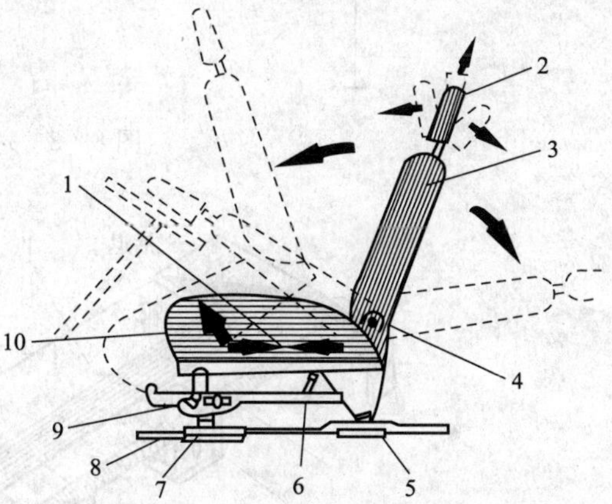

图 8—2　电动坐椅工作图

1—坐垫调整　2—头枕　3—靠背　4—靠背调整

5—倾斜锁挡　6—弹簧　7—枢轴　8—加固地板

9—椅轮调整装置　10—向前调整

电动坐椅由双向电动机、传动装置和坐椅调节器等组成。电动机的数量取决于电动坐椅的类型，通常两向移动坐椅装有 2 个电动机；四向移动坐椅装有 4 个电动机；而有的电动坐椅使用电动机的数量可达 8 个之多，它除保证正常的六向运动外，还可调整头枕高度、坐椅长度和扶手位置等。

大多数电动机坐椅使用永磁型电动机，通过装在左座侧板或门扶手上的时间控制开关，控制电流路线和方向。操纵开关可使某一电动机按不同方向运动，如图 8—3 所示。为防止电动机过载，大多数永磁型电动机内装有断路器。

有的汽车电动坐椅使用串励式电动机，这种电动机用两个磁场绕组使电动机能作双向运动，用继电器控制电流方向，当操纵开关换向时，人们可以听到继电器吸合的“咔嗒”声。

电动坐椅的传动装置包括变速器、联轴装置和电磁阀，如图 8—4 所示。

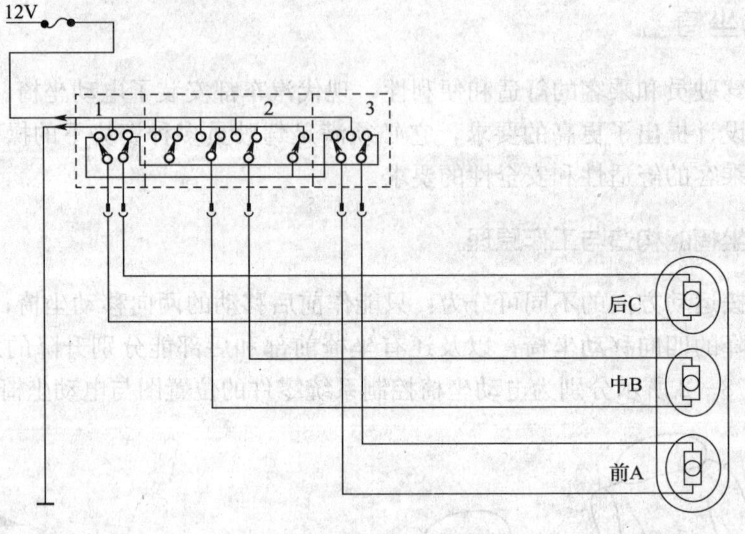

图 8—3　六向电动坐椅电路

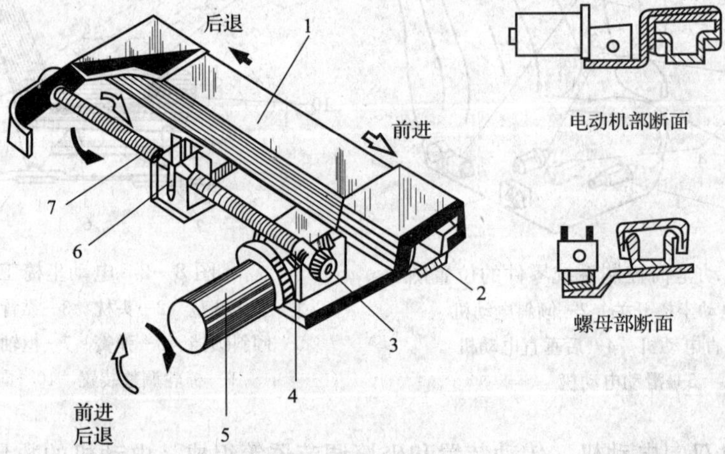

图 8—4　电动坐椅传动机构

1—上轨条　2—下轨条　3—减速齿轮　4—蜗轮　5—电动机　6—螺母　7—螺杆

当按下滑动按钮时，装在上轨条的电动机开始运转，蜗轮带动减速齿轮开始运转。由于减速齿轮与蜗轮同轴，故也一起转动，而螺母是固定于下轨条的支架，因此螺母可以作前后运动，带动坐椅滑动。

坐椅调节器是由螺旋千斤顶和齿轮传动机构组成。电动机和变速器之间装有联轴器，传动装置和坐椅调节器之间用软轴连接。开关接通后，电动机的动力通过齿轮、驱动轴使软轴转动，再驱动坐椅调节器运动。当调节器到达行程终点时，软轴停止转动。如此时电动机仍在转动，其动力将被橡胶联轴器所吸收，用来防止坐椅卡住时，电动机受损，当控制开关断电后，回位弹簧能使电磁阀柱塞和爪形接头分离，使其回到原来位置。

8.1.2 电动坐椅的电子控制系统

这种控制系统有一个存储器，只要一按按钮，就能按储存的各个坐椅位置的要求调整坐椅的位置。存储器有 4 个电位计用来感应坐椅的调定位置。如图 8—5 所示为电动坐椅内的位置电位计的结构。

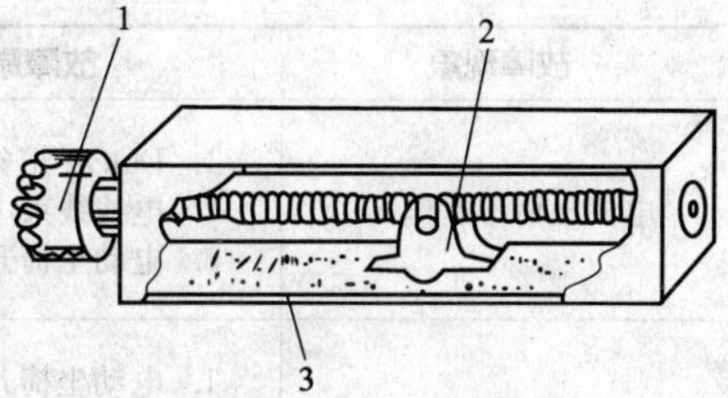

图 8—5 感应坐椅位置电位计

1—齿轮（电动机驱动） 2—滑块 3—电阻丝

电位计由一根螺杆驱动一个滑块在电阻丝面上滑动，传给电子控制装置的电压信号决定滑块的位置，只要坐椅位置调定后，驾驶员按下存储器的按钮，电子控制装置就把这些信号储存起来，作为重新调整位置时的基准。

电动坐椅前后方向的调节量一般为 100～160 mm，坐椅前部与后部的调节量约为 30～50 mm。全程移动所需时间为 8～10 s。

如图 8—6 所示为装有 4 个调整坐椅的电动机和单独存储器的电子控制系统的布置图。

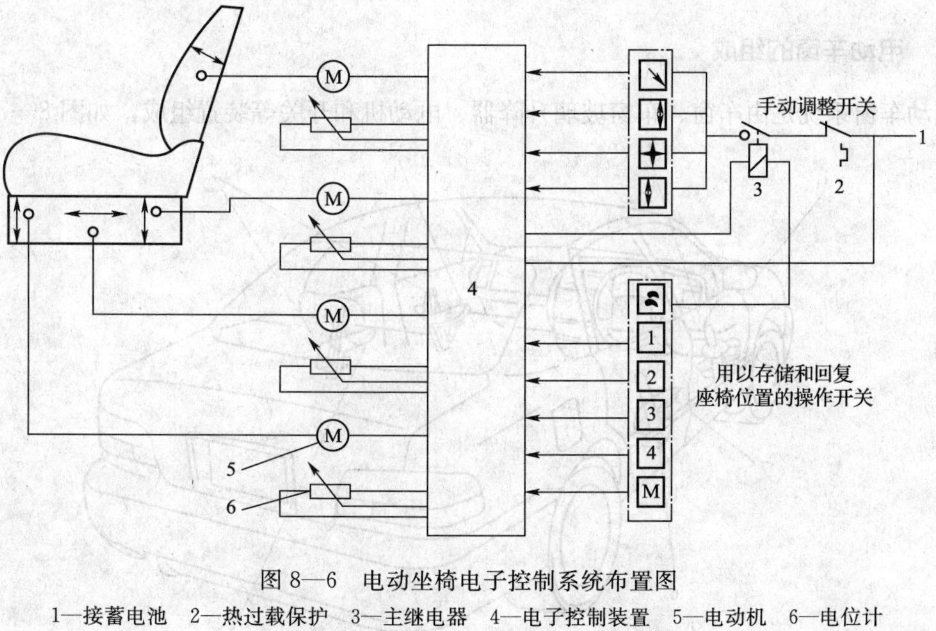

图 8—6 电动坐椅电子控制系统布置图

1—接蓄电池 2—热过载保护 3—主继电器 4—电子控制装置 5—电动机 6—电位计

8.1.3 电动坐椅的故障检查

电动坐椅的故障检查可参见表 8—1。

表 8—1 电动坐椅的故障现象与原因

故障现象	故障原因	故障现象	故障原因
电动坐椅不运作	1. DOOR 熔丝（I/P J/B） 2. 电线线束 3. 电动坐椅开关	“后垂直功能”不运作	1. 电动坐椅开关 2. 电线线束 3. 后垂直电动机
“滑动功能”不运作	1. 电动坐椅开关 2. 电线线束 3. 滑动电动机	“倾斜功能”不运作	1. 电动坐椅开关 2. 电线线束 3. 倾斜电动机
“前垂直功能”不运作	1. 电动坐椅开关 2. 电线线束 3. 前垂直电动机		

8.2 电动车窗

8.2.1 电动车窗的组成

电动车窗系统是由车窗、车窗玻璃升降器、电动机和开关等装置组成，如图 8—7 所示。

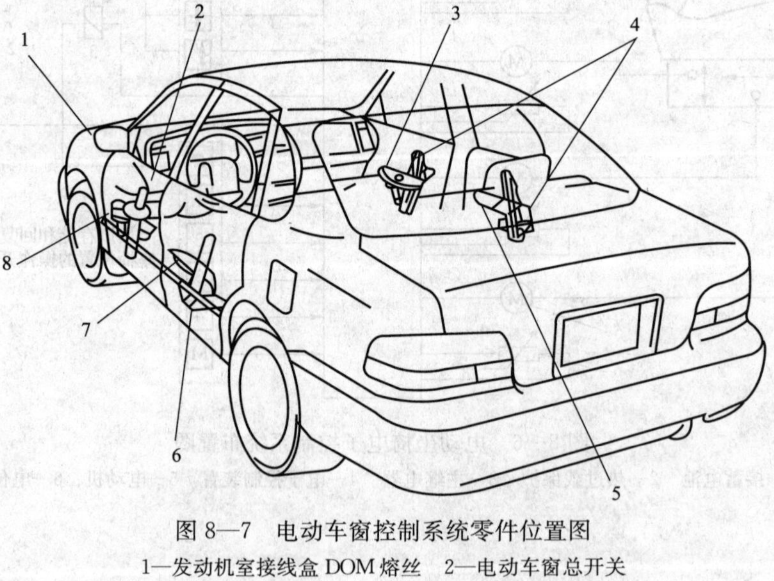

图 8—7 电动车窗控制系统零件位置图

1—发动机室接线盒 DOM 熔丝 2—电动车窗总开关
3，5—电动车窗开关 4，6，7，8—电动车窗电动机

电动车窗使用的电动机是双向的，有的为永磁型，有的为双绕组串联型。现代汽车的每个车窗都装有一个电动机，通过开关控制它的电流方向，使车窗升降。当车窗下降时，连接在扇形齿轮上的螺旋弹簧卷起来，被卷绕的弹簧必然储存能量，当车窗升高时，弹簧松开，释放能量，协助升高车窗。弹簧的作用力补偿车窗的重力。没有螺旋弹簧，车窗下降可能需要较小力量，但升高时则需要更大的力量。螺旋弹簧的作用就是使车窗上升或下降时驱动电动机承受相同的负荷。

另一种车窗调整器是使用齿条与小齿轮。小齿轮固装在驱动电动机轴端，齿条是弹性条形齿条，齿条的一端连接车窗（见图 8—8）。当驱动电动机轴转动时，齿条移动，以升高或降低车窗。

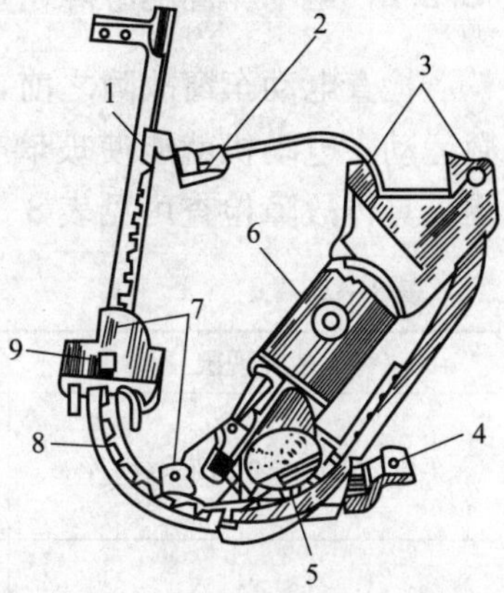

图 8—8　电动车窗齿条传动机构

1，3，4，7—铆钉　2—导线连接器
5—小齿轮　6—车窗电动机
8—齿杆　9—齿条

所有车窗系统都装有两套控制开关；一套装在仪表板上，为总开关，它由驾驶员控制每个车窗升降；另一套分别装在每个车窗中部，为分开关，可由乘客进行操纵。每个车窗的电动机都要通过总开关搭铁。所以电流不但通过每个车窗上的分开关，还要通过总开关上的相应开关（见图 8—9）。有的汽车的总开关上装有断路开关（锁定开关）。如它断开，分开关就不起作用，只有驾驶员可操纵各车窗。

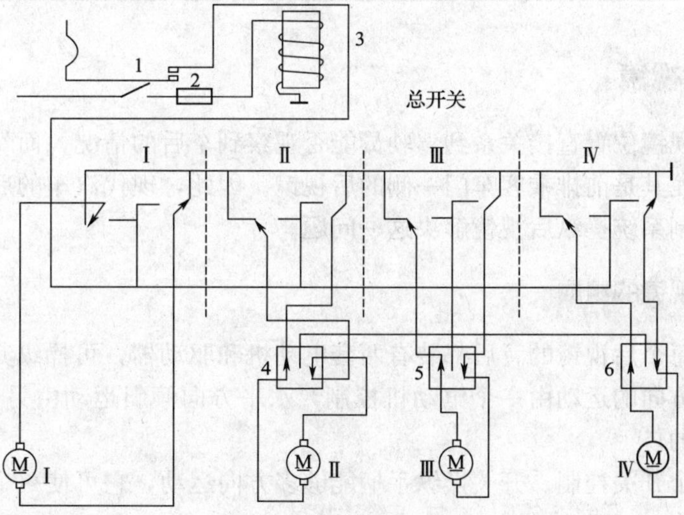

图 8—9　电动车窗电路

Ⅰ—前左　Ⅱ—前右　Ⅲ—后左　Ⅳ—后右

1—断路开关　2—熔断器　3—车窗继电器　4—前右车窗开关　5—后左车窗开关　6—后右车窗开关

为防止电路过载，电路或电动机内装有一个或多个热敏电路开关，用来控制电流，当车窗玻璃到达最上位置，或由于结冰而车窗玻璃不能自由运动时，即使操纵开关没有断开，热敏开关也会自动断开，避免接通电流时间过长而损坏电动机。

8.2.2 电动车窗的故障检查

检查电动车窗故障之前，应按不同方向轻轻摇动玻璃。因为只要玻璃能向所有方向稍微运动，电动机就能使玻璃升降，同过对玻璃的检查，就可以将检查工作缩小到较小范围。具体故障检查可见表 8—2。

表 8—2 电动车窗故障检查表

故障现象	产生原因	解决方法
车窗只能向一个方向运动	分开关到总开关的控制导线可能断路	检查控制导线是否导通
车窗在两个方向都不能运动	（1）车窗电动机可能有故障 （2）分开关到电动机的导线断路	（1）检查链带或齿轮机构是否卡住 （2）检查有故障的窗的分开关到电动机的导线是否导通
两扇后车窗的分开关不起作用	断路开关或总开关有故障	检查断路开关或总开关的工作情况
所有车窗都不能升降或有时不能升降	搭铁线搭铁不良	检查、清洁和紧固搭铁线

8.3 电动后视镜

汽车上的后视镜位置直接关系到驾驶员能否观察到车后的情况，而驾驶员调整它的位置又比较困难，尤其是前排乘客车门一侧的后视镜。因此，现代汽车的后视镜都改用电动的，通过电气控制系统操纵后视镜解决这一问题。

8.3.1 电动后视镜的组成

现代汽车在每个后视镜的背后都装有两套电动机和驱动器，可操纵其上、下及左、右运动。通常垂直方向的运动由一个电动机控制，水平方向倾斜运动由另一个电动机操纵。电动机为永磁型的。

后视镜由一个开关控制。开关操纵手柄能够多方向运动，它可使一个电动机工作或两个电动机同时工作。

8.3.2 电动后视镜的工作原理

如图 8—10 所示为电动后视镜的电气控制电路图。

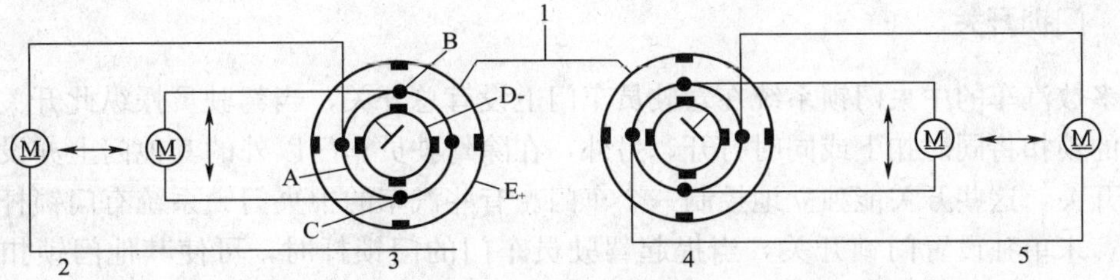

图 8—10　电动后视镜

1—接点火开关“+”　2—左后视镜电动机　3—左后视镜开关　4—右后视镜开关　5—右后视镜电动机

当压下开关时，触点 B 和 C 分别与触点 D 和 E 接触，电动后视镜做垂直方向转动；当开关操纵手柄向上运动时，B 和 C 又分别与 E 和 D 接触，此时作用在电动机上的电压方向正好与前述的相反，则电动后视镜做反向转动。

当后窗除霜器工作时，有的车外后视镜还能同时被接通加热器。

8.3.3　电动后视镜的故障检查

当电动后视镜出现故障后，应先检查熔断器和断路器，并用欧姆表测试开关总成。电动后视镜故障分析见表 8—3。如开关完好，应用 12 V 电源的跨接线检查电动机的工作情况，接线换向时，电动机也应反向转动。如电动机工作正常，而后视镜仍不能运动，应检查连接电动后视镜控制开关和车门或仪表板金属件的线路搭铁情况。

表 8—3　　**电动后视镜故障检查**

故障现象	故障原因	故障现象	故障原因
电动后视镜不动作	1. CIG/RAD 熔丝（I/P　J/B） 2. 后视镜开关 3. 后视镜电动机 4. 电线线束	电动后视镜运作不正常	1. 后视镜开关 2. 后视镜电动机 3. 电线线束

8.4　中央遥控门锁

现代汽车都安装了中央门锁控制系统，以使汽车的使用更方便、更安全。

8.4.1　中央门锁系统的功用

当驾驶员用中央门锁控制器锁住他的车门时，其他几个车门，包括后车门或行李仓都能同时自动锁住。如果用钥匙锁车门时，也同样可使其他的门锁一起扣下，方便安全；开锁的情况与锁门的情况正好相反。为了方便起见，除中央系统控制外，乘客仍可以利用各车门的机械弹簧锁来开关车门。

中央门锁由门锁、门锁开关、门锁执行器、门锁控制器和门锁遥控器等组成。

8.4.2 门锁开关

大多数汽车的中央门锁系统在驾驶员车门上设有总开关，当驾驶员操纵此开关时，其他车门的锁扣将同时扣下或同时打开。另外，在除驾驶员车门以外的其他门上亦设置单独的门锁开关，这些开关能独立地控制一个车门。有些汽车的中央门锁系统有门锁杆兼作门锁开关，未单独设置门锁开关，当提起驾驶员车门的门锁杆时，可使其他门锁扣通通打开；当压下门锁杆时，其他门锁扣亦一齐扣下，其功能与门锁开关相同。如图 8—11 所示为电动门锁控制系统零件位置图。

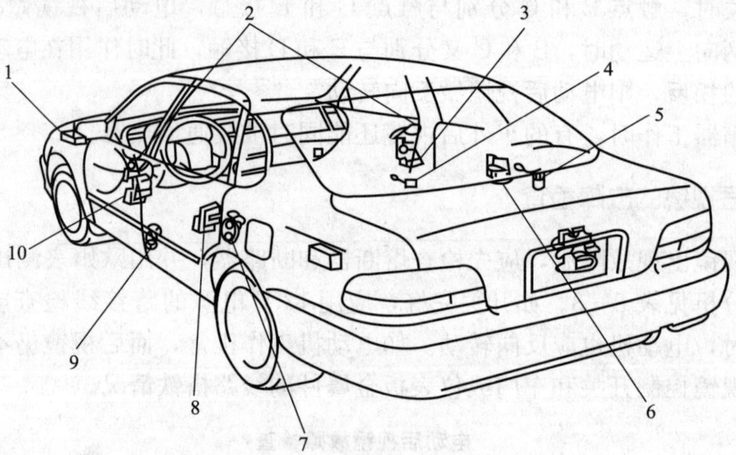

图 8—11　电动门锁控制系统零件位置图

1—发动机室接线盒 DOM 熔丝　2—门钥匙锁住和未锁开关

3，6，8，10—门锁电动机，门未锁检测开关　4，5，7，9—门控灯开关

8.4.3 门锁执行机构

驱动门锁执行机构动作的形式有电磁线圈和直流电动机两种。不论何种形式都是通过改变流过电流的方向，进而转换其运动方向达到锁或开的动作。如图 8—12 所示为一种双线圈式门锁执行机构。

当给门锁线圈通电时，衔铁带动连杆左移，即锁门；当给开锁线圈通电时，由于通电电流方向相反，则衔铁带动连杆右移，即开锁。

直流电动机式门锁执行机构，其驱动力由可逆转的直流电动机提供，电动机的旋转方向由经过电动机电枢的电流方向决定。若关锁时电动机电枢流过的是正电流，那么开锁时电动机电枢流过的则是反向电流，电动机反转，这样利用电动机的正、反转，就可实施对车门的关锁和开锁控制。

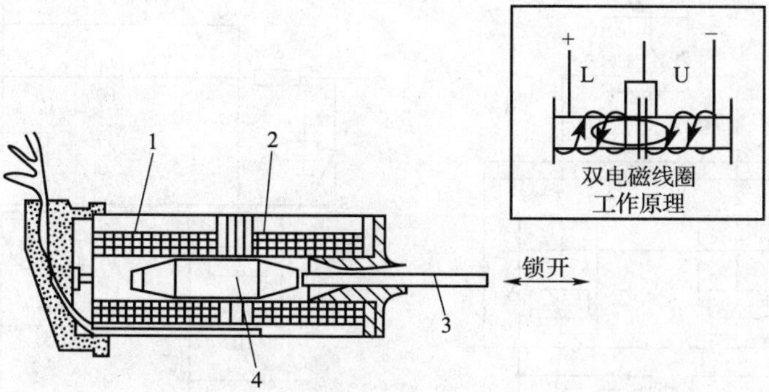

图 8—12　电磁式门锁执行机构

1—锁门线圈　2—开锁线圈　3—锁扣连杆　4—衔铁

8.4.4　门锁控制器

电动门锁机构在工作时要消耗大量电流。为了缩短工作时间，门锁电路备有定时装置，这种装置一般利用电容器充、放电特征。在超过规定的时间后，输送给门锁机构的电流就自动中断，在正常锁门或开门时也是如此。

为门锁执行机构提供锁门、开门脉冲电流的控制装置称为门锁控制器，常见的形式有以下几种：

1. 晶体管式门锁控制器

晶体管式门锁控制器如图 8—13 所示，该门锁控制器内部有两个继电器，一个锁门，一个开门。

继电器由晶体管开关电路控制。它利用电容器的充、放电过程来控制一定的脉冲电流持续时间，使执行机构完成关、开锁的动作。

2. 电容式门锁控制器

电容式门锁控制器如图 8—14 所示，该系统是利用平时经常充足电的电容器。在工作时，把它接入控制电路放电，使继电器（5 或 10）通电而短时吸合。当转动车门钥匙时，使相应的电路开关（锁门或开门）接通，电容器放出的电流通过继电器线圈（5 或 10）接地，构成回路，产生电磁力，继电器触点闭合，执行机构的电磁线圈（7 或 8）通电，完成关或开门的动作。待电容器完全放电后，继电器触点打开，门锁系统就不工作。此时，另一只电容器则被充电，以便完成下次的开、关门的动作。

3. 车速感应式门锁控制器

从行车的安全性和实用性方面考虑，可在中央门锁系统中加装车速（10 km/h）感应开关，当汽车行驶的车速在 10 km/h 以上时，若车门未上锁，驾驶员不需要动手，则车门锁控制器自动地将门锁锁扣扣下。如果个别门要自行扣下或拉开都可自行分别操作。如图 8—15 所示为车速感应式中央门锁系统电路图。

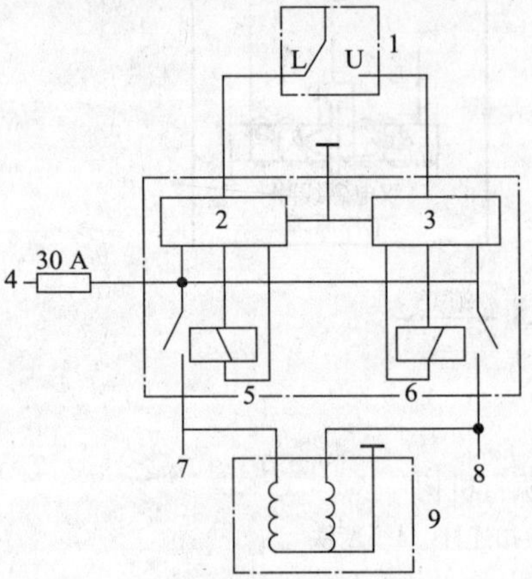

图 8—13　晶体管式控制门锁机构

1—门锁开关　2—门锁控制电路　3—开门控制电路
4—接蓄电池"＋"　5—锁门继电器　6—开门继电器
7，8—接其他车门锁　9—门锁执行机构（电磁式）
L—锁门　U—开门

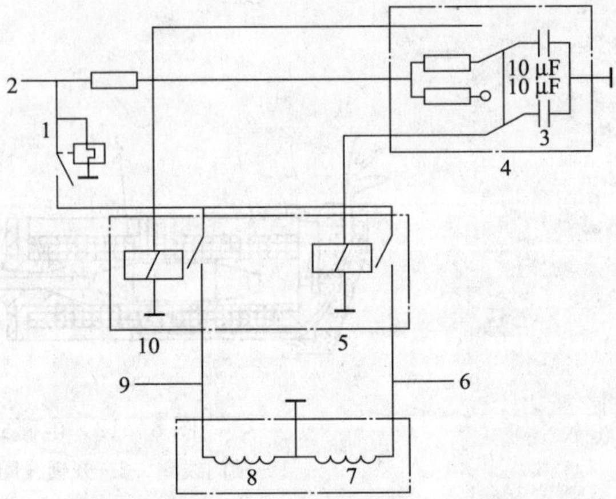

图 8—14　电容式门锁控制器

1—热敏断路器　2—接电源"＋"　3—电容器
4—门锁开关　5—门锁继电器　6，9—接其他门锁
7，8—电磁式门锁执行机构　10—开门继电器

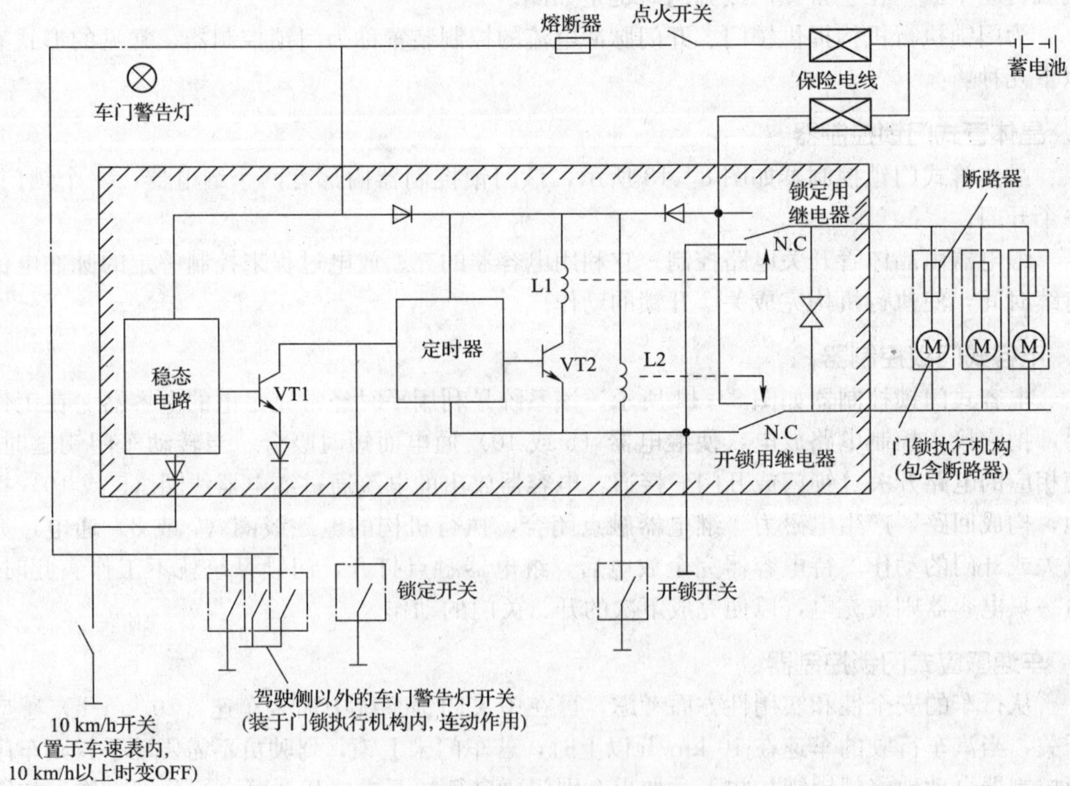

图 8—15　车速感应式中央门锁系统

当点火开关接通时，电流流经三个车门的门警告灯开关搭铁（此时如门锁锁扣未扣下，则开关打开），警告灯点亮。若按下锁定开关，则定时器使三极管 VT2 导通，在三极管 VT2 导通期间，锁定继电器线圈 L1 通电，锁定继电器常开触点闭合，门锁执行机构通正向电流，车门关锁。当按下开锁开关，则开锁继电器线圈 L2 通电，开锁继电器常开触点闭合，门锁执行机构通入反向电流，车门开锁。若车门未闭锁，且行车速度低于 10 km/h 时，置于车速表内的 10 km/h 开关闭合，此时稳态电路不向三极管 VT1 提供基极电流；当行车速度高于 10 km/h 以上时，10 km/h 开关断开，此时稳态电路给三极管 VT1 提供基极电流，VT1 导通，定时器触发端经三极管 VT1 和门警告灯开关搭铁，如同按下锁顶开关一样，使车门闭锁，从而保证了行车安全。

8.4.5 遥控门锁控制系统的故障检查

遥控门锁故障分析见表 8—4。

表 8—4　　遥控门锁故障分析

编号	故障现象	检查原因
1	遥控门锁控制系统的所有功能均失灵	ECU 电源电路
2	门未锁运作失灵（有锁住功能）	门钥匙锁住和未锁开关线路（未锁一侧）
3	门未锁运作失灵（无未锁功能）	门未锁检测开关线路
4	门锁住运作失灵（有未锁功能）	门钥匙锁住和未锁住开关线路（锁住一侧）
5	预防钥匙遗留车内功能失灵	钥匙未锁警告灯电路
6	（1）在每个门开启时，遥控门锁住功能运作。 （2）在所有门都未被遥控门锁控制系统锁住后 30 s 内使任何门开启，自动锁住功能仍运作	门控灯开关电路
7	遥控门锁锁住功能不正确。（尽管一个门未锁，按下遥控器按钮，所有门均未锁）	门未锁检测开关电路

8.5 车用音响装置

8.5.1 车用音响装置的组成

车用音响装置的组成部分有无线电收音机、磁带放录机、CD 唱机、天线、扬声器及控制电路等。其各零部件的安装位置如图 8—16 所示。

用于无线电广播的无线电波段见表 8—5。

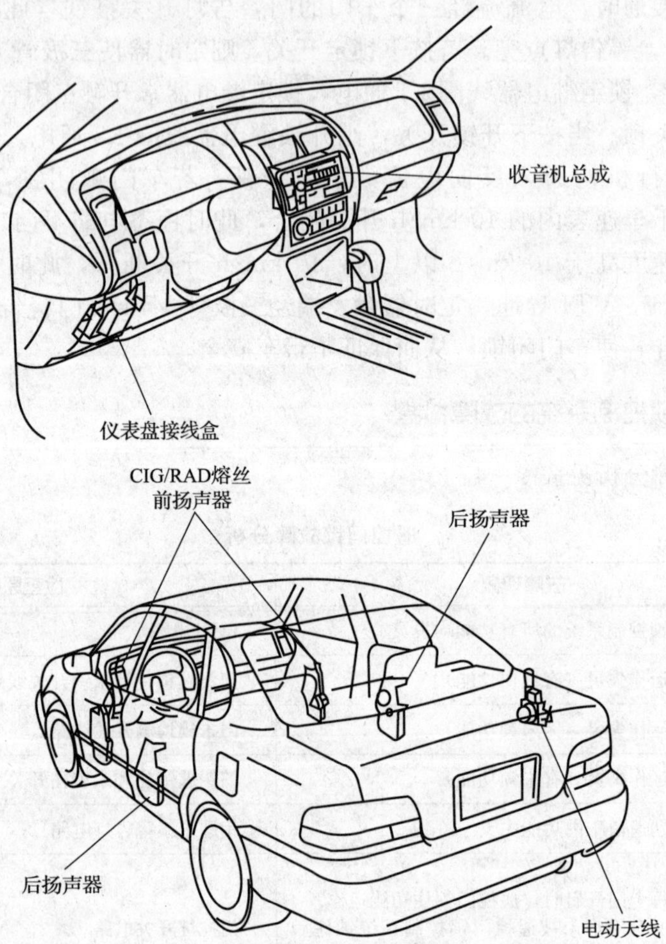

图 8—16　音响装置各零部件的安装位置

表 8—5　　**无线电广播的无线电波段**

频率	30 kHz	300 kHz	3 MHz	30 MHz	300 MHz
名称	LF	MF	HF	VHF	
无线电波	长波↔	调幅（中波）↔	短波↔	调频（超短波）→	
调谐方法	调幅			调频	

注：LF：低频　　MF：中频　　HF：高频　　VHF：超高频

"调幅"（AM）包括长波、中波和短波；"调频"（FM）包括超短波

8.5.2　车用音响系统的控制电路

车用音响系统的控制电路如图 8—17、8—18、8—19、8—20 所示。

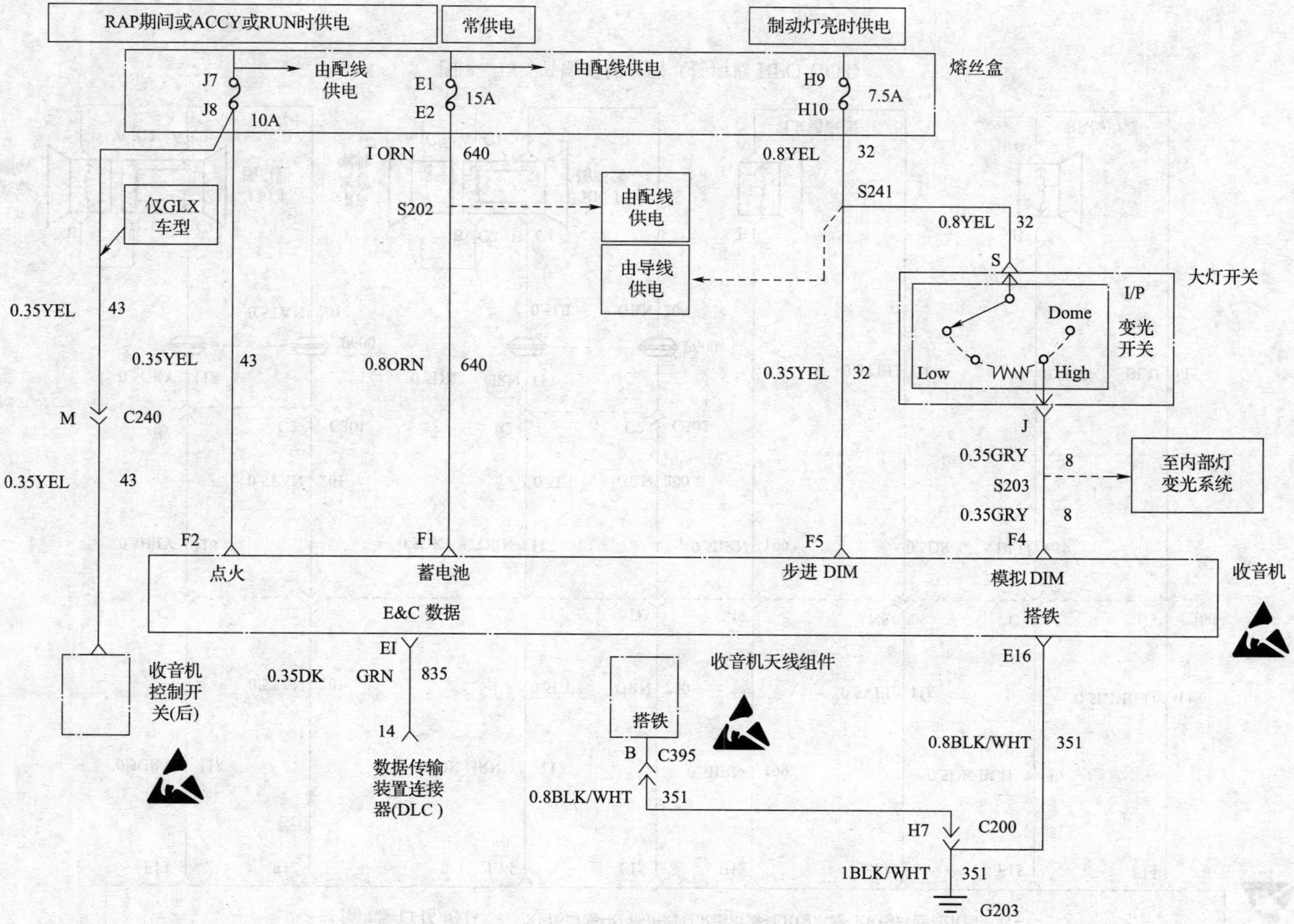

图 8—17　音响系统电路（供电、搭铁、大灯开关和收音机）

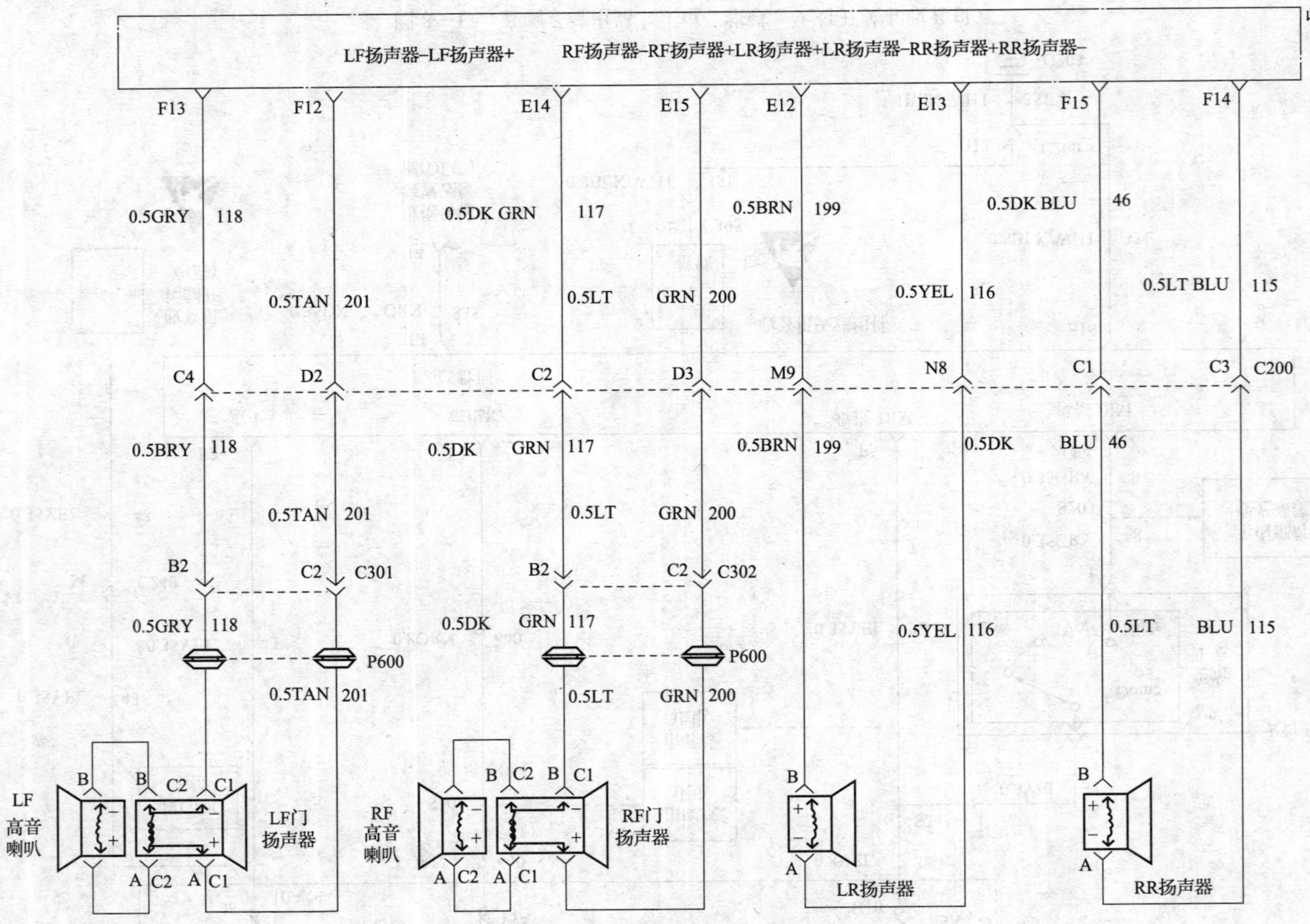

图 8—18　音响系统电路（扬声器 RPO UQ3）

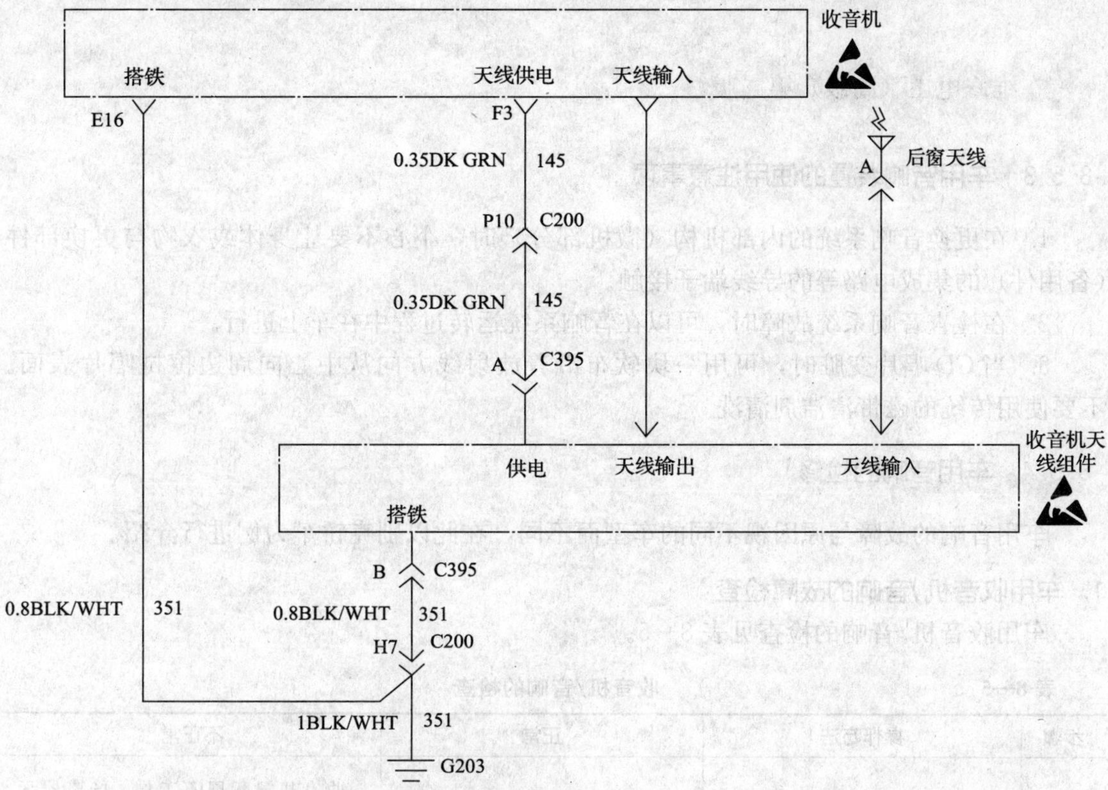

图 8—19 音响系统电路（后窗天线和收音机天线组件）

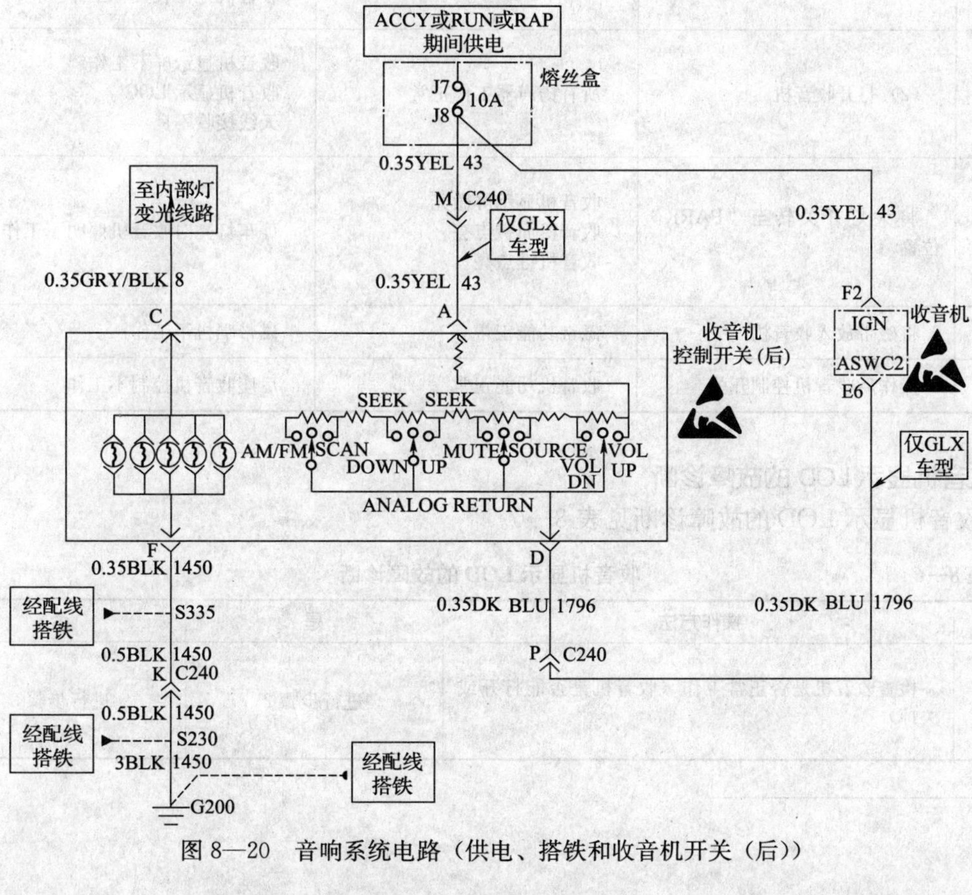

图 8—20 音响系统电路（供电、搭铁和收音机开关（后））

8.5.3　车用音响装置的使用注意事项

1. 在更换音响系统的内部机构（微机部分）时，小心不要让身体或衣物与更换部件（备用件）的集成电路等的导线端子接触。

2. 在检查音响系统故障时，可以在音响系统运转过程中在车上进行。

3. 当CD唱片变脏时，可用一块软布沿着放射线方向从中心向周边擦拭唱片表面。不要使用传统的磁带清洁剂清洗。

8.5.4　车用音响的检修

车用音响的故障与原因视不同的车型而不同，在此以别克轿车为例进行介绍。

1. 车用收音机/音响的故障检查

车用收音机/音响的检查见表8—5。

表8—5　　收音机/音响的检查

步骤	操作方法	正常	不正常
1	（1）将点火开关转至"RUN"位置	收音机打开	收音机显示屏不工作，扬声器无声音 收音机记忆装置不工作
	（2）打开收音机	所有扬声器工作正常	收音机显示屏不工作 收音机显示LOC 天线接收不良
2	将大灯开关转至"PARK"位置	收音机显示屏微光 收音机面板点亮 收音机键点亮	停车灯亮时收音机照明不工作
3	将磁带放入收音机	磁带功能正常	磁带唱机不工作
4	操作后收音机控制开关	收音机功能正常	后座收音机控制不工作

2. 收音机显示LOD的故障诊断

收音机显示LOD的故障诊断见表8—6。

表8—6　　收音机显示LOD的故障诊断

步骤	操作方法	是	否
1	检查收音机是否正常工作（收音机是否能打开或关掉）	进行步骤2	进行步骤3

续表

步骤	操作方法	是	否
2	（1）将点火开关转至“OFF”位置 （2）拆下熔丝 E1－E2 和熔丝 J7－J8 1 min，然后再装上这些熔丝 （3）将点火开关转至“RUN”位置 （4）打开收音机 （5）看收音机是否显示“LOC”	进行步骤 3	诊断结束
3	更换收音机	再进行表 8—5 的检查	—

3. 天线接收不良的故障诊断

天线接收不良的故障诊断见表 8—7。

表 8—7　　天线接收不良的故障诊断

步骤	操作方法	标准值	是	否
1	是否进行过收音机/音响系统检查	—	进行步骤 2	进行表 8—10 的检查
2	（1）打开收音机 （2）用 DMM 测量收音机放大器组件连接器 C395 的端子“A”和搭铁之间的电压 （3）看电压是否等于标准值	12 V	进行步骤 4	进行步骤 3
3	（1）保持收音机开着 （2）用 DMM 测量收音机的端子“F3”与搭铁间的电压，看电压是否等于标准值	12 V	进行步骤 9	进行步骤 7
4	（1）保持收音机开着 （2）用 DMM 测量收音机天线组件连接器 C395 的端子“A”和“B”之间电压，看电压是否等于标准值	12 V	进行步骤 5	进行步骤 10
5	检查同轴电缆（收音机与收音机天线组件间）是否良好	—	进行步骤 6	进行步骤 8
6	（1）检查后天窗天线栅架和收音机天线组件的连接状况 （2）若良好，则更换收音机天线组件	—	再进行表 8—6 的检查	—
7	更换收音机	—	再进行表 8—6 的检查	—

续表

步骤	操作方法	标准值	是	否
8	更换同轴电缆	—	再进行表 8—6 的检查	—
9	修理 CKT145 中断路故障	—	再进行表 8—6 的检查	—
10	修理 CKT351 中断路故障	—	再进行表 8—6 的检查	—

4. 后座收音机控制不工作的故障诊断

后座收音机控制不工作的故障诊断见表 8—8。

表 8—8　后座收音机控制不工作的故障诊断

步骤	操作方法	标准值	是	否
1	（1）在连接器 C240 的端子“M”与搭铁间连一试灯 （2）打开点火开关，看试灯是否点亮	—	进行步骤 2	进行步骤 7
2	（1）脱开连接器 C240 （2）在 C240（母侧）端子“M”和“P”之间连一个 DMM （3）每次压下一个收音机控制开关按钮 （4）比较下列电阻值： Volume UP：6 652 Ω Volume Down：13 632 Ω Source：4 282 Ω PSCAN：3 102 Ω Mute：2 387 Ω AMFM：1 912 Ω Seek Down：1 564 Ω Seek Up：1 270 Ω （5）看所有电阻是否近似等于上述值	—	进行步骤 4	进行步骤 3
3	（1）脱开收音机控制开关 （2）在收音机控制开关线束侧连接器的端子 A 和端子“D”之间连一个 DMM （3）每次压下一个收音机按钮，再比较步骤 2 中各值，看是否近似等于上述各值	—	进行步骤 6	进行步骤 8

续表

步骤	操作方法	标准值	是	否
4	在收音机线束侧连接器的端子“E6”与搭铁间接一试灯，打开点火开关，看试灯是否点亮	—	进行步骤 9	进行步骤 5
5	用 DMM 测量收音机线束侧连接器的端子“E6”与搭铁间的电阻，看电阻是否符合规定值	∞	进行步骤 6	进行步骤 10
6	检查 CKT1796 中是否有连接不良或断路故障	—	进行步骤 11	进行步骤 12
7	修理 CKT43 中连接不良或断路故障	—	再进行表 8—6 的检查	—
8	更换收音机控制开关			
9	修理 CKT1796 中与“B＋”短路故障			
10	修理 CKT1796 中与搭铁短路故障			
11	修理 CKT1796 中连接不良或断路故障			
12	更换收音机			

5．收音机显示屏不工作、扬声器无声的故障诊断

收音机显示屏不工作、扬声器无声的故障诊断见表 8—9。

表 8—9　　收音机显示屏不工作、扬声器无声的故障诊断

步骤	操作方法	是	否
1	检查熔丝 E1-E2 是否熔断	进行步骤 10	进行步骤 2
2	检查熔丝 J7-J8 是否熔断	进行步骤 11	进行步骤 3
3	(1) 脱开收音机线束连接器 (2) 在收音机线束侧连接器的端子“F1”和搭铁间连一试灯，看试灯是否点亮	进行步骤 4	进行步骤 9
4	在收音机线束侧连接器的端子“F2”和搭铁间连一试灯，看试灯是否点亮	进行步骤 5	进行步骤 6
5	在收音机线束侧连接器的端子“F2”和端子“E16”之间连一试灯，将点火开关转至“RUN”位置，看试灯是否点亮	进行步骤 7	进行步骤 8

续表

步骤	操作方法	是	否
6	修理 CKT351 中连接不良或断路故障	再进行表 8—6 的检查	—
7	更换收音机		
8	修理 CKT43 中连接不良或断路故障		
9	修理 CKT640 中连接不良或断路故障		
10	修理 CKT640 中与搭铁短路故障		
11	修理 CKT43 中与搭铁短路故障		

6. 收音机显示屏不工作、扬声器工作的故障诊断

收音机显示屏不工作、扬声器工作的故障诊断见表 8—10。

表 8—10　　收音机显示屏不工作、扬声器工作的故障诊断

步骤	操作方法	是	否
1	（1）将大灯开关转至“OFF”位置 （2）在收音机线束侧连接器的端子“F5”与搭铁间连一试灯，看试灯是否点亮	进行步骤 2	进行步骤 3
2	修理 CKT32 中与“B+”短路故障	再进行表 8—6 的检查	—
3	更换收音机		

7. 停车灯打开时收音机照明不工作的故障诊断

停车灯打开时收音机照明不工作的故障诊断见表 8—11。

表 8—11　　停车灯打开时收音机照明不工作的故障诊断

步骤	操作方法	是	否
1	（1）将大灯开关转至“ON”位置 （2）在收音机线束侧连接器的端子“F4”与搭铁间连一试灯，看试灯是否点亮	进行步骤 2	进行步骤 3
2	修理 CKT8 中连接不良或断路故障	进行步骤 3	—
3	更换收音机	再进行表 8—6 的检查	—

8. 收音机记忆装置不工作的故障诊断

收音机记忆装置不工作的故障诊断见表 8—12。

9. 磁带唱机不工作的故障诊断

磁带唱机不工作的故障诊断见表 8—13。

表 8—12　　收音机记忆装置不工作故障诊断

步骤	操作方法	是	否
1	在收音机线束侧连接器的端子“F1”与搭铁间连一试灯，看试灯是否点亮	进行步骤 3	进行步骤 2
2	修理 CKT640 中连接不良或断路故障	再进行表 8—6 的检查	—
3	更换收音机		

表 8—13　　磁带唱机不工作的故障诊断

步骤	操作方法	是	否
1	在磁带唱机中放入一个好的盒式磁带，看磁带运转是否弱、慢或断续	进行步骤 3	进行步骤 2
2	通过磁带门检查磁带唱机是否有障碍	进行步骤 4	进行步骤 5
3	用 J39916 中的诊断测试磁带执行维修程序中的电动机速度测试，看电动机转速是否正常	进行步骤 4	进行步骤 5
4	(1) 拆下障碍物 (2) 检查运动部件和磁头 (3) 清洁运动部件和磁头 (4) 插入一个清洁用的盒式磁带（清洁带） (5) 装入 J39916 中的诊断带 (6) 看测试带工作是否正常	诊断结束	进行步骤 5
5	更换收音机	再进行表 8—6 的检查	—

8.6　安全气囊系统（SRS）

为了减少撞车时转向盘和挡风玻璃对驾驶员头部和面部的伤害，20 世纪 70 年代末在国外高档汽车中开始装置了安全气囊，而目前安全气囊已成为各类中、高档汽车的标准配置。

尽管各大公司的安全气囊装置在外观、尺寸和零部件布置上不尽相同，但其构造和工作原理是相似的，均为被动型安全保护装置。

8.6.1　安全气囊的种类与特点

1. 安全气囊的种类

安全气囊系统按总体结构可分为：机械式安全气囊系统（整体式）和电子式安全气囊系统（分离式）两种。按气囊数量可分为：单安全气囊系统、双安全气囊系统和多安全气囊系统。

（1）机械式安全气囊系统。此类安全气囊系统最早由日本丰田公司采用，不需使用微机、电源、没有电子电路与电路配线，全部零件组装在转向盘盖板下面。当发生前碰撞事故时，碰撞力触发碰撞传感器，从而引爆点火剂，这些都是利用机械动作来完成。

（2）电子式安全气囊系统。电子式安全气囊系统通过碰撞传感器侦测碰撞信号，并送往安全气囊微机，安全气囊微机依据传感器信号利用预先设置的程序进行计算与逻辑判断，当判断结果为发生碰撞时，微机立即发出点火信号引爆点火剂，点火剂引爆时产生大量热量使充气剂（叠氮化钠药粉）受热分解，产生大量氮气向安全气囊充气。

机械式和电子式安全气囊，它们都是将气体发生器和气囊安装在汽车转向盘内，如图 8—21a 所示。当汽车时速超过 30 km/h 发生前碰撞事故时，气囊就会迅速充气膨胀，冲破缓冲垫（装饰板）填在驾驶员和转向盘之间，如图 8—21b 所示。由于从传感器接收信号到气囊张开仅需 50 ms，而驾驶员撞向转向盘的时间约为 60 ms，故在发生碰撞时，能有效地保护驾驶员，避免了驾驶员直接撞转向盘的危险。

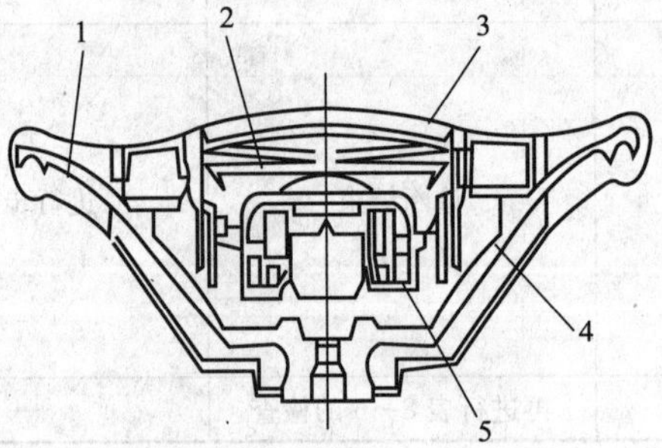

a)

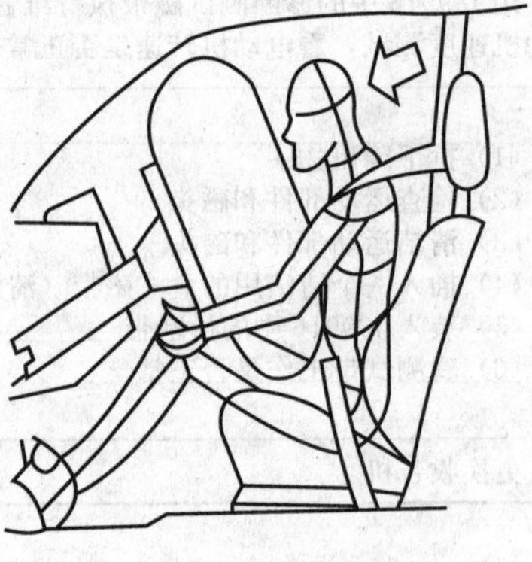

b)

图 8—21　气囊安装示意与作用

a）安装示意图　b）气囊充气

1—转向盘　2—气囊　3—缓冲垫　4—金属辐心　5—气体发生器

2. 电子式安全气囊系统的组成

电子式安全气囊系统主要由传感器、电子控制器、气体发生器和气囊等部分组成。

（1）传感器。传感器的种类有很多如电量式、无摩擦滚轴式、黏性阻尼式、弹性元件阻尼式，最新的是压电陶瓷式传感器，它采用 PZT 压电陶瓷材料制成。当汽车发生撞车事故时，传感器能立刻输出电信号，触发气体发生器，使气囊迅速充气。

碰撞传感器一般是安装在车身最前端，也有的是装在发动机室隔离板上或转向盘内。

（2）电子控制器（ECU）。安全气囊系统的电子控制器一般包括微处理器和监测系统两部分。微处理器的作用是接收来自碰撞传感器的信息，并加以处理，以判断是否有必要启动气囊。监测系统的主要功能是当气囊系统出现故障时，使仪表板上的警告灯点亮，向驾驶员报警，并具有诊断功能，车辆每启动一次，自诊系统就检查一次，另外还能记录与事故有关的某些参数。

（3）气体发生器。气体发生器是一种爆炸装置。目前广泛使用的纯烟火气体发生器的结构如图8—22所示。它由点火器、燃烧剂、燃烧推进剂、渣状过滤屏等组成。其工作过程是：点火器使燃烧剂点燃后，冲撞（或粉碎）燃烧推进剂，产生大量气体（主要是氮气），气体经渣状过滤屏过滤后，从喷口充入气囊。

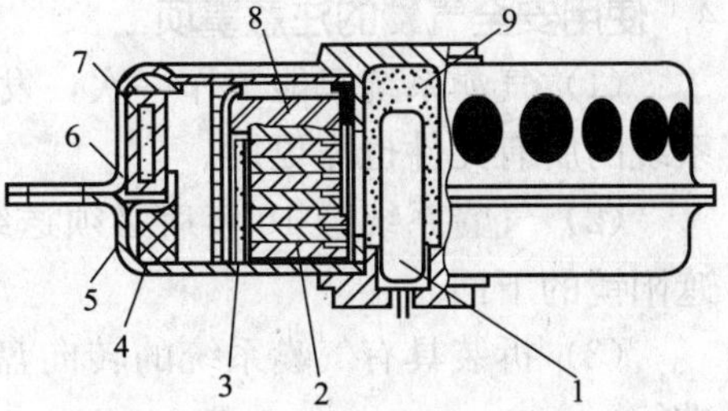

图 8—22　气体发生器的结构

1—点火器　2—推进剂　3—燃烧室渣状过滤屏　4—渣状过滤屏　5—下外盖　6—上外盖　7—喷口过滤器　8—缓冲垫　9—燃烧剂

上述气体发生器的燃烧推进剂为叠氮化钠 NaN_3，燃烧产生的气体主要成分是氮，但 NaN_3 不能完全转化成气体，其固体残渣有毒。另外还有一种杂合型气体发生器，它仍用点火器引发，但填充的气体是压缩空气或氩气，因此具有无毒性和残留物的优点。

（4）气囊。气囊采用聚氨基甲酸酯PU膜制成，为防止气体发生器产生的高温对气囊织物的损伤及有毒颗粒进入车内，在气囊的表面涂有氯丁橡胶，以防泄漏。

3. 安全气囊的工作原理

当汽车时速超过30 km/h发生前碰撞事故时，由碰撞传感器将撞击信息传给微处理器，经微处理器判断撞击的严重程度，并在几毫秒内决定是否起动气囊。若需要则发出点火信号，使气体发生器在极短的时间内向气囊充气（气体的数量是经过严格设计计算的），当人体脸部一接触气囊，气囊的泄气孔就逐渐泄气，从而起到对驾驶员的缓冲保护作用。

安全气囊从触发、到充气膨胀，再到驾驶员头部陷入气囊，直至气囊被压扁的全过程，不超过110 ms。如图8—23所示为安全气囊的工作框图。

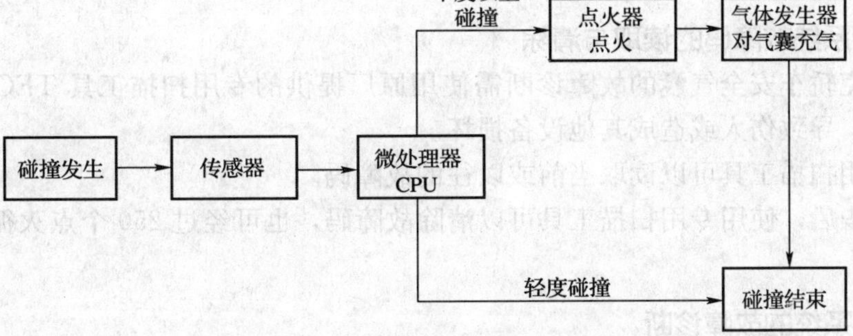

图 8—23　安全气囊工作框图

4. 使用安全气囊的注意事项

（1）气囊系统只能工作一次，发生事故被引爆后的气囊必须更换，为安全起见，气囊系统的所有元件也需更换。

（2）气囊系统经 10 年后必须送维修厂更换，更换日期一般贴在工具箱的标签上或在遮阳镜的下面。

（3）拆装具有气囊系统的转向盘（转向盘中央标有 Airbag 字样）时，必须由维修厂进行。

（4）气囊系统不能用测试灯、电压表或欧姆表测试，因为有被测试电流引爆的危险，所以必须使用气囊测试仪（奥迪轿车需使用 V. A. G. 1619 型气囊测试仪）。

（5）为防止意外引爆，对气囊系统进行任何操作时，必须拆下蓄电池的搭铁线并拔出中央接线盒后面的供电装置插头。

（6）从车上拆下气囊装置时，其缓冲垫必须始终朝上放置，摆放位置不正确时，如果被引爆，气囊装置会向上垂直飞起。

（7）气囊装置或引爆装置严禁敲打，如果从高于 0.5 m 处掉在地上，就不能再装车使用，因为气囊元件受机械损伤（裂纹、凹痕）后，就会导致印刷电路板损坏，而使系统失灵。

（8）报废气囊装置时，必须将车窗关闭，从车外（最小距离 10 m 处）用专用的引爆设备（如 V. A. G. 1619 测试仪）引爆，不允许使用如气割等方法对气囊装置进行操作。

8.6.2 安全气囊的电气控制系统及故障诊断

安全气囊的电气控制系统，由于车型不同而有所不同，下面以上海别克轿车为例介绍安全气囊的控制电路及故障诊断。

1. 安全气囊系统的电路

如图 8—24 所示上海别克轿车安全气囊的控制电路。

2. 安全气囊系统故障码的读取与清除

上海别克轿车安全气囊的故障诊断需使用原厂提供的专用扫描工具 TECH2，否则会使气囊展开，导致伤人或造成其他设备损坏。

使用专用扫描工具可以读取当前或以往的故障码。

维修完毕后，使用专用扫描工具可以清除故障码，也可经过 250 个点火循环自动清除故障码。

3. 安全气囊系统的故障诊断

（1）乘客座前展开回路电阻过低（DTC B0016）的故障诊断。乘客座前气囊展开回路电路如图 8—25 所示。

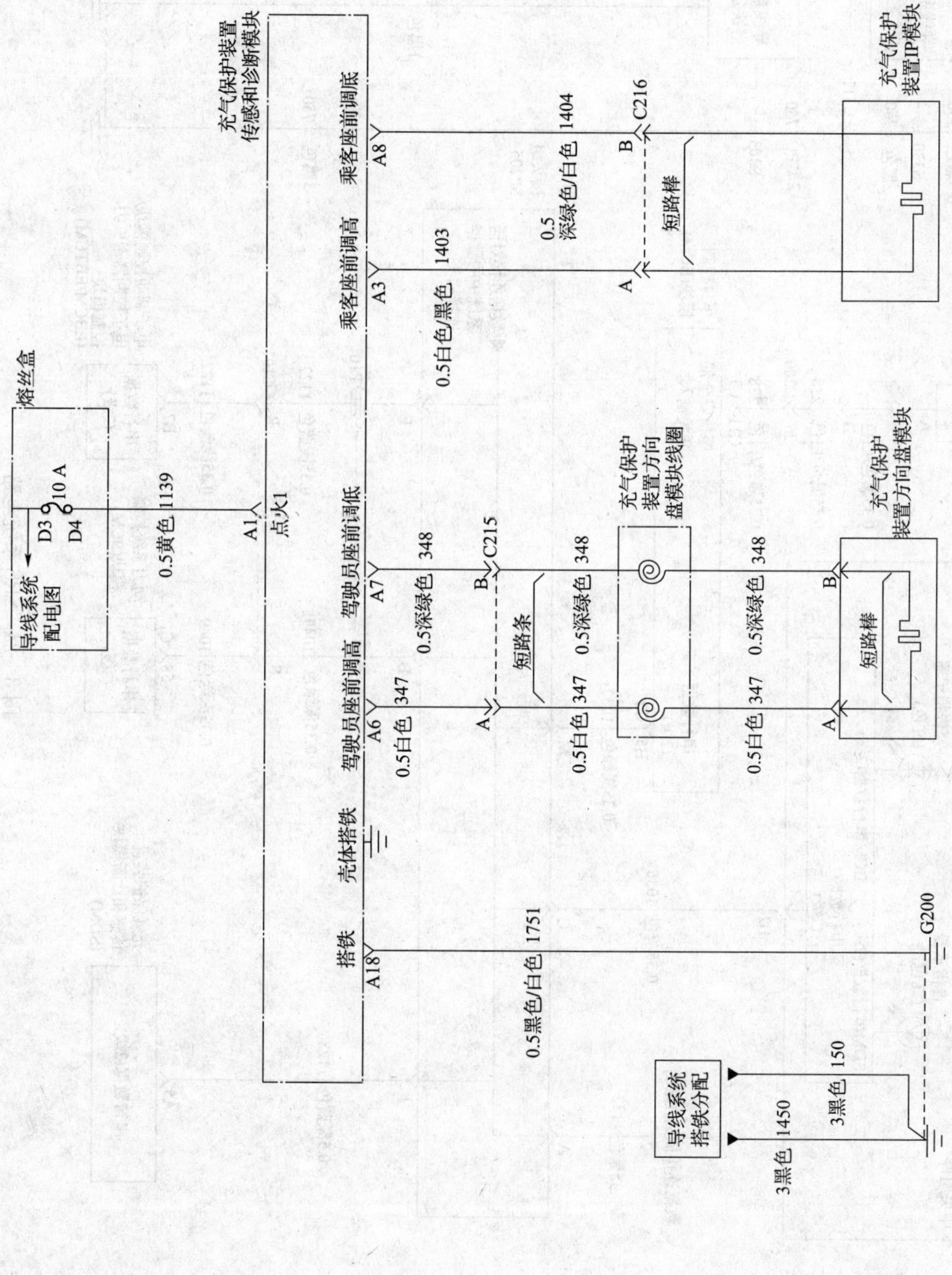

充气保护装置
传感和诊断模块
熔丝盒
导线系统
配电图
D3
D4
10 A
0.5黄色 1139
A1
点火1
驾驶员座前调高
驾驶员座前调低
A6
A7
0.5白色 347
0.5深绿色 348
C215
A
B
短路条
0.5白色 347
0.5深绿色 348
充气保护
装置方向
盘模块线圈
0.5白色 347
0.5深绿色 348
短路棒
充气保护
装置方向盘模块
壳体搭铁
搭铁
A18
0.5黑色/白色 1751
G200
乘客座前调高
乘客座前调底
A3
A8
0.5白色/黑色 1403
1404
0.5
深绿色/白色
C216
短路棒
充气保护
装置IP模块
导线系统
搭铁分配
3黑色 1450
3黑色 150

a)

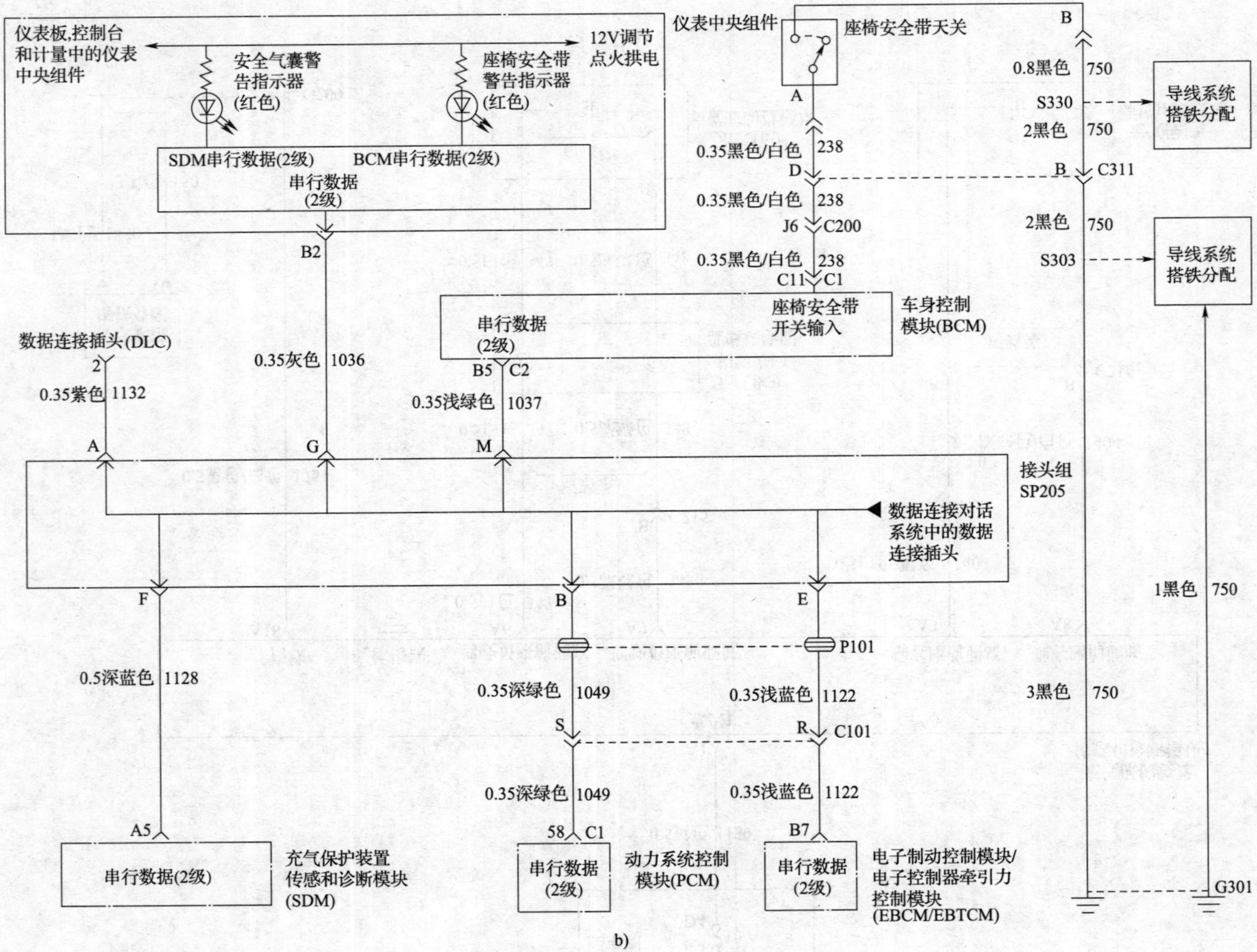

图 8—24 SRS 系统电路

a）方向盘模块、IP 模块和 G200 b）IC、安全带开关、SP205、SDM、PCM 和 EBCM/EBTCM

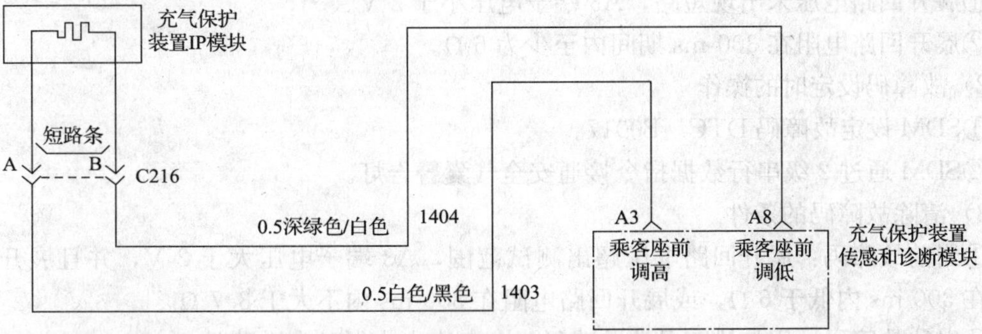

图 8—25　乘客座前展开回路电路

点火开关在 ON 位置，对充气安全保护装置传感和诊断模块（SDM）执行测试，测试内容是展开回路电压和电阻。若测试电压超出规定值并出现电压短路情况，则不必再对该展开回路进行电阻测试。

1）故障码的设置条件

①展开回路电压正常，未出现电压短路、搭铁。

②展开回路电阻在 300 ms 内小于 1.3 Ω。

2）故障码设定时的操作

①SDM 设定故障码 DTC B0016。

②SDM 通过 2 级串行数据指令接通安全气囊警告灯。

3）清除故障码的条件

①当前故障码：展开回路电阻在 300 ms 内至少为 1.3 Ω。

②以往故障码：用扫描工具发出 CLEAR CODES 指令时清除，或经过 250 次点火循环自动清除。

4）测试说明

①乘客座前展开回路主要由 1403 线束、1404 线束、IP 模块和接头端子部件组成，应对它们进行测试。

②检查 C216 线束接头是否有腐蚀或损坏，必要时更换。

③断开 C215 和 C216 线束接头，把 J38715—ASIR 驾驶员/乘客专用工具安装到接头 C215 和 C216 线束侧。打开点火开关，用扫描工具显示故障码 DTC　B0016 是否为当前故障码，若不显示当前 DTC　B0016，则应关闭点火开关，更换充气安全保护装置 IP 模块。

④上述测试若显示的是 DTC　B0016，则进行 A3 和 A8 端子间电阻测试，标准值为 0 Ω。若 A3 和 A8 之间电阻不在规定范围，则应维修 1403 和 1404 之间的电路。若电阻不在规定范围，并已确定 SDM 存在故障，则应考虑更换新件。

（2）乘客座前展开回路开路（DTC　B0017）的故障诊断

1）故障码的设置条件

①展开回路电压未出现短路，A3 端子电压小于 2 V。

②展开回路电阻在 300 ms 期间内至少为 6 Ω。

2）故障码设定时的操作

①SDM 设定故障码 DTC　B0017。

②SDM 通过 2 级串行数据指令接通安全气囊警告灯。

3）清除故障码的条件

①当前故障码：展开回路电压超出测试范围，A3 端子电压大于 2 V，并且展开回路电阻在 300 ms 内低于 6 Ω，或展开回路电阻在 300 ms 内不大于 3.7 Ω。

②以往故障码：用扫描工具清除或经过 250 次点火循环自动清除。

4）测试说明

①检查 C216 导线接头是否有腐蚀或损坏，必要时更换。

②关闭点火开关，断开 C215 和 C216 线束接头，把 J38715—A　SRS 驾驶员/乘客专用工具安装到接头 C215 和 C216 线束侧。打开点火开关，用扫描工具显示故障码 DTC　B0017 是否为当前故障码。若不显示当前 DTC　B0017，则应关闭点火开关，更换充气安全保护装置 IP 模块。

③测量 A 与 A3 端子、B 与 A8 端子间电阻（标准值均为 0～0.5 Ω），若不在规定范围，则应维修 1403 和 1404 电路。可参见图 8—25 所示进行测试。

④若 C216 端子 B 和 SDM 端子 A8 之间的电阻值过低，不在规定范围内，并已确定 SDM 存在故障，则应考虑更换新件。

（3）乘客座前展开回路电压过高（DTC　B0018）的故障诊断

1）故障码的设置条件

①展开回路电压 A3 端子在 300 ms 内大于 6 V。

②A3 端子电压小于 2 V，展开回路电阻在 300 ms 期间内小于为 6 Ω。

2）故障码设定时的操作

①SDM 设定故障码 DTC　B0018。

②SDM 通过 2 级串行数据指令接通安全气囊警告灯。

3）清除故障码的条件

①当前故障码：A3 电压不大于 6 V，或 A3 端子电压大于 2 V，并且展开回路电阻在 300 ms 内小于 6 Ω。

②以往故障码：用扫描工具清除或经过 250 次点火循环自动清除。

4）测试说明

①检查 C216 导线接头是否有腐蚀或损坏，必要时更换。

②关闭点火开关，断开 C215 和 C216 线束接头，把 J38715—ASIR 驾驶员/乘客专用工具安装到接头 C215 和 C216 线束侧。打开点火开关，用扫描工具显示故障码 DTC　B0018 是否为当前故障码。若不显示当前 DTC　B0018，则应关闭点火开关，更换

充气安全保护装置 IP 模块。

③测量 A3 端子和搭铁间电阻，应为 0 Ω；A8 端子和搭铁间电阻也应为 0 Ω。若电阻不在规定范围内，则应维修 1403 和 1404 电路。

④上述测量 A3 端子与搭铁间电压，均应为 1 V。若 A8 与搭铁间电压小于规定值，则故障出在 SDM，应考虑更换新件。若 A3 与搭铁间电压不小于 1 V，则应为 1403 电路对 B＋短路故障。

（4）驾驶员座前展开回路电阻过低（DTC　B0022）的故障诊断。驾驶员座前气囊展开回路电路如图 8—26 所示。

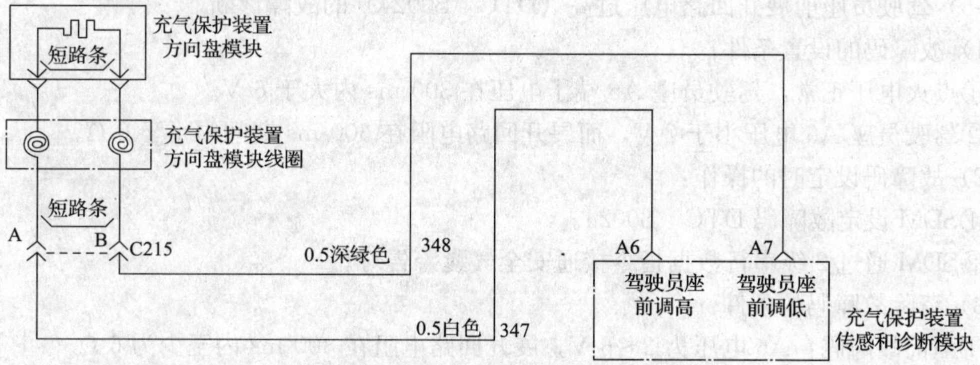

图 8—26　驾驶员座前气囊展开回路电路

点火开关在 ON 时，对充气安全保护装置传感和诊断模块进行测试，测试内容也是对展开回路的电压和电阻进行测试。若电压超出测试范围并出现短路，将不执行电阻测试。

1）故障码的设置条件

①展开回路电压正常，未出现电压短路、搭铁。

②展开回路电阻在 300 ms 期间内小于 1.3 Ω。

2）故障码设定时的操作

①SDM 设定故障码 DTC　B0022。

②SDM 通过 2 级串行数据指令接通安全气囊警告灯。

3）清除故障码的条件

①当前故障码：驾驶员座展开回路电阻在 300 ms 内至少为 3.7 Ω。

②以往故障码：用扫描工具清除或经过 250 次点火循环自动清除。

4）测试说明

①驾驶员座前展开回路主要由方向盘模块、方向盘模块线圈、347 线束和 348 线束以及接线端子组成。在对展开回路测试时应对它们进行测试。

②检查 C215 导线接头是否有腐蚀或损坏，必要时更换。

③关闭点火开关，断开 C215 和 C216 线束接头，把 J38715—ASIR 驾驶员/乘客专用

工具安装到接头 C215 和 C216 线束侧。打开点火开关，用扫描工具显示故障码 DTC　B0022 是否为当前故障码。若显示的是当前故障码，则应测量 A6 与 A7 之间端子电阻，标准值为 0 Ω。若不显示当前 DTC　B0022，则应关闭点火开关，把负载工具连接到转向柱上部充气安全保护装置方向盘模块线圈接头上，打开点火开关，检查扫描工具是否显示当前故障码。若显示当前故障码，则应更换方向盘模块线圈；若不显示当前故障码，则应更换方向盘模块。

④在测量 A6 端子与 A7 之间电阻时，若电阻值大于规定值，可确定 SDM 存在故障，应考虑更换新件。

（5）驾驶员座前展开回路电压过高（DTC　B0024）的故障诊断

1）故障码的设置条件：

①点火电压正常，驾驶员座 A6 端子电压在 300 ms 内大于 6 V。

②驾驶员座 A6 电压小于 2 V，而展开回路电阻在 300 ms 期间内小于 6 Ω。

2）故障码设定时的操作：

①SDM 设定故障码 DTC　B0024。

②SDM 通过 2 级串行数据指令接通安全气囊警告灯。

3）清除故障码的条件：

①当前故障码：A6 电压为 2～6 V，展开回路电阻在 300 ms 内至少为 6 Ω。

②以往故障码：用扫描工具清除或经过 250 次点火循环自动清除。

4）测试说明：

①检查 C215 接头是否有腐蚀或损坏，必要时更换新件。

②关闭点火开关，断开 C215 和 C216 线束接头，把 J38715—ASIR 驾驶员/乘客专用工具安装到接头 C215 和 C216 线束侧。打开点火开关，用扫描工具显示故障码 DTC　B0024 是否为当前故障码。

③若显示的是当前故障码，则应测量 A6 与搭铁间电阻，标准值为 0 Ω。若电阻不在规定范围内，则应检查 A7 与搭铁间电阻，标准值也为 0 Ω，并对 347 线路进行维修。

④若不显示当前故障码，则应关闭点火开关，把负载工具连接到转向柱上部充气安全保护装置方向盘模块线圈接头上，打开点火开关，检查扫描工具是否显示当前故障码。若显示当前故障码，则应更换方向盘模块线圈；若不显示当前故障码，则应更换方向盘模块。

⑤测量 A6 与搭铁之间电压，标准值为 1 V。若电压小于 1 V，则应对 A7 与搭铁之间进行电压测量，标准值也是 1 V。若 A6 与搭铁间电压大于 1 V，则应对 348 电路 B+短路进行维修。若 A7 与搭铁间电压小于规定值，则应更换 SDM 部件。若 A7 与搭铁间电压大于规定值，则应对 348 电路 B+短路进行维修。

（6）驾驶员座前展开回路开路（DTC　B0026）的故障诊断

1）故障码的设置条件

①点火电压正常，驾驶员座 A6 端子电压小于 2 V，而且展开回路电阻在 300 ms 内至少为 6 Ω。

②驾驶员座展开回路电阻在 300 ms 内大于 4.8 Ω。

2）故障码设定时的操作

①SDM 设定故障码 DTC　B0026。

②SDM 通过 2 级串行数据指令接通安全气囊警告灯。

3）清除故障码的条件

①当前故障码：A6 端子电压大于 2 V，并且展开回路电阻在 300 ms 内低于 6 Ω。或展开回路电阻在 300 ms 内不大于 4.8 Ω。

②以往故障码：用扫描工具清除或经过 250 次点火循环自动清除。

4）测试说明

①检查 C215 线束接头是否有腐蚀或损坏，必要时更换新件。

②关闭点火开关，断开 C215 和 C216 线束接头，把 J38715—ASIR 驾驶员/乘客专用工具安装到接头 C215 和 C216 线束侧。打开点火开关，用扫描工具显示故障码 DTC　B0026 是否为当前故障码。

③若显示的是当前故障码，则应测量 A6 与 A7 端子上连接是否良好，若连接不好，则应更换 SDM 导线接头。若 A6 和 A7 端子连接完好，则应检查 A 和 A6 之间的电阻，标准值为 0～0.5 Ω。若电阻不在规定范围内，则应对 347 和 348 线路进行维修。

④在第 2 项测试中，若不显示当前 DTC　B0026，则应关闭点火开关，把负载工具连接到转向柱上部充气安全保护装置方向盘模块线圈接头上，打开点火开关，检查扫描工具是否显示当前故障码。若显示当前故障码，则应更换方向盘模块线圈；若不显示当前故障码，则应更换方向盘模块。

⑤在检查 B 和 A7 之间电阻时，若电阻在规定值内，说明线束不存在问题。若故障出于 SDM，则应更换 SDM 部件。

（7）展开指令（DTC　B0051）的故障诊断

电路说明：充气保护装置传感和诊断模块（SDM）包括可由车速信号转变成电信号的传感装置，SDM 可将该信号与存储器中的数值进行比较，当产生的信号数值超过存储数值时，SDM 则会使电流通过充气保护装置模块，使安全气囊展开，并设定故障码DTC　B0051。

1）故障码的设置条件。当 SDM 检测到离车辆中心线 30°范围内的前方碰撞且碰撞力度大到足以使前气囊打开。

2）故障码设定时的操作

①SDM 设定故障码 DTC　B0051。

②SDM 通过 2 级串行数据指令气囊展开。

③SDM 记录碰撞数据。

3）清除故障码的条件。DTC B0051 为锁定代码，不能清除，应更换 SDM 部件。

4）测试说明

①检查车辆前方和底架是否有碰撞迹象、充气装置是否展开。

②若不存在碰撞迹象，则应更换充气保护装置传感和诊断模块（SDM）。

③若充气装置模块未展开，DTC B0051 可能设定错误，则应更换 SDM 部件。

（8）展开指令及回路（DTC B0053）的故障诊断

电路说明：充气保护装置传感和诊断模块（SDM）会将车速信号转变成的电信号与存储器中的数值进行比较，当产生的信号数值超过存储数值时，SDM 会使电流通过充气保护装置模块，使安全气囊展开。当发生展开的同时充气装置电路存在故障，会造成充气装置模块处于非展开状态，这时可同时设定故障码 DTC B0051 与 DTC B0053。

1）故障码的设置条件。当 SDM 检测到离车辆中心线 30°范围内的前方碰撞且碰撞力度大到足以使前气囊打开。

2）故障码设定时的操作

①SDM 设定故障码 DTC B0051 和 DTC B0053。

②SDM 通过 2 级串行数据指令气囊警告灯点亮。

③SDM 记录碰撞数据。

3）清除故障码的条件。DTC B0053 为锁定代码，不能清除，应更换 SDM 部件。

4）测试说明

①检查充气装置模块是否已展开。若充气装置已展开，则应检查车辆前方和底架是否有碰撞迹象。

②若没有发现碰撞迹象，则应考虑更换充气保护装置传感和诊断模块（SDM）。

③若充气装置模块未展开，DTC B0053 可能设定错误；若 DTC B0051 已设定而无前方碰撞信号，DTC B0051 可能设定错误，则应更换 SDM 部件。

（9）充气安全保护装置传感和诊断模块（DTC B1000）的故障诊断

电路说明：当充气保护装置传感和诊断模块（SDM）发生故障时，微机会根据下述检测到的状态而被设定故障码 DTC B1000。

1）故障码的设置条件。微机根据检测到的状态设定 DTC B1000。

2）故障码设定时的操作：

①SDM 设定故障码 DTC B1000。

②SDM 通过 2 级串行数据指令接通气囊警告灯。

3）测试说明。更换充气保护装置传感和诊断模块（SDM）。

（10）选装件配置（DTC B1001）的故障诊断

电路说明：当点火开关第一次转到 ON 位置时，SDM 将存储在 SDM 中的保护装置 ID 与储存在 BCM 中的保护装置 ID 进行比较。进行比较的保护装置 ID 包含 SDM 零件号的最后四个数字。SDM将存储在SDM中的VIN信息与存储在BCM中的VIN信息进行比较。当进行比较后发现不匹配，微机将认为选装件配置有故障并设定故障码DTC B1001。

1）故障码的设置条件

①点火电压正常。

②若储存在SDM中的保护装置ID与储存在BCM中的保护装置ID不匹配，或者储存在SDM中的VIN信息与储存在BCM中的VIN信息不匹配，便设定DTC B1001。本测试在供电驱动初始期间只进行一次。

2）故障码设定时的操作

①SDM设定故障码DTC B1001。

②SDM通过2级串行数据指令气囊警告灯启亮。

③SDM中止所有气囊展开。

3）清除故障码的条件。储存在SDM中的保护装置ID与储存在BCM中的保护装置ID相匹配，并且储存在SDM中的VIN信息与储存在BCM中的VIN信息相匹配。

4）测试说明

①使用扫描工具对储存在PCM中的VIN与车辆VIN板中的VIN比较，验证PCM是否已用正确的VIN编程。若已用正确的VIN编程，检查BCM是否被更换。

②若BCM被更换，则应使用扫描工具F2功能键按BCM功能指令，重新编程BCM，使得BCM从SDM中读取保护装置ID，同时也读取所需要的其他数据。然后再使用扫描工具F6功能键按扫描工具BCM功能指令，将正确的VIN编程至BCM。使用技术保障装置对更换BCM执行防盗再读取程序。

③用扫描工具比较储存在BCM中的VIN和储存在PCM中的VIN，以验证BCM已用正确的VIN编程。若没有使用正确的VIN编程，则应使用扫描工具F6功能键按BCM功能指令将正确的VIN编程至BCM中。若BCM已用正确的VIN编程，则应更换SDM部件。

④使用扫描工具清除SIR中的DTC，关闭点火开关，检查更换后的部件和连接接头是否装配正确。

8.7 汽车照明控制系统

夜间行车开灯时，组合仪表及其他电器包括空调面板、音响、收音机等的各种开关处都会得到照明，而且这种照明的亮度会根据环境光线自动调整，不会受到外界驾驶环境亮度变化的影响。比如，在都市里亮度较强，仪表等的亮度必须亮一些，指示刻度才易辨清。假若是开到郊外，没有路灯照明时，则仪表照明的光度暗一些，仍可以明确辨认，而且不会使驾驶员觉得太刺眼。为达到这个目的，轿车一般都加装有照明亮度调整装置，它可以控制仪表照明灯从完全熄灯状态到完全点亮状态。

如图 8—27 所示为一种晶体管式仪表照明亮度控制电路，它由可变电位器、电阻器、电容器、二极管和 4 只晶体三极管组成。

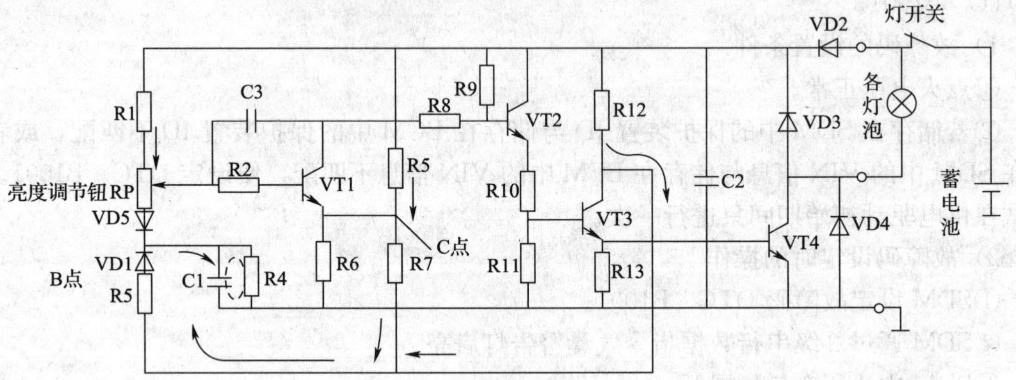

图 8—27 仪表照明亮度控制电路

其中 VT4 是一只大功率的开关型三极管，用以控制仪表照明灯的搭铁。如果 VT4 导通则仪表灯点亮，VT4 导通（ON）和截止（OFF）的间隔时间及其开关频率变化时，灯泡的亮度即发生变化。照明亮度的控制就是通过旋转亮度调节钮，以改变可变电阻 RP 输出端的信号，再通过控制电路改变 VT4 的开关频率及占空比来实现仪表照明灯亮度的调整。

其工作原理如下：

(1) 当晶体三极管截止时，电容器 C1 被充电，如图 8—27 中实线箭头所示。随着 C1 充电的进行，B 点电位逐渐上升，直到上升至高于 C 点电位，使 VT1 导通为止，此时其他三极管 VT2、VT3、VT4 也都导通，仪表灯就可经 VT4 而搭铁，因而点亮。

(2) 当晶体三极管导通后，电容器 C1 就经由电阻 R4 开始放电。当电容 C1 放电至 B 点电位低于 C 点电位时，三极管 VT1 即再次截止，其他三极管随即也截止，灯泡熄灭（因 VT4 截止灯泡无搭铁），如果不断反复地导通和截止，且变化频率很高，仪表灯将不会出现闪烁现象，而是稳定在某一照明亮度下。

(3) 假如调整可变电阻 RP，也就是旋转亮度调节钮时，B 点的电位则会变化，因而导致 VT4 导通和截止的时间比发生变化，仪表灯泡通过的平均电流则随之发生变化，照明亮度也就得到了相应的调整。

8.8 汽车电气设备对无线电的干扰及防止措施

汽车电气设备中，有许多导线、线圈和元器件，它们具有不同的电容和电感，而任何一个具有电感和电容的闭合回路都会形成振荡回路。当电气设备工作产生火花时，就会产生高频振荡并以电磁波的形式发射到空中，切割接收机的天线而引起干扰，其中点火系产生的干扰最为严重。例如，火花塞的中心电极对其壳体具有一定的电容，中心电极本身又有一定的电感（尽管很小），这样，火花塞的电容和电感就形成了一个振荡回路（见图 8—28），在火花塞放电时就会产生高频振荡，连接火花塞的导线即起着天线作用，将这个振荡以电磁波形式向空间发射。

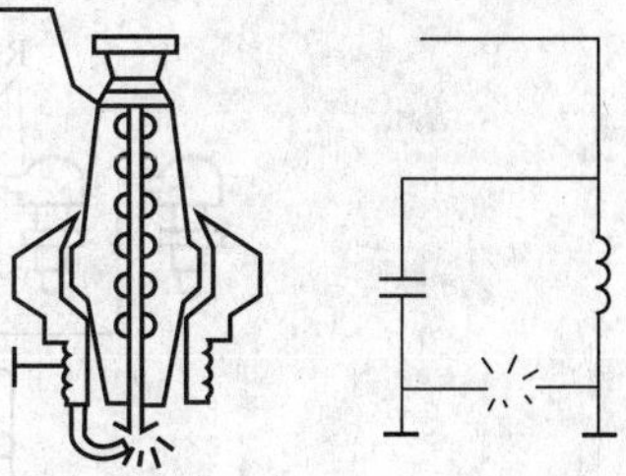

图 8—28　点火系中振荡回路的形成

像这样的振荡回路，在汽车上有很多。如发电机电刷、喇叭、调节器触点以及灯开关等处，当这些电器工作产生火花时，都会产生无线电干扰。由于这些回路电容和电感的不同，所产生的振荡频率也不相同，因而干扰的范围也很广（0.15～1 000 MHz），这就使汽车上以及周围数百米处的收音机、电视机和其他无线电装置都会产生不同程度的杂音干扰，以致无法正常工作。

汽车所产生的无线电干扰，按其传播方式可分为传导干扰和辐射干扰两种。传导干扰电磁波是通过汽车导线直接传播的；而辐射干扰则是通过空气传播的。汽车电器产生的高频电磁波，一般是经过天线、电源及电磁感应而混入收音机的。

为了防止以上干扰，可以从设计汽车收音机等电子设备本身采取防干扰措施。如在收音机天线上加扼制线圈，在电源上加滤波器以及合理选择收音机的安装位置并加金属罩遮盖等。但更重要的是在产生干扰电磁波的汽车电器上采取抑制措施。

1. 加阻尼电阻和高压阻尼线

在点火装置的高压电路中串入阻尼电阻，可以削弱电火花产生的高频振荡。试验证明阻尼电阻的阻值越大，抑制效果越好。但阻值过大会影响火花塞电极间的火花能量，因此一般最大不超过 20 kΩ。阻尼电阻常用碳质制成，通常装在点火线圈的高压导线引出端或火花塞上。目前国内外多采用高压阻尼线，其线芯是用 ϕ0.1 mm 的镍铬铝丝绕成，相当于电感、电容及电阻三者的复合体，抑制效果比集中形电阻效果要好。

2. 用电容器吸收火花

在产生火花处并接一个电容器，可以吸收火花，从而削弱高频振荡电磁波的发射。如在电磁振动式调节器“电池”接线柱与搭铁之间或者在发电机“电枢”接线柱与搭铁之间并联 0.2～0.8 μF 的电容器，在机油压力传感器、水温传感器的触点间并联 0.1～0.2 μF 的电容器，在转向信号灯的闪光器和喇叭的触点处并联大于 0.5 μF 的电容器等。另外，在干扰源处串接“Π”形、“Γ”低通滤波器，可以有效地抑制无线电干扰。如图 8—29 所示为装有收音机的汽车上的防干扰系统。

3. 用屏蔽遮掩

将汽车上所有容易产生火花的电器用金属罩遮盖，导线也用金属网或金属管遮盖，并均使其搭铁。这样就使产生干扰的高频电磁波在屏蔽的金属罩内产生涡流，变成热能消耗掉，使电磁波不能发射出去。

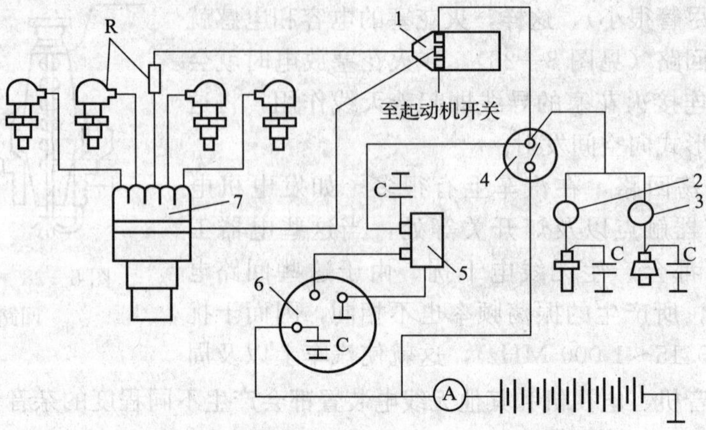

图 8—29　装有收音机汽车上的防干扰系统

1—点火线圈　2—水温表　3—油压表　4—点火开关　5—调节器　6—交流发电机　7—分电器

这种措施效果好，但成本高，并且会增大点火装置高压电路的分布电容，影响点火性能，因此一般只用在装有高灵敏度无线电设备的汽车上。采用这种方法时，必须屏蔽完全，并且在金属罩之间以及金属罩和车体之间接触要良好，使之具有同一电位，否则也还会产生火花，影响效果。

为了获得较好的防干扰效果，往往将上述三种方法合并使用，如北京 BJ2020 型汽车所装用的 QGY—111 型汽车干扰抑制器，如图 8—30 所示。

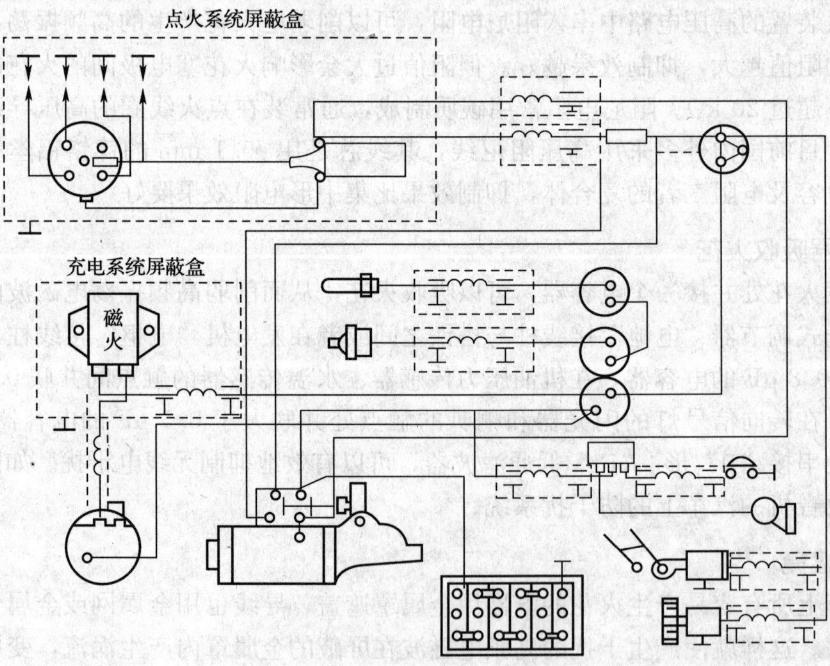

图 8—30　北京 BJ2020 汽车装用的 QGY—111 型汽车干扰抑制器

8.9 汽车防盗装置

汽车防盗装置是一种点火开关打开后开始工作的电子防盗装置，采用非法启动时使发动机不能发动的方式防盗，可以避免汽车被无权使用者开走。

8.9.1 防盗装置的组成

如图 8—31 所示，防盗装置主要由带脉冲转发器的钥匙、读识线圈（D2）、防盗装置控制单元（ECU，J362）、电动机电控单元（ECU，J220）及防盗装置警告灯（LED，K117）等组成。其中，防盗装置 ECU 安装在转向柱左边的支柱上，有可改变代码功能的发动机 ECU 安装在驾驶员腿的上方。防盗装置的电路图如图 8—32 所示。

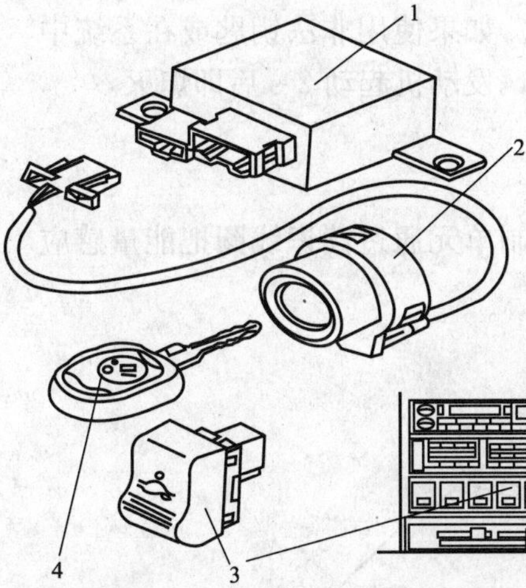

图 8—31 汽车防盗装置的组成

1—防盗器控制单元 2—读识线圈（D2）

3—防盗器警告灯（K117）

4—带转发器的汽车钥匙

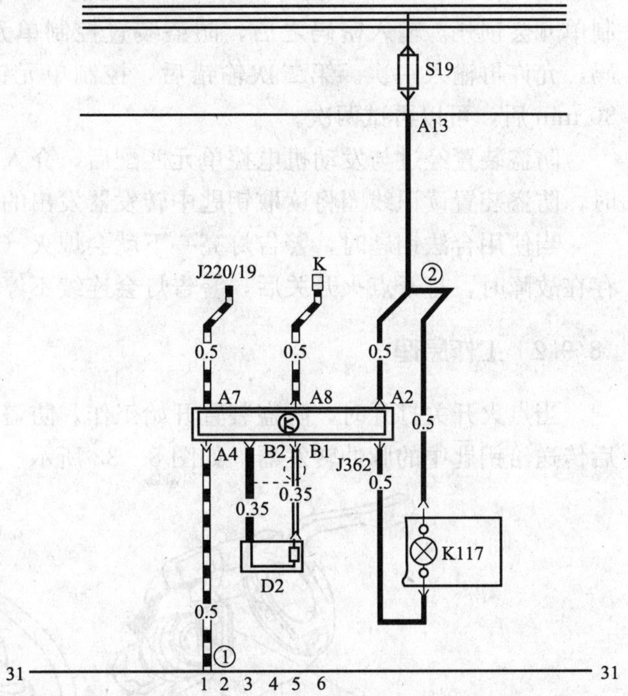

图 8—32 汽车防盗装置电路图

D2—防盗器读识线圈 J220—发动机电控单元 J362—防盗器控制单元

K—自诊断线 K117—防盗器警告灯 S19—熔丝（10 A）

①—中央线路板旁接地点 ②—接正极 15

1. 脉冲转发器

脉冲转发器是一种不需要电池驱动的感应和发射的元件。当点火开关打开时，读识线圈把能量用感应的方式传送给脉冲转发器。这时，脉冲转发器接受感应能量后立即发射出程控代码，通过读识线圈把程控代码输送给防盗装置控制单元。每一把钥匙（脉冲转发器）都有不同的程控代码。

2. 读识线圈

读识线圈包在机械点火开关外面，它的作用是把能量传送给钥匙中的脉冲转发器，并把脉冲转发器中存储的代码输送给防盗装置单元。

3. 防盗装置控制单元

防盗装置控制单元有一个 14 位的识别号码和 4 位数的密码。

如果钥匙丢失，应选用故障阅读器 V. A. G. 1551 或车辆系统测试仪 V. A. G. 1552 读出 14 位字符的识别号码，电传给服务中心，然后由中心将查得的密码电传给维修站。

如果是一辆新车，密码被隐含在钥匙牌上，剥去黑胶纸后可显示住 4 位数码。再把密码输入到 V. A. G. 1551 或 V. A. G. 1552 之前，必须先输入一个“0”，否则防盗装置的控制单元会锁死。输入密码之后，防盗装置控制单元可编制新的钥匙代码。如果输错了密码，允许再输入一次。第二次输错后，控制单元锁死。在点火开关打开的状态下，大约 30 min 后，可以再试两次。

防盗装置经过与发动机电控单元匹配后，介入发动机管理系统中。每次打开点火开关时，防盗装置读识线圈将读取钥匙中转发器发出的答复代码。

当使用合法钥匙时，警告灯亮一下就会熄灭（约 3 s）。如果使用非法钥匙或在系统中存在故障时，打开点火开关后，警告灯会连续不停地闪烁，发动机起动 2 s 后即熄灭。

8.9.2 工作原理

当点火开关打开时，防盗装置开始工作。防盗装置控制单元通过读识线圈把能量感应后传送给钥匙中的脉冲转发器，如图 8—33 所示。

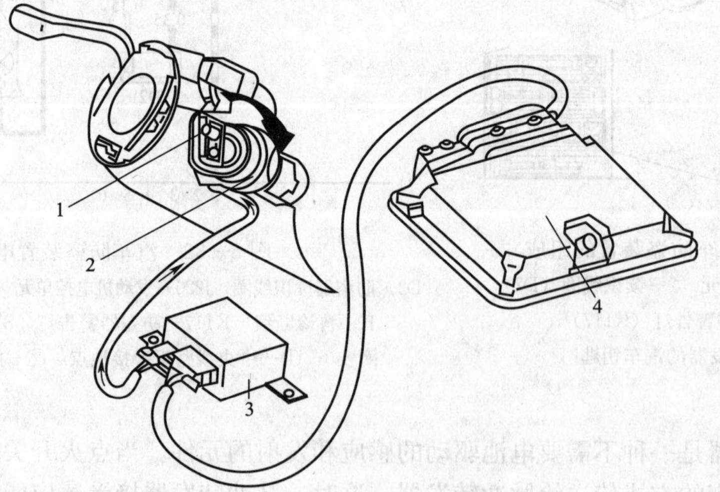

图 8—33 防盗装置的工作原理（一）
1—脉冲转发器 2—读识线圈 3—防盗器控制单元 4—发动机电控单元

此时，脉冲转发器被激活，通过读识线圈把它的程控代码送给防盗装控制单元。在防盗装置控制单元里，输入的程控代码与先前存储在防盗装置控制单元的钥匙代码进行比较，如图 8—34 所示。

然后，防盗装置控制单元再核对发动机电控单元的代码是否正确。该代码是由发动机电控单元存储在防盗装置控制单元中。每次起动发动机时，控制单元中的随机代码发生器都会发生一个可变的代码。如果核对后，代码不一致，发动机将在起动后 2 s 内熄灭，如图 8—35 所示。

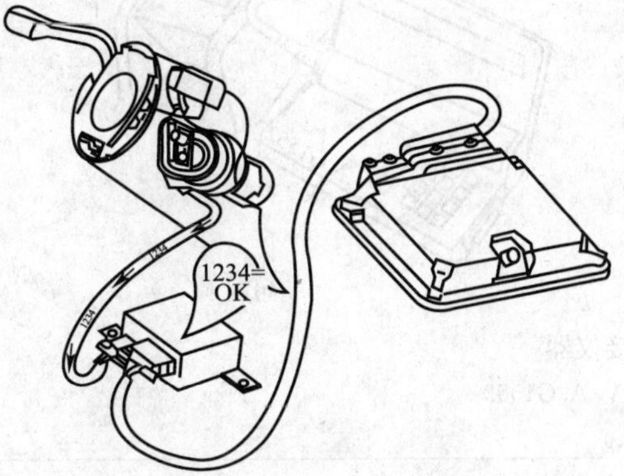

图 8—34　防盗装置的工作原理（二）

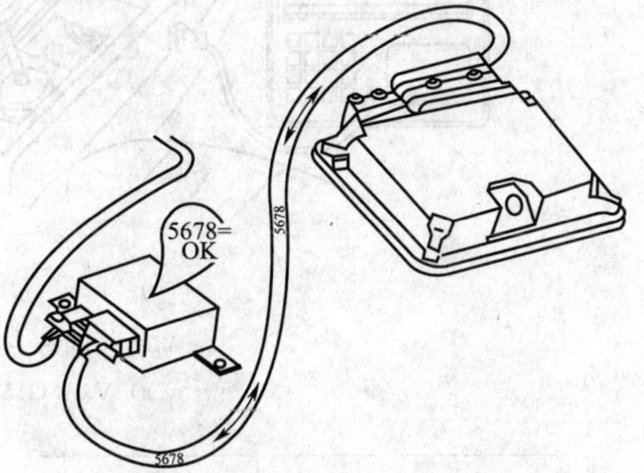

图 8—35　防盗装置的工作原理（三）

8.9.3　防盗装置的故障诊断

防盗装置的种类很多，但故障诊断方法基本相同，均可利用诊断仪或自诊断方法进行故障诊断，以下面以桑塔纳 2000 轿车为例进行介绍。

1. 读取和清除故障码

（1）检查条件。蓄电池电压大于 11 V，打开点火开关。

（2）连接仪器。关闭点火开关，打开诊断接口盖板（位于变速杆前端的防尘罩下）。如图 8—36 所示，将诊断线 V. A. G1551/3 的 5 针插头与 V. A. G1551 或 V. A. G1552 连接，另一端的 16 针插头与诊断接口连接。

（3）读取故障码

1）显示屏显示（以 V. A. G1552 为例）

车辆系统测试	帮助
输入地址字　××	

2）按“2”和“5”键选择“防盗装置”，这时显示屏显示：

a)　　b)

图 8—36　连接仪器

a）V. A. G1551　b）V. A. G1552

车辆系统测试 25 -防盗装置	确认

3）按“Q”键确认输入，约 5 s 后，显示屏显示：

330 953 253 IMMO VWZ6Z0123456 V01→ Coding　00000	 WSC　01205

330 953 253：防盗装置控制单元零件号

IMMO：电子防盗装置系统缩写

VWZ6Z0123456：防盗装置控制单元 14 位数编写

V01：防盗装置控制单元软件版本

Coding　00000：编码号

WSC　01205：维修站代码（修理电子防盗装置使用 V. A. G1552 必须先输入维修站代码）

说明：

①车上使用的防盗装置控制单元上贴有 14 位数编号和 4 位数密码。新车钥匙圈上挂有一块涂黑的密码牌，刮去涂黑层可见 4 位数密码。

②配件供应的防盗装置控制单元上以一个黄色的 X 作为标志，没有 14 位数编号和 4 位数密码。更换防盗装置控制单元时，维修站应先用 V. A. G1552 查出该防盗装置控制单元的 14 位数编号，电传到上海大众售后服务中心，然后由上海大众售后服务中心将查得

的密码电传给维修站，用于匹配钥匙。

4）按“→”键，显示屏显示：

车辆系统测试	帮助
选择功能 ××	

5）按“0”和“2”键选择“查询故障存储器”，按“Q”键确认输入。这时显示屏显示所存储故障的数量或发现故障：

×个故障发现	→

说明：按“→”键，可以逐个显示故障码和故障内容，直到全部故障显示完毕。

没有故障发现	→

6）按“→”键返回的初始位置，这时显示屏上的显示与第4）步的相同。

(4) 清除故障码。这一功能用于查询故障后，清除防盗装置控制单元故障存储器。

按“0”和“5”键选择“清除故障存储器”，按“Q”键确认输入。这时显示屏显示：

车辆系统测试	→
故障存储器已被清除	

按“0”和“6”键选择“结束输出”功能，按“Q”键确认输入。这时显示屏的显示与“(3) 读取故障码”中的第1）步的相同。

(5) 故障码表。防盗器故障码见表8—14。

说明：

1）所有存在的故障或偶然故障都储存在故障记忆中。

2）识别一个存在的故障至少要2 s。

3）如果一个故障目前已不存在，而作为偶然故障出现时，在显示屏右下角会出现“/SP”字样。

4）50次驱动循环后（每个循环点火开关打开至少2 s），偶然故障将被自动清除。

表8—14　　防盗装置故障码

V. A. G1552 显示屏显示	可能的故障原因	产生的后果	故障排除
65535 控制单元损坏	控制单元（J362）损坏	发动机不能起动，警告灯亮	更换控制单元
00750 警告灯故障： 对地短路/断路 对正极短路	线路损坏 线路开路 警告灯（K117）损坏 线路损坏	警告灯亮 警告灯不亮 警告灯不亮 警告灯不亮	修理损坏线路 修理断路线路 更换警告灯 修理损坏线路

续表

V. A. G1552 显示屏显示	可能的故障原因	产生的后果	故障排除
01128 防盗器读识线圈	读识线圈（D2）损坏 线路开路 短路	发动机不能起动，警告灯闪	更换读识线圈 修理线路断路 修理线路损坏
01176 钥匙： 信号太弱 非法钥匙	转发器损坏 钥匙不匹配 读识线圈（D2）损坏	发动机不能起动，警告灯闪	配制新钥匙 完成汽车所有钥匙匹配程序 更换读识线圈
01177 发动机电控单元没有匹配	更换发动机电控单元 发动机电控单元与防盗器控制单元连接导线断路或短路	发动机不能起动，警告灯闪 发动机不能起动，警告灯不闪	完成发动机控制单元与防盗器控制单元匹配程序 检修发动机控制单元与防盗器控制单元连接导线
01179 配钥匙程序错误	钥匙匹配不正确	警告灯快速闪亮（每秒2次）	查询故障存储器 清除故障存储器 完成汽车所有钥匙匹配程序

2. 读取测量数据块

输入“0”和“8”键，选择“读取测量数据块”功能，按“Q”键确认。此时显示屏显示：

读取测量数据块	帮助
输入显示组号××	

输入显示组号“22”，按“Q”键确认。此时显示屏显示：

Read measuring value bolck 22 →

1　2　3　4

4：钥匙实数

3：钥匙状态
1＝是　钥匙转发器正常
0＝否定　汽车钥匙匹配不对，或转发器无效

2：发动机电控单元回路
1＝正确
0＝不正确　发动机电控单元或连接线路有故障

1：允许起动
1＝允许起动
0＝不允许起动　汽车钥匙匹配不对，或者发动机电控单元与防盗控制单元没有匹配

3. 匹配

（1）更换发动机控制单元（J220）的匹配。更换发动机控制单元后，必须重新与防盗装置控制单元进行匹配，完成此项工作必须使用一把合法的汽车钥匙。

1）连接 V. A. G1552，打开点火开关，输入防盗装置地址码“25”，并按“Q”键确认。

2）按“→”键，显示屏将显示：

车辆系统测试	帮助
选择功能　××	

3）输入“1”和“0”键，选择“匹配”功能，此时显示屏将显示：

车辆测试系统	确认
10—匹配	

4）按“Q”键确认，此时显示屏将显示：

匹配	
输入频道号　××	

5）输入 00“频道”号，按“Q”键确认，此时显示屏将显示：

匹配	确认
清除已知数值?	

6）按“Q”键确认，此时显示屏将显示：

匹配	→
已知数值已被清除	

7）按“→”键，完成匹配程序，退回功能主菜单，此时显示屏将显示：

车辆系统测试	帮助
选择功能　××	

此时点火开关是打开的，发动机电控单元的随机代码就被防盗装置控制单元读入储存起来。

（2）更换防盗装置控制单元（J362）的匹配

1）当更换新的防盗装置控制单元时，发动机电控单元的随机代码自动被防盗装置控制单元读入储存起来，应重新做一次所有钥匙的匹配程序。

2）当更换从其他车上拆下来的防盗装置控制单元时，应重新做一次发动机电控单元与防盗装置控制单元匹配程序，同时，所有的钥匙都要做一次匹配程序。

（3）汽车钥匙的匹配。匹配汽车钥匙这一功能是清除以前所有合法钥匙的代码。必须将所有的汽车钥匙，包括新配的钥匙与防盗装置控制单元匹配，同时完成匹配程序。新配钥匙或增加的钥匙数量最多不能超过 8 把。如果遗失了一把合法的钥匙，为了安全起见，必须将其他所有合法钥匙重新完成一次匹配钥匙程序，这样能使丢失在外的钥匙变为非法的，不能起动发动机。匹配钥匙的程序必须先输入密码，从用户保存的一块涂黑的密码牌上刮去涂黑层，及可见 4 位数密码。

1）连接 V. A. G1552，打开点火开关，输入防盗装置地址码“25”，并按“Q”键确认。

2）按“→”键，显示屏将显示：

车辆系统测试	帮助
选择功能　××	

3）输入“1”和“1”键，选择“输入密码”功能，显示屏将显示：

车辆系统测试	确认
11—输入密码	

4）按“Q”键确认，此时显示屏将显示：

输入密码
输入密码号 ×××××

5）输入密码号，在四位数码前加一个“0”，例如：01234。此时显示屏将显示：

输入密码	确认
输入密码号 01234	

6）按“Q”键确认，此时显示屏将显示：

车辆系统测试	帮助
选择功能　××	

如果显示屏显示：

功能不清楚或	→
此刻不能执行	

表明密码号输错，必须重新输入密码。如果连续两次输入错误，第三次再想输入密码前，必须输入“0”和“6”键选择“结束输出”，退出防盗装置自诊断程序。打开点火开关等 30 min 以后，再重新进行输入密码。

7）输入“1”和“0”键，选择“匹配”功能，按“Q”键确认，此时显示屏将显示：

```
匹配
输入频道号  ××
```

8）输入频道号 21，按“Q”键确认，显示屏将显示：

```
频道 21  匹配 2               →
                  <-1     3->
```

输入汽车钥匙数。汽车钥匙数量根据需要可以输入 0～8，输入可以按数字键直接输入钥匙数，或者用数字键“1”和“3”，按“1”键为减少 1 把钥匙数，按“3”键为增加 1 把钥匙数，直到显示器右上角的数字符合需要的钥匙数为止。如果输入“0”，表示全部钥匙都变为非法的，不能起动发动机。

9）按“→”键，显示屏将显示：

```
频道 21  匹配 2               →
输入匹配钥匙数×××××
```

10）按“0”键 4 次，再输入匹配钥匙数。例如匹配 3 把钥匙，输入 00003，此时显示屏将显示：

```
频道 21  匹配 2               确认
输入匹配钥匙数 00003
```

11）按“Q”键确认，显示屏将显示：

```
频道 21  匹配 3               确认
                  <-1     3->
```

12）按“Q”键确认，此时显示屏将显示：

```
道 21  匹配 3                 确认
是否要储存改正的钥匙数?
```

13）按“Q”键确认，此时显示屏将显示：

```
频道 21  匹配 3               →
改正的钥匙数已储存
```

14）按“→”键。

15）输入“0”和“6”键，选择“结束输出”，在汽车点火开关上的这把钥匙匹配完毕。

16）关闭点火开关，拔出汽车钥匙，然后插入一把钥匙，打开点火开关。

17）重复上述操作，直到把所有的钥匙都匹配完毕为止。

在进行匹配汽车钥匙程序中，应注意以下几点：

①匹配全部钥匙的操作不能超过 30 s，如果只是插入钥匙，而没有打开点火开关，那么这把钥匙匹配无效。

②如果系统在读钥匙的过程中发现错误，如将已匹配过的钥匙再次进行匹配等，警告灯将以每秒 2 次的频率闪亮，读钥匙过程自动中断。

③每次匹配钥匙的过程顺利完成，警告灯即点亮 2 s，然后熄灭 0.5 s，再亮 0.5 s，最后熄灭。

④在匹配钥匙完毕后，应选择 02“查询故障”，如果没有故障显示，说明匹配钥匙已成功地完成。

⑤如果要匹配的钥匙中转发器是坏的，或者钥匙中没有转发器，显示屏将显示：

功能不清楚或 此刻不能执行	→

(4) 获得密码的方法。如果 4 位数密码不知道，或者密码牌丢失，可按以下步骤获得密码。

1）连接 V. A. G1552，打开点火开关，输入防盗装置地址码“25”，并按“Q”键确认，约 5 s 后，显示屏将显示：

330 953 253IMMO VWZ6Z0T0456789 V01		→
Coding 00000	WSC01205	

VWZ6Z0T0456789 为该车防盗装置控制单元的 14 位数编码。

2）维修站将读出的 14 位数防盗装置控制单元编号，电传到上海大众售后服务中心，然后由上海大众服务中心将查得的密码电传到维修站。

单元小结

1. 电动坐椅按运动方向的不同可分为前后移动的两向移动坐椅；前后移动加升降的四向移动坐椅；前后移动加升降及前部和后部能分别升降的六向移动坐椅。

2. 电动坐椅前后方向的调节量一般为 100～160 mm，坐椅前部与后部的调节量约为 30～50 mm。全程移动所需时间为 8～10 s。

3. 电动车窗系统是由车窗、车窗玻璃升降器、电动机和开关等装置组成。

4. 电动车窗中设置螺旋弹簧的作用就是使车窗上升或下降时驱动电动机承受相同的

负荷。

5. 每个后视镜的背后都装有两套电动机和驱动器，可操纵其上、下及左、右运动。通常垂直方向的运动由一个电动机控制，水平方向倾斜运动由另一个电动机操纵。

6. 中央门锁由门锁、门锁开关、门锁执行器、门锁控制器和门锁遥控器等组成。驱动门锁执行机构动作的形式有电磁线圈和直流电动机两种。为门锁执行机构提供锁、开脉冲电流的控制装置称为门锁控制器，门锁控制器有晶体管式、电容式和车速感应式。

7. 车用音响装置的组成部分有无线电收音机、磁带放录机、CD 唱机、天线、扬声器及控制电路等。

8. 安全气囊是一种被动型安全保护装置。主要由传感器、电子控制器、气体发生器和气囊等部分组成。

9. 汽车所产生的无线电干扰，按其传播方式可分为传导干扰和辐射干扰两种。

10. 防止干扰的措施有加阻尼电阻和高压阻尼线、用电容器吸收火花和用屏蔽遮掩等。

11. 汽车防盗装置主要由带脉冲转发器的钥匙、读识线圈、防盗装置控制单元、电动机电控单元及防盗装置警告灯等组成。

单元测试题

一、单项选择题（下列每题的选项中，只有 1 个是正确的，请将其代号填在横线空白处）

1. 每个电动后视镜均有________电动机。

A. 一台单向　　B. 一台双向　　C. 二台双向

2. 车窗升降器的齿扇上装螺旋弹簧是为了________。

A. 防止电动机损坏　　B. 减轻电动机上升时的负荷

C. 增大电动机的转速

3. 驱动中央门锁执行机构动作的形式有电磁线圈和________两种。

A. 直流电动机　　B. 交流电动机　　C. ECU

4. 门锁控制器有晶体管式、电容式和________等。

A. 电磁式　　B. 电感式　　C. 车速感应式

5. SRS 传感器按其功能不同可分为碰撞传感器和________两种。

A. 压力传感器　　B. 保险传感器　　C. 车速传感器

6. 汽车所产生的干扰按其传播方式可分为传导干扰和________两种。

A. 辐射干扰　　B. 直接干扰　　C. 间接干扰

7. 电子防盗装置的功能有服务功能、警惕提示功能和________。

A. 报警提示功能　　B. 安全保险功能　　C. 自检功能

二、判断题（下列判断正确的请打“√”，错误的打“×”）

1. 为防止电动坐椅过载，在电动机的内部装有断路器。（ ）
2. 在存放拆下的安全气囊时，应将缓冲垫的一侧朝上。（ ）
3. 安全气囊不能沾油脂和清洁剂。（ ）
4. 接通点火开关时，SRS对系统进行自检，SRS警告灯点亮6 s后熄灭表示系统正常。（ ）
5. 辐射干扰是通过导线传播的。（ ）
6. 汽车防干扰措施中包括电容器吸收火花。（ ）
7. 在整车线路中所有用电设备都是串联连接的。（ ）

三、多项选择题（下列每题的选项中，只有1个是正确的，请将其代号填在横线空白处）

下列图形中能表达出汽车电路的有________。

A. 线路图　　B. 原理图　　C. 线束图
D. 曲线图　　E. 波形图　　F. 原版图

单元测试题答案

一、单项选择题

1. C　2. B　3. A　4. C　5. B　6. A　7. A

二、判断题

1. √　2. √　3. √　4. √　5. ×　6. √　7. ×

三、多项选择题

ABCF

9

第 9 单元

技能操作训练

9.1　识读现代高级轿车的电气线路图

考核要求：能正确识读现代高级轿车电气线路图。

9.1.1　准备条件

1. 设备准备

以下所需设备由鉴定站准备。

序号	设备名称	规格	数量	备注
1	轿车的电气线路图	别克、奥迪	1～2	

2. 考场准备

（1）按考核要求准备线路图板，且互不影响、干扰。

（2）考场内采光、通风等措施要求良好。

（3）考场要求安静，不影响考生讲解。

9.1.2　桑塔纳轿车整车线路图识读

桑塔纳轿车整车线路图见附图 1—1～附图 1—11。

序号	评 分 标 准	应得分	备 注
1	识读导线编号、颜色、线径，每错一处扣 10 分	30	
2	识读接插件、熔丝和各部件的符号，每错一处扣 10 分	30	
3	根据电路图叙述各系统的工作过程，叙述不正确扣 20 分	20	
4	根据电路图判断各系统故障的原因，判断不正确扣 20 分	20	

9.1.3　奥迪轿车整车线路图识读

奥迪轿车整车线路图见附图 2—1～附图 2—4。

序 号	评 分 标 准	应得分	备 注
1	识读导线编号、颜色、线径，每错一处扣 10 分	30	
2	识读接插件、熔丝和各部件的符号，每错一处扣 10 分	30	
3	根据电路图叙述各系统的工作过程，叙述不正确扣 20 分	20	
4	根据电路图判断各系统故障的原因，判断不正确扣 20 分	20	

9.2　电喷发动机的故障诊断

考核要求：正确操作检测仪器，根据仪器提示正确诊断电喷发动机故障。

9.2.1 准备条件

1. 设备准备

以下所需设备由鉴定站准备。

序　号	设 备 名 称	规　格	数　量	备　注
1	电喷发动机试验台（或整车）	自选	按实际情况配备	
2	OTC 诊断仪	自选	按实际情况配备	
3	SCANNER 诊断仪	自选	按实际情况配备	
4	电眼睛诊断仪	自选	按实际情况配备	
5	ADC2000 诊断仪	自选	按实际情况配备	
6	Ferret 63 分析仪	自选	按实际情况配备	
7	V. A. G1552 诊断仪	自选	按实际情况配备	

2. 工、量具准备

以下所需工、量具由鉴定站准备。

序号	工、量具名称	规格	数量	备注
1	旋具	自选	按实际情况配备	
2	活络扳手	自选	按实际情况配备	

3. 考场准备

（1）按标准工位面积设置工位，工位间不能互相影响、干扰。

（2）考前应对设备、考位编号，使机、位编号相对应。

（3）考场内采光、通信、防火等设施要符合有关规定。

9.2.2 考核时限与评分标准

时限：10 min。

评分标准：

序　号	评 分 标 准	应得分	备 注	
1	检测电控发动机电路应符合操作规范，若不规范扣 10 分	10		
2	正确检测与诊断电控发动机控制系统： 用人工方法正确读取故障码，不正确扣 15 分 用万用表检测微机向传感器输出的＋5 V、喷油器控制的脉冲，检测控制电路中各传感器与执行器件，检测过程应符合安全操作规范，若不规范扣 15 分	30		

续表

序 号	评 分 标 准	应得分	备 注
3	根据检测数据正确判断故障原因，判断不正确扣 30 分	30	
4	排除故障，不能排除故障扣 20 分	20	
5	故障排除后应清除发动机故障码，若不清除扣 10 分	10	

9.2.3 故障诊断步骤（检测仪器以 V.A.G1552 为例，检测桑塔纳 2000 M3.8.2 电喷发动机）

1. 更换程序卡

诊断仪的所有功能都由程序卡内的软件来控制，程序卡的尺寸如同信用卡。当有新的车型上市，诊断仪内的软件则必须更新，因此，程序卡必须更换。

注意：只有当电源被切断后，才可以拆下或插上程序卡，不要接触程序卡上的触点，还要防止静电。

按照以下步骤更换程序卡：

（1）拆下位于壳体右侧的程序卡插槽的盖板，旋松十字螺钉。

（2）扣住贴纸标签的薄片将其向右拉出。

（3）将新的程序卡插入插槽，尽量向内插。要保证程序卡正确地插入。

（4）将标签的薄片向内向上推入，盖上插槽盖板。

（5）打开诊断仪电源开关。

（6）选择操作模式 3，诊断仪开始进行自检。

如果自检完成没有故障产生，说明更换成功，旧的程序卡不再需要。

2. 连接诊断仪

（1）关闭点火开关，打开诊断接口盖板（位于变速杆前端的防尘罩下）。

（2）将故障诊断仪连接在诊断接口上。

这时显示屏上显示：

车辆系统测试	帮助
输入地址字××	

（3）打开点火开关或者发动机怠速运转。

（4）输入地址字“01—发动机电控系统”，然后按“Q”键确认，显示屏显示。

330 907 404 1.8LR4/2V MOTR	HS D01→
Coding 08001	MSC ×××××

330 907 404：电控单元备件号。

1.8L：发动机排量。

R4/2V：直列四缸发动机，每缸二气门。

MOTR：电子控制燃油喷射系统。

HS：手动变速器（AT 表示自动变速器）。

D01：电控单元软件版本。

Coding 08001：电控单元编号。

MSC ×××××：维修站代码。

（5）按"→"键，显示屏显示：

车辆系统测试	帮助
选择功能××	

3. 读取和清除故障码

（1）在故障诊断仪连接好的情况下，接通点火开关并使发动机怠速运转，输入"01—发动机电控系统"的地址码。

（2）接通点火开关但不起动发动机，输入"02—查询故障存储器"，按"Q"键确认输入。这时显示屏上显示故障的数量，例如：

查到了 3 个故障	→

（3）按"→"键，显示逐一显示各个故障码和它的文字说明。如果没有故障，则显示"未发现故障码"。

（4）按"→"键，显示屏显示：

车辆系统测试	帮助
选择功能××	

（5）输入"05—清除故障存储器"，按"Q"键确认输入。显示屏显示：

车辆系统测试	→
故障存储已被清除！	

（6）按"→"键，显示屏显示：

车辆系统测试	帮助
选择功能××	

（7）输入"06—结束输出"的功能码，按"Q"键确认输入。

桑塔纳 2000 电喷系统故障码见表 9—1。

表 9—1　　桑塔纳 2000 电喷系统故障码

V. A. G1552 显示屏幕显示	故障原因	故障排除
00513 发动机转速传感器(G28)： 无信号	在传感器线路上有断路或短路 G28 损坏	检修线路 检测 G28

续表

V. A. G1552 显示屏幕显示	故障原因	故障排除
00515 霍尔传感器（G40）： 对正极断路/短路	传感器线路对正极断路或短路 G40 损坏	检修线路 检测 G40
00518 节气门电位计（G69）： 对正极断路/短路	传感器线路对正极断路或短路 G69 损坏	检修线路 检测 G69
00522 冷却水温度传感器（G62）： 对地短路 对正极断路/短路	传感器线路断路 G62 损坏 传感器线路对地短路	检修线路 检测 G62
00524 爆震传感器 1（G61）： 对正极断路/短路	传感器线路对地断路或短路 G61 损坏	检修线路 检测 G61
00527 进气温度传感器（G72）： 对地短路 对正极断路/短路	传感器线路断路 G72 损坏 传感器线路对地短路	检修线路 检测 G72
00530 节气门定位电位计（G88）： 对正极断路/短路	传感器线路对正极断路或短路 G88 损坏	检修线路 检测 G88
00540 爆震传感器 2（G66）： 对地断路/短路	传感器线路对地断路或短路 G66 损坏	检修线路 检测 G66
00553 空气质量计（G70）： 对地断路/短路	传感器线路对地断路或短路 G70 损坏	检修线路 检测 G70
00668 30 号端子电压 信号太小	蓄电池电压小于 10 V	对蓄电池进行充电
01165 节气门控制部件（J338）： 基本设定错误	节气门控制部件与发动机控制单元没有匹配	重新完成匹配程序
01247 ACF 电磁阀 1（N80）： 对正极断路/短路	ACF 电磁阀的线路对地断路或短路 G80 损坏	检修线路 检测 N80

续表

V. A. G1552 显示屏幕显示	故障原因	故障排除
01249 第 1 缸喷油器（N30）： 对正极断路/短路	第 1 缸喷油器线路对正极断路或短路 N30 损坏	检修线路 检测 N30
01250 第 2 缸喷油器（N31）： 对正极断路/短路	第 2 缸喷油器线路对正极断路或短路 N31 损坏	检修线路 检测 N31
01251 第 3 缸喷油器（N32）： 对正极断路/短路	第 3 缸喷油器线路对正极断路或短路 N32 损坏	检修线路 检测 N32
01252 第 4 缸喷油器（N33）： 对正极断路/短路	第 4 缸喷油器线路对正极断路或短路 N33 损坏	检修线路 检测 N33

9.3 底盘控制系统的故障诊断与排除

9.3.1 ABS 控制系统的故障诊断与排除

ABS 具有故障自诊断功能，它是以 ABS 控制单元中标准的正常运行状况为准，不断地对输入信号及部件的工作情况进行监控，将故障记录在存储器中，以便维修时方便地查找故障部位。仅发生一次的故障称为偶然故障。存储器中的故障也是利用故障阅读器 V. A. G1552 来读取的。

考核要求：正确使用 ABS 检测设备，对汽车底盘 ABS 进行检测与故障诊断，并予以排除。

1. 准备条件

（1）设备准备。以下所需设备由鉴定站准备。

序号	设备名称	规格	数量	备注
1	ABS 实验台	桑塔纳	2	

（2）工、量具准备。以下所需设备由鉴定站准备。

序号	工、量具名称	规格	数量	备注
1	万用表		1	
2	V. A. G1552 检测仪		1	
3	相关零配件		若干	

（3）考场准备

1）按标准工位面积设置工位，工位间不能互相影响、干扰。

2）考前应对设备、考位编号，使机、位编号相对位。

3）考场内采光、通风、防火等措施要符合有关规定。

2. 考核时限与评分标准

时限：15 min。

评分标准：总分 100 分。

序号	作业项目	考核内容	评分标准	规定分数	备注
1	ABS系统结构认识	指出各零件的名称和作用	错一项扣10分	20	
2	ABS系统故障码读取	正确操作检测仪器读取故障码	操作错误一处扣10分	30	
3	ABS系统故障排除	将读取的故障码所对应的故障排除	故障排除方法、步骤不正确，一处扣10分	30	
4	ABS系统故障码消除	正确操作检测仪器消除故障码	操作错误一处扣10分	20	

3. 故障诊断与排除

（1）读取与消除故障码

1）故障读取步骤如图 9—1 所示。

2）检查条件

①在所有的车轮上必须安装规定的并且尺寸相同的轮胎，轮胎气压符合规定。

②常规的制动系统（包括制动灯开关和制动灯）应正常。

③液压管和管接头不能有泄漏（对液控单元、制动主缸、轮缸进行目测检查）。

④车轮轴承间隙都正常。

⑤ABS 电控单元（J104）的线束插头正确插上（推进插头）。检查 ABS 部件的触点有无损坏以及安装位置是否正确

⑥所有熔丝完好。

⑦供电电压正常（最低为 10.5 V）。

3）连接仪器。

4）读取故障码

①打开点火开关，显示屏显示：

车辆系统测试	帮助
输入地址字××	

②按“0”和“3”键选择“制动系电控系统”，这时显示屏显示：

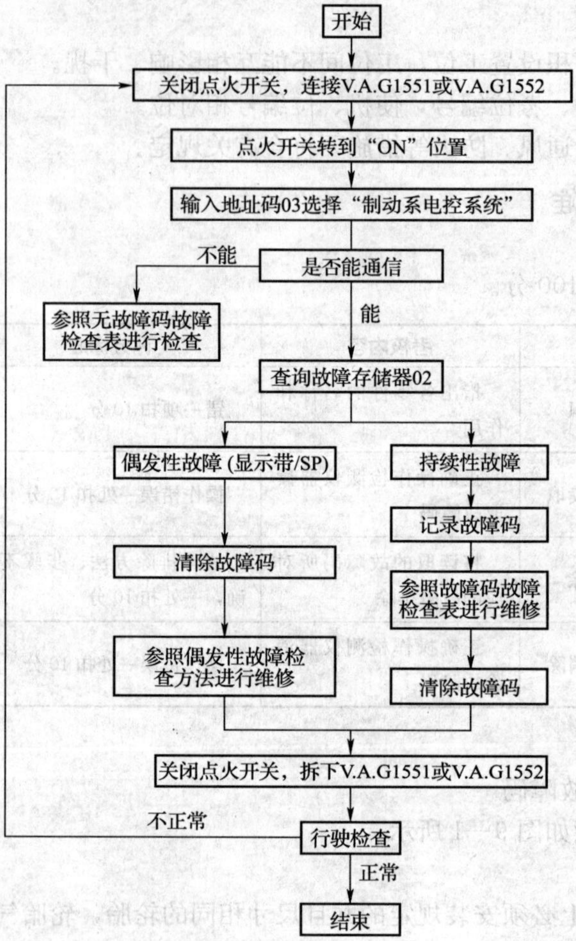

图 9—1 自诊断框图

车辆系统测试	确认
03—制动系电控系统	

③按“Q”键确认输入，这时显示屏显示 ABS 控制单元识别代码：

3A0 907 379 ABS ITT AE 20 GI VOD→	
Coding 04505	WCS×××××

3A0 907 379　ABS：控制单元备件号

ABS ITT AE 20 GI：ITT 公司 ABS 产品型号

VOD：控制单元软件版本

Coding 04505：控制单元编码号

WCS×××××：维修站代码

④按“→”键，这时显示屏显示：

车辆系统测试	帮助
选择功能××	

⑤按“0”和“2”键选择“查询故障存储器”，这时显示屏显示：

车辆系统测试	确认
02—查询故障存储器	

⑥按“Q”键确认输入，显示屏上显示所储存故障的数量或“未发现故障”。

发现×个故障	→

未发现故障	→

说明：按“→”键，故障依次显示出来。

⑦故障显示完毕后，按“→”键返回到初始位置，这时显示屏的显示与第④步的相同。

5）清除故障码

①按“0”和“5”键选择“清除故障储存器”，这时显示屏显示：

汽车系统测试	确认
05—清除故障存储器	

②按“Q”键确认输入，这时显示屏显示：

汽车系统测试	→
故障存储器已被清除	

③按“→”键，这时显示屏上的显示与“4）读取故障码”的第④步相同。

④按“0”和“6”键选择“结束输出”，这时显示屏显示：

汽车测试系统	确认
06—结束输出	

⑤按“Q”键确认，这时显示屏上的显示与“3. 读取故障码”中的第（1）步的相同。

⑥关闭点火开关，拔下 V. A. G1552 的插头。

⑦打开点火开关，ABS 故障警告灯（K47）和制动装置警告灯（K118）亮约 2s 后必须熄灭。

（2）故障码表。ABS 故障码见表 9—2。说明：

1）故障码表中列出了 V. A. G1552 所能读出 ABS 系统可能产生的故障，并按照五位数的故障码列出。

2）故障码及有关故障说明可由打印机打印出来。

3）在更新显示已损坏的零件前，要按照电路图检查所有相关的插头、导线和接地连接。

4）完成修理后，一定要重新用 V. A. G1552 查询故障储存器，并将故障码清除，然后在车速大于 20 km/h 的情况下紧急制动试车。

5）试车完成后，要重新查询故障储存器。

表 9—2　　ABS 故障码

V. A. G1552 显示屏显示	可能的故障	故障排除
未发现故障	◆如果在维修完毕后，用 V. A. G1552 查询故障存储器后，未发现故障，则自诊断结束 ◆如果显示屏中显示出“未发现故障”，但 ABS 系统不能正常工作，则应按以下步骤作： 1）以大于 20 km/h 的车速、进行紧急制动试车 2）重新用 V. A. G1552 查询故障器，如仍无故障显示，进行下一步 3）在无自诊断的情况下着手寻找故障，全面进行电气检查	
00668 汽车 30 号线线终端电压信号超差	电压供应线路、连接插头、熔丝故障	检查电控单元供电线路、熔丝和连接插头
01276 ABS 液压泵（V64）：信号超差	电动机与电控单元连接线路对正极或对地短路、断路，液压泵电动机故障	检查线路 进行执行元件诊断
65535 电控单元	电控单元故障	更换电控单元
01044 电控单元编码不正确	电控单元 25 针插头端子 6 和 22 之间短路或断路	检查插头线束的线路
01130 ABS 工作：信号超差	与外界干涉信号源发生电气干涉（高频发射，例如：非绝缘的点火电缆线）	检查所有线路连接对正极或对地是否短路 清除故障存储器 在车速大于 20 km/h 时，进行紧急制动试车 再次查询故障存储器
00283 左前转速传感器（G47）	触点断路或松动 ◆转速传感器导线 ◆连接插头 ◆转速传感器线圈 传感器电路短路 转速传感器和齿圈的间隙超差（信号不正常）	检查转速传感器与电控单元的线路和连接插头 检查转速传感器和齿圈的安装间隙 读取测量数据块
00285 右前转速传感器（G45）	触点断路或松动 ◆转速传感器导线 ◆连接插头 ◆转速传感器线圈 传感器电路短路 转速传感器和齿圈的间隙超差（信号不正常）	检查转速传感器与电控单元的线路和连接插头 检查转速传感器和齿圈的安装间隙 读取测量数据块

续表

V. A. G1552 显示屏显示	可能的故障	故障排除
00287 右后转速传感器（G44）	触点断路或松动 ◆转速传感器导线 ◆连接插头 ◆转速传感器线圈 传感器电路短路 转速传感器和齿圈的间隙超差（信号不正常）	检查转速传感器与电控单元的线路和连接插头 检查转速传感器和齿圈的安装间隙 读取测量数据块
00290 左后转速传感器（G46）	触点断路或松动 ◆转速传感器导线 ◆连接插头 ◆转速传感器线圈 传感器电路短路 转速传感器和齿圈的间隙超差（信号不正常）	检查转速传感器与电控单元的线路和连接插头 检查转速传感器和齿圈的安装间隙 读取测量数据块

9.3.2 悬架控制系统的故障诊断与排除

考核要求：正确使用故障检测设备，对汽车悬架控制系统进行检测与故障诊断。

1. 准备条件

（1）设备准备。以下所需设备由鉴定站准备。

序号	设备名称	规格	数量	备注
1	悬架实验台		一台以上	
2	熔丝		若干	
3	相关零部件		若干	
4	连接导线		若干	

（2）工、量具准备。以下所需设备由鉴定站准备。

序号	工、量具名称	规格	数量	备注
1	万用表		1	
2	检测仪		1	
3	相关工具		若干	

（3）考场准备

1）按标准工位面积设置工位，工位间不能互相影响、干扰。

2）考前应对设备、考位编号，使机、位编号相对位。

3）考场内采光、通风、防火等措施要符合有关规定。

2. 考核时限与评分标准

时限：15 min。

评分标准：总分 100 分。

序号	作业项目	考核内容	评分标准	规定分数	备注
1	悬架控制系统结构认识	指出各零件的名称和作用	错一项扣 10 分	20	
2	读取悬架控制系统故障码	正确操作读取故障码	操作错误一处扣 10 分	30	
3	悬架控制系统故障排除	将读取的故障码所对应的故障排除	故障排除方法、步骤不正确一处，扣 10 分	30	
4	悬架控制系统故障码清除	正确操作清除故障码	操作错误一处扣 10 分	20	

3. 故障诊断与排除

凌志 LS400 电子控制空气悬架系统设有故障自我诊断系统，用于诊断悬架系统的工作情况及工作时出现的故障。当系统出现故障时，悬架 ECU 将故障以故障代码的形式存储在存储器中，同时使指示灯点亮，以提示驾驶员系统出现故障，需要维修。

（1）故障读取步骤

1）接通点火开关，用跨接线将 TDCL 或检查连接器的 TC 与 E1 端子连接。

2）读取高度控制“NORM”指示灯输出的故障代码。

凌志 LS400 电子控制空气悬架系统故障代码内容见表 9—3。

表 9—3　凌志 LS400 电子控制空气悬架系统故障代码内容

代码	故障内容	诊断结论
11	右前高度传感器	高度传感器电路开路或短路
12	左前高度传感器	
13	右后高度传感器	
14	左后高度传感器	
21	前悬架控制执行器电路	悬架控制执行器电路开路或短路
22	后悬架控制执行器电路	
31	1 号高度控制阀电路	高度控制阀电路开路或短路
33	2 号高度控制阀电路（用于右悬架）	
34	2 号高度控制阀电路（用于左悬架）	

续表

代码	故障内容	诊断结论
35	排气阀电路	排气阀电路开路或短路
41	1号高度控制继电器电路	1号高度控制继电器电路开路或短路
42	压缩机电动机电路	压缩机电动机短路；压缩机电动机被锁住
51	至1号高度控制继电器的持续电流	供至1号高度控制继电器的持续电流约通电8.5 min以上
52	至排气阀的持续电流	供至排气阀的持续电流约通电6 min以上
61	悬架控制信号	ECU失灵
72	悬架控制执行器电源电路	悬架控制执行器电源电路开路 AIR SUS熔丝烧断
71	高度控制ON/OFF开关电路	高度控制ON/OFF开关在OFF位置 高度控制ON/OFF开关电路开路

(2) 故障码清除步骤

1）关闭点火开关，拆下1号接线盒中的ECU－B熔丝10 s以上，即可清除。

2）关闭点火开关，用跨接线将控制连接器的9号与8号端子连接，同时使检查连接器的TS与E1端子连接，保持10 s以上，然后打开点火开关并拆下以上各端子连接线，即可清除故障代码。

9.4 现代高级轿车车身电器的故障诊断与排除

9.4.1 电动坐椅的故障诊断与排除

考核要求：正确使用各检修设备诊断电动坐椅的故障。

1. 准备条件

(1) 设备准备。以下所需设备由鉴定站准备。

序号	设备名称	规格	数量	备注
1	电动坐椅		一台以上	
2	熔丝		若干	
3	相关零部件		若干	
4	各类规格导线		若干	

(2) 工、量具准备。以下所需工、量具由鉴定站准备。

序号	工、量具名称	规 格	数 量	备注
1	旋 具	自选	按实际情况配备	
2	试 灯	自选	按实际情况配备	
3	尖嘴钳	自选	按实际情况配备	
4	万用表	自选	按实际情况配备	
5	短路线	自选	按实际情况配备	

（3）考场准备

1）按标准工位面积设置工位，工位间不能互相影响、干扰。

2）考前应对设备、考位编号，使机、位编号相对应。

3）考场内采光、通风、防火等设施要符合有关规定。

2. 考核时限与评分标准

时限：10 min。

评分标准：总分 100 分。

序号	作业项目	考核内容	评分标准	规定分数	备注
1	电动坐椅各部件认识	指出各部件的名称与作用	每错一处扣 10 分	30	
2	电动坐椅故障诊断	正确判断故障部位	判断不正确扣 40 分	40	
3	电动坐椅故障排除	正确排除故障	不能排除故障扣 30 分	30	

3. 故障诊断与排除

（1）完全不动作或某个方向不能工作。电动坐椅完全不动作的主要原因有：熔断器断路；线路断路；坐椅开关有故障等。

检查步骤：首先检查熔断器是否断路；若熔断器良好，则应检查线路连接是否正常，最后检查开关。对于有存储功能的电动坐椅系统，还应检查控制单元（ECU）的电源电路和搭铁线是否正常，若开关、线路等都正常，应检查控制单元。

（2）电动坐椅某个方向不能工作。电动坐椅某个方向不能工作的主要原因：该方向对应的电动机损坏、开关、连接导线断路。

检查步骤：首先检查线路是否正常，再检查开关和电动机。

9.4.2 电动后视镜的故障诊断与排除

考核要求：正确使用各检修设备诊断电动后视镜的故障并予以排除。

1. 准备条件

（1）设备准备。以下所需设备由鉴定站准备。

序号	设 备 名 称	规 格	数 量	备注
1	电动后视镜		一台以上	
2	熔丝		若干	
3	相关零部件		若干	
4	各类规格导线		若干	

（2）工、量具准备。以下所需工、量具由鉴定站准备。

序号	工、量 具 名 称	规 格	数 量	备注
1	旋具	自选	按实际情况配备	
2	试灯	自选	按实际情况配备	
3	尖嘴钳	自选	按实际情况配备	
4	万用表	自选	按实际情况配备	
5	短路线	自选	按实际情况配备	

（3）考场准备

1）按标准工位面积设置工位，工位间不能互相影响、干扰。

2）考前应对设备、考位编号，使机、位编号相对应。

3）考场内采光、通风、防火等设施要符合有关规定。

2. 考核时限与评分标准

时限：10 min。

评分标准：总分 100 分。

序号	作业项目	考核内容	评分标准	规定分数	备注
1	电动后视镜各部件认识	指出各部件的名称与作用	每错一处扣 10 分	30	
2	电动后视镜故障诊断	正确判断故障部位	判断不正确扣 40 分	40	
3	电动后视镜故障排除	正确排除故障	不能排除故障扣 30 分	30	

3. 故障诊断与排除

（1）电动后视镜都不工作。电动后视镜都不工作的主要原因有：熔断器及线路断路、开关及电动机有故障等。

诊断步骤：先检查熔断器是否断路，然后检查控制开关线头有无脱落、松动，电源线路或搭铁线路是否正常，最后检修控制开关。

（2）电动后视镜部分功能不正常。如果电动后视镜部分功能不正常，往往是由于个别电动机及控制开关对应部分有故障，或对应线路断路、接触不良等引起。可以先检查线路连接情况，再检查开关和电动机。

9.4.3 电动车窗的故障诊断与排除

考核要求：正确使用各检修设备诊断电动车窗的故障并予以排除。

1. 准备条件

（1）设备准备。以下所需设备由鉴定站准备。

序号	设 备 名 称	规格	数量	备注
1	电动车窗		一台以上	
2	熔丝		若干	
3	相关零部件		若干	
4	各类规格导线		若干	

（2）工、量具准备。以下所需工、量具由鉴定站准备。

序号	工、量具名称	规 格	数 量	备注
1	旋 具	自选	按实际情况配备	
2	试 灯	自选	按实际情况配备	
3	尖嘴钳	自选	按实际情况配备	
4	万用表	自选	按实际情况配备	
5	短路线	自选	按实际情况配备	

（4）考场准备

1）按标准工位面积设置工位，工位间不能互相影响、干扰。

2）考前应对设备、考位编号，使机、位编号相对应。

3）考场内采光、通风、防火等设施要符合有关规定。

2. 考核时限与评分标准

时限：10 min。

评分标准：总分 100 分。

序号	作业项目	考核内容	评分标准	规定分数	备注
1	电动车窗各部件认识	指出各部件的名称与作用	每错一处扣 10 分	30	
2	电动车窗故障诊断	正确判断故障部位	判断不正确扣 40 分	40	
3	电动车窗故障排除	正确排除故障	不能排除故障扣 30 分	30	

3. 故障诊断与排除

（1）所有车窗均不能升降。所有车窗均不能升降的主要原因有：熔断器断路；连接导线断路；有关继电器、开关损坏；电动机损坏；搭铁点锈蚀、松动。

诊断步骤：首先检查熔断器是否断路。若熔断器良好，则应将点火开关接通，检查有关继电器和开关火线接线柱上的电压是否正常，若电压为0，则应检查电源线路；若电压正常，则应检查搭铁线是否良好。搭铁不良时，应清洁、紧固搭铁线；若搭铁良好，应对继电器、开关和电动机进行检测。

(2) 某车窗不能升降或只能一个方向运动。某车窗不能升降或只能一个方向运动的主要原因有：有该车窗按键开关损坏；该车窗电机损坏；连接导线断路；安全开关故障。

诊断步骤：如果车窗不能升降，首先检查安全开关是否工作，该车窗的按键开关工作是否正常，再通电检查该车窗的电机正反转是否运转稳定。若有故障，应检修或更换新件；若正常，则应检修连接导线。如果车窗只能一个方向运动，一般是按键开关故障或部分线路断路或接错所致，可以先检查线路连接是否正常，再检修开关。

9.4.4 中央门锁控制系统的故障诊断与排除

考核要求：正确使用各检修设备诊断中央门锁控制系统的故障。

1. 准备条件

(1) 设备准备。以下所需设备由鉴定站准备。

序号	设备名称	规格	数量	备注
1	中央门锁		一台以上	
2	熔丝		若干	
3	相关零部件		若干	
4	各类规格导线		若干	

(2) 工、量具准备。以下所需工、量具由鉴定站准备。

序号	工、量具名称	规格	数量	备注
1	旋具	自选	按实际情况配备	
2	试灯	自选	按实际情况配备	
3	尖嘴钳	自选	按实际情况配备	
4	万用表	自选	按实际情况配备	
5	短路线	自选	按实际情况配备	

(3) 考场准备

1) 按标准工位面积设置工位，工位间不能互相影响、干扰。

2) 考前应对设备、考位编号，使机、位编号相对应。

3) 考场内采光、通风、防火等设施要符合有关规定。

2. 考核时限与评分标准

时限：10 min。

评分标准：总分100分。

序号	作业项目	考核内容	评分标准	规定分数	备注
1	中央门锁控制系统各部件认识	指出各部件的名称与作用	每错一处扣 10 分	30	
2	中央门锁控制系统故障诊断	正确判断故障部位	判断不正确扣 40 分	40	
3	中央门锁控制系统故障排除	正确排除故障	不能排除故障扣 30 分	30	

3. 故障诊断与排除（以奥迪 100 轿车为例，其中央门锁控制系统的控制电路如图 9—2 所示）

（1）故障原因

遥控门锁控制系统所有功能均失灵，主要故障原因有电源熔丝熔断；控制单元或双压力泵损坏；前门锁执行元件中的门锁开关坏；线路故障等。

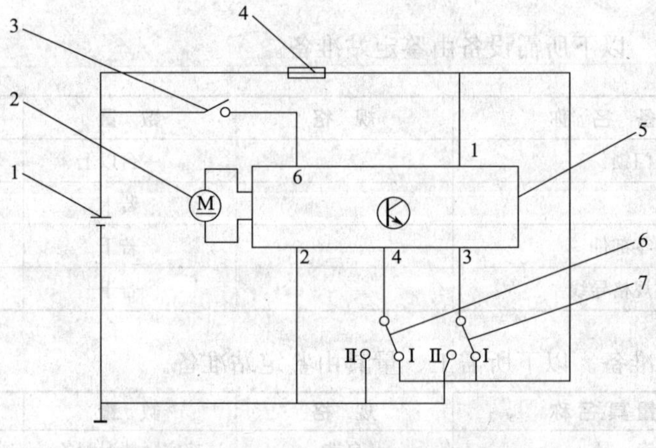

图 9—2　奥迪 100 轿车中央门锁控制系统控制电路原理图

1—蓄电池　2—双压力泵　3—点火开关　4—熔丝
5—中央门锁控制单元　6—左前门锁开关　7—右前门锁开关

（2）诊断步骤

1）检查熔丝是否良好。若已熔断，则更换熔丝，若更换后熔丝立即烧断，则应用电压表检查电路，判明电流过大的原因。

2）检测接柱 3，4 和搭铁之间电压。若电压小于蓄电池电压－1 V，则故障原因为供电电缆电阻过大。

3）从接线柱 5 引线至搭铁模拟开关动作。若门锁工作，故障为开关失灵或开关和接线柱 5 间连接不良。

4）检测输出接线柱 1—2、7—8 和搭铁线的电压。任一接线柱电压小于蓄电池电压－1 V，则故障为继电器损坏。

9.4.5 汽车音响的故障诊断与排除

考核要求：正确使用各检修设备诊断汽车音响系统的故障并予以排除。

1. 准备条件

（1）设备准备。以下所需设备由鉴定站准备。

序号	设备名称	规格	数量	备注
1	汽车音响		一台以上	
2	熔丝		若干	
3	相关零部件		若干	
4	各类规格导线		若干	

（2）工、量具准备。以下所需工、量具由鉴定站准备。

序号	工、量具名称	规格	数量	备注
1	旋具	自选	按实际情况配备	
2	试灯	自选	按实际情况配备	
3	尖嘴钳	自选	按实际情况配备	
4	万用表	自选	按实际情况配备	
5	短路线	自选	按实际情况配备	

（3）考场准备

1）按标准工位面积设置工位，工位间不能互相影响、干扰。

2）考前应对设备、考位编号，使机、位编号相对应。

3）考场内采光、通风、防火等设施符合有关规定。

2. 考核时限与评分标准

时限：10 min。

评分标准：总分 100 分。

序号	作业项目	考核内容	评分标准	规定分数	备注
1	汽车音响控制系统各部件认识	指出各部件的名称与作用	每错一处扣 10 分	30	
2	汽车音响控制系统故障诊断	正确判断故障部位	判断不正确扣 40 分	40	
3	汽车音响控制系统故障排除	正确排除故障	不能排除故障扣 30 分	30	

3. 故障诊断与排除（以 SS—40 型数字调谐、数字显示汽车收放机为例）

（1）显示屏有显示，但收不到信号。此故障一般由调谐电压电路异常引起。正常情况下，在进行搜索选台时，随着扫描频率从低到高，调谐电压也应随之由小到大，即 Q601 管集电极上的电压在调频时应有 0.8～6.6 V 的变化；在调幅时应有 0.8～7.5 V的变化。

若测得调谐电压无变化且保持固定值，此时压控振荡器也处于一固定的频率上。虽然液晶显示屏看上去频率能从低到高进行扫描，但收音电路输入回路和本振回路频率根本没变，原因是调谐电压没有发生变化。故在检修时，应由此入手进行检查。

检修时先测量 LC7230 集成电路 77 号端子的电压，在调幅频率为 1 503 kHz 时，应为 1.1 V。若测得电压不正常，且检查外围电路元件未损坏，则为 LC7230 集成电路本身损坏；若测得电压正常，再检查低通滤波器电路中的 Q601、Q602 晶体管是否损坏，电源 Q603 是否正常。

（2）调幅收音正常，调频收不到电台。由于调幅收音正常，说明 LC7230 的 77 号端子的低通滤波器电路无问题，77 号端子有电压输出，故障可能由于 LC7230 输入的调频本振信号异常或集成电路损坏或 R633 断路引起。导致调频本振异常的原因通常由调频头组件内个别元件故障引起，应重点对这部分电路进行检查。

检修时先将整机置于调频状态，测量 Q602 管集电极电压在搜索选台时是否变化。如无变化，则再测 LC7230 集成电路 74 号端子的电压，应为 4.85 V。若电压不正常，说明 LC7230 集成电路损坏，应换用新的集成电路；若电压正常，说明故障发生在调频组件板上。

检查调频组件板电路。应重点检查各变容二极管、旁路电容。如测得变容二极管正常，其他元件无问题，则应重点检查调频本振信号输送到 LC7230 集成电路 74 号端子的线路是否有断路处。

（3）调频收音正常，调幅收不到台。调频收音正常，说明 LC7230 集成电路 77 号端子的低通滤波器电路本身无问题，77 号端子有调谐电压输出，故障可能是由于 LC7230 输入的调幅本振信号异常或集成电路本身损坏引起的，而调幅本振信号异常主要是由于调幅收音头组件内个别元件故障引起的。

检修时先将整机置于调幅收音状态，测量 Q602 管集电极电压在搜索选台时是否变化，如无变化，则再测 LC7230 集成电路 75 号端子的电压，应为 1.2 V。如电压不正常，则为 LC7230 集成电路本身损坏，需换用新件；若电压正常，则故障发生在调幅头组件板上。

检查调幅头收音组件板电路。应重点检查高频放大、混频电路及各变容二极管、旁路电容等。若测得变容二极管正常，其他元件也无问题，则应重点检查调幅本振信号输送到 LC7230 集成电路 75 号端子线路是否有断裂处，C616 电容是否正常。

（4）手动调谐正常，自动调谐锁不住电台。LC7230 集成电路在进行自动选台时，集成电路内部的识别电路对输入至集成电路的中频信号进行识别，当确定为收到电台时，监听系统就将调谐电压锁定在接收频率上，以此来完成调谐选台的自锁功能。如果出现调频接收锁不住台的现象，则应重点检查调频头组件输出端送至 LC7230 集成电路 71 号端子调幅中频识别信号是否正常。若调幅接收锁不住台，则应重点检查调幅收音组件输出端送至LC7230集成电路71号端子的调幅中频识别信号是否正常。

检修时，若故障属调频接收锁不住台，应检查调频头组件中频输出端到LC7230集成电路70号端子之间的元器件。应检查电容C613是否变质脱焊、虚焊；管Q610是否损坏；R628是否变质、脱焊、虚焊；电容C614是否断路。

如果检查上述元器件均无问题，则再测LC7230集成电路70号端子的电压，应为1.2 V。若电压不正常，则为集成电路LC7230本身损坏，应换用新件。如故障属调幅自动搜索调谐锁不住台，应重点检查调幅收音组件的中频信号输出端到LC7230集成电路71号端子之间的元器件。应检查电容C615是否失效或虚焊、脱焊；管Q612是否损坏；R629、R630是否变质或虚、脱焊；电容C614是否断路。

如果检查上述元件均无问题，则再测LC7230集成电路71号端子的电压，应为1.2 V。若电压不正常，则为集成电路本身损坏，需换用新件。

(5) 显示屏上显示的频率与实际接收到的广播电台频率偏差大。收听调频段时锁台误差大于或小于一个波长频率，使收听效果明显变差。其主要原因是中频频率偏离，中频特性变坏。

检修时，只要重新调准中频变压器，使中频特性处于最佳状态，故障即可排除。

(6) 显示屏不亮。显示屏无显示而收音正常，其主要原因是显示屏损坏或其供电电路断路；显示屏无显示而收音失效，其主要原因是控制系统未工作或显示屏损坏。应重点对LC7230的供电电压及晶体振荡电路进行检查。

检修时先检查LC7230集成电路72号或73号端子的电压，应为4.9 V。若电压正常，则故障多出在4.5 MHz的石英晶体振荡电路上；若测得电压异常，则应检查整机与紫色引出线串接的熔丝盒内的1 A熔丝是否熔断。若熔丝无问题，再测量Q608管的各极电压，如电压异常，则应检查ED602稳压二极管，R623、R624、C609、C608等器件是否正常，若外接器件均无问题，则Q608本身损坏。

若检查供电无问题，则故障多发生在4.5 MHz石英振荡器，若此电路失效，则不能提供锁相环电路的参考频率，且整个控制电路由于没有计算脉冲而无法工作。

检修时可用示波器检查LC7230集成电路80号端子是否有4.5 MHz的振荡信号。如无示波器，也可用高灵敏度的万用表检测80号端子的搭铁电压，然后用一只0.047 μF电容并接在石英振荡器两端，此时如万用表测得的电压有明显变化，则说明振荡电路工作正常。若测得的振荡电路已经停止振荡，则多为4.5 MHz晶体严重漏电或外接电容C601、TC601其中一个损坏。

如检查上述元件均无问题，则可能是LC7230集成电路内部损坏，应更换新件。

(7) 某一轻触开关功能失灵。主要故障原因有：轻触开关本身失效；轻触开关两端与LC7230集成电路两接线端子连接的开关二极管断路。使信号无法输送到集成电路。

检修时，先检查失效功能开关的“通”“断”是否正常，进而检查该控制键的输入二极管是否断路或短路。

若上述检查正常，则为集成电路 LC7230 内部元件损坏引起，应更换新件。

（8）静噪电路失效。静噪电路失效会导致调谐过程中噪声大；电台锁定后无音频信号输出，仍处于静噪状态。调谐过程中噪声大的主要原因是 R625 电阻断路或虚、脱焊，二极管 D621 断路或开焊；电台锁定后无音频信号输出，仍处于静噪状态的主要原因是 LC7230 集成电路不良，17 号端子输出错误的电信号。断开 R625 或 D621 的任何一端，则有音频信号输出。此方法可作为应急修理，此时整机仅在调谐过程中有噪声出现，但对使用并无太大影响。

有时，Q403、Q404 的某一管 c—e 极击穿短路时，也会出现某一个声道无声。两个管同时损坏的可能性很小。

9.5 汽车空调的检测与维修

考核要求：正确使用空调检测设备，对汽车空调进行检测和故障诊断，并能进行排除。

9.5.1 准备条件

1. 设备准备

以下所需设备由鉴定站准备。

序号	设备名称	规格	数量	备注
1	整车，台架或空调实验台	桑塔纳	2	
2	真空泵		2	
3	电子检漏仪		2	
4	歧管压力表		2	
5	制冷剂回收装置		2	

2. 工、量具准备

以下所需设备由鉴定站准备。

序号	工、量具名称	规格	数量	备注
1	万用表		2	
2	制冷剂注入阀			
3	制冷剂	R12 或 R134a		
4	冷冻机油	PAG 或 POE		

3. 考场准备

（1）按标准工位面积设置工位，工位间不能互相影响、干扰。

（2）考前应对设备、考位编号，使机、位编号相对位。

（3）考场内采光、通风、防火等措施要符合有关规定。

9.5.2 空调系统检漏

时限：10 min。

评分标准：总分 100 分。

序号	作业项目	考核内容	评分标准	规定分数	备注
1	空调系统结构认识	指出各零件的名称和作用	错一项扣 10 分	20	
		说出制冷剂在空调系统中的循环路线及物理状态	错一项扣 10 分	20	
2	空调系统检漏	电子检漏仪检漏	使用方法不正确扣 20 分 泄漏部位查找不正确扣 20 分 泄漏量判断不正确扣 20 分	60	

电子检漏仪操作步骤

（1）将检漏仪电源接上并预热 10 min 左右。

（2）将开关拨至校核挡，确认指示灯和警铃工作正常。

（3）将仪器调至所要求的灵敏度范围。

（4）将开关拨到检测挡，将探头放到被检测的部位，如果有超过灵敏度范围的泄漏量，则警铃会发出声响。

（5）一旦查出泄漏部位，探头应立即离开此部位，以免缩短仪器使用寿命。

（6）当制冷系统有大量泄漏或刚经过维修，周围空气存在大量氟利昂气体时，应先吹净空气再进行检查，否则无法检测出真正的泄漏部位。

9.5.3 空调电路故障

时限：10 min。

评分标准：总分 100 分。

序号	作业项目	考核内容	评分标准	规定分数	备注
1	空调系统结构认识	指出各零件的名称和作用	错一项扣 10 分	20	
		说出制冷剂在空调系统中的循环路线及物理状态	错一项扣 10 分	20	

续表

序号	作业项目	考核内容	评分标准	规定分数	备注
2	空调系统电路认识	指出高、低压开关，温控开关的作用及工作状态	错一项扣10分	20	
3	空调电路故障判断	故障判断	故障判断不正确扣40分	20	
4	空调电路故障排除	故障排除	不能排除故障扣20分	20	

故障诊断步骤：

1. 检查电源是否良好。首先检查蓄电池存电是否充足，若无电应先充足电；其次检查电源线路是否良好。

2. 检查搭铁是否良好。

3. 检查熔断器是否良好。若熔断器已熔断，应更换新的熔断器。(更换的熔断器必须与原来的容量相同)。

4. 用万用表或测试灯逐点检查空调控制线路是否良好。若有故障，则更换元件或导线。

5. 起动空调，检查故障诊断是否正确。

9.5.4 空调系统抽真空

时限：50 min。

评分标准：总分100分。

序号	作业项目	考核内容	评分标准	规定分数	备注
1	空调系统结构认识	指出各零件的名称和作用	错一项扣10分	20	
		说出制冷剂在空调系统中的循环路线及物理状态	错一项扣10分	20	
2	歧管压力表连接	正确连接真空泵压力表及空调高、低压阀	连接不正确扣20分	20	
3	抽真空	按步骤完成空调系统抽真空作业	步骤不正确扣20分 抽真空过程中未检漏扣20分	40	

抽真空步骤：

1. 将充注软管与歧管压力表连接起来，用手拧紧螺母。注意：不要接错软管。在充注软管上连接快速脱开适配器，用手拧紧螺母。关闭歧管压力表的两个受动阀（高压阀和低压阀），从制冷管路的维修阀上拧下阀盖。在维修阀上连接快速脱开适配器，然后向下滑动快速脱开适配器的滑套使之锁紧。

2. 将高压表接入储液干燥器的维修阀。低压表接入自蒸发器至压缩机低压管路的维修阀，中间充注软管安装于真空泵接口。

3. 启动真空泵，打开歧管压力表高压阀和低压阀。

4. 抽真空时间为 5～10 min，使低压表所示的真空度达 10 kPa。

5. 关闭高压阀和低压阀。

6. 放置 5 min，观察压力表。若指针继续上升，说明真空下降，系统有泄漏之处，应使用检漏仪进行泄漏检查，并修理堵漏。

7. 继续抽真空 20～25 min，并重复步骤 6。如压力指针保持不动说明无泄漏，可进行下一步工作。

8. 关闭高压阀和低压阀，停止抽真空，从真空泵的接口拆下中间充注软管，准备注入制冷剂。

9.5.5　空调系统加注制冷剂

时限：10 min。

评分标准：总分 100 分。

序号	作业项目	考核内容	评分标准	规定分数	备注
1	空调系统结构认识	指出各零件的名称和作用	错一项扣 5 分	10	
		说出制冷剂在空调系统中的循环路线及物理状态	错一项扣 5 分	10	
2	歧管压力表连接	正确连接真空泵压力表及空调高、低压阀	连接不正确扣 15 分	15	
3	抽真空	按步骤完成空调系统抽真空作业	步骤不正确扣 15 分 抽真空过程中未检漏扣 15 分	25	
4	加注制冷剂	连接制冷剂瓶。分别从高压端和低压端加注	制冷剂瓶开启不正确扣 10 分 加注方法不正确扣 30 分	40	

充注制冷剂的步骤：

1. 将歧管压力表和制冷剂罐连接好。

2. 逆时针旋松启开阀手柄，使制冷剂进入中间注入软管，这时不能打开两侧的手动阀门。

3. 拧松歧管压力表中间软管的螺母，排出中间软管的空气后，再旋紧中间软管螺母。

4. 旋开高压手动阀门，此时将制冷剂罐倒立，使制冷剂以液态注入制冷系统。此时切忌打开空调装置，以防止倒罐。这次应灌入制冷剂 200 g 以上，加注后用手转动压缩机若干次。制冷剂的充注量为 1 150±50 g，使用时一般以下限 1 100 g 为准。

5. 关闭高压手动阀门，打开低压手动阀门，让制冷剂以气态开始进入制冷系统。从低压手动阀门注入的制冷剂必须是气态，如果为液态，会出现压缩机的液击现象，损坏压缩机。当低压表读数达到 2.810 Pa 时，关闭低压手动阀门。

9.5.6 空调系统故障判断

时限：10 min。

评分标准：总分 100 分。

序号	作业项目	考核内容	评分标准	规定分数	备注
1	空调系统结构认识	指出各零件的名称和作用	错一项扣 10 分	20	
		说出制冷剂在空调系统中的循环路线及物理状态	错一项扣 10 分	20	
2	歧管压力表连接	正确连接真空泵压力表及空调高、低压阀	连接不正确扣 20 分	20	
3	判断故障	读取高低压表读数	读数不正确扣 20 分	40	
		判断故障	故障判断不正确扣 20 分		

故障诊断步骤：

1. 看

用眼睛来观察整个空调系统。首先察看干燥过滤器视液镜中制冷剂流动状况，若流动的制冷剂中有气泡，则说明系统内制冷剂不足，应补充至适量。若流动的制冷剂呈雾状，且水分指示器呈淡红色，则说明制冷剂中含水量偏高，应缓慢放完系统中原有制冷剂，拆下干燥过滤器，将其置于 110 ℃烘箱内，对干燥剂作干燥处理，排除水分后再用。其次查看系统中各部件与管路连接是否可靠密闭，是否有微量的泄漏存在。若有泄漏，在制冷剂泄漏的过程中常夹有冷冻润滑油一起泄出，故在泄漏处有潮湿痕迹，并依稀可见黏附着一些灰尘。此时应将该处连接螺母拧紧或重做管路喇叭口并加装密封橡胶圈，以杜绝慢性泄漏，防止系统内制冷剂的减少。最后查看冷凝器是否被杂物封住，散热翅片是否倾倒变形。若有此现象将影响流过冷凝器的空气流量，导致冷凝器冷凝效果变差，使流经膨胀阀的制冷剂温度偏高，从而影响系统的制冷效果。这时应将冷凝器清扫干净，将变形的散热翅片修正。

2. 听

用耳朵听运转中的空调系统有无异常声音。首先听压缩机电磁离合器有无发出刺耳噪声。若有噪声，则多为电磁离合器电磁线圈老化，通电后所产生的电磁力不足或离合器片磨损引起其间隙过大，造成离合器打滑而发出尖叫声。这时应重绕离合器电磁线圈或抽掉1～2片离合器调整垫片，减小离合器间隙，防止其打滑，以消除噪声。其次听压缩机在运转中是否有液击声，若有此声音，则多为系统内制冷剂过多或膨胀阀开度过大，导致制冷剂在未被完全气化的情况下吸入压缩机。此现象对压缩机的危害很大，有可能损坏压缩机内部零件，应缓慢释放制冷剂至适量或调整膨胀阀开度，及时加以排除。

3. 摸

在无温度计的情况下，可用手触摸空调系统各部件及连接管路的表面。触摸高压回路（从压缩机出口→冷凝器→储液器→膨胀阀进口处）应呈较热状态，若在某一部位特别热或进出口之间有明显温差，则说明此处有堵塞。触摸低压回路（从膨胀阀出口→蒸发器→压缩机进口）应较冷。若压缩机高、低压侧无明显温差，则说明系统有泄漏或没有制冷剂。

4. 测

通过看、听、摸这些过程，只能发现不正常的现象，但要作最后的结论，还要借助于有关仪器、仪表来进行测试，在掌握第一手资料的基础上，对各种现象做认真分析，找出故障所在，然后予以排除。

（1）用检漏仪检漏。用检漏仪检查整个系统各接头处是否泄漏。

（2）用万用表检查。用万用表可以检查出空调电路故障，判断出电路是断路还是短路。

（3）用温度计检查。用温度计可以判断出冷凝器、蒸发器和储液干燥器故障。

1）蒸发器。正常工作时，蒸发器表面温度在不结霜的前提下越低越好。

2）冷凝器。正常工作时，冷凝器入口温度为70 ℃，出口温度为50 ℃左右。

3）储液干燥器。正常情况下应为50 ℃左右，若储液筒上下温度不一致，说明储液干燥器有堵塞。

（4）用压力表检查。将歧管压力计的高、低压表分别接在压缩机的排气、吸气口的维修阀上。在空气温度为30～35 ℃，发动机转速为2 000 r/min时检查。鼓风机转速调至高挡，温度调至最冷挡，其正常状况是：高压端压力应为1.42～1.47 MPa，低压端压力应为0.15～0.20 MPa，若不在此范围，则说明系统有故障。

9.6 汽车电气设备疑难故障的诊断与排除

考核要求：正确使用各检修设备诊断汽车电气线路的故障与电子点火系故障。

9.6.1 准备条件

1. 设备准备

以下所需设备由鉴定站准备。

序号	设备名称	规格	数量	备注
1	整车线路	普通桑塔纳轿车（或台架）	一台以上	
2	电子点火系发动机	具有霍尔点火装置的发动机	一台以上	
3	各类熔丝	10 A，15 A，20 A，30 A 等	若干	
4	各类继电器		若干	
5	各类规格导线		若干	

2. 工、量具准备

以下所需工、量具由鉴定站准备。

序号	工、量具名称	规格	数量	备注
1	旋具	自选	按实际情况配备	
2	试灯	自选	按实际情况配备	
3	尖嘴钳	自选	按实际情况配备	
4	万用表	自选	按实际情况配备	
5	短路线	自选	按实际情况配备	

3. 考场准备

（1）按标准工位面积设置工位，工位间不能互相影响、干扰。

（2）考前应对设备、考位编号，使机、位编号相对应。

（3）考场内采光、通风、防火等设施要符合有关规定。

9.6.2 电子点火系的故障诊断与排除

时限：10 min。

评分标准：总分 100 分。

序号	作业项目	考核内容	评分标准	规定分数	备注
1	考前准备	静态检查	漏做扣分	10	
2	检测方法	检测	方法不正确每次扣 10 分	30	
		排除	未排除扣 30 分	30	
3	修理结果	能安全起动	不能起动扣 10 分	10	
4	安全生产	工作有序、不违章操作	不符合要求酌情扣分	10	
5	文明生产	清理现场	不符合要求酌情扣分	10	

故障诊断步骤：

1. 初步诊断

（1）静态检查水、油、电。

（2）动态测试：起动、试验。

（3）高压故障与低压故障判断，进行高压跳火。

（4）检查二次电路的部件，对分火头进行测量试验，对高压线进行测量试验。分火头两端标准内阻为1±0.4 kΩ，不能有短路；高压线、分缸线内阻为6～7.4 kΩ，中央高压线内阻为0～2.4 kΩ。

2. 确定故障在低压还是在高压

（1）关闭点火开关，打开分电器盖，转动曲轴，使分电器转子缺口不在间隙中。

（2）拔出中央高压线，在其端部套上火花塞。

（3）接通点火开关，用小旋具在霍尔传感器的间隙中轻轻地插入拔出，模拟转子在间隙中的动作。

（4）如果火花塞间隙跳火，表明低压电路中的霍尔传感器、点火控制器及点火线圈性能良好；如果不跳火，在点火线圈良好的情况下，可判断为霍尔传感器或点火控制器有故障，应进行下一步检查。

3. 确定故障在霍尔传感器还是在点火控制器

（1）将1.5 V干电池或万用表（×Ω挡，利用表内的电池）正极与点火控制器5号端子连接，负极与点火控制器3号端子连接，重复接触和分离，代替霍尔传感器向点火控制器输入信号。应当注意，在接线时不能把高于5 V的电源接到信号端子上，避免损坏点火控制器。

（2）也可以在分电器一端的接线端子处，接入1.5 V干电池或万用表，要注意与点火控制器的3号、5号接线端子的极性相对应。

（3）在接触、分离过程中，观察高压线跳火情况。

（4）如果有蓝色跳火，说明点火控制器、点火线圈良好，霍尔传感器有故障；如果没有火花，可以反接电池再检查跳火，还没有跳火时，则为点火控制器故障。

4. 检查点火控制器

点火控制器各端子的线路连接如图9—3所示。用万用表的直流电压挡测量点火控制器各端子的电压，可检查出点火控制器、霍尔传感器及有关线路的故障。各端子电压见表9—4。

（1）检查1号端子电压。接通点火开关，当无点火信号输入时，1号端子电压应为12 V。若点火线圈正极接线柱有12 V电压，而1号端子上电压低或无电压，则说明点火线圈初级绕组或点火控制器1号端子与点火线圈负极接线柱之间或线路的插头处有故障。

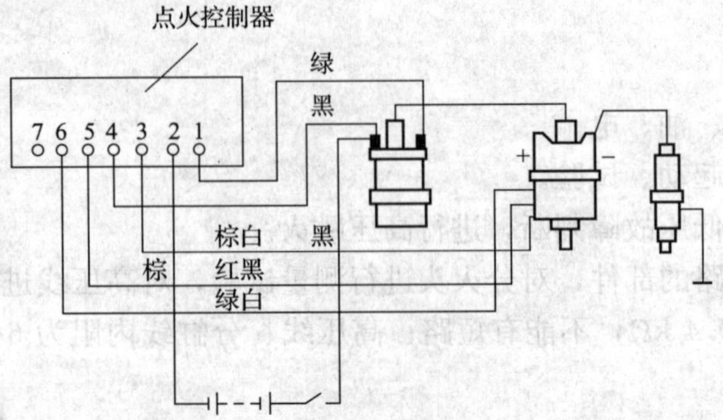

图 9—3　点火控制器的线路连接

表 9—4　　点火控制器各接线端子搭铁电压

接线端子号	测试电压（V）（对搭铁）	说明
1	0～12	正常或模拟信号输入时，电压应在此范围跃变
2	0	点火控制器内部电路搭铁接线端子
3	0	点火信号（一）输入端
4	12	点火控制器地电源电压
5	10	点火控制器输出的霍尔传感器电源电压
6	0.4～9	点火信号输入电压
7		空脚

当输入点火信号时，2 号端子电压应在 0 V 和 12 V 之间跃变。若该端子电压在有信号输入时，电压没有变化，则说明点火控制器已损坏，应更换。

（2）检查 2 号端子电压。点火控制器内部电路通过 2 号端子搭铁，该处对地电压不超过 0.5 V。

（3）检查 3 号端子电压。3 号端子是点火控制器的负极（一）端，它与 2 号端子相通，对地电压也不应大于 0.5 V。

（4）检查 4 号端子电压。4 号端子是点火控制器的电源端。接通点火开关时，4 号端子应有 12 V 电压，否则说明 4 号端子与点火线圈正极接线柱之间的线路或线路的插头处有问题。

（5）检查 5 号端子。5 号端子是点火控制器输出的霍尔传感器电源端，其电压应在 10 V 左右。电压低或无电压，说明点火控制器发生故障，应更换。

（6）检查 6 号端子。6 号端子是点火信号的正极（＋）端。霍尔传感器良好时，接好分电器线路插接器，转动分电器，6 号端子电压应在 0.4～9 V 之间跃变。6 号端子可作为霍尔传感器良好与否的检测点，若 5 号端子电压正常，使分电器导磁转子叶片插入霍尔传感器间隙中时，测得 6 号端子电压为 9 V 左右；当叶片离开间隙时，电压应为 0.4 V 左右。否则说明霍尔传感器有故障。

5. 检查霍尔传感器

检查霍尔传感器时，点火线圈、点火控制器及连接导线应正常。

断开点火开关，打开分电器盖，拔出中央高压线并搭铁，将电压表的两表笔接在插接件信号输出线（0）和搭铁线（—）接柱上，转动发动机，同时观察电压表上的读数，其值应在 0～9 V 之间变化，否则更换霍尔传感器。

6. 高压导线的检查

高压导线的电阻应为：中央高压导线不超过 2 kΩ，高压分线不超过 6 kΩ。

9.6.3　整车线路的故障诊断与排除

时限：10 min。

评分标准　总分 100 分。

序号	作业项目	考核内容	评分标准	规定分数	备注
1	整车线路各部件认识	指出各部件的名称与作用	每错一处扣 10 分	30	
2	整车线路故障诊断	正确判断故障部位	判断不正确扣 40 分	40	
3	整车线路故障排除	正确排除故障	不能排除故障扣 30 分	30	

整车线路故障诊断步骤：

1. 检查整车线路连接是否正确，观察故障部位。

2. 接通电源总开关，检查 12 V 电源是否良好。

3. 检查搭铁是否良好。

4. 检查熔断器是否良好，若已熔断，应予更换。（更换的熔断器一定要与原来的熔断器容量相同）。

5. 用万用表或试灯逐点检查所存在的故障部位，并给予排除或更换零部件。

9.7　现代汽车检测设备的使用

9.7.1　汽车专用万用表的使用

1. 概述

汽车故障的检测离不开万用表，汽车专用万用表与一般万用表有一定区别，它提供了一些更为专业的测量功能，例如：占空比、温度、转速的测量等等。因此，能够正确地使用万用表是汽车故障检测的基本技能。下面以笛威国际汽车科技出品的笛威 9406 型万用表为例，讲述汽车专用万用表的基本使用方法。

2. 特色

（1）智慧性设计，操作简单，适合汽车检修人员使用。

（2）数位电表结合微机处理功能，对于动态电路测试，除了数位显示和锁定外，并能记忆电路反应的最大值及信号触发基准，能有效地克服电路疑难的死角。

（3）具有对 DIS 进行直接点火测试、发动机转速测试、发电机二极管动态测试及高压线测试等功能。

（4）长时间不使用，将会自动关闭，避免电池过度消耗。

3. 功能

（1）测量发动机转速、点火闭合角（适用于二行程、四行程）。

（2）测量节气门位置传感器、氧传感器、空气流量计、进气温度传感器、水温传感器和发动机微机动态电压信号。

（3）可检测各种电磁阀、继电器线圈、喷油器、点火线圈、电位计、水温传感器、进气温度传感器等电阻。

（4）可检测燃油泵、怠速控制阀、分油盘差压阀、风扇电动机继电器等性能。

（5）可检测喷油器喷射闭合角以及传感器频率信号。

4. 面板介绍

笛威 9406 型万用表面板和液晶显示屏幕如图 9—4 所示。

5. 操作方法

首先注意检查电表内部电池，如电池电压不足，则显示屏右上方会出现“＋－”符号，还要注意测试表棒插座旁符号，不要将正负极接反，并要留意测试电压或电流，不要超出指示数字。此处在使用前要先将功能开关旋至要测量的挡位上。

（1）电压测量

1）黑色表棒插入负极测试棒插座（如图 9—4 中的 8），红色表棒插入正极测试棒插座（如图 9—4 中的 7）。

2）测量直流电压（DCV）时，将功能开关旋至 DCV 量程范围，测量交流电压（ACV）时则应置于 ACV 量程范围。并将测试表棒连接到被测负载或信号源上，在显示电压读数时，同时会指示出红表棒的极性。

注意：

1）如果不知被测电压范围，则应先将功能开关置于最大量程，视情况再降至合适量程。

2）如果只显示“1”，表示测量值过量程，功能开关应置于更高量程。

3）检测直流电压（DCV）时，不要检测高于 1 000 V 的电压，检测交流电压（ACV）时，不要检测高于 750 V 电压，否则会有损坏内部线路的危险。

（2）电流测量

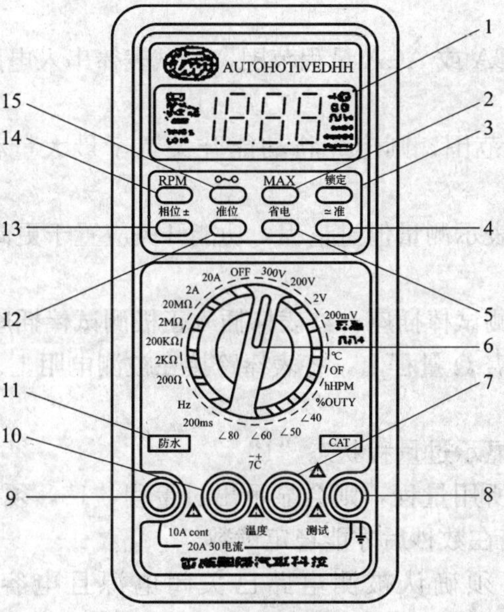

图 9—4　笛威 9406 型面板符号和显示屏幕说明

1—LCD 液晶显示屏幕　2—MAX：测试中读取最大值　3—锁定测试中锁定目前屏幕上数值　4—AC（交流）/DC（直流）切换电路导通检查　5—省电：电源 15 min 后自动关闭　6—选择测试挡位的旋钮　7—正极测试棒插座（温度测试棒插座）　8—负极测试棒插座　9—电流（安培）正极测试棒插座　10—温度测试棒负极插座　11—防水符号　12—准位：测试电路中平均电压（以上为 Hi，以下为 Lo）　13—相位＋：波形斜率正负　14—RPM：四冲程/二冲程/DIS/HD 切换　15—检验电表内部熔丝　16—H：指示目前屏幕值被锁定　17—电路导通测试声响功能已启动　18—须更换电表内部电池　19—显示测试当中最大值测试功能已起动　20—指示读取电路中脉冲信号　21—BAD))）：电路中铂接点和二极管及电表内部熔丝损坏　22—GOOD))）：电路中铂接点和二极管及电表内部熔丝良好　23—kHzMHz：目前处于 kHz 或 MHz　24—LOHI：数值处于平均电压上方 Hi 或下方 Lo　25—TRIG＋：基准相位，＋为上方取值，－为下方取值　26—目前正负极表棒接反时电压值表示　27—RPM：四冲程/二冲程/Dn 转速测试　28—APO：指示 15 min 不用自动断电　29—AC：指示目前为交流电数值　30—测试中数值

1）将黑表棒插入负极测试棒插座，红色表棒插入电流（安培）正极测试棒插座（如图 9—4 中的 9）。

2）将功能开关置于 DCA 或 ACA 量程范围，测试表棒串入电路中测量。

注意：

1）如果不知被测电流范围，则应先将功能开关置于最大量程，视情况后降至合适量程。

2）如果只显示“1”，表示测量值过量程，功能开关应置于更高量程。

（3）电阻测量

1）将黑表棒插入负极测试棒插座，红表棒插入正极测试棒插座。

2）将功能开关置于所需 Ω 量程上，将表棒跨接在被测电阻上。

注意：

1）当输入开路时，会显示过量程状态“1”。

2）如果被测电阻超过所用量程，则会显示出过量程“1”，须换用高挡量程。当被测电阻在 1 MΩ 以上时，电表在数秒后才能稳定读数。

3）检测在线电阻时，须确认被测电路已关闭电源且电容已放完电，方能进行测量。

（4）频率测量

1）将黑表棒插入负极测试棒插座，红表棒插入正极测试棒插座。

2）把功能开关置于 Hz 量程，把表棒或电缆跨接在电源或负载之间。

注意：

1）不得把大于 240 V 的有效值供给输入端，电压高于 100 V 有效值虽可显示出来，但可能超出技术指标。

2）在噪声环境中，对于小信号测试使用屏蔽电缆为好。

3）测量高压时使用外部衰减以避免与高压接触。

（5）二极管测量及带蜂鸣器的连续性测试

1）将黑表棒插入负极测试棒插座，红表棒插入正极测试棒插座（注意红表棒为内电路“+”极）。

2）将功能开关置于欧姆挡，并将测试表棒接在被测二极管上（或接在待测线路的两端）。

3）待测线路两端电阻值低于 70 Ω 时，内置蜂鸣器发声。

注意：

1）当输入端未接入（即开路）时，显示值为“1”。

2）通过被测器件的电流为 1 mA 左右。

3）该表显示值为正向压降伏特值，当二极管反接时即显示过量程“1”。

9.7.2 汽车解码器的使用

1. V. A. G 1552 诊断仪的使用

（1）概述。V. A. G 1552 是大众集团出品的大众系列车型专用诊断仪，它具有结构紧凑，质量小，在车内使用方便的优点。测试仪主要组成部分如下：

1）壳体的可旋转上半部分。它包括带照明的显示部分（数据输出显示），显示为两行，每行能显示 40 个字符，这里是显示信息的地方，诊断仪的数字功能也在此显示。

壳体上半部分（盖子）可锁止在不同的位置，这样使用户可以调节角度以便于阅读。

2）壳体的下半部分。它包括键盘，用户可用来操作测试仪。

壳体底部还包括程序卡的插槽（见图 9—5 中的 3），所有的诊断仪的功能都用这个程序卡控制，也可以用另一个程序卡来替换它。比如，在有新的软件出现而对诊断仪功能更新扩展时就需要更换程序卡。

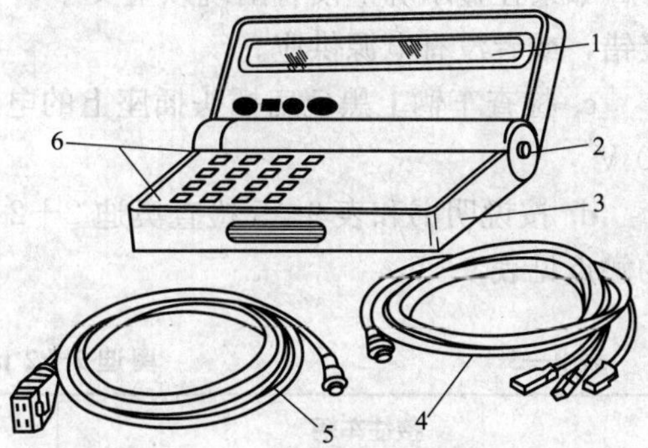

图 9—5　测试仪和测试导线

1—显示屏　2—插座　3—程序卡插槽

4—奥迪 2＋2pin 测试电缆

5—标准 OBDⅡ16 pin 测试电缆　6—键盘

在诊断仪侧面的插座（如图 9—5 中的 2）是用来连接电源线以及与控制单元的数据交换的通信线。测试电缆（如图 9—5 中的 4 和 5）用来连接诊断仪和车辆的诊断接头。

（2）操作方法

1）更换程序卡。诊断仪的所有功能都由程序卡内的软件来控制，程序卡的尺寸如同信用卡。当有新的车型上市，诊断仪内的软件则必须更新，因此，程序卡必须更换。

注意：只有当电源被切断后，才可以拆下或插上程序卡，不要接触程序卡上的触点，还要防止静电。

按照以下步骤更换程序卡：

①拆下位于壳体右侧的程序卡插槽的盖板，旋松十字螺钉。

②扣住贴纸标签的薄片将其向右拉出。

③将新的程序卡插入插槽，尽量向内插。要保证程序卡正确地插入。

④将标签的薄片向内向上推入，盖上插槽盖板。

⑤打开诊断仪电源开关。

⑥选择操作模式 3，诊断仪开始进行自检。

如果自检完成没有故障产生，说明更换成功，旧的程序卡不再需要。

2）连接诊断仪。诊断仪通过测试电缆提供电源，诊断仪装备有极性保护装置。尽管如此，只有当测试导线正确连接后，诊断仪的输入和输出级才能被可靠的防护。

基于以上原因，当连接测试电缆时，要遵循以下步骤：

①连接奥迪 2＋2PIN 测试电缆

a. 将诊断仪上的电源供应的黑色插头插入车辆上的黑色扁平插座。

b. 注意显示的内容，应该显示出以下的文字。

车辆系统测试	帮助
输入地址字××	

一旦以上文字出现在显示屏上后，将白色插头插入插座。

如果在显示屏上没有出现以上文字，千万不要插入白色插头，这时可能诊断仪的极性接错，或者没有电源供应。

c. 检查车辆上黑色扁插头插座上的电压，注意极性，防止极性接错，电源电压至少为 10 V。

d. 按说明书和表 9—5 检查奥迪 2＋2 pin 测试电缆是否连续，奥迪 2＋2 pin 测试电缆的触点见表 9—5。

表 9—5　　奥迪 2＋2 pin 测试电缆的触点

接往车辆		接往测试仪	
扁平插头	触点	接头	—D—触点
黑色—A—	1	蓄电池（－）	3
	2	蓄电池（＋）	2
白色—B—	1	L 线	4
	2	K 线	1
蓝色—C—	1	灯	5

②连接标准 OBDⅡ测试电缆

a. 将测试电缆插入到车辆的诊断接口。

b. 注意显示屏上的读数，应该出现以下的文字。

车辆系统测试	帮助
输入地址字××	

如果以上文字没有出现在显示屏上，根据图 9—6 所示检查车辆上的测试接口处的电压，并注意极性是否正确。电源供应的电压至少达到 10 V。

按图 9—7 所示和表 9—6 测试标准 OBDⅡ测试电缆是否连续，标准 OBDⅡ测试电缆的触点见表 9—6。

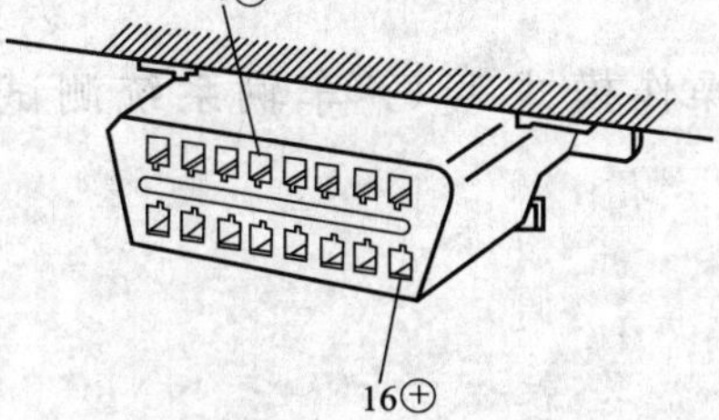

图 9—6　车辆上诊断接口

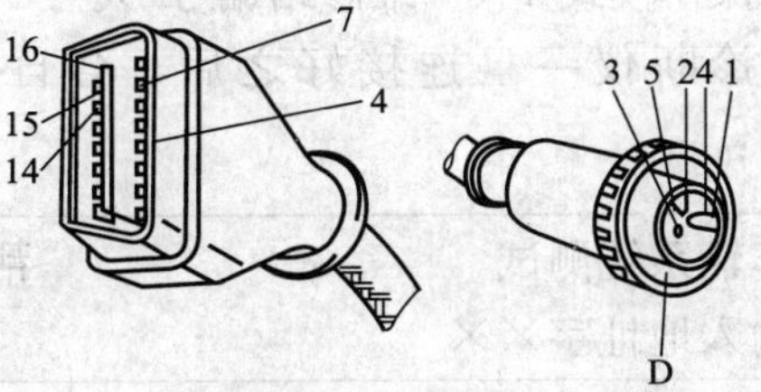

图 9—7　测试标准 OBDⅡ测试电缆

表 9—6　　　　标准 OBDⅡ测试电缆的触点

接往车辆触点	接往测试仪	
	接头	—D—触点
4	蓄电池（—）	3
7	K 线	1
14	灯线	5
15	L 线	4
16	蓄电池（+）	2

如果在显示屏上没有文字输出，可能是由程序卡污蚀引起。在这种情况下，用浸透甲醇的无纤维布清洁程序卡触点后再将程序卡插入插槽。

3）键盘操作

0—9：数字输入键。

C：用此键消去键入值，回到前一步操作或中断程序工作。

Q：用此键确认键入值。

→：用此键可向前移动程序或内容。

↑和↓：用这些键可以改变功能 10 适应性的适应值，或在功能 04 的基本数据设定和功能 08 读测量值块中浏览测量数值。

4）可供选择的操作模式

重要说明：

①在以下操作说明中显示的文字只是举例。实际出现的文字取决于连接的控制单元以及使用的程序卡的版本。

②对不同的系统进行操作，必须使用相关的修理手册。

连接好诊断仪之后，可以选择三种不同的模式：

·操作模式 1（“车辆系统测试”）。

·操作模式 3（“自检测”）。

·操作模式 4（“维修站编号”）。

当诊断仪一旦连接好之后，会自动进入操作模式 1（“车辆系统测试”），屏幕显示：

车辆系统测试	帮助
输入地址字××	

按“C”键退回，选择操作模式 3 和 4，屏幕显示：

1一车辆系统测试	帮助
3一自检测	4一经销商编号

按“HELP”（帮助）键，将显示帮助信息。

①操作模式 1——“车辆系统测试”

车辆系统测试	帮助
输入地址字××	

在连接测试仪之后选择这一模式，先用键盘输入两位数字，这两位数字代表控制单元的地址字，这一地址字用来选择车辆中的某个控制单元。

按 HELP（帮助）键，在显示屏上会滚动显示地址字的清单：

地址字的清单：

01—发动机电子系统

02—变速器电子系统

03—制动电子系统

08—空调/加热电子系统

12—离合器电子系统

14—轮胎减振电子系统

15—安全气囊

16—转向轮控制电子系统

17—仪表板电控

18—辅助加热电控

24—驱动轮滑转电控

25—防盗系统

26—电控车顶

34—自适应悬架

35—中控门锁

36—驾驶员坐椅电控

41—柴油泵电控

45—内部诊断

46—中央控制模块

55—灯光调节电控

56—收音机

66—坐椅/后视镜调整电控

输入地址字（例如 01）后，然后按 Q 键确认，地址字和指定的系统就会在显示屏的第二行显示。

车辆系统测试	确认
01一发动机电气设备	

输入错误时，可按“C”键更改输入。

地址字 00 代表一种特殊情况，这一地址字用来起动一个自动检测过程：

车辆系统测试	确认
00一自动测试过程	

如果按下“Q”键，诊断仪将一个接一个地送出所有已知的地址字。如果一个控制单元以其控制单元标记应答，则将出现在显示屏上。

诊断仪现在开始读取各系统的故障存储内容。被识别的故障内容一个接一个地出现在显示屏上。

说明：若某一控制单元的导线断路或这个控制单元存在故障，则这一控制单元不出现在显示屏上。

一旦诊断仪送出最后一个地址字或最后的故障存储内容已读出，它就会切换到初始操作级，即诊断仪刚开启时之后的操作等级。

下面以测试发动机系统为例，说明操作过程：

输入一个地址字 01，显示屏上显示：

车辆系统测试	确认
01一发动机电气设备	

按“Q”键后，诊断仪将建立与控制单元的数据联系，显示屏上显示：

车辆系统测试	确认
诊断仪传送地址字 01	

控制单元将以控制单元标志应答：

0123456789 ENGINE	→
Coding 00012	WSC 01234

按下“→”键，可以选择发动机控制系统中的单个功能：

车辆系统测试	帮助
选择功能××	

按下“HELP”（帮助）键，诊断仪将显示出可以选择的功能的清单：

功能清单：

01—查询控制单元版本

02—查询故障储存内容

03—最终控制诊断

04—基本数据设置

05—清除故障储存内容

06—结束输出

07—控制单元编码

08—读取测量数值块

09—读取单个测量值

10—匹配

输入选择功能相应的两位数字，再按“Q”键即可确认输入。然后诊断仪会向控制单元传送命令，如果诊断仪不提供所选择的功能，或因为当前操作状态的原因而导致命令不能执行，显示屏上将显示：

未知的功能，或此功能此时不能执行。

·01 功能—查询控制单元版本

选择该功能后，控制单元的版本信息就会显示在显示屏上，下面是桑塔纳时代超人车控制单元版本信息。

330 907 404 1.81 R4/2V MOTOR HS D01	
Coding 08001	WSC ×××××

显示屏的上面一行包含有下列数据：

左边：前面是控制单元的零件号（发动机控制单元零件号 330　907　404），后面是相关元件的定义（1.8L 发动机排量，R4/2V 直列 4 缸发动机，2 气门，MOTORONIC，HS 手动变速器）。

右边：控制单元内使用的软件的型号（D01 控制单元软件版本）。

显示屏的下面一行显示控制单元当前的编码。如果是存储器编码的控制单元（参见 07 功能），显示屏显示出编码和维修站代码（WSC）。维修站代码和经销商号码是完全一样的。它显示的是最后一次在控制单元上工作过的维修站（Coding　08001 控制单元编码，WSC ×××××维修站代码）。

・02 功能—查询故障存储器

说明：故障来源（故障的位置）显示在显示屏的上面一行，而故障类型显示在下面一行。每一行总共只能显示 40 个字符。因为通常 40 个字符是不能够显示所有故障内容，所以必须使用缩写。如需要阅读全部的文字说明，请参看修理手册。

选择 02 功能“查询故障存储器”显示屏上首先显示出的是故障的数量，例如：

查到了 3 个故障	→

按箭头键“→”显示各个故障的故障代号和它的文字说明，例如：

故障代码：00513	→

显示屏上首先显示的是故障代号，再按一次“→”键后，文字说明就显示出来了。

发动机速度传感器－G28	
无信号	/SP

故障所在位置的名称显示在显示屏上的上面一行，“G28”是元件名称的代号。故障类型（No signal　无信号）显示在显示屏的下面一行。

故障的类型之后有后缀/SP，表示此故障是偶然产生的（短时间的故障）。

・03 功能—最终控制诊断

最终控制诊断是电气测试的一部分，可以测试各个最终控制单元的电路是否完好，如果选择 03—最终控制诊断，诊断仪就激活控制单元，使其对第一个元件进行最终控制诊断。屏幕显示：

最终控制诊断	→
喷油嘴　1－N30 缸	

显示屏下面一行显示某个被测控制元件的名称。

之后，按“→”键，就等于输入了对下一控制元件进行最终控制诊断的命令，对控制元件进行最终控制诊断的先后顺序是由控制单元决定的。

如果在诊断过程中，某个显示在显示屏上的元件没有动作，应检查该元件的插头连接、线束、电气或机械部分。

・04 功能—基本数据设定

在进行修理或检查了某些元件之后，需要进行一下基本数据设定。即使控制单元的控制量固定在固定的数值上。例如：在基本数据设定状态下有可能把系统中的点火正时值设定好。

基本数据设定只有满足了车辆的工作条件时才能够进行。例如：发动机油温必须高于 80 ℃。因此，有一些控制单元会提供一些数据供调整时参考，选择 04 功能之后，首先必须输入显示组别号码，然后按“Q”键确认。

基本数据设定	帮助
输入显示组别号码 ××	

如果显示的读数具有物理单位（即：有数字或字母），那么在显示屏上面一行就能看到该显示组别号码。例如：

基本数据设定	3 →
850 rpm　17％　21<°　12.7°　BTDC	

要显示不同的显示组的数值，先按“C”键，然后输入所需显示组别的号码，也可以按相应的键在显示组别之间切换（在当前显示组别号码上减 1 或加 1）。

如果要在屏幕上显示出 10 组测量数据，就输入显示组别号码 0，那么，下列读数就会显示在显示屏上。

Basic Setting	0 →
176 34 70 128 128 128 128 128 64 39	

注：这 10 组数据的意义可参考附录或相应的修理手册。

如果要读取车辆当前运行情况下数据，可退出 04（基本数据设定）功能并进入 08 功能（读测量数据块），要执行此操作，可按“8”键，屏幕显示：

读测量值块	3 →
850 rpm　17％　21<°　12.7°　BTDC	

按数字键“4”可退回到 04 功能（基本数据设定）去。

· 05 功能—清除故障存储器

在完成了修理工作之后，必须清除故障存储器，可以用 05 功能来完成。

执行 05 功能后，若故障存储器中的故障被清除，则显示屏上显示：

车辆系统测试	→
故障存储器被清除了	

如果故障存储器虽已进行清除，但下列文字出现在屏幕上，则说明故障存储器不能被清除，即故障仍存在必须再一次查询故障存储器并且排除车辆的故障。

车辆系统测试	→
故障存储器没有被清除	

· 06 功能—结束输出

与控制单元的对话是用 06 功能来结束的，这时诊断仪退回到初始操作状态，此时可以输入新的地址，显示屏上显示：

车辆系统测试	帮助
输入地址字××	

· 07 功能—控制单元编码

本功能允许改变控制单元内记忆块的内容。即可以改编控制单元使其适合各种不同的工作状况。例如，

·适合不同的发动机、变速箱、车身和传动装置。

·适合不同的燃油质量。

·适合进口国家的法律规定。

选择 07 功能—控制单元编码，显示屏上显示：

控制单元编码 输入编码号码 ×××××（0—00127）

编码号可在 00000 和 00127 之间或在 00000 和 32000 之间，这一适用范围将显示在显示屏上的括号内。根据上面显示的数字范围，输入一个 5 位数字的号码。

按“Q”键确认输入。

编码以后，控制单元作出响应并显示控制单元的识别代码和相应的维修站代码（WSC）。

0123456789 发动机　　　　　→ 代码号 00111 维修站代号 01234

·08 功能—读测量值块

选择 08 功能，控制单元把测量值传送到显示屏，测量值显示在显示屏的下面一行，提供有关系统运行状态或系统传感器状态的信息。

这些测量数值可以帮助查找出大多数故障并排除。

并不是所有的测量值都能够被显示出来的，测量值是合并在显示组别内并可通过输入组别号码，然后一个一个地读出的。可以参考修理手册查到该控制单元显示组别号码。

选择 08 功能，显示屏上显示：

读测量数据块　　　　　帮助 输入显示组别号码 ××

当输入显示组别号码 01 并按“Q”键确认之后，测量值显示在显示屏的下面一行。

Read measuring value block 1 HELP 850 rpm　17%　21∠°　12.7°　BTDC

该显示屏上每个测量值的意义如下（在显示屏上从左到右）：

1—发动机转速（在显示屏上是 850 r/min）

2—发动机负荷（17%）

3—节气门角度（21°）

4—点火提前角（12.7°下止点）

所选显示组别号码被显示在显示屏的右上方。

按“C”键，输入所需显示的显示组别号码来读取不同的测量值组。按“↓”键（显

示组别号减 1）或“↑”键（显示组别号加 1）可在各测量值组之间快速切换。

要显示那些没有具体单位的测量值，就输入显示组别号 00，这时，显示屏上显示：

Read measuring value block	0 →
190 41 79 193 9 126 128 135 128 126	

读测量值块	0 →
190 41 79 193 9 126 128 135 128 126	

该显示屏上每个测量值的意义如下（在显示屏上从左到右）：（以 SANTANA 2000 时代超人车为例）

位置 1—冷却液温度

位置 2—发动机负荷

位置 3—发动机转速

位置 4—蓄电池电压

位置 5—节气门角度

位置 6—怠速空气质量测量值

位置 7—怠速空气质量测量值

位置 8—混合气成分测量值

位置 9—混合气成分测量值

位置 10—混合气成分测量值

即显示屏上的第一个数字 190 代表的是冷却液温度；显示屏上的第二个数字 41 代表的是发动机的负荷。

为了快速进入基本数据设定状态，可以按数字键“4”从 08 功能切换到 04 功能“基本数据设定”。

Basic setting	3 →
850 rpm 17% 21∠° 12.7° BTDC	

也可以按数字键“8”，回到 08 功能“读测量值块”。

· 09 功能—读单个测量值块

读单个测量值	
输入频道号码	××

在修理手册中可以查到控制单元支持的频道号码。

要显示单个测量值，可以输入两位数的频道号并按“Q”键确认。

读单个测量值	→
10 频道	测量值 1534

按“C”键可以选择另一个频道。

· 10 功能—匹配

此功能可以对每一辆车的控制单元中正确的数值进行匹配（例如，对怠速或燃油喷射量），执行此功能必须分三步进行：a. 读出匹配值　b. 测试匹配值　c. 存储匹配值

在本功能中，还有另外的可能性，即 d. 删除已知值

a. 读出匹配值

匹配值	
输入频道号码	××

为了读出现有的匹配值，首先输入一个两位数的频道号码，按“Q”键确认后，控制单元即刻把正在使用的数值以及相应的频道号码显示在显示屏上。

b. 测试匹配值

10 频道　　匹配值 12345	→
输入匹配值 ×××××	

在大多数情况下，往往需要查看匹配值和相关的测量值。

如果该频道内有测量值块，其测量值就会显示在显示屏的下面一行。

测量值的显示形式由控制单元的类型决定，显示屏上可能会显示下列类型的信息。

0 频道 匹配值 12001	Q
176 34 70 128 128 128 128 28 64 39	

10 频道 匹配值 12001	Q
850 rpm　17%　21∠°　12.7°　BTDC	

c. 存储匹配值

一旦发觉正确的匹配值，可以按“Q”键确认。

10 频道 匹配值 12011	Q
已更改过的数值是否要保存?	

再按一次“Q”键，这个匹配值就会送到控制单元内存储起来了。

10 频道 匹配值 12001	→
更改的数值被保存了	

d. 删除已知值

在发动机控制系统中的匹配系统中，各种设定的数值（例如，怠速）在其范围之内会自动地调整以适用发动机的工作状态而不需要人工调整。但在进行修理或改装之后，有可能要删除那些存储在控制单元之内的已知值并且把它们调到基本数据设定状态时的数值，此时：可以输入频道号码 00 来达到这一目的。

匹配值	确认
删除已知值?	

匹配值	→
已知值已经被删除了	

②操作模式 3—自诊断。为了检查诊断仪本身的电气状态是否完好，可以进行诊断仪自诊断，还可以对诊断仪的测试用导线进行检查。

1－车辆系统测试	帮助
3－自检测	4－经销商编号

在操作模式选择菜单按数字键 3 开始进行自诊断，自诊断步骤如下：

·已安装程序版本号被显示在显示屏上。

·测试程序存储器，显示故障。

用测试导线 V. A. G1551/1 进行下列测试：

——对 K 和 L 导线的输入和输出状态进行测试，只有导线上有黑色插头的那一端才允许插到车辆的插座上（如果有故障就会在显示屏上显示出来）。

——测试所有的输入阶段，显示屏上的读数会显示：蓄电池电压（读数：H）或接地（读数：L）是否存在，也可以检查测试用导线和输入级：

如果显示的状态是 H，那么测试用导线和输入级是与 H 电位（蓄电池电压）相连接，因为电路的内部原因，即使测试导线不插到车上的插座内，显示屏上仍然显示出 H 电位。

输入级的状态	→
K 导线：H　L 导线：H	

如果想要在测试用导线插在车上的插座内时，测量输入级，请你把相应的触点接地，这时读数必须从 H 变换为 L（显示的 L 就等于插头上的接地线）。

按→键可以结束自诊断。

③操作模式 4—经销商代码。为了给控制单元编码或进行数值的修正，必须在诊断仪中输入经销商代码，经销商代码输入后就不能更改了。

1－车辆系统测试	帮助
3－自检测	4－经销商编号

在操作模式选择菜单按数字键“4”进入“经销商代码”项目，屏幕显示

经销商代码	帮助
1－显示　2－输入	

·“1—显示经销商代码”

如果按数字键“1”，存储在诊断仪中的经销商代码就会被显示出来。

经销商代码	→
已存储的经销商代码是 ：01234	

如果要退回到前一级显示，按“→”键。

· “2—输入经销商代码”

如果要输入经销商代码，按数字键“2”屏幕显示：

经销商代码	
输入经销商代码：	×××××

因为上图中显示出了5个×，所以必须用键盘输入一个5位数的经销商代码，当输入错误的数字时，可以用“C”键删除。

在正确的经销商代码输入完毕之后，可以按“Q”键把这个代码存储起来。

经销商代码	确认
输入的经销商代码：01234	

代码存储完毕后，显示屏就会退回到前级显示，此时按“C”键即可退出。

2. OB91 欧洲车辆解码器

OB91是宝马、奔驰、沃尔沃、奥迪等欧洲车辆的专用解码器，能读取和清除故障码以及各系统的数据流，另外还提供保养灯归零等功能。仪器外观如图9—8所示。

BMW车系操作方法（以BMW 750il为例）

（1）选择诊断卡及配线（见图9—9）

（2）连线说明。BMW诊断测试线为固定式接头，只需将20 PIN的圆形接头，插入发动机室诊断座中即可连线。

（3）诊断座说明。当连线失败时，它先检查诊断座的测试线是否有断路或短路现象。诊断座测试线路标准见表9—7。

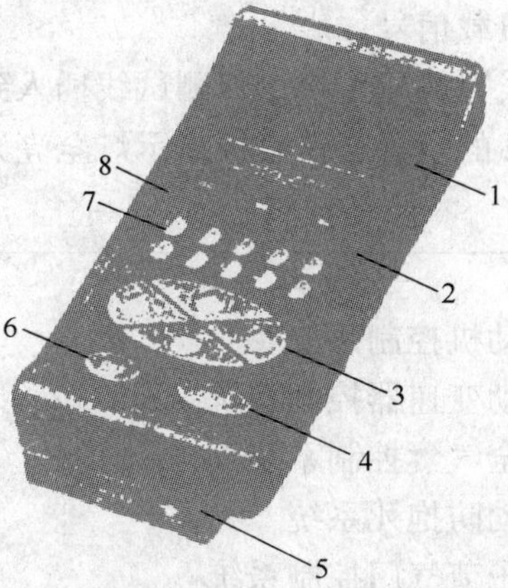

图9—8　OB91外观图

1—显示屏幕　2—信号传输　3—上、下、左、右方向键

4—确定输入键　5—测试卡　6—离开或回上页

7—数字选项　8—电源指示

图 9—9　BMW 测试卡和测试线

表 9—7　　**诊断座测试线路标准**

诊断座	线路功能	线路标准
14	蓄电池电压	大于 11.5 V
15	资料传输线	大于 10.5 V
16	蓄电池电压（KEY ON）	大于 11.5 V
17	资料传输线	大于 2.0 V
19	搭铁	小于 1.0 V
20	资料传输线	大于 2.0 V

（4）操作流程

1）关闭车上的各类电器负载信号。

2）主机和卡匣及线组连线完成后，将诊断测试线插入到引擎室的诊断座中。

3）将点火开关打开至 ON 的位置（仪表板指示灯全亮）。

此时屏幕显示：

主菜单
1. 发动机控制系统
2. 自动变速器控制系统
3. 安全气囊控制系统
4. 制动防抱死系统
5. 电子节气门控制系统
6. 保养灯归零设定

可以利用上、下键移动光条来选择测试系统，选择完毕后按“ENTER”键即可进入下一页功能屏幕。

（5）DME 发动机控制系统

选择“1. DME（engine）”后，屏幕显示：

连线功能 　　连线中… 　　请稍等一下

此时，解码器与发动机微机进行通信，成功后可以看到主机上的信号传输灯在交互闪烁。但若连线失败，屏幕显示：

连线失败 　　请重复检查主机与车上诊断座之间的测试线是否连接正确。 　　按 EXIT 回主菜单 　　按 ENTER 键　重新连线

连线成功后，屏幕显示：

识别信息 　　此处屏幕将显示出微机版本，发动机形式，车型硬件、软体编号，生产编号等信息 　　确定后按 ENTER 键进入下一页

发动机微机版本 M1.2 　　1 号发动机微机 　　控制 1 至 6 缸 　　1. 数据流 　　2. 读取故障码 　　3. 清除故障码

1）利用上、下键移动光标至第一项 Data Stream 测试项目中，确定后按“ENTER”键进入测试功能。

第一页数据显示：

数据流（1/8）	
发动机转速	840 r/min
点火提前角	10.8°
进气温度	32.3 ℃
冷却水温度	78.0 ℃

显示屏幕共有 8 页，可利用左、右键翻页，循环显示。

第二页数据显示：

数据流（2/8）	
喷油脉宽	5 ms
闭环控制	ON
氧传感器	
加热器状态	ON
氧传感器电压	0.462 V
含氧修正值	1.600 0%

第三页数据显示：

数据流（3/8）	
空气流量计	0.25 up/uv
微机控制喷油时间	2.10 ms
Co 调整器电压值	
怠速进气量	3.978 V

第四页数据显示：

数据流（4/8）	
车速	0 km/h
系统电压	14.0 V
油泵继电器	ON
防盗系统状态	ON

第五页数据显示：

数据流（5/8）	
油箱通气阀	OFF
汽缸识别状态	ON
节气门开关	IDLING
节气门位置传感器电压	0.54 V

第六页数据显示：

数据流（6/8）	
点火正时	
换挡时点火延迟状态	INACTIVE
挡位开关位置	P/N
空调开关	ON
空调压缩机状态	ON

第七页数据显示：

数据流（7/8） 爆震监控状态　　INACTIVE 超速时切断状态　INACTIVE 混合比修正状态 短期修正　　　　0.14% 长期修正　　　　−0.01%

第八页数据显示：

数据流（8/8） 微机识别代号 H/W　硬件编号 S/W　软件编号 生产/编号

2）利用上、下键移动光标至“11. Cylinders 7..12”，选择 2 号发动机微机，确定后按“ENTER”键，屏幕显示：

正在连接 2 号发动机微机 7 至 12 缸 请稍等

接着显示内容与 1 号发动机微机相同。

3）利用上、下键移动光标至“2. Read Fault Code”，读取发动机故障码，确定后按“ENTER”键进入。

如无故障码屏幕显示：

无故障码

如测得故障则显示故障码及故障内容。

4）利用上、下键移动光标至“3. 清除故障码”，清除发动机故障码，确定后按 ENTER 键进入。

故障码已清除 按 ENTER 键继续

（6）EGS 自动变速器控制系统

选择“2. EGS　自动变速器控制系统”后，屏幕显示：

连线功能 连线中… 请稍等一下

此时，解码器与自动变速器微机进行通信，成功后可以看到主机上的信号传输灯在交

互闪烁。稍等一下。

连线失败时屏幕显示与发动机控制系统相同。

连线成功后，屏幕显示：

识别信息 此处屏幕将显示出微机版本，发动机形式，变速器形式，软件、硬件编号等信息 按左、右键去翻页显示其他内容 确定后按 ENTER 键进入下一页

按“ENTER”键进入下一页：

识别信息 此处屏幕将显示出硬件、软件和产品编号 按左右键翻页 按 ENTER 键继续

按“ENTER”键进入下一页：

EGS 诊断功能目录 1. 数据流 2. 读取故障码 3. 清除故障码 按 ENTER 键继续

1）利用上、下键移动光标至第一项数据流测试项目中，确定后按“ENTER”键进入。

第一页数据显示：

数据流（1/5）	
发动机转速	800 r/min
输出转速	0 r/min
喷油时间	4.4 ms
供电电压	13.5 V
变速器油温度	50 ℃

显示屏幕共有 5 页，可利用左、右键翻页，循环显示。

第二页数据显示：

数据流（2/5）	
驱动状态	
L1 变速器微机 23＃脚	P
L2 变速器微机 26＃脚	12 V
L3 变速器微机 28＃脚	OPEN
L4 变速器微机 33＃脚	12 V

第三页数据显示：

数据流（3/5）
油门加速开关状态　0%
强制降挡开关　OFF
制动灯开关　OFF
刹车开关　OFF

第四页数据显示：

数据流（4/5）
程式选择开关
S 开关<34 脚>　ON
E 开关<2 脚>　OFF
X 开关<13 脚>　OFF
空调压缩机状态　ON

第五页数据显示：

数据流（5/5）
变速器型号
软硬件编号
生产编号

2）利用上、下键移动光标至“2. 读取故障码”，读取自动变速器故障码，确定后按“ENTER”键进入。

如无故障码屏幕显示：

无故障码

如测得故障则显示故障码及故障内容。

3）利用上、下键移动光标至“3. 清除故障码”，清除自动变速器故障码，确定后按ENTER 键进入。

故障码已清除
按 ENTER 键继续

（7）SRS 安全气囊控制系统

选择“3. SRS（air bag）”后，屏幕显示：

连线功能
连线中…
请稍等一下

此时，解码器与安全气囊控制微机进行通信，成功后可以看到主机上的信号传输灯在交互闪烁。

连线失败时，屏幕显示与发动机控制系统相同。

连线成功后，屏幕显示：

识别信息 显示系统名称及零件编号等信息 按 ENTER 键继续

按“ENTER”键进入下一页：

安全气囊诊断功能 1. 读取故障码 2. 清除故障码 按 ENTER 键进入

1）利用上、下键移动光标至“1. 读取故障码”，读取发动机故障码，确定后按“ENTER”键进入。

如无故障码屏幕显示：

无故障码

如测得故障则显示故障码及故障内容。

2）利用上、下键移动光标至“2. 清除故障码”，清除发动机故障码，确定后按“ENTER”键进入。

故障码已清除 按 ENTER 键继续

（8）ABS 防抱刹车系统

选择“4. ABS 防抱刹车控制系统”后，屏幕显示：

连线功能 连线中… 请稍等一下

此时，解码器与 ABS 防抱控制微机进行通信，成功后可以看到主机上的信号传输灯在交互闪烁。

连线失败时屏幕显示与发动机控制系统相同。

连线成功后，屏幕显示：

ABS 系统	
系统名称	<MKIV G>
零件编号	NO. 1 16 30 90
硬件编号	NO. 4
软件编号	NO. 2
制造日期	8/2/95
诊断版本	64
确定后按 ENTER 键进入下一页	

按“ENTER”键进入下一页：

ABS 诊断功能目录
1. 数据流
2. 读取故障码
3. 清除故障码
按 ENTER 键继续

1）利用上、下键移动光标至第一项数据流测试项目中，确定后按“ENTER”键进入。第一页数据显示：

数据流（1/2）	
车轮速度：	
左前轮速	2 km/h
右前轮速	2 km/h
左后轮速	2 km/h
右后轮速	2 km/h

ABS 车轮速度最低从 2 km/h 起算，至 20 km/h 时会切断传输信号属正常现象。

显示屏幕共有 2 页，可利用左、右键翻页，循环显示。

第二页数据显示：

数据流（2/2）	
刹车灯开关	OFF
供应电源电压	12.6 V
液压泵反馈电压	0.0 V
电磁阀反馈电压	12.6 V

2）利用上、下键移动光标至“2. 读取故障码”，读取 ABS 防抱控制系统故障码，确定后按“ENTER”键进入。

如无故障码屏幕显示：

无故障码

如测得故障则显示故障码及故障内容。

3）利用上、下键移动光标至“3. 清除故障码”，清除 ABS 防抱控制系统故障码，确定后按“ENTER”键进入。

故障码已清除
按 ENTER 键继续

（9）EML 电子节气门控制系统

选择 5. EML 电子节气门控制系统后，屏幕显示：

连线功能 连线中… 请稍等一下

此时，解码器与电子节气门控制微机进行通信，成功后可以看到主机上的信号传输灯在交互闪烁。

连线失败时屏幕显示与发动机控制系统相同。

连线成功后，屏幕显示：

电子节气门控制系统 此处屏幕将显示出车型、汽缸数、硬件、软件编号等信息 确定后按 ENTER 键进入下一页

电子控制节气门微机 1. 数据流 2. 读取故障码 3. 清除故障码

1）利用上、下键移动光标至第一项数据流测试项目中，确定后按 ENTER 键进入测试功能。

第一页数据显示：

数据流（1/7）	
冷却水温度	18.9 ℃
理论数值	18.9 ℃
车速	8 km/h
挡位在 P/N 挡	Yes
变速箱的 S 模式	OFF

显示屏幕共有 7 页，可利用左、右键翻页，循环显示。

第二页数据显示：

数据流（2/7）	
电子节气门警告灯	OFF
SG 已学习怠速数值	Yes
电子节气门开关	OFF

第三页数据显示：

数据流（3/7）	
油门踏板位置传感器角度	
Cyl 1..6	7.35°
Cyl 7..12	7.35°
实际数值	
Cyl 1..6	6.56°
Cyl 7..12	6.56°

第四页数据显示：

数据流（4/7）	
电子节气门控制电压	
汽缸 1..6	2.25 V
汽缸 7..12	2.33 V
油门踏板位置传感器	
角度	−4.7°
电压	0.39 V
Pwg 开关	OFF

第五页数据显示：

数据流（5/7）	
LL 信号，cyl 1..6	ON
cyl 7..12	ON
VL 信号，cyl 1..6	OFF
cyl 7..12	OFF

第六页数据显示：

数据流（6/7）	
刹车灯开关	OFF
空调继电器输出信号	OFF
空调压缩机继电器	OFF
降挡开关	OFF

第七页数据显示：

数据流（7/7）	
FGR 开关	
电压	3.45 V
位置	未动作
FGR 理论存储值	
车速	0 km/h
FGR 动作?	NO

2）利用上、下键移动光标至“2. 读取故障码”，读取电子节气门控制微机故障码，确定后按“ENTER”键进入。

如无故障码屏幕显示：

无故障码

如测得故障则显示故障码及故障内容。

3）利用上、下键移动光标至“3. 清除故障码”，清除电子节气门控制微机故障码，确定后按“ENTER”键进入。

故障码已清除 按 ENTER 键继续

（10）保养灯归零设定

选择“6. 保养灯归零设定”后，屏幕显示：

保养灯归零设定 1. 机油灯归零设定 2. 大保养灯归零设定 按 ENTER 键 继续

保养灯归零设定 保养灯设定中 请稍等

归零设定完成后，即自动跳回目录区，即完成归零设定工作。

· 当仪表板的 OIL 绿灯慢慢熄灭后，即告知已到保养换油的时间了。当换油完成后，必须将仪表的绿灯重新设定，让它亮起来。因此选第一项保养灯归零设定，按“ENTER”键确定，即进入重新设定功能，等仪表板的 5 颗绿灯全亮时，即完成归零设定的动作了。

· 当大保养灯在仪表板上亮起来时，即告知该进行保养作业了。保养完成后便可进行第二项大保养归零设定作业，等大保养灯熄灭后即完成归零设定动作了。

3. OTC 诊断仪

（1）概述

OTC 诊断仪是由美国著名的 OTC 公司出品的现代汽车电控系统的专用诊断仪器。它配备了各种诊断接头，能诊断当今绝大多数车辆，适用范围很广，而且其功能十分强大，除了一般诊断仪器必备的读码、清码、读数据流等基本功能以外，它还根据不同车型，提供了不同的辅助功能，能够帮助使用者能快速的找到故障部位。其外观如图 9—10 所示。

4000改进型　　4000E型

图 9—10　OTC 外观

由于各种车型的具体操作方法不完全一样，但大体上是一致的，因此，以下以 1990 年 FORD 金牛座车为例具体讲述操作方法，读者如遇到其他车型可参照操作。

（2）选择测试卡及测试接头。选择 1995 年美洲卡，FORD—Ⅲ型红色测试接头。

（3）操作方法。

插好卡及测试接头后，将电源夹接上，红色接正极，黑色接负极。仪器通电自检通过后，屏幕显示：

```
公司？                      帮助
   1—通用                    ↑
 ·2—福特                     ↓
   3—克莱斯勒
```

通过“↑”和“↓”键选择“2—福特”，按“ENTER”键确认，屏幕显示：

```
制造商？                    帮助
 ·1—福特
   2—林肯
   3—水星
```

选择“1—福特”，按“ENTER”键确认，屏幕显示：

```
年份范围？       17 位编码的第十位   帮助
 ·9—1990—1995              L—S
   8—1989                   K
```

选择“9—1990—1995”，按“ENTER”键确认，屏幕显示：

```
年份？            第十位   帮助
   5—1995           S
   4—1994           R        ↑
   3—1993           P        ↓
   2—1992           N
   1—1991           M
 ·0—1990            L
```

根据车辆的年份利用“↑”和“↓”键选择“0—1990”或查阅 17 位编码的第十位选择 L，按“ENTER”键确认，屏幕显示：

```
轿车/卡车？                帮助
·1—轿车
  2—卡车
```

选择“1—轿车”，按“ENTER”键确认，屏幕显示：

```
车系？                     第六位   帮助
 ·1—皇冠维多利亚             7
   2—护卫者                  9
   3—节日                    0
   4—野马                    4
   5—探针                    2
   6—金牛                    5
   7—天霸                    3
   8—雷鸟                    6
```

选择“6—金牛”，或查阅 17 位编码的第六位选择 5，按“ENTER”键确认，屏幕显示：

系列?			第七位	帮助
·1—4DR	GL		2	
2—4DR	L		0	
3—4DR	LX		3	↑
4—4DR	M15		1	↓
5—4DR	SW	GL	7	
6—4DR	SW	L	5	
7—4DR	SW	LX	8	
8—SHO	4	DR	4	

选择“1—4DR GL”，或查阅 17 位编码的第七位选择 2，按“ENTER”键确认，屏幕显示：

微机?	帮助
·1—发动机/动力控制模块	
3—防抱刹车系统	
10—定速系统	

选择所要测试的微机，选择“1—发动机/动力控制模块”，按“ENTER”键确认，屏幕显示：

发动机?	第八位	帮助
·1—3.8	4	
2—2.5	D	
3—3.0	U	

选择发动机排量“1—3.8”或查阅 17 位编码的第八位选择 4，按“ENTER”键确认，屏幕显示：

后风窗加热?	帮助
·1—有后风窗加热	
2—没有后风窗加热	

选择“1—有后风窗加热”，按“ENTER”键确认，此时屏幕显示前面所选的车辆信息（1990 年福特公司金牛系列车，发动机排量 3.8 升，顺序燃油喷射系统，前轮驱动），并通过诊断接口与发动机微机进行通信。屏幕显示：

1990 FORD
TAURUS
3.8L SFI FWD

稍候屏幕显示：

检查机油和冷却水液面 按 1 键继续

根据提示，按“1”键继续，屏幕显示 FORD 主菜单。

福特主菜单　　　　　　按：帮助 ·1—快速测试 2—数据流　　　　　　↑ 3—领路人软件　　　　↓ 4—规格

1）选择“1—快速测试”，按“ENTER”键确认，屏幕显示：

功能菜单　　　　　　按：帮助 1—静态测试 2—动态测试　　　　↑ 3—点火正时检查　　↓ 4—查阅故障码 5—清除故障码 6—选项

①选择“1—静态测试”，按“ENTER”键确认，屏幕显示

选择故障码 ·1—慢速码 2—快速码

选择“1—慢速码”，按“ENTER”键确认，屏幕显示：

静态测试　　　　　　02：00 打开点火开关 按 MODE—EXIT 键退出

根据屏幕提示打开点火开关即开始静态测试，屏幕显示测试进程（如下所示），测试完毕后如测得故障，仪器将发出“嘀嘀”声并依次在屏幕上显示故障码，同时“嘀嘀”声与仪表板上的 CHECK ENGINE 灯的闪烁频率同步。

静态测试 当前的故障码是 021　024　+ 按 MODE—EXIT 键退出

全部完毕后，回到功能菜单。

功能菜单	按：帮助
1—静态测试	
2—动态测试	↑
3—点火正时检查	↓
4—查阅故障码	
5—清除故障码	
6—选项	

选择“4—查阅故障码”，可查看测试后的故障码及其内容，按“ENTER”键确认，屏幕显示：

Code Library Press:
1—当前测试的静态故障码
2—历史测试的静态故障码
3—动态故障码

选择“1—当前测试的静态故障码”，按“ENTER”键确认，屏幕显示：

查阅故障码		帮助
21	1/2	↑
24	2/2	↓
按 ENTER 键查看详细内容		

1/2 表示共有 2 个故障，21 号为第一个故障；2/2 表示共有 2 个故障，24 号为第二个故障。按“ENTER”键可查阅故障码 21 的内容。屏幕显示：

21	帮助
水温传感器信号超出范围	↑
	↓
按 MODE 键退出	

按“MODE”键退出，回到上一级屏幕，再按“↓”键选择“24　2/2”，按“ENTER”键查阅故障码 24 的内容。屏幕显示：

24	帮助
进气温度传感器信号超出范围	↑
	↓
按 MODE 键退出	

查阅完毕后，按“MODE—EXIT”键返回功能菜单：

功能菜单	按：帮助
1—静态测试	
2—动态测试	↑
3—点火正时检查	↓
4—查阅故障码	
5—清除故障码	
6—选项	

②在功能菜单中选择“2—动态测试”，按“ENTER”键确认，屏幕显示：

动态测试	02：00
起动发动机	
按 MODE—EXIT 键退出	

根据屏幕提示，将发动机起动出来，屏幕显示：

动态测试	03：00
发动机是否在 2000r/min 下	
运转了 3 min?	
按 1—YES 键继续	

按“1—YES”键，屏幕显示：

动态测试	02：00
关闭点火开关	
按 MODE—EXIT 键退出	

关闭点火开关，发动机熄火。屏幕显示：

动态测试	01：50
起动发动机	
按 MODE—EXIT 退出	

再次起动发动机，屏幕显示：

动态测试	01：50
故障码是：	
等待	+
按 MODE—EXIT 键退出	

此时，仪器控制自动将发动机转速升高，并提示操作者踩刹车，打方向，测试结束后显示故障码。全部完毕后，屏幕显示：

是否想运行汽缸 均匀性测试？ 按：1－YES 2－NO

按“2—NO”键退出，回到功能菜单。

功能菜单　　　　按：帮助 1－静态测试 2－动态测试　　　↑ 3－点火正时检查　↓ 4－查阅故障码 5－清除故障码 6－选项

同静态时一样，在功能菜单中选择“4—查阅故障码”。

Code　Library　Press： 1－当前测试的静态故障码 2－历史测试的静态故障码 3－动态故障码

再选择“3—动态故障码”查看动态测试后的故障码。

③在功能菜单中选择“3—点火正时检查”，按“ENTER”键确认，屏幕显示：

点火正时菜单： ·1－基本正时 2－电脑控制正时 3－基本和电脑控制正时

a. 选择“1—基本正时”，按“ENTER”键确认，屏幕显示：

基本点火正时 将变速杆放置在停车挡 P 或空挡 N 按 1 键继续

按屏幕提示完成后，屏幕显示：

基本点火正时 关闭车上所有电器负载 按 1 键继续

按屏幕提示完成后，屏幕显示：

拔下点火短接销 按 1 键继续

拔下点火短接销使点火正时由霍尔传感器直接控制，发动机微机不再控制。完成后屏幕显示：

检查基本点火正时
完成后
按 MODE 键退出

此时，可通过正时灯对点火正时进行检测，如不符合标准可转动分电器加以调整。

b. 选择“2—计算机控制正时”，按“ENTER”键确认。

此时仪器首先进入动态测试程序，在动态测试完毕后，即可用正时灯检测微机控制正时的准确与否（微机控制的点火正时不可调整）。

c. 选择“3—基本和微机控制正时”，按“ENTER”键确认。

此时点火正时由霍尔传感器和微机同时控制，可用点火正时灯进行检测。其操作与基本正时相同。

④在功能菜单中选择“4—查阅故障码”，按“ENTER”键确认，见前述。

⑤在功能菜单中选择“5—清除故障码”，按“ENTER”键确认。

清除故障码
关闭点火开关
按 MODE－EXIT 退出

由于在做静态与动态测试时点火开关是打开的，因此系统首先提示将点火开关关闭。屏幕显示：

清除故障码
打开点火开关
按 MODE－EXIT 退出

再将点火开关打开，此时开始执行清除故障码程序。稍等片刻后，屏幕将显示故障码已被清除，并退回到功能菜单。

功能菜单	按：帮助
1—静态测试	
2—动态测试	↑
3—点火正时检查	↓
4—查阅故障码	
5—清除故障码	
6—选项	

⑥在功能菜单中选择“6—选项”，按“ENTER”键确认，屏幕显示：

选项菜单：
·1—摇动性测试 2—输出状态测试 3—燃油泵测试 4—基本/星模式

a. 选择“1—摇动性测试”，按“ENTER”键确认，屏幕显示：

摇动性测试
·1—静态 2—动态

静态与动态的测试方法相同，只是动态测试时要将发动机发动起来。

选择“1—静态”，按“ENTER”键确认。屏幕显示：

摇动性测试
摇动　＋
按 MODE—EXIT 键退出

轻轻地移动或转动各处连线、传感器或者测试接头，当接触不良时，仪器会发出鸣叫，并显示故障信息。

b. 选择“2—输出状态测试”，按“ENTER”键确认后，仪器对执行机构的输出状态进行测试（有些车型无法测试），完成后按“MODE—EXIT”键退出

c. 选择“3—燃油泵测试”，按“ENTER”键确认，屏幕显示：

燃油泵现在未运转
按住 0 键不放即可驱动
燃油泵运转
按 MODE—EXIT 键退出

按住“0”键可检测燃油泵工作是否正常。

2）在主菜单中选择“2—数据流”，按“ENTER”键确认，屏幕显示该车型的各项动态数据见表 9—8。

表 9—8　　OTC 数据流

显示内容	中文含义
BOO	制动器开关
CAN PURGE	碳罐电磁阀
ECT VOLTS	水温传感器电压
ECT DEGREE	水温

续表

显示内容	中文含义
EGR	真空调节电磁阀
FUEL PW1	第 1 组喷嘴
HIGH FAN	高速风扇
OS SENSOR1	1 号氧传感器
IAC	怠速阀
IAT VOLTS	进气温度传感器电压
IAT TEMP	进气温度
LOW FAN	低速风扇
LOOP STAT	循环状态
MAP FREQ	真空压力传感器频率
PNP	挡位指示开关
PSP	动力转向压力开关
RPM	转速
SCVC	定速真空阀
SCVT	定速大气阀
SFTRIM 1	燃油修正
SPARK ADV	点火提前角
THS3	3 挡电磁阀
THS4	4 挡电磁阀
TP	节气门位置传感器电压
TP MODE	节气门模式
VEH. PWR	电源
VOLTS－REF	参考电压
VSS	车速
WAC	节气门全开切断

3）在主菜单中选择“3－领路人软件”，按“ENTER”键确认。

该项目的操作内容与“1－快速测试”基本相同，只是另外多加了一些操作提示，使不熟悉操作步骤的测试者能正确地进行测试。

4）在主菜单中选择“4－规格”，按“ENTER”键确认。

该项目主要显示所测车型的火花塞间隙、怠速转速、点火顺序等规格数据。

9.7.3 FLUKE 98 示波器的使用

1. 概述

FLUKE 98 便携式示波器可用于汽油发动机和柴油发动机测试。它采用高亮度的液晶显示屏并同时具有对比度调节功能，因此适合在各种亮度的环境下使用。具有独立的双通道及一个外触发通道设置，同时配有打印机及微机连接接口，可以直接打印所存储的波形或与微机进行数据通信。

自备镍铬充电电池，可通过交流（220 V）、直流（12 V、24 V）电源进行充电，而且在单独使用充电电池供电时，为节约电源，当使用者连续 5 min 未进行任何操作或电池电压不足时，能发出警告并且自动关机。

在测试内容上，除具备同类分析仪所有的检测功能外，FLUKE 98 更具有许多自己的特色：如为了适应中国的国情，它特别设有人工中/英文切换，以方便不同文化程度的维修人员使用；在信号的采集上，可依据输入信号的不同而自动切换坐标的刻度值，可免去使用人员的许多设定、调整的麻烦，使操作更加简单快捷；另外在波形的存储上，它更具有存储 128 个屏幕时宽的超强存储功能，这对抓取汽车的间歇性故障将是至关重要的一点；要特别提到的是，该示波器在波形处理上尤其下了一番工夫，它可以将输入信号转化成 4 种参数变化趋势图及最大值、最小值、平均值随时间变化趋势图，使我们在对动态数据进行采集、分析时更加得心应手。

2. FLUKE 98（以下简称 F98）的操作方法

（1）FLUKE 98 的外观

FLUKE 98 的外观如图 9—11 所示。

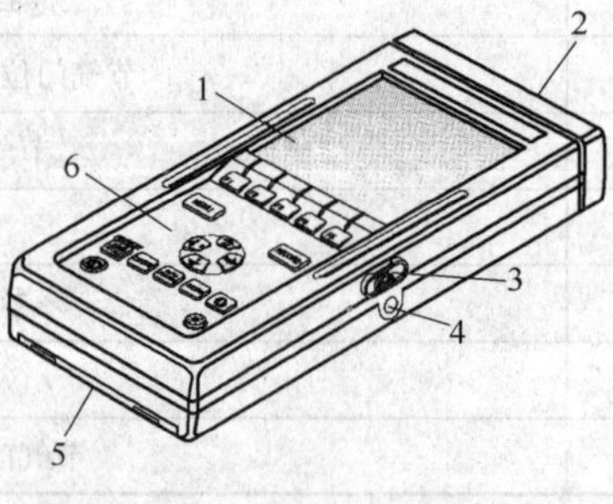

图 9—11 FLUKE 98 外观

1—屏幕 2—信号输入插座 3—接打印机或微机

4—交直流电源插座 5—镍铬电池 6—键盘

（2）FLUKE 98 所包含的附件如图 9—12 所示。

（3）电源接线及开机方法

FLUKE 98 电源接线及开机方法，如图 9—13 所示，按下列步骤进行：

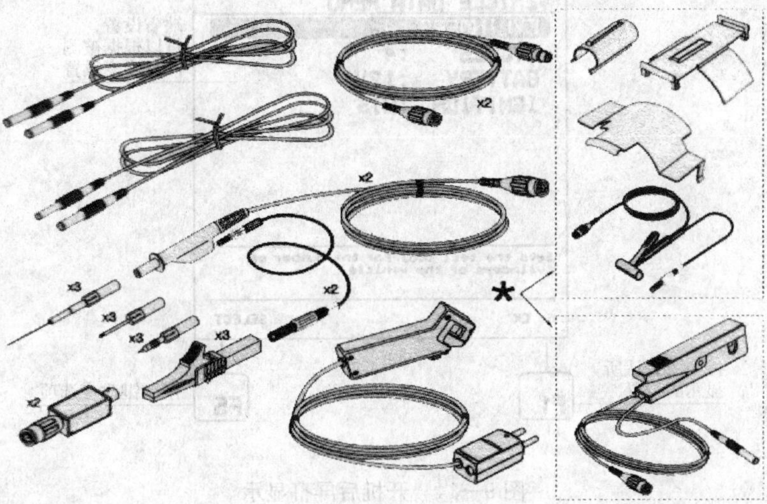

图 9—12　附件概述

①确认电源适配器与当地电压相符。

②将电源适配器接于电源插座。

③将电源适配器的直流电压输出插头插入 FLUKE 98 的电源插座。此时 FLUKE 98 电池将可进行充电（通常将电池完全充满需 16 h）。

④按⓵键（Power on/off）以开闭 FLUKE 98 主机。

⑤电源打开后，屏幕首先显示信息，如图 9—14 所示。

1）屏幕对比度的调整

按住◉键可调整屏幕的对比度。

2）FLUKE 98 复位

如希望将仪器恢复至出厂时的初始状态，可按下列步骤操作：先按下⓵键关机。

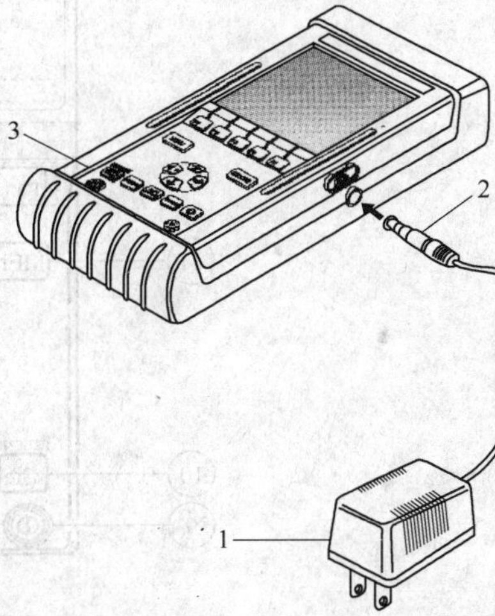

图 9—13　开机

1—电源适配器　2—电源适配器直流电压输出端　3—电源开关键

注意：以下动作将清除所有存储器，然后按下“F5”键再按⓵键，此时可听到两声“嘀”声，表示 FLUKE 98 已开机，以前所设定的数据将被清除，仪器恢复为出厂的原始内部设置。

（4）使用说明。FLUKE 98 的键盘外观如图 9—15 所示。

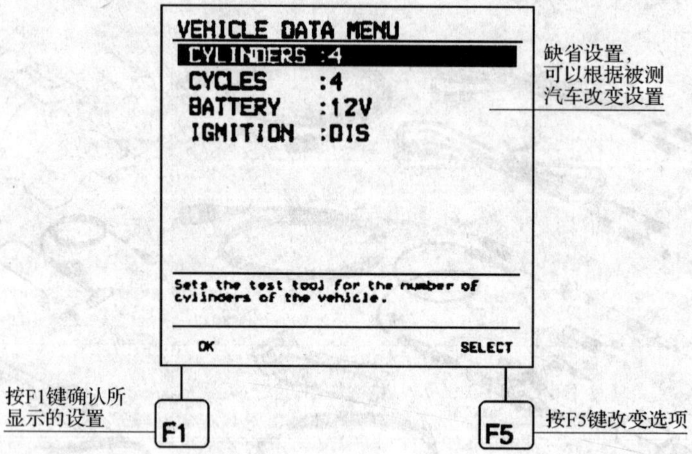

图 9—14　开机后屏幕显示

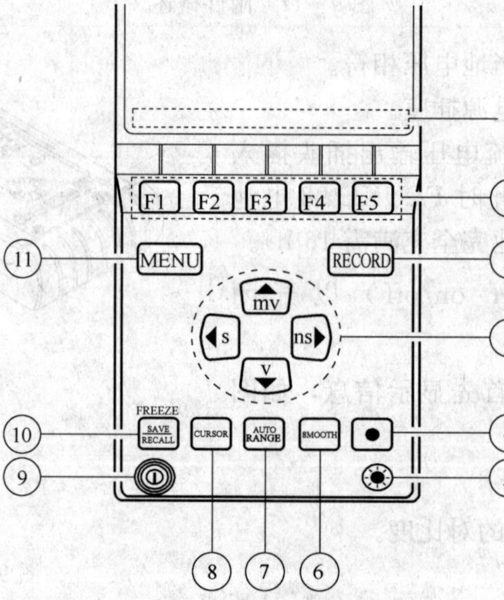

图 9—15　键盘外观

1）按键说明

FLUKE 98 的按键说明见表 9—9。

2）接线方法（见图 9—16）

通道 A（红色）：用于所有测量输入。有时需配合其他输入使用。根据不同的测试功能，需连接不同的测试线和适配器。

表 9—9　　　　按　键　说　明

项　目	按　键	说　明
①	F1 至 F5	共五个功能键，每个功能键所对应的功能对应的显示在屏幕下方的功能显示区的菜单
②	RECORD	显示记录功能的菜单。此功能可显示并存储一段连续长时间的测试数据
③	▲ mV V ▼	上下光标键，执行下列工作： (1) 启动光标选择菜单列出功能； (2) 选择量程； (3) 可上下移动波形
	◀ s　ns ▶	左右光标，执行下列工作： (1) 选择时基范围； (2) 左右移动波形； (3) 左右移动光标位置
④	i	在菜单中选择某一功能时，按此键可显示该功能的说明；在执行某一测试时，按此键可列出该功能说明
⑤		打开或关闭 LCD 背景灯。持续按住此键时，可调整屏幕对比度
⑥	SMOOTH	此键可使所示波形平滑易读，读数更稳定。它可将波形所含有的噪声和尖峰信号滤除。当减少阻尼时则可观看噪声信号和毛刺
⑦	AUTO RANGE	自动量程键。启动 AUTO RANGE 时，FLUKE 98 自动设定最佳的时基及量程，同时在屏幕右上方显示 AUTO 字样。关闭此功能时，必须手动设定量程
⑧	CURSOR	光标键。启动光标功能时，可移动两条垂直光标至波形任意位置测量所需数据
⑨		电源键。启动电源键时，F98 将启动使用者先前所执行的测试功能
⑩	FREEZE SAVE RECALL	按此键时锁定目前所显示的屏幕（屏幕右上方将显示 HOLD 字样）。显示存储、调用及打印菜单
⑪	MENU	按此键可显示主菜单。在测试中若要改变测试功能时，均须先按此键

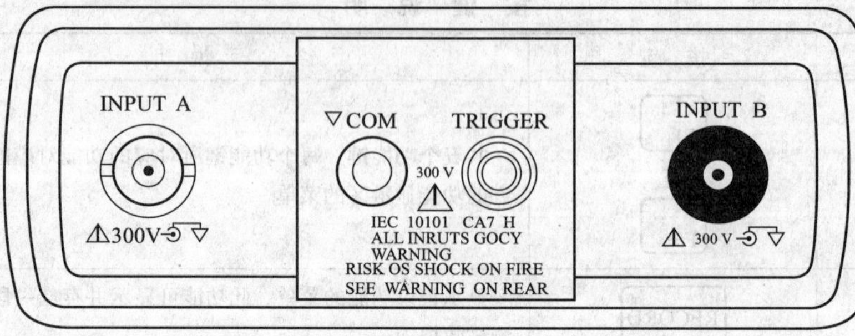

图 9—16 测量的接线

通道 B（灰色）：通道 B 配合通道 A 使用。

①测量点火提前角。

②双路氧传感器的测量。

在 SCOPE（示波器）功能时，通道 A 和通道 B 可作为双通道示波器使用。

公共端（COM）和触发（TRIGGER）：主要用两个香蕉插头的探头作外触发使用，例如 RPM90 感应拾取器。

触发（作为输入）在示波器（SCOPE）功能时，接受外部触发源。

公共端（作为输入）：当用感应拾取器或次级点火拾取器测量点火系统时，COM 用来作为安全接地端。

3. FLUKE 98 的使用方法

（1）主菜单概述

如图 9—17 所示为主菜单下可使用的测试功能概述。

1）主菜单操作。所有测试功能的菜单操作都类似。按照下面的次级点火测试的例子就可以了解菜单的使用。操作步骤如下：

①按“MENU”键显示主菜单。

②按“↓”键移动光标至点火系统。

③按“SELECT”键选择点火系统。

④按“↓”键移动光标至次级点火。

⑤按“SELECT”键选择次级点火（在所选测试执行之前，屏幕会显示接线说明）；

⑥按“F1（OK）”键进入测试。

2）功能键的使用。屏幕下方的功能键菜单显示在功能键“F1”至“F5”之上，表示该功能键对应的功能，如图 9—18 所示。

对每一项测试，根据其测试功能的选择，有一个或一个以上的功能键菜单显示。若按下没有功能键菜单显示的按键时，则没有任何操作。在一些测试中，会有相同的功能键菜单显示，其执行功能是类似的。

MENU	主菜单
SENSOR	传感器
AIR/FUEL	空气/燃油
IGNITION	点火
ELECTRICAL SYS TEM	电子系统
SCOPE	示波器
MULTIMETER	万用表
VEHICLE DATA	改变车辆数据
INSTRUMENT SETUP	改变仪器设置

SENSOR MENU	传感器菜单
GENERAL SENSOR	通用传感器
OXYGEN SENSOR	氧传感器
DUAL OXYGEN SENSOR	双路氧传感器
KNOCK SENSOR	爆震传感器
POTENTIOMETER	电位器

AIR/FUEL MENU	空气/燃油 菜单
FUEL INJECTOR	燃油喷油器
POTENTIOMETER	电位器
OXYGEN SENSOR	氧传感器
DUAL OXYGEN SENSOR	双路氧传感器
GENERAL SENSOR	通用传感器

IGNITION MENU	点火菜单
PRIMARY	初级点火
SECONDARY	次级点火
ADVANCE	点火提前
DWELL	闭合角

ELECTRICAL SYSTEM MENU	电子系统菜单
CHARGING	电流
BATTERY TEST	蓄电池测试
POTENTIOMETER	电位器
SOLENDIO AND DIODE	电磁线圈和钳位二极管
VOTAGE DROP	电压跌落
STEPPER MOTOR	步进电动机

SCOPE MENU	示波器菜单
SINGLE INPUT SCOPE	单通道输入波形
DUAL INPUT SCOPE	双通道输入波形
REL COMPRESSION SYNC	非同步汽缸相对压力
REL COMPRESSION ASYNC	同步汽缸相对压力

MOLTIMETER MENU	万用表菜单
VOLT DC. AC	电压、直流、交流
OHM/DIODE/COMTINUITY	欧姆/二极管
RPM	转速
FREQUENCY	频率
DUTY CYCLE	占空比
PULSE WIDTH	脉宽
AMP DC. AC	电流、直流、交流
TEMPERTURE ℃℉	温度℃℉

图 9—17　汽车测试功能概述

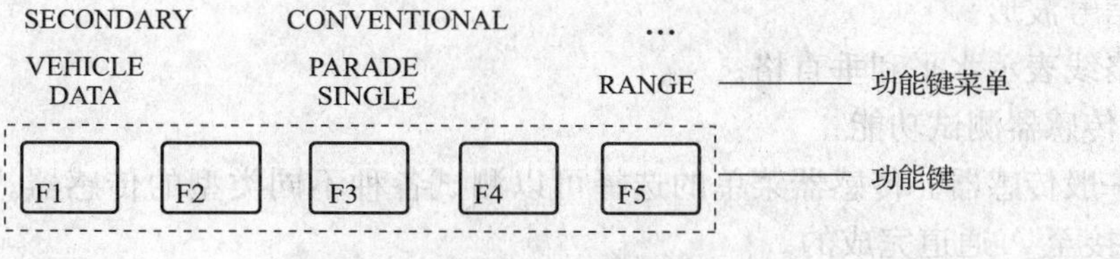

图 9—18　次级点火功能键菜单

3）功能键菜单实例。

左图是次级点火的“F3”功能键菜单。

在图中也可看到，当按下 F3 键时，可以在单缸或多缸之间选择。

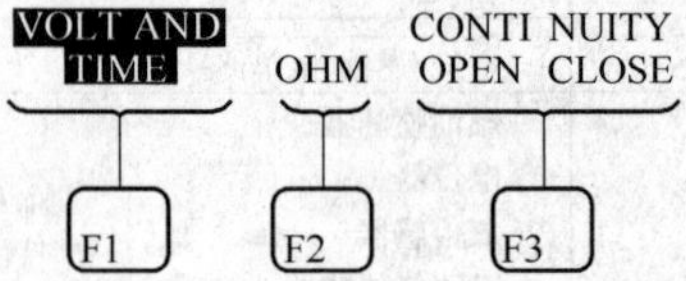

左图中电压和时间为当前所选（加亮）的功能。

当按下“F2”时，欧姆成为当前的功能。

当按下“F3”时，通断为当前的功能。

再次按下“F3”就可在开路和短路之间切换。

RANGE MOVE 该符号表示可以使用光标键来改变量程（如果量程被选中）或移动波形位置（若移动被选中）。按下该键可在量程和波形移动之间转换。

CURSOR 1 2 该符号表示可以用光标键来移动光标显示，若选中光标 1 则移动光标 1，若选中光标 2 则移动光标 2。按下该键可在光标 1 和光标 2 之间切换。

SET ZERO 该符号表示的是单次测量，例如爆震传感器和电位器扫描测试。

重复该测试，按该键即可。如爆震传感器测试，敲击发动机来启动测试。

REPEAT TEST 当按下相对功能键，当前的读数被当成零参考值。例如，当按下该键时读数是 100 mV，如显示 5 mV 则其真实读数为 105 mV。

4）在屏幕上读取测试结果。测试结果可以表示为数值（即读数）或波形。测试结果的形式取决于测试项目。例如，一般传感器测试，峰值、频率、占空比和脉冲宽度等是以读数显示。所看到的数值是依被测车辆而定。

1—水平时基的零线，时间点代表触发事件。

2—信号垂直幅度的零线（即 0 V）。

3—垂直量程（每格 2 V），可以利用光标键改变量程。

4—水平时基（每格 500 ms）可以利用光标键改变时基。

5—自动量程，同时适用于水平时基和垂直幅度。

6—从信号计算出来的读数，如按下 F1 时，因 F1 功能键表示当前为电压和时间测量，所以读数可以是电压或时间值。

7—信号波形。

8—格线表示水平和垂直格。

（2）传感器测试功能

1）一般传感器。传感器菜单的选择可以测试各种不同类型的传感器。测试是使用屏蔽测试线接至 A 通道完成的。

菜单选择：主菜单→传感器→一般传感器

1—屏幕显示的电压和时间值。

峰—峰值：表示波形的最高和最低的差值。

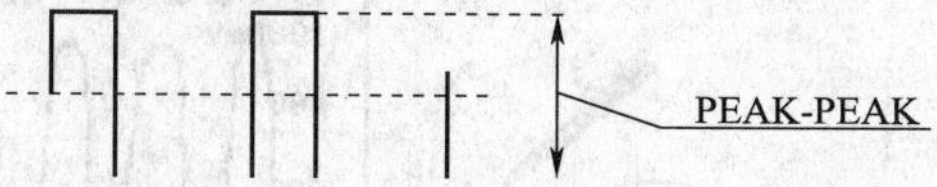

频率：表示信号每秒的周期数。

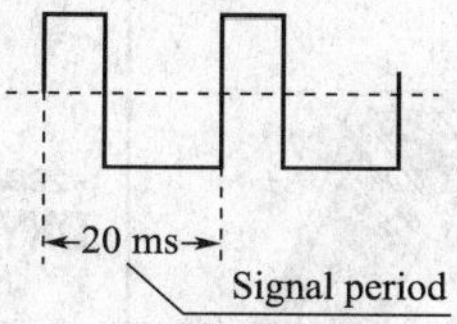

占空比：表示信号的负电压部分和信号周期的比值，以百分比表示。

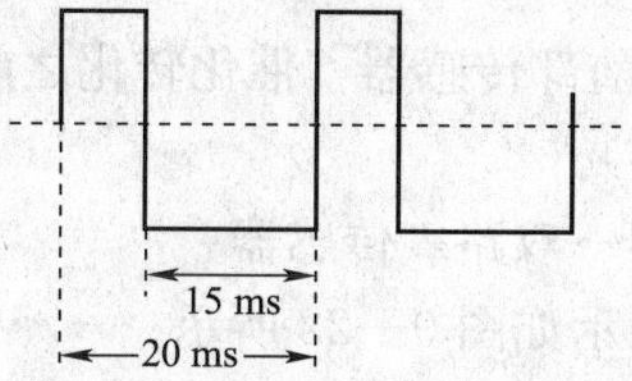

脉冲宽度：表示信号负电压部分的宽度。

2—屏幕表示的电阻值。

当电阻值超过仪器的测量范围，会显示左图的屏幕。

当传感器电阻值太高或传感器接线开路时也会有此显示。

3—屏幕表于的接线通断性。

屏幕表示的接线通断性如下图所示。

2）氧传感器。本项功能可以测试氧传感器（也称为 O_2 传感器或 λ 传感器）。测试时用屏蔽测试线连接滤波适配器后再和通道 A 连接（见图 9—19）。仪器会自动配合各种不同类型的传感器。

菜单选择：主菜单→传感器→氧传感器

氧传感器的测试结果显示如图 9—20 所示。

3）双路氧传感器。使用该功能可测试出催化转化的效率，其方法是比较转化之前和之后的信号。使用两条 STL90 测试线，每条线都通过蓝色滤波适配器连接至通道 A 和 B

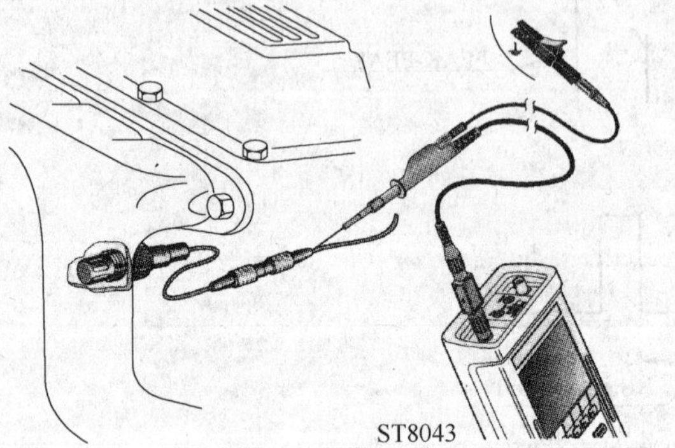

图 9—19　测试氧传感器

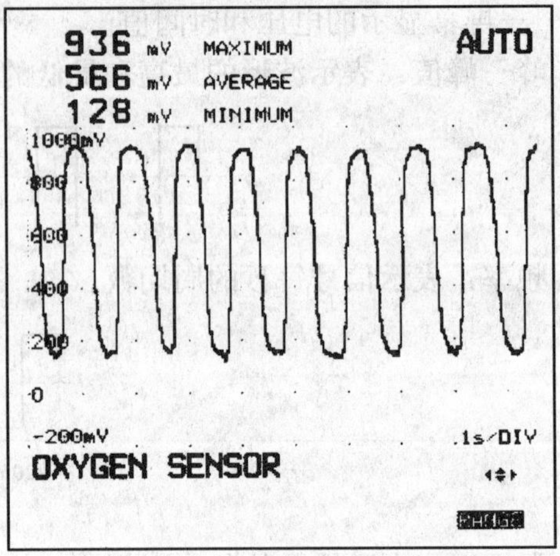

图 9—20　氧传感器测试结果

（见图 9—21）。红色探头连接至前部传感器（催化转化之前的传感器），灰色探头连接尾部传感器（催化转化之后的传感器）。

菜单选择：主菜单→传感器→双路氧传感器

双路氧传感器的测试结果显示如图 9—22 所示。

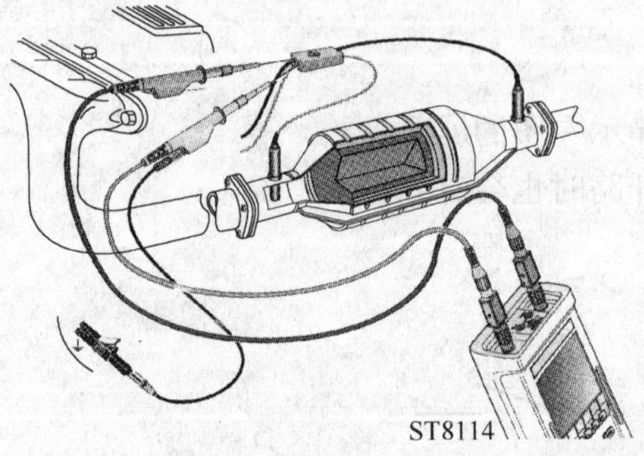

图 9—21　双路氧传感器测试

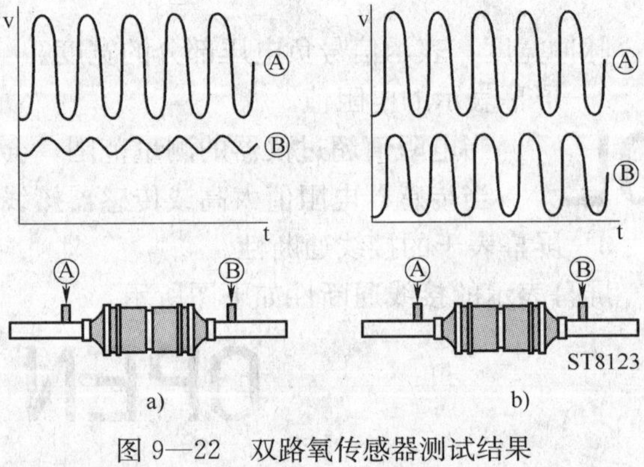

图 9—22　双路氧传感器测试结果

a）工作正常　b）失效

4）温度传感器。使用该功能可测试出温度传感器的直流电压或电阻。测试时使用屏蔽测试线连接至通道 A，如图 9—23 所示。

按键说明：主菜单→传感器→温度传感器

温度传感器的测试结果显示如图 9—24 所示。

5）爆震传感器。使用该功能可用来测试爆震传感器的信号。测试时使用屏蔽测试线连接至通道 A，如图 9—25 所示。开始测试后，以木棰敲击发动机或传感器本身，以获得信号。

菜单选择：主菜单→传感器→爆震传感器

爆震传感器的测试结果显示如图 9—26 所示。

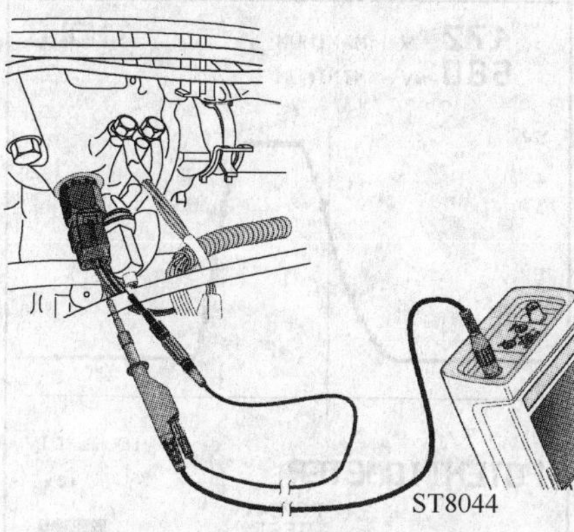

图 9—23　测试温度传感器

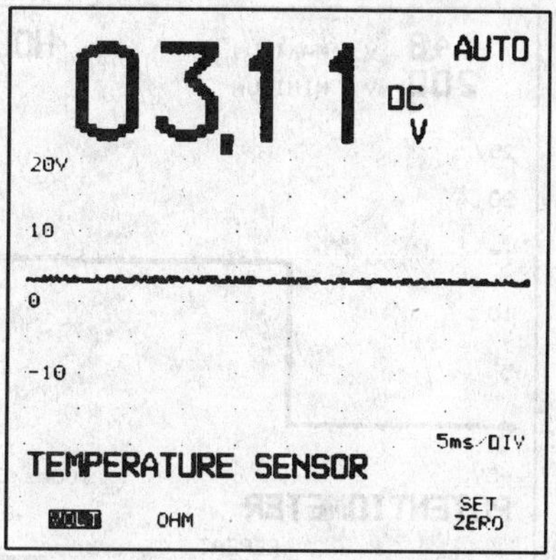

图 9—24　温度传感器测试结果

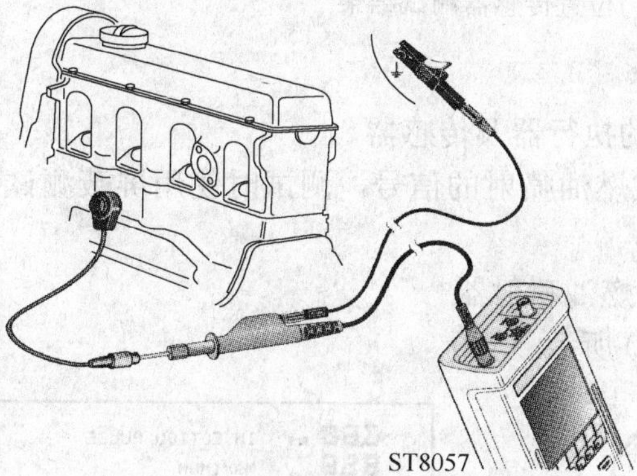

图 9—25　测试爆震传感器

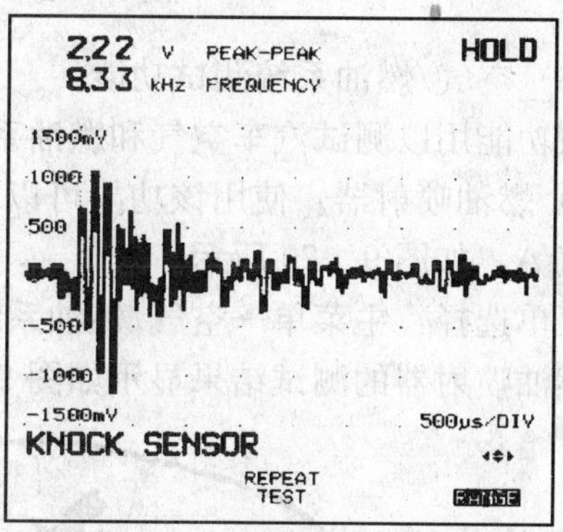

图 9—26　爆震传感器测试结果

该测试为单次捕捉测试，即爆震传感器信号只能显示一次。若要取得另一个新的测试结果，必须按下“F3”键，并再次敲击发动机或传感器。同时也可以利用光标键来调整垂直幅度，以获取最佳的信号波形。

6）节气门位置传感器测试。使用该功能可测量节气门位置传感器的直流电压。测试时使用屏蔽测试线连接至通道 A，如图 9—27 所示。

菜单选择：主菜单→传感器→节气门位置传感器

节气门位置传感器的测试结果显示如图 9—28 所示。

本测试为单次捕捉测量，测试时，打开节气门使其全开，然后再回到全闭的位置。若要取得新的结果，必须按“F3”键，并再次打开与关闭一次节气门。

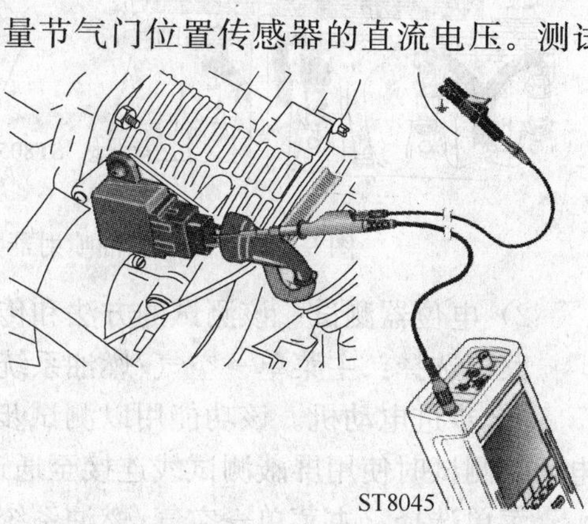

图 9—27　测试节气门位置传感器

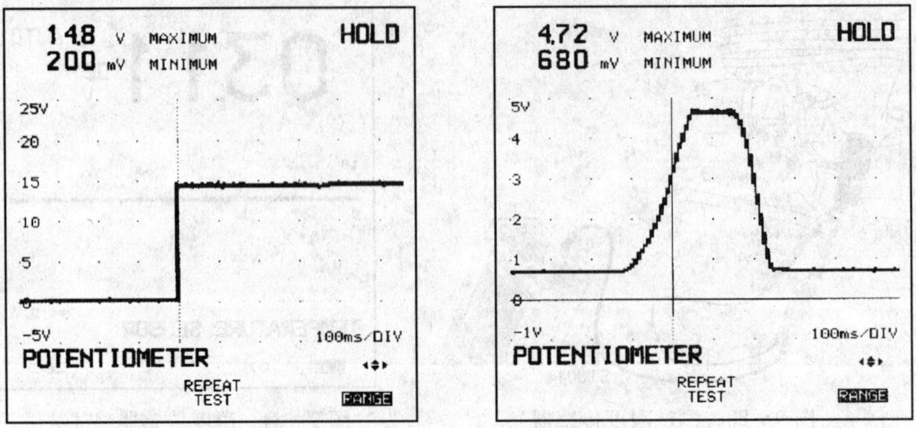

图 9—28　节气门位置传感器测试结果

（3）空气/燃油系统测试功能。

该功能用以测试汽车空气和燃油系统的执行器及传感器。

1）燃油喷射器。使用该功能可以测试燃油喷射的信号，测试时使用屏蔽测试线连接至通道 A，如图 9—29 所示。

菜单选择：主菜单→空气/燃油系统→燃油喷射器

燃油喷射器的测试结果显示如图 9—30 所示。

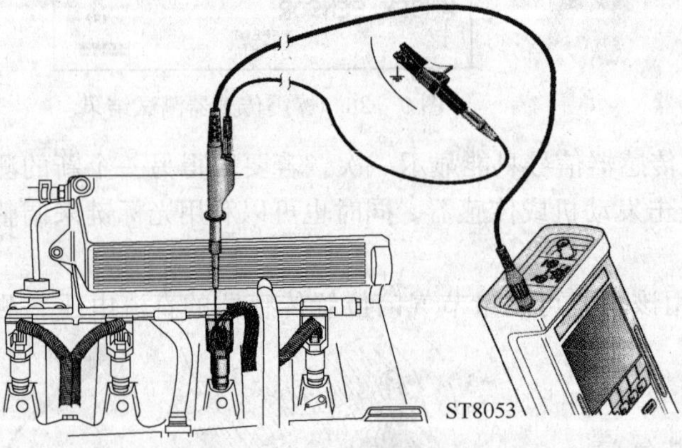

图 9—29　测试燃油喷射器

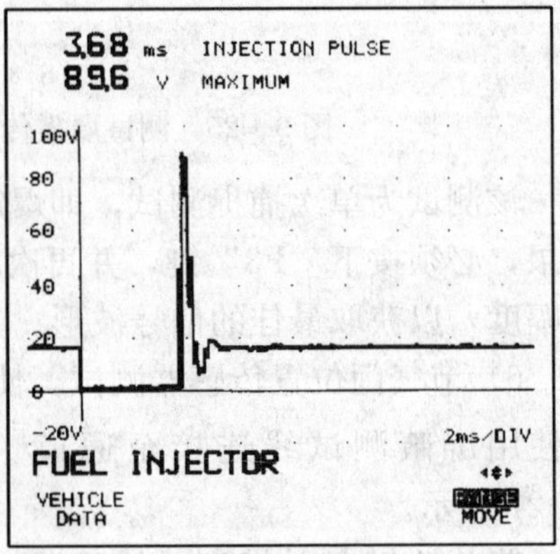

图 9—30　燃油喷射器测试结果

2）电位器测试。该测试的方法和传感器菜单中电位器的测试方法相同。

菜单选择：主菜单→空气/燃油系统→电位器

3）步进电动机。该功能用以测试步进电动机的控制电压脉冲信号，或步进电动机的电阻。测试时使用屏蔽测试线连接至通道 A，如图 9—31 所示。

菜单选择：主菜单→空气/燃油系统→步进电动机

步进电动机的测试结果显示如图 9—32 所示。

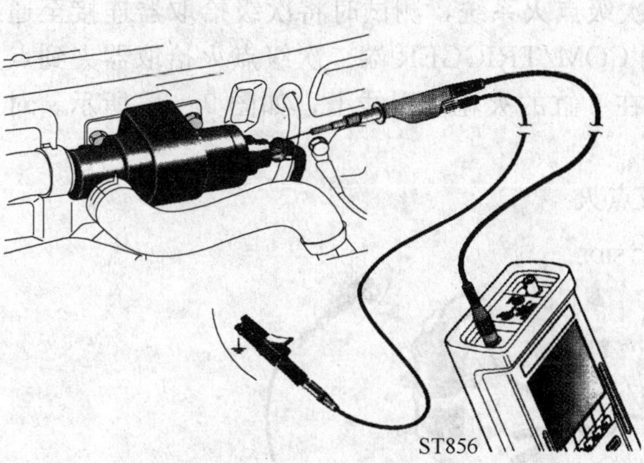

图 9—31　测试步进电动机

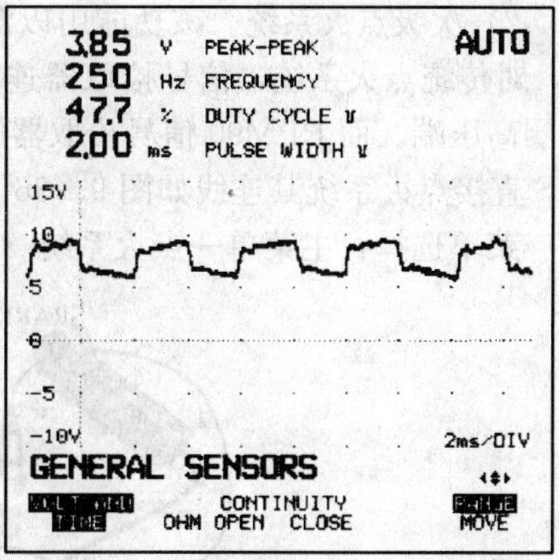

图 9—32　步进电动机测试结果

对于电压测试，按“F1”键是单次扫描测试，即信号只显示一次。进行新的测试需按“F3”并再次对电动机施加信号。

4）氧传感器。该测试功能与传感器菜单中的氧传感器测试方法相同。

5）双路氧传感器。该测试功能与传感器菜单中的氧传感器测试方法相同。

6）一般传感器。该测试功能与传感器菜单中的氧传感器测试方法相同。

（4）点火系统测试功能

该功能用以测试汽车的点火系统。

1）初级点火系统。该功能用以测试初级点火系统，测试时用屏蔽测试线连接通道 A 和点火系统的初级。对于传统点火系统，感应式信号拾取器连接 COM/TRIGGER 输入，再夹在 1 缸的高压线上，并且靠近火花塞，如图 9—33 所示。

菜单选择：主菜单→点火系统→初级点火

初级点火系统的测试结果显示如图 9—34 所示。

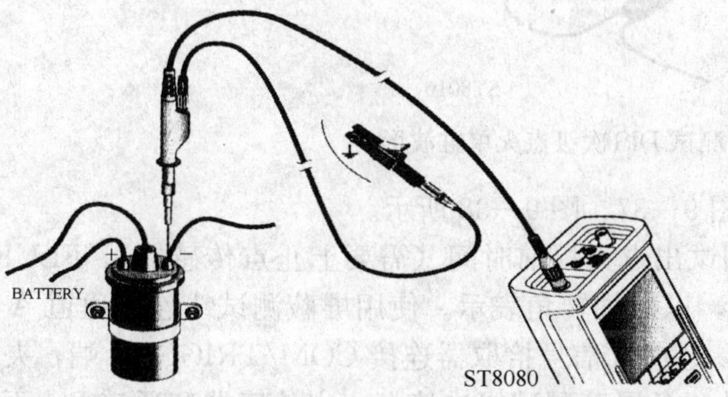

图 9—33　测试初级点火

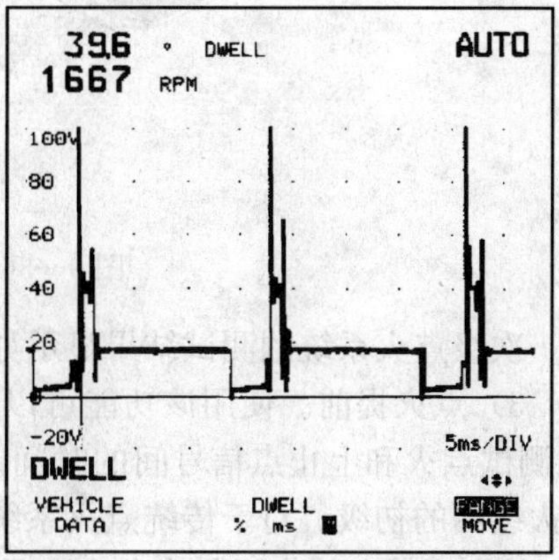

图 9—34　初级点火测试结果

2）次级点火系统。该功能用以测试次级点火系统，测试时将次级拾取器连接至通道A，对传统点火系统，信号拾取器连接到 COM/TRIGGER 端。次级点火拾取器夹到点火线圈高压端。而 RPM90 信号拾取器则夹在 1 缸的火花塞引线上，如图 9—35 所示。对于 DIS 直接点火系统其连线如图 9—36 所示。

菜单选择：主菜单→点火系统→次级点火

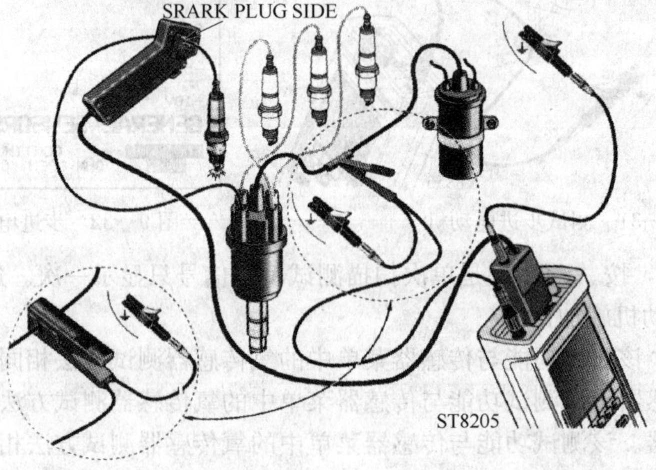

图 9—35　测试传统次级点火单缸和多缸并列

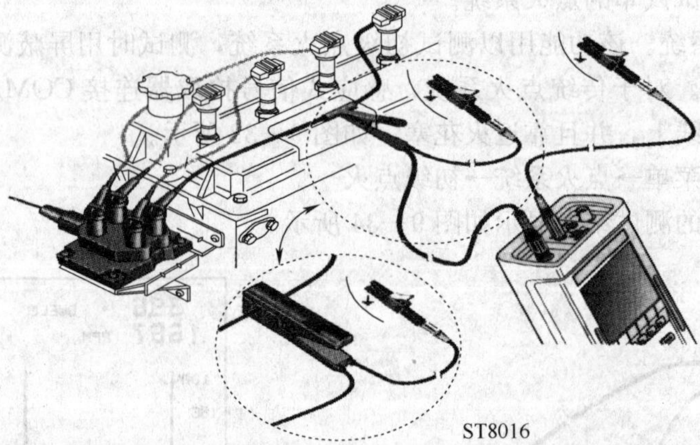

图 9—36　测试 DIS 次级点火单缸波形

次级点火系统的测试结果显示如图 9—37、图 9—38 所示。

3）点火提前。使用该功能可以测试出点火提前时间（需要上止点传感器）。FLUKE 98 测试点火和上止点信号间的时间差，以曲轴转角表示。使用屏蔽测试线连接通道 A 和点火线圈的初级。对于传统点火系统，感应式信号拾取器连接 COM/TRIGGER 端，夹在 1 缸的高压线上并靠近与火花塞，另外一条屏蔽测试线连接上止点传感器和通道 B，不要连接此测试线的接地线，如图 9—39 所示。

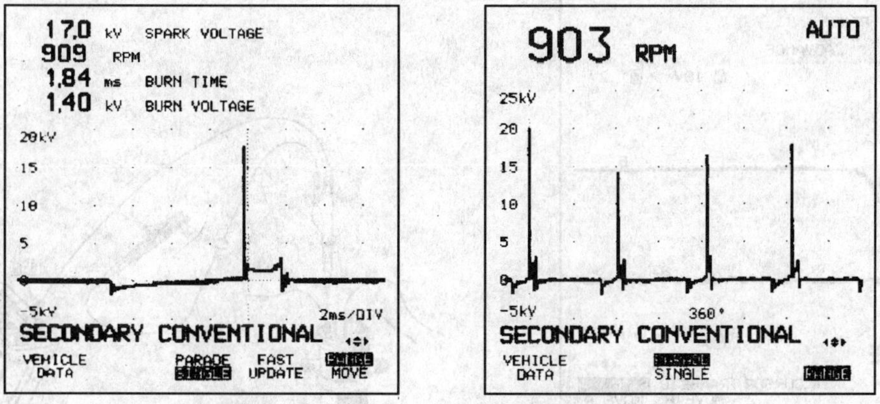

a)　　　　b)

图 9—37　传统次级点火单缸和多缸并列测试结果

a）单缸结果显示　b）并列结果显示

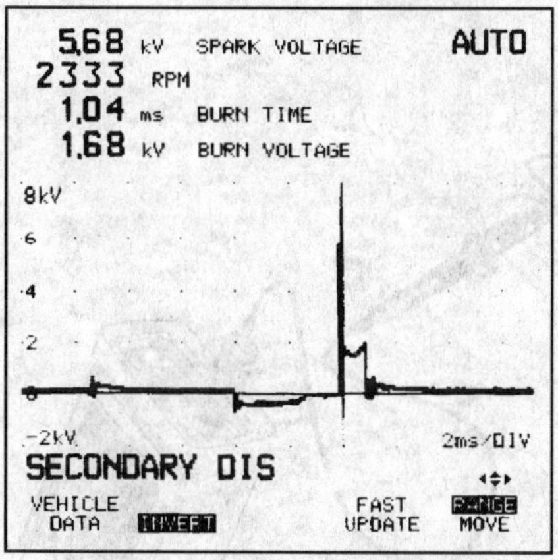

图 9—38　DIS 结果

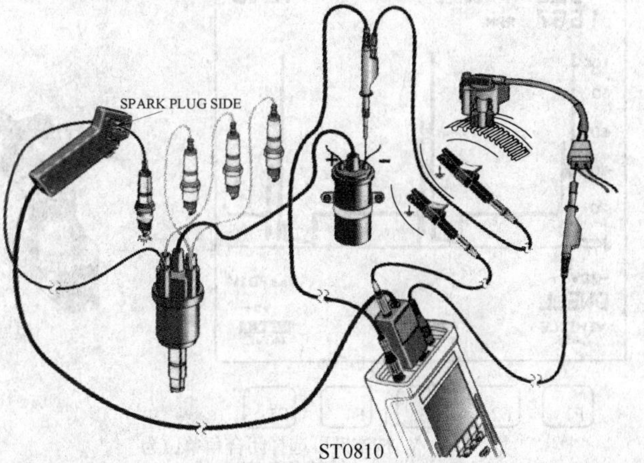

图 9—39　测试点火提前

菜单选择：主菜单→点火系统→点火提前

点火提前的测试结果显示如图 9—40 所示。

4）闭合角。使用本功能可测试闭合角。测试时使用屏蔽测试线连接通道 A 和点火线圈的初级，如图 9—41 所示。

菜单选择：主菜单→点火系统→闭合角

闭合角的测试结果显示如图 9—42 所示。

（5）柴油发动机测试功能

1）柴油发动机喷射器。使用柴油发动机探头选件后，使用本功能可以测试出喷油压力脉冲。柴油发动机探头必须平行地夹在干净的油管上，并靠近喷油嘴，如图 9—43 所示。

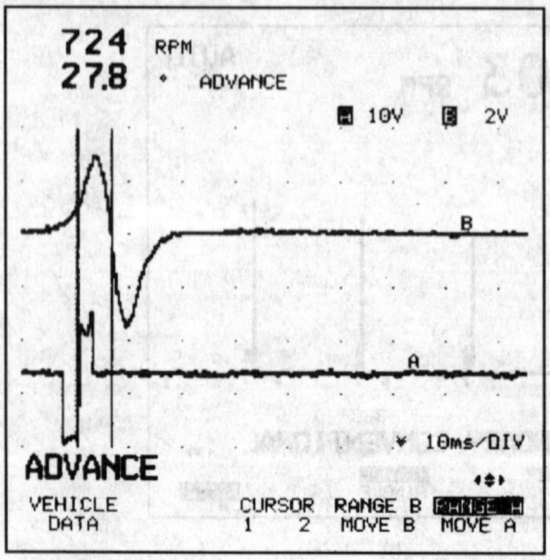

图 9—40 点火提前测试结果

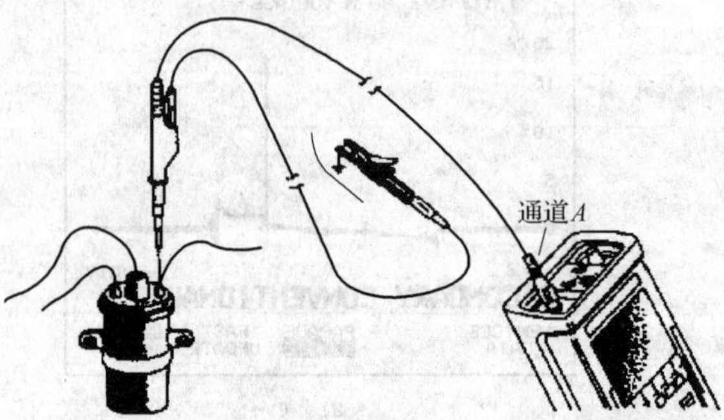

图 9—41 测试闭合角

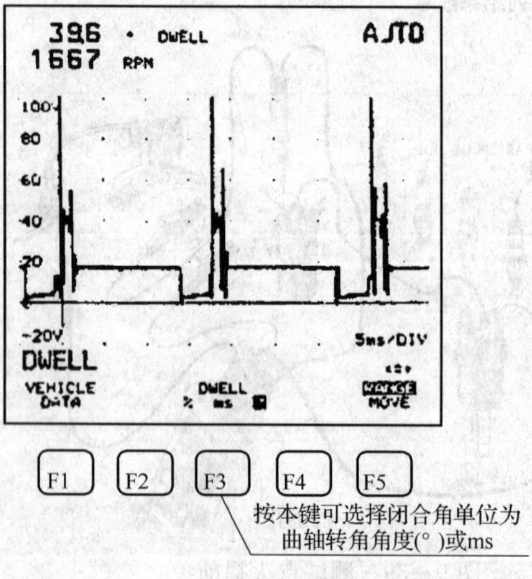

图 9—42 闭合角测试结果

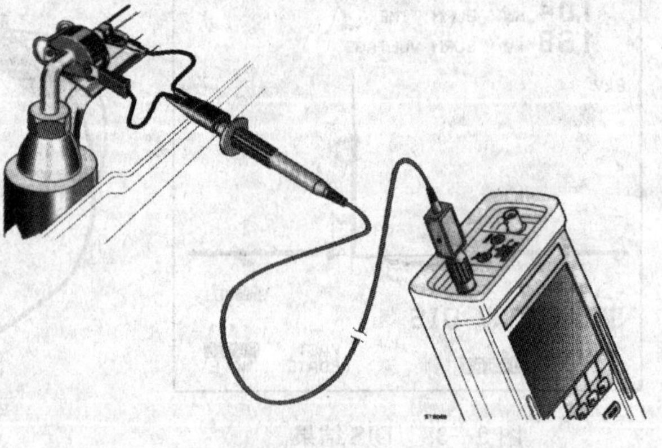

图 9—43 测试柴油发动机喷射

菜单选择：主菜单→柴油发动机→喷油器

柴油发动机喷射器的测试结果显示如图 9—44 所示。

2）提前角（柴油发动机）。使用本功能可测试出柴油发动机提前时间。将柴油发动机探头选件平行地夹在干净的油管上，并靠近喷油嘴。另外用屏蔽测试线连接通道 B 至上止点传感器。不要连接通道 B 至地线，如图 9—45 所示。

菜单选择：主菜单→柴油发动机→提前角

柴油发动机喷射提前角的测试结果显示如图 9—46 所示。

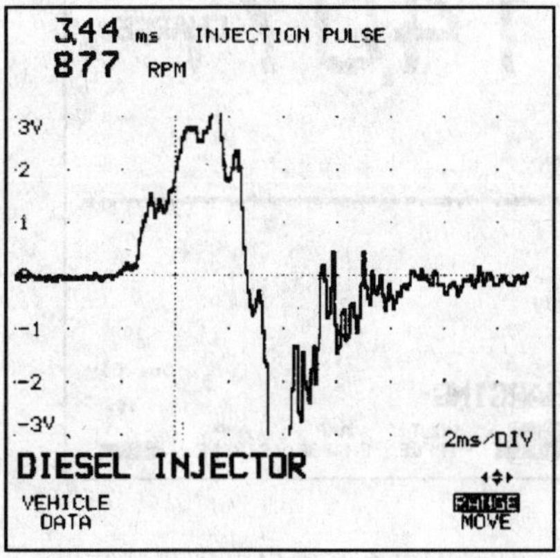

图 9—44 柴油发动机喷射测试结果

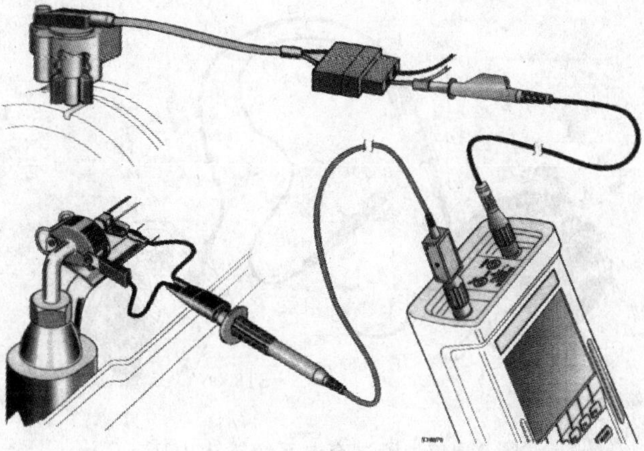

图 9—45 测试柴油发动机喷射提前角

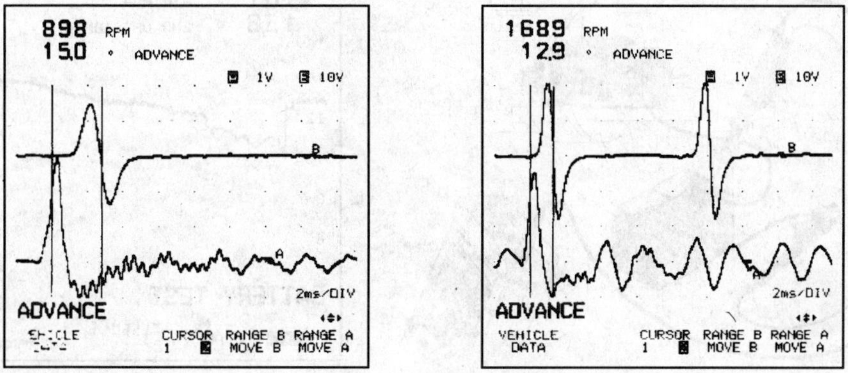

a) b)

图 9—46 柴油发动机喷射提前测试结果

a）怠速 b）1 700 rpm

（6）电气系统测试功能

1）充电系统。本功能可测试汽车充电系统。使用屏蔽测试线连接在通道 A 可测试电压，接上电流探头选件可测试电流，其连线如图 9—47 所示。

菜单选择：主菜单→电气系统→充电

充电系统的测试结果显示如图 9—48 所示。

2）蓄电池测试。本功能可以测试发动机启动时蓄电池性能，使用屏蔽测试线和通道 A 连接以测试电压或用电流探头选件测试电流，如图 9—49 所示。

菜单选择：主菜单→电气系统→蓄电池测试

蓄电池的测试结果显示如图 9—50 所示。

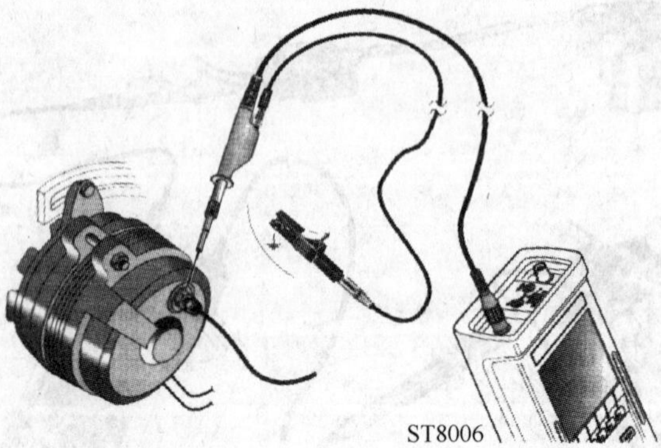

图 9—47　测试充电系统输出电压

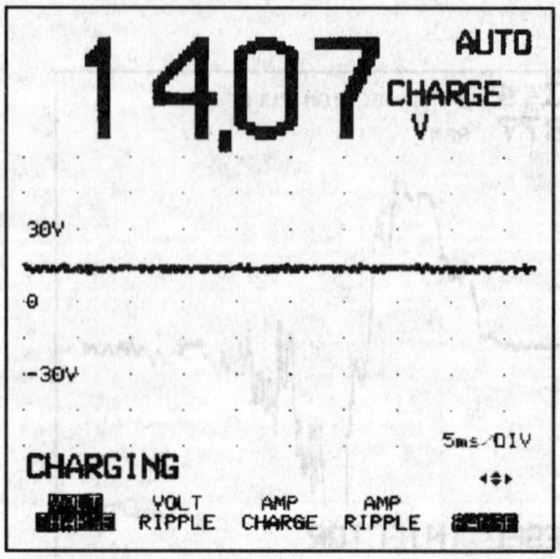

图 9—48　充电系统输出电压测试结果

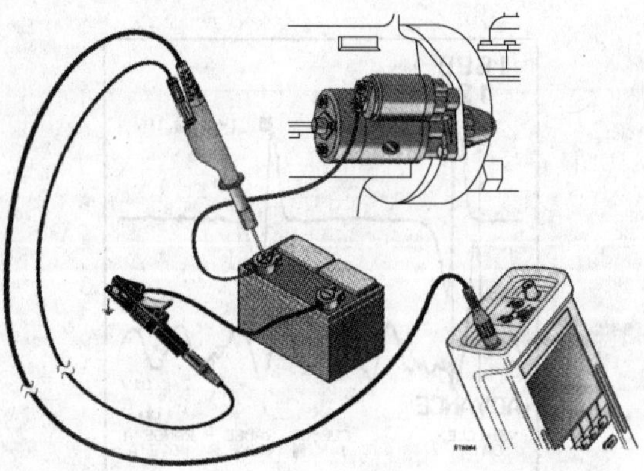

图 9—49　测试蓄电池状况

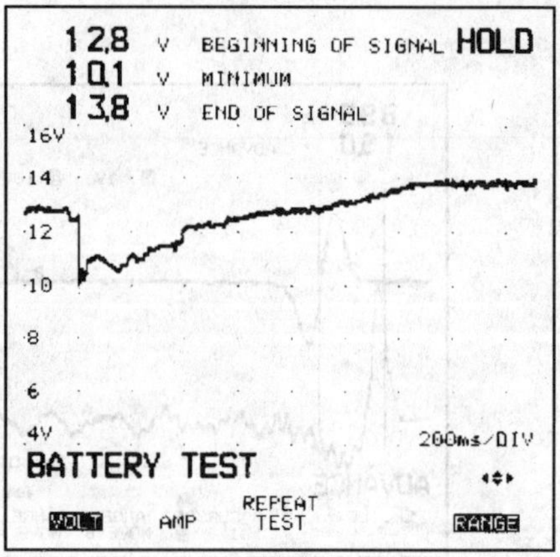

图 9—50　蓄电池状况测试结果

图中：

信号开始（BEGINNING OF SIGNAL）　　表示蓄电池测试的起点

最小（MINIMUM）　　表示测试期间的最小电压

信号结束（END OF SIGNAL）　　表示蓄电池测试结果（发动机启动后给蓄电池充电）

3）电位器测试。本测试功能与传感器菜单中的电位器测试功能相同。

4）电磁线圈及二极管测试。使用本功能可测试电磁线圈和钳位二极管。钳位二极管用以消除线圈开闭时所产生的自感电压尖峰。测试时使用屏蔽测试线接至通道 A，如图 9—51 所示。

菜单选择：主菜单→电气系统→电磁线圈及二极管测试

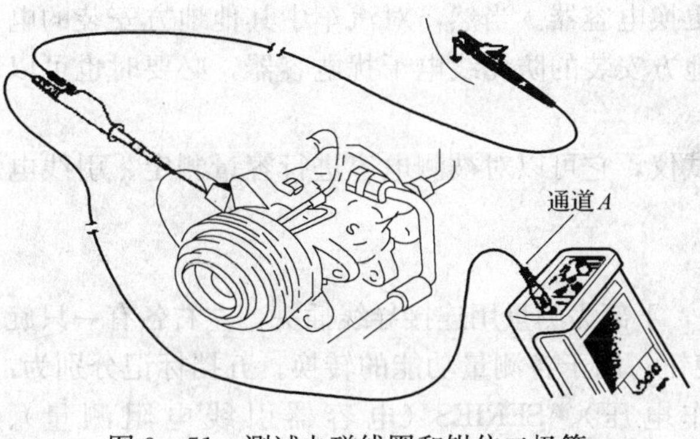

图 9—51　测试电磁线圈和钳位二极管

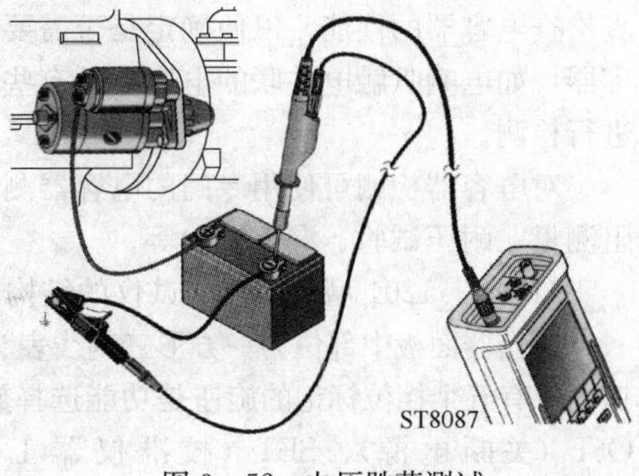

图 9—52　电压跌落测试

5）电压跌落。本功能可测试电器装置上的开关，线路和接线的电压损失。线路和接触点的电压损失会造成电气性能不良。其接线如图 9—52 所示。

电压跌落的测试结果显示如图 9—53 所示。

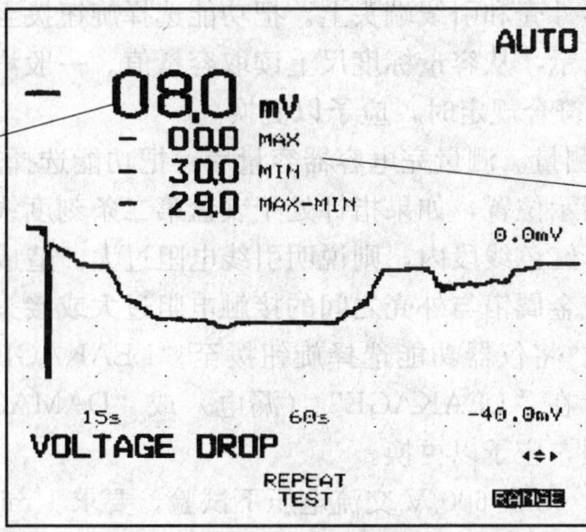

图 9—53　电压跌落测试结果

1—表示实际的电压跌落　2—最大值（MAX）—表示测试中最大的电压降

最小值（MIN）—表示测试中最小的电压降　最大值－最小值（MAX－MIN）—表示测试中最大和最小电压降的差值。

6）步进电动机。本测试功能与空气燃油系统菜单中的步进电动机测试功能相同。

9.7.4　其他汽车检测仪

1. 电容器测试仪

在汽车发动机点火系中，断电器触点并联的电容器对点火性能影响极大，当其发生短路、断路、漏电或容量变化时，点火系便不能正常工作，故在检查点火系故障时，必须认真检查电容器的性能，以便确定是否需要更换电容器。当然，对汽车中其他地方安装的电容器，如电喇叭触电并联的电容器及有些地方安装的防无线电干扰电容器，必要时也可以进行检测。

对电容器检测可使用专门的电容器测试仪，它可以对被测电容进行容量测定、引线电阻测量、耐压试验、漏电试验等。

（1）E—1201 型电容器测试仪的结构

该仪器面板中部位为一方形三刻线表头，下部为测量用连接导线插头，左右各有一只旋钮。带有五个挡位标记的旋钮是功能选择旋钮，用于各测量功能的转换。五挡标记分别为：OFF（关断电源）、SET（校准仪器工作电压）、SERIES（电容器引线电阻测量）、LEAKAGE（漏电检查）、CAP（电容测定）。左侧有电源线，接 6 V 蓄电池。在使用该仪器之前，首先应校准仪器的工作电压，具体方法是：将功能选择旋钮拨至“SET”位置，把电源线接于汽车 6 V 蓄电池上，旋动右侧旋钮使表头指针对准表盘上标有“SET”的刻线即可。

（2）使用方法

1）电容器容量测定。首先将试验用导线束插头插入仪器下方的插座上，再将线束的两个线夹分别夹在电容器外壳和引线端头上。把功能选择旋钮拨至“CAP”位置，此时便可根据仪器表头指针的指示，从容量标度尺上读取容量值。一般汽车断电器上的电容器容量为 0.15～0.25 μF，不符合规定时，应予以更换。

2）电容器引线电阻测量。测量完电容器容量后，把功能选择旋钮拨至“SERIES”位置，观察仪器表头指针指示位置，如果指针处于表盘第二条刻度线的绿色线段内，说明引线电阻正常；若指针处于红色线段内，则说明引线电阻过大。造成引线电阻过大的原因多数为引线与金属箔之间或金属箔与外壳之间的接触电阻过大或接头脱落。

3）电容器漏电试验。将仪器功能选择旋钮拨至“LEAKAGE”位置上，看表盘第三条刻度线，如果表针指示在“LEAKAGE”（漏电）或“DAMAGED”（损坏）区段内，说明电容器已漏电或受损，应予以更换。

4）电容器耐压试验。可在 600 V 交流电压下试验，要求 1 min 内无击穿现象发生。

2. CCT—2 型点火线圈和电容器测试仪

该仪器不仅可用于点火线圈性能测试，而且还可对电容器的有关参数进行测量。

（1）仪器的结构及性能

CCT—2 型点火线圈和电容器测试仪的面板中部为一方形四刻度指示表，其指示参数及量程分别为：

指示刻度：0～10 格；

电阻值：0～100 kΩ；

电容量：0.1～0.4 μF；

绝缘电阻：0～10 MΩ。

仪器面板左下角备有测试连接导线，右下角设有电源连接线，中间有一标称电压选择开关，视被测元件的工作电压而选择相应的位置。当电压选择开关处于A位时，可对6 V系统中的点火线圈和电容器进行检测；而当电压选择开关处于B位时，则适于测量12 V系统中的电容器及点火线圈。仪器面板下部右侧设有保险装置，对仪器起保护作用。仪器面板左右设有两个旋钮，其中右旋钮为功能选择开关，左旋钮为电源电压补偿旋钮。功能选择开关设有九个挡位，标有“OFF”的中间挡位是电源关断位置，右面五个挡位用于点火线圈测量，左面三个挡位用于电容器测量。其标记为：

μFD：测量电容器容量；

MΩ：测量电容器绝缘电阻；

SET：用作电容测量前校准仪器的工作电压；

OFF：电源断开；

IGN：测量火花塞跳火电压；

CONT：可对点火线圈进行断路与短路检查；

SET：用于点火线圈测量前校正仪器的工作电压；

TEST：可对点火线圈进行性能测试；

HEAT：可对点火线圈进行预热。

(2) 仪器的使用方法

1）电容器测试。根据汽车电气系统的标称电压选用6 V或12 V蓄电池为仪器电源，并接好仪器的电源线。拆掉分电器上的低压连接线，用纸或其他绝缘材料将断电器触点分开，使其绝缘。按图9—54所示方法接好仪器。

把功能选择开关置于左侧的“SET”挡位，利用电压补偿旋钮将指针调至与表盘上“SET”的刻线重合。将开关拨至“FD”挡位上，便可从表盘第三条刻度线上读取电容器的容量值，将此值与规定值对照，看是否合乎要求。若想检验电容器的绝缘电阻，可将功能选择开关拨到“MΩ”挡上，观察表头指针在第四条刻度线上的指示值，若指示值大于50 MΩ，则说明其绝缘性能良好。

2）火花塞跳火试验。把功能选择开关拨至“IGN”挡位，将左侧测试连接导线束中红色线夹夹在发动机机体上，把黑色线夹夹在火花塞的尾端，接线如图9—55所示。起动发动机使发动机在1 000 r/min下运转，观察表头指针在“IND”字样标度尺上的指示值，若个别缸低于4格，则说明该缸高压线路有断开处或插线接触不良；若全部火花塞均低于4格，则说明分火头、点火线圈、电容器和中心高压线等部件中有断路或接触不良的故障。正常指示值应是指针位于4～6格之间。

3）点火线圈短路与断路故障检查。将测试仪电源线接于6 V或12 V的蓄电池上，把功能选择开关拨至“CONT”挡位上。按图9—56所示线路接线。观察表头指针在第二条刻线上的指示值，正常时指示值应为2～3 kΩ；若指示值比规定值大很多，则说明点火线圈次级中存有断路故障；若指示值低于规定值，则说明线圈内有短路故障。

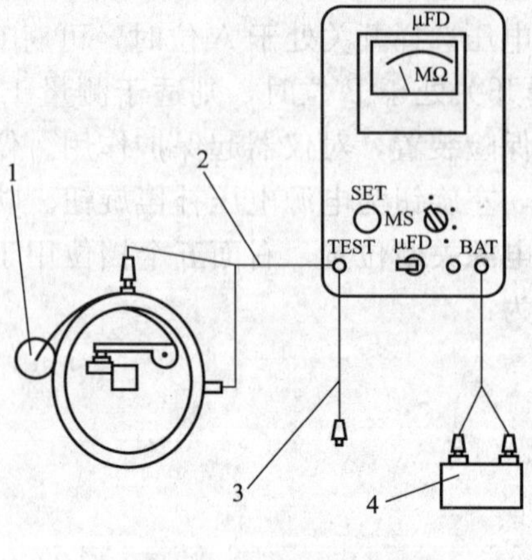

图 9—54　电容器检验

1—电容器　2—灰色连接导线

3—红色连接导线　4—蓄电池

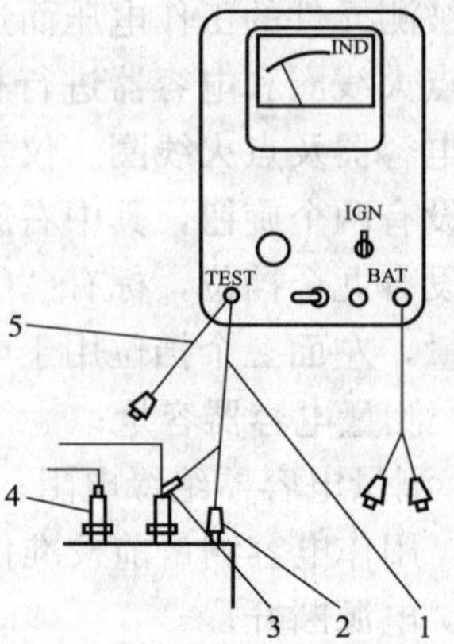

图 9—55　火花塞跳火试验

1—灰色连接导线　2—红色线夹

3—黑色线夹　4—火花塞　5—红色连接导线

4）点火线圈性能检验。按图 9—57 所示线路接好线，根据被测点火线圈的电压将标称电压选择开关置于相应位置。把功能选择开关拨至右侧的“SET”挡位，旋动电压补偿旋钮，校准仪器的工作电压。使指针与表盘上标有“SET”的刻线重合。然后把功能选择开关拨至“TEST”挡位，从第一条刻度线上观察表针位置，若落在“OK”范围内即为合格。再将功能选择开关拨至“MΩ”挡，若表针不动，说明绝缘电阻符合要求。

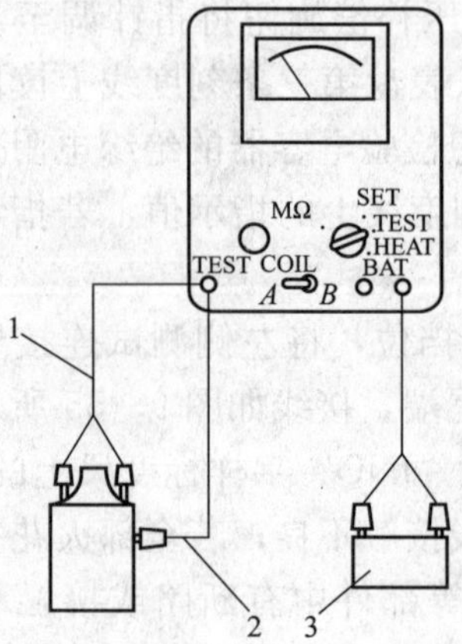

图 9—56　点火线圈短路与断路试验

1—灰色连接导线　2—红色连接导线　3—蓄电池

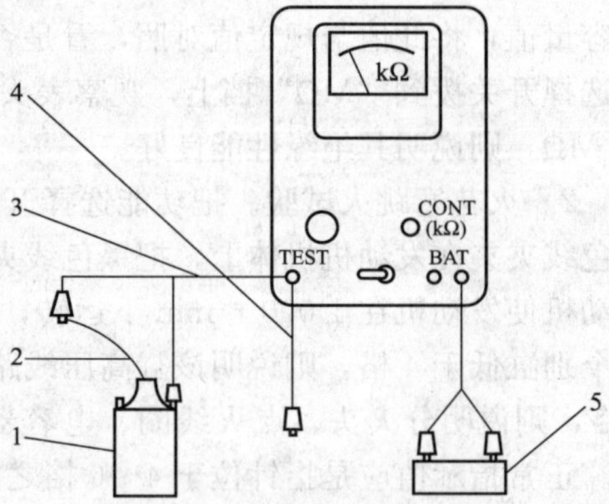

图 9—57　点火线圈性能试验

1—点火线圈　2—中心高压线

3—灰色连接导线　4—红色连接导线　5—蓄电池

知识模拟考核试卷（一）

一、单项选择题（下列每题的选项中，只有1个是正确的，请将其代号填在横线空白处；每题2分，共40分）

1. 一个实际的电流源是一个恒定的电流和一个电阻的________电路。

A. 串联　B. 并联　C. 串并联均可

2. 任何一个有源二端线性网络都可以用一个等效的________来表示。

A. 电压源　B. 电流源　C. 电动势

3. 在RC电路过渡过程中，电容器在充电时，从电源处吸收的电能是以________形式储存在电场中的。

A. 电压　B. 电流　C. 功率

4. 表示二进制数可有________数码。

A. 两个　B. 十个　C. 无数个

5. 与门电路的运算规律是________。

A. 见1为1　B. 全1为1　C. 见0为1

6. 步进电动机的转速决定于电脉冲的________。

A. 电压　B. 电流　C. 频率

7. 车辆技术管理的工作范围是车辆的管理、车辆的使用管理、车辆的检测管理、车辆的修理管理和________。

A. 车辆的维护管理　B. 车辆的保养管理　C. 车辆的鉴定管理

8. 汽车技术状况被评为一级车的，其使用年限必须为________。

A. 9年　B. 8年　C. 7年以内

9. 微机通常有输入设备、存储器、输出设备和________组成。

A. ROM　B. RAM　C. 运算控制器

10. 防抱死制动系统主要由液压调节装置、电子控制单元和________三部分组成。

A. 储能器　B. 电动油泵　C. 轮速传感器

11. SD—5空调压缩机是________。

A. 往复活塞式　B. 摇摆斜盘式　C. 回转斜盘式

12. 安全气囊系统按总体结构可分为机械式和________。

A. 电子式　B. 电热式　C. 光电式

13. 汽车所产生的干扰按其传播方式可分为辐射干扰和________两种。

A. 传导干扰　B. 直接干扰　C. 间接干扰

14. 歧管压力表读数与标准值相比较，高压侧压力偏低，而低压侧压力偏高，可能的原因是________。

A. 制冷剂过多　　B. 系统中有空气　　C. 压缩机工作不良

15. 桑塔纳汽车采暖量的强度调节是通过________进行的。

A. 风量大小　　B. 发动机水温　　C. 调节水阀

16. 怠速电磁阀能记住初始开启的位置，并在以后以此为基准，这就是怠速电磁阀的________控制。

A. 记忆　　B. 学习　　C. 暖机

17. 电子点火系中实际点火提前角由初始、基本和________点火提前角组成。

A. 怠速　　B. 修正　　C. 全负荷

18. 目前应用较多的温度传感器为________温度传感器。

A. 扩散电阻式　　B. 热敏电阻式　　C. 半导体晶体管式

19. 进气歧管绝对压力传感器是一种________测量空气流量的传感器。

A. 直接　　B. 间接　　C. 快速

20. 现代高级轿车网络电路中采用信息传输技术的是光纤电路和________电路。

A. 数字　　B. 脉冲　　C. 载波

二、判断题（下列判断正确的请打“√”，错误的打“×”；每题 2 分，共 40 分）

1. 在叠加原理中只有一个电源单独作用就是假设其余的电压源为短路。（　）
2. “或”运算的规则与普通代数的加法相似。（　）
3. 非门电路相当于一个反相器。（　）
4. 车辆技术等级分为一级、二级、三级、四级。（　）
5. 微机内的数都是无符号数。（　）
6. 在霍尔式同步信号传感器中，脉冲环有 1 个缺口。（　）
7. 线性可变电阻型节气门位置传感器是一种线性电位计。（　）
8. 带 Acc 信号输出的开关量输出型节气门位置传感器主要增加了 Acc 信号，用以检测发动机的加减速状况。（　）
9. 氧传感器用于检测进气中的氧浓度并反馈给 ECU。（　）
10. 起动保护继电器的触点为常开触点。（　）
11. 如果油压调节器的真空管破损，系统油压将降低。（　）
12. 步进电动机转子的旋转方向为双向型。（　）
13. ABS 二位二通电磁阀只有增压和减压二种状态。（　）
14. R12 制冷剂与 R134a 制冷剂可使用同种型号的冷冻油。（　）
15. 开空调时，鼓风机只有高速无低速挡，可能是风挡开关坏了。（　）
16. 在装有自动空调的车辆上，急加速时，空调压缩机会停止工作。（　）
17. 一般雨刮器的电动机有高、低两挡速度。（　）
18. 在使用洗涤设备时，应先开洗涤泵，后开雨刮器。（　）

19. 怠速控制系统均采用闭环控制。（　　）

20. 当结构一定，且电流 I 为定值时，霍尔电压与磁场强度成反比。（　　）

三、多项选择题（下列每题的选项中，至少有 2 个是正确的，请将其代号填在横线空白处；每题 4 分，共 20 分）

1. 进气歧管绝对压力传感器根据信号产生的原理可分为________等。

A. 半导体压敏电阻式　B. 电容式　C. 电感式
D. 膜盒传动的可变电感式　E. 表面弹性波式　F. 电子式

2. 燃油喷射系统按喷射装置的控制方式分为________。

A. 连续喷射式　B. 间歇喷射式　C. 电控式
D. 机械式　E. 机电结合式　F. 单点喷射

3. 点火提前角的控制方式通常有________。

A. 开环控制　B. 闭环控制　C. 机械控制
D. 电子控制　E. 电压控制　F. 电流控制

4. 怠速控制方式的种类有________。

A. ECU 控制　B. 节气门直动式　C. 节气门旁动式
D. 闭环控制　E. 开环控制　F. 辅助控制

5. ABS 按照传感器数目不同和通道数目不同可分为________等。

A. 一通道一传感器　B. 二通道二传感器　C. 三通道三传感器
D. 四通道四传感器　E. 四通道二传感器　F. 三通道四传感器

知识模拟考核试卷（一）答案

一、单项选择题

1. B　2. A　3. A　4. A　5. B　6. C　7. A　8. B　9. C　10. C　11. B　12. A
13. A　14. C　15. C　16. B　17. B　18. B　19. B　20. C

二、判断题

1. √　2. √　3. √　4. ×　5. ×　6. √　7. √　8. √　9. ×　10. ×　11. ×
12. √　13. ×　14. ×　15. ×　16. √　17. √　18. √　19. √　20. ×

三、多项选择题

1. ABDE　2. CDE　3. AB　4. BC　5. ACDE

知识模拟考核试卷（二）

一、单项选择题（下列每题的选项中，只有1个是正确的，请将其代号填在横线空白处；每题2分，共40分）

1. 电源的等效变换仅对电源的________性能来说是等值的。

A. 内部　　B. 外部　　C. 全部

2. 任何一个有源二端线性网络都可以用一个等效的________来表示。

A. 电压源　　B. 电流源　　C. 电动势

3. 与非门电路实际上就是________和________电路的组合。

A. 与门　与门　　B. 与门　非门　　C. 非门　非门

4. 当电源频率、电动机的结构和转速一定时，转矩的大小与加在定子绕组上的电压________。

A. 成正比　　B. 成反比　　C. 平方成正比

5. 车辆维护制度是指为实现车辆维护工作所采取的________的规定。

A. 车辆维护方案　　B. 技术组织措施　　C. 车辆维护费用

6. 当环境温度低于________℃时，环境温度开关打开，空调系统不工作。

A. 0　　B. 2　　C. 6

7. 普通式电动雨刮器是通过改变________来调节电动机的速度。

A. 激磁电流　　B. 电枢电流　　C. 电源电压

8. 空调系统膨胀阀入口处的制冷剂是________制冷剂。

A. 高压液态　　B. 低压液态　　C. 高压气态

9. 在正常情况下，空调系统的低压侧压力为________MPa左右。

A. 0.2　　B. 0.4　　C. 0.6

10. 四轮驱动式自动变速器有________输出轴。

A. 一根　　B. 二根　　C. 三根

11. 当汽车电子控制系统中________发生故障时，后备系统即可投入运行。

A. 传感器　　B. ECU　　C. 执行器

12. 发动机冷起动时空气阀为________状态，这时空气可经旁通气道和空气阀两条通道进入进气总管。

A. 全关闭　　B. 全开启　　C. 半开启

13. 氧传感器是易耗产品，当测得电阻值为________时应更换，

A. 5～7 Ω　　B. 0　　C. ∞

14. 通过光在光纤中进行________的网络称为光纤网络电路。

A. 数据处理　　B. 信息交换　　C. 数据传输

15. 爆震传感器安装在发动机的________。

A. 进气歧管上　　B. 缸体上　　C. 排气管上

16. 节气门位置传感器用来检测节气门的________。

A. 开度　　B. 方向　　C. 形状

17. 多点喷射系统是指在每一个汽缸的________都安装一个喷油器。

A. 内部　　B. 进气歧管上　　C. 节气门上

18. 由于采用减速装置，所以可以提高电动机的________。

A. 转速　　B. 转矩　　C. 功率

19. 防抱死制动系统主要由液压调节装置、轮速传感器和________三部分组成。

A. 储能器　　B. 电动油泵　　C. 电子控制单元

20. 用手触摸空调系统管路，________段应是烫手的。

A. 压缩机进口　　B. 压缩机出口　　C. 蒸发器进口

二、判断题（下列判断正确的请打“√”，错误的打“×”；每题 2 分，共 40 分）

1. 在使用叠加原理时也可以对功率进行计算。（　）
2. 恒压源和恒流源之间不能进行等效变换。（　）
3. 当充放电时间为 τ 时，t 越小，充放电时间就越长。（　）
4. “与”门电路只能有一个输入端和一个输出端。（　）
5. 二进制数 111 等于十进制数 7。（　）
6. 通常称中央处理单元为 CPU。（　）
7. 为抗干扰，汽车电路的接地线一般采用较粗的导线。（　）
8. 叶片式空气流量计是将进气量转换成电压信号送到 ECU 的。（　）
9. 负温度系数的热敏电阻器的阻值随温度的升高而降低。（　）
10. 车速传感器大多装在组合仪表内。（　）
11. 永磁式起动机的特点是用永久磁铁取代了电枢绕组。（　）
12. ABS 二位二通电磁阀的只有增压和减压二种状态。（　）
13. 悬架结构参数能主动适应汽车行驶中路面变化要求的称为被动悬架。（　）
14. 接通点火开关时，SRS 对系统进行自检，SRS 警告灯点亮 6 s 后熄灭表示系统正常。（　）
15. 怠速控制系统是通过控制发动机的进气量来实现怠速控制的。（　）
16. 当爆震强时，推迟的点火角度大；当爆震弱时，推迟点火的角度小。（　）
17. 初始点火提前角决定于分电器的初始安装角，标定值为 10°。（　）
18. 霍尔传感器的输出信号为矩形波。（　）
19. 单独点火方式的点火线圈直接安装在火花塞的顶部。（　）
20. 由于霍尔发生器取代了断电器的触点部分，所以它不需要点火控制器。（　）

三、多项选择题（下列每题的选项中，至少有 2 个是正确的，请将其代号填在横线空白处；每题 4 分，共 20 分）

1. 车辆定期维护有________维护。

A. 一级　　B. 二级　　C. 三级

D. 四级　　E. 日常　　F. 特殊

2. 空气流量计可分为________等几种形式。

A. 电容式　　B. 叶片式　　C. 热膜式

D. 涡流式　　E. 热线式　　F. 电阻式

3. 低压导线中有________。

A. 屏蔽线　　B. 普通导线　　C. 短路线

D. 起动电缆线　　E. 绝缘线　　F. 蓄电池搭铁电缆线

4. 现代汽车中采用 ECU 控制的减少有害物排放的措施有________等。

A. 三元催化转化器

B. 活性炭罐吸附及泄放控制

C. 二次空气喷射控制

D. 氧传感器

E. EGR

F. 爆震控制

5. 根据驱动方式不同，自动变速器有________等种类。

A. 前置前驱动　　B. 前置后驱动　　C. 后置后驱动

D. 二轮驱动　　E. 四轮驱动　　F. 前后同时驱动

知识模拟考核试卷（二）答案

一、单项选择题

1. B　2. A　3. B　4. C　5. B　6. B　7. A　8. A　9. A　10. C　11. B　12. B　13. C　14. B　15. B　16. A　17. B　18. A　19. C　20. B

二、判断题

1. ×　2. √　3. ×　4. ×　5. √　6. √　7. √　8. √　9. √　10. √　11. ×　12. ×　13. √　14. √　15. √　16. √　17. √　18. √　19. √　20. ×

三、多项选择题

1. ABE　2. BCDE　3. BDF　4. ABCE　5. ABE

技能考核模拟试卷

一、故障诊断与排除

1. 桑塔纳轿车整车故障诊断与排除

(1) 点火开关起动位置接触不良

(2)（左、右）小灯灯泡损坏

(3)（左右）大灯熔丝（近光）坏（21#、22#）

(4) 后雾灯灯熔丝坏（27#）

(5) 冷却液温度警告灯常亮

2. 电子点火系统故障诊断与排除

(1) 分缸线故障的诊断与排除

(2) 连接线故障的诊断与排除

(3) 点火模块故障的诊断与排除

(4) 信号发生器故障的诊断与排除

(5) 点火不正时故障的诊断与排除

二、电控喷射发动机控制系统故障诊断

用诊断仪诊断电控发动机控制系统故障（如 V. A. G. 1552 诊断仪等）

三、识读线路图（桑塔纳轿车）

1. 识读各系统线路

2. 识读起动系线路

3. 识读点火系线路

4. 识读仪表系线路

5. 识读照明系线路

四、空调检测

1. 空调系统检漏

2. 空调控制电路故障诊断与排除

3. 空调系统抽真空

4. 空调系统加注制冷剂

5. 空调系统检漏

五、仪表使用（多功能万用表）

1. 曲轴位置传感器信号检测

2. 水温传感器信号检测

3. 氧传感器信号检测

4. 爆震传感器信号检测
5. 曲轴进气压力位置传感器信号检测
6. 节气门位置传感器信号检测
7. 空气流量计信号检测
8. 进气温度传感器信号检测

六、车身电气设备的故障诊断与排除

1. 电动车窗的故障诊断与排除
(1) 车窗不动
(2) 车窗只有一个方向运动
(3) 车窗卡住
2. 电动坐椅的故障诊断与排除
(1) 电动坐椅不能调节
(2) 电动坐椅只能单方向调节
(3) 电动坐椅卡住
3. 电动后视镜的故障诊断与排除
(1) 电动后视镜不能转动
(2) 电动后视镜只能单方向调节
(3) 电动后视镜卡住

七、ABS 的故障诊断与排除

1. ABS 轮速传感器故障诊断与排除
2. ABS 压力调节器故障诊断与排除
3. ABS 电子控制装置故障诊断与排除

附 图 一

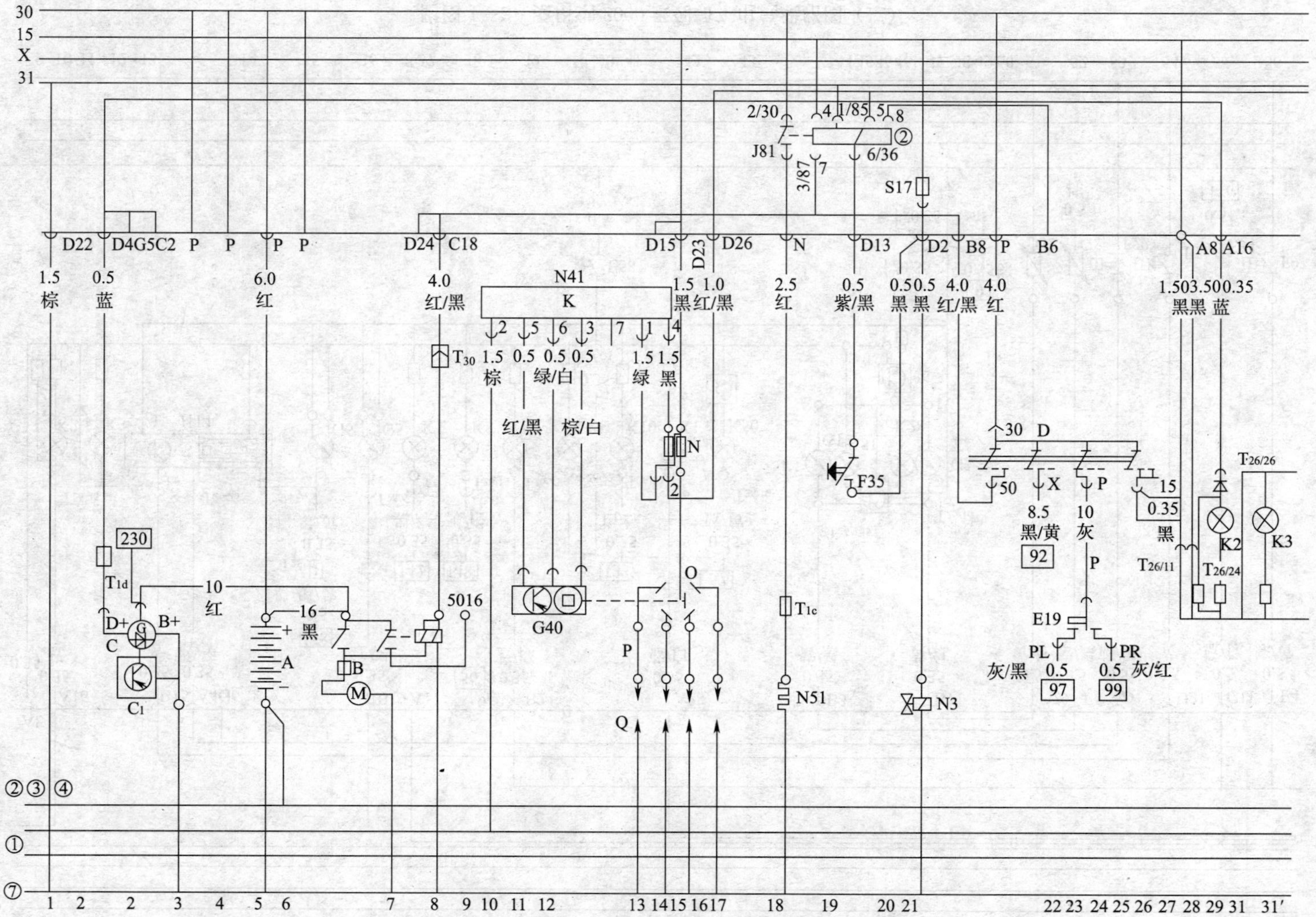

附图 1—1 桑塔纳 2000 系列轿车电气线路图（一）

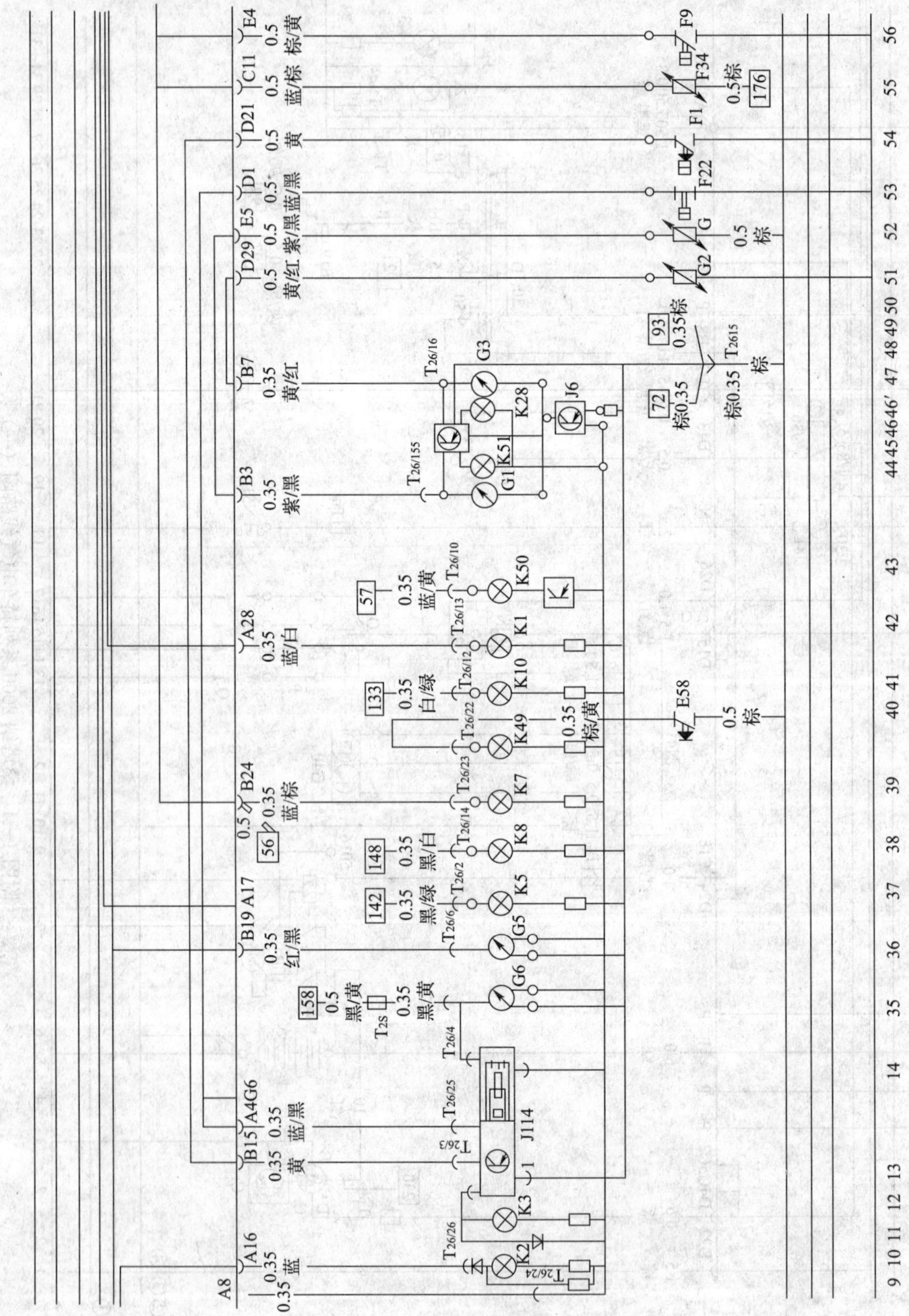

附图 1—2　桑塔纳 2000 系列轿车电气线路图（二）

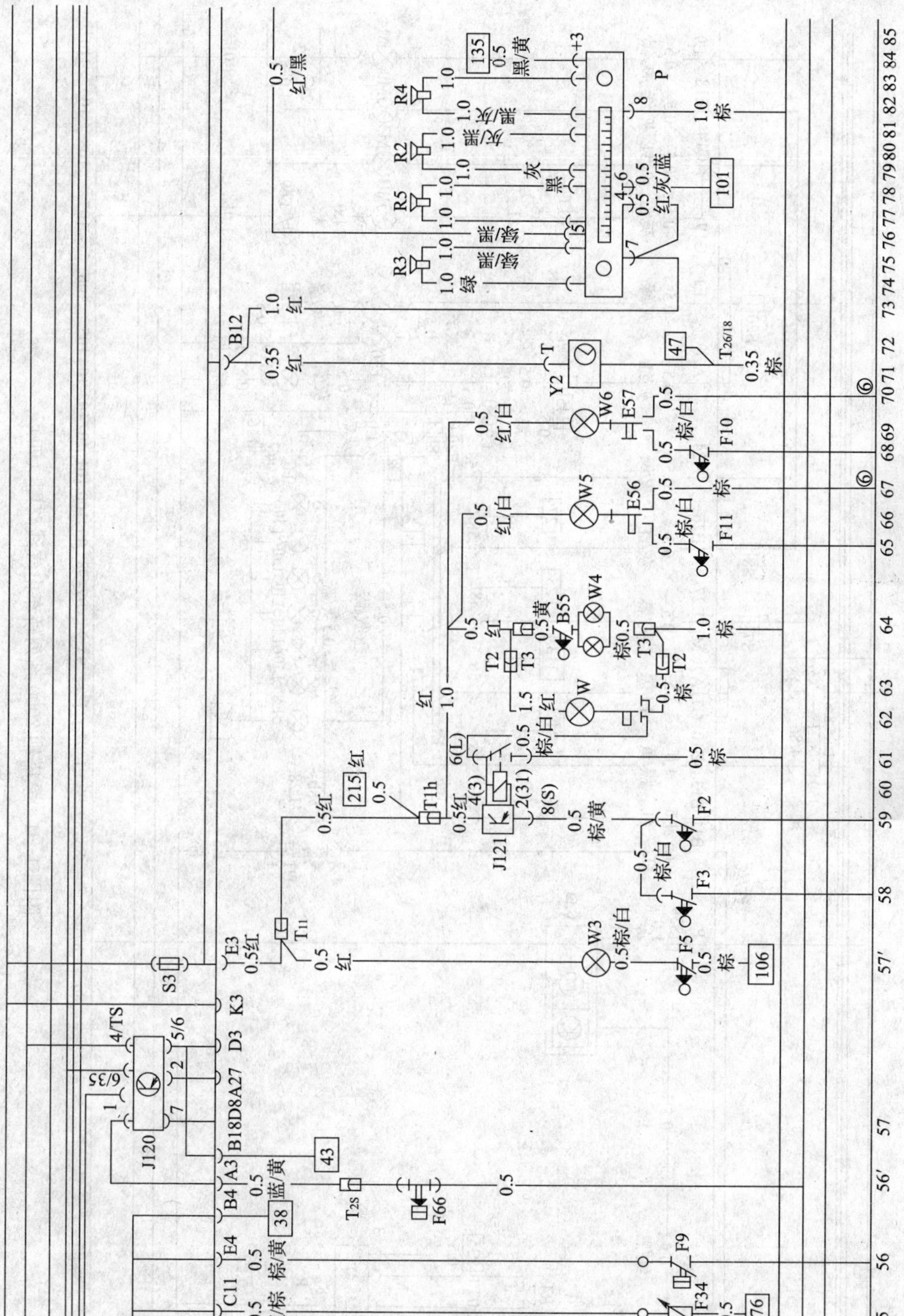

附图 1—3 桑塔纳 2000 系列轿车电气线路图（三）

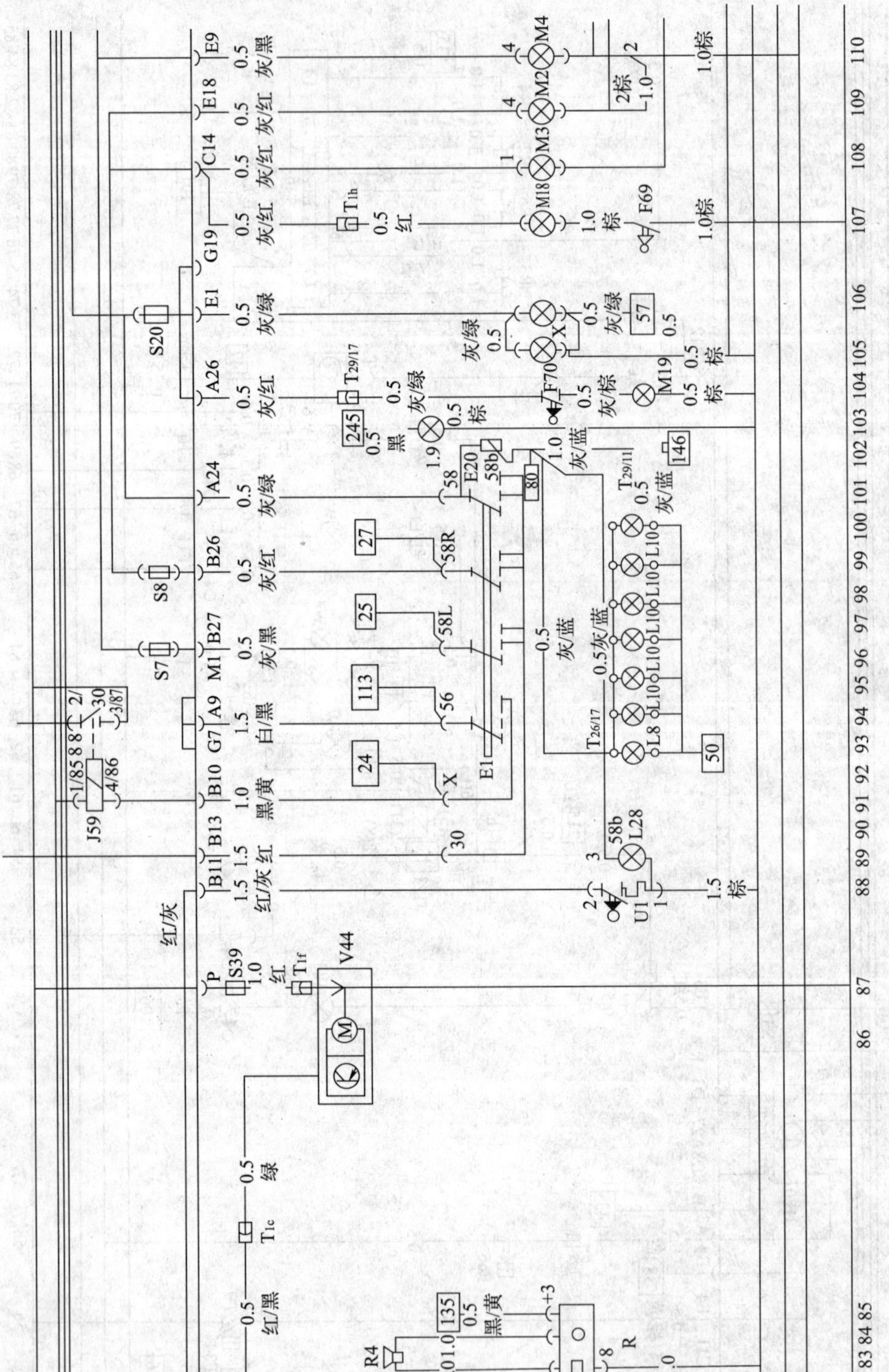

附图1—4　桑塔纳2000系列轿车电气线路图（四）

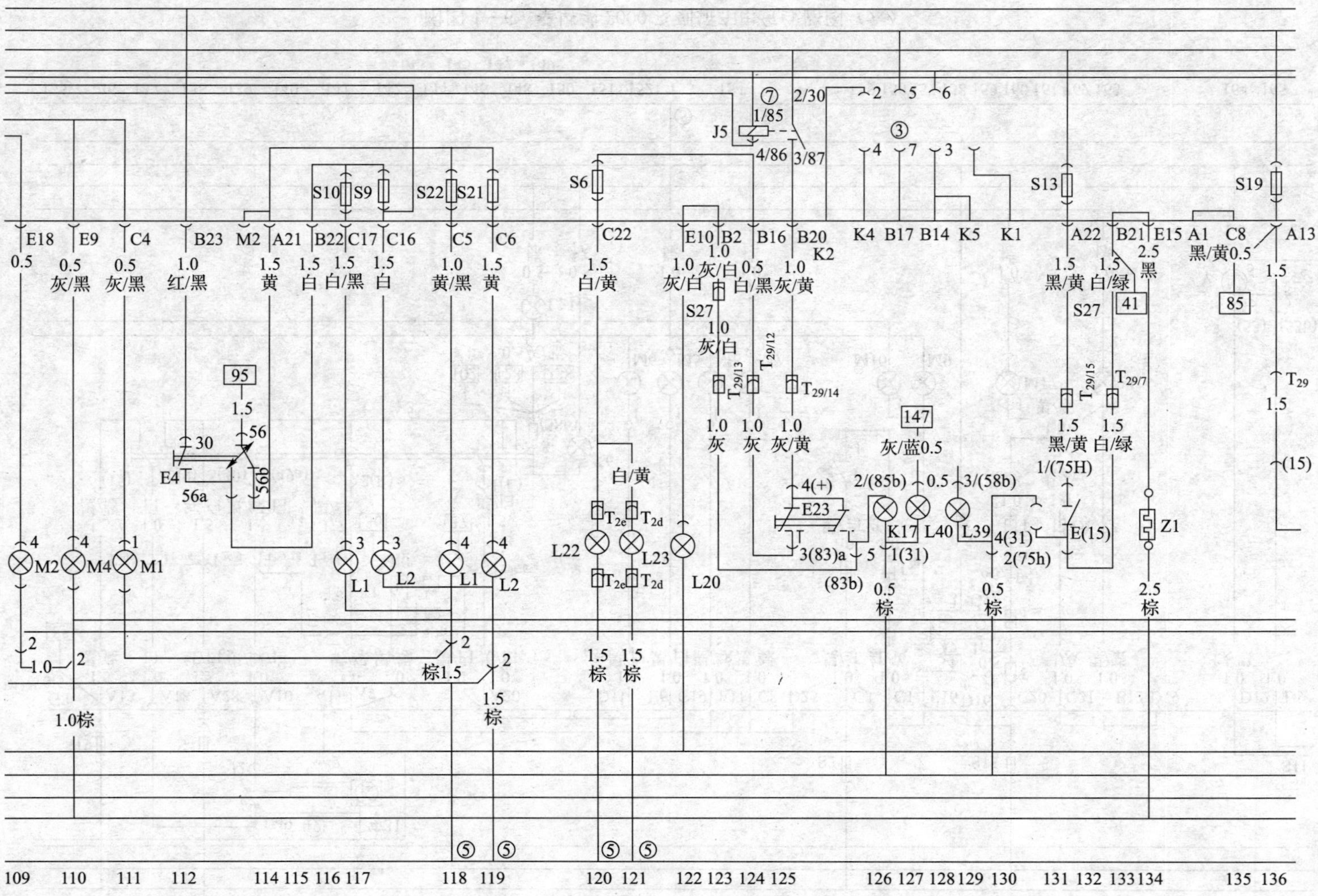

附图 1—5 桑塔纳 2000 系列轿车电气线路图（五）

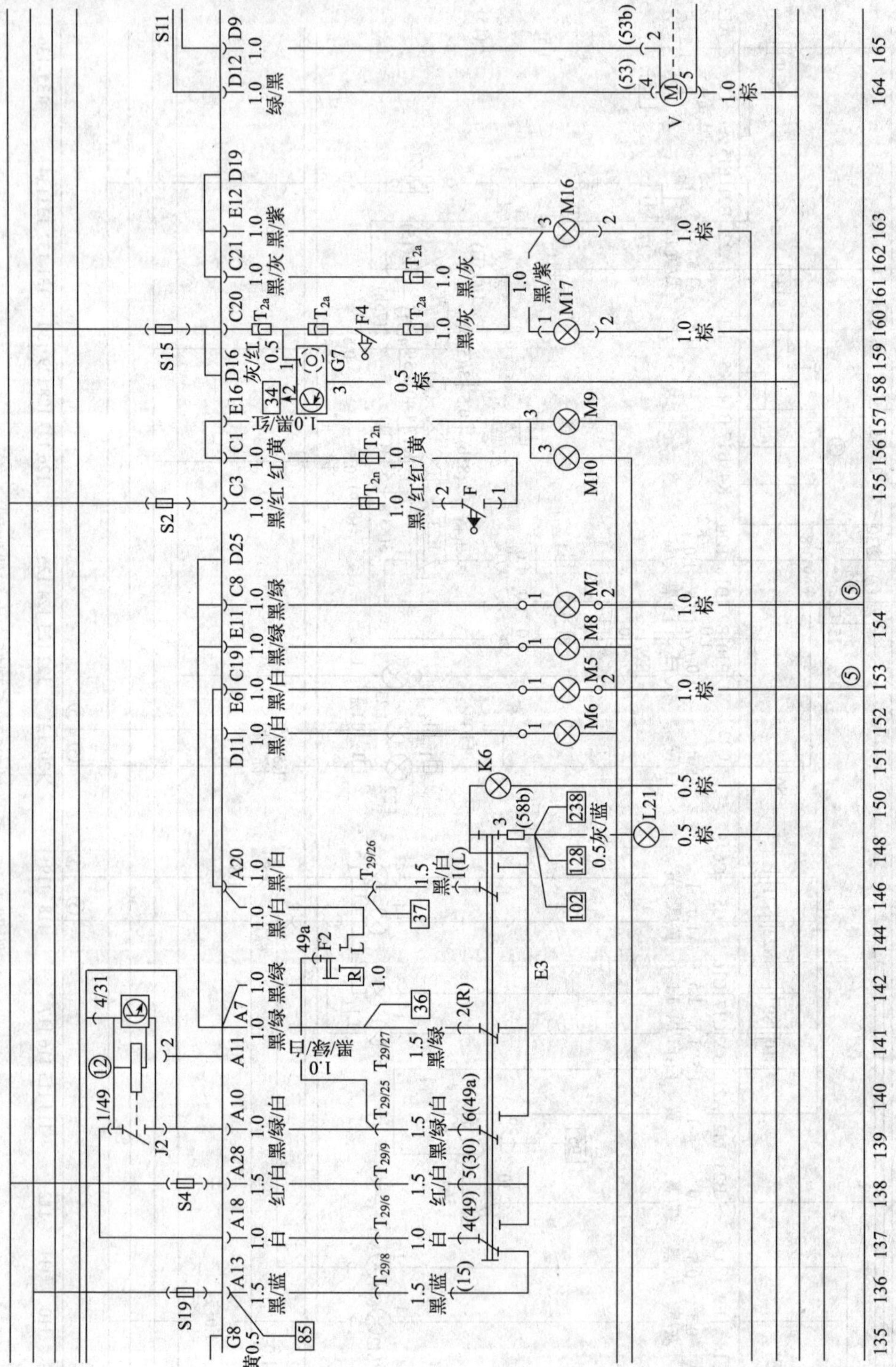

附图1—6　桑塔纳2000系列轿车电气线路图（六）

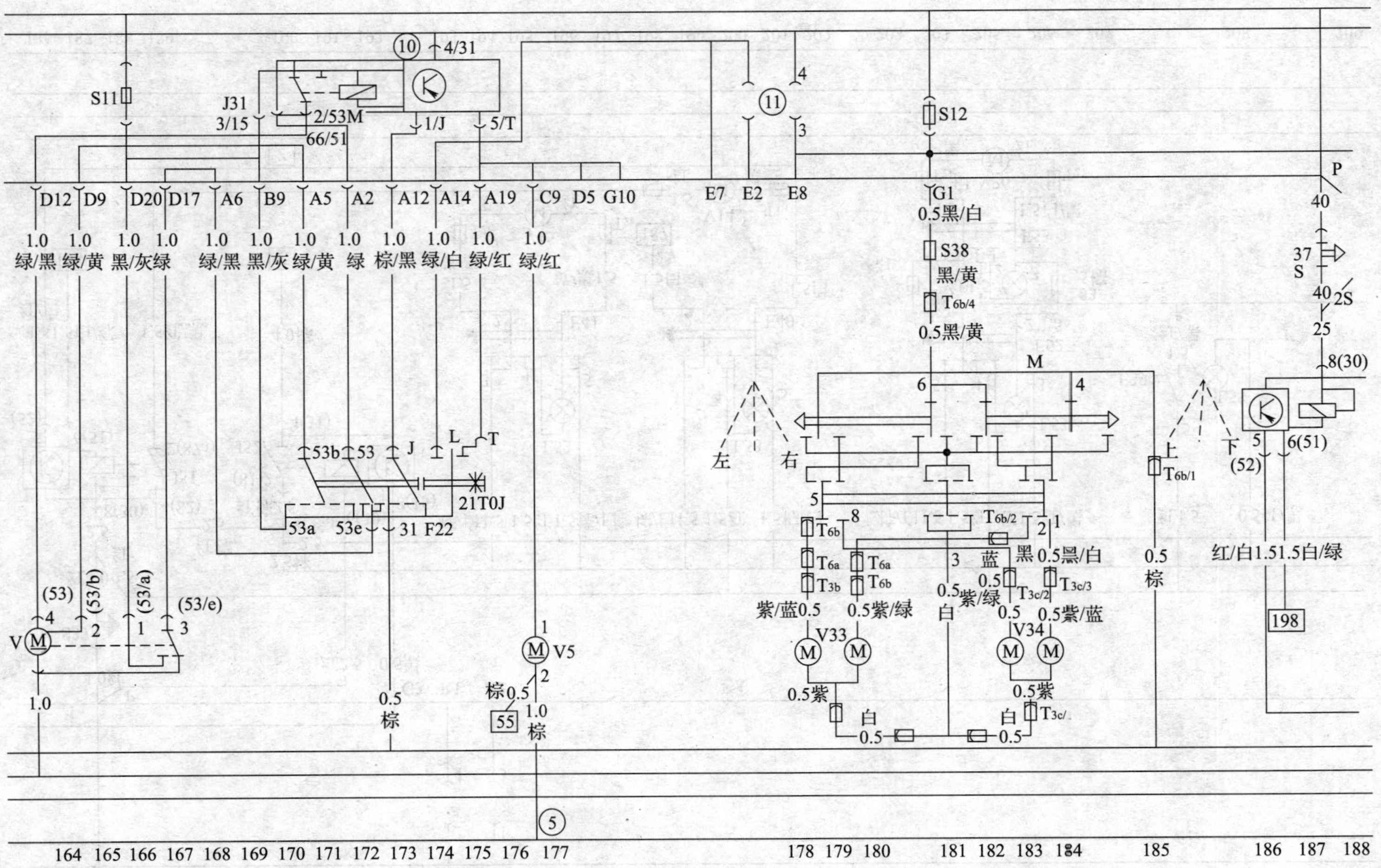

附图 1—7　桑塔纳 2000 系列轿车电气线路图（七）

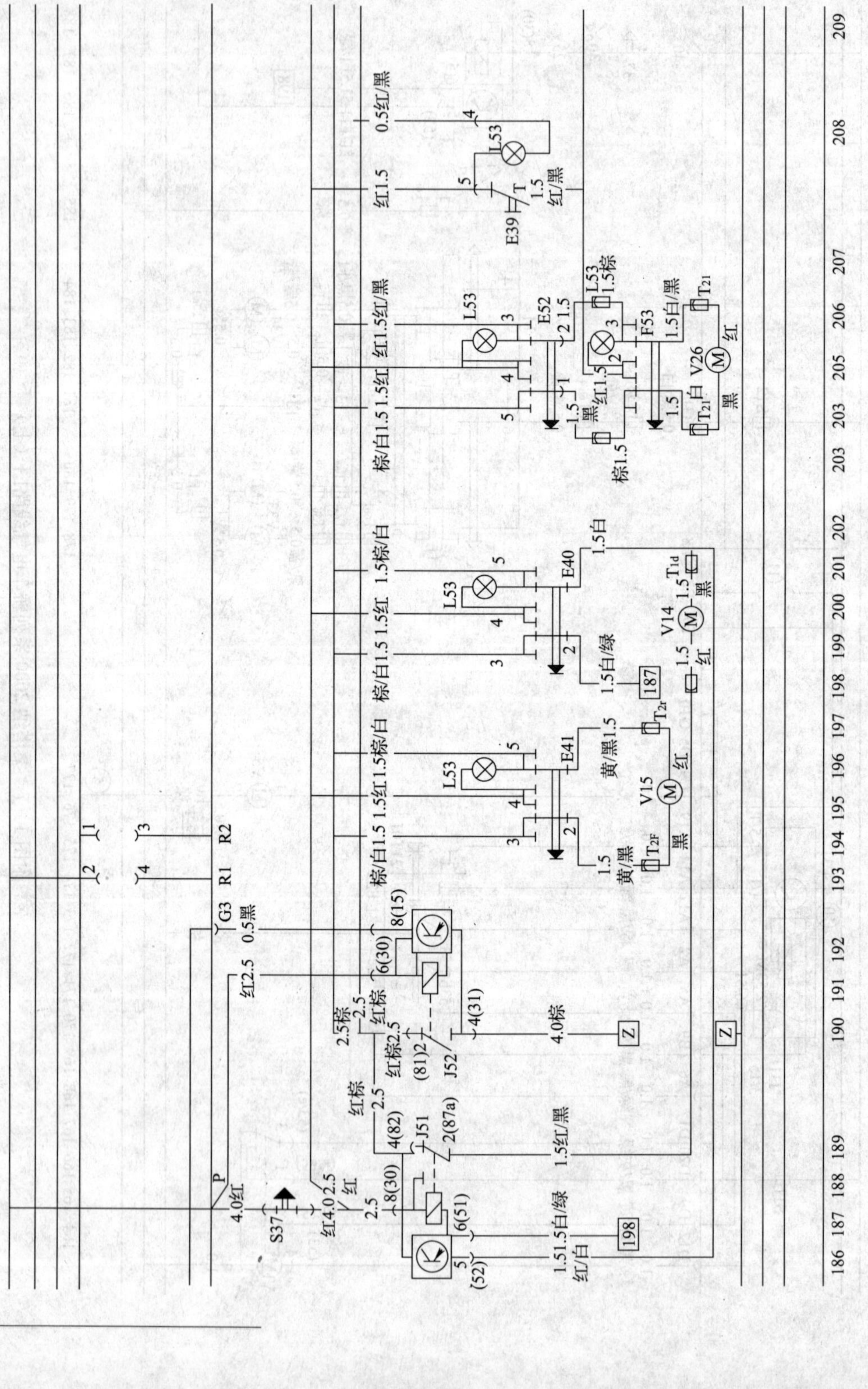

附图 1—8　桑塔纳 2000 系列轿车电气线路图（八）

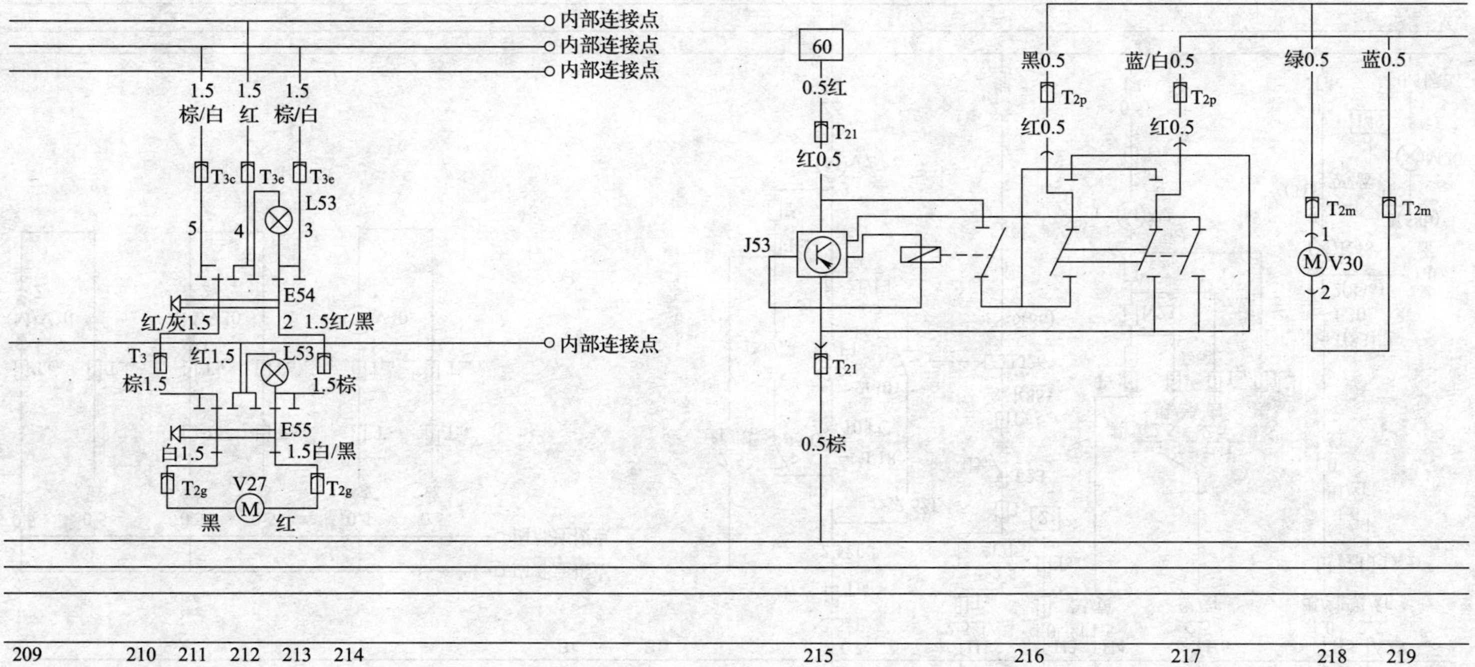

附图 1—9　桑塔纳 2000 系列轿车电气线路图（九）

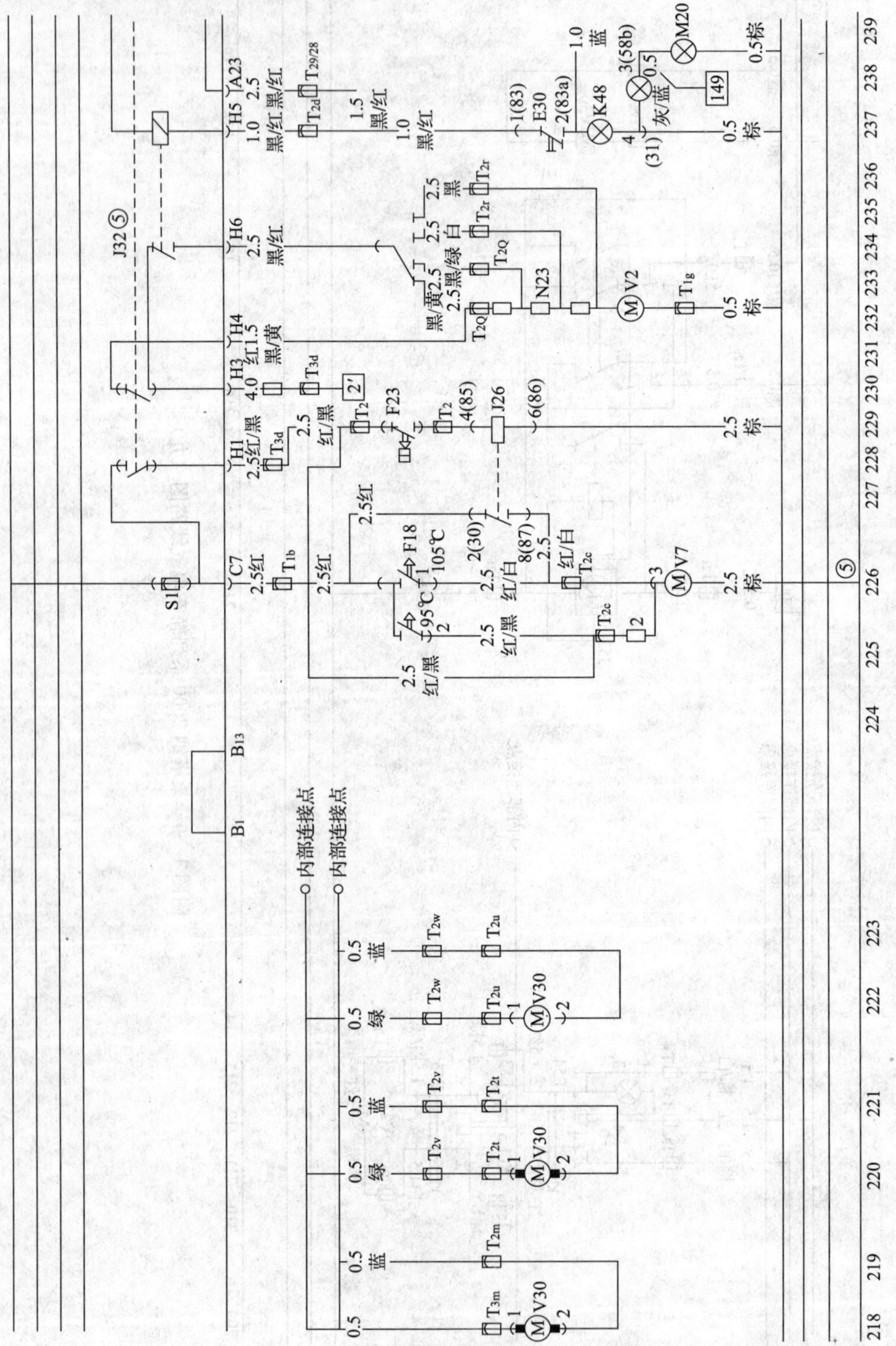

附图 1—10　桑塔纳 2000 系列轿车电气线路图（十）

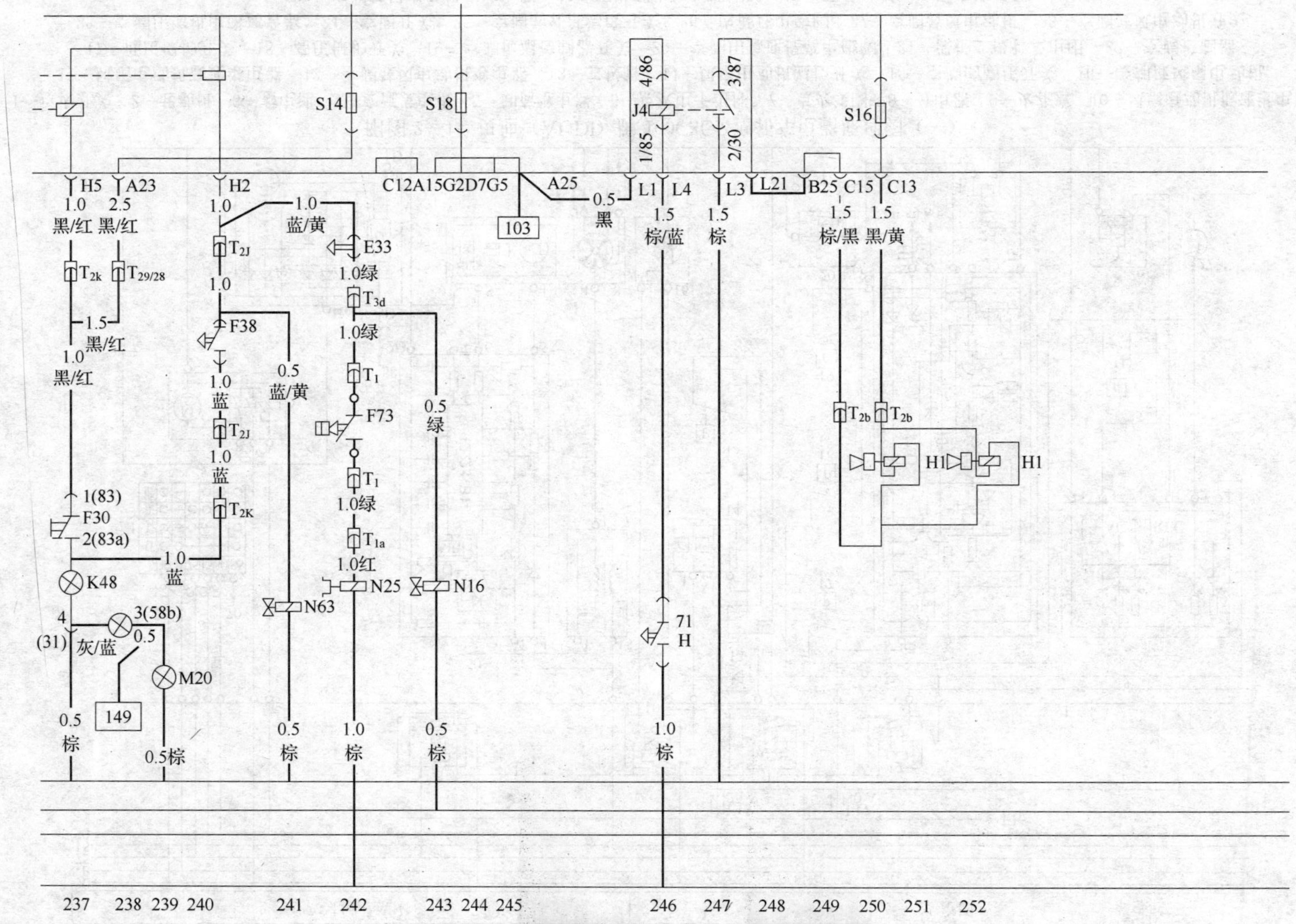

附图 1—11　桑塔纳 2000 系列轿车电气线路图（十一）

附　图　二

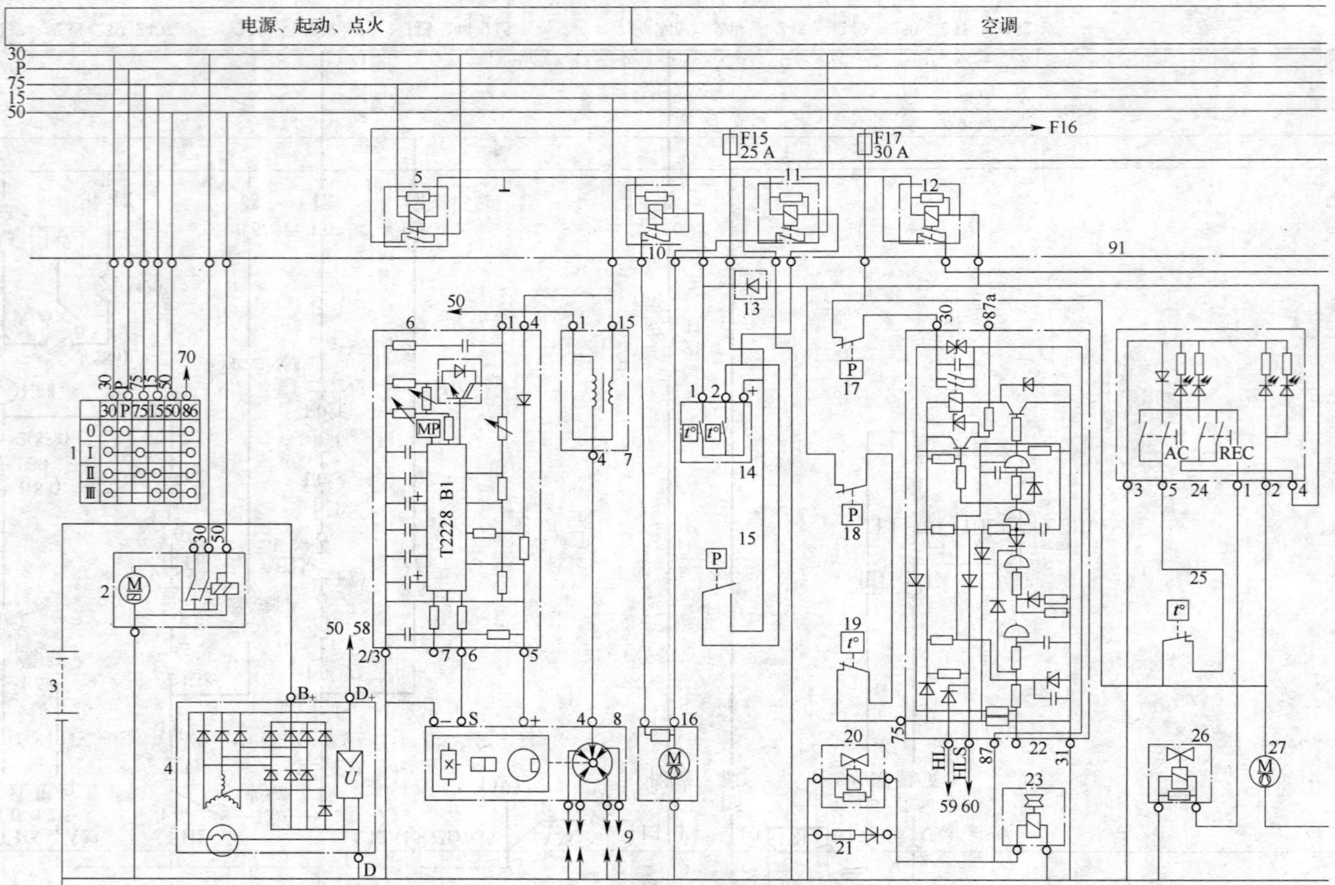

附图 2—1　奥迪（AUDI）牌 100C3GP 型轿车电路原理图（一）

1—点火开关　2—起动机　3—蓄电池　4—交流发电机　5—卸荷继电器　6—点火电子组件　7—点火线圈　8—分电器　9—火花塞　10—风扇电动机低速继电器　11—风扇电动机高速继电器　12—空调鼓风电动机继电器　13—二极管　14—风扇电动机温控开关　15—空调的高压开关　16—冷却液风扇电动机　17—低压保护开关　18—高压保护开关　19—空调恒温控制器开关　20—空调用怠速提高电磁阀　21—保护二极管及电阻　22—空调控制器　23—空调压缩机电磁离合器　24—空调开关　25—空调的外部温度开关　26—内循环电磁阀　27—空调鼓风电动机　28—空调鼓风电动机开关　29—空调鼓风电动机变速电阻　30—间歇刮水控制器　31—组合开关　32—前风窗洗涤泵

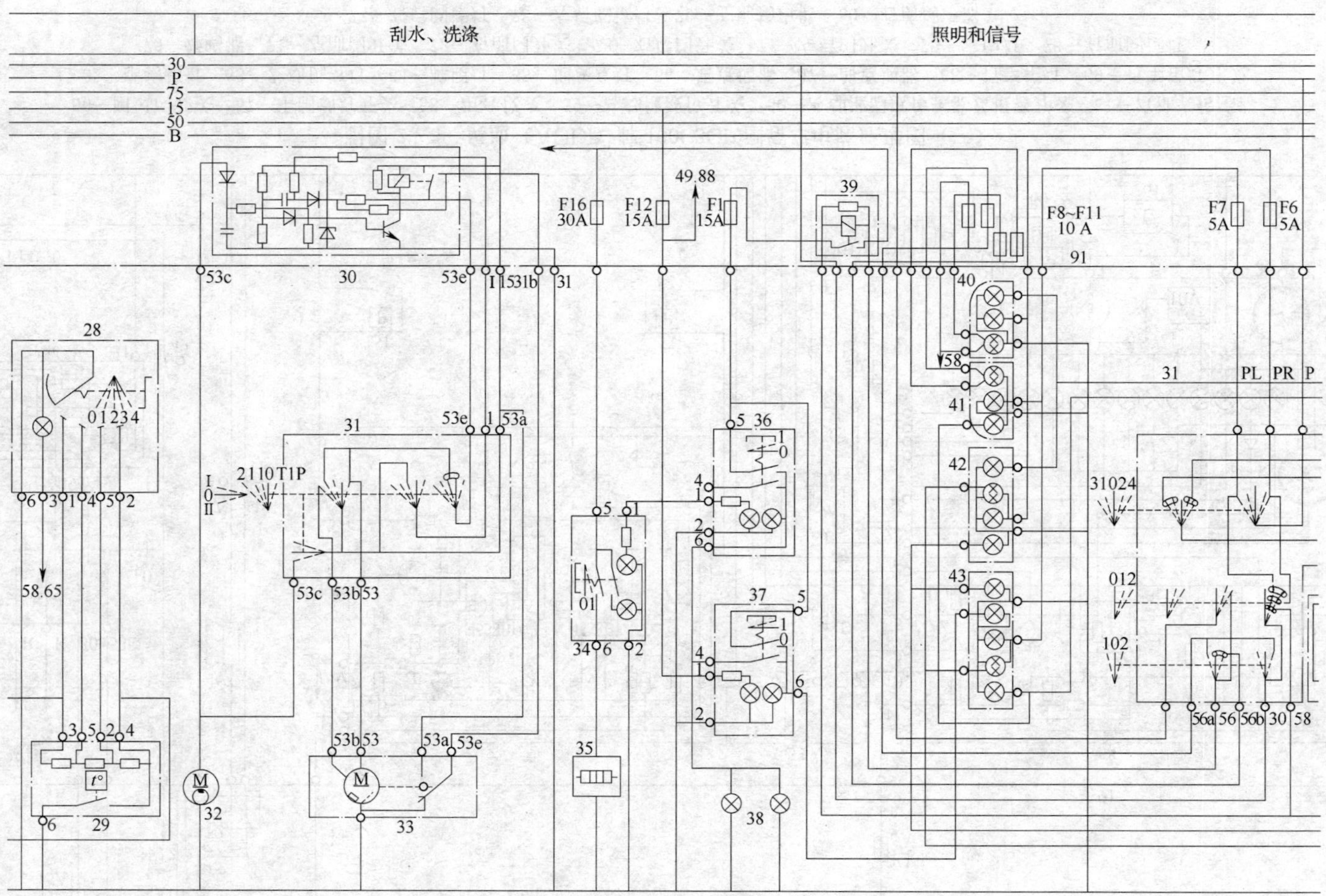

附图 2—2 奥迪（AUDI）牌 100C3GP 型轿车电路原理图（二）

33—刮水电动机 34—后风窗除霜开关 35—后风窗除霜加热器 36—前雾灯开关 37—后雾灯开关 38—前雾灯 39—雾灯继电器 40—右前照灯 41—左前照灯 42—右后灯 43—左后灯 44—闪光器 45—喇叭继电器 46—喇叭 47—制动灯开关 48—喇叭按钮 49—倒车灯开关 50—机油压力报警继电器 51—机油 1.8×105Pa 压力报警开关 52—机油 0.3×105Pa 压力报警开关 53—前轮制动块磨损开关 54—制动液液位开关 55—车速里程表传感器

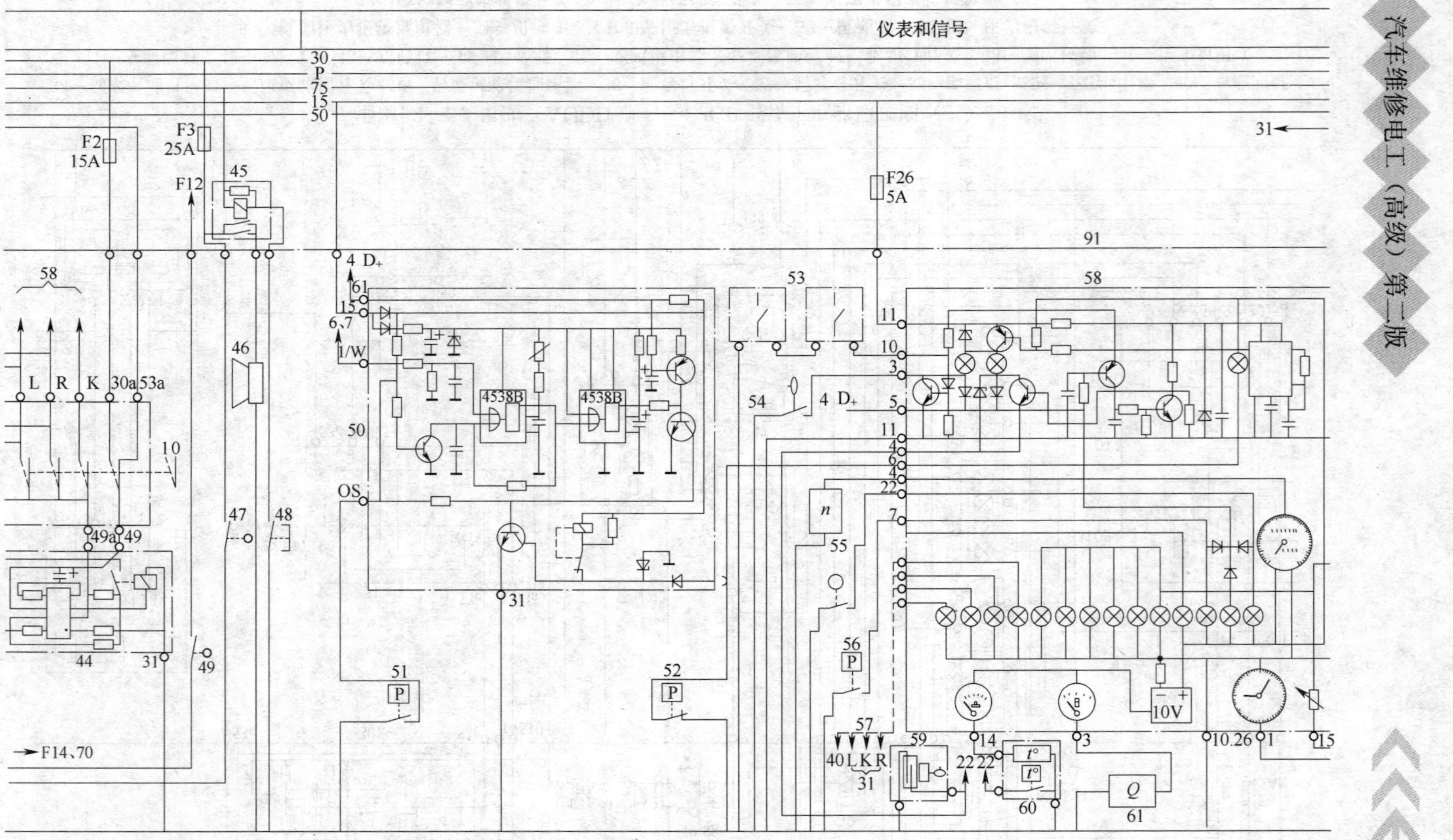

附图 2—3　奥迪（AUDI）牌 100C3GP 型轿车电路原理图（三）

56—阻风门开关　57—手制动灯开关　58—组合仪表　59—冷却液液位开关　60—冷却液温度传感器及报警开关　61—汽油表传感器　62—杂物箱灯　63—发动机室灯　64—牌照灯　65—烟灰盒灯　66—后点烟器　67—前点烟器　68—行李箱灯　69—行李箱灯开关　70—蜂鸣器　71—左前门开关　72—右前门开关　73—右后门开关　74—左后门开关　75—室内灯　76—右前阅读灯　77—右后阅读灯　78—左后阅读灯　79—左前扬声器　80—右前扬声器

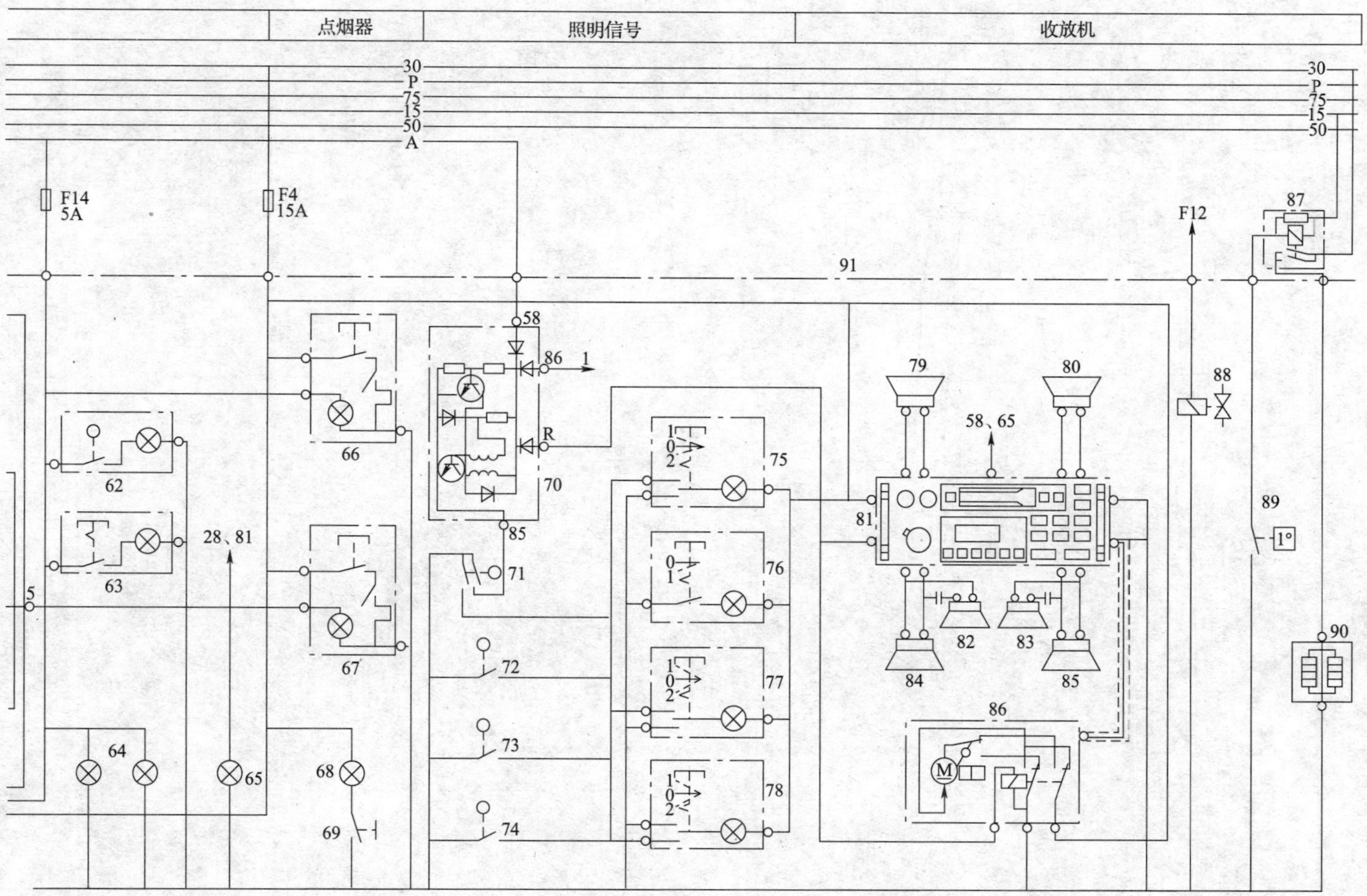

附图 2—4　奥迪（AUDI）牌 100C3GP 型轿车电路原理图（四）

81—收放机　82—左后高音扬声器　83—右后高音扬声器　84—左后低音扬声器　85—右后低音扬声器
86—收放机天线　87—发动机进气管加热继电器　88—停车切断怠速油路电磁阀
89—冷却液低温开关　90—发动机进气管加热器　91—中央配电盒
注：仪表引出端“○”表示接棕色插接器，“●”表示接黑色插接器。